2018

中国饲料工业年鉴

全国饲料工作办公室
中国饲料工业协会 编

中国农业出版社
北 京

《中国饲料工业年鉴》（2018）
编辑委员会

2017年4月18～19日，由中国饲料工业协会、全国畜牧总站主办的2017中国饲料工业展览会在福州海峡国际展览中心成功举行。农业部副部长于康震，农业部原副部长高鸿宾，中国工程院院士、中国饲料工业协会会长李德发，全国畜牧总站站长、中国饲料工业协会秘书长杨振海，农业部畜牧业司副司长孔亮等领导和嘉宾出席开幕式并参观展览。

2017 年 1 月 17 日，福建天马科技集团股份有限公司在上海证券交易所主板挂牌上市。

2017 年 3 月 2 日，湖南省中型及以上规模饲料企业代表在唐人神集团举行企业联盟采购座谈交流会。

2017 年 3 月 9 日，海南省农业厅举办全省饲料兽药行业安全生产管理培训班。

2017 年 3 月 14 日，陕西省饲料工业工作暨行业精准管理培训会在西安市召开。

2017年3月17日，陕西省饲料工业办公室开展央视“3·15”晚会曝光饲料企业违法违规问题专项督导检查。

2017年3月27日，在2017年江苏省饲料工业协会年会上，江苏省饲料工业协会发起《饲料质量安全和绿色发展倡议书》，号召江苏省饲料行业从业者遵规守法、诚信经营、规范管理、保证质量、崇尚绿色、保障安全、强化责任、履行义务，确保饲料产品质量安全。

2017年3月29日，天津市畜牧兽医局召开2017年畜产品质量安全监管工作会议，部署天津市畜产品质量安全和饲料监管工作。

2017年4月18日，由中国饲料工业协会主办，以“绿色、安全、精准”为主题的2017饲料行业技术交流活动在福州市举办。

2017年5月5日，天津市畜牧兽医局召开2017年饲料质量安全依法监管座谈会。会议部署了2017年饲料质量安全监管和规范示范企业创建等重点工作。

2017年5月10日，中国工程院饲料院士专家工作站揭牌仪式在内蒙古自治区包头市举行。

2017年5月18日，驰阳集团成都科技园开业仪式在四川省邛崃市举行。科技园集饲料加工、智慧农业体验和农业电子商务运营为一体，总投资超过1亿元。

2017年5月20～21日，中国·南和首届宠物嘉年华暨宠物产业博览会在河北省邢台举办。来自美国，中国香港、四川、浙江、上海等国内外300余家厂商前来参展。据统计，博览会期间共促成交易2 000单，交易额达26亿元。

2017年5月21日，全国畜牧总站副站长、中国饲料工业协会副秘书长刘连贵到华兴宠物食品有限公司调研。

2017年5月23日，由广东、山东两省饲料管理部门和省饲料行业协会主办的第一届饲料行业发展高层联合论坛在广州市举行。来自广东、山东两省的饲料管理部门人员及饲料协会副会长、副秘书长等80余位企业家代表参加论坛交流、考察对接等活动。

2017年5月25日，全国畜牧总站副站长、中国饲料工业协会副秘书长刘连贵一行赴陕西省杨凌示范区饲料企业调研。

2017年6月15日，中国农业科学院、四川省畜牧科学研究院与铁骑力士集团在北京共同建设院士（专家）工作站。

2017年6月23日，中国饲料工业协会举办进口饲料和饲料添加剂产品在华登记注册培训班。培训班详细解读了饲料法规及有关标准，进口饲料和饲料添加剂登记管理、注册程序、申报材料等规定。

2017年6月28日，在猪业博览会上湖南省饲料工业协会成功举办湖南省饲料企业养殖企业见面会。

2017年7月8～12日，农业部专家组对陕西省申请《饲料质量安全管理规范》部级示范企业进行了现场审核和验收。

2017年7月21日，海南省在海口市举办全省饲料质量安全管理规范培训班。

2017年7月27～28日，天津市召开《饲料质量安全管理规范》示范企业创建工作推动会暨《饲料质量安全管理规范》培训班。

2017年8月7日，贵州省毕节市人民政府与正邦集团签订100万头生猪养殖精准扶贫项目战略合作框架协议。

2017年8月14日，由山西省农业厅和省安全局组成的检查组赴饲料企业进行安全生产大检查。

2017年8月23～28日，陕西省开展为期一周的全省饲料行业跨市区（陕南）交叉检查活动。

2017年8月24日，云南省饲料工业协会第七次会员大会在昆明市召开。

2017年8月29日，福建省饲料法规暨安全生产培训班在福州市举办。

2017年9月5日，全国畜牧总站副站长、中国饲料工业协会副秘书长刘连贵一行到昆明云岭广大种禽饲料有限公司开展蛋禽养殖质量安全管理督查工作。

2017年9月6～8日，广西壮族自治区兽药饲料监督所工作小组赴宁夏回族自治区开展饲料监察异地抽样工作。

2017年9月20日，由大连商品交易所主办、中国饲料工业协会作为特别合作单位的“第十届中国玉米产业大会”在大连市举办。大会紧紧围绕玉米、饲料、养殖和相关企业的现实需求，详细解读风险管理实务操作，积极推广“保险＋期货”试点项目和场外期权服务产业链试点，切实帮助企业解决生产经营和风险管理中遇到的实际问题。

2017年9月20日，土耳其共和国的农业部官员赴青海牧源农牧股份有限公司参观考察。

2017年9月28日，海南省农业厅安全生产督查组到饲料企业开展安全生产检查工作。

2017年10月17～18日，由中国饲料工业协会主办的2017年全国饲料工业统计培训班在昆明市举行。来自全国各省饲料管理部门的饲料统计人员、企业统计人员等80余名代表参加了培训班。全国畜牧总站副站长、中国饲料工业协会副秘书长负旭江出席开班仪式。

2017 年 10 月 24～25 日，农业部畜牧业司孔亮副司长等一行到江西双胞胎集团、正邦集团考察调研。

2017 年 10 月 26～27 日，以“转型升级・创新驱动”为主题的四川省饲料工业协会三十周年庆典在成都市召开。农业部及省、市各级饲料管理部门、国内外专家学者及全国饲料和养殖企业代表等900余人参加了庆典。

2017年10月28～29日，由全国畜牧总站、中国饲料工业协会主办，江苏省动物卫生监督所和中国水产科学研究院淡水渔业研究中心承办的农业部饲料和饲料添加剂安全性和有效性评价规程培训班在无锡市举办。

2017年10月30日，辽宁明瑞农牧科技有限公司顺利通过农业部《饲料质量安全管理规范》示范企业验收。

2017年11月9日，湖南伟业动物营养集团股份有限公司生产研发基地暨院士专家工作站项目奠基仪式在长沙国家高新技术产业开发区隆重举行。

2017年11月16～17日，贵州省饲料行政监管暨《饲料质量安全管理规范》培训班在贵阳市举办。

2017年11月21日，农业部饲料质量管理规范专家组赴宁夏大北农科技实业有限公司参观指导。

2017年11月21～23日，农业部饲料工作督查组对宁夏回族自治区饲料行业管理工作开展督导检查。

2017年11月27～28日，农业部饲料行业管理督查组对天津市饲料行业管理工作开展督导检查。

2017年11月27日，全国畜牧总站、中国饲料工业协会对获得新饲料添加剂产品许可证的企业进行跟踪检查。

2017年12月4～7日，农业部饲料行业管理督导检查组对内蒙古自治区饲料行业管理工作开展督导检查。

2017年12月12日，山西省饲料工业协会第四届会员代表大会在襄汾市举行。

2017年12月13～14日，2017年全国饲料行业形势分析会暨饲料监管工作座谈会在京举行。中国工程院院士、中国饲料工业协会会长李德发，全国畜牧总站站长、中国饲料工业协会秘书长杨振海，农业部畜牧业司副司长孔亮，全国畜牧总站副站长、中国饲料工业协会副秘书长刘连贵及有关部门、省（市区）相关负责人出席会议。

2017年12月16～17日，内蒙古自治区饲料工作会议在呼和浩特市召开，会议主要是贯彻落实《饲料和饲料添加剂管理条例》及其配套规章、全面提升饲料质量安全监管工作能力、总结交流经验及安排部署全区饲料工作等。

全国饲料工作办公室、全国畜牧总站/中国饲料工业协会

单位		电话	传真	地址	E-mail
全国饲料工作办公室	综合处	(010) 59192844 59192835	(010) 59192869	北京市朝阳区农展馆南里 11 号(100125)	
	饲料处	(010) 59192872 59191800 59193306 59192831	(010) 59192848		xmjslch@agri.gov.cn
全国畜牧总站/中国饲料工业协会	办公室	(010) 59194778 59194608 59194609	(010) 59194611		bgsh-nahs@agri.gov.cn
	人事处(党委办公室)	(010) 59194589	(010) 59194611		rsch-nahs@agri.gov.cn
	财务处	(010) 59194792 59194689	(010) 59194611	北京市朝阳区麦子店街 20 号楼(100125)	cwch-nahs@agri.gov.cn
	项目与资产管理处	(010) 59194581 59195113	(010) 59194611		xmyzcgch-nahs@agri.gov.cn
	国际合作处	(010) 59194778 59194753	(010) 59194611		gyhzch-nash@agri.gov.cn
	行业统计分析处	(010) 59194369 59194643	(010) 59194611		hytjfxch-nahs@agri.gov.cn
	体系建设与推广处	(010) 59194712 59194606 59194618 59194755	(010) 59194611		txjsytgch-nahs@agri.gov.cn
	质量标准与认证处(无公害畜产品认证中心)	(010) 59194657 59194645 59191485	(010) 59194779		zlbzyrzch-nahs@agri.gov.cn

（续）

单　位		电　话	传　真	地　址	E－mail
全国畜牧总站/中国饲料工业协会	牧业发展处	（010）59194610	（010）59194611	北京市朝阳区麦子店街 20 号楼（100125）	myfzch-nahs@agri. gov. cn
	草业处（全国草品种审定委员会办公室）	（010）59195177 59194616 59194721	（010）59194611		cych-nahs@agri. gov. cn
	饲料行业指导处	（010）59194582 59194594	（010）59194591		slhyzdch-nahs@agri. gov. cn
	奶业与畜产品加工处	（010）59194420	（010）59194611		nyycpygch-nahs@agri. gov. cn
	协会工作处	（010）59194789 59194586	（010）59194611		xhgzch-nahs@agri. gov. cn
	饲料评审处（全国饲料评审委员会办公室）	（010）59194650 59194438	（010）59194584		slpsch-nahs @agri. gov. cn
	畜禽资源处（国家畜禽遗传资源委员会办公室）	（010）59194754 59194625	（010）59194375		xqzych-nahs@agri. gov. cn
	信息中心	（010）59194761 59194684 59194611 62145462	（010）59194611		xxzx-nahs@agri. gov. cn xxzx427@163. com
	农业部全国草产品质量监督检验测试中心	（010）60481123	（010）60480301	北京市朝阳区麦子店街 20 号楼（100125）	
	农业部种畜品质监督检验测试中心	（010）62894845	（010）62894803	北京市海淀区圆明园西路 2 号中国农科院畜牧所院内（100094）	

质量监督与检测机构

单　位	负责人	电　话	传　真	地　址	E－mail
国家饲料质量监督检验中心（北京）	苏晓鸥	（010）82106578	（010）82106580	北京市海淀区中关村南大街12号农科大道30号（100081）	feedgujun-hua@sina.com
农业部饲料质量监督检验测试中心（呼和浩特）	杨红东	（0471）4960839 （0471）4960829	（0471）4911217 （0471）6372380	内蒙古呼和浩特市赛罕区昭乌达路新希望家园街（010010）	mmfeed@126.com
农业部饲料质量监督检验测试中心（沈阳）	李延山	（024）24194916	（024）24153310	辽宁省沈阳市沈河区小南街281号（110016）	—
农业部饲料质量监督检验测试中心（南京）	姜加华	（025）86263655	（025）86263656	南京市草场门大街124号江苏农业检测大楼（210036）	jjhnj@163.com
农业部饲料质量监督检验测试中心（南昌）	杨琳芬	（0791）88107671	（0791）88105710	南昌市高新技术开发区京东大道698号畜牧大楼（330029）	—
农业部饲料质量监督检验测试中心（济南）	翟桂玉	（0531）87198029	（0531）871988788	济南市槐村街68号（250022）	zhaiguiy@126.com
农业部饲料质量监督检验测试中心（广州）	林海丹	（020）34280305	（020）34291326	广州市海珠路万寿路113号（510230）	lhd@gdivdc.com
农业部饲料质量监督检验测试中心（南宁）	许力干	（0771）3130234	（0771）3942564	南宁市友爱北路51号（530001）	xuligan@163.com
农业部饲料质量监督检验测试中心（成都）	李　云	（028）85598229	（028）85548413	成都市武侯祠大街4号（610041）	liyun_1111@163.com
农业部饲料质量监督检验测试中心（昆明）	张应国	（0871）65886803	（0871）65159462	昆明市盘龙区落索坡邮政局旁（650201）	—
农业部饲料质量监督检验测试中心（西安）	田西学	（029）86254585	（029）86254585	西安市莲湖区未央路28号（710016）	tianxiang0913@163.com

科研与教育机构

<table>
<tr><th>单　位</th><th>负责人</th><th>电　话</th><th>传　真</th><th>地　址</th><th>网　址</th><th>E-mail</th></tr>
<tr><td>中国农业科学院饲料研究所</td><td>齐广海</td><td>（010）82107317</td><td>（010）82106054</td><td>北京市海淀区中关村南大街12号（100081）</td><td>www. caasfri. com. cn</td><td>zonghechu@caas. cn</td></tr>
<tr><td>农业部饲料工业中心</td><td>李德发</td><td>（010）62733583</td><td>（010）62733688</td><td rowspan="2">北京市海淀区圆明园西路2号（100193）</td><td>www. mafic. ac. cn</td><td>tuzh@mafic. ac. cr</td></tr>
<tr><td>国家饲料工程技术研究中心</td><td>李德发</td><td>（010）62829803
62829399</td><td>（010）62829803</td><td>www. nferc. org</td><td>nferc@nferc. org</td></tr>
<tr><td>中国农业科学院北京畜牧兽医研究所动物营养与饲料科学</td><td>佟建明</td><td>（010）62816061
62815851</td><td>（010）62819257</td><td>北京市海淀区圆明园西路2号（100193）</td><td>—</td><td>tjm606@263. net</td></tr>
</table>

前言

2017年，是深入推进农业供给侧改革之年，饲料行业紧紧围绕推进农业供给侧结构性改革主线，以提质增效、结构调整、科技创新为突破点，着力打造新业态、拓宽新渠道，加快推进饲料工业转型升级，加快饲料工业现代化建设，巩固发展饲料经济形势并取得较好的成绩。2017年全国饲料产量2.2亿t，同比增长5.9%。

2017年配合饲料产量19 618.6万t，同比增长6.7%；浓缩饲料产量1 853.7万t，同比增长1.2%；添加剂预混合饲料产量688.9万t，同比下降0.3%。2017年，广东、山东、广西、河北、湖南、江苏、辽宁、四川、河南、江西10个省（区）产量超过千万t，占全国总产量69.6%。

根据各省（自治区、直辖市）统计数据来看，2017年，全国饲料工业总产值和总营业收入分别为8 393.6亿元、8 194.6亿元，同比分别增长4.7%、5.4%。其中，饲料产品工业总产值为7 436.0亿元，同比增长2.0%；营业收入为7 303.0亿元，同比增长3.0%。饲料添加剂总产值899.3亿元，同比增长37.5%。其中，饲料添加剂814.7亿元，同比增长39.2%；混合型饲料添加剂84.5亿元，同比增长22.8%。饲料添加剂营业收入831.3亿元，同比增长33.5%。其中，饲料添加剂762.1亿元，同比增长36.9%；混合型饲料添加剂69.2亿元，同比增长5.1%。饲料机械设备总产值58.3亿元，同比下降11.3%；营业收入60.3亿元，同比下降8.0%。

《2018中国饲料工业年鉴》（以下简称《年鉴》）比较翔实地记录了2017年我国饲料工业及其相关行业的发展情况。

《年鉴》全文主要包括六个部分，即综合篇、专题篇、地方篇、企业篇、统计资料、大事记。在正文之前以图文并茂的形式介绍了领导视察、行业发展、企业采风、政务联络等；综合篇主要包括2017年发布实施的政策法规等；专题篇主要包括2017年饲料加工工业概况、主要饲料产品及原料工业情况、饲料添加剂工业、饲料机械制造工业、饲料工业许可证管理、饲料安全管理、饲料质量监督与检测、科技与推广、饲料行业职业技能鉴定、饲料工业标准化、饲料工业质量认证、饲料工业行业信息体系；地方篇包括了除香港、澳门、台湾以外的全国所有省（市、区）饲料工业概况；企业篇包括重点企业经验介绍和企业简介；统计资料包括全国饲料工业统计资料、主要饲料原料进出口情况；大事记主要包括全国饲料工作办公室、中国饲料工业协会以及各地饲料工作办公室、饲料工业协会在2017年的主要工作与取得的成绩。

《年鉴》图片部分从不同侧面反映了行业的发展。本《年鉴》文字内容丰富，覆盖面广，史实性强，是饲料行业行政事业单位、检测机构、科研机构等单位所必备的工具书。《年鉴》的专题篇和地方篇撰稿人主要是各饲料行业主管部门和行业的相关专家学者。

《年鉴》反映的各省（区、市）和有关企业等文字材料及图片部分，只要涉及排序，都按全国省份的行政区划顺序排列；全国饲料工作办公室、中国饲料工业协会和各省（区、市）提供的大事记，除上述相应的排序外，都按时间排序。

《中国饲料工业年鉴》编辑部

2018年8月20日

目 录

企 业 篇

统　计　资　料

大　事　记

2018 中国饲料工业年鉴

综合篇

2017年全国饲料工业发展概况

2017年，是深入推进农业供给侧改革之年，饲料行业紧紧围绕推进农业供给侧结构性改革主线，以提质增效、结构调整、科技创新为突破点，着力打造新业态、拓宽新渠道，加快推进饲料工业转型升级，加快饲料工业现代化建设，巩固发展饲料经济形势并取得较好的成绩。

一、商品饲料总产量持续增长

截至2017年12月31日，全国共有11 426家饲料和饲料添加剂生产企业，配合饲料、浓缩饲料和精料补充料生产企业7 492家，添加剂预混合饲料生产企业2 349家，饲料添加剂和混合型饲料添加剂生产企业1 785家，单一饲料生产企业2 086家。

2017年全国商品饲料总产量22 161.2万t，同比增长5.9%。其中，配合饲料产量19 618.6万t，同比增长6.7%；浓缩饲料产量1 853.7万吨，同比增长1.2%；添加剂预混合饲料产量688.9万t，同比下降0.3%。从品种看，2017年猪饲料产量9 809.7万t，同比增长12.4%；蛋禽饲料产量2 931.2万t，同比下降2.4%；肉禽饲料产量6 014.5万t，同比增长0.1%；水产饲料产量2 079.8万t，同比增长7.8%；反刍饲料产量922.6万t，同比增长4.9%；其他饲料产量403.4万t，同比增长10.2%。

二、行业监管持续强化饲料质量安全保持较高水平

各地以《饲料质量安全管理规范》实施为契机，以示范创建为引导，严厉打击违禁添加物，持续开展专项整治，不断完善监测预警制度，严惩违法违规行为，推动饲料产品质量稳步提高。2017年商品饲料质量卫生合格率97.4%，比2016年提高1.1个百分点；商品饲料中的瘦肉精、三聚氰胺等违禁添加物非法添加行为得到有效控制。农业部修订发布《饲料添加剂安全使用规范》，全面下调饲料添加剂使用最高限量，社会关注度高、风险较大的饲料添加剂品种基本都纳入《规范》管理。为适应环保要求推动铜锌等金属元素减排，大幅下调铜锌限量值，预计执行新的限量规定后，我国养殖业每年可减排铜元素0.8万t、锌元素1.65万t，分别减量50%和34%以上。

三、饲料产业结构继续调整

从产品结构上看，配合饲料是产量增长的主体，同时也出现产品逆势调整的结构性变化。配合饲料产量19 618.6万t，同比增长6.7%；浓缩饲料产量1 853.7万t，同比增长1.2%；添加剂预混合饲料产量688.9万t，同比下降0.3%。配合饲料占总产量比重由2013年的84.3%提高到2017年的88.5%。浓缩饲料自2010年以来连续6年下降，累计降幅达30.8%。2017年呈现新变化，浓缩饲料小幅增长，添加剂预混合饲料微降。一增一减基本持平抵消。在产业集中度上，大型饲料企业（集团）产量比重继续提高，产业一体化融合加快。截至2017年年底，年产50万t以上的饲料企业（集团）51家，其中100万t以上的饲料企业（集团）35家，产量分别占全国总产量67%和62%。广东、山东、广西、河北、湖南、江苏、辽宁、四川、河南、江西10省（区）产量超过千万吨，占全国总产量69.6%。

四、饲料工业产值和营业收入均突破8 000亿

全国饲料工业总产值和总营业收入分别为8 393.6亿元、8 194.6亿元，同比分别增长4.7%、5.4%。其中，饲料产品工业总产值7 436.0亿元，同比增长2.0%；营业收入7 303.0亿元，同比增长3.0%。饲料添加剂总产值899.3亿元，同比增长37.5%；营业收入831.3亿元，同比增长33.5%。饲料机械设备总产值58.3亿元，同比下降11.3%；营业收入60.3亿元，同比下降8.0%。

五、饲料添加剂产量稳定增长

饲料添加剂产品总产量1 034.6万t，同比增长6.0%。其中，饲料添加剂983.2万t，同比增长6.6%；混合型饲料添加剂51.4万t，同比下降4.2%。在主要饲料添加剂品种中，氨基酸产量234.8万t，同比增长16.4%；维生素产量127.3万t，同比增长12.6%；矿物元素及其络合物产量498.4万t，同比下降0.4%；酶制剂产量10.7万t，同比下降8.1%；抗氧化剂产量6.9万t，同比增长38.2%；防腐、防霉剂产量10.6万t，同比下降32.6%；微生物产量10.7万t，同比下降6.3%；其他类添加剂产量135.2万t，同比增长15.8%。

六、大宗饲料原料消费总量增长，产品结构稳中调整

部分大宗原料消费总量19 633.5万t，同比增长2.5%。其中，玉米10 181.7万t，同比下降3.0%；小麦1 378.7万t，同比增长25.2%；鱼粉230.7万t，同比增长24.4%；豆粕4 135.6万t，同比增长9.4%；棉籽粕366.9万t，同比增长3.5%；菜籽粕414.6万t，同比下降7.4%；其他饼粕424.3万t，同比下降13.8%；磷酸氢钙504.3万t，同比增长106.8%；其他1 996.5万t，同比下降2.5%。

单一饲料总产量7 978.5万t，同比增长0.6%。全国单一饲料总产值和营业收入分别为13 725.6亿元、12 318.4亿元。其中，谷物及其加工产品产量946.2万t，同比增长5.7%；油料籽实及其加工产品产量6 651.7万t，同比增长0.2%；豆科作物籽实及其加工产品产量2 045t，同比下降10.4%；其他植物、藻类及其加工产品产量7 833t，同比增长34.3%；陆生动物产品及其副产品产量155.3万t，同比下降2.1%；鱼、其他水生生物及其副产品产量61.1万t，同比下降23.6%；微生物发酵产品及副产品产量114.0万t，同比增长23.3%。其他类单一饲料产量49.2万t，同比下降68.5%。

七、成套机组大型饲料机械设备生产总量下降

饲料加工机械设备生产总量25 689台套，同比减少1 399台套，下降5.2%。其中，成套机组1 389台套，同比增加30台套，增长2.2%；单机24 300台，同比减少1 429台，下降5.6%。

在成套机组中，时产≥10t设备1 041台套，同比增加12台套，增长1.2%；时产＜10t设备348台套，同比增长18台套，增长5.5%。

在单机设备中，粉碎机8 127台，同比下降192台，下降2.3%；混合机6 599台，同比增长78台，增长1.2%；制粒机3 672台，同比减少2 506台，下降40.6%；单机其他5 902台，增加1 191台，增长25.3%。

八、饲料行业从业人数略有下降

饲料企业年末职工人数为46.8万人，同比下降1.8%。大专以上学历的职工数为19.1万人，占职工总人数的40.8%。其中，博士1 871人，同比下降1.1%；硕士9 018人，同比下降

1.4%；大学本科 69 862 人，同比增长 0.8%；大学专科 110 213 人，同比增长 2.7%；其他学历 276 542 人，同比下降 4.1%。技术工种 35 203 人，同比下降 3.3%。

（黄庆生　田建华）

中华人民共和国农业部公告

第 2625 号

为切实加强饲料添加剂管理，保障饲料和饲料添加剂产品质量安全，促进饲料工业和养殖业持续健康发展，根据《饲料和饲料添加剂管理条例》有关规定，我部对《饲料添加剂安全使用规范》（以下简称《规范》）进行了修订。现将有关事项公告如下。

一、各省、自治区、直辖市人民政府饲料管理部门实施饲料添加剂（混合型饲料添加剂除外）生产许可应遵守本《规范》规定，不得核发含量规格低于本《规范》或者生产工艺与本《规范》不一致的饲料添加剂生产许可证明文件。

二、饲料企业和养殖者使用饲料添加剂产品时，应严格遵守“在配合饲料或全混合日粮中的最高限量" 规定，不得超量使用饲料添加剂；在实现满足动物营养需要、改善饲料品质等预期目标的前提下，应采取积极措施减少饲料添加剂的用量。

三、饲料企业和养殖者使用《饲料添加剂品种目录》中铁、铜、锌、锰、碘、钴、硒、铬等微量元素饲料添加剂时，含同种元素的饲料添加剂使用总量应遵守本《规范》中相应元素“在配合饲料或全混合日粮中的最高限量”规定。

四、仔猪（≤25 kg）配合饲料中锌元素的最高限量为 110 mg/kg，但在仔猪断奶后前两周特定阶段，允许在此基础上使用氧化锌或碱式氯化锌 1 600 mg/kg（以锌元素计）。饲料企业生产仔猪断奶后前两周特定阶段配合饲料产品时，如在含锌 110 mg/kg 基础上使用氧化锌或碱式氯化锌，应在标签显著位置标明“本品仅限仔猪断奶后前两周使用”，未标明但实际含量超过 110 mg/kg 或者已标明但实际含量超过 1 600 mg/kg 的，按照超量使用饲料添加剂处理。

五、饲料企业和养殖者使用非蛋白氮类饲料添加剂，除应遵守本《规范》对单一品种的最高限量规定外，全混合日粮中所有非蛋白氮总量折算成粗蛋白当量不得超过日粮粗蛋白总量的 30%。

六、如无特殊说明，本《规范》“在配合饲料或全混合日粮中的推荐添加量”“在配合饲料或全混合日粮中的最高限量”均以干物质含量 88%为基础计算，最高限量均包含饲料原料本底值。

七、如无特殊说明，添加剂预混合饲料、浓缩饲料、精料补充料产品中的“推荐添加量”“最高限量”按其在配合饲料或全混合日粮中的使用比例折算。

八、本公告自 2018 年 7 月 1 日起施行。2009 年 6 月 18 日发布的《饲料添加剂安全使用规范》（农业部公告第 1224 号）同时废止。

特此公告。

农业部

2017 年 12 月 15 日

附件

饲料添加剂安全使用规范

1. 氨基酸、氨基酸盐及其类似物 Amino acids, their salts and analogues

通用名称	英文名称	化学式或描述	来源	含量规格(%) 以氨基酸盐计	含量规格(%) 以氨基酸计	用动物	在配合饲料或全混合日粮中的推荐用量(以氨基酸计,%)	在配合饲料或全混合日粮中的最高限量(以氨基酸计,%)	其他要求
L-赖氨酸盐酸盐	L-Lysine monohydrochloride	$NH_2(CH_2)_4CH(NH_2)COOH \cdot HCl$	发酵生产	≥98.5 (以干基计)	≥78.8 (以干基计)	养殖动物	0~0.5	—	—
L-赖氨酸硫酸盐及其发酵副产物(产自谷氨酸棒杆菌)	L-LVsine sulfate and its by-products from fermentation (Source: *Corynebacterium glutamicum*)	$[NH_2(CH_2)_4CH(NH_2)COOH]_2 \cdot H_8O_4$	发酵生产	≥65.0 (以干基计)	≥5 1.0 (以干基计)	养殖动物	0~0.5	—	—
DL-蛋氨酸	DL-Methionine	$CH_3S(CH_2)_2CH(NH_2)COOH$	化学制备	—	≥98.5	养殖动物	0~0.2	鸡 0.9	—
L-苏氨酸	L-Threonine	$CH_3CH(OH)CH(NH_2)COOH$	发酵生产	—	≥97.5 (以干基计)	养殖动物	畜禽 0~0.3 鱼类 0~0.3 虾类 0~0.8	—	—
L-色氨酸	L-Tryptophan	$(C_8H_5NH)CH_2CH(NH_2)COOH$	发酵生产	—	≥98	养殖动物	畜禽 0~0.1 鱼类 0~0.1 虾类 0~0.3	—	—
蛋氨酸羟基类似物	Mcthioninc hydroxy analogue	$C_5H_{10}O_3S$	化学制备	—	≥88.0 (以蛋氨酸羟基类似物计)	猪、鸡、牛和水产养殖动物	猪 0~0.11 鸡 0~0.21 牛 0~0.27 (以蛋氨酸羟基类似物计)	鸡 0.9 (单独或同时使用,以蛋氨酸羟基类似物计)	—
蛋氨酸羟基类似物钙盐	Mcthionine hydroxy analogue calcium	$C_{10}H_{18}O_6S_2Ca$	化学制备	≥95.0 (以干基计)	≥84.0 (以蛋氨酸羟基类似物计,干基)	猪、鸡、牛和水产养殖动物	同上	鸡 0.9 (单独或同时使用,以蛋氨酸羟基类似物计)	—
N-羟甲基蛋氨酸钙	N-Hydroxymethyl methionine calcium	$(C_6H_{12}NO_3S)_2Ca$	化学制备	≥98.0	≥67.6 (以蛋氨酸计)	反刍动物	牛 0~0.04 (以蛋氨酸计)	—	—

2. 维生素及类维生素 vitamins, prpvitamins, chemically weu defined substances having a similar biological effect to vitamins

通用名称	英文名称	化学式或描述	来源	含量规格		适用动物	在配合饲料或全混合日粮中的推荐用量(以维生素计)	在配合饲料或全混合日粮中的最高限量(以维生素计)	其他要求
				以化合物计	以维生素计				
维生素 A 乙酸酸	Vitamin A acetate	$C_{22}H_{32}O_2$	化学制备	—	粉剂 ≥5.0×10^5 IU/g 油剂 ≥2.5×10^6 IU/g	养殖动物	猪 1 300～4000 IU/kg 肉鸡 2 700～8 000 IU/kg 蛋鸡 1 500～4 000 IU/kg 牛 2 000～4 000 IU/kg 羊 1 500～2 400 IU/kg 鱼类 1 000～4 000 IU/kg	仔猪 16 000 IU/kg 育肥猪 6 500 IU/kg 怀孕母猪 12 000 IU/kg 泌乳母猪 7 000 IU/kg 犊牛 25 000 IU/kg 育肥和泌乳牛 10 000IU/g 干奶牛 20 000 IU/kg 14 日龄以前的蛋鸡和肉鸡 20 000 IU/kg 14 日龄以后的蛋鸡和肉鸡 1 0 000 IU/kg 28 日龄以前的肉用火鸡 20 000 IU/kg 28 日龄以后的火鸡 10 000 IU/kg (单独或同时使用)	—
维生素 A 棕榈酸酯	Vitamin A palmitate	$C_{36}H_{60}O_2$	化学制备	—	粉剂 ≥2.5×10^5 IU/g 油剂 ≥1.7×10^6 IU/g		同上		
β-胡萝卜素	beta - Carotene	$C_{40}H_{56}$	提取、发酵生产或化学制备	≥96.0%	—	养殖动物	奶牛 5～30 mg/kg (以 β-胡萝卜素计)	—	—
盐酸硫胺 (维生素 B_1)	Thiamine hydrochloride (Vitamin B_1)	$C_{12}H_{17}ClN_4OS \cdot HCl$	化学制备	98.5%～101.0% (以干基计)	87.8%～90.0% (以干基计)	养殖动物	猪 1～5 mg/kg 家禽 1～5 mg/kg 鱼类 5～20 mg/kg	—	—
硝酸硫胺 (维生素 B_1)	Thiamine mononitrate (Vitamin B_1)	$C_{12}H_{17}N_5O_4S$	化学制备	98.0%～101.0% (以干基计)	90.1%～92.8% (以干基计)		同上	—	—
核黄素 (维生素 B_2)	Riboilavin (Vitamin B_2)	$C_{17}H_{20}N_4O_6$	化学制备或发酵生产	—	98.0%～102.0% 96.0%～102.0% ≥80.0% (以干基计)	养殖动物	猪 2～8 mg/kg 家禽 2～8 mg/kg 鱼类 10～25 mg/kg	—	—
盐酸吡哆醇 (维生素 B_6)	Pyridoxine hydrochlcridc (Vitamin B_6)	$C_8H_{11}NO_3 \cdot HCl$	化学制备	98.0%～101.0% (以干基计)	80.7%～83.1% (以干基计)	养殖动物	猪 1～3 mg/kg 家禽 3～5 mg/kg 鱼类 3～50 mg/kg	—	—

（续）

通用名称	英文名称	化学式或描述	来源	含量规格		适用动物	在配合饲料或全混合日粮中的推荐用量（以维生素计）	在配合饲料或全混合日粮中的最高限量（以维生素计）	其他要求
				以化合物计	以维生素计				
氰钴胺（维生素 B_{12}）	Cyanocobalamin (Vitamin B_{12})	$C_{63}H_{88}CoN_{14}O_{14}P$	发酵生产	—	≥96.0%（以干基计）	养殖动物	猪 5～33 μg/kg 家禽 3～12 μg/kg 鱼类 10～20 μg/kg	—	—
L-抗坏血酸（维生素 C）	L-Ascorbic acid (Vitamin C)	$C_6H_8O_6$	化学制备 发酵生产	—	99.0%～101.0%	养殖动物	猪 150～300 mg/kg 家禽 50～200 mg/kg 犊牛 125～500 mg/kg 罗非鱼、鲫鱼 —鱼苗 300 mg/kg —鱼种 200 mg/kg 青鱼、虹鳟鱼、蛙类 100～150 mg/kg 草鱼、鲤鱼 300～500 mg/kg	—	—
L-抗坏血酸钙	Calcium L-ascorbare	$C_{12}H_{14}CaO_{12}\cdot 2H_2O$	化学制备	≥98.0%	≥80.5%	养殖动物	同上	—	—
L-抗坏血酸钠	Sodium L-ascorbare	$C_6H_7NaO_6$	化学制备 发酵生产	≥99.0%（以干基计）	≥88.0%（以干基计）	养殖动物	同上	—	—
L-抗坏血酸-2-磷酸酯	L-Ascorbyl-2-polyphosphate	—	化学制备	—	≥35.0%	养殖动物	同上	—	—
L-抗坏血酸-6-棕榈酸酯	6-Paimityl-L-ascorbic acid	$C_{22}H_{38}O_7$	化学制备	≥95.0%	≥40.3%	养殖动物	同上	—	—
维生素 D_2	Vitamin D_2	$C_{28}H_{44}O$	化学制备	≥97.0%	≥4.0×10⁷ IU/g	养殖动物	猪 150～500 IU/kg 牛 275～400 IU/kg 羊 150～500 IU/kg	猪 —仔猪代乳料 10 000 IU/kg —其他猪 5 000 IU/kg 家禽 5 000 IU/kg 牛 —犊牛代乳料 10 000 IU/kg —其他牛 4 000 IU/kg 羊、马 4 000 IU/kg 鱼类 3 000 IU/kg 其他动物 2 000 IU/kg	维生素 D_2 与维生素 D_3 不得同时使用
维生素 D_3	Vitamin D_3	$C_{27}H_{44}O$	化学制备或提取	—	油剂 ≥1.0×10^6 IU/g 粉剂 ≥5.0×10^5 IU/g	养殖动物	猪 1 50～500 IU/kg 鸡 400～2 000 IU/kg 鸭 500～800 IU/kg 鹅 500～800 IU/kg 牛 275～450 IU/kg 羊 1 50～500 IU/kg 鱼类 500～2 000 IU/kg		

（续）

通用名称	英文名称	化学式或描述	来源	含量规格		适用动物	在配合饲料或全混合日粮中的推荐用量（以维生素计）	在配合饲料或全混合日粮中的最高限量（以维生素计）	其他要求
				以化合物计	以维生素计				
25-羟基胆钙化醇（25-羟基维生素 D_3）	25-Hydroxy cholecalciferol（25-Hydroxy Vitamin D_3）	$C_{27}H_{44}O_2 \cdot H_2O$	化学制备	≥94.0%	—	猪、家禽	猪 3.75～12.5 μg/k 鸡 10～50 μg/k 鸭、鹅 12.5～20 μg/k	猪 50 μg/k 肉鸡、火鸡 100 μg/kg 其他家禽 80 μg/kg	1. 不得与维生素 D_2 同时使用； 2. 可与维生素 D_3 同时使用，但两种物质在配合饲料中的总量不得超过：仔猪代乳料 250 μg/kg，其他猪 125 μg/kg，家禽 125 μg/kg；同时使用时，按 40 IU VD_3 = 1 μg VD_3 的比例换算 VD_3 的使用量
天然维生素 E	Natural vitamin E	从天然食用植物油的副产物中提取的天然生育酚	提取	1. d-α-生育酚：E70 型，总生育酚≥70.0%，其中 d-α-生育酚≥95.0%；E50 型，总生育酚≥50.0%，其中 d-α-生育酚≥95.0% 2. d-α-醋酸生育酚浓缩物：总生育酚≥70.0% 3. d-α-醋酸生育酚：总生育酚 96.0%～102.0% 4. d-α-琥珀酸生育酚：总生育酚 96.0%～102.0%	—	养殖动物	猪 10～100 IU/kg 鸡 10～30 IU/kg 鸭 20～50 IU/kg 鹅 20～50 IU/kg 牛 15～60 IU/kg 羊 10～40 IU/kg 鱼类 30～120 IU/kg	—	—
DL-α-生育酚（维生素 E）	DL-α-Tocopherol（Vitamin E）	$C_{29}H_{50}O_2$	化学制备	—	96.0%～102.0%		同上	—	—

（续）

通用名称	英文名称	化学式或描述	来源	含量规格		适用动物	在配合饲料或全混合日粮中的推荐用量（以维生素计）	在配合饲料或全混合日粮中的最高限量（以维生素计）	其他要求
				以化合物计	以维生素计				
DL-α-生育酚乙酸酯（维生素 E）	DL-α-Tolopherol acetate (Vitamin E)	$C_{31}H_{52}O_3$	化学制备	油剂 ≥93.0% 粉剂 ≥50.0%	油剂 ≥930 IU/g 粉剂 ≥500 IU/g		同上	—	—
亚硫酸氢钠甲萘醌	Menadione sodium bisulfite (MSB)	$C_{11}H_8O_2 \cdot NaHSO_3 \cdot nH_2O, n=1\sim3$	化学制备	—	≥50.0%（以甲萘醌计）	养殖动物	猪 0.5 mg/kg 鸡 0.4～0.6 mg/kg 鸭 0.5 mg/kg 水产动物 2～16 mg/kg （以甲萘醌计）	—	—
二甲基嘧啶醇亚硫酸甲萘醌	Menadione dimethyl pyrimidinol bisulfite (MPB)	$C_{17}H_{18}N_2O_6S$	化学制备	≥96.7%	≥44.0%（以甲萘醌计）	养殖动物	同上	猪 10 mg/kg 鸡 5 mg/kg （以甲萘醌计）	—
亚硫酸氢烟酰胺甲萘醌	Menadione nicotinamide bisulfite (MNB)	$C_{17}H_{16}N_2O_6S$	化学制备	≥96.0%	≥43.7%（以甲萘醌计）	养殖动物	同上	—	—
烟酸	Nicotinic acid	$C_6H_5NO_2$	化学制备	—	99.0%～100.5%（以干基计）	养殖动物	仔猪 20～40 mg/kg 生长肥育猪 20～30 mg/kg 蛋雏鸡 30～40 mg/kg 育成蛋鸡 10～15 mg/kg 产蛋鸡 20～30 mg/kg 肉仔鸡 30～40 mg/kg 奶牛 50～60 mg/kg（精料补充料） 鱼虾类 20～200 mg/kg	—	—
烟酰胺	Niacinamide	$C_6H_6N_2O$	化学制备	—	≥99.0%	养殖动物	同上	—	—

（续）

通用名称	英文名称	化学式或描述	来源	含量规格		适用动物	在配合饲料或全混合日粮中的推荐用量（以维生素计）	在配合饲料或全混合日粮中的最高限量（以维生素计）	其他要求
				以化合物计	以维生素计				
D-泛酸钙	D-Calcium pantothenaate	$C_{18}H_{32}CaN_2O_{10}$	化学制备	98.0%～101.0%（以干基计）	90.2%～92.9%（以干基计）	养殖动物	仔猪 1 0～1 5 mg/kg 生长肥育猪 10～15 mg/kg 蛋雏鸡 1 0～1 5 mg/kg 育成蛋鸡 10～15 mg/kg 产蛋鸡 20～25 mg/kg 肉仔鸡 20～25 mg/kg 鱼类 20～50 mg/kg	—	—
DL-泛酸钙	DL-Calcium pantothcnatc	$C_{18}H_{32}CaN_2O_{10}$	化学制备	≥99.0%	≥45.5%	养殖动物	仔猪 20～30 mg/kg 生长肥育猪 20～30 mg/kg 蛋雏鸡 20～30 mg/kg 育成蛋鸡 20～30 mg/kg 产蛋鸡 40～50 mg/kg 肉仔鸡 40～50 mg/kg 鱼类 40～100 mg/kg	—	—
叶酸	Folic acid	$C_{19}H_{19}N_7O_6$	化学制备	—	95.0%～102.0%（以干基计）	养殖动物	仔猪 0.6～0.7 mg/kg 生长肥育猪 0.3～0.6 mg/kg 雏鸡 0.6～0.7 mg/kg 育成蛋鸡 0.3～0.6 mg/kg 产蛋鸡 0.3～0.6 mg/kg 肉仔鸡 0.6～0.7 mg/kg 鱼类 1.0～2.0 mg/kg	—	—
D-生物素	D-Biotin	$C_{10}H_{16}N_2O_3S$	化学制备	—	≥97.5%	养殖动物	猪 0.2～0.5 mg/kg 蛋鸡 0.15～0.25 mg/kg 肉鸡 0.2～0.3 mg/kg 鱼类 0.05～0.1 5 mg/kg	—	—

（续）

通用名称	英文名称	化学式或描述	来源	含量规格		适用动物	在配合饲料或全混合日粮中的推荐用量（以维生素计）	在配合饲料或全混合日粮中的最高限量（以维生素计）	其他要求
				以化合物计	以维生素计				
氯化胆碱	Choline chloride	$C_5H_{14}NOCl$	化学制备	水剂 ≥70.0%或 ≥75.0% 粉剂 植物源性载体或植物源性载体为主的混合载体： ≥50.0%或 ≥60.0%或 ≥70.0% 二氧化硅为载体： ≥50.0% （粉剂以干基计）	水剂 ≥52.0%或 ≥55.0% 粉剂 植物源性载体或植物源性载体为主的混合载体： ≥37.0%或 ≥44.0%或 ≥52.0% 二氧化硅为载体： ≥37.0% （粉剂以干基计）	养殖动物	猪 200～1 300 mg/kg 鸡 450～1 500 mg/kg 鱼类 400～1 200 mg/kg	—	用于奶牛时，产品应作保护处理
肌醇	Inositol	$C_6H_{12}O_6$	化学制备	—	≥97.0% （以干基计）	养殖动物	鲤科鱼 250～500 mg/kg 鲑鱼、虹鳟 300～400 mg/kg 鳗鱼 500 mg/kg 虾类 200～300 mg/kg	—	—
L-肉碱	L-Carnitine	$C_7H_{15}NO_3$	化学制备 或 发酵生产	—	97.0%～103.0% （以干基计）	养殖动物	猪 30～50 mg/kg （乳猪 300～500 mg/kg） 家禽 50～60 mg/kg （1 周龄内雏鸡 150 mg/kg） 鲤鱼 5～10 mg/kg 虹鳟 15～120 mg/kg 鲑鱼 45～95 mg/kg 其他鱼 5～100 mg/kg （以 L-肉碱计）	猪 1 000 mg/kg 家禽 200 mg/kg 鱼类 2 500 mg/kg （单独或同时使用，以 L-肉碱计）	—
L-肉碱盐酸盐	L-Carnitine hydrochlcridc	$C_7H_{15}NO_3 \cdot HCl$	化学制备 或 发酵生产	97.0%～103.0% （以干基计）	79.0%～83.8% （以干基计）		同上		

（续）

通用名称	英文名称	化学式或描述	来源	含量规格		适用动物	在配合饲料或全混合日粮中的推荐用量(以维生素计)	在配合饲料或全混合日粮中的最高限量(以维生素计)	其他要求
				以化合物计	以维生素计				
L-肉碱酒石酸盐	L-Carnitine L-Tartrate	$C_{18}H_{36}NO_2O_{12}$	化学制备	—	L-肉碱≥67.2% 酒石酸≥30.8% （以干基计）	宠物	按生产需要适量使用	犬 660 mg/kg 成年猫（繁殖期除外） 880 mg/kg （以 L-肉碱计）	

1. 使用维生素 A 也应遵守维生素 A 乙酸酯和维生素 A 棕榈酸酯的限量要求；
2. 由于测定方法存在精密度和准确度的问题，部分维生素类饲料添加剂的含量规格是范围值，若测量误差为正，则检测值可能超过 100%，故部分维生素类饲料添加剂含量规格出现超过 100% 的情况。

3. 矿物元素及其络(螯)合物 Minerals and their complexes(or chelates)

3.1 微量元素 Trace minerals

元素	化学物通用名称	化学物英文名称	化学式或描述	来源	含量规格(%)		适用动物	在配合饲料或全混合日粮中的推荐添加量(以元素计，mg/kg)	在配合饲料或全混合日粮中的最高限量(以元素计，mg/kg)	其他要求
					以化合物计	以元素计				
铁：来自以下化合物	硫酸亚铁	Ferrous sulfate	$FeSO_4 \cdot H_2O$	化学制备	≥91.3	30.0	养殖动物	猪 40～100 鸡 35～12 牛 10～50 羊 30～50 鱼类 30～200	仔猪（断奶前） 250 mg/头·日 家禽 750 牛 750 羊 500 宠物 1 250 其他动物 750 （单独或同时使用）	—
			$FeSO_4 \cdot 7H_2O$		≥98.0	≥19.7				
	富马酸亚铁	Ferrous fumarate	$FeH_2C_4O_4$	化学制备	≥93.0	≥29.3		同上		
	柠檬酸亚铁	Ferrous citrate	$Fe_3(C_6H_5O_7)_2$	化学制备	—	≥16.5		同上		
	乳酸亚铁	Ferrous lactate	$C_6H_{10}FeO_6 \cdot 3H_2O$	化学制备或发酵生产	≥97.0	≥18.9		同上		

（续）

元素	化学物通用名称	化学物英文名称	化学式或描述	来源	含量规格（%）		适用动物	在配合饲料或全混合日粮中的推荐添加量（以元素计，mg/kg）	在配合饲料或全混合日粮中的最高限量（以元素计，mg/kg）	其他要求
					以化合物计	以元素计				
铜：来自以下化合物	硫酸铜	Copper sulfate	$CuSO_4 \cdot H_2O$	化学制备	≥98.5	35.7	养殖动物	猪 3～6 家禽 0.4～10 牛 10 羊 7～10 鱼类 3～6	仔猪(≤25 kg)125 牛： —开始反刍之前的犊牛 15 —其他牛 30 绵羊 15 山羊 35 甲壳类动物 50 其他动物 25 （单独或同时使用）	—
			$CuSO_4 \cdot 5H_2O$		≥98.5	≥25.1				
	碱式氯化铜	Basic copper chloride	$Cu_2(OH)_3Cl$	化学制备	≥98.0	≥58.1		猪 2.6～5 鸡 0.3～8		
锌：来自以下化合物	硫酸锌	Zinc sulfate	$ZnSO_4 \cdot H_2O$	化学制备	≥94.7	34.5	养殖动物	猪 40～80 肉鸡 55～120 蛋鸡 40～80 肉鸭 20～60 蛋鸭 30～60 鹅 60 肉牛 30 奶牛 40 鱼类 20～30 虾类 15	猪： —仔猪(≤25 砖)110 —母猪 100 —其他猪 80 犊牛代乳料 180 水产动物 150 宠物 200 其他动物 120 （单独或同时使用）	在仔猪断奶后前两周特定阶段，允许在 110 mg/kg 基础上使用氧化锌或碱式氯化锌至 1 600 mg/kg（以配合饲料中 Zn 元素计）
			$ZnSO_4 \cdot 7H_2O$		≥97.3	≥22.0				
	氧化锌	Zin coxide	ZnO	化学制备	≥95.0	≥76.3	养殖动物	猪 43～80 肉鸡 80～120 肉牛 30 奶牛 40		
	蛋氨酸锌络（螯）合物	Zinc methionine complex (chelate)	$Zn(C_5H_{10}NO_2S)_2$ （摩尔比 2∶1）	化学制备蛋氨酸与硫酸锌合成的摩尔比为 2∶1 或 1∶1 的产物）	—	锌≥17.2 蛋氨酸≥78.0 螯合率≥95	养殖动物	猪 42～80 肉鸡 54～120 肉牛 30 奶牛 40		
			$(C_5H_{10}NO_2SZn)HSO_4$ （摩尔比 1∶1）		—	锌≥19.0 蛋氨酸≥42.0 螯合率≥35				

（续）

元素	化学物通用名称	化学物英文名称	化学式或描述	来源	含量规格（%）		适用动物	在配合饲料或全混合日粮中的推荐添加量（以元素计，mg/kg）	在配合饲料或全混合日粮中的最高限量（以元素计，mg/kg）	其他要求
					以化合物计	以元素计				
锰：来自以下化合物	硫酸锰	Manganese sulfate	$MnSO_4 \cdot H_2O$	化学制备	≥98.0	31.8	养殖动物	猪 2～20 肉鸡 72～110 蛋鸡 40～85 肉鸭 40～90 蛋鸭 47～60 鹅 66 肉牛 20～40 奶牛 12 鱼类 2.4～13	鱼类 100 其他动物 150 （单独或同时使用）	—
	氧化锰	Manganese oxide	MnO	化学制备	≥99.0	≥76.6		猪 2～20 肉鸡 86～132		
	氯化锰	Mangancsc chloridc	$MnCl_2 \cdot 4H_2O$	化学制备	≥98.0	≥27.2		猪 2～20 肉鸡 74～113		
碘：来自以下化合物	碘化钾	Potassium iodide	KI	化学制备	≥98.0（以干基计）	74.9（以干基计）	养殖动物	猪 0.14 家禽 0.1～1.0 牛 0.25～0.8 羊 0.1～2.0 水产动物 0.6～1.2	蛋鸡 5 奶牛 5 水产动物 20 其他动物 10（单独或同时使用）	—
	碘酸钾	Potassium iodate	KIO_3	化学制备	≥99.0	≥58.7		同上		
	碘酸钙	Calcium iodate	$Ca(IO_3)_2 \cdot H_2O$	化学制备	≥95.0（以 $Ca(IO_3)_2$ 计）	≥61.8		同上		

（续）

元素	化学物通用名称	化学物英文名称	化学式或描述	来源	含量规格（%）		适用动物	在配合饲料或全混合日粮中的推荐添加量（以元素计，mg/kg）	在配合饲料或全混合日粮中的最高限量（以元素计，mg/kg）	其他要求
					以化合物计	以元素计				
钴：来自以下化合物	硫酸钴	Cobalt sulfate	$CoSO_4$	化学制备	≥98.0	≥37.2	养殖动物	牛、羊 0.1～0.3 鱼类 0～1	2 （单独同时使用）	—
			$CoSO_4 \cdot H_2O$		≥96.5	≥33.0				
			$CoSO_4 \cdot 7H_2O$		≥97.5	≥20.5				
	氯化钴	Cobalt chloride	$CoCl_2 \cdot H_2O$	化学制备	≥98.0	≥39.1		同上		
			$CoCl_2 \cdot 6H_2O$		≥96.8	≥24.0				
	乙酸钴	Cobalt acetate	$Co(CH_3COO)_2$	化学制备	≥98.0	≥32.6		牛、羊 0.1～0.4 鱼类 0～1.2		
			$Co(CH_3COO)_2 \cdot 4H_2O$		≥98.0	≥23.1				
	碳酸钴	Cobalt carbonate	$CoCO_3$	化学制备	≥98.0	48.5	反刍动物	牛、羊 0.1～0.3		
硒：来自以下化合物	亚硒酸钠	Sodium selenite	Na_2SeO_4	化学制备	≥98.0 （以干基计）	≥44.7 （以干基计）	养殖动物	畜禽 0.1～0.3 鱼类 0.1～0.3	0.5 （单独或同时使用）	使用时应先制成预混剂，且标签上应标示最大硒含量
	酵母硒	Selenium yeast complex	酵母在含无机硒的培养基中发酵培养，将无机态硒转化生成有机硒	发酵生产	—	有机形态硒含量≥0.1		同上		产品需标示最大硒含量和有机硒含量，无机硒含量不得超过总硒的2.0%
铬：来自以下化合物	烟酸铬	Chromium nicotinate	Cr(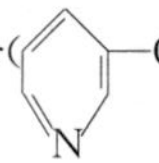 —$COO)_3$	化学制备	≥98.0	≥12.0	猪	0～0.2	0.2 （单独或同时使用）	饲料中铬的最高限量是指有机形态铬的添加限量
	吡啶甲酸铬	Chromium tripicolinate	Cr(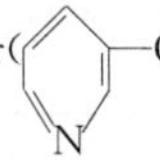 —$COO)_3$	化学制备	≥98.0	12.2～12.4		同上		

3.2 常量元素 Macro minerals

元素	化学物通用名称	化学物英文名称	化学式或描述	来源	含量规格(%)		适用动物	在配合饲料或全混合日粮中的推荐添加量(%)	在配合饲料或全混合日粮中的最高限量(%)	其他要求
					以化合物计	以元素计				
钠：来自以下化合物	氯化钠	Sodium chloride	NaCl	天然盐加工制取	≥91.0	Na≥35.7 Cl≥55.2	养殖动物	猪 0.3～0.8 鸡 0.25～0.4 鸭 0.3～0.6 牛、羊 0.5～1.0 (以 NaCl 计)	猪 1.5 家禽 1.0 牛、羊 2.0 (以 NaCl 计)	—
	硫酸钠	Sodium sulfate	Na_2SO_4	天然盐加工制取或化学制备	≥99.0	Na≥32.0 S≥22.3		猪 0.1～0.3 肉鸡 0.1～0.3 鸭 0.1～0.3 牛、羊 0.1～0.4 (以 Na_2SO_4 计)	0.5 (以 Na_2SO_4 计)	本品有轻度致泻作用，反刍动物应注意维持适当的氮硫比
	磷酸二氢钠	Monosodium phosphate	NaH_2PO_4 $NaH_2PO_4 \cdot H_2O$ $NaH_2PO_4 \cdot H_2O$	化学制备	98.0～103.0 (以 NaH_2PO_4 计，干基)	Na≥18.7 P≥25.3 (以 NaH_2PO_4 计，干基)		猪 0～1.0 家禽 0～1.5 牛 0～1.6 淡水鱼 1.0～2.0 (以 NaH_2PO_4 计)	—	在畜禽饲料中较少使用，在鱼类饲料中适量添加还可补充饲料中的磷元素，使用时应考虑磷与钙的适当比例及钠元素的总量
	磷酸氢二钠	Disodium phosphate	Na_2HPO_4 $Na_2HPO_4 \cdot 2H_2O$ $Na_2HPO_4 \cdot 12H_2O$	化学制备	≥98.0 (以 Na_2HPO_4 计，干基)	Na≥31.7 P≥21.3 (以 Na_2HPO_4 计，干基)		猪 0.5～1.0 家禽 0.6～1.5 牛 0.8～1.6 淡水鱼 1.0～2.0 (以 Na_2HPO_4 计)	—	

（续）

元素	化学物通用名称	化学物英文名称	化学式或描述	来源	含量规格（%）		适用动物	在配合饲料或全混合日粮中的推荐添加量（%）	在配合饲料或全混合日粮中的最高限量（%）	其他要求
					以化合物计	以元素计				
钙：来自以下化合物	轻质碳酸钙	Calcium carbonate	$CaCO_3$	化学制备	≥98.0（以干基计）	Ca≥39.2（以干基计）	养殖动物	猪 0.4～1.1 肉禽 0.6～1.0 蛋禽 0.8～4.0 牛 0.2～0.8 羊 0.2～0.7 （以 Ca 元素计）	—	摄取过多钙会导致钙磷比例失调并阻碍其他微量元素的吸收
	氯化钙	Calcium chloride	$CaCl_2$	化学制备	≥93.0	Ca≥33.5 Cl≥59.5		同上	—	
			$CaCl_2 \cdot 2H_2O$		99.0～107.0	Ca≥26.9 Cl≥47.8				
	乳酸钙	Calcium lactate	$C_6H_{10}O_6Ca$ $C_6H_{10}O_6Ca \cdot H_2O$ $C_6H_{10}O_6Ca \cdot 3H_2O$ $C_6H_{10}O_6Ca \cdot 5H_2O$	化学制备或发酵生产	≥97.0（以 $C_6H_{10}O_6Ca$ 计，干基）	Ca≥17.7（以 $C_6H_{10}O_6Ca$ 计，干基）		同上	—	
磷：来自以下化合物	磷酸氢钙	Dicalcium phosphate	$CaHPO_4 \cdot 2H_2O$	化学制备	—	总 P≥16.5 Ca≥20.0 总 P≥19.0 Ca≥15.0 总 P≥21.0 Ca≥14.0	养殖动物	猪 0～0.55 肉禽 0～0.45 蛋禽 0～0.4 牛 0～0.38 羊 0～0.38 淡水鱼 0～0.6 （以 P 元素计）	—	水产饲料中使用磷时应注意用量，避免水体污染
	磷酸二氢钙	Monocalcium phosphate	$Ca(H_2PO_4)_2 \cdot H_2O$	化学制备	—	总 P≥22.0 Ca≥13.0		同上	—	
	磷酸三钙	Tricalcium phosphate	$Ca_3(PO_4)_2$	化学制备	—	总 P≥18.0 Ca≥30.0		同上	—	

（续）

元素	化学物通用名称	化学物英文名称	化学式或描述	来源	含量规格（%）		适用动物	在配合饲料或全混合日粮中的推荐添加量（以元素计，mg/kg）	在配合饲料或全混合日粮中的最高限量（以元素计，mg/kg）	其他要求
					以化合物计	以元素计				
镁：来自以下化合物	氧化镁	Magnesium oxide	MgO	化学制备	≥96.5	Mg≥57.9	养殖动物	泌乳牛羊 0～0.5 （以 MgO 计）	泌乳牛羊 1.0 （以 MgO 计）	—
	氯化镁	Magnesium chloride	$MgCl_2 \cdot 6H_2O$	化学制备	≥98.0	Mg≥11.6 Cl≥34.3		猪 0～0.04 家禽 0～0.06 牛 0～0.4 羊 0～0.2 淡水鱼 0～0.06 （以 Mg 元素计）	猪 0.3 家禽 0.3 牛 0.5 羊 0.5 （单独或同时使用，以 Mg 元素计）	大剂量使用会导致腹泻，注意镁和钾的比例
	硫酸镁	Magnesium sulfate	$MgSO_4 \cdot H_2O$	化学制备或从苦卤中提取	≥94.0	Mg≥16.5		同上		—
			$MgSO_4 \cdot 7H_2O$		≥99.0	Mg≥9.7				

4. 非蛋白氮 Non－protein nitrogen

通用名称	英文名称	化学式或描述	来源	含量规格（%）		适用动物	在配合饲料或全混合日粮中的推荐添加量（以化合物计，%）	在配合饲料或全混合日粮中的最高限量（以化合物计，%）	其他要求
				以化合物计	以元素计				
尿素	Urea	$CO(NH_2)_2$	化学制备	≥98.6 （以干基计）	N≥46.0 （以干基计）	反刍动物	肉牛、羊 0～1.0 奶牛 0～0.6	1.0	—
硫酸铵	Ammonium sulfate	$(NH_4)_2SO_4$	化学制备	≥99.0	N≥21.0 S≥24.0	反刍动物	肉牛、羊 0～0.3 奶牛、羊 0～1.2	1.5	—
磷酸二氢铵	Mono ammonium phosphate	$NH_4H_2PO_4$	化学制备	≥96.0	N≥11.6	反刍动物	肉牛、羊 0～1.5 羊 0～1.2	2.6	—
磷酸氢二铵	Diammonium phosphate	$(NH_4)_2HPO_4$	化学制备	—	N≥19.0 P：22.3～23.1	反刍动物	肉牛 0～1.5 奶牛、羊 0～1.2	1.5	—

（续）

通用名称	英文名称	化学式或描述	来源	含量规格（%）		适用动物	在配合饲料或全混合日粮中的推荐添加量（以化合物计，%）	在配合饲料或全混合日粮中的最高限量（以化合物计，%）	其他要求
				以化合物计	以元素计				
磷酸脲	Urea phosphate	$CO(NH_2)_2H_3PO_4$	化学制备	—	N≥16.5 P≥18.5	反刍动物	肉牛 0～1.4 奶牛 0～1.5 羊 0～1.6	1.8	—
氯化铵	Ammonium chloride	NH_4Cl	化学制备	—	N≥25.6	反刍动物	按生产需要适量使用	1.0	—
碳酸氢铵	Ammonium bicarbonate	NH_4HCO_3	化学制备	N≥99.0	≥17.5	反刍动物	秸秆氨化：0～12.0	—	1. 仅限于反刍动物粗饲料秸秆的氨化处理； 2. 液氨根据粗饲料特性可直接使用，也可配制成氨水使用； 3. 氨化秸秆用量在反刍动物日粮中不得超过 20%
液氨	Liquid ammonia	NH_3	化学制备	≥99.6	—	反刍动物	秸秆氨化：0～3.0	—	

1. 非蛋白氮类产品适用于瘤胃功能发育基本完成的反刍动物，通常牛 6 月龄以上，羊 3 月龄以上；
2. 非蛋白氮类产品应混合到日粮中使用，且用量应逐步增加；不宜与生豆饼混合饲喂，饲喂后动物不能立即饮水；
3. 尿素可与谷物或其他碳水化合物在一定温度、压力、湿度条件下制成糊化淀粉尿素使用；
4. 使用非蛋白氮类产品时，日粮应含有较高水平的可消化碳水化合物和较低水平的可溶性氮，并注意日粮中氮与磷、氮与硫的平衡；
5. 全混合日粮中所有非蛋白氮总量折算成粗蛋白当量不得超过日粮粗蛋白总量的 30%；
6. 在配合饲料或全混合日粮中的推荐添加量和最高限量以干物质为基础计算。

5. 抗氧化剂 Antioxidants

通用名称	英文名称	化学式或描述	来源	含量规格（%）	适用动物	在配合饲料或全混合日粮中的推荐添加量（以化合物计，mg/kg）	在配合饲料或全混合日粮中的最高限量（以化合物计，mg/kg）	其他要求
乙氧基喹啉	Ethoxyquin	$C_{14}H_{19}NO$	化学制备	N≥95.0	养殖动物（犬除外）	按生产需要适量使用	150	1. 同时使用时，在配合饲料或全混合日粮中的总量不得超过150 mg/kg；2. 单独或同时在饲用油脂中使用时，总量不得超过 200 mg/kg（以油脂中的含量计）
					犬	按生产需要适量使用	100	
丁基羟基茴香醚	Butylated hydroxyanisole (BHA)	$C_{11}H_{16}O_2$	化学制备	≥98.5	养殖动物	按生产需要适量使用	150	
二丁基羟基甲苯	Butylated hydroxytoluene (BHT)	$C_{15}H_{24}O$	化学制备	≥99.0	养殖动物	按生产需要适量使用	150	
没食子酸丙酯	Propyl gallate	$C_{10}H_{12}O_5$	化学制备	≥98.0	养殖动物	按生产需要适量使用	100	
特丁基对苯二酚	Tertiary butyl hydroquinone (TBHQ)	$C_{10}H_{14}O_2$	化学制备	≥99.0	养殖动物	按生产需要适量使用	150	
茶多酚	Tea polyphenol	从茶叶（*Camelliasinensis L.*）中提取的以儿茶素为主要成分的多酚类化合物	提取	茶多酚≥30.0	养殖动物	按生产需要适量使用	—	标签中应同时标示儿茶素类的分析保证值

（续）

通用名称	英文名称	化学式或描述	来源	含量规格（%）	适用动物	在配合饲料或全混合日粮中的推荐添加量（以化合物计，mg/kg）	在配合饲料或全混合日粮中的最高限量（以化合物计，mg/kg）	其他要求
维生素E（天然维生素E）	Natural vitamin E	从天然食用植物油的副产物中提取的天然生育酚，包括d-α-生育酚、d-β-生育酚、d-γ-生育酚、d-δ-生育酚等	提取	1. d-α-生育酚 E70型，总生育酚≥70.0，其中d-α-生育酚≥95.0； E50型，总生育酚≥50.0其中d-α-生育酚≥95.0 2. 混合生育酚浓缩物： 总生育酚≥50.0，其中d-α-生育酚、d-γ-生育酚和d-δ-生育酚≥80.0	养殖动物	按生产需要适量使用	—	—
维生素E（DL-α-生育酚）	DL-α-Tocopherol	$C_{29}H_{50}O_2$	化学制备	96.0～102.0	养殖动物	按生产需要适量使用	—	—
L-抗坏血酸-6-棕榈酸酯	6-Palmityl-L-ascorbic acid	$C_{22}H_{38}O_7$	化学制备	≥95.0	养殖动物	按生产需要适量使用	—	—
迷迭香提取物	Rosemary extract	以迷迭香（*Rosmarinus officinalis* L.）的茎叶为原料，经溶剂提取或超临界二氧化碳萃取精制而得	提取	脂溶性产品： 总抗氧化成分（以鼠尾草酸和鼠尾草酚计）≥10.0 水溶性产品： 迷迭香酸≥5.0	宠物	按生产需要适量使用	—	若提取溶剂为正己烷或甲醇时，正已烷残留≤25 mg/kg，甲醇残留≤50 mg/kg

6. 着色剂 Coloring agents

通用名称	英文名称	化学式或描述	来源	含量规格（%）	适用动物	在配合饲料中的推荐添加量（以化合物计，mg/kg）	在配合饲料中的最高限量（以化合物计，mg/kg）	其他要求
β-胡萝卜	beta－carotene	$C_{40}H_{56}$	提取、发酵生产或化学制备	≥96.0	家禽	按生产需要适量使用	—	—
辣椒红	Paprika red	有效成分为辣椒红素（Capsanthin，$C_{40}H_{56}O_3$）和辣椒玉红素（Capsombin，$C_{40}H_{56}O_4$）	提取	类胡萝卜素总量≥7.0，其中辣椒红素和辣椒玉红素总量占类胡萝卜素总量≥30	家禽	按生产需要适量使用	80（以辣椒红素计）	同时使用时，在配合饲料中的总量不得超过80 mg/kg
β－阿朴－8’－胡萝卜素醛	beta－apo－8’－carotenal	$C_{30}H_{40}O$	化学制备	≥96	家禽	按生产需要适量使用	80	
β-阿朴－8’－胡萝卜素酸乙酯	beta－apo－8’－carotenoic acid ethyl Ester	$C_{32}H_{44}O_2$	化学制备	≥96	家禽	按生产需要适量使用	80	
β，β－胡萝卜素－4，4－二酮（斑蝥黄）	beta，beta－carotene－4，4－diketone（Canthaxanthin）	$C_{40}H_{52}O_2$	化学制备	≥96	家禽	按生产需要适量使用	肉禽25 蛋禽8	
天然叶黄素（源自万寿菊）	Natural xanthophyll（Marigold extract）	以万寿菊（*Tagetes erecta* L.）中脂溶性提取物为原料经皂化制得，主要着色物质包括叶黄素（lutein）和玉米黄质（zeaxanthin）	提取	叶黄素和玉米黄质总量≥18.0	家禽、水产养殖动物	按生产需要适量使用	80（以叶黄素和玉米黄质总量计）	

（续）

通用名称	英文名称	化学式或描述	来源	含量规格（%）	适用动物	在配合饲料中的推荐添加量（以化合物计，mg/kg）	在配合饲料中的最高限量（以化合物计，mg/kg）	其他要求
虾青素	Astaxanthin	$C_{40}H_{52}O_4$	化学制备	≥96	水产养殖动物、观赏鱼	按生产需要适量使用	鱼（除观赏鱼外）：100 虾、蟹等甲壳类动物：200 （单独或同时使用，以虾青素计）	鱼龄6个月以后使用
红法夫酵母	Xanthophyllomyces dendrorhous (Anamorph Phaffia rhodozyma)	干燥、灭活的红法夫酵母，富含虾青素（$C_{40}H_{52}O_4$）	发酵生产	≥0.4 （以虾青素计）				
柠檬黄	Tartrazine	$C_{16}H_9N_4Na_3O_9S_2$	化学制备	≥87.0	宠物	按生产需要适量使用	—	—
日落黄	Sunset yellow	$C_{16}H_{10}N_2Na_2O_7S_2$	化学制备	≥87.0	宠物	按生产需要适量使用	—	—
诱惑红	Allura red	$C_{18}H_{14}N_2Na_2O_8S_2$	化学制备	≥85.0	宠物	按生产需要适量使用	—	—
胭脂红	Ponceau 4R	$C_{20}H_{11}N_2Na_3O_{10}S_3 \cdot 1.5H_2O$	化学制备	≥85.0	宠物	按生产需要适量使用	—	—
靛蓝	Indigotine	$C_{16}H_8N_2Na_2O_8S_2$	化学制备	≥85.0	宠物	按生产需要适量使用	—	—
赤藓红	Erythrosine	$C_{20}H_6I_4Na_2O_5 \cdot H_2O$	化学制备	≥85.0	宠物	按生产需要适量使用	—	—
二氧化钛	Titanium dioxide	TiO_2	化学制备	≥98.0	宠物	按生产需要适量使用	—	—
焦糖色（亚硫酸铵法）	Caramel colour class IV (ammonia sulphite process)	以蔗糖、淀粉糖浆、木糖母液等为原料，采用亚硫酸铵法制得	化学制备	$E_{1cm}^{0.1\%}$（610 nm）0.01～1.00	宠物	按生产需要适量使用	—	—
苋菜红	Amaranth	$C_{20}H_{11}N_2Na_3O_{10}S_3$	化学制备	≥85.0	宠物、观赏鱼	按生产需要适量使用	—	—
亮蓝	Brilliant blue	$C_{37}H_{34}N_2Na_2O_9S_3$	化学制备	≥85.0	宠物、观赏鱼	按生产需要适量使用	—	—

7. 调味和诱食物质（甜味物质）Flavouring and appetising substances（sweetening substances）

通用名称	英文名称	化学式或描述	来源	含量规格（%）	适用动物	在配合饲料或全混合日粮中的推荐添加量（以化合物计，mg/kg）	在配合饲料或成全混合日粮中的最高限量（以化合物计，mg/kg）	其他要求
糖精	Saccharin	$C_7H_5NO_3S$	化学制备	≥99.0（以干基计）	猪	按生产需要适量使用	150	同时使用时，在配合饲料中的总量不得超过150 mg/kg
糖精钙	Calcium saccharin	$C_{14}H_8CaN_2O_6S_2$	化学制备	≥99.0（以干基计）	猪	按生产需要适量使用	150	
新甲基橙皮苷二氢查耳酮	Neohesperidin dihydrochalcone	$C_{28}H_{36}O_{15}$	化学制备	≥96.0（以干基计）	猪	按生产需要适量使用	35	—
索马甜	Thaumatin	以非洲竹竽（*Thaumatococcusdaniellii*）成熟果实假种皮为原料，经水提获得，以索马甜蛋白Ⅰ（$T_Ⅰ$）和索马甜蛋白Ⅱ（$T_Ⅱ$）为主要成分	提取	≥93.0	养殖动物	0～5	—	

1. 糖精钠（$C_7H_4NNaO_3S$）的使用要求与糖精、糖精钙一致，与糖精、糖精钙同时使用时，在配合饲料中的总量不得超过 150 mg/kg。

8. 黏结剂、抗结块剂、稳定剂和乳化剂 Binders，anticaking，stabilizing and emulsifying agents

通用名称	英文名称	化学式或描述	来源	含量规格（%）	适用动物	在配合饲料或全混合日粮中的推荐添加量（以化合物计，mg/kg）	在配合饲料或全混合日粮中的最高限量（以化合物计，mg/kg）	其他要求
卡拉胶	Carrageenan	以红藻（*Rhodophyceae*）类植物为原料，经水或碱液提取、加工而成的K（Kappa）、I（Iota）、λ（Lambda）三种基本型号卡拉胶的混合物	化学制备	硫酸酯（以 SO_4 计）15～40 黏度≥0.005 Pa·s	宠物	按生产需要适量使用	—	—
决明胶	Cassia gum	以豆科植物决明（*Cassia tora* 或 *Cassia obtusifolia*）种子的胚乳为原料，经萃取加工制得，主要含半乳甘露聚糖，即包含甘露糖线性主链和半乳糖侧链的聚合物，其中甘露糖和半乳糖的比例约为5∶1	提取	半乳甘露聚糖≥75	宠物	按生产需要适量使用	17 600	仅用于水分含量超过20%的宠物饲料
刺槐豆胶	Carob bean gum	以刺槐豆种子 *Ceratonia siliqua*（L.）Taub.（Fam. *Leguminosae*）的胚乳或胚乳粉为原料经加工制得，主要由半乳甘露聚糖组成，其中甘露糖和半乳糖的比例约为4∶1	提取	—	宠物	按生产需要适量使用	—	—
果胶	Pectin	以柚子、柠檬、柑橘、苹果等水果的果皮或果渣以及其他适当的可食用的植物为原料，经提取、精制而得	提取	总半乳糖醛酸≥65	宠物	按生产需要适量使用	—	—

（续）

通用名称	英文名称	化学式或描述	来源	含量规格（%）	适用动物	在配合饲料或全混合日粮中的推荐添加量（以化合物计，mg/kg）	在配合饲料或成全混合日粮中的最高限量（以化合物计，mg/kg）	其他要求
微晶纤维素	Microcrystalline cellulose	以纤维植物为原料，与无机酸捣成浆状，制成仅 α-纤维素，再经处理使纤维素作部分解聚，然后再除去非结晶部分并提纯而得，聚合度通常不超过 400，分子式：$(C_6H_{10}O_5)_n$	化学制备	碳水化合物含量（以纤维素计）≥97.0 （以干基计）	宠物	按生产需要适量使用	—	—
辛烯基琥珀酸淀粉钠	Starch sodium octenylsuccinate	以淀粉与辛烯基琥珀酸酐经酯化，同时可能经过酶处理、糊精化、酸处理、漂白处理而制得的蒸煮或预糊化辛烯基琥珀酸淀粉钠	化学制备	辛烯基琥珀酸基团≤3.0 二氧化硫残留量 ≤50 mg/kg（谷物） ≤10 mg/kg（其他）	养殖动物	按生产需要适量使用	—	—
二氧化硅（沉淀并经干燥的硅酸）	Silicon dioxide (Silicic acid, precipitated and dried)	SiO_2	化学制备	≥96.0（灼烧后）	养殖动物	按生产需要适量使用	20 000	—

饲料行业组织机构

全国各省、自治区、直辖市、计划单列市饲料工业（工作）办公室组织机构一览表

单位	主任	副主任	编制	级别	成立时间	性质	经费来源	隶属关系	隶属关系变更及时间	办公地址	联系人	电话/传真	邮编
北京市农业局	张毅良	张保延	8	处级	2000.06	行政	—	北京市农业局	2000年6月	北京市西城裕民中路6号	张保延	010－82031927 010－82031927（F）	100029
天津市畜牧兽医局	吴　浩	—	2	处级	1989.03	行政	财政	天津市农村工作委员会	1989年3月	天津市南开区华苑海泰信息广场A座	张志宏	022－28301388 022－28301388（F）	300384
河北省饲料工作办公室	檀苍中	—	8	处级	1990.07	行政	财政拨款	河北省畜牧兽医局	2005年10月	河北省石家庄裕华东路88号	郭文娟	0311－86256728 0311－86256728（F）	050031
山西省农业厅饲料奶站管理办公室	魏振兴	侯晋兰	与畜牧局合署办公	处级	1991.05	行政	无	山西省农业厅	1995年6月与省农业厅畜牧兽医局合属	山西省太原市迎泽大街312号	侯晋兰	0351－4044932 0351－4129732（F）	030001
内蒙古自治区农牧业厅饲料处	高雪峰	宗玉德	—	正处	2000.05	行政	—	内蒙古自治区农牧业厅	2000年5月10日由区经委划归区农牧业厅	呼和浩特市赛罕区乌兰察布东街70号	宗玉德	0471－6652037 0471－6652292（F）	010011
辽宁省饲料工作办公室	张建勋	—	6	处级	1983.06	行政	财政拨款	辽宁省畜牧兽医局	1990年前在省经委，1990年后在农村工作办，2004年5月归省畜牧兽医局	辽宁省沈阳市和平区太原北街2号	李　闯	024－23447222 024－23447222（F）	110011
吉林省饲料工作办公室	金亨吉	—	5	处级	2000.09	行政	财政拨款	吉林省畜牧业管理局	2000年09月	吉林省长春市人民大街1486号	韩　铁	0431－88906664 0431－88906875（F）	130051

（续）

单位	主任	副主任	编制	级别	成立时间	性质	经费来源	隶属关系	隶属关系变更及时间	办公地址	联系人	电话/传真	邮编
黑龙江省畜牧兽医局	周立冬	—	4	处级	1986.03	行政	省财政	黑龙江省畜牧兽医局	2000年6月由省农委划归省畜牧局	黑龙江省哈尔滨市香坊区文府街4-1号	张乃斌	0451-82625668 0451-82650907（F）	150000
上海市饲料工作办公室	—	施 彬	2	处级	1986	行政	财政拨款	上海市农业委员会	2001年1月由市商划归市农委	上海市大沽路100号2006室	何麒麟	021-23113090 021-63580987（F）	200003
江苏省饲料工作办公室	杨 瑛		8	处级	2000.10	事业	全额拨款	江苏省农委	2000年10月由省农业厅划归省农林厅	江苏省南京市龙江小区月光广场8号农林大厦	冯三令	025-86263917 025-86263057（F）	210036
浙江省饲料工作办公室	朱家新	袁国华	8	处级	2000.09	事业	省财政	浙江省畜牧兽医局	2000年9月归属省农业厅，2004年3月归省畜牧局	浙江省杭州市凤起东路29号	葛莉莉	0571-86757937 0571-86041245（F）	310020
安徽省饲料工作办公室	董卫星	田文钊	1	局级	1996	行政	政府拨款	安徽省农业委员会	1995年前属省粮食局，1996年后归属省农业厅	安徽省合肥市徽州大道193号省畜牧局	杨 林	0551-62616494 0551-62669100（F）	230001
福建省农业厅饲料兽药管理处	陈贵英	—	3	处级	1996.06	行政	财 政	福建省农业厅	2000年12月底属省农业厅	福建省福州市华林路123号	周 健	0591-87851058 0591-87832712（F）	350003
江西省饲料工业办公室	漆文芳	孙 新 徐晓云	10	正处	1986	全额事业	财政拨款	江西省农业厅	2002年2月由省计委划归到省农业厅主管	江西省南昌市东湖区省府东二路省农业厅内	李 丹	0791-86211805 0791-86217341（F）	330046
山东省畜牧兽医局饲料处（山东省饲料工作办公室）	高捍东	赵洪山	—	处级	2000.04	行政	财政拨款	山东省畜牧兽医局	2000年4月	山东省济南市槐树街68号	杨 旻	0531-87198752 0531-87198095（F）	250022
河南省畜牧局饲料处	蔡文军	—	4	处级	1995.10	行政	财政拨款	河南省畜牧局	1993年由省计委转畜牧局	河南省郑州市经三路91号	王 鹏	0371-65778589 0371-65778981（F）	450045
湖北省饲料工作办公室	董文忠	王仲才	3	处级	1985.05	行政	财政拨款	湖北省农业厅	1995年12月由省经委到省农业厅	湖北省武汉市武昌区武珞路519号	王仲才	027-87876982 027-87876982（F）	430070
湖南省饲料工业办公室	陈志军	赵 明 杨建武	9	正处	1985.10	行政性事业单位	全额拨款	湖南省畜牧水产局	2003年由省计委变更到省农业厅	长沙市韶山北路112号天心电子大厦	陈旭高	0731-84426940 0731-84445743（F）	410011

（续）

单位	主任	副主任	编制	级别	成立时间	性质	经费来源	隶属关系	隶属关系变更及时间	办公地址	联系人	电话/传真	邮编
广东省饲料工作办公室	赵　苹	—	3	处级	2000	行政	财政拨款	省农业厅	2000年8月从省经贸委划归到省农业厅	广州市先烈东路135号2号楼409	聂　飞	020-37288991 020-37288723（F）	510500
海南省饲料工作办公室	严　坚		2	处级	1992	行政	财政拨款	海南省农业厅	—	海口市海府路59号省农业厅1306室	黄云青	0898-65316798 0898-65350395（F）	570204
广西壮族自治区饲料工业办公室	闭　强	—	-	处级	2000.04	行政	财政拨款	广西壮族自治区水产畜牧兽医局	2000年8月	广西南宁市青山路8号广西动物安全保障中心1113室	卢丽枝	0771-5829768 0771-5829872（F）	530022
重庆市农业委员会畜牧业发展处（饲料工业办公室）	许会军	向品居	7	处级	1986.08	行政	财政拨款	重庆市农业委员会	1997年由市农委划归市农业局	重庆市北部新区黄山大道中段186号	潘　川	023-89133142 023-89133141（F）	401121
四川省饲料工业办公室	周朝华	李宗明	4	正处级	1987.02	行政	财政拨款	四川省农业厅	1992年变更到省畜牧食品办公室（1995年改为省畜牧食品局）	四川省成都市武侯祠大街3号	严　华	028-85545641 028-85580420（F）	610041
贵州省草业饲料处	孙玉忠	—	4	正处	1998	行政	全额拨款	贵州省农业厅（副厅级）	1996年从省经贸委变更到省畜牧局	贵州省贵阳市延安中路62号	廖云华	0851-85286055 0851-85280971（F）	550001
云南省饲料工作办公室	徐祖林	张存焕	6	处级	2000.11	行政	财政拨款	云南省农业厅	2000年11月（云南省饲料办原名为云南省食品饲料工业办公室，成立于1980年9月）	云南省昆明市万华路169号	高婷婷	0871-65749524 0871-65749524（F）	650224
陕西省饲料工业办公室	—	刘万军 肖红年	17	处级	1986	事业	全额拨款	陕西省畜牧兽医局	2009年	陕西省西安市习武园27号	刘冬霞	029-87343729 029-87343729（F）	710003
甘肃省饲料工业办公室	瞿惠玲	—	6	正处	1996.06	参公事业单位	财政拨款	甘肃省兽医局	1989年前归省计委，1989年后改挂省畜牧厅	兰州市城关区平凉路106号	王秋娟	0931-8179292 0931-8179292（F）	730000
青海省饲料工业办公室	曾植俊	—	1	处级	1987.05	行政	财政拨款	青海省农牧厅	1995年5月由省经贸委挂靠省畜牧厅，2003年5月挂靠在省农牧厅	西宁市交通巷4号	张　茹	0971-3136033 0971-6136031（F）	810003

（续）

单位	主任	副主任	编制	级别	成立时间	性质	经费来源	隶属关系	隶属关系变更及时间	办公地址	联系人	电话/传真	邮编
宁夏回族自治区饲料工业办公室	席永平	王健林	5	处级	1986.11	事业	行政拨款	宁夏回族自治区农牧厅	2000年由区畜牧局划归区农牧厅	宁夏银川市金凤区北京中路159号	王建林	0951－5169887 0951－5169887（F）	750002
新疆维吾尔自治区畜产品质量安全监管处	王小民	—	5	处级	1989	行政	财政拨款	新疆维吾尔自治区畜牧厅	1992年末改为新疆区饲料工业领导小组办公室	乌鲁木齐市新华南路408号	于纪彪	0991－8567730 0991－8567730（F）	830000
青岛市饲料工作办公室	陶明森	—	5	正处	1990.02	行政	财政拨款	青岛市畜牧兽医局	2001年5月11日主管部门由经委变更市畜牧服务中心后归市农委	青岛市南区东海中路2号环海大厦24楼	陶明森	0532－85068590 0532－85065530（F）	266071
大连市农村经济委员会	刘成芳	—	4	处级	2001.12	行政	财政拨款	大连市动物卫生监督管理局	2001年12月前属市计委	大连市西岗区新开路87号金福大厦1317室	刘成芳	0411－83689265 0411－83689265（F）	116000
宁波市畜牧兽医局	葛民乐	余全法	6	正处	—	行政事业	财政拨款	宁波市农业局	—	宁波市宝善路220号	王芬露	0574－87483289 0574－87483286（F）	315012
深圳市饲料管理办公室	杨　平	—	5	处级	2001.11	行政	财政全额	深圳市农业和渔业局	2001年11月	深圳市福中三路市民中心西区一楼1075室	张碧华	0755－82001967 0755－82001957（F）	518035
厦门市农业局	涂坚忠	—	3	正处	1999	行政	市财政局	厦门市农业局	2003年初归市农业局畜牧兽医处	厦门市思明区湖滨北路67号3号楼	陈思榕	0592－2892288 0592－2892290（F）	361002

（李大鹏）

全国各省、自治区、直辖市、计划单列市饲料工业协会组织机构一览表

省别	会长	秘书长	副秘书长	成立时间	换届时间	隶属关系	办公地址	邮编	联系人	电话	传真	电子信箱
北京市	汪秀艳	王文娟	—	1986.02.26	2015.01.14	北京市农业局	北京市朝阳区安外北苑路甲十五号506	100107	李忠诚	010－63518890	010－63543914	bjslxh@126.com
天津市	瞿胜利	孙子宝	郝国强	1991.01.01	2012.09.05	天津市农村工作委员会	天津市静海经济开发区物海道18号	301600	张志宏	022－28301388	022－28301388	13323399179@126.com
河北省	檀苍中	薛艳军	杨　冬	1997.10.06	2013.03.17	河北省农业厅	河北省石家庄市裕华区兴苑街4号	050021	董美响	0311－85888039	0311－85888039	xyj86576603@163.com
山西省	雷郭堂	张艳梅	—	1997.04	2012.06	山西省农业厅	山西省太原市迎泽大街312号	030001	张艳梅	0351－8395315	0351－4129732	sxslb.zym888@163. com
内蒙古自治区	马红刚	杨红东	张连义	2000.02	2013.11.15	—	内蒙古自治区呼和浩特市赛罕区昭乌达南路	010020	张连义	0471－4961659	0471－4911217	nmgslxh@126.com
辽宁省	金卫东	武长胜	—	1986.11	2014.11.18	辽宁省畜牧兽医局	辽宁省沈阳市和平区15纬路25号群芳小区2－1－2	110000	孙　婧	024－23254820	024－23254820	xh23264033@163.com
吉林省	唐志富	丁日新	—	1991.01.30	2013.01.13	吉林省畜牧业管理局	吉林省长春市人民大街1486号	130051	韩　铁	0431－88906664	0431－88906664	—
黑龙江省	殷学中	张昭良	—	1986	2012.12	黑龙江省畜牧兽医局	黑龙江省哈尔滨市香坊区哈平路243号	150043	杨　威	13936507949	—	hljslgyxh@163.com
上海市	成国祥	许有宗	—	1984.12	2013.11.22	上海市农业委员会	上海市常德路1265号712室	200060	许有宗	021－62770093	021－62980344	972565790@qq.com
江苏省	黄　焱	姜加华	冯三令	1986.03	2013.10.25	江苏省农业委员会	江苏省南京市草场门大街124号309室	210036	冯三令	025－86263756	025－86263050	jiangsufeed@163.com

（续）

省别	会长	秘书长	副秘书长	成立时间	换届时间	隶属关系	办公地址	邮编	联系人	电话	传真	电子信箱
浙江省	蒋晓岳	曹军波	—	1999.11.07	2011.07.11	浙江省农业厅	浙江省杭州市江干区御云路111号	310021	曹军波	0571－86490268	0571－86490568	112485376@qq.com
安徽省	季学枫	章礼刚	吴皖榕	1999.09	2012.02.29	安徽省农业委员会	安徽省合肥市 庐阳区徽州大道197号 省皖西南培训中心6楼	230001	吴皖榕	0551－62626491	0551－62618130	Siliaoxiehui8888@126.com
福建省	曾丽莉	胡　春	陈婉如 汤忠民 洪　清	1994.12	2013.03.15	福建省民政厅	福建省福州市 铜盘路6号农房大厦五楼	350003	洪　清	0591－87808486 0591－87848820	0591－87859740	fjfeed@163.com
江西省	张忠平	兰永清	刘金根 孙　新 黄　潮	1983.09	2002.08	江西省农业厅	江西省南昌市 省府大院省农业厅2号楼4楼	330046	李　丹	0791－86263163 0791－86211805	0791－86217341	slb1813@163.com
山东省	黄炳亮	李祥明	—	2013.09	2013.09	—	山东省济南市槐村街68号	250022	李祥明	0531－87198033 0531－87198966	0531－87198588	sdfiamail@163.com
河南省	高天增	王志祥	付映新 陈贺庆 王　磊	1996.01	2012.12	河南省畜牧局	河南省郑州市经三路89号	450008	付映新	18903813026 0371－65778650	0371－65778885	wzxhau@163.com
湖北省	李汉洲	余汉林	—	1985.01	2014.05.12	—	湖北省武汉市 武昌区丁字桥路25号	430064	胡　庆	13098859444	027－87500069	2594147190@qq.com
湖南省	陶一山 周细军 夏壮华 黄逸强 潘长咏	黄　勇	刘智萍 熊　宇 黄立宏	1985.01	2010.12.22	湖南省民政厅	湖南省长沙市韶山北路112号电子大厦507	410011	熊宇	0731－84445743	0731－84445743	—

（续）

省别	会长	秘书长	副秘书长	成立时间	换届时间	隶属关系	办公地址	邮编	联系人	电话	传真	电子信箱
广东省	林海丹	江青艳	周　洪	1992.03	2015.06.05	广东省农业厅	广东省广州市先烈东路135号4号楼609房	510500	李　利	020－37288820	020－37287849	gdfeed@vip.163.com
海南省	杨小荣	—	—	1998.06	—	海南省饲料工作办公室	海南省海口市海府一横路1号海牧大厦5楼502	570203	杨小荣	13976591650	0898－65350395	nytslsye@163.com
广西壮族自治区	罗广烈	汤建榕	—	1985.06	2006	广西水产畜牧兽医局	广西自治区青山路8号广西动物安全保障中心1113室	530022	汤建榕	0771－5829768	0771－5829872	gxslb2800023@163.com
重庆市	唐贻林	彭　晓	—	1986	2015.07.17	重庆市农业委员会	重庆市江北区石马河下花园15号	400021	彭　晓	023－67654097	023－67651349	pengxiao700322@sina.com
四川省	陈代文	李　云	邹成义 李书伟 吴　德 赵建萍	1987.09	2013.01.15	—	四川省成都市武侯祠大街3号	610041	吴　岚	028－85545641	028－85580420	1443564063@qq.com
贵州省	晏秋波	章厉劼	陈　洪 童　江	1991	2009.07.22	贵州省农委	贵州省贵阳市观山湖区金华镇998号	550003	章厉劼	13908509240	—	zhanglijie_83@163.com
云南省	杜建勋	陶　冶	—	1987.05	2013.07.09	—	云南省昆明市环城北路205号集丰北站庭院写字楼3－410	650051	陶　冶	0871－65616557	0871－65616557	ty521@126.com
陕西省	—	—	—	1989	—	—	陕西省西安市习武园27号	710003	陈亦兵	029－87343729 029－87345955	029－87321764	cyb307@126.com
甘肃省	—	—	—	1991.12	—	农牧厅	甘肃省兰州市平凉路106号	730000	王秋娟	13609318102	0931－8179292	921978942@qq.com

（续）

省别	会长	秘书长	副秘书长	成立时间	换届时间	隶属关系	办公地址	邮编	联系人	电话	传真	电子信箱
青海省	阿旺尖措	白凤奎	刘书杰 武秀云 唐国盛	1987.05	2003.11	省农牧厅	青海省西宁市交通巷4号	810001	张　茹	13997059696	0971－6136031	nmttgs0366@126.com
宁夏回族自治区	邢泽光	王　华	—	1986.12	2014.12.30	宁夏回族自治区民政厅	宁夏银川市金凤区北京中路159号	750002	王　华	0951－5169661	0951－5169887	wh_pmo@163.com
新疆维吾尔自治区	陈如春	—	贾　俊	1999	2015.02.03	新疆维吾尔自治区畜牧厅	新疆自治区乌鲁木齐市天山区新华南路408号12层	830000	贾　俊	0991－8561015 13209980300	0991－8561015	172566431@qq.com
大连市	徐永平	王振刚	—	2004	2015.03.16	大连市农村经济委员会	大连市开发区双D港生命1路58号-1	1166200	刘　扬	0411－87549455 18698638058	0411－87407133	57235619@qq.com
深圳市	黄邦银	金铁城	董塞新	1988.03	2012.03.26	深圳市民间组织管理局	深圳市福田区深南大道1006号深圳国际创新中心A幢18楼	518000	董塞新	0755－83252125	—	szxm0105@163.com
厦门市	叶根宗	高翠红	—	2000.12.04	2011.10.20	厦门市农业局	厦门市思明区槟榔西里148号B座16楼	361004	杨　立	0592－5031918	0592－5062631	1187242973@qq.com

（闫奎友　柏玉琴）

专题篇

饲料加工工业概况

2017年，是深入推进农业供给侧改革之年，饲料行业紧紧围绕推进农业供给侧结构性改革主线，以提质增效、结构调整、科技创新为突破点，着力打造新业态、拓宽新渠道，加快推进饲料工业转型升级，加快饲料工业现代化建设，巩固发展饲料经济形势并取得较好的成绩。2017年饲料产量、产值再创新高，添加剂和单一饲料稳定增长，优质企业主导产业发展特点明显。

一、饲料生产基本情况

1. 商品饲料总产量持续增长。2017年全国商品饲料总产量22 161.2万t，同比增长5.9%。其中，配合饲料产量19 618.6万t，同比增长6.7%；浓缩饲料产量1 853.7万t，同比增长1.2%；添加剂预混合饲料产量688.9万t，同比下降0.3%（图2-1）。

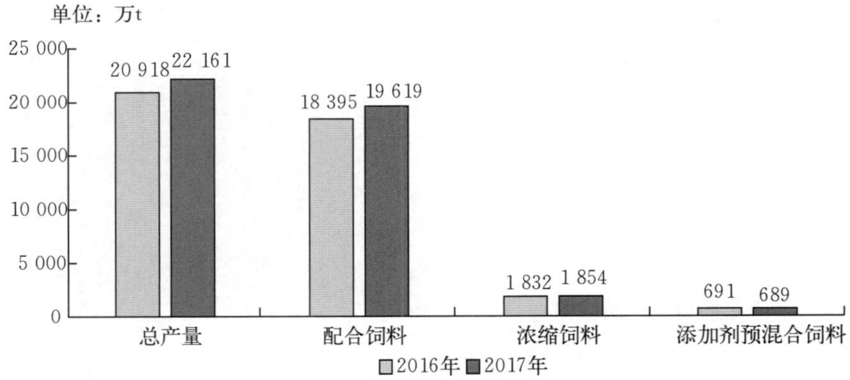

图2-1　2016—2017年饲料产量

其中，猪饲料产量9 809.7万t，同比增长12.4%；蛋禽饲料产量2 931.2万t，同比下降2.4%；肉禽饲料产量6 014.5万t，同比增长0.1%；水产饲料产量2 079.8万t，同比增长7.8%；反刍饲料产量922.6万t，同比增长4.9%；其他饲料产量403.4万t，同比增长10.2%（图2-2和图2-3）。

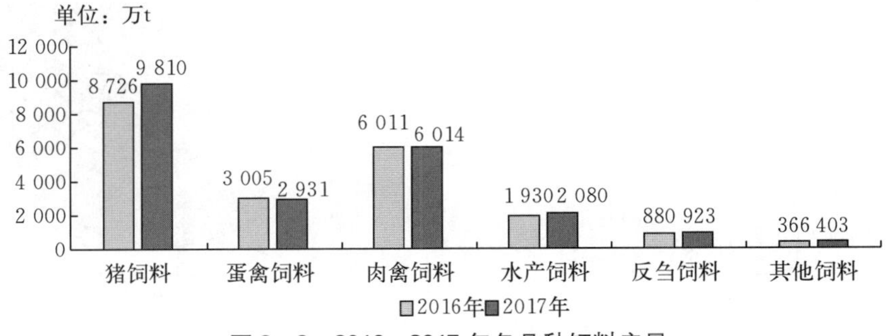

图2-2　2016—2017年各品种饲料产量

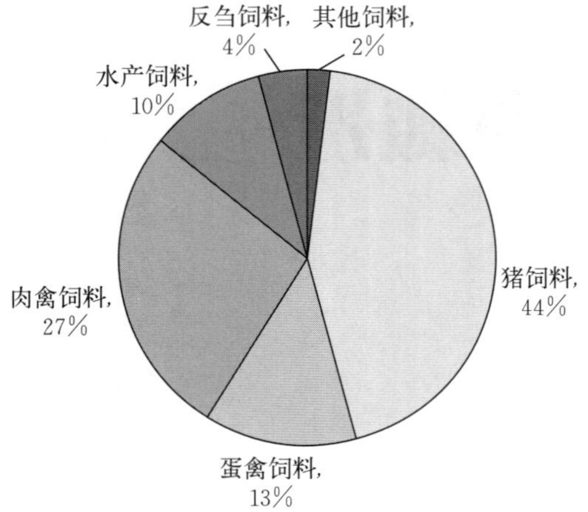

图 2-3 2017 年饲料品种结构

2. 不同类别饲料产品情况。猪饲料中，配合饲料总产量 8 189 万 t，同比增长 14.1%，浓缩饲料总产量 1 200.6 万 t，同比增长 5.5%，添加剂预混合饲料总产量 420 万 t，同比增长 2%（图 2-4）。

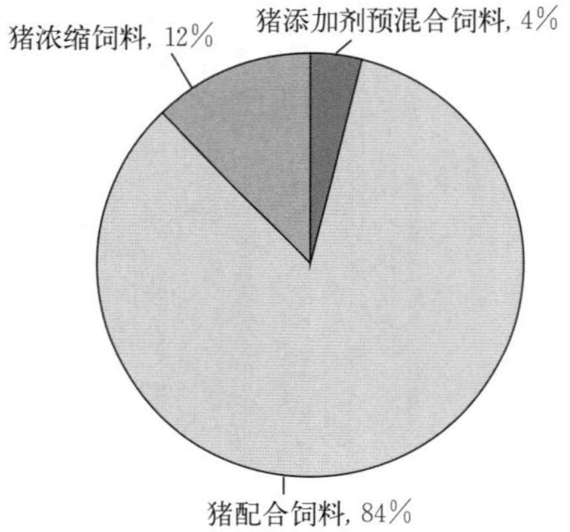

图 2-4 2017 年猪饲料产品结构

蛋禽饲料中，配合饲料 2 521.2 万 t，同比下降 0.6%，浓缩饲料 271.3 万 t，同比下降 14.4%，添加剂预混合饲料 138.6 万 t，同比下降 8.9%（图 2-5）。

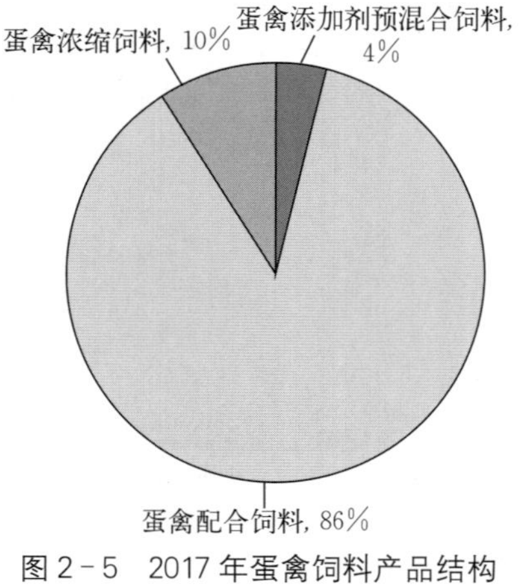

图 2-5 2017 年蛋禽饲料产品结构

肉禽饲料中，配合饲料 5 819.5 万 t，同比增长 0.4%，浓缩饲料 158.6 万 t，同比下降 6.6%，添加剂预混合饲料 36.4 万 t，同比下降 14.6%（图 2-6）。

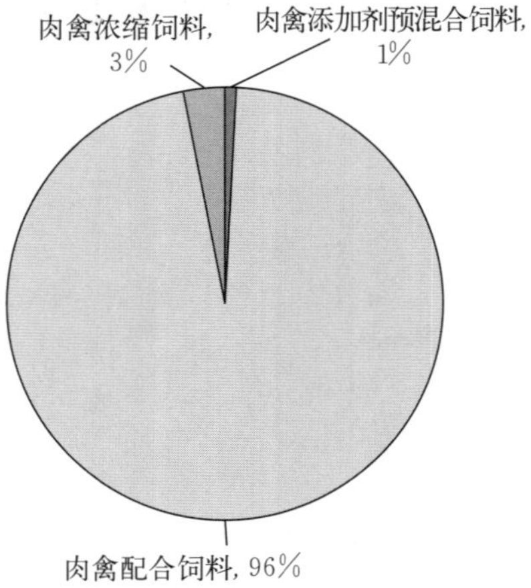

图 2-6 2017 年肉禽饲料产品结构

水产饲料中，配合饲料 2 048.9 万 t，同比增长 7.6%，浓缩饲料 2.7 万 t，同比增长 66.5%，添加剂预混合饲料 28.2 万 t，同比增长 16%（图 2-7）。

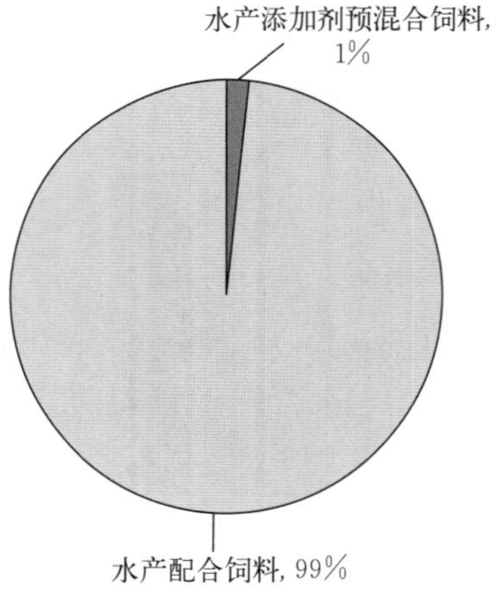

图 2-7 2017 年水产饲料产品结构

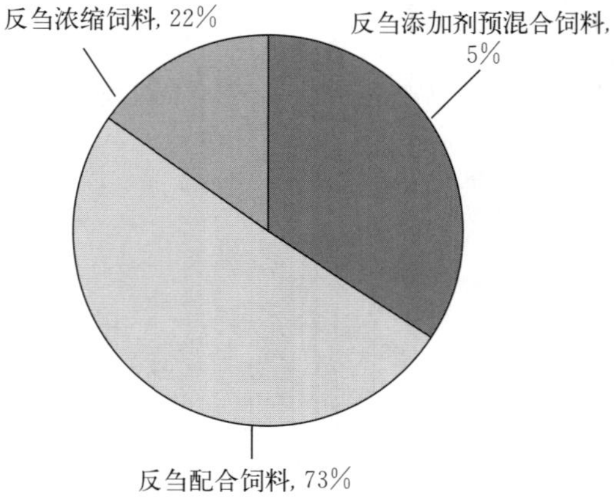

图 2-8 2017 年反刍饲料产品结构

反刍饲料中，精料补充料 679.2 万 t，同比增长 3.3%，浓缩饲料 200 万 t，同比增长 9.1%，添加剂预混合饲料 43.4 万 t，同比增长 11.1%（图 2-8）。

其他饲料，配合饲料 360.7 万 t，同比增长 11.6%，浓缩饲料 20.4 万 t，同比下降 8.5%，添加剂预混合饲料 22.3 万 t，同比增长 8.3%（图 2-9）。

3. 产业区域集中度进一步提高。饲料产量过千万吨省份 10 个，较 2016 年增加 1 个，新增地区为江西省。10 省份饲料总产量 15 424 万 t，占全国总产量 69.6%，较 2016 年增长 0.5 个百分点（表 2-1、图 2-10）。

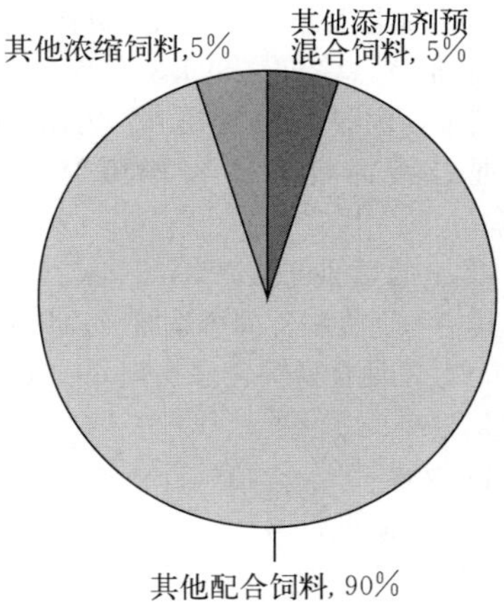

图 2-9 2017 年其他饲料结构

表 2-1 2017 年饲料产量过千万吨省份

单位：万 t,%

地 区	饲料总产量		
	2016 年	2017 年	同比
广 东	2 825	2 951	4.5
山 东	2 587	2 939	13.6
广 西	1 216	1 346	10.7
河 北	1 342	1 345	0.2
湖 南	1 173	1 241	5.8
江 苏	1 123	1 237	10.1
辽 宁	1 074	1 193	11.1
四 川	1 070	1 105	3.3
河 南	1 137	1 061	−6.7
江 西	902	1 005	11.4
合 计	14 450	15 424	6.7
占全国比重	69.1	69.6	

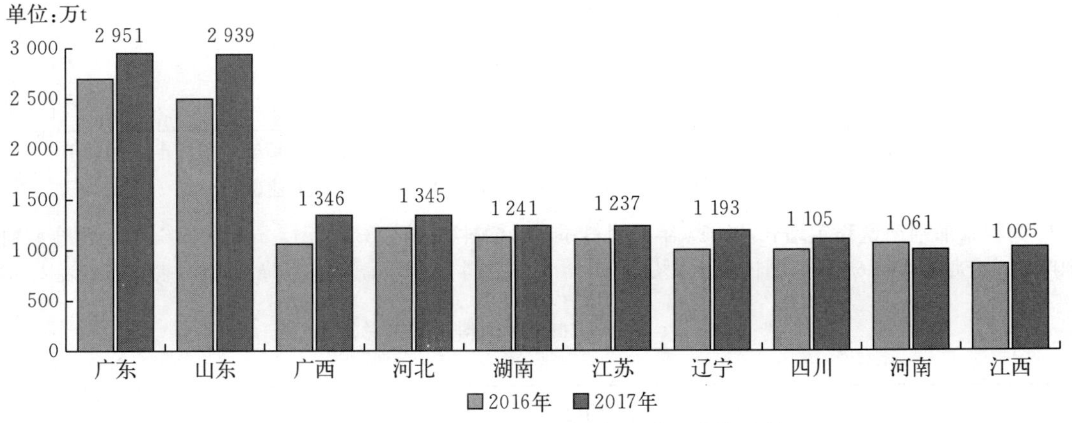

图 2-10 2016—2017 年饲料产量过万吨的省份

4. 饲料工业产值和营业收入突破 8 000 亿元。2017 年，全国饲料工业总产值和总营业收入分别为 8 393.5亿元、8 194.6 亿元，同比分别增长 4.7%、5.4%。其中，饲料产品工业总产值为 7 436 亿元，同比增长 2.0%；营业收入为 7 303 亿元，同比增长 3%。

饲料添加剂总产值 899.3 亿元，同比增长 37.5%。其中，饲料添加剂 814.7 亿元，同比增长 39.2%；混合型饲料添加剂 84.5 亿元，同比增长 22.8%。

饲料添加剂营业收入 831.3 亿元，同比增长 33.5%。其中，直接制备饲料添加剂 762.1 亿元，同比增长 36.9%；混合型饲料添加剂 69.2 亿元，同比增长 5.1%。

饲料机械设备总产值 58.3 亿元，同比下降 11.3%，饲料机械设备营业收入 60.3 亿元，同比下降 8%（图 2－11）。

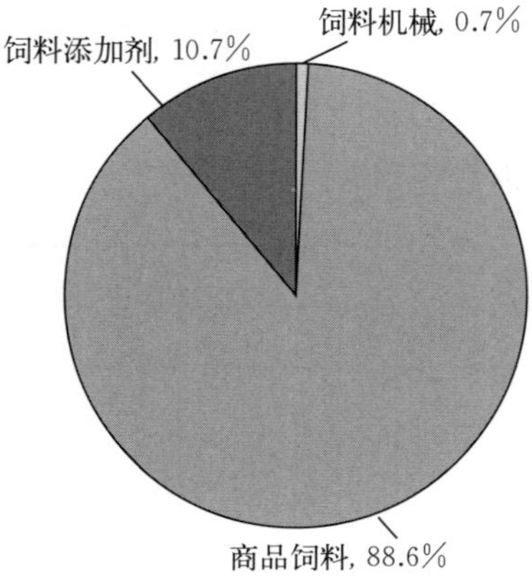

图 2－11 2017 年饲料工业总产值比重

5. 企业数量小幅增长。近 5 年饲料加工企业稳定在 7 000 家左右，主要是饲料添加剂和单一饲料企业数量增长。

2017 年，按登记注册类型统计，共有 11 233 家企业，同比增长 12%。其中，国有企业 160 家，同比下降 2.4%；集体 43 家，同比持平；私营 6 414 家，同比增长 17.7%；联营 85 家，同比增长 32.8%；股份有限公司2 545家，同比增长 5.7%；股份有限责任公司 1 242 家，同比增长 6.7%；股份合作制企业 171 家，同比下降 12.8%；港澳台 125 家，同比下降 2.3%；外商 246 家，同比增长 2.1%；其他 202 家，同比增长 18.8%。

按产品类型统计，共有 11 426 家企业，同比增长 6.5%。其中，饲料加工企业 7 492 家，同比增长 1.4%；饲料添加剂企业 1 785 家，同比增长 13.4%；单一饲料企业 2 086 家，同比增长 23.1%；饲料机械企业 63 家，同比下降 7.4%。

6. 行业集中度继续提高。

（1）中大型饲料企业（集团）。2017 年，年产 50 万 t 以上企业（集团）51 个，生产饲料占全国饲料总产量 67%。其中，年产 100 万 t 以上的企业（集团）35 家，占全国饲料总产量 62%。

（2）年产 10 万 t 以上的企业（单厂）。年产 10 万 t 以上的企业（单厂）由 2007 年的 157 家，增长到 2017 年的 573 家，生产饲料占全国饲料总产量 43%（图 2－12）。

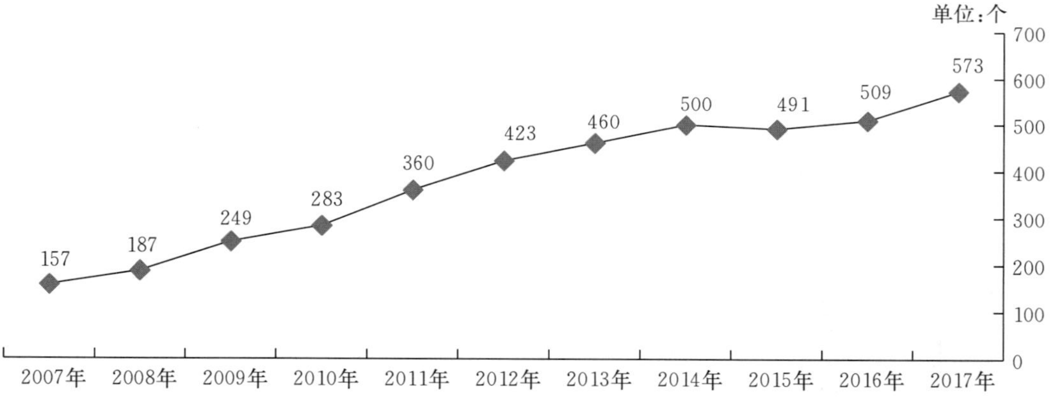

图 2－12 2007—2017 年单厂年产 10 万 t 以上的企业数

7. 饲料添加剂产量稳定增长。2017 年，饲料添加剂产品总产量 1 034.6 万 t，同比增长 6%。其中，饲料添加剂 983.2 万 t，同比增长 6.6%；混合型饲料添加剂 51.4 万 t，同比下降 4.2%（表 2－2～表 2－4）。

表 2－2 2015—2017 年饲料添加剂总产量

单位：万 t，%

项目	2017 年	同比	2016 年	同比	2015 年	同比
饲料添加剂总产量	1 034.6	6.0	975.9	19.5	816.4	1.7
其中：饲料添加剂	983.2	6.6	922.3	20.7	764.1	2.6
混合型饲料添加剂	51.4	－4.2	53.6	2.4	52.3	35.3

表 2-3　2016—2017 年各类饲料添加剂产量

单位：万 t，%

产品类别	2016 年	2017 年	同比
氨基酸	201.8	234.8	16.4
维生素	113.1	127.4	12.6
矿物元素及其络合物	500.5	498.4	−0.4
酶制剂	11.6	10.7	−8.1
抗氧化剂	5	6.9	38.2
防腐剂、防霉剂	15.7	10.6	−32.6
微生物	11.4	10.7	−6.3
其他类添加剂	116.8	135.2	15.8
合计	975.9	1 034.7	6

表 2-4　2017 年饲料添加剂分类产量

单位：万 t，%

产品类别	直接制备饲料添加剂	同比	混合型饲料添加剂	同比
氨基酸	233.7	16.6	1.1	−18.7
维生素	115.7	20.7	11.6	−32.6
矿物元素及其络合物	491.4	−1.1	7	83.8
酶制剂	6.0	16.2	4.6	−27.7
抗氧化剂	4.5	67	2.4	4
防腐剂、防霉剂	5.9	−41.1	4.7	−17.6
微生物	4.9	−23.8	5.7	16.6
其他类添加剂	121.1	15.3	14.1	19.6
合计	983.2	6.6	51.4	−4.2

8. 成套机组大型饲料机械设备生产总量下降。2017 年，饲料加工机械设备生产总量 25 689 台套，减少 1 399 台套，同比下降 5.2%。其中，成套机组 1 389 台套，增加 30 台套，同比增长 2.2%；单机 24 300台，减少 1 429 台，同比下降 5.6%。

在成套机组中，时产≥10t 设备 1 041 台套，增加 12 台套，同比增长 1.2%；时产<10t 设备 348 台套，增加 18 台套，同比增长 5.5%。

在单机设备中，粉碎机 8 127 台，减少 192 台，同比下降 2.3%；混合机 6 599 台，增加 78 台，同比增长 1.2%；制粒机 3 672 台，减少 2 506 台，同比下降 40.6%；单机其他 5 902 台，增加 1 191 台，同比增长 25.3%。

9. 饲料产品和饲料机械出口增长。饲料产品出口量 9.9 万 t，同比增长 5.2%；饲料添加剂出口量 148.1 万 t，同比增长 10.4%；单一饲料出口量 40.7 万 t，同比增长 24.7%；饲料机械出口量 1.3 万台（套），同比下降 2.4%。饲料产品、饲料添加剂出口量占总产量比重分别为 0.04%、14.3%；饲料机械占总产量比重为 50.6%。

饲料产品出口额 12 亿元，同比增长 102.4%；饲料添加剂出口额 186.1 亿元，同比增长 51.2%；单一饲料出口额 9.8 亿元，同比增长 9.7%；饲料机械出口额 15.2 亿元，同比增长 1.8%。

10. 饲料行业从业人数略有下降。2017 年，饲料企业年末职工人数为 46.8 万人，同比下降 1.8%。大专以上学历的职工数为 19.1 万人，占职工总人数的 40.8%。其中，博士 1 871 人，同比下降 1.1%；硕士 9 018 人，同比下降 1.4%；大学本科 69 862 人，同比增长 0.8%；大学专科 110 213 人，同比增长 2.7%；其他学历 276 542 人，同比下降 4.1%。技术工种 35 203 人，同比下降 3.3%。其中，检化验员 20 740 人，同比下降 5.7%；维修工 14 463 人，同比增长 0.5%（表 2－5、表 2－6）。

表 2－5　2017 年饲料企业人员变化情况

单位：人，%

项　目	2016 年	2017 年	同比
职工总数	476 123	467 506	－1.8
博士	1 892	1 871	－1.1
硕士	9 150	9 018	－1.4
大本	69 302	69 862	0.8
大专	107 343	110 213	2.7
其他	288 436	276 542	－4.1

表 2－6　2017 年特有工种人员变化情况

单位：人，%

项　目	2016 年	2017 年	同比
技术工种合计	36 394	35 203	－3.3
检验员化验员	22 003	20 740	－5.7
维修工	14 391	14 463	0.5

二、2017 年商品饲料增长原因分析

全国饲料产量自 2013 年首次下降 0.6%之后，2014 年、2015 年分别增长 2%、1.4%，2016 年、2017 年分别增长 4.5%、5.9%。2017 年的增长超出了之前判断行业温和渐进增长预期。

在 2013 年饲料行业已经渐进饱和的产业大背景下，以及 2017 年国家统计局公布的肉蛋奶和畜禽存栏量没有太大增长的情况下，饲料产量 5.9%的增长高于近几年的发展速度和行业普遍对饲料产量增长逻辑判断。如何理解 2017 年的较高增长？主要基于以下因素（图 2－13）。

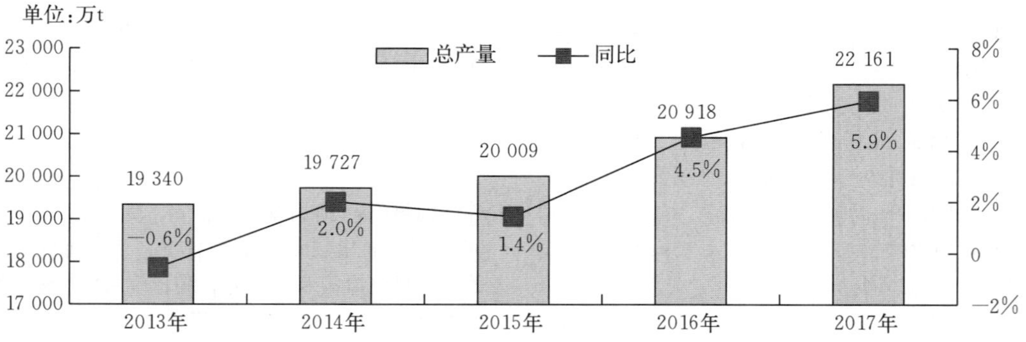

图 2－13　近年饲料产量变化

1. 养殖市场存量推动性增长。2017 年猪饲料产量 9 809.7 万 t，蛋禽饲料产量 2 931.2 万 t，肉禽饲料产量 6 014.5 万 t，水产饲料产量 2 079.8 万 t，反刍动物饲料产量 922.6 万 t，其他饲料产量 403.4 万 t。在饲料品种结构中，猪禽饲料占饲料总产量比重 85%，猪饲料 2013 年、2017 年占饲料总产量比重分别为 43.5%、44.3%，2017 年饲料增长 5.9%中，猪饲料贡献率为 87%。

公布数据显示，全国猪肉产量 5 340 万 t，同比增长 0.8%，净增长 40.9 万 t，折合需求配合饲料约 143 万 t。年末生猪出栏 68 861 万头，同比增长 0.5%，净增长 359 万头，猪配合饲料需求量增长约 120 万 t。体现了养殖存量的增长推动饲料增长。

2017 年，禽养殖产能深度调整、前期产品价格大幅下滑、养殖效益收缩甚至亏损三因素叠加导致蛋禽饲料大幅下降。蛋禽配合饲料、浓缩饲料、添加剂预混合饲料同比分别下降 0.6%，14.4%，8.9%。

肉禽饲料受 H7N9 疫情、市场因素影响致使 2017 年肉禽养殖经历两次结构调整，产能缩减。肉禽饲料同比持平略涨，实质上是来自结构性增长，仅配合饲料增长 0.4%，浓缩饲料、添加剂预混合饲料分别下降 6.6%、14.6%。

反刍饲料受益于牛羊肉消费需求快速增长。水产饲料增长源于水产养殖模式的变化和部分水产品行情的利好因素。

2. 产品结构变化调整性增长。从产品结构上看，配合饲料是产量增长的主体，同时也出现产品逆势调整的结构性变化。2017 年，配合饲料产量 19 618.6 万 t，同比增长 6.7%；浓缩饲料产量 1 853.7 万 t，同比增长 1.2%；添加剂预混合饲料产量 688.9 万 t，同比下降 0.3%。

配合饲料占总产量比重由 2013 年的 84.3%提高到 2017 年的 88.5%。浓缩饲料自 2010 年以来连续 6 年下降，累计降幅达 30.8%。2017 年呈现新变化，浓缩饲料小幅增长，添加剂预混合饲料微降。一增一减基本持平（表 2－7）。

表 2－7　2017 年各品种饲料绝对增量

单位：万 t

	2016 年	2017 年	绝对增量
总产量	20 918	22 161	1 243
配合饲料	18 395	19 619	1 224
浓缩饲料	1 832	1 854	22
添加剂预混合饲料	691	689	−2
猪饲料	8 726	9 810	1 084
蛋禽饲料	3 005	2 931	−74
肉禽饲料	6 011	6 014	3
水产饲料	1 930	2 080	150
反刍饲料	880	923	43
其他饲料	366	403	37

产品结构变化究其原因，主要是近两年养殖结构的变化、养殖模式的变化，特别是规模化进程加快助推配合饲料比重不断提高。饲料企业投资生猪养殖量增加，新增的“公司＋农户”养殖模式，辽宁省禽标准化笼养规模大幅增加这些变化均增加了对配合饲料的需求。浓缩饲料产量增长主要与玉米、豆粕价格以及畜产品价格下跌，养殖效益收缩有关，应该是短期的阶段性变化；添加剂预混合饲料除 2010 年受玉米价格高位运行小幅下降外，其他年份均呈现稳定小幅增长之势，2017 年预混合饲料产量下降是由于受禁养区和环保不达标猪场关停的冲击和 2017 年 9 月份开始维生素、微量元素价格大幅上涨的影响所致（图 2－14～图 2－18）。

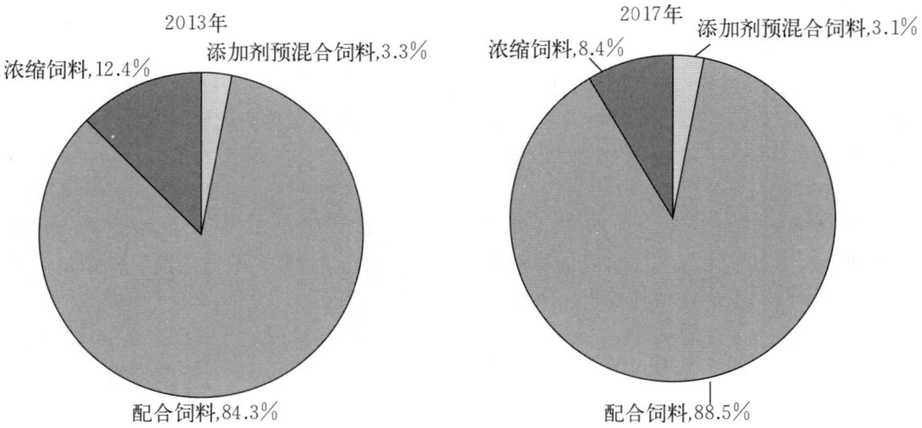

图 2－14　饲料产品类别变化比较

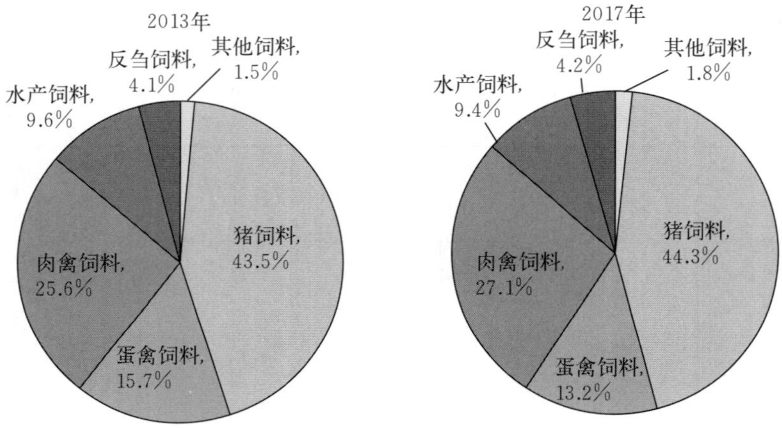

图 2－15　饲料品种结构变化比较

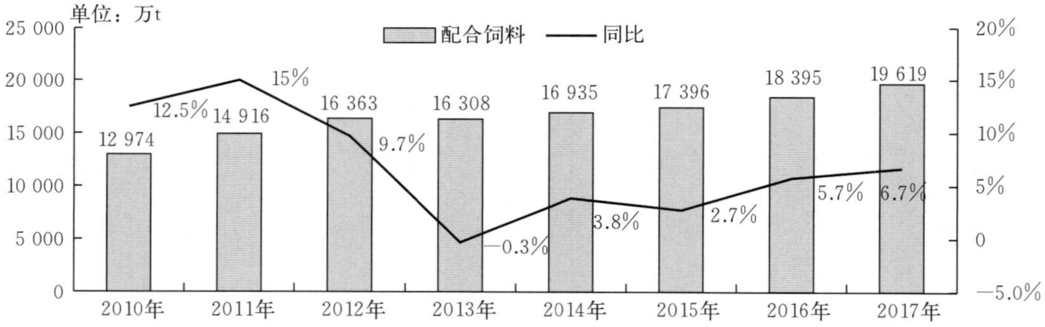

图 2－16　2010—2017 年配合饲料产量

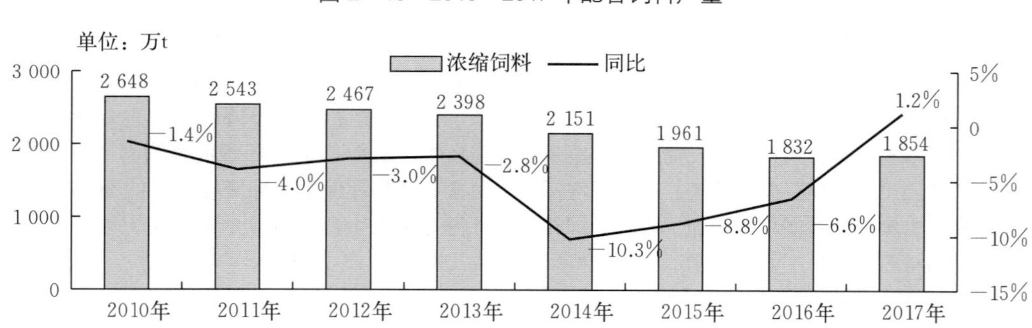

图 2－17　2010—2017 年浓缩饲料产量

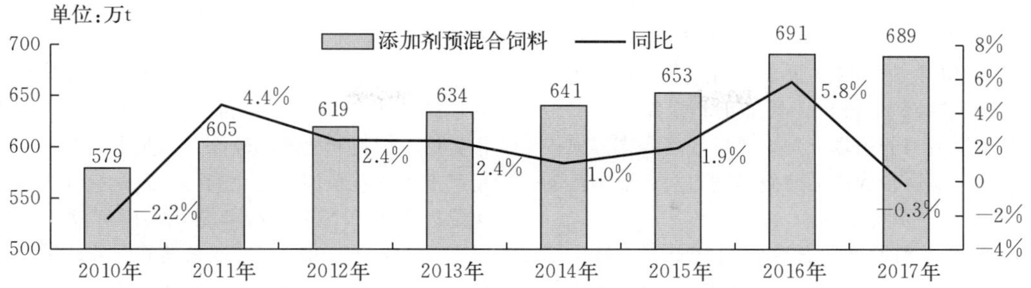

图 2-18 2010—2017 年添加剂预混合饲料产量

3. 集中度提高区域带动性增长。2017 年，21 省份产量同比增长、2 个持平、7 个下降。饲料产量过千万 t 省份由上年 9 个增加至 10 个，占全国总产量 69.6%，相当于全国 70%的产量集中在这 10 省份。2016 年饲料总产量 20 918 万 t，2017 年 22 161 万 t，净增长量 1 243 万 t，主要集中在广西壮族自治区和山东、广东、湖北、辽宁、江苏、江西 6 省份（自治区），增量1 065万 t，占全国增量的 86%。除湖北省外，其他 6 省份（自治区）均是产量过千万 t 省份（表 2-8）。

表 2-8 2017 年饲料总产量增长较大 6 省份

单位：万 t,%

省份	总产量			
	2016 年	2017 年	增长量	增幅
山东	2 587	2 939	352	13.6
广西	1 216	1 346	130	10.7
广东	2 825	2 951	126	4.5
湖北	876	997	121	13.8
辽宁	1 074	1 193	119	11.1
江苏	1 123	1 237	114	10.1
江西	902	1 005	103	11.4
合计	10 604	11 669	1065	10.0

4. 产业内部结构变化替代性增长。表现在，集团企业一体化扩张、散养户退出、规模优势凸显、工业化饲料使用比例提高，部分饲料集团企业一直保持着大幅增长。

从 2017 年 50 万 t 以上的集团企业产量同比增长情况看，3 家集团企业产量过千万吨，同比增长 6.8%；500 万～1 000 万 t 同比增长 16.9%；200 万～500万 t，同比增长 12.1%；100 万～200 万 t 同比增长 3.4%；50 万～100 万 t 同比下降 3.4%。

通过对 2016 年、2017 年 6 469 家企业比较，在 2017 年总产量增长大背景下，企业间潜在的落差比较大，实际仅 55%的企业增长，45%的企业是下降的。而且，大幅增长的企业和大幅下降的企业并存，这反映了产业内部结构性变化和此消彼长的替代性增长的存在，总体情况是规模优势企业主导产业发展。

5. 产业模式变革的助推和前期产能释放性增长。近两年，饲料业、养殖业相互渗透，融合发展，大型企业前期投资布局的产能呈现释放性增长。2017 年，年产百万吨以上的 35 家饲料企业（集团）产量达 1.3 亿 t，占全国总产量比重 62%，同比平均增长 9.4%。其中，31 家涉及养殖领域。如山东省 18 家饲料龙头企业 2017 年生猪出栏 971.3 万头，同比增长达 147%，湖北省新增饲料企业产能多而且进入释放期，2016 年、2017 年新投产 18 家、33 家，新增产能累计突破 600 万 t。

同时，养殖企业也在纷纷自建饲料厂。还有，由于人工、物价等生产成本上涨、生猪养殖场自配料设备老旧逐步淘汰，养殖企业改为直接购买商品饲料。总之，伴随着畜禽规模养殖场拆迁，标准化养殖大幅度提升，养殖场自配料趋于萎缩，工业饲料生产量、消费量持续增加。

此外，产业一体化发展和经营模式的变革不断助推商品饲料的增长。比如全产业链的探索，饲料企业＋养殖场（户）的不断扩展，饲料企业与养殖企业“厂场对接”散装料的推广，代加工和定制，大型企业通过赊销饲料与养殖场（户）进行战略合作等模式推进产业融合发展步伐，加速商品饲料对自配饲料的替代。

6. 较好的盈利助推猪配合饲料增长。一是生猪行情好，养殖户使用猪配合饲料增加。二是因禽饲料亏本，产业结构调整。如山东部分禽饲料厂因2017年上半年禽饲料亏本，而生猪养殖行情好，转向生产猪饲料。三是猪价持续高位运行，普遍延迟大猪出栏体重，增加饲料需求。四是消费升级产业转型拉动需求增长。养殖企业迎合高端市场需求，大力发展品牌猪生产。如广东部分养殖企业从饲养料肉比较低的三元杂交猪转向养殖土猪壹号等品牌猪，2017年全省品牌土猪供给能力（约160万头）比2016年（约110万头）增加约50%。

7. 其他因素。一是新投产企业和新增养殖产能的释放。如2016年年底新投产企业，2017年步入正常生产，饲料同比增幅较高。二是玉米补贴政策扩大新产玉米的就地加工转化能力。三是统计因素。如潼南温氏畜牧2016年未报年报，2017年猪配合饲料产量14万t，占全市9%。四是禁养限养政策导致部分区域产量下降。福建、浙江、北京等7省市猪饲料下降，主要是环保压力下全面关闭拆除禁养区内生猪养殖场（户），生猪产能下降。如福建省全年生猪出栏1610万头，同比下降6.4%。浙江省三季度末生猪饲养量1 316.38万头，同比下降15.3%。北京市饲料企业停产、关闭数量增加。

8. 饲料加工业带动了饲料添加剂、饲料原料消费、机械的增长（表2-9、图2-19和图2-20）。

表2-9 2017年饲料加工业体系产量、产值、营业收入

单位：万t，亿元，台套

产品类别	总产量	总产值	营业收入
饲料产品	22 161.2	7 436	7 303
饲料添加剂	1 034.6	899.3	831.3
饲料机械	25 689	58.3	60.3
单一饲料	7 978.5	—	—

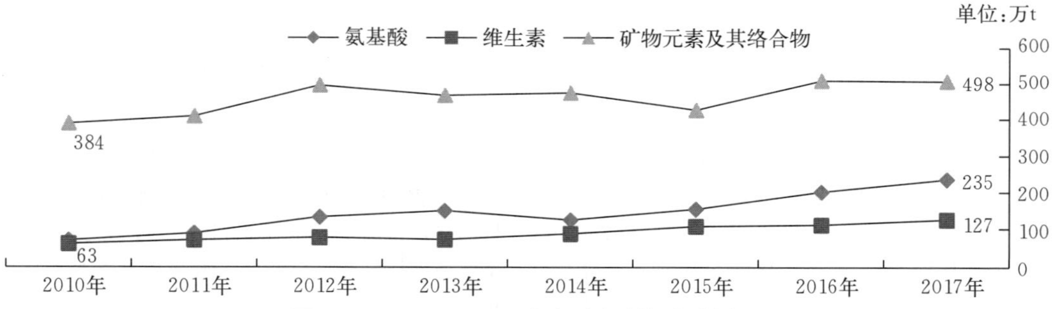

图2-19 2010—2017年部分饲料添加剂产量

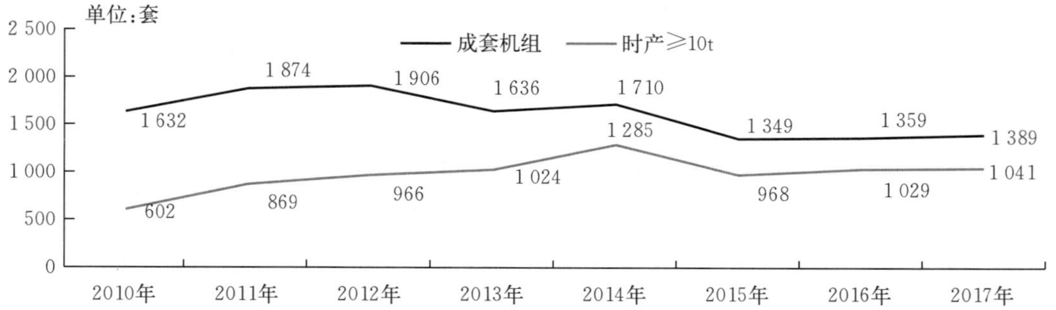

图2-20 2010—2017年成套机组数量

（陆泳霖）

主要饲料产品概况

中国饲料市场区域发展概述

“十三五”期间，综合考虑养殖业发展趋势、环境资源禀赋、区位优势和现有产业基础等因素，进一步优化饲料工业布局，顺应养殖业结构调整和粮改饲、草牧业战略发展新要求，促进不同区域饲料加工业与种养业协调发展。2017 年是步入“十三五”第二年，对规划推进情况进行梳理，以便全局性了解饲料行业区域布局发展情况。

一、饲料产量稳步增长，超预期完成“十三五”规划

2017 年，全国饲料工业总产量 22 161 万 t。其中，按产品类别分，配合饲料 19 619 万 t，浓缩饲料 1 854 万 t，添加剂预混合饲料 689 万 t；按动物品种分，猪饲料 9 810 万 t，蛋禽饲料 2 931 万 t，肉禽饲料 6 014 万 t，水产饲料 2 080 万 t，反刍饲料 923 万 t，其他饲料 403 万 t。

“十三五”发展目标，工业饲料总产量预计达到 2.2 亿 t。其中，按产品类别分，配合饲料 2 亿 t，浓缩饲料 1 200 万 t，添加剂预混合饲料 800 万 t；按动物品种分，猪饲料 9 400 万 t，肉禽饲料 6 000 万 t，蛋禽饲料 3 100 万 t，水产饲料 2 000 万 t，反刍饲料 1 000 万 t，宠物饲料 120 万 t，皮毛动物等其他饲料 380 万 t。

2017 年，饲料工业总产量 22 161 万 t，超额完成“十三五”发展目标 2.2 亿 t。从动物品种看，除蛋禽饲料、反刍饲料、其他饲料尚未完成预计目标外，猪饲料、肉禽饲料、水产饲料均超额完成“十三五”预计目标，主要受益于近两年主要饲料原料价格低位，畜牧饲料一体化发展势头迅猛和企业规模化进程加快的释放性增长（表 2－10）。

表 2－10　2017 年饲料工业总产量完成“十三五”目标情况

单位：万 t

项　目	“十三五”目标	2017 年产量	预计产量完成情况
饲料总产量	22 000	22 161	101%
配合饲料	20 000	19 619	98%
浓缩饲料	1 200	1 854	155%
添加剂预混合饲料	800	689	86%
猪饲料	9 400	9 810	104%
蛋禽饲料	3 100	2 931	95%
肉禽饲料	6 000	6 014	100%
水产饲料	2 000	2 080	104%
反刍饲料	1 000	923	92%
其他饲料	500	403	81%

注：2017 年及其之前，统计制度的其他饲料包括宠物饲料和皮毛动物等其他饲料；宠物饲料没有单独统计。故此处以其他饲料的变化代表宠物饲料和毛皮动物等其他饲料。

二、各区域布局情况概述

“十三五”规划划分加快发展区、稳定发展区、适度发展区。

加快发展区：黑龙江、吉林、辽宁、内蒙古、宁夏、甘肃、青海、新疆、西藏、四川、重庆、云南、贵州、广西14省、自治区、直辖市。14省份中期发展特点：饲料总产量稳定增长。浓缩饲料继续萎缩，蛋禽饲料大幅下降，猪饲料、肉禽饲料、水产饲料、反刍饲料发展势头迅猛，2017年较2015年分别增长23.2%、10.4%、12.3%、11.9%。14省区市中，仅黑龙江、吉林、辽宁3省份饲料总产量处于下降态势，但2017年与2016年相比降幅收窄。从东北3省份情况看，尚未实现快速发展和促进饲料原料就地转化的预期，但重点发展猪、奶牛和肉牛饲料加工业格局初现，氨基酸产量大幅增长。其余11省区市基本吻合“十三五”的发展预期节奏和发展重点。其中，西部地区西藏、四川、重庆、云南、贵州、广西等7省份发展速度高于内蒙古、宁夏、甘肃、青海、新疆5省份，这也印证了饲料产业北扩西进的总体趋势（表2－11、表2－12）。

表2－11　加快发展区14省份饲料产量（按产品类别分）

单位：万t,%

项　　目	总产量	配合饲料	浓缩饲料	添加剂预混合饲料
2015年	5 454	4 307	1 038	108
2016年	5 587	4 486	984	117
2017年	6 103	4 952	1 032	119
2016年较2015年增量	133	179	−55	9
2016年较2015年增幅	2.4	4.2	−5.3	7.9
2017年较2015年增量	650	645	−6	11
2017年较2015年增幅	11.9	15.0	−0.6	10.2

表2－12　加快发展区14省份饲料产量（按动物品种分）

单位：万t,%

项　　目	猪饲料	蛋禽饲料	肉禽饲料	水产饲料	反刍饲料	其他饲料
2015年	2 300	922	1 351	252	498	130
2016年	2 426	842	1 448	260	504	106
2017年	2 834	833	1 492	283	558	104
2016年较2015年增量	125	−80	98	8	6	−24
2016年较2015年增幅	5.4	−8.7	7.2	3.2	1.2	−18.5
2017年较2015年增量	533	−89	141	31	59	−25
2017年较2015年增幅	23.2	−9.7	10.4	12.3	11.9	−19.6

稳定发展区：总体看稳定发展区域9省分化明显。表现在山东、江苏、福建、广东、海南5省快速增长，河北、河南、陕西、山西4省2016年、2017年总产量降幅加大。山东、江苏、福建、广东、海南、河北、河南、陕西、山西9省中期发展特点：饲料总产量增长，浓缩饲料大幅下降，猪饲料稳中增长，肉禽饲料发展势头较好，蛋禽饲料小幅波动，反刍饲料小幅下降。其中，山东、江苏、福建、广东、海南5省饲料产业快速发展，水产饲料特别是海水饲料实现10%的增长。饲料添加剂工业综合实力提升。河南、河北中期饲料产量处于调减状态，但两省充分发挥区域粮食产量大、养殖规模大的优势，谷物及其加工副产品产量大幅增长78.3%。陕西、山西发展平稳，饲料产量下滑是由于陕西省统计全口径数据的调整所致（表2－13、表2－14）。

表 2-13　稳定发展区 9 省饲料产量（按产品类别分）

单位：万 t,%

项　　目	总产量	配合饲料	浓缩饲料	添加剂预混合饲料
2015 年	10 217	9 229	715	272
2016 年	10 726	9 795	635	296
2017 年	11 190	10 275	603	312
2016 年较 2015 年增量	510	565	−80	24
2016 年较 2015 年增幅	5	6	−11	9
2017 年较 2015 年增量	973	1046	−112	40
2017 年较 2015 年增幅	10	11	−16	15

表 2-14　稳定发展区 9 省饲料产量（按动物品种分）

单位：万 t,%

项　　目	猪饲料	蛋禽饲料	肉禽饲料	水产饲料	反刍饲料	其他饲料
2015 年	3 822	1 526	3 398	1 037	266	167
2016 年	3 916	1 538	3 748	1 055	264	206
2017 年	4 306	1 489	3 714	1 169	259	252
2016 年较 2015 年增量	94	12	350	18	−2	39
2016 年较 2015 年增幅	2	1	10	2	−1	23
2017 年较 2015 年增量	484	−37	316	132	−7	85
2017 年较 2015 年增幅	13	−2	9	13	−3	51

适度发展区：表现两极分化，湖北、湖南、江西、安徽饲料产量大幅增长、北京、天津、上海、浙江 4 省市发展速度下滑，2017 年呈现负增长。湖北、湖南、江西、安徽、北京、天津、上海、浙江 8 省市中期发展特点：饲料总产量增长，添加剂预混合饲料下降；猪饲料增幅较大，禽饲料、水产饲料稳定增长，反刍饲料下降。其中，湖北、湖南、江西、安徽 4 省猪、禽、水产饲料都保持较好的增长，总体发展速度较快。北京、天津、上海、浙江 4 省市发展明显受限，据调研宠物饲料发展较快，但由于宠物饲料数据统计始于 2018 年，之前年份没有宠物饲料产量（表 2-15、表 2-16）。

表 2-15　适度发展区 8 省市饲料产量（按产品类别分）

单位：万 t,%

项　　目	总产量	配合饲料	浓缩饲料	添加剂预混合饲料
2015 年	4 340	3 860	207	273
2016 年	4 605	4 113	214	278
2017 年	4 868	4 392	219	258
2016 年较 2015 年增量	265	254	6	5
2016 年较 2015 年增幅	6	7	3	2
2017 年较 2015 年增量	528	532	11	−15
2017 年较 2015 年增幅	12	14	5	−6

表 2-16　适度发展区 8 省市饲料产量（按动物品种分）

单位：万 t，%

项　　目	猪饲料	蛋禽饲料	肉禽饲料	水产饲料	反刍饲料	其他饲料
2015 年	2 221	572	766	604	120	57
2016 年	2 384	624	815	614	112	54
2017 年	2 670	609	808	628	106	47
2016 年较 2015 年增量	163	53	49	10	−8	−3
2016 年较 2015 年增幅	7	9	6	2	−7	−6
2017 年较 2015 年增量	449	38	42	24	−14	−11
2017 年较 2015 年增幅	20	7	6	4	−12	−18

三、年产 50 万 t 以上集团企业区域分布

年产 50 万 t 以上的集团企业 2015 年 49 家，2017 年增长到 51 家，比 2015 年增加 2 家集团企业。其中，27 家分布在稳定发展区域、16 家分布在适度发展区域，相比之下加快发展区域共 14 个省市，只有 8 家。

稳定发展区中，山东、江苏、福建、广东、海南 5 省市 2017 年集团企业 23 家，比 2015 年增加 4 家；河北、河南 2 省 2017 年与 2015 年均为 3 家；陕西、山西 2 省 2017 年 1 家，比 2015 年减少 1 家。

适度发展区中，湖北、湖南、江西、安徽 4 省与北京、天津、上海、浙江 4 省（直辖市）2017 年与 2015 年的集团企业数量未增减（表 2-17）。

表 2-17　年产 50 万 t 以上集团企业分布情况

单位：个

地　　区		2017 年	2015 年	差值（2017—2015 年）
加快发展区	黑龙江、吉林、辽宁	1	1	0
	内蒙古、宁夏、甘肃、青海、新疆	2	2	0
	西藏、四川、重庆、云南、贵州、广西	5	6	−1
稳定发展区	山东、江苏、福建、广东、海南	23	19	4
	河北、河南	3	3	0
	陕西、山西	1	2	−1
适度发展区	湖北、湖南、江西、安徽	9	9	0
	北京、天津、上海、浙江	7	7	0
合计		51	49	2

四、年产 10 万 t 以上单厂企业变化情况

2015 年全国年产 10 万 t 以上的单厂数量 470 家，2017 年提高到 581 家，企业数量增加 111 个，增幅 24%。

2015 年年产 10 万 t 以上的单厂企业饲料总产量 9 327 万 t，占全国比重 47%，2017 年提高到11 971 万 t，占全国比重 54%，饲料总产量增加2 644万 t，增幅 28%。

年产 10 万 t 以上的单厂变化情况，特别明显地反映了不同发展区域的发展速度和规模化水平。加快发展区产量增长为 34%，稳定发展区产量增长仅 6%，适度发展区产量增长 78%。总体看稳定发展区和“十三五”规划预期相同。加快发展区仍待继续推进加快发展步伐。适度发展区由于大部分为西部地区，之前产量基数小，中期实现 78% 的高速增长。

加快发展区年产 10 万 t 以上单厂企业数量 2015 年 114 家，2017 年 144 家，新增 30 家企业；饲料产量 2015 年 1 851 万 t，2017 年 2 476 万 t，增量 624

万 t，2017 年比 2015 年产量增长 34%。培育、引进大型企业初见成效，挖掘了区域内部潜力，区域内规模化水平提高。其中，黑龙江、吉林、辽宁，年产 10 万 t 以上企业数量增长 24%，饲料产量增长 28%；内蒙古、宁夏、甘肃、青海、新疆企业数量、饲料产量分别增长 48%、51%；西藏、四川、重庆、云南、贵州、广西企业数量、产量皆增长 10%，三区域内大型企业发展稳定，规模化水平稳定提高。

稳定发展区中，企业规模化提高，产量基本保持稳定。年产 10 万 t 以上单厂企业数量 2015 年 252 家，2017 年提高到 302 家，新增加 50 家。饲料产量 2015 年 5 305 万 t，2017 年提高到 5 633 万 t，增量 327 万 t，产量增长 6%。其中，山东、江苏、福建、广东、海南企业数量、产量分别增长 25%、9%；河北、河南企业数量、产量分别下降 9%、3%，尚未实现引导饲料企业整合融合，培育大型饲料企业集团；陕西、山西企业数量增长 11%、产量下降 20%，尚未实现吸引大型饲料企业集团进驻设厂，带动提升区域内饲料生产企业的整体水平。

适度发展区中，年产 10 万 t 以上单厂企业数量 2015 年 104 家，2017 年提高到 135 家，新增 31 家。饲料产量 2015 年 2 171 万 t，2017 年提高到3 863万 t，增量 1 692 万 t，产量增长 78%。单厂产量迅速提高，尚未实现饲料总产量控制和区域调整。其中，北京、天津、上海、浙江企业数量、产量分别下降 24%、14%，主要由于发展受环保要求限制所致。湖北、湖南、江西、安徽企业数量、饲料产量分别增长 47%、130%，大型单厂发展势头迅猛，利于推动各类饲料产品向安全高效环保方向升级（表 2-18、表 2-19）。

表 2-18 各区域年产 10 万 t 以上企业发展情况

单位：个，万 t,%

项　目	2015 年		2017 年		企业数量		产量	
	企业数量	产量	企业数量	产量	增量	增幅	增量	增幅
全国	470	9 327	581	11 971	111	24	2 644	28
加快发展区	114	1 851	144	2 476	30	26	624	34
稳定发展区	252	5 305	302	5 633	50	20	327	6
适度发展区	104	2 171	135	3 863	31	30	1 692	78

表 2-19 各省份年产 10 万 t 以上企业发展情况

单位：个，万 t,%

项　目		2015 年		2017 年		企业数量		产量	
		企业数量	产量	企业数量	产量	增量	增幅	增量	增幅
全国		470	9 327	581	11 971	111	24	2 644	28
加快发展区	黑龙江、吉林、辽宁	23	369	34	558	11	48	189	51
	内蒙古、宁夏、甘肃、青海、新疆	10	146	11	161	1	10	14	10
	西藏、四川、重庆、云南、贵州、广西	81	1 336	99	1757	18	22	421	32
稳定发展区	山东、江苏、福建、广东、海南	210	4 424	262	4 813	52	25	389	9
	河北、河南	33	662	30	645	−3	−9	−17	−3
	陕西、山西	9	219	10	174	1	11	−45	−20
适度发展区	湖北、湖南、江西、安徽	79	1381	116	3182	37	47	1801	130
	北京、天津、上海、浙江	25	790	19	681	−6	−24	−108	−14

（陆泳霖）

猪饲料

2017 年，全国猪饲料总产量 9 810 万 t，同比增长 12.4%，增量 1 084 万 t。其中，猪配合饲料产量 8 189 万 t，同比增长 14.1%，增量 1 014 万 t。猪饲料产品结构中，配合饲料占 83.5%，是猪饲料产品结构的主体部分。2017 年猪饲料超预期大幅增长，是推升全国饲料总产量增长 5.9%的主体力量，除此之外，猪饲料的增长远高于全国猪肉类增长和生猪出栏增幅。

一、2017 年全国饲料总体情况

1. 饲料总产量中猪饲料贡献率占 87%。2017 年全国商品饲料总产量 22 161 万 t，同比增长 5.9%。其中，配合饲料产量 19 618.6 万 t，同比增长 6.7%；浓缩饲料产量 1 853.7 万 t，同比增长 1.2%；添加剂预混合饲料产量 688.9 万 t，同比下降 0.3%。

从不同动物品种看，2017 年猪饲料产量 9 809.7 万 t，蛋禽饲料产量 2 931.2 万 t，肉禽饲料产量 6 014.5万 t，水产饲料产量 2 079.8 万 t，反刍动物饲料产量 922.6 万 t，其他饲料产量 403.4 万 t。从饲料品种结构中，猪禽饲料占饲料总产量比重 85%，猪饲料 2013 年、2017 年占饲料总产量比重分别为 43.5%、44.3%，2017 年饲料增长 5.9%中，猪饲料贡献率为 87%。

2. 从行业发展趋势看，产业进入成熟期，规模体量大，增速趋稳。饲料总产量 2007—2012 年累计增长 57.7%，2013—2017 年累计增长 13.9%。饲料产量规模已经达到 2 亿 t。自身增长已经达到一个稳定当量了。从历史发展速度看，发展速度放缓，总量趋于稳定是总体趋势。2016 年、2017 年的增长也主要因为规模企业产量的释放和转型升级结构调整和替代性增长。从品种结构看，近 5 年猪饲料累计增长 27%，仍然属于最有潜力的饲料品种（表 2-20、图 2-21 和图 2-22）。

表 2-20　2007—2017 年饲料产量增长变化

单位：%

产　品	2007—2012 年累计增长	2013—2017 年累计增长
总产量	57.7	13.9
配合饲料	75.6	19.9
浓缩饲料	−1	−24.8
预混合饲料	18.9	11.2
猪饲料	93	27
蛋禽饲料	28.2	−9.2
肉禽饲料	50.6	9.1
水产饲料	42.7	9.9
反刍饲料	36.4	19.1
其他饲料	23.5	27.3

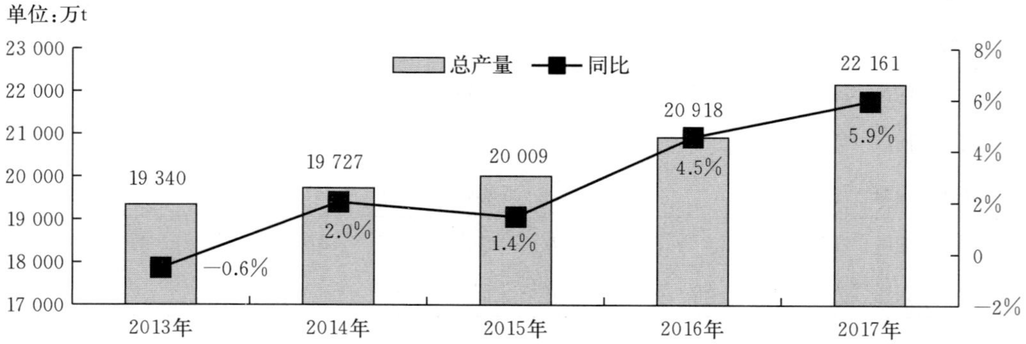

图 2-21　2013—2017 年饲料生产总量变化

图 2－22　2007—2017 年猪饲料生产总量变化

3. 广东、湖南等 6 省份是 2017 年猪饲料增长的主体。从区域分布看，2017 年，广东、湖南、广西、江西、山东、四川 6 省份猪饲料总产量 5 365 万 t，占全国猪饲料总产量 54.7%；6 省份猪饲料增长量 720 万 t，占全国猪饲料增量的 66.4%，是 2017 年猪饲料主要生产省份，也是产量增长大省（表 2－21）。

4. 猪配合饲料占猪饲料总产量近 84%。从猪饲料结构看，配合饲料总产量 8 189 万 t，占猪饲料总产量 83.5%，同比增长 14.1%；浓缩饲料总产量 1 201万 t，同比增长 5.5%；添加剂预混合饲料总产量 420 万 t，同比增长 2%。猪浓缩饲料、添加剂预混合饲料占猪饲料比重分别为 12.2%、4.3%。

5. 2017 年猪配合饲料产量大幅增长。从猪配合饲料看，2017 年，全国 23 省份猪配合饲料同比增长，7 省份下降。23 个省份猪配合饲料产量 7 185 万 t，占全国猪饲料总产量 87.7%，同比增长 18.0%；7 个下降的省份产量 1 004 万 t，占全国比重 12.3%，同比下降 7.5%。其中，广东、湖南等 6 省份猪配合饲料 4 868 万 t，占全国 59.5%，增长 712 万 t，占全国配合饲料增量的 70%。6 省份折合配合饲料 11 057 万 t，占全国 48.8%，增量855 万 t，占折合后配合饲料增量 62%（表 2－22）。

表 2－21　2017 年猪饲料总产量

单位：万 t,%

序号	省份（自治区）	2016 年	2017 年	同比	占总产量比重
	全国	8 726	9 810	12.4	100
1	广东	1 211	1 397	15.3	14
2	湖南	841	905	7.6	9
3	山东	659	818	24.2	8
4	江西	647	767	18.5	8
5	广西	630	739	17.3	8
6	四川	656	738	12.4	8
7	河南	586	583	−0.5	6
8	江苏	340	408	20.3	4
9	河北	404	403	−0.3	4
10	湖北	306	388	26.7	4
11	福建	409	364	−11.1	4
12	辽宁	316	345	9.1	4
13	黑龙江	217	219	1.2	2

（续）

序号	省份（自治区）	2016年	2017年	同比	占总产量比重
14	云南	176	215	21.9	2
15	安徽	169	201	19	2
16	重庆	136	176	29.4	2
17	浙江	173	168	−2.9	2
18	吉林	108	146	35	1
19	陕西	151	141	−6.7	1
20	海南	96	116	21.1	1
21	贵州	78	108	39.7	1
22	北京	103	92	−10	1
23	天津	83	86	3.8	1
24	山西	60	76	26.2	1
25	上海	63	63	0.2	1
26	内蒙古	25	50	99.7	1
27	新疆	38	46	23.8	0.5
28	甘肃	39	39	−1	0.4
29	宁夏	5	11	128.7	0.1
30	青海	2	1	−54.8	0.01

表 2-22　2017年猪配合饲料产量

单位：万 t，%

序号	省份（自治区）	2016年	2017年	同比	占总产量比重
	总计	7 175	8 189	14	—
1	广东	1 122	1 305	16	16
2	湖南	754	828	10	10
3	广西	605	713	18	9
4	江西	566	689	22	8
5	山东	530	678	28	8
6	四川	580	655	13	8
7	河南	440	454	3	6
8	湖北	268	349	30	4
9	江苏	283	340	20	4
10	福建	372	334	−10	4

（续）

序号	省份（自治区）	2016 年	2017 年	同比	占总产量比重
11	河北	304	293	−4	4
12	辽宁	206	222	8	3
13	安徽	140	164	17	2
14	重庆	115	153	33	2
15	浙江	158	146	−8	2
16	海南	95	115	21	1
17	陕西	122	115	−6	1
18	云南	84	104	24	1
19	吉林	59	97	63	1
20	黑龙江	83	78	−5	1
21	贵州	44	71	61	1
22	山西	50	63	27	1
23	北京	44	38	−15	0.5
24	新疆	29	37	29	0.5
25	天津	36	37	4	0.5
26	内蒙古	13	36	169	0.4
27	上海	36	36	0	0.4
28	甘肃	31	31	2	0.4
29	宁夏	3	6	104	0.1
30	青海	2	1	−57	0.01

6 省份猪配合饲料、猪添加剂预混合饲料同比平均分别增长 17.1%和 2.8%，高于全国增幅 14.1%和 2.0%；猪浓缩饲料同比平均增长 0.9%，低于全国增幅 5.5%（图 2－23、表 2－23）。

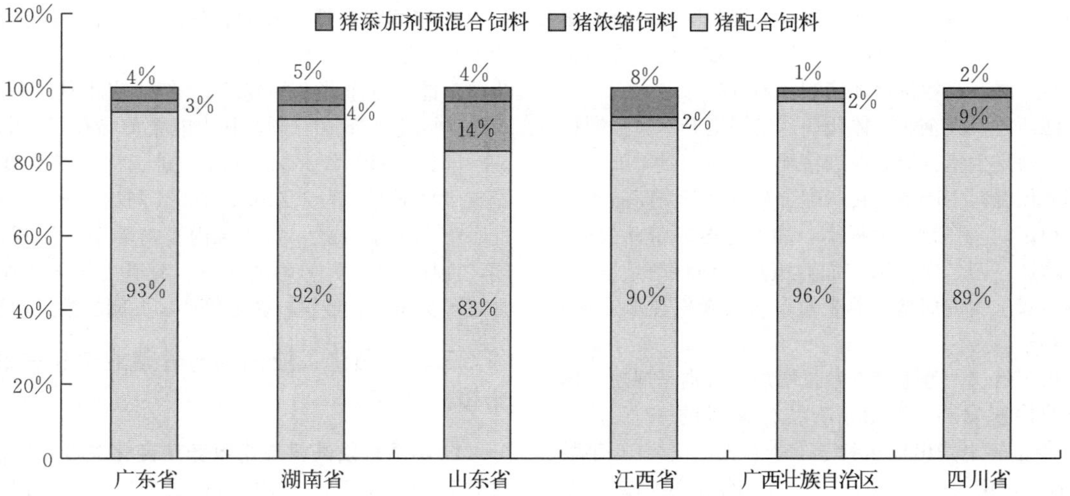

图 2－23　6 省份猪饲料产品结构变化

表 2-23 猪配合饲料占猪饲料比例情况

单位：%

省份	2016 年	2017 年
全国总计	82	83
广东	93	93
湖南	90	92
广西	96	96
江西	87	90
山东	80	83
四川	88	89
合计	89	91

二、2017 年猪饲料生产区域原因分析

1. 猪饲料主产省。广东省，一是一体化发展，饲料厂建设养殖场或是养殖场建设饲料厂；二是因猪价和原料价格波动，以及推广散装料运输，规模场使用配合饲料增加明显，猪场自配料减少商品猪料增多；三是规模猪场对预混料使用下降，全价饲料产量攀升。四是省内饲料向邻省份运输量增加。

湖南省，一是出栏增长。2017 年全省出栏生猪 6 116.3万头，同比增长 3.3%。猪肉产量 449.6 万 t，增长 3.4%；肉制品出口突破 6.5 亿美元，连续 4 年全国第一。二是养猪业借着环保政策，加快调整产业布局，养殖场向湘西、湘南等丘陵山区转移；同时，广东等沿海省份因环保高压退出的部分养殖场也在向湖南转移。三是大型集团企业加快布局养殖。

广西壮族自治区，一是生猪产业恢复性发展。二是养猪效益调动了养殖者积极性，养猪户普遍延迟大猪出栏，采食量增加，增重同比达到 5%左右。三是被列为我国生猪生产的 7 个重点发展省区后，全国知名大型养猪企业及江浙一带环保压力较大地区养猪企业纷纷入驻，存栏量增加猪饲料销量高涨。

江西省，大企业一体化快速发展提升养殖和饲料需求。一是生猪行情好促进猪配合饲料销量增加。二是部分预混料生产企业转产配合饲料。三是产品质量好且稳定，品牌影响力提高，加上老客户带动效应，销量增加。四是规模场增加养殖量，饲料销量增加。如瑞金双胞胎内部增加养殖量，增长规模在 2 万～3 万头存栏。

山东省，一是生猪养殖量增加，特别是规模一体化企业快速发展。据山东省统计调研的 18 家企业 2017 年全年生猪出栏达到 971.3 万头，比 2016 年增长 147%，增长一倍半。二是 2017 年上半年禽料亏本，而生猪养殖行情好且稳定，部分禽饲料厂转向生产猪饲料。三是随着畜禽规模养殖场拆迁，散养动物减少，但肉鸭、生猪等规模养殖、标准化养殖大幅度提升，养殖场自配料趋于萎缩，工业饲料生产量、消费量持续增加。

四川省，一是 2017 年末四川生猪存栏 4 376.6 万头，同比增长 7.3%。二是规模产能增加。规模养殖企业产能扩张较快，技术水平快速提升，母猪生产效率提高，生猪出栏数量大幅增加。另外，四川省还反馈，环保压力下猪场关闭或搬迁，主要是就近转移或提前出栏，较好行情支撑下，生猪出栏量增加。

2. 猪饲料产量同比增幅较大的省份。湖北省，一是饲料企业新增产能巨大，进入释放期。二是存栏量规模大，2016 年猪、禽出栏分别达到 4 250 万头、5.2 亿只左右养殖规模，水产品产量 470 万 t 左右规模为饲料发展奠定了发展基础。

江苏省，在产业提质增效、环保禁养限养的大背景下，养殖结构持续优化，小散户加速退出，大企业扩能明显，畜禽规模养殖比重大幅提升，全省生猪大中型规模养殖比重达到近 70%，自配料大量减少，而规模养殖企业商品饲料大量使用。

吉林省，主要是由于 2017 年玉米补贴政策，全省玉米消耗量增加 60 万 t 左右，促使配合饲料增长。

重庆市，养殖模式转变带来了浓缩饲料需求下降，配合饲料需求增长。

内蒙古自治区，猪料增长 25 万 t，较 2016 年增加一倍，主因温氏、中粮等大企业在内蒙古建厂。

云南省，周边地区禁养，云南省的生猪存栏大幅度增加。

贵州省，一是大力发展生猪养殖，生猪存出栏数大幅增长。二是新增养猪户多为公司加农户的规模化养殖，基本使用工业饲料。三是大型饲料生产企业产业化发展模式使饲料产量大幅提升。

3. 猪饲料产量下降的省份。主要是环保督查压力下，各地全面关闭拆除禁养区内生猪养殖场（户），生猪产能持续下降。福建 2017 年年底生猪存栏 805 万头，同比下降 18.1%，其中能繁母猪存栏 83.9 万头，同比下降 18.2%。浙江，据统计，三季度末，全省生猪饲养量为 1 316.4 万头，同比下降 15.3%。北京市划定禁养区，禁养区内畜禽养殖场搬迁、关闭，促使“小散”养殖场（户）清退工作强度加大，加之环保压力，使饲料企业停产、关闭的数量增加。

三、商品化工业饲料与养殖业变化关联性比较

1. 不同阶段饲料与畜牧养殖变化关联比较。通过对 2003—2017 年，不同时期的 3 个 5 年比较显示，猪配合饲料产量与生猪规模化率和生猪出栏数量有很

大的相关性，但规律性不显著。2013—2017 年，生猪规模化率和猪配合饲料年均复合增长速度均在减缓，年均复合增长率分别为 4.1%和 3.3%，猪肉产量和生猪出栏年均复合增长率分别为 0、−0.3%。意味着畜牧饲料行业进入产业调整平衡期，饲料、畜牧养殖发展速度下降（表 2-24）。

表 2-24　2003—2017 年猪饲料与生猪养殖年均增长率比较

单位：%

	年均递增率比较			
	2003—2017 年	2013—2017 年	2008—2012 年	2003—2007 年
猪饲料总产量	8.0	4.9	14.1	5.3
猪配合饲料	10.0	6.4	20.0	4.2
猪浓缩饲料	1.4	−2.8	1.0	6.0
猪预混饲料	7.0	3.8	4.7	12.7
折合配合饲料（浓缩饲料 30%、预混合饲料 4%）	6.3	3.3	7.1	8.7
猪肉产量	1.7	0.0	4.5	0.8
生猪出栏量	1.6	−0.3	4.3	0.9
年出栏 500 头以上规模化率（%）	10.0	4.1	13.7	12.6

生猪出栏量逐步提升，拉动猪饲料需求稳步增加。2003—2017 年我国生猪出栏量逐年增加，猪饲料需求增多，其中占主导地位的猪配合饲料产量随着出栏量的增长而增加。2017 年猪配合饲料产量 2.27 亿 t，生猪出栏量 6.89 亿头（图 2-24）。

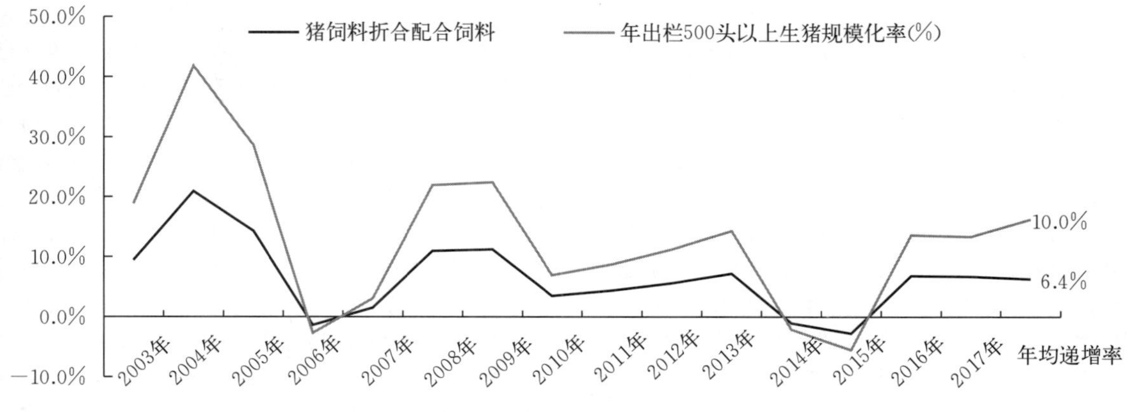

图 2-24　猪配合饲料增长率与生猪规模化增长率对比图

生猪饲养规模化提升，带动猪配合饲料产量增加。2003—2017 年我国年出栏 500 头以上生猪规模化率不断提高，特别是 2015 年以来环保压力下，小、散户加快退出，规模化养殖场持续扩增产能，在原料价格波动及人工成本走高等多方面因素下，规模养殖场为提高养殖效益，投建饲料厂或与饲料厂开展合作模式，使用商品猪配合饲料增加。

2. 工业化猪配合饲料使用比例逐年提高。按照 2003—2017 年生猪出栏头均消费饲料变化看，2003 年，头均消费猪配合饲料 178kg，2016 年、2017 年分别达到 310kg 和 329kg。2003 年是 5.6 头猪消费1 t 生猪配合饲料，2016 年、2017 年分别是 3.2、3.0 头猪消费 1t 饲料。从这些数据上判断，我国生猪配合饲料的工业化在大幅度提高（表 2-25）。

表 2-25　2003—2017 年生猪消耗饲料量变化情况

单位：kg/头，头/t

	2003年	2004年	2005年	2006年	2007年	2008年	2009年	2010年	2011年	2012年	2013年	2014年	2015年	2016年	2017年
头均消耗饲料	178	209	227	221	243	250	262	263	276	277	289	279	281	310	329
生猪出栏量/饲料消费	5.6	4.8	4.4	4.5	4.1	4.0	3.8	3.8	3.6	3.6	3.5	3.6	3.6	3.2	3.0

四、小结

通过历史数据关联分析和调研情况判断，2017 年猪饲料总产量同比增长 12.4%，猪配合饲料同比增长 14.1%。2017 年猪饲料折合配合饲料后，同比增量为 1 388 万 t，猪配合饲料同比增长量 1 014 万 t，在产业综合变化的合理区间。

1. 2017 年猪配合饲料增长幅度略低于 2016 年增速。折合猪配合饲料后 2017 年全国生猪配合饲料与 2016 年同比增幅下降 0.3 个百分点，6 大省份仅增长 1.9 个百分点。

2. 产业结构变化性增长。6 省份猪配合饲料、猪添加剂预混合饲料同比平均分别增长 17.1%和 2.8%，高于全国增幅 14.1%和 2%；猪浓缩饲料同比平均增长 0.9%，小于全国增幅 5.5%。6 省份配合饲料比重占到总量的 91%，产品结构性增长力量凸显。

3. 生猪养殖拉动猪饲料增长。2017 年国家统计局公布数据，全国猪肉产量 5 340 万 t，同比增长 0.8%，增长 396 万 t，折合需求配合饲料 1 386 万 t。年末生猪出栏 68 861 万头，同比增长 0.5%，增长 3 279万头，猪配合饲料需求量增长 1 093 万 t。

4. 按规模化率与饲料产量增长关系，2017 年比 2016 年提高 2.1 个百分点，需净增加 840 万 t 猪配合饲料产量。2017 年折合配合饲料同比增长 1 388 万 t，规模化率每增长一个百分点带动饲料产量增长 400 万 t 左右，2017 年规模化增长带动增长量占到 60.5%。

5. 猪肉增长量、生猪出栏增长和规模化率分别带动猪配合饲料需求。

（陆泳霖）

家禽饲料

2017 年国内家禽产业总体效益不及 2016 年，黄羽肉鸡、蛋鸡、水禽业、肉鸽效益大幅缩水，白羽肉鸡产业链处于亏损状态。上半年受 H7N9 事件影响，家禽产业普遍低迷，下半年行情回暖。

一、禽蛋和蛋禽饲料生产

禽蛋产量 3 070 万 t，下降 0.8%。我国禽蛋消费人均（>21kg）世界第一、消费禽蛋品种（普通鸡蛋、特色鸡蛋、鸭蛋、鹅蛋、鹌鹑蛋、鸽子蛋等）较多、以鲜蛋为主（>90%）、人口增长缓慢，因此禽蛋消费再增长的空间有限。

1. 蛋鸡生产特点。2017 年蛋禽产业：总体向好、数据优化、国产过程、成本上升，鸡蛋比重降低。

总体向好。2017 年是全面落实“十三五”规划的关键年，蛋鸡产能调减加速，蛋价低位反弹，总体趋稳。不利因素：年后蛋品消费疲软、H7N9 流感冲击等；有利因素：产业结构调整和转型升级。蛋鸡养殖的结构调整体现在：规模变大、小型养殖户进一步退出、大型超大型养殖场增加明显。蛋鸡产业上半年亏，下半年赚，整体赢利。其中：祖代企业亏损、父母代企业效益较好，商品蛋鸡养殖微利。

数据优化。全国祖代在产存栏 64 万套（更新量 47.1 万套，据估计 36 万套即可满足国内需要），按商品代蛋壳颜色：粉壳占 57.3%、褐壳 38%、白壳约 3%、其他约 2%；在产存栏父母代 1 408 万套，商品鸡苗销售 10.4 亿只，后备蛋鸡平均月存栏 4 亿只；商品蛋鸡年平均存栏 12.1 亿只，淘汰蛋鸡 13.2 亿只；蛋鸡单产 17.5 kg/只，料蛋比：2.3∶1；鸡蛋产量 2 128.8 万 t（亦说 2 115.8 万 t），下降 3.2%。

国产过程。我国培育品种有：京红 1 号；京粉 1 号、2 号；京白 1 号；农大 3 号、农大 5 号；大午京白 939、大午粉 1 号、大午金凤；新杨系列；苏禽绿壳蛋鸡；凤达 1 号；豫粉 1 号土种蛋鸡；欣华 2 号蛋鸡等。引进配套系有：海兰、罗曼、伊莎等。还有特色的蛋肉兼用型地方品种：北京油鸡、茶花凤、狼山鸡、乌骨鸡等。全国蛋鸡遗传改良计划（2012—2020 年）到 2020 年饲养蛋鸡的 50%以上为国产品种，可能会提前实现。据统计，2017 年我国祖代新增雏鸡中，中国产品种 70.5%（33.2 万套），进口 29.5%（13.9 万套）；父母代雏鸡销售量 1 810 万套，进口 67.6%，国产 32.4%；商品代可能会进一步倾斜。

成本上升。鸡蛋生产成本攀升由饲料成本、用工成本、设施设备投入增加（折旧）、用地成本、环保成本的增加造成。可以通过降低饲养、销售、制度性交易成本来减少费用，通过品牌和技术含量，更好地满足“人们日益增长的对美好生活的向往”，提高产品附加值，以抵消鸡蛋成本的攀升对蛋鸡养殖业利润的影响。

鸡蛋比重降低。因受流感影响、消费乏力等，鸡蛋价格起伏大、偏低；加之人们期望更加丰富的蛋品供给，蛋鸭等禽类饲养量增加明显，加工的鸭蛋、鹅蛋、鹌鹑蛋市场销售较好，使得鸡蛋占禽蛋总产量的比例进一步降低，2016 年 71%，2017 年 69%。

2. 其他蛋禽养殖。 蛋鸭存栏 1.9 亿只（−18.3%），鸭蛋产量 319 万 t，产值 307.6 亿元（−24.6%），鸡蛋+鸭蛋产量 2 547.8 万 t，尚有 522.2 万 t 的其他禽蛋（鹌鹑蛋、鹅蛋、鸽子蛋等）。因为鹌鹑蛋价格贵且波动小、蛋品消费多元（皮蛋、鲜蛋、腌蛋）、大众喜食，鹌鹑产率高、生产性能好，故鹌鹑养殖未受禽蛋市场的影响，相反因为鸡蛋的波动，使得鹌鹑蛋产量大幅度增加，预计有 150 万 t。

3. 蛋禽饲料。 若按料蛋比 2.2 计算，3 070 万 t 禽蛋需要蛋禽饲料 6 754 万 t；祖代和父母代存栏 1 500 万套，饲料消耗 50 kg/(套·年)，需要 75 万 t 饲料；10.4 亿只雏鸡长到产蛋需要饲料 67.6 万 t。总之，需要 6 896.6 万 t 饲料，3 070 万 t 禽蛋折合料蛋比 2.3。蛋禽饲料（配合饲料 2 521.2 万 t、浓缩饲料 271.3 万 t、添加剂预混合饲料 138.6 万 t）总量 2 931.1 万 t，低于禽蛋总量（3 070 万 t）。若按蛋禽浓缩饲料占配合饲料的 30%，添加剂预混合饲料占配合饲料的 2.5%计算，折合配合饲料 6 701.8 万 t，与3 070万 t 禽蛋产量基本吻合（图 2－25）。

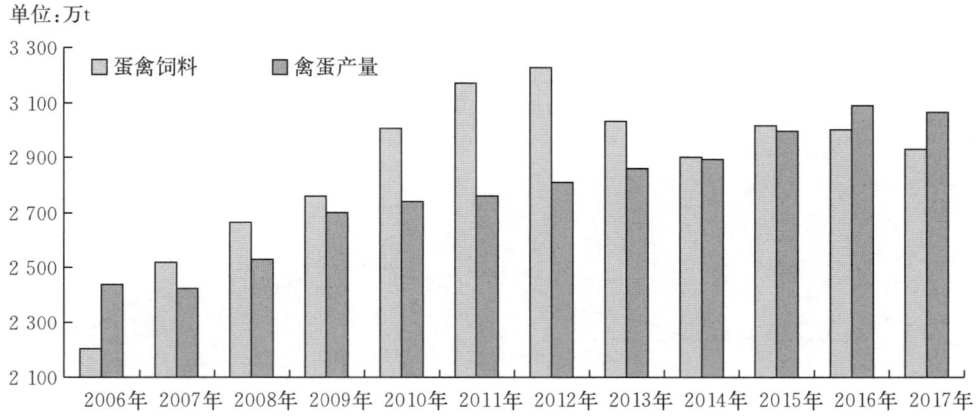

图 2－25　2006—2017 年蛋禽饲料和禽蛋产量

二、禽肉和肉禽饲料生产

国家统计局数据，禽肉产量 1 897 万 t，增长 0.5%，人均禽肉占有量 13.7 kg。中国畜牧业协会数据：禽肉产量 2 344.8 万 t。2017 年，我国肉鸡生产整体处于低位徘徊状态，出栏肉鸡 78.9 亿只（−6.4%），鸡肉 1 241.1 万 t（−3.2%）（表 2－26）。

表 2－26　2017 年禽肉和家禽出栏产量

品种	白羽肉鸡	黄羽肉鸡	817	淘汰蛋鸡	肉鸭	肉鹅	肉鸽	合计
产量（万 t）	781	443	106	139	700.8	150	25	2 344.8
出栏（亿只）	42	36.9		13.2	31.7	5.4	6.3	

1. 陆生肉禽。 白羽肉鸡行业效益低，与 2016 年的利好行情相反。白羽肉鸡全国祖代在产存栏 79.4 万套（引种祖代 68.7 万套），父母代 2 929 万套，商品鸡苗 42.6 亿只，全年出栏 42 亿只，出栏活重 2.5kg/只。上半年黄羽肉鸡巨亏，下半年盈利，全年盈亏基本平衡。黄羽肉鸡全国祖代在产存栏 121 万套，父母代 3 491.5 万套，商品鸡苗 37.1 亿只，全年出栏 36.9 亿只。肉鸽全国祖代在产存栏 18.3 万套，父母代 3 620 万套，全年出栏 6.3 亿只。淘汰蛋鸡 13.2 亿只。

2. 水禽。 2017 年商品肉鸭出栏 31.7 亿只（−1.46%，白羽肉鸭 25.2 亿只，麻羽肉鸭 3.7 亿只，番鸭与半番鸭 1.8 亿只。淘汰蛋鸭 1 亿只），产值 880.3 亿元（+18.15%）。全球 46.8

亿只，我国占 74.2%。白羽肉鸭全国祖代在产存栏 42.4 万套，父母代 1 906.2 万套，商品鸭苗 30.5 亿只，全年出栏 29 亿只。白羽肉鸭上半年亏损，下半年回暖，祖代养殖亏损严重，父母代及商品代效益尚可。

鹅业效益不及 2016 年。商品鹅出栏 5.4 亿只（+5%），肉鹅产值 447.2 亿元（+22.8%）。全球出栏 6.2 亿只，我国占 93.2%。鹅肉 1.96 万 t（中国香港和澳门）。2017 年我国出口鸭绒、鹅绒原毛 47 332 t，5.2 亿美元；羽绒及制品 32.9 亿美元；出口到欧洲、美国、日本、韩国和中国台湾。

3. 肉禽产业发展。肉禽产业压产能是一个方面，引导正确的消费观念（需要注重环保、注意产品安全、创新品牌、适当引导和宣传、分工协作、精深加工、借助“一带一路”开拓国际市场）才是振兴行业正路！另外，环保压力，水禽离水旱养，生物床饲养、多层网上、网床与生物床结合饲养等多种环保型饲养方式是方向。

4. 肉禽饲料。饲料总产量 6 014.5 万 t，其中配合饲料5 819.5万 t、浓缩饲料 158.6 万 t、添加剂预混合饲料 36.4 万 t。国家统计局给的禽肉产量 1 897 万 t，计算的饲料/肉＝3.2，偏高。中国畜牧业协会给出的禽肉产量为 2 344.8 万 t，计算的饲料/肉＝2.6。

三、禽饲料生产

奥特奇统计认为 2017 年全球饲料总产量 10.7 亿 t，其中中国 1.9 亿 t；全球饲料中肉鸡料占 28%，蛋鸡料 13%，与我国 2017 年（图 2－26）近似（蛋禽占 13.2%，肉禽占 27.1%）。

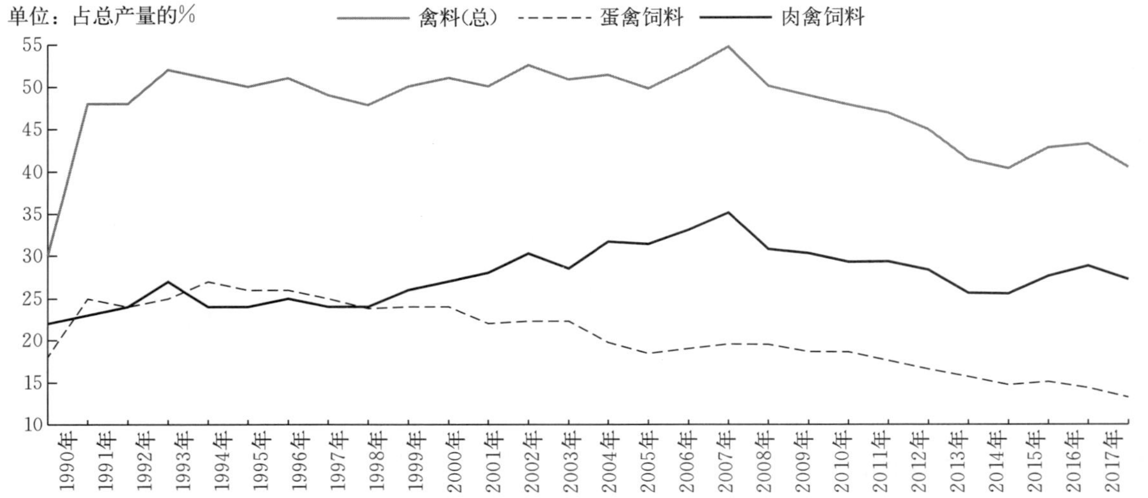

图 2－26　我国家禽饲料占饲料总产量的比例

（武书庚　齐广海）

水产饲料

一、水产行业的三大显著特点说明水产养殖是真正的朝阳产业

1. 稳健性：为饮食刚性需求、能抗经济危机、抗技术革新。民以食为天，水产产业能满足人民饮食的刚性需求，随着世界人口的不断增加，这种刚性需求不断增加；其次，水产产业能抗经济危机，这已经被两次世界经济危机所证明；而且，延续了 3 000 年的养鱼技术仍在延续，说明水产产业可抗技术革新，传统的诸多热门产业如胶卷、软盘等很多行业技术革新快，被颠覆甚至不复存在。可见，水产养殖产业具有稳健性特点。

2. 先进性：不与人类争抢原粮、饵料转化效率高、氮与磷排放量相对低。相对畜禽饲料，水产饲料配方极少用到原粮，大多数都是一些农作物的副产物，不会出现水产动物同人类争夺粮食的局面，而且与猪肉和牛肉生产相比，鱼类可将食物转化成更多的可消费蛋白质，饲料转化效率高。大量的研究报告和生产数据表明很多水产动物饵料系数基本在 1.0 左右，也就是说 0.5kg 的饲料可以转化成 0.5kg 的高品质的肉类，可以说很多水产动物是天生的良好的造肉器，饲料消耗远远低于猪、禽等其他品种，是个高效的产业。不仅如此，水产动物与其他动物蛋白生产系统（如猪肉和牛肉）相比，每单位重量的水产品对全球氮和磷的排放量小于猪肉和牛肉，可减少对气候变化的影响，可见水产养殖更环保。

3. 成长性：更健康的水产，社会更需要。随着养殖技术进步，水产行业成长性巨大。随着社会进步，人民生活水平的提升，终端消费需求也发生了变化，从吃饱到吃好，吃得营养和健康。相对其他动物蛋白，水产品更营养，更健康。养殖技术的进步也带动了水产饲料的使用，而水产饲料的发展潜力巨大，体现在：①现有很多区域的水产养殖活动并没有使用工业配合饲料进行喂养；②部分已使用工业配合饲料的区域，投喂量还很低；③水产动物保健产品（水质处理剂，调水剂）等新技术的应用提高了单位水产养殖水面的投喂量，提高了单位生产效率，促进了养殖模式改进和新技术的应用。

水产行业的稳健性、先进性和成长性三大优点说明水产养殖是真正的朝阳产业。我国人口数量众多，耕地资源相对匮乏，耕地面积占世界耕地面积的7%，而人口数量约占全球的20%。由于耕地有限，粮食供给存在“天花板”，因此，在我国，发展水产养殖业具有重要的战略意义。受益于行业的稳健发展，水产饲料也呈现出良好稳健的发展态势。

二、水产养殖与水产饲料发展现状

1. 中国作为世界水产品生产大国，水产品总量增长较快，且主要来自于养殖量的不断增加。水产饲料行业步入稳定增长期。

伴随着人均收入增长、城镇化率提升等因素，国内水产品消费量大幅增长，人均消费量相较20世纪90年代初增长超1倍。由于可供捕捞资源有限，我国水产品供应的增长主要依靠水产养殖业，水产养殖规模的增长带动水产饲料行业的发展。目前水产饲料行业整体步入稳定增长期，水产饲料已经成为饲料产业中增幅最快的一个分支（表2-27）。

2. 环保对水产养殖及饲料的影响是短期效应。环保无疑会对水产养殖及饲料产业多多少少带来一些影响，也是近年来大家谈论最多的一个话题。那么大水面禁养是否会大大降低水产饲料总量？短期效应来看对水产饲料总量不会有太大的影响。

（1）大水面养殖所占比例低，也属于粗放养殖。

（2）高鱼价会助推大量土地流转到养殖；一些猪圈等养殖设施被改造成虾塘或精养鱼塘，部分养殖区域由陆地向海洋延伸，海洋养殖品种及产量增加。

（3）休渔政策趋严，利好饲料行业：一是行情的利好提升养殖户养殖积极性，二是由水产捕捞转向水产养殖，扩大对特种水产配合饲料的需求。

表2-27 2017年全国不同省份水产饲料产量统计

单位：t

省份	产量
广东	5 171 042
江苏	3 246 972
湖北	2 355 775
湖南	1 434 225
福建	1 379 105
浙江	1 085 898
四川	676 644
广西	653 528
河北	596 161
江西	559 867
云南	468 729
山东	453 693
河南	446 757
辽宁	442 794
天津	394 591
海南	345 687
安徽	276 889
重庆	193 130
黑龙江	144 173
新疆	114 068
北京	87 513
上海	80 833
贵州	54 830
陕西	50 544
宁夏	41 982
吉林	21 250
内蒙古	10 702
甘肃	10 697
山西	300
全国总计	20 798 379

（4）技术进步可以不断提高单产，如通过优质饲料、高密度、高增氧、用动保产品的可以大大提升单位产量，甚至超过因为大水面禁养减少的这一部分存量。

（5）不同区域此消彼涨，养殖产区格局的重新划分，交通、冷链物流、互联网技术越来越发达成熟，部分品种甚至可以全国销售，南北差异缩小。

3. 水产养殖具有鲜明区域特征，特种料成为增长的亮点。饲料行业进入门槛较低，企业主要采取贴近市场的经营策略，节约运输、销售和技术服务的成本。华中、华南、华东三大地区约占全国80%的水产养殖规模，是主要饲料企业重点布局的市场。从省份角度来看，广东、江苏、湖北位列水产饲料销量前三位，仅这三个省就占据了全国近四成的市场份额。

按饲喂品种，水产饲料可分为鱼料、虾蟹料、爬行类和两栖类等。细分来看，普通淡水鱼料销量最大，以草鱼、鲤鱼、鲫鱼、罗非鱼、鳊鱼、青鱼等传统淡水养殖品种为主的此类品种市场占有率高，约占全国水产饲料的70%，但毛利率较低；特种料约占30%的总量（包括高档淡水鱼料、海水鱼料和蟹料等），销量较小，但其技术要求较高、毛利率较高，整体增速较快。

休渔政策趋严将会带动特种水产配合饲料需求的提升，主要基于两方面原因，其一是休渔降低了特种水产产量，在消费者需求扩大的情况下，养殖规模会快速扩大；其二是部分渔民由于休渔开始转产转业，由水产捕捞转向水产养殖，扩大对特种水产配合饲料的需求。

水产饲料消费量等于存塘鱼体重总量乘以投喂系数，投喂系数与鱼价和天气相关性较大此外，养殖模式升级、技术突破、消费升级等因素推动高端饲料销量增速超过行业平均水平，我们认为，鱼价高企、存塘量上升、养殖模式升级是水产饲料行业景气度提升的核心驱动力。

以华中为例，特种养殖品种相对来说养殖周期短、风险系数小、投资回报高（表2-28）。

表2-28 草鱼与部分特种品种养殖效益对比

单位：kg/亩*，元/kg，元/亩，月

养殖品种	平均产量	斤鱼成本	市场价格	效益	养殖周期
草鱼	500～1 000	7～8	8～12	500～5 000	6～8
黄颡鱼	1 000～2 000	12～15	18～24	2 000～13 500	5～6
泥鳅	1 000～1 500	16～20	24～30	4 000～15 000	3～6
青蛙	750～1 500	14～16	18～30	5 000～50 000	4～5
加州鲈	750～1 500	14～17	20～30	3 000～18 000	5～6

不同区域特种品种如雨后春笋一般蓬勃发展，呈现出一片繁荣盛况。常规特种品种：黄颡鱼、金鲳、海鲈、生鱼、牛蛙、塘虱、甲鱼、鳗鱼、泥鳅等相对比较成熟整体稳定增长，构成特种品种中的主力，另外部分新特种品种诸如加州鲈、小龙虾、巴沙鱼、青蛙、大黄鱼、翘嘴红鲌、鳜鱼、石斑鱼，总量小，但爆发的增长势头迅猛，大有可为。

随着加州鲈消费热的兴起，加州鲈养殖在不同区域呈现快速发展的态势，养殖面积和热情不断增长。加州鲈饲料亦成为众多饲料企业追逐的新风口之一。加州鲈总产量35万～40万t，饲料容量逐年猛增，最大产区是华南广东地区，约占全国的60%。华东的浙江、江苏地区产量约占全国30%。两湖、河南、四川为养殖快速发展的市场，市场潜力也很大。珠三角地区，2017年加州鲈饲料的容量在8万～9万t，华东地区加州鲈饲料容量在2万～3万t，华中和四川地区，加州鲈饲料容量在1万～2万t，但目前以投喂冰鲜鱼为主，比例高达80%～90%，随着统一、杰大、海大、江苏南山等公司加州鲈饲料技术的不断突破，接下来的1～2年仍会呈现快速增长的态势。

宇宙级网红品种小龙虾更是一骑红尘，养殖面积和产量持续快速增长。2007—2016年，全国小龙虾养殖产量由26.55万t增加到85.23万t，增长了221%；全国养殖面积超过900万亩。2016年小龙虾产值564.1亿元，经济总产值1 466.1亿元，全产业链从业人员近500万人。种业、养殖、加工、流通、餐饮、文化建设等全产业链体系都已很成熟，因为供不应求，虾价屡创新高，大有一发不可收拾的局面。

养殖新宠巴沙鱼迅速引起了水产人的高度重视，2017年中国进口越南的巴沙鱼总额达4.2亿美元，占越南总产值的23%，首次超过美国，成为越南巴沙鱼的全球最大市场。因为消费市场的持续暴增，多

* 亩为非法定计量单位，1亩≈667平方米。——编者注

次出现断货的局面，广阔的空间，良好的成长性，养殖利润空间大，可以说，巴沙鱼的中国新时代已到来。但开发巴沙鱼专用饲料技术难度较高，特别是肉色控制技术非常关键，控制不好就会导致巴沙鱼肉质发黄而影响产品销售。广州市联鲲生物科技有限公司专注研发这种鱼多年，开发的巴沙鱼预混料针对性强，效果得到广泛的验证，在这一种鱼的技术领域上有着绝对的话语权。

海南石斑鱼苗种的供应量达到全国的90%以上，目前苗种场有70～80家，个体户和企业并存，部分企业意识到质量安全的问题，他们会选择双方合作或者多方合作，将特定的苗种给对方苗，其间进行跟踪，不允许合作方违规用药，待标粗苗达到某规格后再收购。北方石斑鱼养殖市场也不断扩张，其石斑鱼成鱼的流通价格也相对南方市场每千克高20元左右。有业内人士表示，北方石斑鱼都为工厂化养殖模式，虽然成本高但是产量稳定，风险也低。在价格方面，北方比南方高，虽然产量低，但如果能凭借工厂化养殖优势打品牌鱼，北方市场或将前景广阔。

鳜鱼养殖总量约30万t，其中广东约10万t，我国鳜鱼养殖主要集中在广东、江苏、湖北、江西、湖南和安徽，其他省份如广西、浙江、山东、四川和东北也有少量养殖。据不完全统计，近年来全国鳜鱼年养殖总量约30万t，其中广东约10万t。苗种方面，全国80%比例的鳜鱼苗来自广东，其中约50%的广东鳜鱼苗产于阳春市，佛山多为标粗。鳜鱼的高价带来桂花鲮鱼的高价，广东市场2016年鲮鱼料销量突破8万t。鳜鱼饲料也是众多企业和科研机构在不断尝试突破的一个新方向。

4. 国内水产竞争格局重塑，水产饲料企业百花齐放百家争鸣。近几年中国水产饲料总量基本保持稳定，饲料巨头纷纷在水产领域展开新一轮竞争，水产饲料巨头尚未形成垄断性优势，机制不够灵活，人员不稳，畜牧业巨头纷纷进军水产业，但技术不足，但机制灵活，吸引人才，也取得了快速发展。

水产行业竞争的加剧，使得广大水产企业开始探寻新的发展思路，大集团企业由于前些年黄金发展阶段的资本、品牌、客户群体积累，在部分强势市场开始打造属于自身的产业模式。海大服务营销并举，迎来快速发展时期，大北农神爽水产科技集团2017年继续发力，匠心打造“互联网＋渔业一站式综合服务价值平台”，意欲成为水产界的阿里巴巴，让传统的农业变得高大上起来。

大集团的扩张加速，竞争态势加剧，广大中小企业也没有坐以待毙，他们通过一系列的差异化竞争，部分优秀企业也获得了长足的发展，诸如品种细分、粒径细分、功能性饲料细分、配方细分等打造差异化优势。如加州鲈、黄颡鱼、螃蟹料、小龙虾、蛙料、河豚等品种，市场储量有限，但在短期内有着良好的收益表现和市场容量，一些中小企业抓住机遇，在部分核心市场占据绝对话语权。

除此之外，部分中小企业开始了养殖场＋饲料厂＋流通相结合的小产业链经营模式，自身有一定的养殖量，解决部分的产能问题，均摊一些生产费用，又能提供小企业的研发和试验平台，企业的运营更加顺畅。如广西玉林鑫坚集团打造积极利用自身天然优质的水库养殖条件，构建涵盖种苗繁育、养殖、饲料、成鱼销售、终端体验消费、观光旅游的产业链模式，打造的水库生态鱼更成为闻名遐迩的独特品种，助力鑫坚集团飞速发展。

经历高速发展期后，企业的综合实力成为竞争关键。水产饲料企业从单一的饲料产品提供商，逐步转变成提供包括苗种、疫病防治、饲料产品、金融担保等一系列服务的养殖服务商，企业间的竞争从简单的“价格战”升级成综合实力的比拼。

5. 国际化机会多多，优秀中国企业纷纷扬帆出海。近年来国家品牌崛起是中国企业国际化的最好时机，海外市场水产饲料自身发展相比来说较慢，许多国家人口基数大，生活水平相对低一些，市场成长空间大，水产饲料竞争不激烈，单位利润相对较高，海外市场自身发展带来较多的机会。许多有前瞻性的优秀中国企业纷纷出海，攻城拔寨，在海外市场发展的风生水起，并取得了超额的投资回报。

三、水产养殖与水产饲料发展趋势

产品升级明显、加工品需求暴涨。生产全球化、贸易全球化——电商、冷链物流发展带来更多更优质的水产品进出口。

不同渠道类型对应的消费需求在变，对应的养殖品种及饲料需求也将产生变化，因此才能够在变化中抓住机会。

（1）消费者的经济水平，对营养、健康、安全水产品的需求暴涨，尽管中低档消费者群体仍然庞大，但他们的消费需求也在升级。

（2）80后新生代的生活经历、消费习惯，他们对加工、速食水产品需求在快速增长。

（3）用工成本的增加，进一步推动加工产品暴涨。

在这一消费升级的大背景下，水产养殖及饲料发展表现出以下趋势。

1. 产品升级趋势明显，饲料产品转型势在必行。中国水产饲料的发展方向是高档料、特种料和功能性饲料。产品的转型升级实质上也是企业的一次变革，不仅需要进行经营规划的分析与调整、传统思想的转换与行为方式的转变，还需要配套的技术和人才的支撑。水产饲料产品转型升级路上应该顺应潮流，抓住机会，乘势而上。

（1）颗粒料转膨化料：传统的颗粒料很难满足眼下的发展形势，养殖户、经销商、饲料厂各个层面都难以为继，面对大好行情，颗粒料难带来效益最大化。膨化料代表着先进的生产力，近年来膨化料比例也在不断提升，2017 年膨化料比例基本达到 30％的总量，特种品种基本都用膨化料，如生鱼、黄颡鱼、金鲳鱼、海鲈鱼等品种，膨化草鱼料在部分区域发展较快，广东的中山顺德市场的统院，草鱼膨化料已经占据 70％～80％的比例，遥遥领先其他市场。

以 2017 年华中草鱼为例，因为草鱼价格好，普通料 1 t 出 1 550 kg 草鱼，使用膨化料 1 t 产鱼 1 700 kg；膨化料比颗粒料多长 150 kg 鱼，按照草鱼价格 12 元/kg 计算，多赚 1 800 元/t；但考虑到每吨膨化料的价格相比颗粒料贵 1 000～1 200 元，这样由颗粒料升级为膨化饲料养殖草鱼后养殖效益增加 600～800元/t。

（2）产品档次提升：随着养殖模式的不断升级优化，养殖水平越来越高，大的养殖场和养殖大户不断涌现，他们对饲料的鉴别能力越来越高，观念上把养殖看作是一种投资，追求高产，快速出鱼，资金周转快，风险降低，传统的产品档次有时候难以适应市场的快速变化，更有甚者在产品上面墨守成规，不立足于市场，最后表现的不尽如人意。

（3）发展特种膨化料：特种品种快速发展，技术上不成熟，利润空间相对较高，很多的品种并没有得到大集团公司的重视，稍微花些功夫在特种品种上面可以获得不错的收益。

（4）重视功能性饲料的开发：中国是全球水产养殖大国，其水产养殖总产量逐年提高的同时，水产饲料产销量也持续提升，可谓发展前景广阔。但是，与此同时，原料短缺、水产养殖环境恶化、水产品安全与质量等问题，也制约着水产饲料产业的可持续发展。为应对上述问题与挑战，水产功能性饲料在市场上应运而生。

水产功能性饲料是指为了提高饲料品质或增加饲料用途而生产的具有某种特定功能的饲料，它可以调节机体的代谢机能或免疫机能，从而改善养殖动物的生产性能或健康水平，最后达到保证养殖动物快速、健康生长的要求。虽然功能性饲料早在 21 世纪初就被提出，但它在市场上的实际应用及推广上参差不齐，受制于理解深度，技术手段，效果评估及专业推广和客户认知几个方面，但因为代表着先进的生产力，越来越被市场认可，部分厂家积极尝试，在生产性能上表现了意想不到的效果。

安全问题不容忽视，顺应安全问题设计功能性的饲料来减少鱼虾发病概率，如通过添加植物提取物添加剂等，安全无副作用，更顺应当下无抗的饲料主题。在水产品加工方面如巴沙鱼上使用去除肉质发黄的添加剂来提高巴沙鱼的肉质，使得巴沙鱼在国内普遍养殖，或者通过特殊风味水产品肉质改良的功能饲料来解决，打造品牌鱼发展有特色的养殖品种。如辽宁丹东英波饲料公司通过饲料改良技术在鲤鱼肉质上花工夫，打造的鲤鱼肉质细腻，口感非常好，一度受到日本天皇御厨的高度评价，凭借其优质的质量出口日本、韩国、朝鲜、俄罗斯等多个国家，也直接带动了饲料厂的良好经营。

功能性产品设计上面要综合考虑多重因素：如明确功能性饲料的竞品、功能性饲料的种类、掌握各种功能的营养技术方案、分析目前市场上功能性饲料产品不足之处、功能性预混料添加剂的配套、产品设计与营销推广方面，每一个环节都必不可少，这些因素将决定功能性产品的灵魂和竞争力。

2. 高效益养殖模式需要和饲料配套的升级调水养殖产品。高效益养殖模式需要和饲料配套的升级调水产品来提高用户群的盈利水平，用户群能更好地使用产品，发挥饲料的价值，使产品效果正确表达，真正地帮助养殖户创造价值。目前整个行业动保销量在 60 亿～70 亿元，在通威、海大的规划里，动保行业的价值被评估到上百亿级别的市场容量。

养殖户的普遍接受，饲料厂具备传统动保企业不具备的一些优势，可以更高效地推广技术应用方案。同时借助于动保产品，提高企业的综合服务能力和竞争力水平。2017 年江苏淮安大北农服务模式转型升级，2017 年水产料 8 万 t，但水产动保产值从 400 万元飙升到 2 500 多万元，毛利近 60％，刮起行业旋风！

当前各大水产饲料企业正在努力打造以动保为工具的高效综合服务能力。这对于所有的企业基本都是同一个起跑线，是农牧业新时代的开端，也是企业生存发展，弯道超车的大好时机。未来十年，调水养殖产品会成为决定水产饲料企业发展或者生死的致命武器。调水剂会成为左右中国乃至全球水产饲料竞争格局的核心因素。

3. 水产养殖业不断升级进步带给水产饲料深远的影响。目前，养殖群体不断变化，中国水产业的养殖主力已经逐渐由普通户进入专业户阶段，由散户进入合作化、规模化养殖阶段，由低水平管理者到高水平规划者阶段。目前的养殖主力群体，他们有能力养好鱼，有鉴别不同品质饲料、鱼种、病害的能力。池塘养殖的生态集约化模式、工厂化养殖、池塘工程化内循环养殖模式、小棚养殖模式、大的深水网箱养殖模式、循环水养殖、集装箱高密度、生态养殖模式、深远海洋渔业等新的养殖模式不断涌现，技术进步日新月异。养殖模式的变化和调整，水产饲料品种相应地要升级优化才能够匹配。

未来，养殖户层面的升级和洗牌还将继续加速。有的是品种型的，如养虾的整体不景气到转养鱼、泥鳅等。有的是资源型的，养殖水平高的多做管理者和领导者，与周围的其他养殖户一起作为一个养殖合作群体，这样的模式有利于整体养殖水平的提高，也是水产品规模化、产业化、流通化的前期基础。大的养殖户或养殖公司现在更多地把养殖当投资来看待，这也推动了水产行业的进步。

升级带来的变化，给水产饲料企业带来更高的要求，之前基础的水产技能服务和饲料服务逐渐变得不能达到终端客户的要求，必须不断学习和提高。同时饲料企业也逐渐变得资源多样化，在融资、流通、技术、革新方面均要投入资源，进行能力储备，这是水产行业发展的必然趋势。

（彭志东　张　松　杨　勇）

反刍动物饲料

我国饲料工业随着改革开放同步发展，1998—2017 年我国饲料产量已从 6 599 万 t 增加到 2 亿多 t。自 2012 年起，我国饲料产量已经连续 6 年位居世界第一位，是名副其实的全球第一大饲料生产国。随着我国农业供给侧结构性改革的深入推进和反刍动物规模化养殖补贴政策的完善，反刍动物生产的快速发展持续推动反刍动物饲料工业结构的优化调整和饲料生产行业健康而有序的发展，使我国反刍动物饲料产量呈现稳步增长的趋势。

一、反刍动物饲料生产情况

2010—2017 年，我国反刍动物饲料产量总体呈现稳步递增的趋势。图 2－27 可以看出，2010—2015 年，反刍动物饲料产量连续 5 年一直保持稳步的增长，2015 年反刍动物饲料产量达到 884t，比 2010 年增产 21.43%。“十二五”期间，反刍动物饲料产量呈现稳定增长趋势。而 2016 年反刍动物饲料产量与 2015 年基本持平，比 2015 年低 4 万 t。截至 2017 年年底，我国反刍动物饲料总产量已达到 923 万 t，突破 900 万 t 大关，比 2016 年增产 4.9%。预计在“十三五”期间，我国反刍动物饲料总量有望突破1 000 万 t。以上结果表明，我国反刍动物饲料生产表现为长期稳定的增长趋势，全产业链发展仍是反刍动物饲料生产的主流发展方向（图 2－27）。

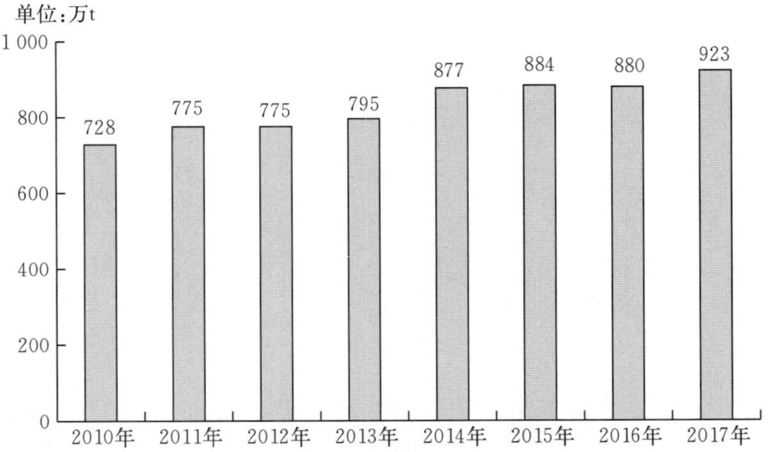

图 2－27　2010—2017 年我国反刍动物饲料产量

二、反刍动物饲料生产特点

1. 我国反刍动物饲料优势产区产量大，生产区域相对集中，与牛羊养殖优势产区和饲养技术水平呈正相关。纵观反刍动物饲料业的产业化进程，反刍动物饲料企业的选址越来越靠近养殖区，尤其是饲料用量大的厂区；反刍动物饲料企业数量不断减少，利润逐步降低，但是饲料产量一直在稳步增长；中小型饲料企业仍然存在，大型饲料企业规模不断发展壮大，生产效率更高，这对降低生产成本至关重要。2017 年，仅内蒙古、辽宁、吉林、黑龙江、河北、北京和天津地区的反刍动物饲料产量已达 639 万 t，占全国总产量的将近 70%。

2. 反刍动物饲料产品结构相对稳定。从产品的分类来看，2017 年反刍动物配合饲料产量为 679 万 t，同比增长 3.3%，较上一年度有小幅度增长，处于慢速增长期；浓缩饲料产量为200万t，同比增长9.1%，较上一年有所增加；添加剂预混合饲料为43万t，同比增长11.1%，增长幅度较大。可见，我国反刍动物配合饲料、浓缩饲料和添加剂预混合饲料均呈稳步增长趋势（表2-29）。

3. 反刍动物饲料产品质量安全持续向好。近年来，国家陆续发布减少抗生素和严控霉菌毒素等饲料安全方面的法律法规，修改《饲料卫生标准》《饲料添加剂质量安全管理规范》《饲料添加剂安全使用规范》等饲料行业标准。通过加强技术指导与服务，提升饲料企业标准化和规范化水平，加大法律法规和标准宣传力度，营造行业内部知法守法用法的良好氛围，使反刍动物饲料越来越安全和环保。食品安全将继续成为政府、生产企业和消费者所关注的重大议题，食品链所有环节都需要严肃对待。安全的食品必须有安全的饲料作为保障，随着更加先进复杂检测方法的开发与应用，使得政府监管部门和饲料业能够迅速对饲料检测结果和饲料污染问题做出反应。为推动草食畜牧业又好又快发展、保障优质安全草食畜产品有效供给、促进畜牧业结构调整和转型升级、加快现代畜牧业建设，我国政府制定了《全国畜牧业发展第十二个五年规划（2011—2015年）》和《全国草食畜牧业发展规划（2016—2020年）》。规划中明确提出畜产品质量安全水平需要进一步提升，饲料产品质量合格率须达到95%以上，违禁添加物检出率控制在0.1%以下，生鲜乳收购站100%实现持证收购和标准化管理。随着反刍动物饲料市场竞争加剧使得饲料企业加强了对饲料生产的管理力度，饲料产品的安全性已经得到较大提高。经国内饲料质量监督检验机构对反刍动物饲料进行检测，总体合格率达95%以上。

表2-29　2017年我国30省份反刍动物饲料产量

单位：t

省份	配合饲料	浓缩饲料	添加剂预混合饲料	反刍动物饲料
北　京	287 320	31 284	71 802	390 406
天　津	324 434	77 810	39 571	441 815
河　北	849 481	324 892	57 570	1 231 943
山　西	52 316	17 691	1 448	71 455
内蒙古	1 687 499	448 004	14 015	2 149 518
辽　宁	704 532	305 394	7 499	1 017 425
吉　林	237 028	113 306	9 597	359 930
黑龙江	429 410	332 861	39 533	801 803
上　海	80 755	4 906	21 529	107 190
江　苏	155 047	7 407	36 965	199 420
浙　江	60 842	—	117	60 959
安　徽	36 260	2 594	4 120	42 973
福　建	—	—	7	7
江　西	151	—	33	184
山　东	489 492	60 711	69 520	619 722
河　南	188 142	15 763	3 393	207 298
湖　北	12 334	922	—	13 256
湖　南	817	200	2 802	3 819
广　东	37 860	—	631	38 491
海　南	—	—	—	—
广　西	850	—	—	850
重　庆	7 483	2 171	103	9 758

（续）

省份	配合饲料	浓缩饲料	添加剂预混合饲料	反刍动物饲料
四　川	81 713	18 937	13 182	113 831
贵　州	41 587	6 448	—	48 035
云　南	48 984	15 942	1 371	66 297
陕　西	137 649	69 124	13 109	219 881
甘　肃	141 352	69 402	6 653	217 407
青　海	72 482	209	3 858	76 549
宁　夏	177 291	53 594	5 071	235 956
新　疆	449 001	20 632	10 290	479 923
全国总计	6 792 110	2 000 203	433 787	9 226 100

三、反刍动物饲料的发展趋势

随着饲料成本的持续攀升，反刍动物饲料企业的营养策略重点将放在如何最大限度地提高饲料利用效率和运用“精准营养”的理念上。生产技术不断创新不仅为我们提供新型的饲料原料，而且转变反刍动物日粮的配制方式。未来的反刍动物饲料业将发展成为“智能型”的饲料企业，将饲料生产和动物养殖提高到更精准的水平。为了使反刍动物饲料的现有资源与需求相匹配，需要进一步提高反刍动物养殖的生产效率，减少废物排放。营养基因组学技术的应用能够确定和调控营养对反刍动物生长发育、抗病力及肉质等相关基因表达的影响，这将通过调整反刍动物的饲喂策略为动物生长发育各阶段关键窗口期量身配制精细化、个性化日粮，采用分餐制方案，提供多样化且均衡营养以达到节约成本和高效产出目的成为反刍动物饲料的发展趋势。

以《全国饲料工业“十三五”发展规划》、2017 年“中央 1 号”文件和《农业绿色发展技术导则（2018—2030 年）》为总纲，重点研发反刍动物饲料营养调控关键技术、饲料精准配方技术、非常规饲料原料提质增效技术及饲料营养调控低碳氮减排技术；应用物联网、云计算、大数据、移动互联网等现代信息技术推动反刍动物精准饲养管理技术升级；加强反刍动物饲料工业的建设和质量安全的监管，实现生产工艺智能化精细化，以保障反刍动物饲料的环保、无药和精准营养；组织饲料企业与养殖企业进行“厂场对接”，推广饲料散装散运，降低资源消耗和生产成本；推动落实东北四省区实施饲料企业收购加工玉米奖补政策；加强行业自律与诚信建设，推动建立行业信用自律机制，促进反刍动物饲料行业绿色、生态、健康而有序的发展。

（孙海洲　张崇志）

特种动物饲料

随着我国农业产业结构的调整及农业供给侧结构性改革需求的引导，2017 年我国特种动物饲料产业的发展稳中有升，毛皮动物饲料市场规模比 2016 年有所回升，茸鹿饲料及部分珍禽饲料领域，市场规模与 2016 年持平，保持相对的稳定。毛皮动物貂、狐、貉为肉食动物，其饲料具有特殊性，动物的营养需求及饲料配制加工有其自身的特点，形成了独特的市场，主要有狐、貉干粉配合饲料、全价饲料及全价鲜饲料，水貂 20%左右比例配合干粉饲料及全价鲜饲料，各类预混料等产品；梅花鹿和马鹿在东北及新疆等地区饲养比较集中，随着规模化和集约化生产的发展，仔鹿及生茸期公鹿全混合日粮饲养逐渐成为市场趋势，同时在鹿精料补充饲料、打包玉米青贮饲料的应用也越来越普及；兔的生产在我国南方较多地区已形成了特色产业，其皮肉兼用型的特点，为产业的发展提供了强大的需求动力，饲料市场在集中饲养区专业化程度逐渐提高；部分珍禽如雉、鹌鹑、肉鸽、野鸭、火鸡、珍珠鸡、大雁等，在局部地区形成了养殖的优势产业，但其饲料产业还未形成规模和特有市场。

一、特种动物产业发展概况

2017 年毛皮动物受市场皮张价格地位上升运行的影响，貂、狐、貉饲养量与 2016 年相比约有上升，为 5 300 万只左右，水貂和狐狸养殖量弱增，貉的养殖量保持相对稳定，饲养量为水貂 2 600 万只，狐 1 800 万只，貉 900 万只。受优质水貂皮价格坚挺的影响，水貂品种改良的步伐逐渐加快，大型养殖场进口优质水貂数量成倍增长，促进了我国水貂毛皮品质质量的改良提升。随着产业的快速发展及人工成本的增加，毛皮动物养殖集约化、机械化程度越来越高，而且大型养殖场逐渐增加，以前以家庭为单位的小型养殖单元逐渐被大型集约化饲养代替，这就为饲料配制及规模化生产提出了很多技术新课题，如水貂鲜饲料的配制、保鲜、配送，貉颗粒饲料配制及自动化加食技术等，都是毛皮动物饲料产业未来发展的新方向。

兔为草食性动物，其主要产品为毛用、肉用或皮肉兼用，饲养成本低，饲料来源丰富；在我国的饲养主要集中在四川、重庆、山东、江苏、福建、浙江、河南、河北、安徽等省份。兔养殖技术较易掌握，繁殖快，适宜于农户养殖，可利用农村闲散劳动力及当地饲草资源，市场风险也较低。但随着我国环保要求的提升及严格执法，集约化饲养也逐渐增加，2017年养殖量在3 600万只左右，兔肉价格在16元/kg左右，皮张价格受国际市场走势的影响略有下行，一般质量皮张价格在30元左右，特级皮价格保持稳定，在45元左右。兔的毛皮属中低档产品，市场需求广泛，受国际经济走势的影响较小。

我国人工养鹿历史悠久，养殖品种主要是梅花鹿和马鹿，2017年的饲养量约128万头，主要饲养方式为人工圈养，在我国各省份均有饲养，东北三省为主要养殖区，占到全国养殖数量的90%。梅花鹿、马鹿饲养的主要产品为鹿茸，每年鹿茸产量约520t，每年直接鹿茸产值达15亿元，带动其产品深加工、制药等相关产业产值达670多亿元，提供就业岗位80万个左右，在我国农村区域经济发展中起到越来越重要的作用。

我国茸鹿养殖的主要产品为鹿茸，其价格的变化带动着鹿价格的变化。2017年鹿茸价格较上一年度略有上涨，仔鹿价格也有上涨。2017年茸鹿饲料成本有所增长，主要是由于玉米及豆粕价格高位运行导致的，由于人工成本的增加，粗饲料价格逐渐上涨，如果粮改饲步伐加快，种草养鹿提供更多优质粗饲料，会进一步提高养鹿的综合效益。当前，部分公鹿饲养多，平均产茸量较高的饲养场有相对较好的盈利，部分开展鹿茸深加工及制药的企业为了稳定鹿茸原料的供应及保证鹿茸原料质量，开展茸鹿的养殖有很好的综合经济效益。

我国饲养的珍禽品种主要有雉、乌骨鸡、鹌鹑、肉鸽、珍珠鸡、贵妃鸡、火鸡、野鸭、孔雀、鸵鸟、大雁等，2017年其市场需求随着人们生活水平的提高及消费结构的变化逐渐提高，存栏数达到5.8亿只左右，增长率4%左右，目前珍禽市场需求较为旺盛，人们的消费习惯和生活需求对珍禽情有独钟，但由于当前存在着市场流通与调控能力不强，健康养殖理念不到位，养殖规模小而散等特性，生产效率不高，未来开展规模化健康养殖、生态观光养殖，互联网销售模式等，控制产业各个环节，提升品牌价值、提高珍禽养殖附加值是必然之路。肉鸽、山鸡等珍禽养殖，在资金、技术、销售信息和渠道上也可以走专业合作社模式，以适应市场需求的新形势，让珍禽养殖产品真正成为人们寻常健康生活必需品。

二、特种动物饲料生产情况

2017年毛皮动物貂、狐、貉鲜饲料、干粉及颗粒饲料需求近450万t，毛皮动物饲料企业生产商品狐貉粉料118万t，主要由膨化玉米、豆粕、肉粉、鱼粉、DDGS、麦麸、米糠、豆油、鸡油、预混料等组成，是市场中全价饲料的主体，部分养殖户在使用全价饲料的过程中，会结合当地饲料资源情况，添加部分海杂鱼、鸡架、鸡肠等鲜饲料，一方面可以提高饲料的适口性和采食量，另一方面也可以增加饲料的多样性，补充部分动物性饲料，利用当地屠宰下脚料，降低饲料成本。水貂商品干粉配合饲料年生产23万t左右，主要由膨化玉米、豆粕、DDGS、米糠粕、预混料等组成，用来代替水貂饲料中熟化植物性饲料，补充氨基酸、微量元素及维生素等成分，一般配比占水貂饲料的20%～30%。2017年水貂全价鲜饲料年需求55万t，主要由海杂鱼、鸡骨泥、鸭骨泥、鸡肠、膨化玉米、豆粕、预混料等组成，干物质含量约35%，采取每日配送的形式分派到养殖场，这种集约化的厨房式生产需要在水貂养殖较为集中的区域开展，鲜饲料适口性好、营养全面、动物对营养物质的利用率相对较高，发展有较大潜力；由于鲜饲料的配送专业化程度高、运费高、市场半径有限，目前在水貂养殖较为集中的威海地区、潍坊地区市场需求较为旺盛。毛皮动物各类颗粒饲料年生产35万t左右，当前貉颗粒饲料由于饲喂方便，人工管理简捷，在部分把养殖当第二产业的地方有较好的需求，水貂颗粒饲料在部分地方也有一定的市场。毛皮动物预混料年生产在3.2万t左右，主要为微量元素、维生素、氨基酸、酶制剂、抗生素等的混合物，多为1%或4%的添加产品，部分以预防腹泻、增加毛皮品质等的功能性预混料产品也有一定的市场。毛皮动物商品饲料占市场需求将近50%的份额，其中狐貉饲料仅75%为商品饲料，而水貂饲料仅30%为商品饲料，其他均为养殖场自配料。整个毛皮动物饲料市场还有很大的潜力，其市场主要分布在山东、河北、辽宁、吉林、黑龙江等地区。

兔的养殖比较分散，以区域性农户为主，2017年兔专业性精料补充料依然以自配为主，部分形成产业地区有一定的市场，但大型专业化兔饲料公司还较少，市场约5万t，仅占市场需求的9%左右。

我国茸鹿的养殖98%为人工圈养，很少部分的鹿被实施草地放牧或围栏放牧，适当人工补饲，而且梅花鹿占茸鹿养殖的90%，饲料主要为梅花鹿精料补充饲料，占饲料市场的80%。因为鹿茸是我国茸鹿养殖的主导产品，所以在养殖生产中，对公鹿生茸期饲料的营养供给考虑得最多，而且精饲料占到日粮干物质总量的60%，其次是仔鹿生长期精饲料。随着人工成本的增加，粗饲料的收购价格提高，而且粗饲料在饲养过程中管理成本也较高，在仔鹿生长期和公鹿的生茸期，人们逐渐接受使用全混合日粮，即把精饲料和优质的粗饲料混合甚至制成颗粒来饲养鹿，以达到仔鹿健康快速生长和公鹿高产茸的目的。目前，我国茸鹿的饲养主要以农户家庭圈养为主，大型集约化的养殖场较少，饲料的配制主要是自配精饲料在动物关键生产时期开展补饲，如仔鹿的生长期、公鹿生茸期、母鹿妊娠期和泌乳期开展补饲，集中饲养的吉林省每年公司化生产的全混合饲料和精料补充饲料的量在10万t左右，已初步形成了一定的市场规模。随着鹿这一特色珍贵资源深加工及高附加值科技成果的推广应用，鹿茸价格的走高，茸鹿饲料产业也将在养殖集中区逐步形成稳定的产业。

珍禽养殖的区域非常广泛，相对分散，在局部地区形成了特色养殖优势产业，但其饲料产业还未形成自己的特色和规模市场，其饲料的配制多参考家禽的营养需求及饲料配方，有一定的现实意义，但专业性不强，不能很好发挥动物的遗传潜力和生产性能。每年珍禽的饲料市场需求在150万t左右，除部分自配饲料外，多被家禽饲料企业直接代替，严重地阻碍了产业的健康高效发展。未来相对专业性的肉鸽饲料、鸡饲料、野鸭饲料在大型珍禽养殖企业将形成一定规模，区域性特色养殖也将是未来珍禽产业发展的必然之路。

三、特种动物饲料发展特点

1. 受2016年度皮张价格较低及原料玉米价格下降的影响，毛皮动物饲料价格竞争激烈，多元化结构增强。2017年毛皮动物全价饲料、配合饲料、颗粒饲料、鲜饲料及预混料等呈现多元化发展趋势，各类饲料市场总额均有不同程度的增长，养殖户自配饲料的比例下降，这表明商品饲料的市场化程度提高，专业化程度增强，更多的养殖户愿意使用商品化饲料开展毛皮动物养殖，从而减少人工成本及提高专业化分工。

受2016年皮张价格地位运行的影响，毛皮动物饲养户在饲料的选择上多选择价位低的饲料，在市场选择压力和利润空间的调节下，低价位毛皮动物饲料销售较好，市场竞争激烈。在多元化结构的变化中，毛皮动物颗粒饲料因其饲喂简单、便捷，在一定程度上降低了人工成本，在部分狐貉集中养殖区应用呈现扩大的趋势。随着产业的发展，越来越多的大型狐貉养殖场倾向于部分使用商品化的干粉饲料，减少由于饲料原料的购置、贮藏、加工等的繁杂程序及风险。水貂饲料不同于狐貉饲料，水貂是鼬科动物，是更严格的肉食动物，对食物的选择性强，适口性要求高，干粉饲料适口性相对鲜饲料差，而且在蛋白质的利用率上相对低，完全的干粉饲料饲喂水貂，难以获得较好的生产性能，在体重、皮张延展性、毛皮光泽度等方面都略逊一筹。水貂养殖场目前一般都选择自配鲜饲料，部分饲养场选购一部分水貂配合饲料，其主要组成为膨化玉米、豆粕及部分微量元素和维生素的添加物，减少了养殖场熟化玉米等谷物饲料的麻烦，而且添加了微量元素和维生素及氨基酸、酶制剂等物质，提高了饲料营养的全价性和功能性，这种饲料的市场需求还在上升过程中。水貂鲜饲料在水貂养殖集中区市场份额逐渐增加，因为中小型水貂养殖场在进行鲜饲料配制时，在鲜饲料采购的质量控制、鲜饲料的保存以及加工等方面，面临着很多困难，鲜饲料加工配送公司生产的产品可以直接饲喂，适口性好、新鲜度高、营养的全价性好，这是未来水貂养殖集约化发展的必然趋势。

2. 毛皮动物优良品种的推广与扩繁将促进饲料技术的革新。毛皮动物皮张的价格很大程度取决于动物品种，2017年我国从国外引进的优良品种水貂数量较大，对改良我国水貂地方品种，提高皮张质量有很好的作用；蓝狐的人工授精技术也为体型大、毛质好的芬兰狐扩繁提供了技术支持；这些优良动物品种生产性能的发挥需要优质营养的饲料供给，特种动物优良品种的广泛饲养要求饲料进一步提高质量，特别是营养的全价性和平衡性，满足动物高产优质的生产性能发挥，针对新品种的营养需求所开展的饲料供给技术研究也逐步展开。毛皮动物优良品种生产需要高质量的营养饲料，特别是鲜鱼、鲜肉或鱼粉、肉粉等优质蛋白质饲料，这也为鲜饲料配送企业提供了更多的市场机会，从而改变我国饲料市场的结构。

3. 自动化技术在毛皮动物生产中的应用促进了鲜饲料及颗粒饲料配制的标准化进程。随着我国经济的发展和劳动力成本的增加，我国已成为全球毛皮第一进出口大国、加工大国及消费大国，国际毛皮动物养殖逐渐向我国转移，我国也成为毛皮动物的第一养殖大国，毛皮动物养殖的结构和技术发生了很大变化，很多大型毛皮动物养殖场，在动物饲养的品种、饲养模式、机械化程度、管理方式等方面，引进了美国或丹麦的模式开展养殖生产。在新技术的应用上，机械化程度越来越高，自动喂食、自动饮水系统等生产技术的应用大大提高了生产的效益，节省了人工成本；同时，机械化自动化必须要求饲料均一稳定，颗粒饲料流散性好，鲜饲料干湿合理，推送自如，饲料能挂网，有利于毛皮动物的自由采食等，这就要求饲料配制中原料稳定、水分及黏度适宜等，饲料在生产中要求标准化，才能生产出适宜规模化机械化喂食的饲料来。

4. 特种动物疾病综合防控及养殖废弃物利用技术的应用推进了特种动物饲料行业的健康发展。特种动物疾病种类多，危害性大，特别是毛皮动物貂、狐、貉犬瘟热、病毒性肠炎等烈性传染病，各种原因引起的腹泻等，影响着动物饲料的有效利用，同时养殖废弃物对环境及动物自身健康的影响很大，对特种动物疾病开展综合防控，减少环境污染，有利于产业的健康良性发展。当前各类疫苗的应用有效地控制了烈性传染病，但环境污染程度大、动物饲养密集、常规性消毒措施不力、动物福利考虑少等都加大了疾病防控失败的风险，饲料中过度添加抗生素形成了病菌耐药性，降低了动物抵御疾病的能力，同时也降低了饲料的有效利用。饲料氨基酸平衡技术的应用降低了氮磷的环境排放，动物疾病综合防控及养殖废弃物综合利用技术的应用近年越来越受到重视，推进了特种动物饲料行业的健康发展。

5. 全混合日粮、精料浓缩饲料及预混饲料将成为茸鹿及獭兔饲料市场的主要产品。我国茸鹿及獭兔的养殖分布范围广而分散，但饲料的专业性要求高，饲料远程配送成本较高，高密度建厂市场又有限，这一矛盾需要平衡解决才能有益于健康的特种动物饲料市场。对相对集中的养殖区，茸鹿和獭兔饲料全混合日粮比较省事，集中做市场也成为可能，补充以精饲料或浓缩饲料，将会成为市场的主体。对养殖分散的区域，浓缩饲料和预混饲料将成为主体。

6. 特种动物饲料市场专业化程度将逐渐加强。狐貉干粉或颗粒饲料技术的广泛应用，以及水貂鲜饲料的专业化配送，促进了产业的分工与专业化，让科学技术的应用更加方便快捷。由于特种动物与常规家养动物生理特性及营养要求不同，随着特种动物营养需要研究的深入及饲料加工配制技术的提升，市场的专业化需要将加强。未来我国特种动物的养殖将从重数量到重质量的方向发展，相应饲料专业化程度必须提升，才能更好地发挥动物的生产性能，生产出高质高价的产品，这是产业健康、持续、稳定发展的方向。

（鲍　坤　李光玉）

饲料原料工业概况

主要饲料原料产量分布与概况

2017 年全球主要饲料原料供应充裕，产量仍居历史高位。全球饲料产量从 2012 年开始保持增长趋势，到 2016 年、2017 年连续两年突破 10 亿 t，与 2016 年相比，2017 年同比增长 3.6%；与 2012 年相比，增长率达到 13%，平均年增长率达 2.5%。饲料产量前 7 位的国家依次为：中国、美国、巴西、俄罗斯、墨西哥、印度、西班牙。从不同地区的饲料产量占比来看，亚洲仍是全球最大的饲料生产地区，约占全球产量的 36%；欧洲占比较 2016 年增加 1 个百分点为 25%；北美、拉美分别占 18%、15%，非洲和中东约占 6%。

一、玉米

1. 全球玉米生产情况。近年全球玉米产量总体呈现上升态势，库存积压过剩问题凸显。2012—2016 年全球玉米产量的年均复合增长率在 5%左右，但由于中国和美国玉米种植面积减少，美国农业部 12 月份供需报告预测，2017/2018 年度全球玉米产量为 10.5 亿 t，同比减少 2.9%；预计全球玉米期末库存 2 亿 t，同比减少 10.2%；库存消费比 19.1%，比 2016 年度下降 2.3 个百分点。全球主要的玉米生产国家包括美国、中国、巴西、欧盟、阿根廷，这五个国家的玉米总产量约占全球总产量的 75%。其中，2017 年美国、中国玉米产量分别约占全球产量的 36%、21%。2017 年美国玉米播种面积为 9 020 万英亩*；中国玉米播种面积为 3 545 万 hm^2，产量 2.2 亿 t，为连续第二年减少。

2. 中国玉米生产情况。2017 年我国玉米产量 2.2 亿 t，较 2016 年下降约 1.7%，约占全球总产量的 21%。自 2008 年国家在东北、内蒙古地区实施玉米临储收购政策后，玉米库存连年高企，市场供过于求现象凸显，每吨玉米每年库存成本高达 250 元左右。2017 年中国继续推进农业供给侧结构性改革，玉米播种面积继续减少，持续两年种植面积下降。2017 年北方镰刀弯等非优势产区籽粒玉米面积调减约 2 000 万亩。2017 年中国玉米种植面积约为 3 545

图 2-28　1996—2017 年全国玉米播种面积和产量

* 英亩为非法定计量单位，1 英亩=4 046.86 平方米。——编者注

万 hm^2，较 2016 年种植面积减少约 3.6%，为连续第二年减少。其中黑龙江播种面积减量最大，预计减少 42 万～480 万 hm^2，减幅占全国面积减量的 31.5%。吉林省播种面积减少 21 万 hm^2 至 345 万 hm^2，减幅为 5.7%（图 2-28）。

3. 进出口情况。中国是玉米生产和消费大国，据中国海关统计，自 2009 年起，我国玉米进口量明显多于出口量。2012 年玉米进口激增至 520.7 万 t，为历史最高水平；2015—2017 年连续 3 年进口量持续下降。2017 年 1～12 月，我国玉米累计进口量 282.7 万 t，进口额 4.2 亿美元，同比分别减少 10.8%、34.7%；出口量 8.6 万 t，出口额 3 630 万美元，同比分别增加 2 012.8%、1 160.1%。净进口 274 万 t，同比减少 13.1%。2017 年我国玉米进口主要来自乌克兰、美国、老挝、缅甸，分别占总进口量的 64.4%、26.8%、5.3%、3.3%；主要出口到朝鲜、日本、荷兰、老挝，分别占总出口量的 59.8%、23.1%、6.7%、4.6%（图 2-29）。

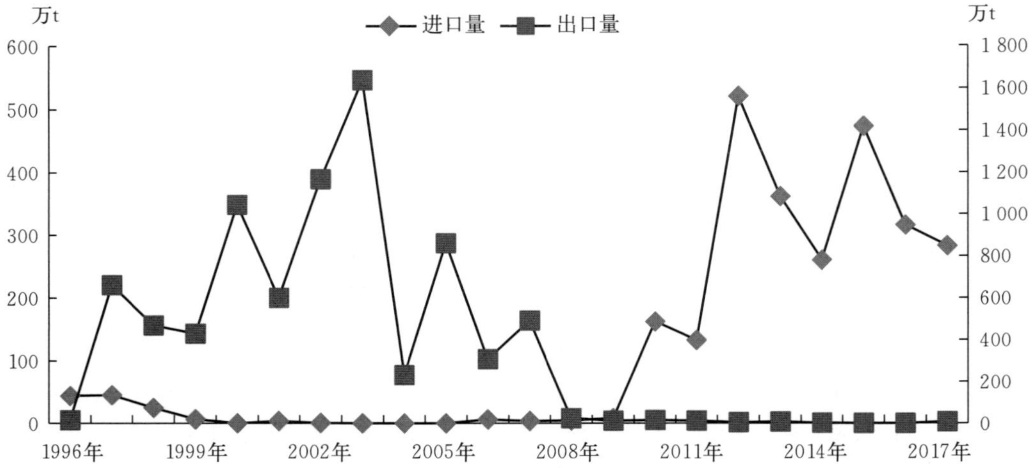

图 2-29　1996—2017 年中国玉米进出口情况

二、大豆

1. 全球大豆生产情况。2017 年南美大豆增产，巴西、阿根廷天气恶劣，据美国农业部 12 月份供需月度报告预测，2017/2018 年度全球大豆产量 3.48 亿 t，比 2016 年度减少 285 万 t，预计同比下降 0.8%。其中，美国大豆预计产量 1.2 亿 t，比 2016 年度增加 3%；巴西大豆产量 1.1 亿 t，比 2016 年度减少 5.3%；阿根廷大豆产量 5 700 万 t，比 2016 年度减少 1.4%。预计期末库存达到 9 832 万 t，大豆库存消费比达到 28.5%，比 2016 年度下降 0.8 个百分点。

2. 中国大豆生产情况。2017 年，我国大豆产量 1 440 万 t，较 2016 年增加 11.3%。总需求量达到 11 079 万 t，较 2016 年增加 4.2%，其中国内总消费 11 059万 t。2017 年我国大豆播种面积为 790 万 hm^2，比 2016 年增加 70 万 hm^2，同比增长 1%。其中，黑龙江省大豆播种面积为 330 万 hm^2，占比 41.8%，较上年增加 14.4%，单位产量1.8t/hm^2，较上年增长 1.5%（图 2-30）。

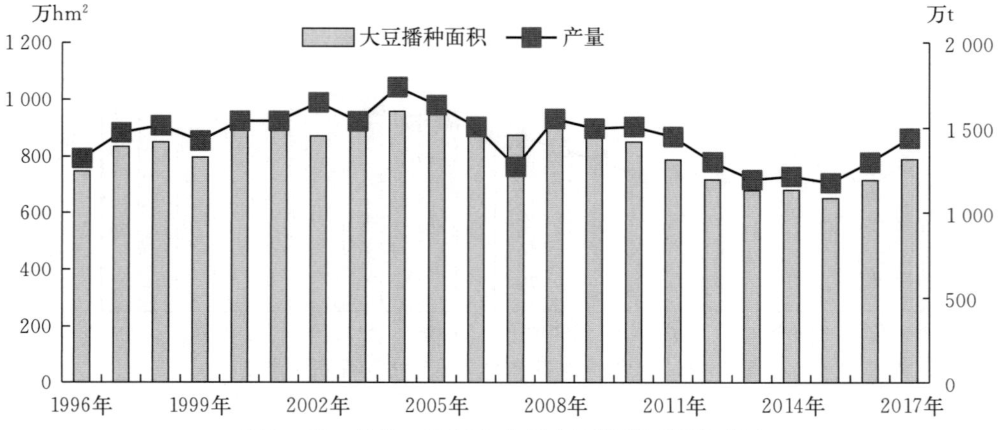

图 2-30　1996—2017 年全国大豆播种面积和产量

3. 进出口情况。我国大豆进口量连年增长。2017 年 1～12 月，我国累计进口大豆 9 553 万 t，较 2016 年增加 13.8%；累计出口大豆 11.4 万 t，较上年同比下降 10.9%。2017 年我国大豆进口主要来自巴西、美国、阿根廷，分别占总进口量的 53.3%、34.4%、6.9%；主要出口到韩国、日本、荷兰、意大利，分别占总出口量的 37.7%、24.3%、8.6%、7.5%（图 2－31）。

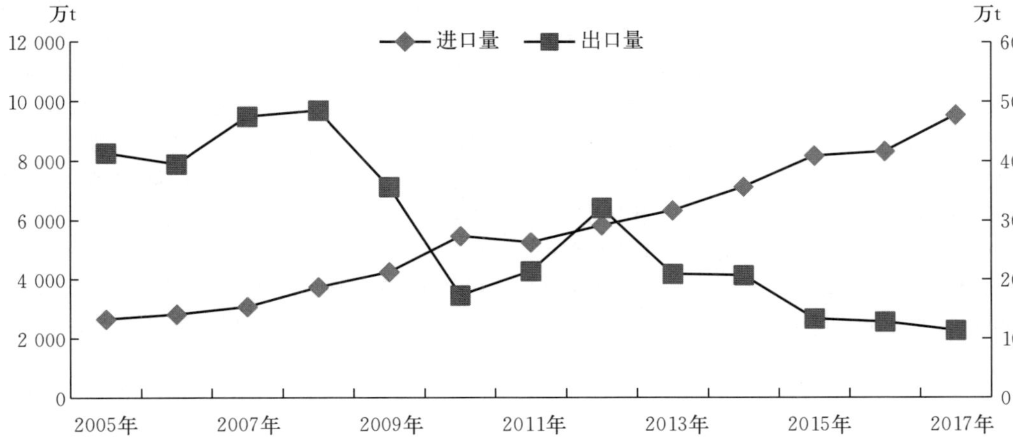

图 2－31　2005—2017 年中国大豆进出口情况

三、油菜籽

1. 全球油菜籽生产情况。据美国农业部供需报告显示，2017/2018 年度全球油菜籽产量预计 7 290 万 t，预计较 2016/2017 年度的 7 027 万 t 增幅 3.7%，全球油菜籽供给量在连续三年下滑后，2017 年呈现恢复性增长态势，主要是加拿大、欧盟和乌克兰油菜籽增产，提振全球产量增长。其中，2017/2018 年度加拿大油菜籽产量预计为 2 150 万 t，较上年的 1 960 万 t 增加 9.7%；欧盟油菜籽产量将增长 4%，达到 2 130 万 t。乌克兰油菜籽产量将达到 210 万 t，比 2016 年增加超过 1 倍。

2. 国内油菜籽生产情况。据美国农业部农业产量报告显示，2017/2018 年度中国油菜籽产量预计为 1 440万 t，比 2016/2017 年度减少 1%，为连续第二年减产。中国油菜种植面积预计为 720 万 hm^2，比 2016 年减少 13 万 hm^2 或 2%，也是 2009/2010 年度以来的最低水平。单产预计为 2t/hm^2，比 2016 年增加 1%，高于 5 年平均值。主要受种植效益低影响，我国油菜播种面积持续下降，安徽、江苏、浙江等省出现不同程度的减产（图 2－32）。

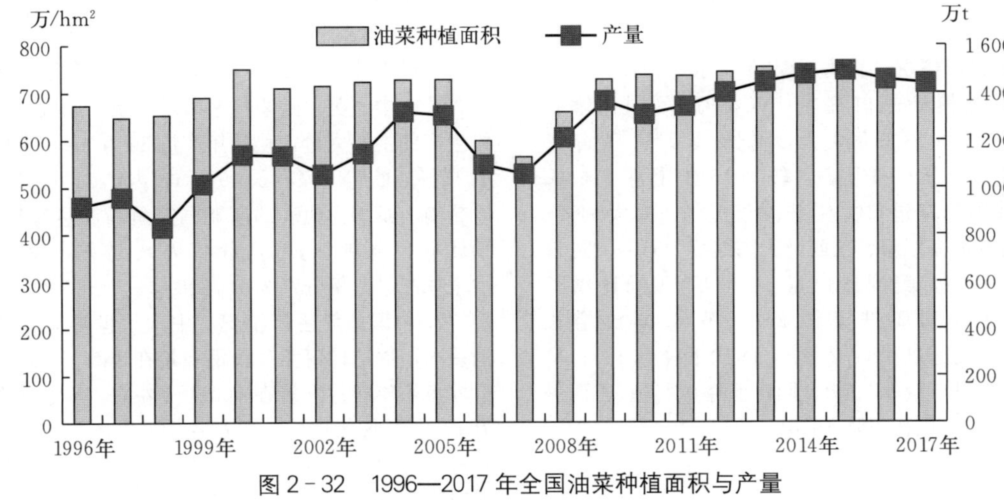

图 2－32　1996—2017 年全国油菜种植面积与产量

3. 进出口情况。我国进口的绝大多数油菜籽均来源于加拿大。2016 年受中加两国在输华加拿大油菜籽杂质率是否应该在 1%以内存在严重分歧，导致 2016 年我国油菜籽进口总量较 2015 年下降约两成。随着 2016 年在杭州 G20 会议期间中加两国友好解决争议后，我国进口加拿大油菜籽开始恢复正常化。据海关数据显示，2017 年我国累计进口油菜籽 474.7 万 t，较因中加贸易纠纷而受影响的 2016 年大幅增加 33.2 %。

四、棉花

1. 全球棉花生产情况。根据国际棉花咨询委员会（ICAC）发布报告显示，2017/2018 年度全球棉花产量预计为 2 574 万 t，同比增长 12%。这主要是由于前两年的棉花种植面积减少，2017 年全球棉花种植面积预计达到 3 250 万 hm^2，同比增长 11%。其中，2017/2018 年度印度种植面积预计达 1 155 万 hm^2，预计产量 620 万 t，同比增长 8.7%；巴基斯坦历经数年棉花种植面积下降后，2017/2018 年度种植面积预计 310 万 hm^2，预计产量 206 万 t，同比增长 24%。同时，所有其他主要棉花生产国预估 2017/2018 年度棉花产量也将增加，其中包括中国大陆、巴西、非洲法语区国家和土耳其。

2. 中国棉花生产情况。国家统计局数据显示，2017 年全国棉花产量 548.6 万 t，比 2016 年增加 14.2 万 t，增长 2.7%。全国棉花播种面积 323 万 hm^2（4 844.5 万亩），比 2016 年减少 14.7 万 hm^2（219.9 万亩），下降 4.3%。棉花单位面积产量 1 698.6 kg/hm^2（113.2kg/亩），比 2016 年增加 116.1kg/hm^2（7.7kg/亩），提高 7.3%。分地区看，新疆棉花播种面积比 2016 年增加 15.8 万 hm^2（236.9 万亩），增长 8.7%。其他棉区受种植效益低和种植结构调整等因素影响延续了减少较多的趋势，其中黄河流域棉区减少 21.5 万 hm^2（322.7 万亩），下降 24.3%，长江流域棉区减少 9.7 万 hm^2（145.5 万亩），下降 14.9%（图 2－33）。

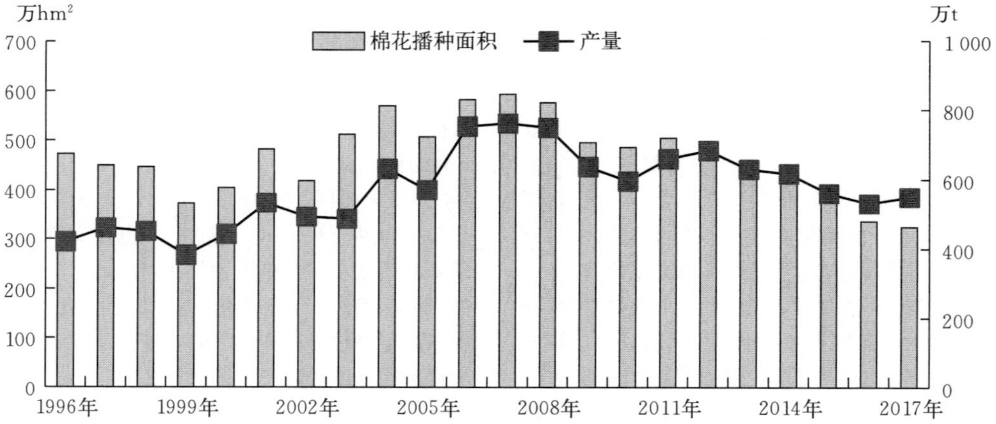

图 2－33　1996—2017 年全国棉花播种面积和产量

3. 进出口情况。据海关数据显示，2017 年 1～12 月，我国累计进口棉花 136.3 万 t，同比增长 9.9%；进口额 23.6 亿美元，增长 32.7%；全年平均进口价格 1 893 美元/t，较 2016 年上涨 8.4%。2017 年我国棉花进口主要来源于美国、澳大利亚、印度、乌兹别克斯坦、巴西，美国继续为第一大进口来源国。其中，美国进口量 50.6 万 t，同比增长 92.2%；澳大利亚进口量 25.8 万 t，同比增长 18.1%；印度进口量11.2 万 t，同比下降 5.3%；乌兹别克斯坦进口量9.3 万 t，同比下降 0.1%；巴西进口量 6.7 万 t，同比下降 16.6%。

五、鱼粉

1. 全球鱼粉生产情况。据布瑞克农业数据，2017 年全球鱼粉产量约 450 万 t，较 2016 年反弹明显。主要是 2016 年受厄尔尼诺现象影响鱼粉产量降至历史最低水平，2017 年南美和欧洲恢复。从产量分布看，中北美、欧盟国家以及东南亚地区是全球鱼粉生产的主要力量，秘鲁年产量 66 万 t，占全球比例的 15%，欧盟国家产量 49 万 t，占比 11%。近年来，以越南、泰国为代表的南亚国家鱼粉产量逐年增长，预计 2017 年越南鱼粉产量 47 万 t、泰国产量 34 万 t，占全球产量比例分别为 10%和 8%。

2. 中国鱼粉生产情况。中国是世界最大的鱼粉消费国，据估计每年鱼粉消费量在 140 万 t 左右。全世界鱼粉年产量维持在 600 万 t 左右，贸易量约 400 万 t。中国每年进口鱼粉量在 100 万 t 左右，消费量和进口量都占世界鱼粉总产量和贸易量的近 1/4。2017 年国内鱼粉产量约 47 万 t，主要分布在浙江、山东、辽宁、广东、广西五省份，五省份合计占国内生产总量的 96%。其中，浙江、山东分别约占 30%、24%（表 2－30）。

表 2-30 2017 年国产鱼粉生产情况

单位：万 t,%

主产地	浙江	山东	辽宁	广东	广西	海南	其他
产量	14.1	11.3	9.4	8.7	2.2	0.8	0.9
占比	30	24	20	18	5	2	2

3. 进出口情况。 2017 年我国累计进口鱼粉 157.2 万 t，同比增长 51.6%，创 8 年来最高位。其中，秘鲁鱼粉进口量为 88 万 t，占进口总量的 56%，同比增长 103%；越南鱼粉进口量为 13 万 t，占进口总量的 8%，同比增长 3.8%；美国鱼粉进口量为 10 万 t，占进口总量的 6%，同比下降 9.7%；智利、厄瓜多尔、俄罗斯、泰国鱼粉进口量分别为 7 万 t、6 万 t、6 万 t、5 万 t，分别占进口总量的 4.5%、3.8%、3.8%、3.2%，其中智利、厄瓜多尔同比分别增长 27.7%、16.6%，俄罗斯、泰国分别下降 3.7%、32.9%（图 2-34）。

我国鱼粉需求量远超于国产鱼粉产量，国内鱼粉消费主要依赖进口，出口鱼粉产量较少。2017 年鱼粉仅出口 392t，较 2016 年增加了 49t。

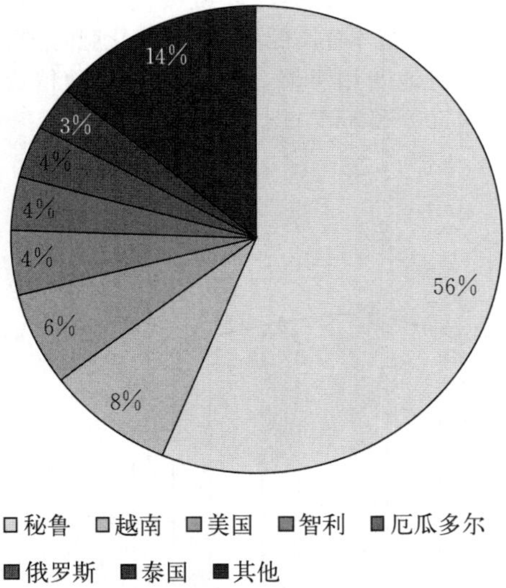

图 2-34 2017 年鱼粉进口产量占比

（陆泳霖 陈亚楠）

玉米生产、贸易与市场情况

一、总体情况

2017 年为我国全面深化消化玉米库存的一年。饲料养殖继续上行和深加工的再度扩张，国家对玉米卸库意图明显。2017 年，我国玉米播种面积和产量继续调减。镰刀弯地区实施粮改饲后，我国继续下调玉米的种植面积，2017 年部分调减来自玉米转播大豆。随着实施价补分离加市场化定价的推进，2017 年我国玉米已经到了新拐点。全年玉米供应主力主要体现国家临储拍卖和轮出玉米。进口玉米和替代品对玉米供应市场的冲击有限，玉米深加工在 2017 年的消费量获得突破性的进展。2017 年玉米市场价格在震荡寻底中寻找拐点，随着库存的下降，玉米多元化的消费和供应的不确定性，玉米有望会进入一个宽幅震荡周期。

二、玉米市场价格继续震荡继续寻找新的底部支撑

2017 年，我国玉米价格在第二季度有所启动，随着拍卖玉米不断拉升价格，其他采购渠道的玉米进入供应市场中下降，短期刺激玉米价格上涨。6～7 月东北部分地区气候干旱，缺少有效降水，导致市场中对玉米一致看好，助推玉米价格上涨，但随着有效降水，玉米价格开始震荡回调。9 月底 10 月初，华北黄淮地区持续超过 10 日的降雨，玉米霉变率提升，导致玉米价格出现反季节上涨，并持续至年底。图 2-35显示，2017 年年初玉米均价为 1 607 元/t，同比下降了 20%。全年最低点出现在 3 月初，价格为 1 545 元/t，同比下降了 19.4%，与同期 5 年均值比下降了 31.1%。后期随着价格不断提升，玉米价格开始启动，年内高价出现在 2017 年年底，均价为 1 781 元/t，同比上涨了 10.2%，但仍比 5 年均值比下降了 15.67%。说明玉米价格仍处于调整阶段，还需要一定时间去修正。2017 年全年玉米均价为 1 692 元/t，同比下降了 9.17%，但仍远远低于 5 年均值的 2 255 元/t，下降了 24.96%。

三、2017 年玉米供需情况

1. 供应。

（1）2017 年玉米产量和播种面积继续回调。2017 年，我国玉米播种面积和产量双双下调。我国对镰刀弯地区粮改饲的政策不断深化，东北三省和内蒙古自治区的玉米播种面积在继续调减，同时，华北黄淮地区也有部分玉米转播大豆的现象。此前在 2016 年 4 月农业部公布《全国种植业结构调整规划（2016—2020 年）》

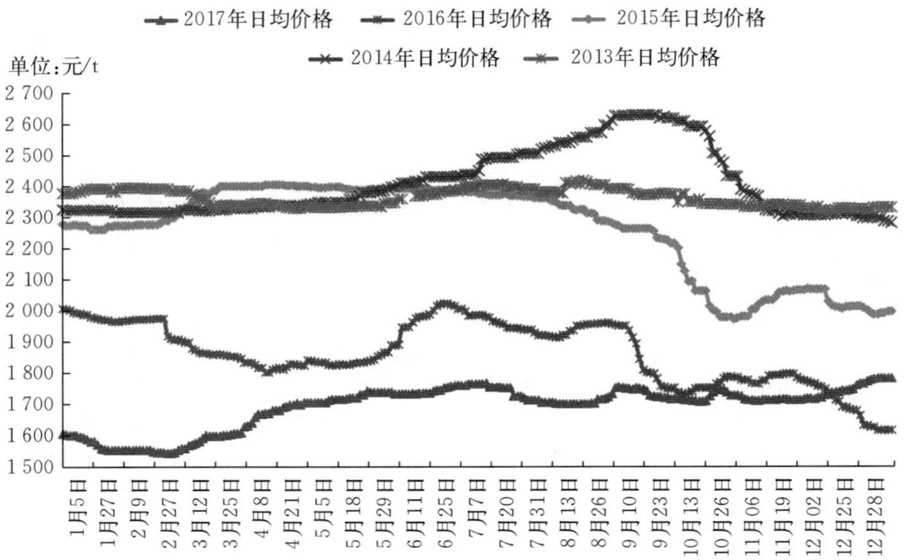

图 2-35　2013 年以来玉米均价对比

指出，“十三五”期间玉米种植面积和产量将大幅度缩减，巩固提升玉米优势区，适当调减非优势区，重点是调减东北冷凉区、北方农牧交错区、西北风沙干旱区春玉米，以及黄淮海地区低产的夏玉米面积。到2020年调减镰刀弯地区玉米面积5 000多万亩。

统计数据显示，2017 年我国玉米产量为 2.2 亿 t，同比下降了 1.7%，2017 年的播种面积为 3 545 万 hm^2，同比下降了 3.6%，是 2013 年以来的播种面积的低点。2017 年华北地区玉米受到一定的灾害，玉米产量有所下降，另外，辽宁地区夏季出现干旱等现象也导致产量下降。2017 年机械化的种植和收割，成为玉米生产成本提高的一个主力，化肥的费用仍居高不下，租地费用下降，2017 年玉米种植成本在 7 000～7 500 元/hm^2（图 2-36）。

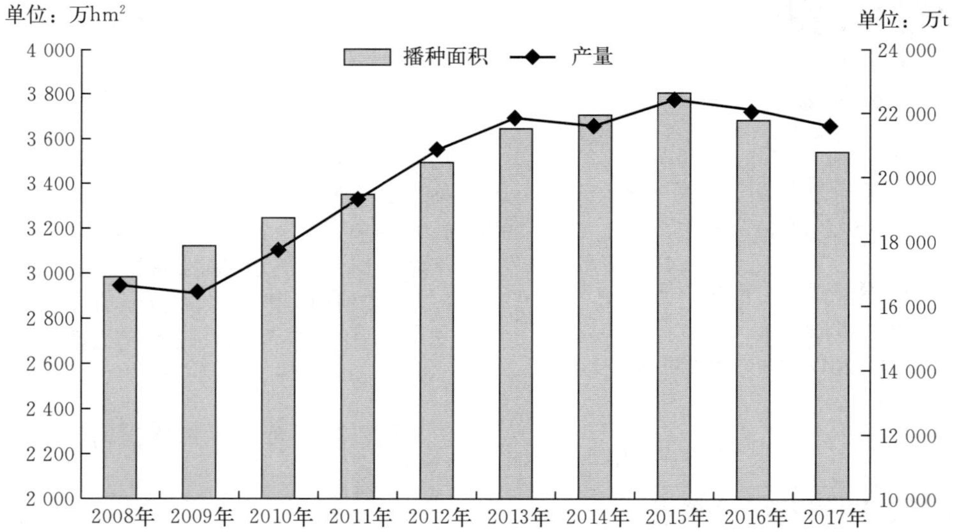

图 2-36　2008 年以来我国玉米播种面积及产量对比

（2）2017 年玉米进口量继续下降。图 2-37、图 2-38 显示，2017 年，我国进口玉米量为 282.8 万 t，同比下跌了 10.78%，下降了 34.1 万 t，已经连续两年出现下降，占我国进口配额 720 万 t 的 39.3%，进口高峰仍是在三季度。2017 年我国出口玉米 10 万 t，是 2012 年以来我国出口玉米的高峰值，出口国家主要为朝鲜。

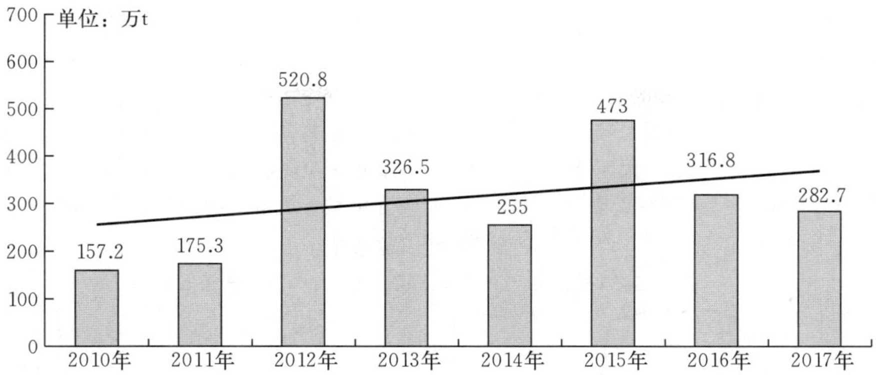

图 2-37　2010 年以来中国玉米进出口变化

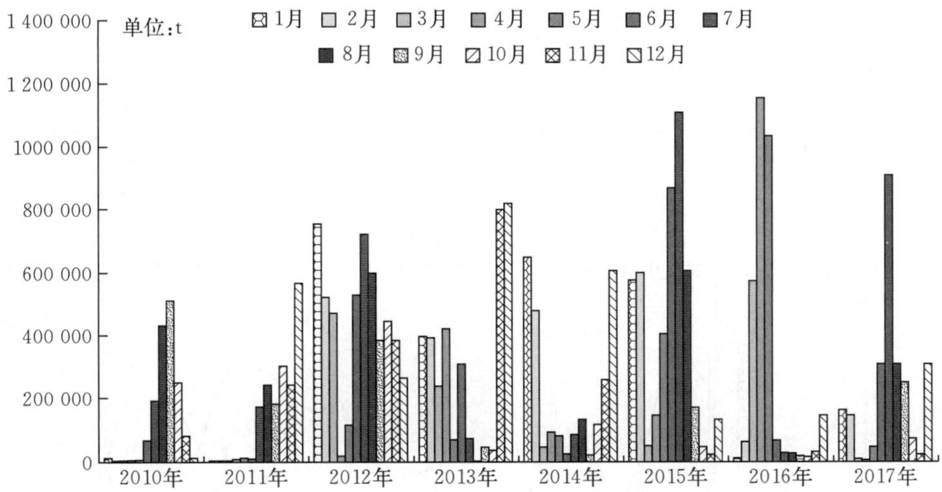

图 2-38　2010 年以来中国玉米进口各月份变化情况

图 2-39 显示，2017 年，我国进口玉米国家集中在乌克兰、美国和老挝等国家。其中从乌克兰进口玉米 182 万 t，从美国进口 75.6 万 t。从乌克兰、保加利亚和俄罗斯的进口量出现下降。从美国、缅甸、老挝的进口量增加。其中乌克兰进口总量占比达 64.4%，从美国进口 27.7%，比 2016 年同期提高了 26 个百分点。从乌克兰和美国进口玉米总量达到 91.1%。

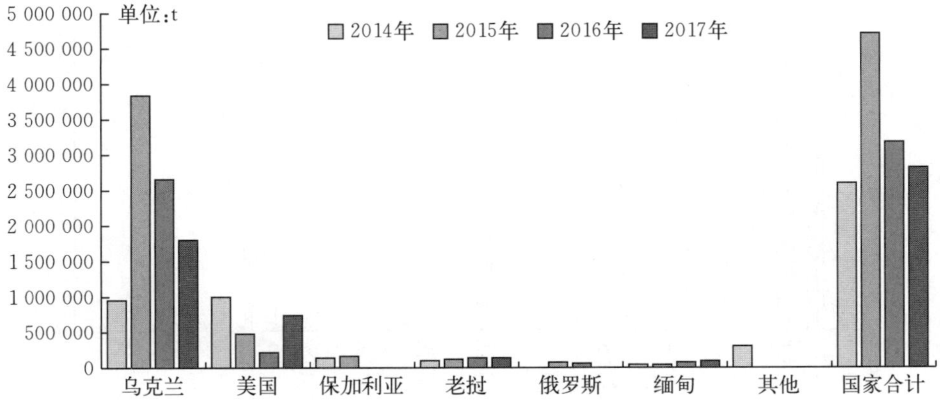

图 2-39　2014—2017 年各国玉米进口量

（3）临储收购取消东北三省一区收购进度明显放缓。2016/2017 年度，我国取消了临储收购玉米的政策，采用价补分离和市场化定价的机制，当年新玉米上市后，收购量一度下降，终端用户售粮进度缓慢。2017/2018 年度，收购进度有所加快。截至 2017 年 12 月 31 日，黑龙江、山东等 11 个玉米主产区累计收购玉米达到 6 083 万 t，同比增加 833 万 t。从 2016 年开始，东北地区玉米就成为多方主体博弈的战场。从深加工补贴、定向销售、燃料乙醇政策、环保政策等各种方法不断涌现，对国内玉米市场的影响可以说是全局和全面的。可以说，谁掌握了东北地区玉米收购的主动权，谁就先抢占了玉米在购销市场的主动权，从目前来看，临储收购政策的取消，多元主体的涌向，对东北地区玉米市场的未来发展动向将是深远的。

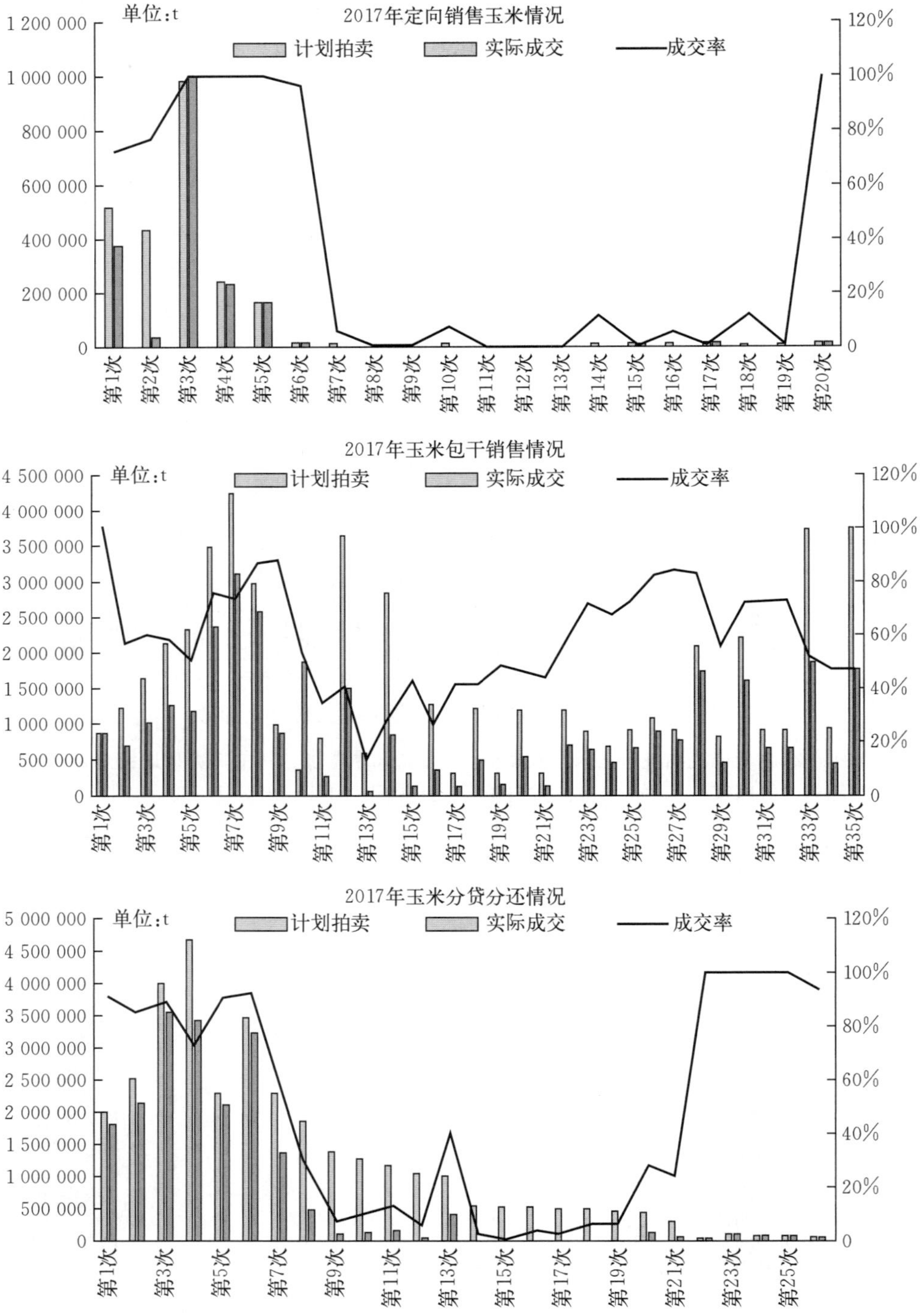

图 2-40　2017 年我国临储拍卖情况

（4）2017年临储和进口玉米拍卖情况。图2-40显示，2017年共计拍卖总量为8 974.7万t，实际成交总量为5 520.5万t，总的成交率为61.5%，但成交率明显高于2016年的15.3%，成交价格从最低的1 142元/t，到最高的1 680元/t，集中成交价格区间在1 280～1 430元/t。市场参与度已经明显好转，其他粮源数量下降，部分企业参与热情高涨。

2017年，我国共进行20次的定向销售玉米，共计拍卖玉米总量达到252.7万t，实际成交182.5万t，平均成交率为72.2%，成交率除了前5次和最后一次成交率在90%，特别是最后一次10月20日的拍卖，因国内新玉米上市出现大涨而出现了100%的成交。2017年，我国共进行35次包干销售玉米，共计销售玉米总量达5 402万t，成交为3 373万t，成交率为62.4%。从历次成交率情况来看，也是出现"W"的一个走势，在后期成交开始走高的趋势。2017年共进行26次分贷分还的玉米拍卖，其中拍卖总量为3 320万t，实际成交1 965万t，实际成交仅为59.2%。

（5）高粱、DDGS、麦麸等能量饲料原料在饲料中的使用常态化。图2-41显示，玉米相关替代品包括小麦、DDGS、高粱等在2016年下半年就出现了新的变化。随着国内玉米价格不断探底，玉米与替代品的价格差在不断扩大，在部分地区玉米替代品的使用量大幅下降。其中玉米与小麦的价差从2016年下半年开始，不断出现下探行情，玉米与小麦的价差在2017年出现大幅下降，价差最高达到了-1 038元/t，年内最低为-631元/t，从理论上，小麦在饲料中已经失去使用优势。但从2016年和2017年两年的对比图可以看出，麦麸作为小麦的副产品，其在饲料中的使用倒是有一定的优势。2017年玉米与麦麸价格差在-63～380元/t，春节期间两者价差缩小，但从二季度后，麦麸在替代玉米上的使用步入正常。

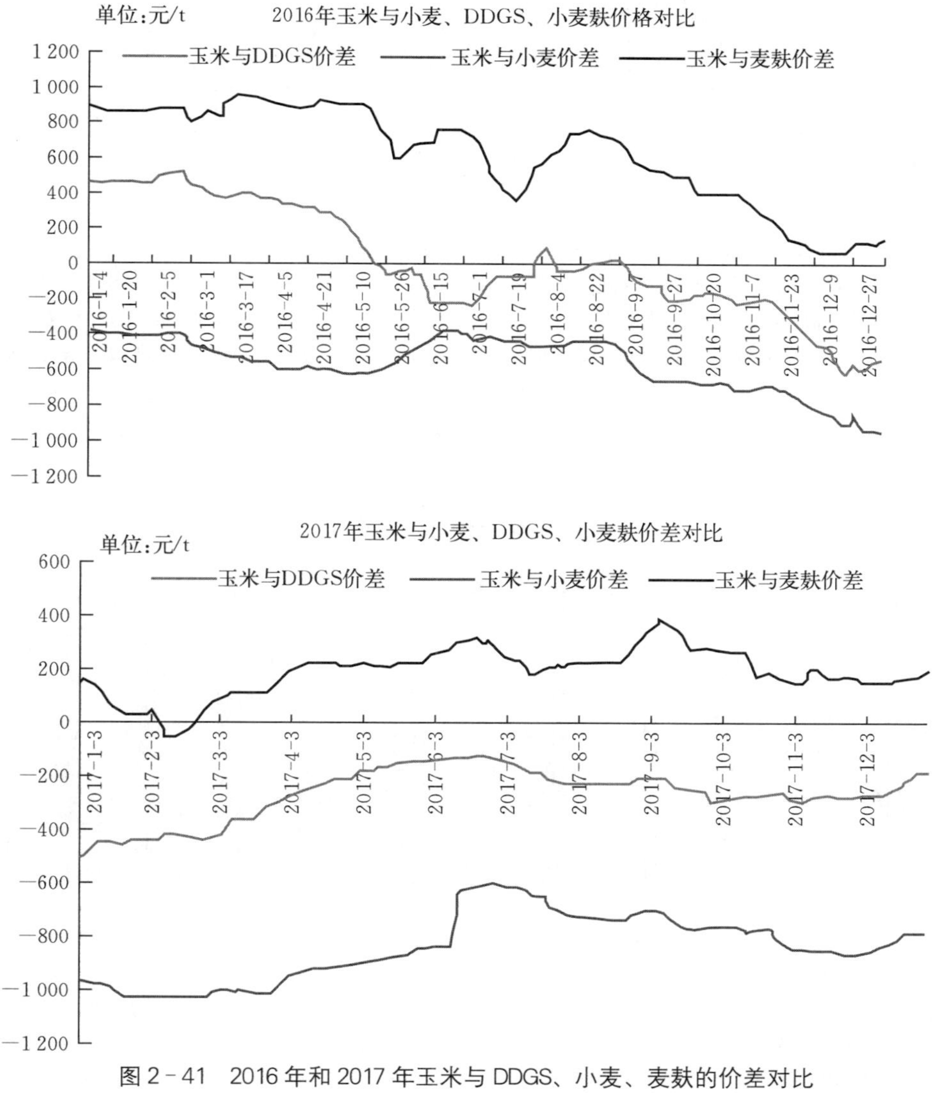

图2-41 2016年和2017年玉米与DDGS、小麦、麦麸的价差对比

2017年是DDGS进口最少的年份，体现在缺乏价格优势上。从图2-41不难看出，玉米与DDGS全年价格差在−399～−121元/t，如果玉米与DDGS价格差长期处于负数阶段，对玉米的替代优势将会被大幅削弱，会导致贸易商偏向采购存储、物流优势明显的玉米。

（5）DDGS、高粱和大麦进口量仍居高位。图2-42显示，2017年，我国累计进口DDGS 39.1万t，远远低于2016年的306.7万t，同比下降了87.3%，也是2009年以来的低点。进口国家主要是美国，从美国进口达到了39万t，占比99%以上。美国也是全球DDGS的贸易大国，主要出口国家是中国和墨西哥。我国国产DDGS产量稳定在350万t左右。

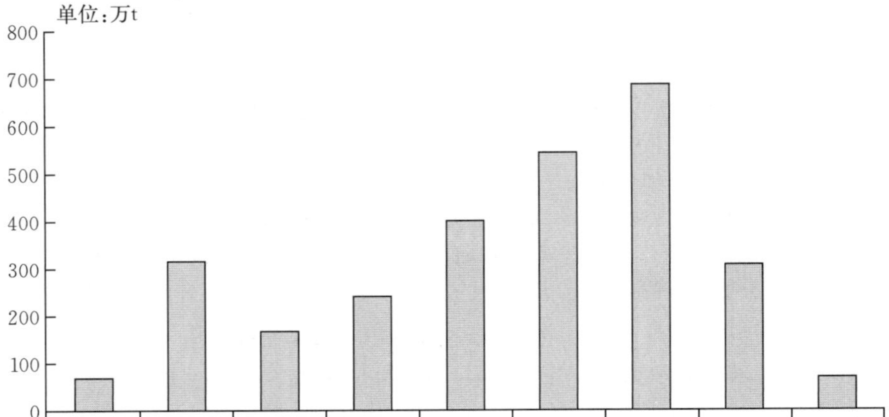

	2009年	2010年	2011年	2012年	2013年	2014年	2015年	2016年	2017年
进口	65.6	31.6	168.5	238.2	400.1	541.5	682	306.7	39.079

图2-42　2009—2017年进口DDGS总量对比

图2-43显示，2017年，我国累计进口高粱505.7万t，2016年同期为664.8万t，同比下降了23.9%，2016年进口高粱同比也下降了37.9%。已经连续2年出现大幅下降的现象。我国进口高粱的主要国家是美国、澳大利亚、法国和缅甸，其中来自美国的高粱占据主导，全年进口量达到了475.8万t，占进口总量的94.1%。

2017年，我国进口大麦为886.3万t，进口苜蓿草为181.8万t，DDGS39.1万t，小麦为429.7万t，玉米282.7万t。全年我国进口玉米、高粱、大麦、苜蓿共计为1 536.9万t，低于2016年的进口量，也远低于2015年的3 735万t的进口量。

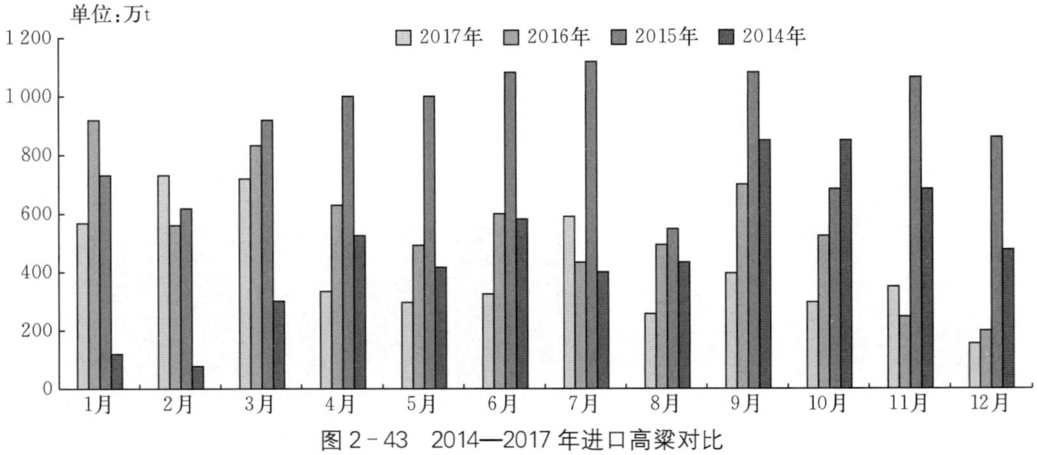

图2-43　2014—2017年进口高粱对比

2. 需求。

（1）生猪结构调整深化供应区域转移。2017年我国饲料和养殖结构继续深化，饲料和养殖产业也发生很大的转变。部分落后产能加速淘汰，环保压力从南到北，饲料和养殖区域也在发生转移。养殖户的规模不断扩大，饲料企业也在不断调整产品结构，散装配合饲料和预混合饲料的比例不断提升。2016 年，我国饲料产量为 2.1 亿 t，同比提高了 4.5%，预计 2017 年饲料产量增幅在 4%～5%，增幅主要是配合饲料的占比继续提升，其中猪饲料和水产饲料提高，其他饲料均有不同幅度的回调（图 2-44）。

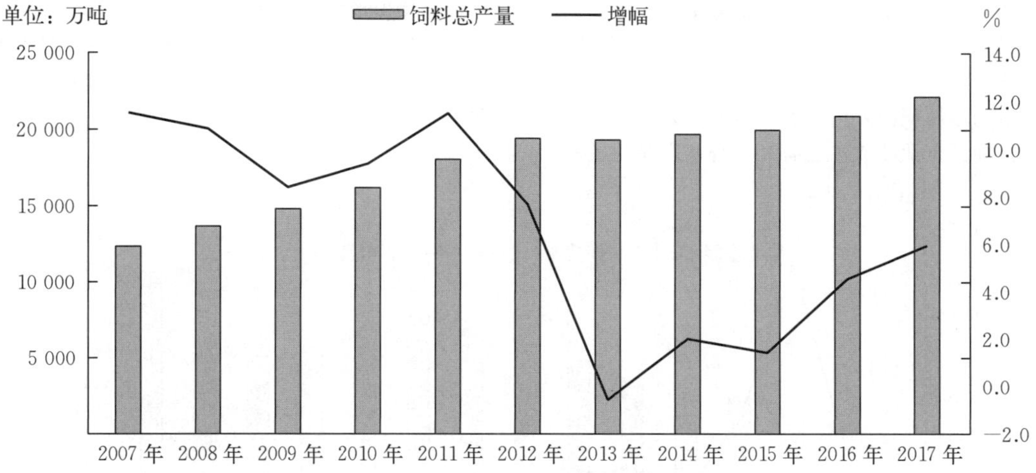

图 2-44 2007 年以来中国饲料产量及增长情况

（2）养猪效益维持高位，猪粮比持续 7∶1 以上刺激规模养殖大举进入。如图 2-45 所示，2017 年，我国能繁母猪和生猪存栏继续稳中下调，截至 12 月，我国能繁母猪存栏同比下降 6.4%，生猪存栏下降 6.8%。南方禁养和限养地区的生猪存栏快速下降，同时，黑龙江省和内蒙古自治区的养殖量大幅提升。下半年，少部分新增产能获得释放。2017 年猪肉均价为 25 元/kg，同比下降了 14.6%，但仍是近 5 年的次高点。猪粮比最高 9.1∶1，最低 7.1∶1，养猪利润维持高位，新进者对养猪市场形成支撑。2017 年生猪存栏和能繁母猪存栏分别下跌至 34 356 万头和 3 441 万头，统计局数据显示，2017 年全年生猪出栏总量 68 861 万头，增长了 0.5%，这刺激了饲料消费整体继续维持高位。同时，消费结构转变也支撑饲料消费市场继续上扬。

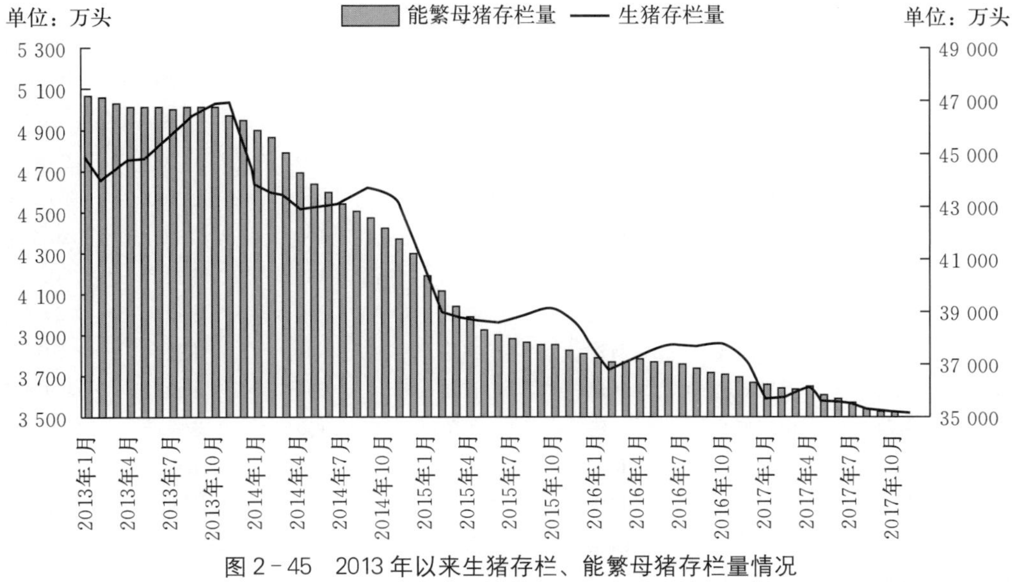

图 2-45 2013 年以来生猪存栏、能繁母猪存栏量情况

（3）玉米深加工企业再次迎来新的一轮扩张。从 2017 年开始，在补贴和出口退税率提高的刺激下，玉米深加工产能再出现一轮新的增长，最新的数据显示，2017 年，仅东北地区新增玉米深加工产能就达到了近 2 000 万 t 的数量，还有新建和在建的产能也达到了 2 000 万 t 的水平，按照全国的深加工总量来计算，2017 年玉米深加工消耗玉米总量预计超过 6 000万 t，同比提高 11.1%（图 2-46、表 2-31）。

2016 年东北三省一区实施玉米深加工补贴政策在 100～300 元/t，玉米深加工补贴政策先后落地，这极大地激起了国内玉米市场一波又一波震荡行情出现。众所周知，玉米深加工补贴降低了玉米加工企业的原料成本，也激发了市场主体入市收购的积极性。从公示的企业来看对象多为大型加工企业，一方面可以鼓励市场主体积极入市收购，另外一方面通过补贴降低大型加工企业的成本也有利于行业产能的进一步集中。而从已经公布享受加工补贴企业的产品情况来看，玉米淀粉加工企业数量明显偏少，而酒精企业补贴的数量比较多。8 月份财政部《关于恢复玉米深加工产品出口退税率的通知》提到“自 2016 年 9 月 1 日起，将玉米淀粉、酒精等玉米深加工产品的增值税出口退税率恢复至 13%”。这一政策的推出很大地刺激了玉米深加工企业大量消化玉米的动力。

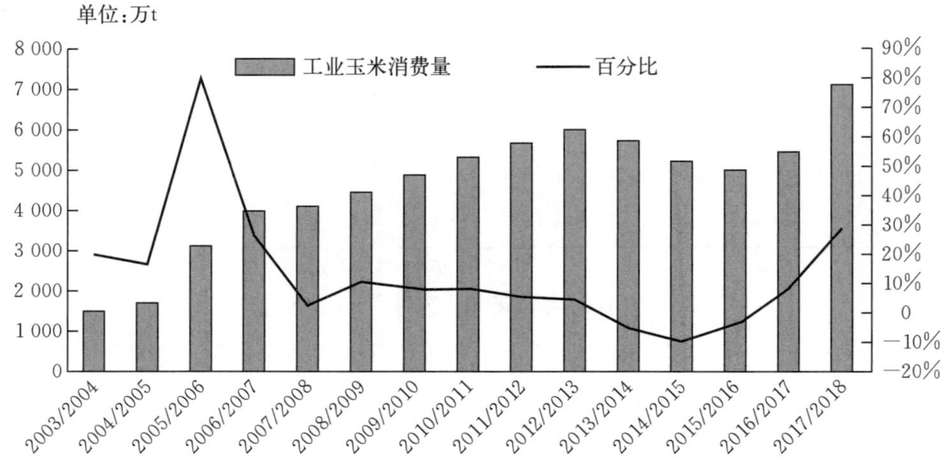

图 2-46　2003/2004 年度以来工业玉米消费量及增幅情况

表 2-31　东北三省一区在建、拟建玉米加工项目统计

省份	地市	企业	性质	状态	计划（万 t）	投产（万 t）	投产时间
辽宁	锦州	元成	复产	筹备	50	50	2017 年 7 月
辽宁	开原	益海	扩建	启动	35	35	2017 年 12 月
黑龙江	哈尔滨	大成	复产	筹备	60	60	2017 年 7 月
黑龙江	讷河	鸿展	新建	在建	100	100	2017 年 10 月
黑龙江	齐齐哈尔	阜丰	新建	在建	300	100	2017 年 10 月
黑龙江	绥化	诸城京粮	新建	在建	100	100	2017 年 10 月
黑龙江	绥化	象屿	新建	启动	150	未投产	2018 年 10 月
黑龙江	大庆	伊品	新建	在建	150	未投产	2018 年未定
黑龙江	集贤	四川鸿展	新建	在建	200	未投产	2018 年未定
黑龙江	宝清	万里润达	新建	在建	200	未投产	2018 年未定
黑龙江	拜泉	山东东玉	新建	筹备	150	未投产	2018 年未定
黑龙江	富裕	益海	新建	筹备	100	未投产	未定
吉林	松原	嘉吉	扩建	启动	35	未投产	2018 年未定
吉林	郭家店	天成	新建	筹备	50	未投产	未定
吉林	松原	鲁信金禾	新建	筹备	100	未投产	未定
吉林	白城	梅花生物	新建	签约	300	未投产	未定
内蒙古	扎鲁特旗	古利牛集团	新建	签约	75	未投产	未定
黑龙江		中粮	新建	筹备	360	未投产	未定
合计					2 515	445	未定

3. 全球饲料需求增速放缓，工业需求增速居高。

（1）全球玉米供需情况。从美国农业部（以下简称 USDA）12 月份的报告显示，2017/2018 年度全球玉米产量预估为10.4 亿 t，同比提高 0.1 亿 t，2017/2018 年度玉米库存预估为 2 亿 t，与 2016 年比下降了 0.1 亿 t。全球玉米消费总量预计为 10.6 亿 t，同比提高了 0.03 亿 t。总体来看，全球玉米供应宽松的格局依旧，贸易量维持中性水平。

（2）美国供需情况。USDA 数据显示，2017/2018 年度美国玉米产量为 3.7 亿 t，同比下降了1 171万 t，降幅为 3.1%；预计 2017/2018 年度玉米出口4 890万 t，同比下降了 934 万 t，降幅为 16%；2017/2018 年度美国玉米期末库存为 6 192 万 t，同比上涨了 6.2%。2017/2018 年度因我国进口玉米节奏继续放缓，美国玉米贸易量下降。

（3）阿根廷和巴西的供需情况。USDA 数据显示，2017/2018 年度阿根廷玉米产量为 4 200 万 t，同比上涨了 550 万 t，增幅为 15.1%，出口玉米量为 2 900 万 t，同比提高了 400 万 t，出口占总产量达到了 69%，同比提高了 1 个百分点。2017/2018 年度巴西玉米产量为 9 570 万 t，同比提高了 2 800 万 t，出口量为 3 400 万 t，出口量有所下降，但仍属于历史高位。巴西玉米产量大幅提升也挤压了部分美国玉米在贸易市场中的份额。

四、2017 年玉米市场影响因素

1. 饲料养殖企业和深加工企业后续产能释放。 2017 年，饲料和养殖中小企业持续退出市场，加快淘汰出局。2018 年新的产能和布局也会集中释放，随着生猪存栏调整到位，新的饲料养殖格局正在形成，这有望对饲料市场形成压力。而深加工依靠补贴迅速提升产能方面，也会在 2018 年有所体现，这有望短时间内对局部的玉米市场形成一定竞争压力。只要有持续偏高的补助，深加工一定会加大开工力度，开工率居高将会进一步刺激玉米市场的需求。

2. 进口玉米及替代品的总量。 由于我国进口玉米及其替代品的总量已经打开，进口最高量超过 3 500万 t，而南方部分地区进口优势比较明显，对于 2018 年来说，进口市场对玉米的压力仍不容小觑。特别是相关替代品的进口，对于国内玉米市场会形成一定的冲击。

3. 聚焦玉米拍卖节奏和时间节点。 2016 年和 2017 年我国玉米去库存的目标非常明显。预计 2018 年我国将延续这一政策。按照 2017 年之前的拍卖数量计算，我国玉米的结转库存，理论上还有超过 1 亿 t 的玉米库存需要拍卖。2018 年继续消化玉米库存可能会在不同的时间节点形成价格压力或者市场优势。2018 年会有一个新的价格走势区间，从而打破原有价格的走势。

（王长梅）

大豆和豆粕生产、贸易与市场情况

一、总体情况

2017 年，我国大豆市场价格整体以低位震荡为主，豆粕市场在区间内震荡，处于中性偏低位运行。天气炒作、政策因素均没能撼动大豆总供应量增长带来的利空影响。全球大豆市场供过于求的格局压制大豆价格难有大的涨幅。2017 年我国玉米转播大豆的播种面积继续提升，国产大豆产量和单产双双提升。2017 年由于我国进口大豆总量继续提升，国内大豆占比下调，自给率继续下降，大豆对外依存度持续高位，国际大豆供需对国内市场影响深化。2017 年我国供给侧结构性改革不断深化，是以数量变革转变品质提升的阶段。我国豆粕实行新国标、大连商品交易所调整黄大豆 2 号期货合约规则、我国严控转基因大豆进口证书发放等，这些都成为影响大豆、豆粕市场走势的主要因素。

1. 供需状况。

（1）国产大豆生产情况。统计数据显示，2017 年我国大豆种植面积为 790 万 hm^2，总产量为 1 455 万 t，种植面积和产量同比 2016 年分别上涨了 10.4% 和 16.4%，这是连续三年种植面积和产量双升的年份。其中华北黄淮地区大豆种植面积提升，黑龙江省和内蒙古自治区的产量也有所增加（表 2 - 32）。

表 2 - 32 2010—2017 年国产大豆种植面积、产量及产量同比增幅

年份	2010 年	2011 年	2012 年	2013 年	2014 年	2015 年	2016 年	2017 年
种植面积/万 hm^2	851.6	788.9	717	679	640	659	715.6	790
产量/万 t	1 508	1 449	1 305	1 195	1 150	1 161	1 250	1 455
产量同比增幅（%）	1.47	−3.91	−9.94	−8.43	−3.77	0.96	7.67	16.4

(2) 大豆、豆粕进、出口情况。

①大豆进出口情况。图 2-47 显示，根据海关数据显示，2017 年，我国进口大豆总量为 9 554 万 t，同比上涨了 15.1%。从阿根廷进口 801 万 t，同比减少 6.5%。从美国进口大豆 3 285 万 t，同比略增加 66 万 t；从巴西进口 5 093 万 t，同比提高 31.5%。2017 年，我国从巴西进口量大幅提升，阿根廷进口量下降，巴西进口量超过总量的一半以上，在大豆市场的供应主导作用较为突出。2017 年我国大豆累计出口为 11.4 万 t，同比 2016 年的 12.8 万 t，下跌了 10.9%；2017 年出口金额为 9 286 万美元，同比下降了 15.3%。

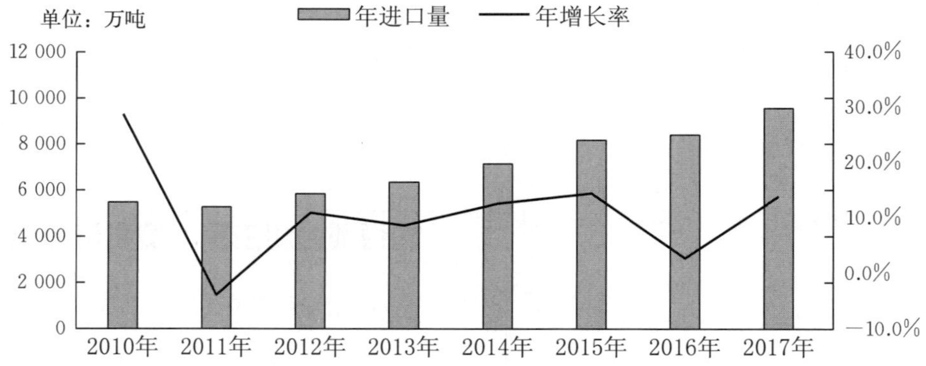

图 2-47 2010—2017 年大豆年进口量

根据中国海关数据显示，从大豆进口来源国看，中国进口的大豆来源地主要为：巴西、美国、阿根廷。巴西为中国进口大豆的最大来源国，巴西和阿根廷进口占比为 60%，同比提高了 2.9 个百分点；美国进口占比为 34.4%，同比提高了 4.4 个百分点（图 2-48）。

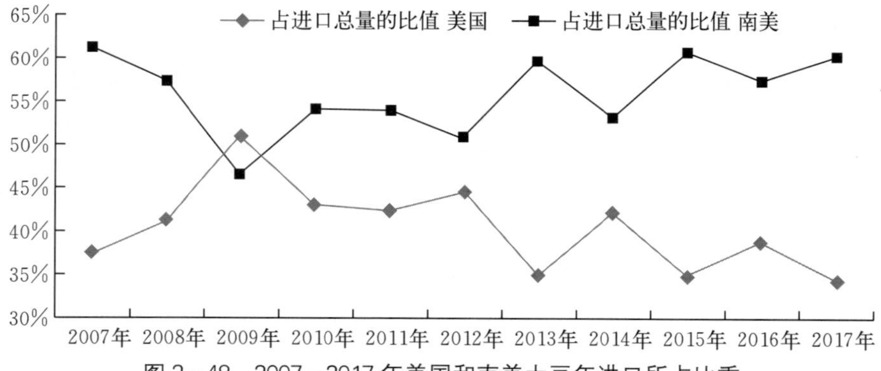

图 2-48 2007—2017 年美国和南美大豆年进口所占比重

图 2-49 显示，2017 年，我国大豆进口量月度总量相比少有地出现同比上调的现象。7 月份大豆进口上涨了 29.9%，是近几年第三高的涨幅。年内涨幅最低出现在 6 月份，仅为 1.6%。全年有 6 个月的进口量超过了 800 万 t，其中 7 月更高达 1 000 万 t。单月进口量最少的月份是 2 月，仅 554 万 t。

②豆粕进出口情况。2017 年我国豆粕出口量小幅下降，进口量大幅提升。图 2-50 显示，2017 年我国出口豆粕 97.3 万 t，同比下跌 48.1%，也是近 5 年出口量的低点。2017 年我国进口豆粕 6.1 万 t，同比 2016 年的 1.8 万 t，提高了 2.4 倍。2017 年我国进口豆粕的有丹麦、印度尼西亚、美国、韩国、荷兰等主要国家和我国台湾地区。其中从丹麦进口 1.225 万 t，印度尼西亚进口 4.155 9 万 t，这两个国家进口量占总进口量达 87.9%，是主要进口国家。其他国家的进口量很少。2017 年我国向日本、丹麦、美国、英国、荷兰、韩国、朝鲜、法国、意大利等国家出口豆粕总量达 9.18 万 t，占出口总量的 93.47%。

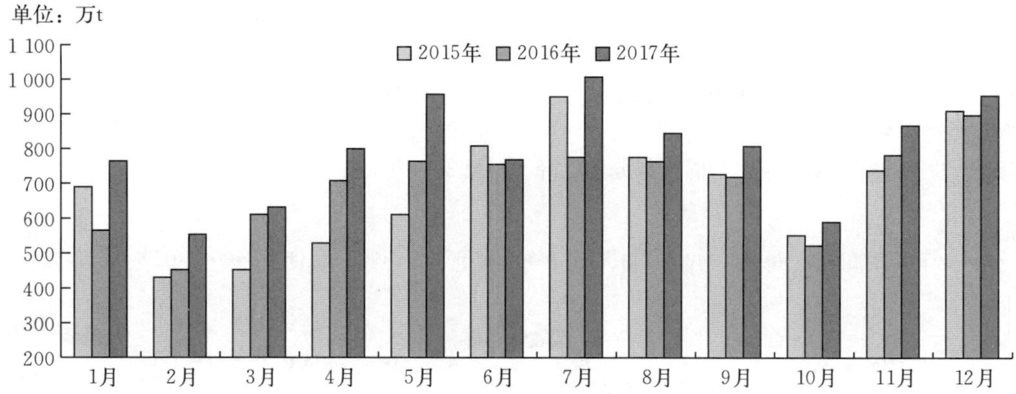

图 2－49　2015—2017 年月度大豆进口量

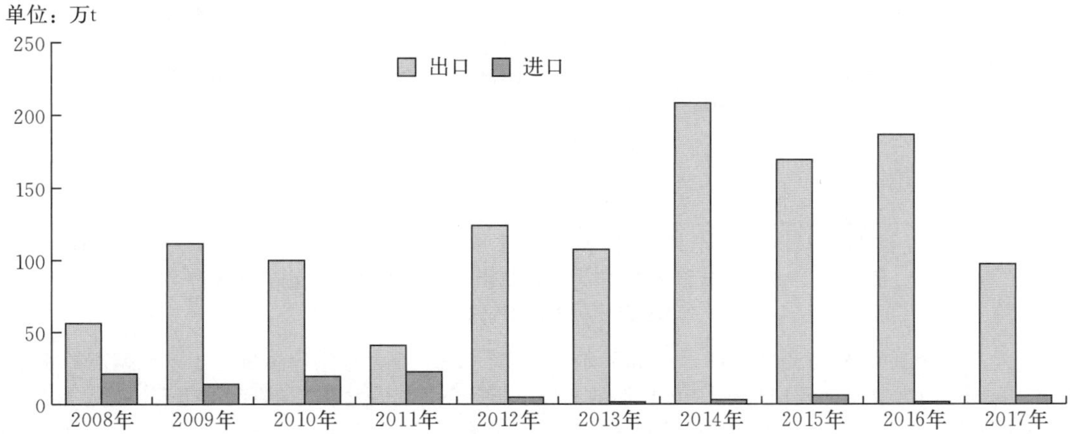

图 2－50　2008—2017 年豆粕进出口总量

（3）进口大豆库存量。如图 2－51 所示，从近 3 年我国进口大豆港口库存对比情况来看，2017 年，我国大豆港口库存处于一个上涨阶段。整体来看，2015—2017 年大豆港口库存在下半年处于上升时期，特别是第四季度，港口库存更是处于年内峰值，这也和我国豆粕和豆油的消费比较契合。上半年港口库存普遍高于 2016 年同期库存约 20 万 t。截至 12 月 31 日，国内主要港口的大豆库存量约 684 万 t，2016 年同期库存为 670 万 t，同比增长 2.1%。

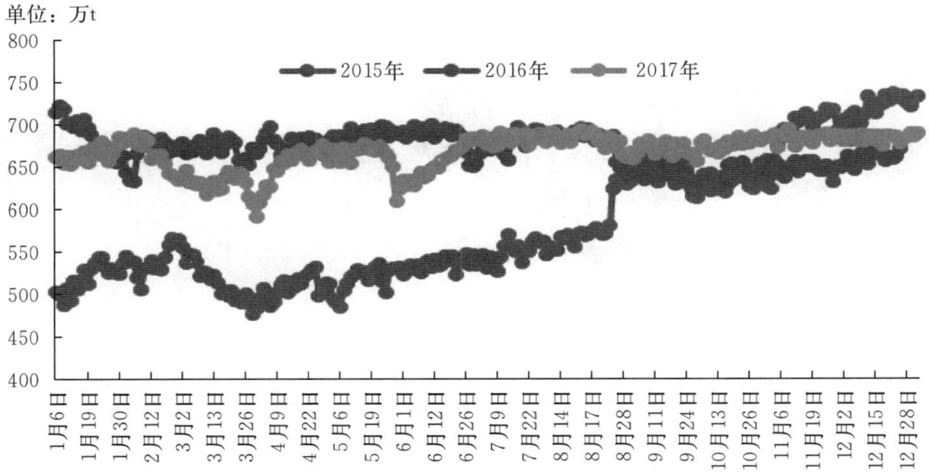

图 2－51　2015—2017 年进口大豆港口库存对比

（4）大豆压榨情况。图 2 - 52 显示，相较于 2016 年压榨利润的大起大落，2017 年我国大豆压榨利润基本维持相对平稳的水平。与豆粕的价格走势也基本保持一致性。上半年，随着我国生猪养殖利润下滑，大豆价格和压榨利润纷纷下滑。截至 6 月底，大豆压榨利润接近 0，油厂的开工动力不足，国内部分油厂降低开工率，减慢豆粕的出库节奏。从汇率市场来看，2017 年我国人民币大幅升值，从而利于大豆的进口，削减了进口大豆的成本。下半年，虽然饲料消费有所提升，但相对玉米价格持续弱势也抑制了豆粕价格的走高。2017 年，从整体来看，进口大豆的压榨利润不及 2016 年，油厂的开工率也不足。

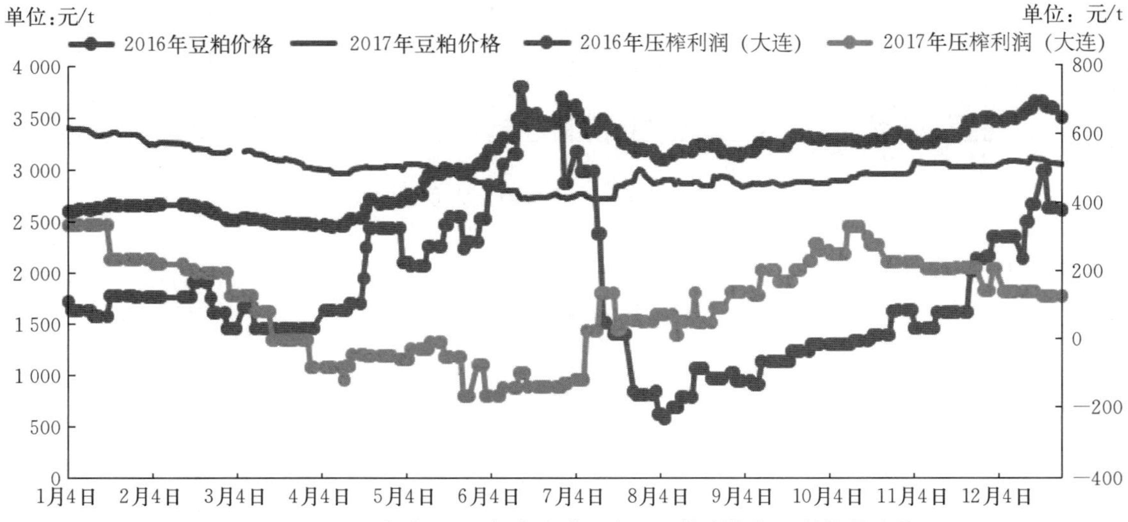

图 2 - 52　2016 年和 2017 年大连进口大豆压榨利润与豆粕价格走势

（大豆压榨利润数据来源：WIND）

（5）大豆压榨利润 V 形走势。图 2 - 53 显示，2017 年，我国进口大豆压榨利润呈现一个 V 形的走势。从 3 月下旬开始，部分油厂的理论压榨利润下降并出现亏损，亏损持续至 8 月。2017 年庞大的进口量加上春节后饲料整体需求疲软，生猪饲料和禽类的消费长期处于低迷，导致国内大豆压榨利润持续偏低。2017 年大豆供应总量处于中性偏高的水平，市场是在一个供大于求的判断预期下，对大豆的压榨利润形成压力。全年压榨利润高点出现在年初，平均利润为 263.6 元/t，随着养殖效益下降，大豆压榨利润下降，6 月亏损最多达到 281.6 元/t。

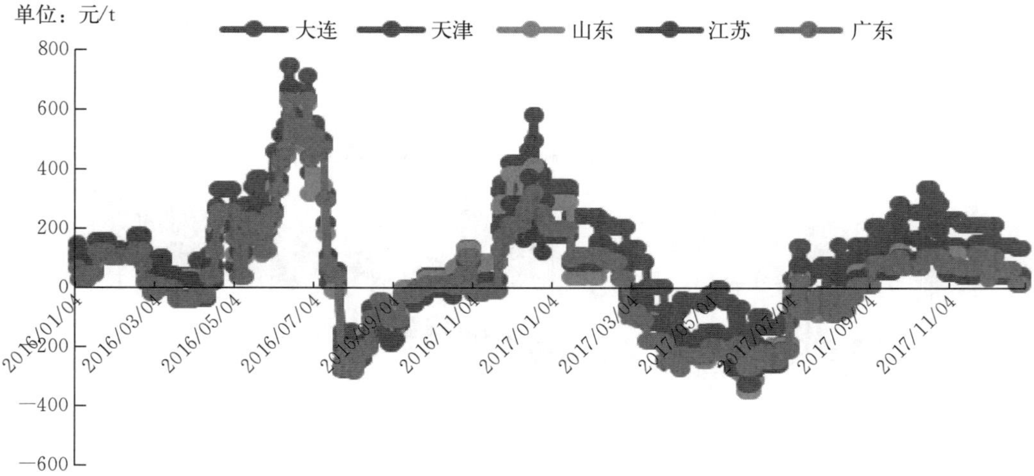

图 2 - 53　2016—2017 年进口大豆压榨利润

2. 国内豆粕供应量和消费量。图 2 - 54 显示，2017 年国内豆粕供应量为 6 816 万 t，消费量为 6 460 万 t，同比 2016 年分别增长了 4.2% 和 5.1%。2017 年，我国生猪存栏继续下降，但出栏量提升，同时，由于猪粮比维持高位，出栏育肥猪的体重持续提升，也刺激了对豆粕消费量的提升。另外，近几年我国饲料产量持续提高，而近年来配合饲料的总量占比不断增加，也助推了豆粕的消费增长。

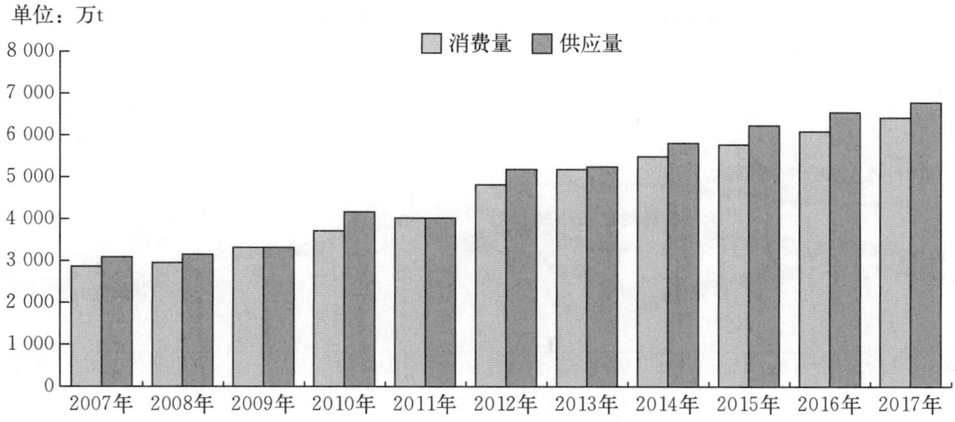

图 2 - 54　2007—2017 年国内豆粕供应和消费总量

二、2017 年大豆、豆粕价格走势

1. 进口大豆分销价格分析。2017 年，我国进口大豆订单总量的提升，因需求整体缓慢，导致进口大豆价格维持相对偏弱的行情（图 2 - 55）。上半年，进口大豆价格最高出现在年初，均价为3 762.5 元/t，最低价格出现在 8 月下旬，均价为3 260元/t，与年初比下跌了 13.4%，截至年底价格反弹至 3 412.5元/t，与 8 月相比上涨了 4.68%，与年初比仍下跌了 9.3%。2017 年前 5 个月的价格与 2016 年的同期水平类似，5 月后随着南美大豆陆续到港，贸易大豆量继续创新高，大豆进口分销价格不断下探。2017 年进口大豆均价为 3 478 元/t，同比下跌了 6.2%。

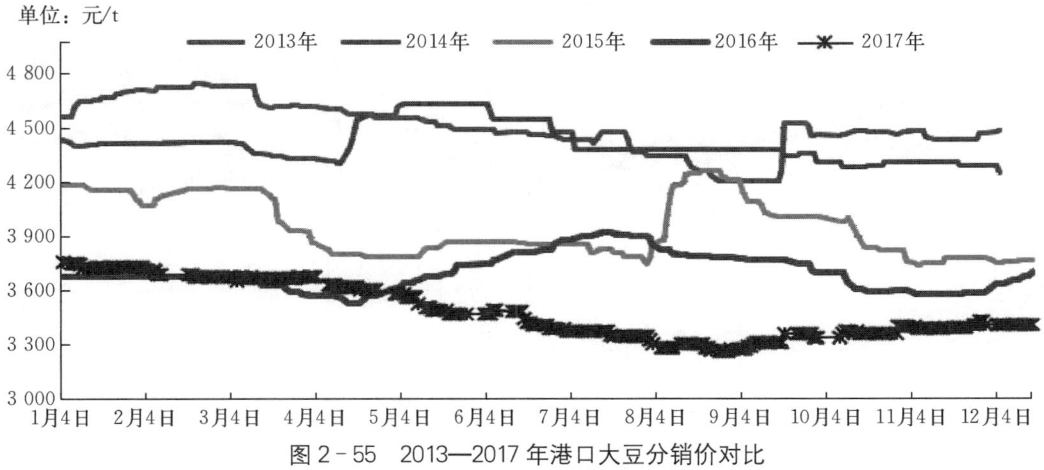

图 2 - 55　2013—2017 年港口大豆分销价对比

2. 国产大豆价格行情。图 2 - 56 显示，2017 年，国产大豆与进口大豆同样在低位震荡，且价格高于 2016 年的价格水平。但因 2017 年国产大豆市场整体供应量不足，国产大豆从上半年开始震荡上涨。10 月后国产大豆产量预估上调，大豆价格开始走低。2017 年国产大豆的低点是在年初，为 3 750 元/t，年内高点出现在 9 月，为 4 008 元/t，年内价格波动为 6.9%。2017 年国产大豆均价为 3 878 元/t，同比 2016 年上涨了 4.6%。与 5 年均值比下跌 7%。

3. 国内豆粕价格行情。2017 年豆粕走势与 2015 年的走势具有极强的相似性，但波动幅度不如 2015 年。2016 年 12 月中下旬开始急跌，主要由于港口和油厂大豆供应充足，油厂继续满负荷开机生产，豆粕库存逐渐回升。同时年前生猪陆续出栏，饲料生产企业春节备货基本结束，下游需求有所转弱。2017 年 5 月现货价格再次大幅下跌，主要因外盘价格大跌，对豆粕市场形成压力，除此之外，油厂大豆压榨保持高位，而需求增长有限，加上下游观望为主，导致在国内豆粕库存连续攀升。豆粕价格也加速下跌，

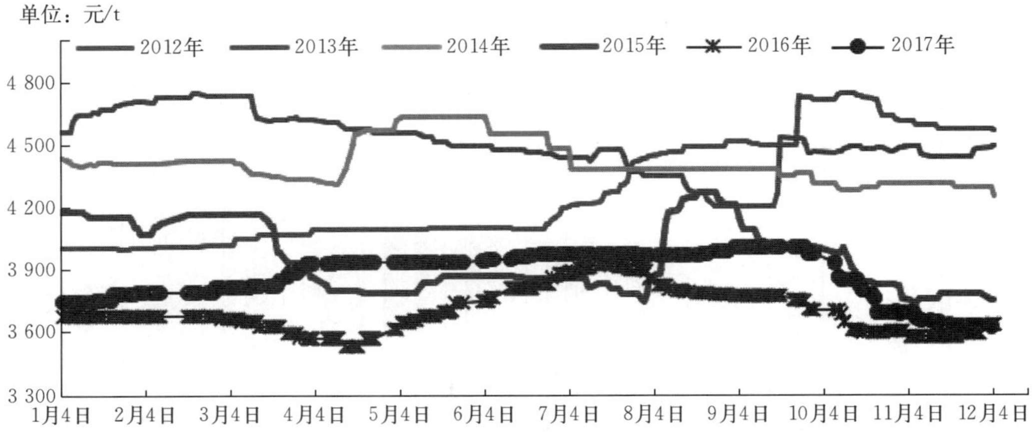

图 2－56　2012—2017 年国产大豆价格走势

并且多地油厂出现胀库现象，山东等市场甚至出现了负基差的状况。负基差现象一直延续到 8 月初。下半年豆粕价格开始震荡走高，截至 12 月底，均价为 3 033 元/t，与年初 3 458 元/t 相比，下跌了 12.3%，与 6 月的低点 2 713 元/t 相比，上涨了 11.8%（图 2－57）。

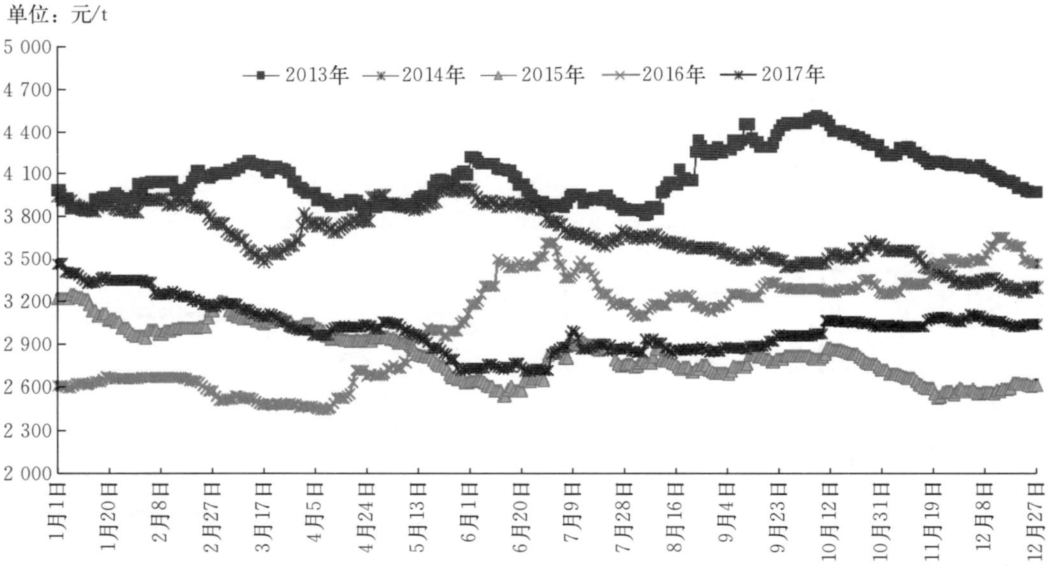

图 2－57　2013—2017 年豆粕价格走势

三、2017 年大豆、豆粕市场的主要影响因素分析

1. 进口大豆总量继续创新高，对外依存度依然居高不下。2017 年，我国进口大豆总量继续创下历史纪录。全年进口超过 9 000 万 t，正在向 1 亿 t 逼近。据统计，我国需求占全国大豆贸易总量的 60%以上。中国大豆供需市场决定全球大豆的贸易格局。2017 年，我国饲料中使用豆粕的总量继续提升，这继续支撑进口大豆价格维持相对宽松的格局。全球大豆产量继续提升，大豆将继续维持相对宽松的供需市场。

2. 政策因素推动。

（1）进口关税下调推动进口量提升。我国调整部分进口关税。财政部与税务总局联合下发《关于简并增值税税率有关政策的通知》指出，自 2017 年 7 月 1 日起，将大豆等一系列进口产品的增值税从 13%下调至 11%。这直接引发 7 月份的大豆进口总量高达 1 000万 t，随后的几个月的进口量维持高位。

（2）大豆目标价格补贴正式调整为大豆生产者补贴。2017 年 3 月 23 日，发改委发布消息，2017 年我国将在东北三省和内蒙古自治区调整大豆目标价格政策，实行市场化收购加补贴机制。此举意味着大豆目标价格补贴正式退出，中央财政对大豆生产者给予补贴，鼓励增加大豆种植，合理调减非优势产区玉米生产。在优化种植结构、优化区域布局等多政策引导、支持下，鼓励增加大豆种植的效果也将逐步显现。

(3) 我国豆粕实施新国标，拉开我国农产品行业标准普遍提高序幕。我国饲料中除玉米之外第一大蛋白原料的豆粕，在时隔 13 年后，终于出台了新的标准 GB/T 19541—2017，具体从 2018 年 2 月 1 日起实施，其中氨基酸、溶解度等指标大幅提高。提高供给体系质量，已成为我国供给侧改革的主攻方向，而我国饲料行业启动豆粕原料的新国标的制定，则拉开我国农产品各行各业普遍标准提高的序幕。

3. 巴西大豆出口继续主导市场。2017 年 10 月份，国务院修改了转基因作物的规定，由于改变转基因大豆安全许可证的申请程序，导致 12 月的大豆进口延误，直接推升了大豆的进口价格。但同时，巴西雷亚尔贬值，2017 年，巴西大豆出口更具有竞争优势。2017 年，我国进口巴西大豆的总量创纪录，同比高达 31%。

4. 饲料养殖对豆粕需求稳步提升。2016 年第三季度伊始，由于国内多地遭受强降雨袭击，大豆和豆粕运输受阻，重创了国内的养殖消费，下游养殖遭受损失，其中水产养殖折损 15%左右，生猪和禽类也受到一定影响。畜禽的大量死亡严重影响饲料终端消费。给养殖业带来严重损害，导致豆粕等饲料原料需求阶段性下降。饲料需求短期受到较大影响，阻碍了豆粕的正常销售，导致豆粕价格持续下跌。

2017 年猪肉价格虽然偏低，但猪粮比显示仍有利润。中小型的养殖企业逐步被市场和政策淘汰，而大型的企业继续投资扩建或者收购，按照现在的趋势，后期仍然有豆粕的消化能力。数据显示，虽然生猪存栏连续下降，但大猪比率在逐步增加。

5. 豆粕比价优势明显。2017 年豆粕和菜粕价差较小，饲料企业在饲料配方中倾向于使用豆粕替代菜粕，菜粕用量下降，菜粕比例下调 5%～8%至 22%～25%，豆粕比例上调至 30%左右。DDGS 用量很少，较之前下调 5%左右，虽然 DDGS 取消进口增值税，但双反税率仍打压了进口 DDGS 的进口量。

6. 豆粕期权上市 对豆粕市场影响深远。我国首个商品期权产品——豆粕期权于 3 月 31 日正式登陆大连商品交易所。作为国内期货市场整顿后推出的第一个期货品种，豆粕期货在期货品种中具有重要的标志意义。从目前豆粕市场的发展态势来看，基差报价将在 2017 年得到更广泛的推广已是趋势，豆粕期货的市场化将继续不断深入。

四、总结

总体来看，随着南美大豆进入种植期，巴西天气良好，有助于大豆播种和早期生长，产量前景也有望提升；而阿根廷天气干燥，市场同时担忧拉尼娜现象可能会发生，届时或可能影响南美大豆生长。美联储 12 月加息 25 个基点，同时上调 2017 年和 2018 年经济预期，经济的向好，可能对美国三大农产品产生新的影响，尤其美国大豆在 972～1 000 美分/蒲式耳区间窄幅徘徊 3 个多月，多空争夺已久，或将在 2018 年来临之际给出新的方向。

（王长梅）

鱼粉生产、贸易与市场情况

2017 年我国鱼粉走出了先跌后涨，在年底出现大幅跳涨的格局。从年初的均价 11 900 元/t，下跌至 10 月的 10 350 元/t，下跌幅度超过了 13.0%，而进入 12 月受秘鲁 B 季捕鱼配额超低预期，国内鱼粉出现不断跳涨，截至 2017 年年底，在短短不到 2 个月的时间均价涨至 13 750 元/t，最高上涨至14 000 元/t，涨幅达 32.9%。2017 年，饲料企业在采购鱼粉方面越来越理性，采购节奏的把握日趋成熟，多国家采购的策略也抑制了秘鲁市场对鱼粉市场的主导价格作用。2017 年需求不及预期，也是鱼粉价格难以出现理想行情的主要原因。

一、2017 年鱼粉市场情况

1. 鱼粉进口情况。

(1) 2017 年鱼粉进口情况。图 2 - 58 显示，据海关数据显示，2017 年我国累计进口鱼粉 157.5 万 t，同比上涨了 51.9%，创下近年来的新高。其中 1 月、5 月、11 月和 12 月同比下降，其他月份均同比大幅提高，其中 7 月和 8 月的提升幅度较大，同比分别提升了 1.6 倍和 1.1 倍。2017 年我国从秘鲁进口鱼粉 88.3 万 t，同比上涨了 1 倍，占总进口量的 56%；从越南进口鱼粉为 13.6 万 t，同比提高了 6.5%，占总量 9%；从俄罗斯进口为 5.7 万 t，同比下降了 3.4%，占比为 4%；从美国进口 10 万 t，同比下降了 9.7%；从智利进口 7 万 t，同比提高了 27.7%。2017 年，我国从秘鲁、智利、越南、墨西哥、泰国等国家的进口量大幅提高。

(2) 2016 年与 2017 年鱼粉进口情况比较。从图 2 - 59 可以看出，2017 年我国从主要国家进口的鱼粉量出现不同幅度的提升，其中从秘鲁进口鱼粉的占比达到 56%，远远高于 2016 年的 42%，大幅上升了 14 个百分点。从智利、厄瓜多尔及其他国家的进口量也

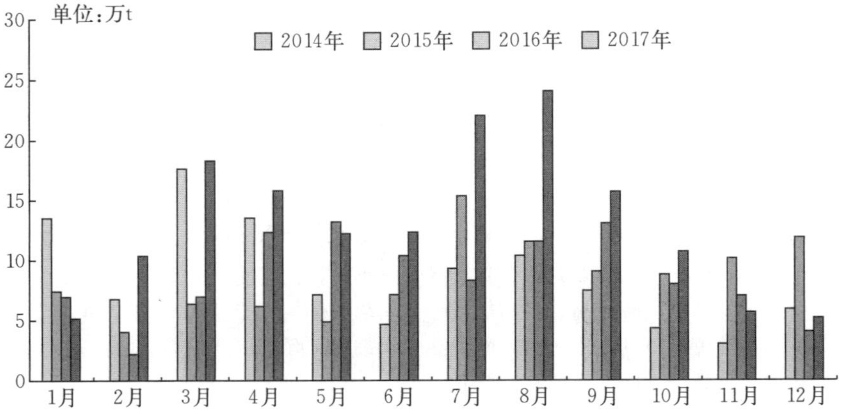

图 2－58　2014—2017 年各月鱼粉进口情况对比

出现上涨。而从美国、俄罗斯、越南的进口占比从2016 年的 11%、6%、12%分别下降到了 6%、4%、9%。秘鲁仍是我国鱼粉的进口大国，占比也仍占据首位。鱼粉进口国家继续向多元化方向发展。

从图 2－60 发现，2017 年，我国各个港口的进口鱼粉比例也发生很大变化。2017 年，我国从黄埔

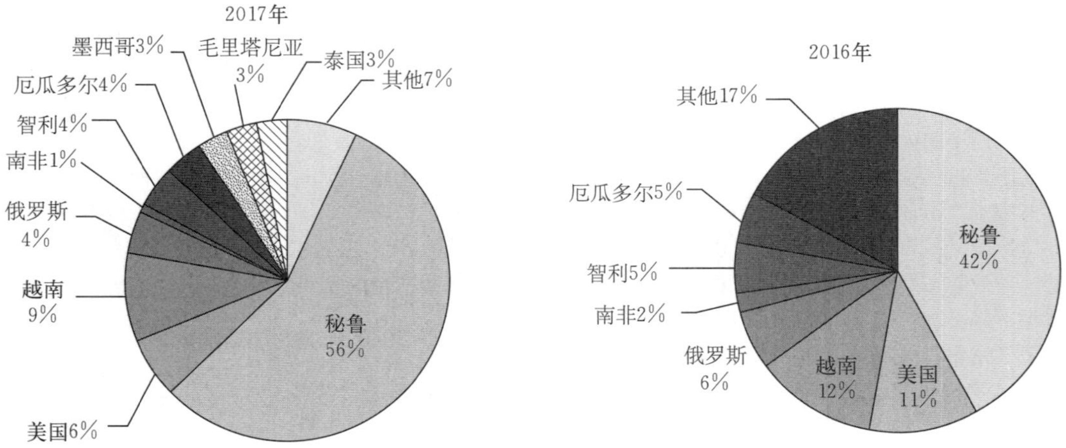

图 2－59　2016 年与 2017 年各国鱼粉进口量所占比例

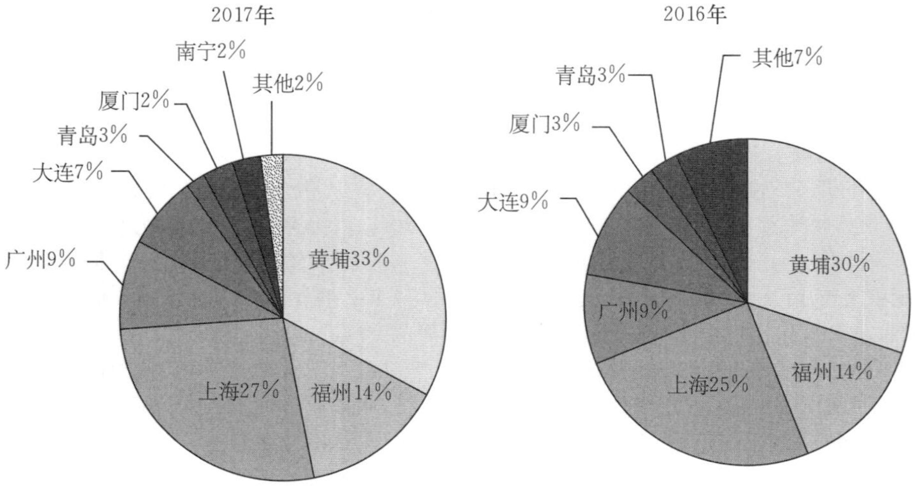

图 2－60　2016 年与 2017 年各港口鱼粉进口量所占比例

港、福州港和上海港进口鱼粉仍是主力，上述 3 个港口进口占比达到了 74%，而 2016 年进口占比为 69%，2017 年同比提高了 5 个百分点。2017 年我国从广州、青岛港进口鱼粉占比均为 3%，而从大连和厦门进口占比分别下降了 2 个百分点和 1 个百分点，占比分别为 7%和 2%，2017 年，我国从南宁进口量达到了 3%，超过了厦门的进口量。天津进口量没有恢复到往日水平。

2. 2017 年我国鱼粉库存情况。2017 年，我国鱼粉库存全年维持相对偏高的水平，是 2014 年以来的次高点，最高库存达到了 19 万 t，比 2014 年的高点 25.7 万 t，少了 6.7 万 t，但远远高于 2015 年的 13 万 t 和 2016 年的 13.7 万 t。2017 年全年库存最高出现在第一季度的 19 万 t，同比提高了 46.15%，从第四季度开始，随着传言秘鲁捕鱼小配额的推出，鱼粉库存不断下降，到 2017 年年底，鱼粉库存为 8.9 万 t，同比仍提高了 16.6%。全年超过 8 个月的库存均在 10 万 t 以上，库存压力明显（图 2 - 61）。

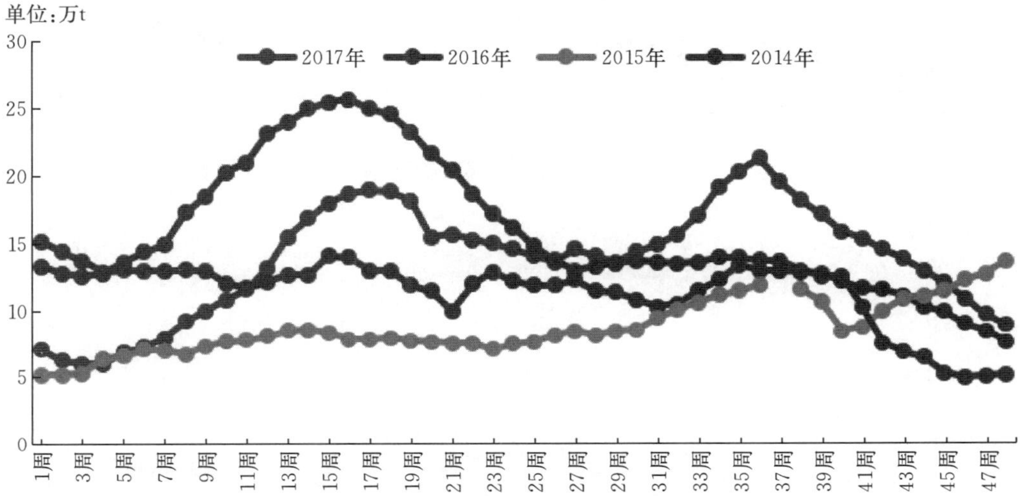

图 2 - 61 2014—2017 年我国港口鱼粉库存量变化

3. 2017 年鱼粉价格行情。

（1）秘鲁超级蒸汽级别鱼粉价格低位震荡。2017 年，我国鱼粉进口的秘鲁超级蒸汽级鱼粉现货均价报价 11 229 元/t，同比下跌了 10.9%，也远远低于 2015 年的 14 110 元/t 的价格。为 2014 年以来的低点。全年价格呈现一个反向的 L 形的走势。从 10 月后，特别是 12 月，秘鲁公布 2017 年中北部第二捕季为“小配额”之前，由于拉尼娜天气背景，令不少业内人士对本季配额预期偏高（200 万 t 以上，最高甚至认为达到 280 万 t)，导致终端和部分贸易商的库存量偏低，在第二捕季配额出来后，鱼粉价格出现大幅飙升，已经上涨了 1 500～2 000 元/t 的价格，造成鱼粉市场恐慌心理，集中采购又刺激鱼粉市场库存继续快速下降，价格大幅调整，截至年底，秘鲁鱼粉进口均价为13 750元/t，与年初比上涨了 15.1%，前三季度鱼粉价格偏低的一个重要因素在于 2017 年水产养殖的消费低于预期，导致鱼粉的走货量相对偏慢。2017 年鱼粉价格低点出现在 10 月，为 10 450 元/t，与年初比下跌了 12.6%，与年底高点 13 750 元/t 相比下跌了 24%（图 2 - 62)。

（2）国产鱼粉价。图 2 - 63 显示，2017 年，我国国产鱼粉价格与秘鲁超级蒸汽级鱼粉价格的走势基本雷同，存在一定的价格差。但国产鱼粉与秘鲁鱼粉的价格差仍维持在 1 800 元/t 的价差，与 2016 年 2 000 元/t 的价差，相差不到 200 元/t。这说明我国国产鱼粉的质量在不断地提升。2017 年国产鱼粉最高出现在年底，价格为 9 350 元/t，最低价格是 10 月的 8 500 元/t，全年价格波动区间 10%以内。

（3）秘鲁全年捕鱼适中，鱼粉市场外在因素影响偏多。图 2 - 64、图 2 - 65 显示，2017 年秘鲁鱼粉配额为 429 万 t，远远超过 2016 年的 380 万 t，同比提高了 12.9%，第一季和第二季捕鱼占总的配额数的 65.5%，低于上一年度的 73.2%，下降了 7.7 个百分点。其中第一季捕鱼量完成了超过 77.9%的占比，但因第二季的捕鱼量不尽如人意，第二季的鱼资源幼鱼比例过高，导致第二季捕鱼刚开捕，就匆匆叫停。2017 年秘鲁中北部捕鱼量为 218.6 万 t，南部捕鱼量为 51.5 万 t，全年秘鲁捕鱼总量达 332.1 万 t，高于同期水平，但全年捕鱼量不平衡，秘鲁第一季捕鱼量相对正常水平，但第二季捕鱼量 90%以上的配额没有完成，使得鱼粉在第四季度的供应远远低于预期，从而刺激鱼粉价格飙升。

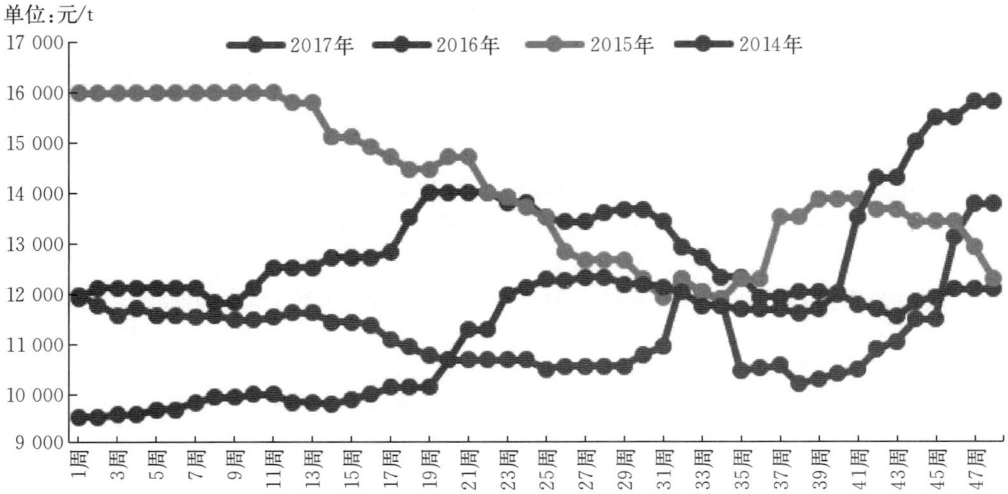

图 2-62　2014—2017 年秘鲁超级蒸汽级别鱼粉价格变化趋势

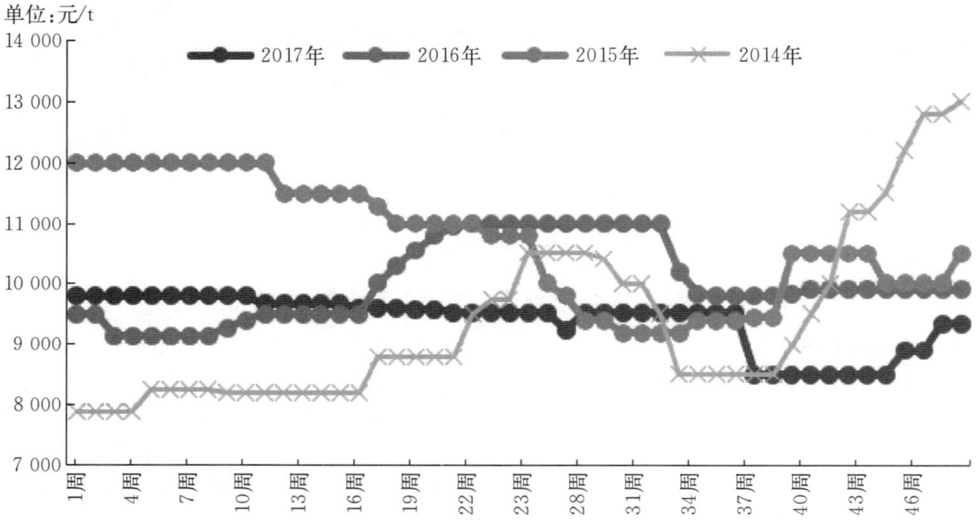

图 2-63　2014—2017 年山东 65%脱脂鱼粉价格变化趋势

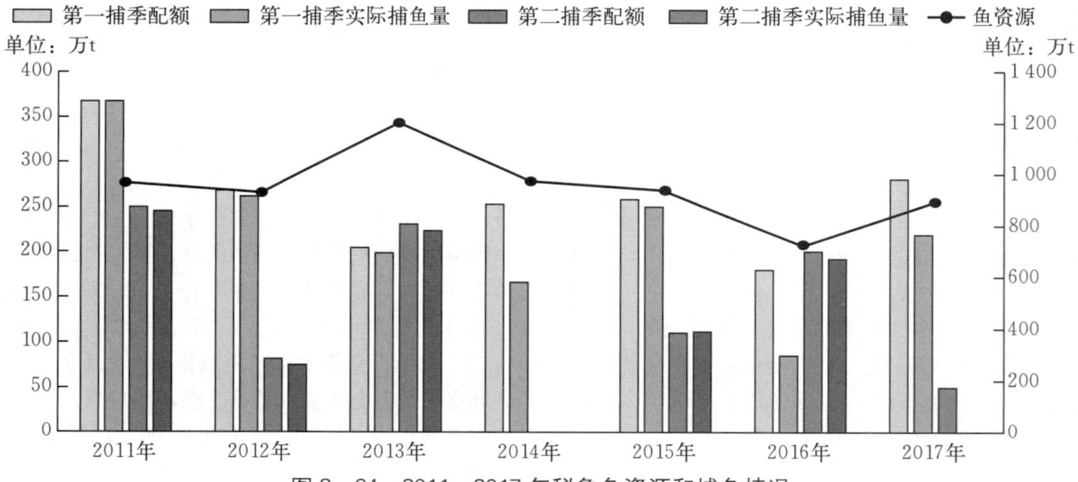

图 2-64　2011—2017 年秘鲁鱼资源和捕鱼情况

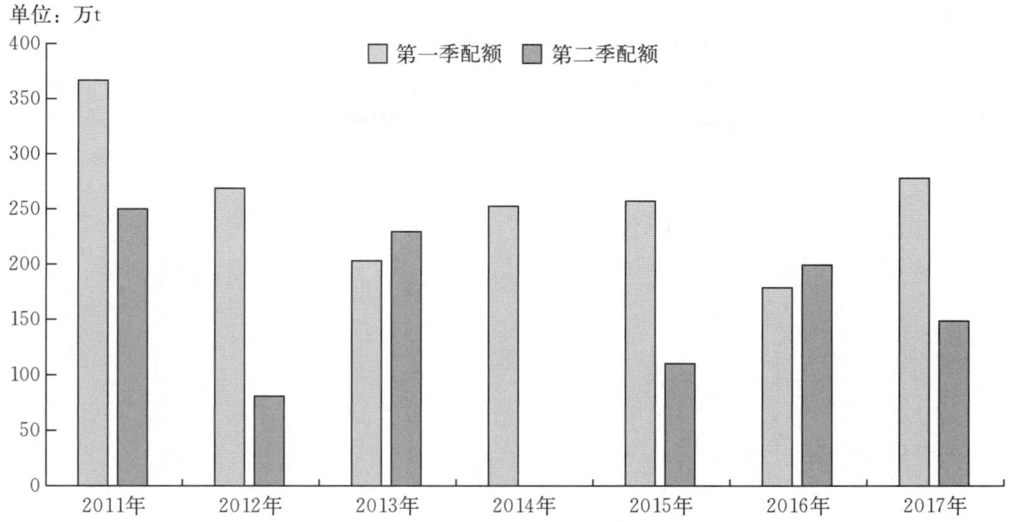

图 2-65 2011—2017 年我国第一季捕鱼与第二季捕鱼配额对比

二、2017 年影响鱼粉市场因素分析

2017 年，我国鱼粉市场形成多元化进口格局，但秘鲁进口总量仍决定了我国鱼粉市场供需走势。我国环保力度的加大，厄尔尼诺天气的影响，均成为鱼粉市场走势的主要决定因素。国内主要饲料厂家对鱼粉的依赖度仍比较高，特别是水产饲料使用鱼粉的比例仍占据主导，2017 年，各方面因素的博弈导致鱼粉市场继续宽幅震荡。

1. 秘鲁进口鱼粉继续主导中国市场，多元化进口成常态。2017 年，秘鲁进口鱼粉市场继续主导中国市场，2017 年，我国从秘鲁进口鱼粉占比超过 56%。进口鱼粉的多元化已经成为趋势，2017 年欧洲主要鱼粉主产区扭转颓势，鱼粉产量有所提升，特别是从丹麦进口量大幅增加。2017 年丹麦、挪威的海洋资源捕捞量共计约 96.5 万 t，同比增加 42.7%左右；冰岛、北大西洋的海洋资源捕捞量共计约 114.6 万 t，同比增加 37.7%；两者合计捕捞量约在 252.3 万 t，同比增加 40.4%左右。

2. 国产鱼粉的工艺和技术继续提升。2017 年我国国产鱼粉受环保政策影响，全年鱼粉厂家开工率不足，预计不超过 35%，且在 12 月环保监管继续加强，部分不达标的鱼粉厂家遭到关停。同时，2017 年是被称为我国“史上最长休渔期”的一年。为养护海洋资源，我国从 2017 年起开始实施新休渔制度，渤海、黄海、东海及北纬 12°以北的南海（含北部湾）统一休渔时间为 5 月 1 日，总休渔时间普遍延长 1 个月，最少休渔 3 个月，并扩大休渔类型，对非法捕捞的打击力度也有所加强。农业部又于 2017 年 12 月发布通知，2018 年 5 月 1 日起，带鱼等 15 种鱼类的幼鱼也被规定不能再捕捞。

3. 我国加强对海洋资源的管理，深海养殖成为趋势。2017 年 1 月印发《关于进一步加强国内渔船管控实施海洋渔业资源总量管理的通知》，并指出，2017 年起，中国将对海洋渔业资源实行总量管理，中国国内海洋捕捞实行负增长政策。从《通知》与中国政府对海洋渔船的“双控”在极大程度上遏制了我国渔民的非法捕捞现象，从另一侧面来说，也相应地减少了原料鱼的供应量，制约了国产鱼粉的产量。2017 年 6 月 3 日，由中船重工旗下武船集团承建的“挪威海上渔场养鱼平台”（即海洋渔场 1 号）在青岛顺利交付挪威用户。“海洋渔场 1 号”是世界首座半潜式智能海上渔场，旨在把鱼类养殖从近海引入到远海。它的主体结构制造和重要系统组装全部在中国完成，标志着中国制造填补了深海养殖高端装备的空白。

4. 加强对冻水产品走私的打击力度。2017 年我国加强了对冻品走私的打击，海关总署更在 12 月 27 日发布公告，在“4·12”打击冻水产品走私集中行动中共捣毁涉案走私团伙 8 个，查证涉案冻水产品 3.7 万 t，案值初估人民币 19 亿元，涉及产品包括银鳕鱼、越南巴沙鱼、厄瓜多尔白虾及挪威三文鱼等多种冷冻水产品。

5. 环保政策波及水产网箱养殖。此轮环保之风波及全国主要网箱养殖地区，四川、贵州、湖北、湖南、广西和福建等地政府都相继发出水库网箱限期拆除通知，接踵而至的是大规模水产品滞销，主要涉及品种罗非鱼、草鱼、鮰鱼等淡水养殖品种。2017 年底的环保压力对水产养殖业的影响是前所未有的，涉及面积之广度和影响的养殖户数量之多创历年之最。由于拆除期限短，全国各地库区均出现了不同程度的水产品滞销情况，对养殖户收入和市场行情造成了不小的影响。接踵而至的就是未来市场的水产品流通空白，短时间内迅速减少的养殖面积和供应量，将会在一定程度上影响我国的淡水产品流通和市场行情。网箱拆除只是水产养殖业转型升级的一个缩影，这场环保运动势必将会对整个水产业的未来发展起到关键性的作用。

三、总结

2017年，国内鱼粉供需市场面临着多元化和不确定性，国内庞大消费市场已经适应进口鱼粉价格走势，在采购节奏的把握，对秘鲁的配额和捕鱼量都已经开始消化，同时，国内鱼粉的相关替代品也日趋成熟，极大降低了对鱼粉市场的依赖度。2017年，在进口海产品的冲击及国家环保政策的影响下，鱼粉市场价格波动率下降，对饲料成本的冲击有限。

（王长梅）

饲料添加剂工业概况

中国饲料添加剂产量分布与概述

饲料添加剂作为饲料工业的核心，近几年得到了迅速发展，产品体系逐渐完善，产量不断攀升，对我国饲料工业发展起到了积极的推动作用。2013 年公布新版《饲料添加剂品种目录》，有机矿物元素、酶制剂、微生物、植物提取物等新型饲料添加剂共计 97 种，比 2008 年版增加 36 种。饲料添加剂生产开发能力稳定提高。截至 2017 年年底，饲料添加剂生产企业 1 785 家，较 2016 年增加 211 家，同比增长 13.4%；饲料添加剂产量 1 034.6 万 t，同比增长 6%。饲料添加剂总产值 899.3 亿元，占饲料工业总产值 11%，较 2016 年度提高 2.8 个百分点，饲料添加剂总营业收入 831.3 亿元，占饲料工业总营业收入 11%，较 2015 年度提高 3 个百分点。

一、主要饲料添加产品生产情况

2017 年，饲料添加剂产品总产量 1 034.6 万 t，同比增长 6%。其中，饲料添加剂 983.2 万 t，占添加剂总产量 95%，同比增长 6.6%；混合型饲料添加剂 51.4 万 t，占添加剂总量 5.0%，同比下降 4.2%。

1. 氨基酸、氨基酸盐及其类似物。2017 年氨基酸总产量 234.8 万 t，同比增长 16.4%，占饲料添加剂总产量 22.7%。其中，赖氨酸及其类似物 137.3 万 t，同比增长 22.9%；蛋氨酸 24.8 万 t，同比增长 15.3%；苏氨酸 57.4 万 t，同比增长 9.2%；色氨酸 1.0 万 t，同比下降 34.8%。

2. 维生素及类维生素。2017 年维生素及类维生素产量 127.4 万 t，同比增长 12.6%，占饲料添加剂总产量 12.3%。饲料添加剂中维生素 115.7 万 t，同比增长 20.7%；混合型饲料添加剂中维生素 11.6 万 t，同比下降 32.6%。单体维生素中，氯化胆碱61.9 万 t，同比下降 0.5%；维生素 A 1.5 万 t，同比增长 59.2%；维生素 E 11.3 万 t，同比增长 25.5%；维生素 B_{12} 702t；维生素 B_2 2 961t，同比下降 56.4%；维生素 C 3 万 t，同比下降 45%。

3. 矿物元素及其络（螯）合物。2017 年总产量 498.4 万 t，同比下降 0.4%，占饲料添加剂总产量 48.2%。饲料添加剂中矿物元素及其络合物 491.4 万 t，同比下降 1.1%；混合型饲料添加剂中矿物元素及其络合物 7.0 万 t，同比增长 83.8%。单体矿物元素及其络合物中，硫酸铜 1.4 万 t，同比下降 21%；硫酸亚铁 9.5 万 t，同比下降 46.7%；硫酸锌 12.7 万 t，同比下降 13.2%；硫酸锰 11.8 万 t，同比增长 5.5%；磷酸氢钙（含磷酸二氢钙）315 万 t，同比下降 11.1%。

4. 酶制剂。2017 年总产量 10.7 万 t，同比下降 8.1%，占饲料添加剂总产量 1.0%。饲料添加剂中酶制剂 6.0 万 t，同比增长 16.2%；混合型饲料添加剂中酶制剂 4.6 万 t，同比下降 27.7%。

5. 抗氧化剂。2017 年总产量 6.9 万 t，同比增长 38.2%，占饲料添加剂总产量 0.7%。饲料添加剂中抗氧化剂 4.5 万 t，同比增长 67.0%；混合型饲料添加剂抗氧化剂 2.4 万 t，同比增长 4.0%。

6. 防腐剂、防霉剂和酸度调节剂。2017 年总产量 10.6 万 t，同比下降 32.6%，占饲料添加剂总产量 1%。饲料添加剂中防腐剂、防霉剂 5.9 万 t，同比下降 41.1%；混合型饲料添加剂中防腐、防霉剂 4.7 万 t，同比下降 17.6%。

7. 微生物。2017 年总产量 10.7 万 t，同比下降 6.3%，占饲料添加剂总产量 1%。饲料添加剂中微生物 4.9 万 t，同比下降 23.8%；混合型饲料添加剂中微生物 5.7 万 t，同比增长 16.6%。

8. 其他类添加剂。2017 年总产量 135.2 万 t，同比增长 15.8%，占饲料添加剂总产量 13.1%。饲料添加剂中其他类 121.1 万 t，同比增长 15.3%；混合型饲料添加剂中其他类 14.1 万 t，同比增长 19.6%。

二、主要品种产量有增有降

2017 年我国饲料添加剂总产量保持和饲料加工产量同幅度的增长。2017 年饲料添加剂总产量 1 034.6万 t，同比增长 6%。商品饲料总产量22 161万 t，同比增长 5.9%。饲料添加剂中，氨基酸、氨基酸盐及其类似物、维生素及类维生素产量占添加剂总产量比重 35%，也是添加剂中比较核心价值较高的部分，2017 年均保持了 10%以上的增长速度。占添加剂总产量近 50%的矿物元素及其络（螯）合物，受铜锌限量的影响，2017 年总产量 498.4 万 t，同比下降 0.4%。随着行业的发展，和结构调整加快，从近 5 年生产情况看，我国饲料添加剂品种结构逐步完善，产量结构随着市场调整变化，已经形成了一个较为完善的产业体系，为饲料工业实现提质增效起到了积极的推动作用。同时，随着饲料添加剂科研资金的不断投入，饲料添加剂品种类别和科技含量水平不断提升，饲料添加剂工业将不断发展。从近 5 年，各类添加剂产品年均复合增长率看，防腐剂、防霉剂和酸度调节剂一直保持着较高的增长，年均复合增长 14%，其次是氨基酸、维生素，年均复合增长 12%、9.9%（表 2－33）。

表 2－33　2013—2017 年国内饲料添加剂主要品种产量变化和年均递增率

单位：万 t,%

年份	氨基酸	维生素	矿物元素及其络合物	酶制剂	抗氧化剂	防腐剂、防霉剂和酸度调节剂	微生物
2017	234.8	127.4	498.4	10.7	6.9	10.6	10.7
2016	201.8	113.1	500.5	11.6	5	15.7	11.4
2015	154.5	109.1	420.2	9.8	5.1	25.4	10.9
2014	125.6	89.2	467.7	10.8	4	27.1	11.6
2013	150.4	73.9	460.6	9.1	4.6	22.6	10.8
年均增幅	12	9.9	0.4	6	5.8	14	1

三、饲料添加剂区域分布特点

一是饲料添加剂产品的集中度较高。2017 年98%的产量集中在 20 省。其中，饲料添加剂产量前 20 省占 98.2%，混合型添加剂占 89.3%。

二是饲料添加剂的区域分布特点主要集中在几个大省，按各类添加剂前 5 排名，山东、四川、湖北、内蒙古、江苏等省份是我国饲料添加剂综合主产区域，其次浙江、吉林、云南分别聚焦于添加剂单项优势明显，比如浙江重点是维生素、吉林是赖氨酸、云南是磷酸氢钙等。

三是绿色环保生态是饲料添加剂发展的主旋律。从动物营养需求和食品安全等方面考虑，我国饲料添加剂逐渐朝着天然化、有机化、减量化、无抗化、无痕化和功能化等方向发展。新型安全、绿色、生态、环保、高效是饲料添加剂发展的必然趋势（表 2－34～表 2－36）。

表 2－34　2017 年饲料添加剂主要区域排名

单位：t

省份	饲料添加剂产品总量	饲料添加剂	混合型饲料添加剂
全国总计	10 345 804	9 832 285	513 519
云　南	2 014 762	2 013 264	1 498
山　东	1 726 788	1 643 233	83 555
四　川	1 162 754	1 131 645	31 108
湖　北	700 005	678 267	21 739
内蒙古	597 517	582 526	14 990
江　苏	487 447	451 801	35 645
贵　州	414 942	414 942	—
宁　夏	404 705	404 462	243
河　北	365 361	286 085	79 276

（续）

省份	饲料添加剂产品总量	饲料添加剂	混合型饲料添加剂
新　疆	354 848	354 847	0.3
广　西	341 764	327 537	14 227
吉　林	337 826	337 826	—
江　西	247 255	236 996	10 259
浙　江	226 529	201 608	24 921
湖　南	184 868	169 920	14 949
辽　宁	179 180	140 341	38 839
黑龙江	152 401	148 497	3 904
广　东	97 657	45 683	51 974
上　海	59 783	31 360	28 423
福　建	57 509	54 530	2 979
总计	10 113 900	9 655 372	458 529
占全国比重	97.8%	98.2%	89.3%

表 2－35　2017 年饲料添加剂产量前 5 省份（一）

单位：t

省份	氨基酸	省份	维生素	省份	矿物元素及其络合物	省份	酶制剂
全国总计	2 347 900	全国总计	1 273 592	全国总计	4 983 736	全国总计	106 946
内蒙古	478 792	山 东	674 194	云 南	2 009 463	山 东	32 810
山 东	428 243	河 北	254 242	四 川	1 126 627	江 苏	13 943
宁 夏	390 500	浙 江	160 114	湖 北	457 010	河 北	12 171
新 疆	349 672	江 苏	56 954	贵 州	345 707	北 京	10 347
吉 林	317 150	辽 宁	39 143	广 西	292 963	内蒙古	9 510

表 2－36　2017 年饲料添加剂产量前 5 省份（二）

单位：t

省份	抗氧化剂	省份	防腐剂、防霉剂	省份	微生物	省份	其他
全国总计	69 150	全国总计	105 703	全国总计	106 743	全国总计	1 352 034
江 苏	54 202	山 东	24 673	山 东	39 038	山 东	342 453
上 海	8 222	江 苏	22 877	湖 北	14 879	江 西	194 136
广 东	3 196	内蒙古	13 724	河 北	11 449	湖 北	186 688
浙 江	743	广 东	11 364	广 东	6 843	河 北	72 093
福 建	507	湖 北	8 730	河 南	5 409	贵 州	69 229

四、饲料添加剂质量保持较高水平

新修订《饲料和饲料添加剂管理条例》《饲料质量安全管理规范》相继实施和示范推广，进一步规范了我国饲料添加剂生产、经营和使用环节；打击违法违规行为、促进了饲料工业和养殖业健康发展。近年，饲料添加剂滥用导致的食品安全问题越来越受到公众的关注，我国进一步加强了饲料和饲料添加剂质量检测工作。2017 年上半年饲料添加剂和饲料原料抽检结果。抽检国产饲料添加剂 84 批次，合格率 100%；2017 年下半年抽检国产饲料添加剂 106 批次，合格率 99.1%。饲料添加剂产品质量安全总体状况较好，饲料添加剂质量合格率维持在较高水平。

未来饲料添加剂产业关注热点：

一是饲料添加剂使用规定更加严格。农业农村部修订发布《饲料添加剂安全使用规范》，统筹保生态和保供给平衡，全面下调饲料添加剂使用最高限量，与世界上最严格的欧盟标准接轨，铜锌等限量指标还严于欧美发达国家。将抗氧化剂等类别中重要品种纳入管理范围，由原《规范》涉及的 4 类 73 个品种扩大到目前的 8 类 120 个品种，社会关注度高、风险较大的饲料添加剂品种基本纳入《规范》管理。

二是适应环保要求推动铜锌等金属元素减排。聚焦社会最关心的环境保护问题，适应养殖业绿色发展要求，《规范》大幅下调饲料中铜锌限量值，倒逼养殖场转型升级，提高管理水平，在满足养殖需求基础上，有效降低铜锌排放量。预计执行新的限量规定后，我国养殖业每年可减排铜元素 0.8 万 t、锌元素 1.65 万 t，分别减量 50%和 34%以上。

（陆泳霖）

饲料级氨基酸

2017 年，我国饲用氨基酸总供应量增加，氨基酸原料成本下降，刺激出口市场继续扩大。饲料养殖一体化、规模化加速，对氨基酸特别是小品种的缬氨酸、精氨酸、异亮氨酸、丙氨酸的市场消费比例迅速提高。2017 年受玉米去库存的刺激，东北玉米深加工企业纷纷投产和扩产，包括生产氨基酸产品，氨基酸厂家以价换量，出口市场一片大好，也引发国际贸易保护主义抬头的迹象，出口反倾销和反补贴的风险增加，这也是氨基酸市场一个不确定性的因素。另外，氨基酸生产工艺不断创新提升对知识产权重视力度，针对专利问题争端不断，而销售方式也在转变，从战略合作到深度合作的全球销售模式升级，这些都是氨基酸市场的主要竞争方式。

2017 年，我国饲用氨基酸总量为 234.7 万 t，同比增长了 16.3%，其中饲料添加剂氨基酸总量为 233.7 万 t，同比增长了 16.6%；混合饲料添加剂中氨基酸产量为 11.6 万 t，同比增长了 7.3 倍。其中赖氨酸 137.3 万 t（含 65% 赖氨酸），同比增长 22.9%；蛋氨酸 24.8 万 t，同比增长 14.8%；苏氨酸 57.4 万 t，同比增长 9.1%；色氨酸 1 万 t，同比下降35.6%。

一、赖氨酸

2017 年，我国赖氨酸市场经过 2016 年的持续调整，赖氨酸生产厂家出货良好，受国家对深加工企业的补贴政策的激励，部分厂家加大开工力度，国内供应和出口向好，也刺激部分产能不断扩产和提高。2017 年赖氨酸从高位震荡下行，全年在区间内震荡。受玉米原料成本下降影响，赖氨酸生产利润量提升，更刺激深加工企业提高加工力度，导致我国赖氨酸的出口创下新高。2017 年生猪养殖利润处于相对偏高走势，饲料需求继续小幅提升，这也减小了赖氨酸因供应过剩而带来的压力。

1. 赖氨酸出口情况分析。

（1）赖氨酸年度出口情况。图 2－66 显示，2017 年我国赖氨酸出口继续大幅提升。2016 年 1～12 月我国累计出口赖氨酸盐及酯共计为 37.3 万 t，同比增加了 3.8 万 t，增幅为 11.3%，与近 5 年的出口量均值相比提高了 13 万 t，增幅为 53.5%，增幅扩大了 15.5%。2017 年也是我国赖氨酸出口和国内需求双双提升的重要一年。

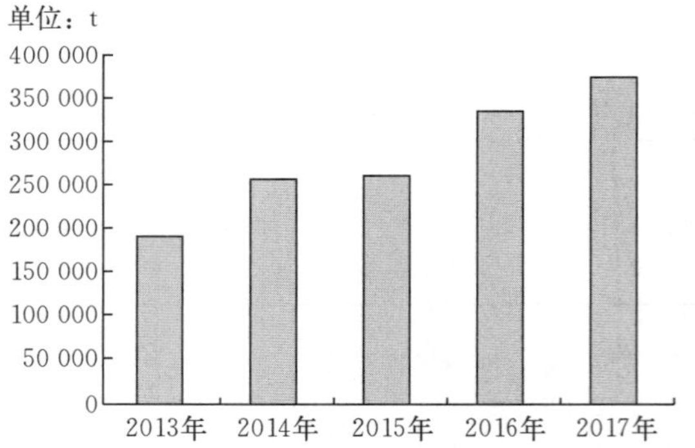

图 2－66　2013—2017 年赖氨酸年度出口总量对比

（2）赖氨酸月度出口情况。图 2－67 显示，2017 年我国赖氨酸月度出口除了 11 月同比下降，其他月份均出现不同幅度的增长。月均出口量超过 3 万 t，均大幅超过 2016 年的 2.7 万 t 和 2015 年的 6 000t 的水平，全年除了 1 月、2 月和 9 月，出口量均超过 3 万 t。

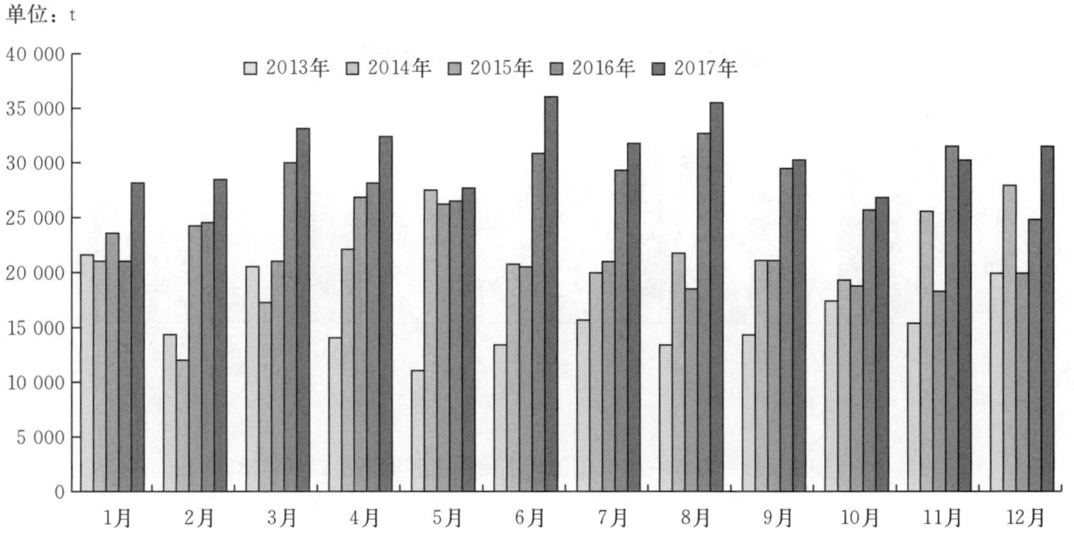

图 2-67　2013—2017 年赖氨酸月度出口量

（3）分国别出口情况。2017 年我国赖氨酸出口的国家主要有俄罗斯（58 239.7 t）、荷兰（57 381.1t）、德国（28 143.5t）比利时（8 820.8t）、立陶宛（17 711.5t）、越南（20 558.2 t）、泰国（17 139.1t）、南非（11 557.6t）等。其中，受俄罗斯在年底前的进口限制，我国对俄罗斯的赖氨酸出口有所下降，对德国和比利时都有所缩减。其他国家如荷兰、立陶宛、越南、泰国和南非均出现不同幅度的增加。特别是南非地区和东南亚地区，出口均有所提升（图 2-68）。

（4）主要海关出口情况。2017 年我国赖氨酸出口的主要海关有大连海关（56 834.6t）、满洲里海关（55 421.3t）、天津海关（106 652.7t）、青岛海关（42 464.7t）、济南海关（102 398.3t）、乌鲁木齐海关（1 907.7t）等（图 2-69）。2017 年我国赖氨酸出口又有新的变化，其中大连和青岛及乌鲁木齐的出口有所下降，其他几个主要海关如满洲里、天津、济南海关均出现不同幅度的提升，其中济南海关出口提升了 1.3 倍多。

（5）进出口均价情况。图 2-70 显示，2017 年我国赖氨酸出口总额为 39 742.1 万美元，同比 2016 年提高了 3 131.1 万美元，增幅为 8.6%。赖氨酸出口均价为 1.1 美元/kg，同比下降了 1.8%。2017 年我国赖氨酸生产成本下降，赖氨酸厂家以量换价，出口市场整体向好。全年出口均价最高出现在 12 月，为 1.1 美元/kg，而全年最低出口均价出现在年初的 1 月，仅为 1 美元/kg，全年价格低于 2016 年的价格水平。

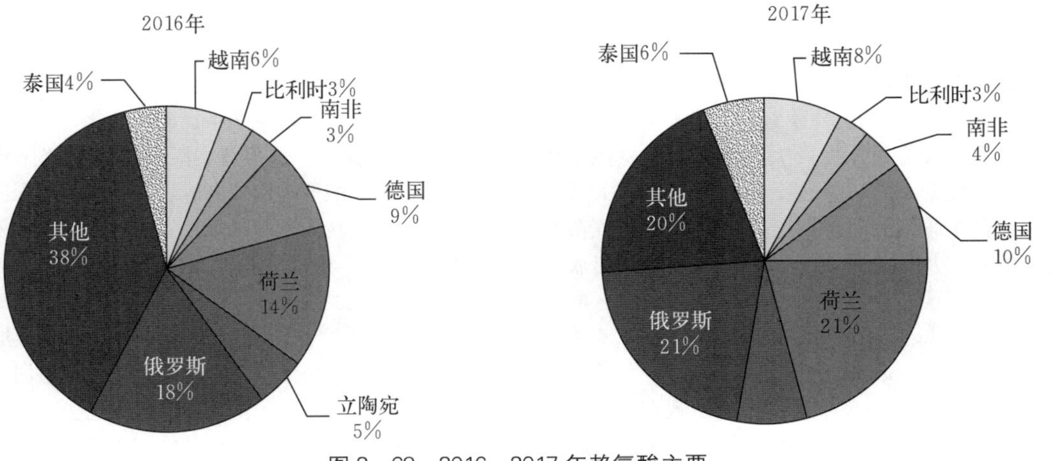

图 2-68　2016—2017 年赖氨酸主要出口国家及所占比例对比

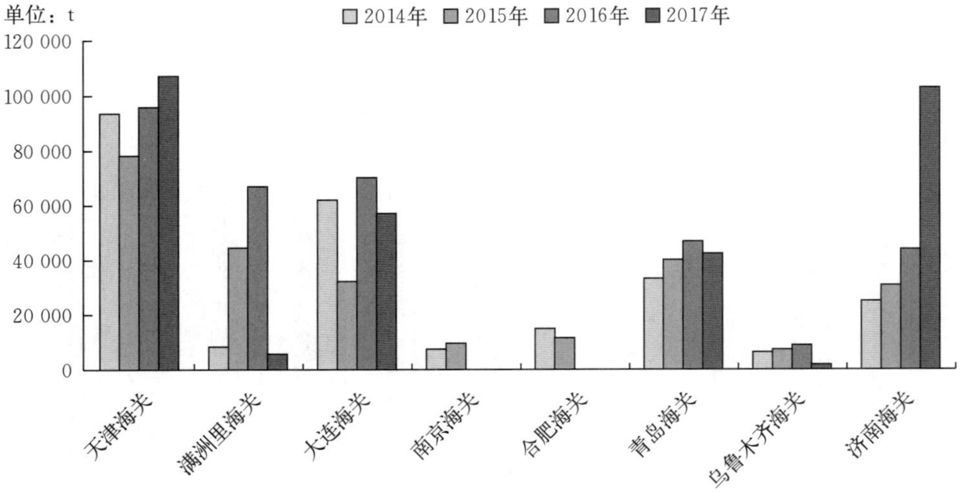

图 2－69　2014—2017 年国内主要港口赖氨酸出口量对比

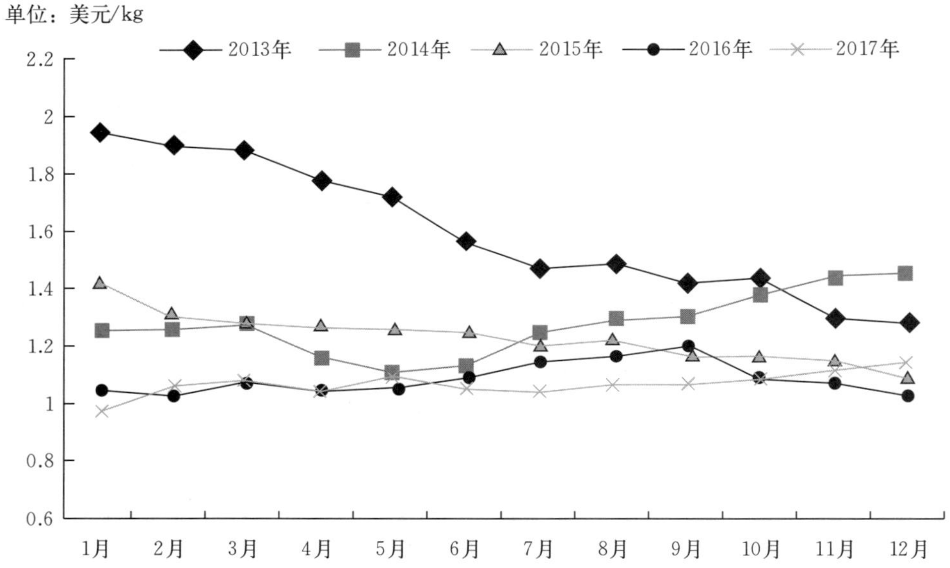

图 2－70　2013—2017 年赖氨酸出口均价对比

2. 2017 年赖氨酸市场价格分析。

(1) 国内价格分析。图 2－71 显示，2017 年，我国虽然环保及竞争压力巨大，但我国赖氨酸整体供应量有所提升，出口量创下历史纪录，庞大的市场供应压制了赖氨酸的价格走势。2017 年赖氨酸价格高开低走，从年初的 11.5 元/kg，下降至年底的 10.2 元/kg，下跌了 11.3%，全年价格波动区间在 11.5～7.9 元/kg，最高价差达到了 31%。2017 年全年均价 9.2 元/kg，同比下跌了 2.1%。与 5 年均值比下跌了 11.5%。全年价格低点出现在第二、第三季度，赖氨酸整个供应充足，导致市场竞争激烈，价格下降。

(2) 欧洲价格分析。2017 年欧洲赖氨酸市场均价比国内赖氨酸走势相对平稳，但趋势相似。从第四季度开始，国内外赖氨酸市场两极分化，国内赖氨酸价格因出口受阻，采购节奏缓慢导致价格下调。同时，欧洲赖氨酸迎来消费高峰，加上俄罗斯限制进口中国赖氨酸而转向其他国际厂家，刺激欧洲赖氨酸价格上行。2017 年欧洲赖氨酸市场均价为 1.4 欧元/kg，折算成人民币为 12 元/kg，同比上涨了 13.6%，2017 年第一季度受国内传统节日的备货需求加上猪价高位影响，市场采购节奏加快，导致价格居于全年的高位，为 11 元/kg。随着节日效应退去，生猪养殖利润下降，南方部分散养户持续被淘汰，生猪养殖利润下降及深加工补贴政策出台，玉米作为赖氨酸原料成本下降，深加工加大马力开工刺激赖氨酸震荡走低。国内赖氨酸价格走低也拖累欧洲赖氨酸价格不断下降，第二季度价格降至 10.7 元/kg，环比第一季度下降了 2.8%。随着赖氨酸厂家开工率的提升，第三、第四季度的欧洲赖氨酸的进口价格持续相对偏低，与第二季度价格持平略有小幅提升，分别为 10.8 元/kg 和 10.9 元/kg。总体来看，欧洲赖氨酸报价要比国内价格坚挺，但仍维持一定的区间水平（图 2－72）。

3. 赖氨酸市场主要影响因素。

（1）产能回归赖氨酸厂家面临新的格局、新进入者冲击市场。从近几年的赖氨酸市场来看，我国赖氨酸市场经过调整后，赖氨酸整体格局发生新的变化。

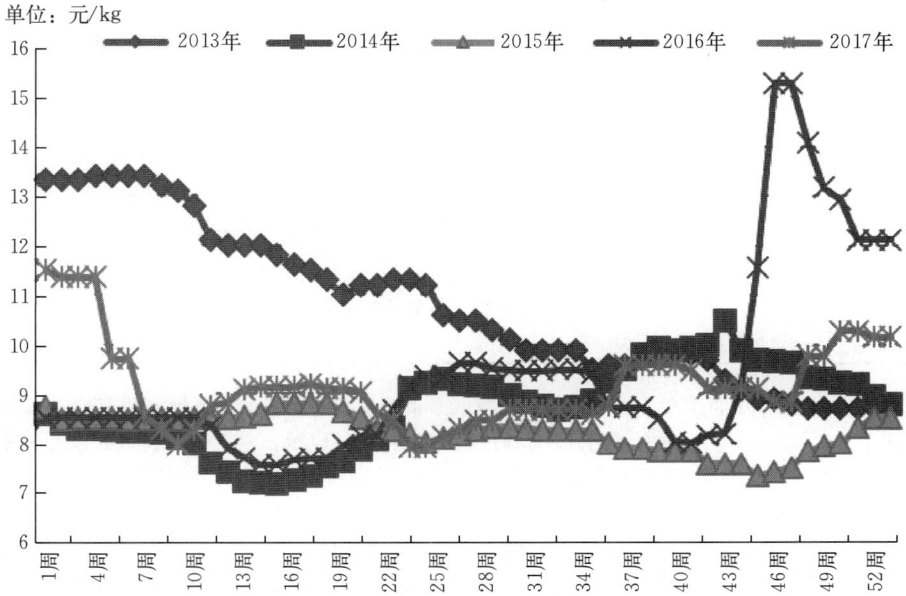

图 2－71　2013—2017 年国产 98.5% 赖氨酸国内价格走势

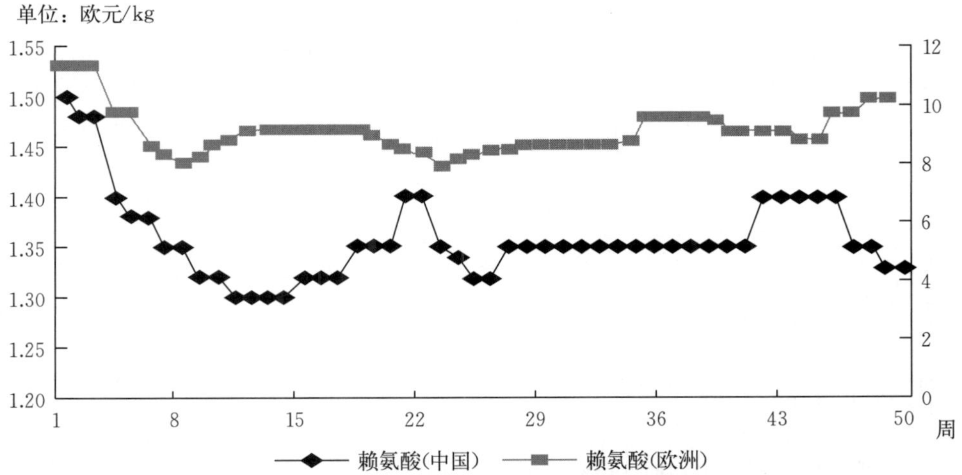

图 2－72　2017 年欧洲 98.5% 赖氨酸与国内 98.5% 赖氨酸价格走势对比

表 2－37　2017 年新建扩产发酵氨基酸项目

集团公司名称	类别	产能设计	地点
象屿集团	投建	以三支链氨基酸、色氨酸、苏氨酸为主要产品的 150 万 t 玉米深加工项目，预计 2019 年投产	黑龙江
阜丰集团	扩产	2017 年动工建设一期工程，年加工玉米 150 万 t，10 万 t 结晶糖及 10 万 t 苏氨酸，计划于 2018 年发展 10 万 t 赖氨酸及其他产品	黑龙江

（续）

集团公司名称	类别	产能设计	地点
万里润达	投建	150 万 t 玉米深加工项目；赖氨酸 20 万 t、苏氨酸 10 万 t、色氨酸 1 万 t、支链氨基酸 2 000t。预计 2018 年 11 月份投产	黑龙江
东玉集团	投建	最终年产 80 万 t 淀粉，年产 20 万 t 赖氨酸，年产 10 万 t 食品级变性淀粉，年产 10 万 t 苏氨酸及 10 万 t 淀粉糖	黑龙江
伊品集团	扩产	年加工玉米 90 万 t，生产 10 万 t L-苏氨酸、13 万 t 98.5% L-赖氨酸盐酸盐、17 万 t 饲料级 70%L-赖氨酸硫酸盐、玉米副产品 18.5 万 t、氨基酸单一蛋白饲料 11.4 万 t	黑龙江
天成集团	投建	年加工玉米 240 万 t，主要产品为淀粉、赖氨酸 20 万 t。L-苏氨酸 10 万 t、L-色氨酸 5 000t、生物尼龙、复合氨基酸、结晶葡萄糖等	吉林
梅花生物	投建	年产 40 万 t 氨基酸项目，30 万 t 赖氨酸、20 万 t 苏氨酸、10 万 t 海藻项目分三期建设，预计 2018 年 10 月一期投产	吉林或黑龙江
大成集团	投建	20 万 t 淀粉糖，6 万 t 麦芽糖，苏氨酸扩建项目，22.5 万 t 氨醇联产项目。预计 2018 年搬迁，2019 年投产	吉林

国内赖氨酸产能有再次提升的迹象。2017 年我国赖氨酸产能达到了 340 万 t，与 2016 年比出现大幅度的提升。经过 2014—2015 年的深度调整，2016 年部分小厂家纷纷被淘汰，2017 年我国对深加工企业采取补贴，在东北和西北玉米主产区提供优厚的政策，极大地刺激了赖氨酸厂家纷纷投产和投建。我国赖氨酸厂家为 12 家企业，产能集中度明显提升，其中大成、金玉米、成福、东晓的产能再扩大。全球产能规模达到了空前水平，设计产能近 500 万 t，从表 2-37 可以看出，预计到 2019 年，在现有产能基础上还有近 100 万 t 赖氨酸产能进入供应市场，从公开资料显示，主要来自我国的东北玉米主产区。从设计产能来看，厂家的规模也日趋提高，设计为 10 万 t 不再属于偏高产能。但无论是我国还是国际产能，都面临新的竞争格局产生，而原料成本下调，赖氨酸市场调整销售策略，含量低如 70% 和 65% 的赖氨酸销售量提升，刺激赖氨酸厂家的开工率有所提高。

（2）生猪存栏和能繁母猪存栏降幅缩窄，国内生猪市场进入转折重要节点。图 2-73 显示，据农业农

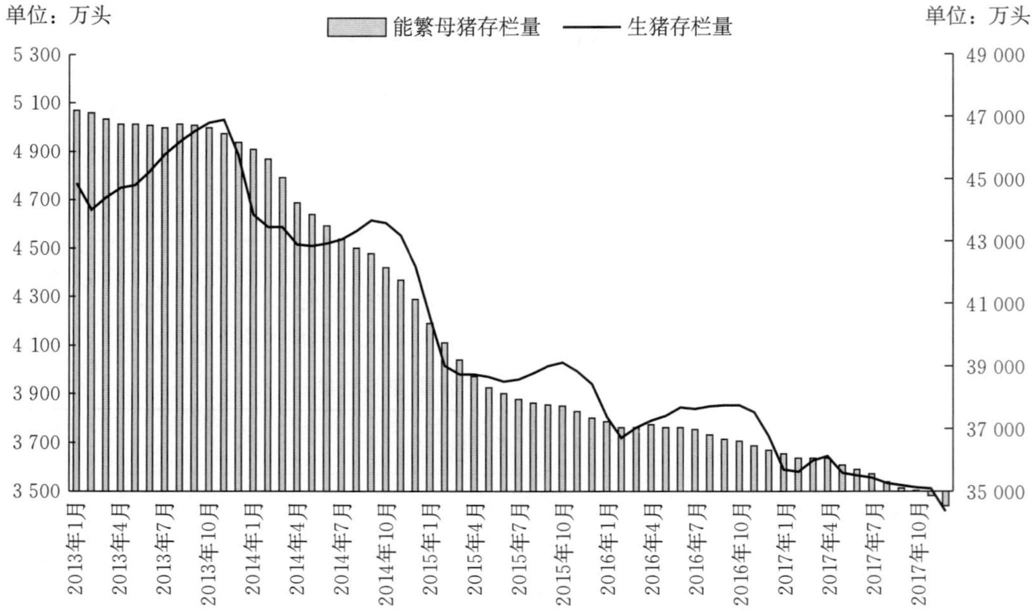

图 2-73　2013—2017 年我国生猪和能繁母猪存栏量对比

村部公布的我国生猪存栏的监测数据显示，2017年年底我国生猪存栏为34 356万头，同比下降了6.8%；能繁母猪存栏为3 441万头，同比下降了6.4%。从数据来看，2017年我国生猪存栏和能繁母猪存栏同比与2016年的同比均有所提高，但因2017年6月我国对监测点进行调整，规模养殖场的数量提升，从而部分数据会有大于市场预期。2017年我国生猪和能繁母猪存栏仍在下降的通道中，生猪出栏的体重相对偏高，110～130kg的出栏量占比较大。年出栏6.9亿头，同比增加0.5%。2017年，我国生猪出栏量提升，加上配合饲料的使用占比增加，全年生猪饲料继续提升，预计达到8%～10%的增幅。

(3) 出口优势明显，2017年赖氨酸出口继续创纪录。2017年，我国赖氨酸受深加工补贴政策等影响，出口总量同比提高了11.2%，月均出口创下历史新高。从出口国家来看，我国出口东南亚、南非地区还有东欧地区，2017年再次提升产能，部分新厂投产和扩产现象比较突出。其中我国梅花、伊品等厂家虽然受环保压力导致部分时间停产，但全年产量仍有所提升。全年即使受人民币升值的影响，但因我国赖氨酸出口优势明显，出口单价在国际市场上具有优势，从而刺激赖氨酸出口量创下历史纪录。

(4) 玉米进入下降通道，低位盘整降低赖氨酸生产成本，2017年我国玉米产量虽然再次回调，也是实行价补分离的第二年，但因近几年的庞大库存需要更多时间去消耗。2017年我国玉米总体供应量仍偏高，而消费的总量增幅有限，玉米供大于求的格局还没有转变。2017年赖氨酸因受生产成本下降和深加工补贴政策的刺激，赖氨酸厂家开工率大幅提升，赖氨酸的总体供应量增加，价格虽然与玉米均有不同幅度的下调，但深加工企业仍拥有可观的利润。

(5) 环保监管越来越严，2017年部分厂家受限。2015年以来，随着我国对环保要求越来越严格，赖氨酸生产厂家也成为国家环保重点监控的对象。在环保政策压力不断提升的背景下，赖氨酸生产企业的环保成本不断提高，部分企业停、减产现象时有发生。其中，宁夏伊品因臭气排放超标被限产，按要求增加的环保设施必须在9月底之前完成，县政府决定在没有完成治理设施前对其实行限产。12月9日，广东肇庆星湖生物科技股份有限公司发布公告，称公司属下的生物工程基地近日收到肇庆市环境保护局出具的《行政处罚决定书》（肇环罚字[2017] 173号），对公司属下的生物工程基地后勤中心的排污专管检修口废水超标排放的行为进行了处罚。这些日趋严格的环保压力，阶段性抑制了我国赖氨酸的价格向下走势。

4. 总结。玉米作为重要的赖氨酸生产原料，在2017年成为降低赖氨酸生产成本的主力，2017年赖氨酸产能再次释放，赖氨酸供应总量提升，出口市场的拉动作用明显。赖氨酸产品的小比例产品提升。总体来看，汇率、环保及相关产业政策等问题对赖氨酸市场形成深远影响。

二、蛋氨酸

2017年，在全球蛋氨酸供应宽松的背景下，家禽整体消费增速放缓，原油市场受地缘政治影响，价格虽然突破60美元/桶，但上涨动力不足，全年价格相对稳定，一定程度上稳定了蛋氨酸的成本。从近几年的价格走势来看，除了2014年和2015年经历过两次价格飙升外，2017年蛋氨酸价格维持相对平稳的价格走势。市场供应宽松，特别是中国蛋氨酸产能的释放，在主要供应地区的激烈竞争，导致价格难以出现大的涨跌。另外，2017年，我国家禽养殖需求低于预期，养殖效益下降，蛋禽养殖的模式和区域均发生改变，这些均导致2017年蛋氨酸的整体需求不理想，价格在区间内波动。

1. 2017年国内蛋氨酸市场回顾。

(1) 进口量分析。图2-74显示，据海关统计数据显示，2017年我国蛋氨酸进口继续小幅提升。我国累计进口蛋氨酸为17.5万t，继续创历史纪录，同比提高了4.6%，与近5年的均值比上涨了23.4%。但进口增幅有所下降。2016年我国蛋氨酸产能继续扩大，亚洲产量供应增多，全球蛋氨酸供应格局不断发生变化。全球蛋氨酸产能继续增加，其中我国新和成、诺伟司、日本住友均有产能预期在2018年投产。虽然我国从住友、赢创德固赛、安迪苏、希杰进口量均有所提升，我国重庆紫光天化的供应量提升有限，但由于浙江新和成蛋氨酸的投产，对进口市场形成一定的冲击。

图2-75显示，从单个月份来看，2017年，我国蛋氨酸各月份进口量略有差异，6月和10月的进口量相对偏低，进口量分别为10 027t和10 730.5t，进口高位是2017年的年初，进口量高达19 225.1t，同比进口量增加33%，也是近年来单月进口量最高的月份。从季度进口量对比来看，第一季度进口量最高，达到了4.9万t，第四季度进口量最低，为3.8万t。

2017年我国蛋氨酸的主要进口国有：新加坡(51 360t)、比利时(39 380t)、日本(32 347t)、马来西亚(34 145t)、法国(13 680t)、美国(800t)和德国(3 133.5t)。2017年我国从新加坡、比利时、马来西亚和德国的进口量继续提高。

进口量占比分别达到了29%、23%、20%、2%。其中新加坡、比利时和马来西亚进口占比分别上涨了3个、2个和5个百分点。从法国、日本和美国的进口量出现大幅下降，特别是从美国进口量从5%下降到0.005%（图2-76）。

图2-74　2013—2017年蛋氨酸累计进口量

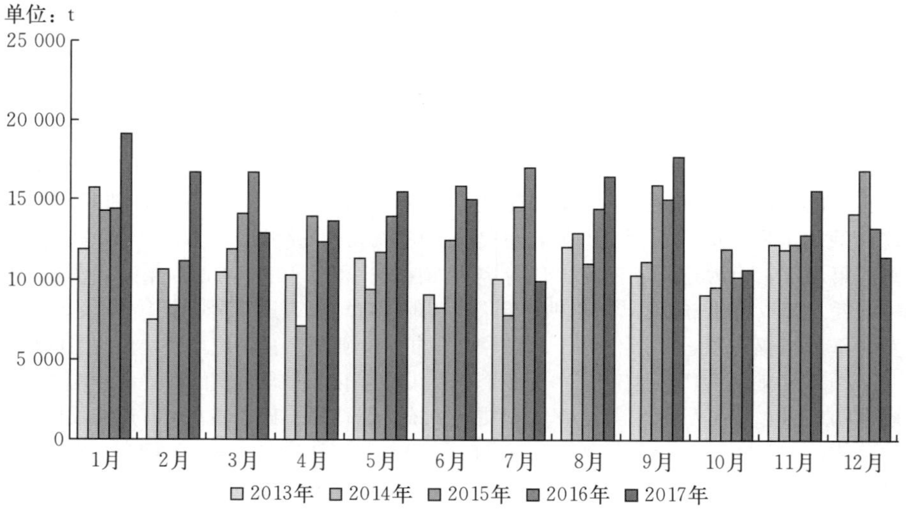

图2-75　2013—2017年各年度蛋氨酸月度进口量

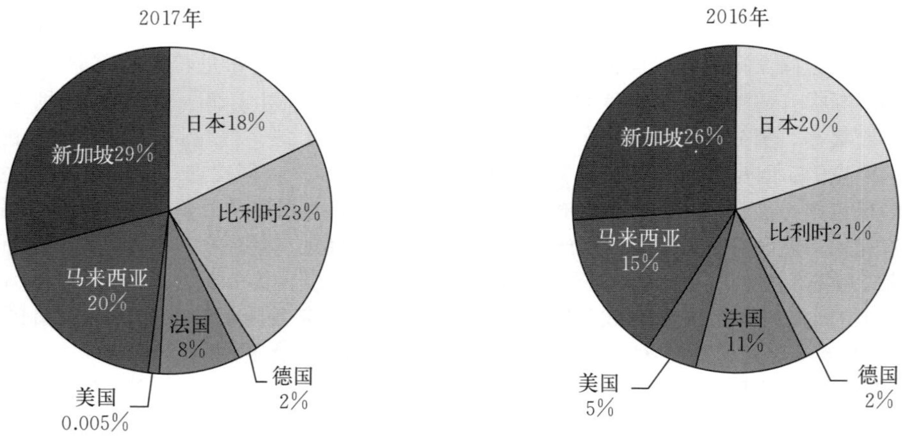

图2-76　2016年和2017年蛋氨酸进口国别统计对比

据统计数据显示，2017 年我国蛋氨酸进口量继续增加。从进口厂家来看，赢创德固赛的进口量占据主导，其次是安迪苏、住友和希杰。从进口厂家份额比例来看，赢创德固赛进口量占比没有变化，维持54%，而住友和安迪苏的进口量下降，希杰进口量占比增加至 20%，提高了 5 个百分点。图 2－77 显示，从蛋氨酸进口量来看，赢创德固赛进口量为94 673t，同比上涨了 4.1%；住友进口量为 32 347t，同比下降了 3.8%；安迪苏进口量为 13 680t，同比下降了2.2%；希杰进口量为 34 145t，同比上涨了 34.9%。安迪苏 4 月出现零进口的现象，之后的数月进口量虽然提升，但却处于偏低水平，远远低于年初的 3 040t 的年内高水平。

（2）蛋氨酸进口均价分析。图 2－78 显示，根据海关统计数据显示，2017 年我国蛋氨酸进口总额为 41 654.4 万美元，同比下降了 20.3%，进口均价为 2.4 美元/kg，同比下降了 23.6%，与近 5 年进口均值相比下降了 2.1%，2017 年进口均价呈下降趋势。全年进口均价低点出现在 6 月，为 1.9 美元/kg。10 月为年内的高点，为 2.7 美元/kg。进口蛋氨酸竞争激烈，人民币汇率升值压制了蛋氨酸的进口价格。

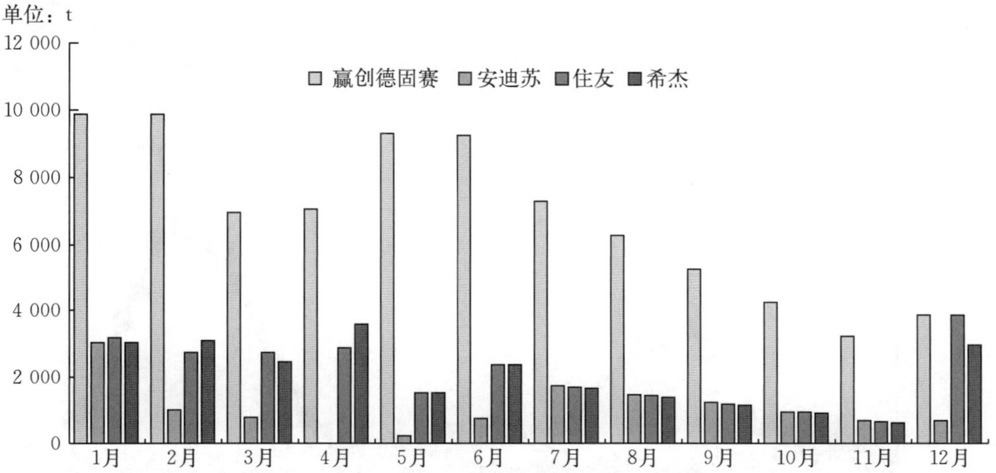

图 2－77　2017 年主流蛋氨酸品牌进口总量对比

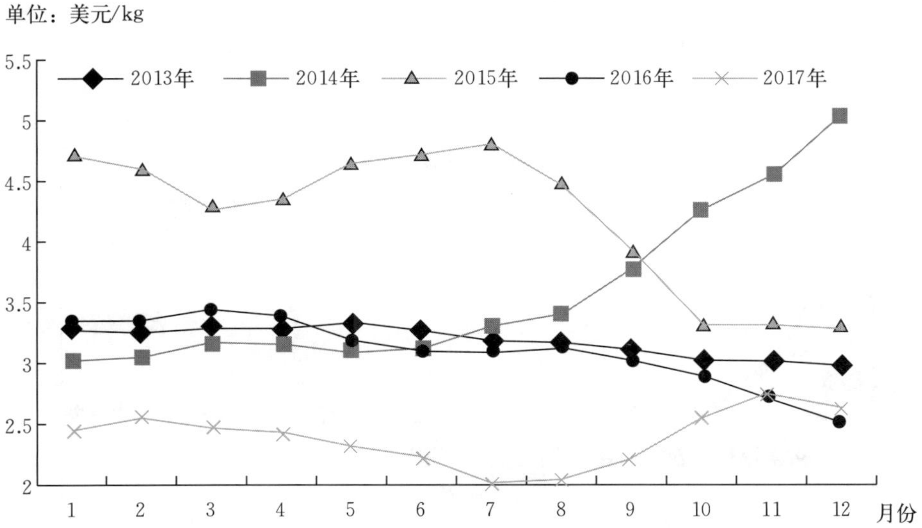

图 2－78　2013—2017 年蛋氨酸月度进口均价对比

（3）基本价格分析。

①国内市场价格分析。从近几年的价格走势来看，2016 和 2017 年价格仍在一定区间内运行。全球蛋氨酸产能继续扩张，蛋氨酸价格受到压制。图 2－79 显示，2017 年全年蛋氨酸均价为 22.8 元/kg，为近 5 年的价格低点。与 2016 年同比下降了 21.1%，

与近5年均值相比下降了37.2%。2016年国内蛋氨酸价格呈现V形走势。年初价格为26元/kg，为年内最高价格。国内采购价格下降，随着进口量下降，蛋氨酸震荡下调，年内低点是在5月下旬和6月上旬，国内饲料原料大幅下调，拖累蛋氨酸跟随下调。随着下半年需求提升，进口市场低迷的态势有所好转，蛋氨酸价格开始回升，截至12月月度均为22.6元/kg，基本为年内均价水平。但同比年初价格下调了12.9%，比年内的低价比上涨了13.4%。

②欧洲市场价格分析。从图2-80不难发现，欧洲蛋氨酸市场走势和国内蛋氨酸市场走势基本雷同。但从时间节点上来看，欧洲蛋氨酸价格一般会先于国内市场价格，价格启动要快，说明蛋氨酸市场仍以国际价格为主导。虽然近两年的整合竞争加剧，但国际市场的蛋氨酸特别是欧洲市场的影响因素比较大。2017年欧洲蛋氨酸全年均价为2.5欧元/kg，折算人民币后为21.6元/kg，同比下降了19.2%。在第三季度前，欧洲蛋氨酸相对稳定，随着环保力度不断加大，欧洲市场蛋氨酸供应相对稳定而中国市场的蛋氨酸需求提升，导致第四季度蛋氨酸价格大幅提升。最高上涨了2.8元/kg，与年初比上涨了12%，同比上涨了4%。

（4）市场行情影响因素。

①2017年蛋氨酸整体供应提升，压制价格走势。目前全球产能在171万t，其中赢创（34%）、安迪苏（24%）和诺伟司（18%）合计占总产能的76%，属于寡头垄断行业。2017年随着我国多家生产厂家进入蛋氨酸市场的生产，其中重庆紫光产能是10万t，2017年新和成5万t新增产能，届时全球产能将较

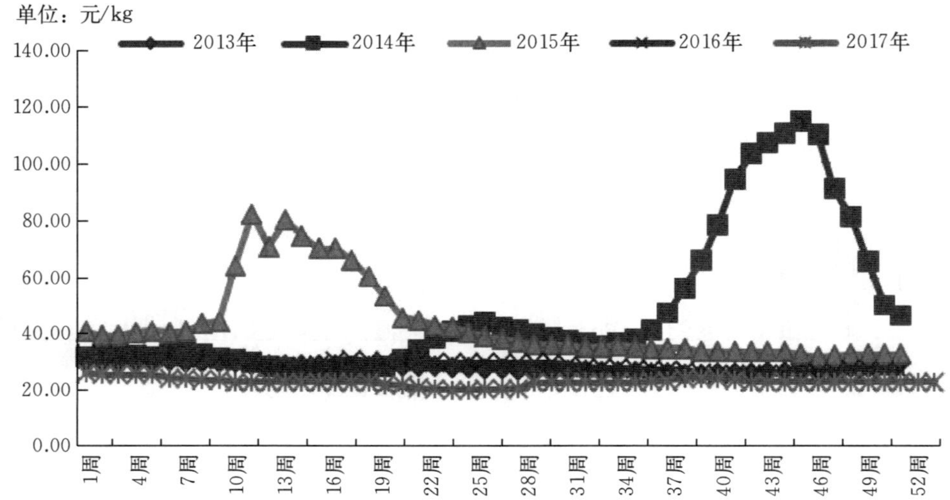

图2-79　2013—2017年蛋氨酸周度价格走势对照

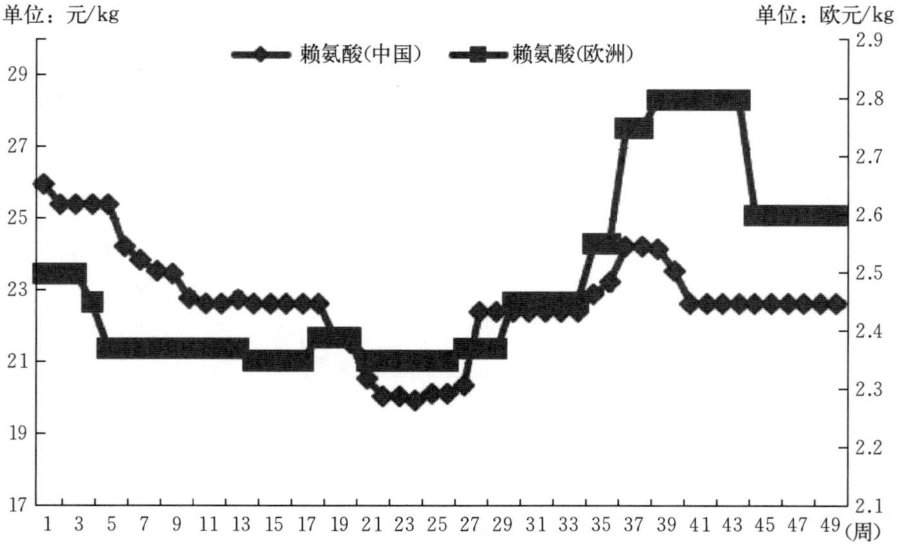

图2-80　2017年欧洲蛋氨酸与国内蛋氨酸周度价格走势对比

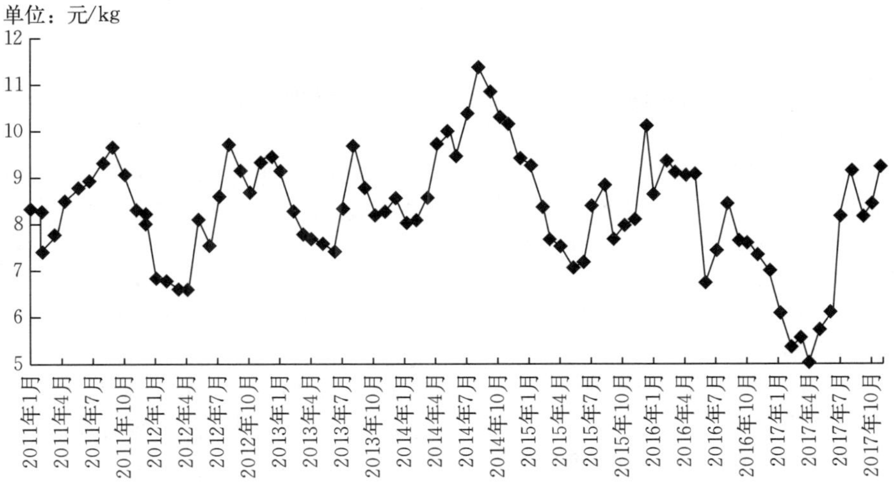

图 2-81　2011—2017 年产销区鸡蛋平均价格走势

2016 年增加 3%，预计我国供应量将增加 18.7%。另外据渝三峡 A 披露，宁夏紫光蛋氨酸产销量连年增长，预计 2017 年产量或达到 9.5 万 t，销量也将达到 9 万 t 的高位，较 2016 年度增长 38%。目前，国内市场主要品牌是赢创德固赛、希杰、住友、安迪苏、重庆紫光、新和成等主要厂家，我国蛋氨酸市场的供应压力与日俱增，品牌之间的竞价销售也更加激烈。

②鸡蛋价格跌破利润点，2017 年蛋禽饲料产量下降。2017 年，我国蛋禽消费市场季节性消费不明显，蛋禽市场供大于求的格局导致鸡蛋价格跌入 2011 年以来的低点，并创下近年来的新低。2017 年鸡蛋价格的低点出现在 5 月，价格为 5 元/kg，比年初下降了 17.2%，同比 2016 年下跌 29.2%。部分鸡蛋主产区价格更低于此水平。蛋禽养殖进入全面亏损，部分蛋禽养殖场提前淘汰蛋鸡。同时，我国的规模蛋禽场开始发力提升。但总体 2017 年蛋禽的存栏和养殖利润下降，拖累了蛋氨酸的需求总体低于预期（图 2-81）。

③环保压力继续施压氨基酸市场，蛋氨酸压力巨大。自 2016 年 1 月开始，历经两年的全国全覆盖环保督查，对各行各业均有不同程度的影响。发酵氨基酸在生产过程中的污水、废气、噪声等问题也备受关注。淘汰环保不达标的落后设备，提升排污标准，远离社区等各项要求越来越严格，对国内蛋氨酸厂家的生产有一定的压力，环保问题对我国氨基酸生产产生阶段性的影响。因此，在后期全球蛋氨酸厂家价格竞争背景下，环保是延缓价格过分、过快下跌的一大重要因素。

2. 2017 年蛋氨酸市场影响因素。

（1）新的蛋氨酸产能继续释放，国内蛋氨酸厂家竞争持续激烈。2017 年我国蛋氨酸市场已经到深度竞争阶段，蛋氨酸产能继续扩张。2017 年 11 月 10 日，诺伟司国际公司宣布在美国得克萨斯州的卡尔霍恩郡（Calhoun County）兴建新工厂，液蛋产能将提升 12 万 t，该项目最终协议将于 2018 年下半年通过，预计完工时间为 2020 年。住友化学在 11 月底宣布在新居滨市爱媛县的 2018 年秋季投产新蛋氨酸生产线，新生产线将增加蛋氨酸年生产能力 10 万 t。12 月 20 日，新和成公告称 49 亿元募资，扣除发行费用后将全部用于投资年产 25 万 t 蛋氨酸项目。安迪苏西班牙工厂液蛋产能将增加 5 万 t。预计 2019 年赢创德固赛新加坡工厂二期项目将新增产能 15 万 t。紫光三期项目或增加 10 万 t 产能。由此可见，未来 3 年内全球蛋氨酸产能将达到 261 万 t，较当前增长 54%。全球蛋氨酸各品牌间价格竞争将进入空前白热化阶段，而中国则是最大的“战场”，未来市场价格走势不容乐观。

（2）环保要求或空前严格，减缓蛋氨酸市场行情走弱。2017 年，我国继续加大环保力度，对环保不达标的企业继续加大处罚力度。我国蛋氨酸后期市场两大变数一个是环保问题，另外一个是疫情的发展情况。近两年疫情对蛋禽养殖的影响越来越大，随着信息化速度加大，消费主体对蛋禽市场的消费信息的获取渠道增多，对蛋禽消费市场预计会更加快速和全面。未来随着环保力度的加大，我国蛋禽市场将会继续加快调整力度，加速规模蛋禽养殖的发展。

（3）蛋价将持续走弱，利空蛋氨酸市场消费。蛋禽养殖规模不断扩大，蛋禽养殖的区域也发生转移，蛋禽去产能等各种因素叠加，预计 2018 年蛋价仍会有一定的波动空间，继续加速蛋禽市场的整合，同时，也要关注疫情对蛋禽市场的影响。另外，蛋禽有市场又受节日效应的影响比较大。

（4）企标改国标，饲料添加剂强制性国标发布将规范添加剂市场。2017 年 10 月首批 29 项饲料添加剂强制性国家标准发布，2018 年 5 月 1 日实施，其中对饲用维生素 E、维生素 K_3、维生素 B_6、烟酸、烟酰胺、维生素 D_3、蛋氨酸羟基类钙盐、磷酸氢钙等品种的旧国标进行修订。氯化胆碱、硫酸亚铁、L-赖氨酸盐酸盐等品种首度制定国标。由企业标准走向国家标准，表明我国饲料添加剂的使用将走上规范化之道路，在规范饲料行业生产经营秩序、提高产品质量和安全水平方面发挥着至关重要的作用。

3. 总结。2017 年，我国蛋氨酸市场在供应充裕并缺乏需求利好的背景下，全年蛋氨酸压力明显。在新投产和扩产的供应压力下，蛋氨酸价格基本维持相对偏低走势。

三、苏氨酸

我国是苏氨酸的生产大国，苏氨酸是继赖氨酸之后的必需氨基酸的主要生产和消费产品。目前，全球苏氨酸厂家主要集中在我国，全球苏氨酸产能主要集中在梅花、阜丰、伊品、成福、ADM、恩贝、希杰、国光等厂家。国际主要是味之素、希杰和赢创。2017 年全球苏氨酸产能为 85.5 万 t，同比提高了 3.12%，2017 年我国苏氨酸出口总量达到 39.1 万 t，同比 2016 年的 36 万 t，提高了 8.6%，出口市场继续成为拉动国内苏氨酸消费的主力，其中仍以梅花为主导，占据大部分出口市场。

2017 年苏氨酸市场价格在国内整体需求提振有限的背景下展开。出口市场拉动作用明显。2017 年苏氨酸价格波动率不大，全年苏氨酸均价区间在 9.4～13.7元/kg，价格区间明显上移，波动区间缩窄。但下半年随着我国出口市场船期延误，汇率变化导致苏氨酸在欧洲的销售价格上涨，从而推动国内苏氨酸价格上涨。12 月 9 日，肇庆星湖因废水处理问题受环保部门的处罚，国内厂家的报价整体上调。同时，欧盟认证对国际苏氨酸价格的影响也比较深远，2017 年 5 月中旬后，不再进口未通过注册的苏氨酸产品用于预混料，8 月 16 日后，不再进口未通过注册的苏氨酸产品用于食用动物饲料，这也是推升欧洲苏氨酸价格上涨的主要原因，也对国内市场的影响比较深远。

另外，国际市场格局发生巨大变化。8 月 3 日味之素与梅花大成饲用赖氨酸和苏氨酸的外包生产协议，未来味之素动物营养事业部计划 2018 年在全球市场销售梅花生产的上述产品，未来味之素可能采用专利授权＋定制生产＋全球销售的模式参与发酵类氨基酸市场的竞争。2017 年 2 月，伊品和希杰双方达成和解，希杰授权伊品使用其赖氨酸及苏氨酸菌种；6 月 29 日，大成生化科技与 Ajinomto 达成和解。

四、色氨酸

2017 年，全球色氨酸厂家主要集中在中国，其中包括梅花、巨龙、鲁抗、梦家园、丰原生物、大成、伊品、升华拜克。国外厂家主要是味之素、希杰、赢创。希杰在全球产量占据主导。国内是梅花、大成为主，其他厂家也有扩产增产现象。2017 年，色氨酸供应相对分散，消费主产区集中在欧洲；北美的消费量也有所提升，当地色氨酸厂家很少，中国是色氨酸的主要生产国。2017 年我国色氨酸产量为 1.03 万 t，同比下降了 35.6%。其中色氨酸出口为 8 800t，进口量3 700t。进出口量均有不同幅度增长。2017 年味之素延迟在美国投产计划，2017 年随着部分厂家退出色氨酸市场，色氨酸整体盈利相对偏好，希杰、味之素、阜丰、成福、厦门象屿、万里润达、天成等都有计划投产或者扩产。预计在 2018 年色氨酸的市场竞争压力加大。

2017 年色氨酸受供应集中度提升，一体化企业采购需求增加，色氨酸价格从第三季度开始继续上涨，最高上涨至 107 元/kg，与 2016 年同比上涨了 53.9%。在环保压力下，部分厂家停产或者限产，直接推升下半年色氨酸的走势。2017 年价格区间在 67～107 元/kg 波动，与 2016 年的 44～75 元/kg 的波动区间相比，基本跳涨一个量级。全年色氨酸出口拉动作用明显。

五、缬氨酸和精氨酸

2017 年，我国饲料级缬氨酸供应量约 3 000t，精氨酸的供应量与上年持平。主要来自希杰厂家供应。目前市场的缬氨酸和精氨酸主要以医药和食品级为主，饲料级占据不到 20%。近年来，随着饲料养殖一体化规模扩大，对缬氨酸的使用量在不断提升。精氨酸在仔猪和母猪中使用量开始增加，特别是精准饲养的一条龙企业。由于饲料级缬氨酸和精氨酸在饲料中使用还在推广阶段，厂家以终端销售为主、贸易商为辅，其价格差距比较大，有很大的采购空间。随着一体化的企业不断深入，对于畜禽生产效率、改善畜禽生产品质，提高生产性能等的关注度会持续提高，这对于缬氨酸、精氨酸、异亮氨酸、丙氨酸等小品种氨基酸的需求提升，这也成为提高生产效率的一个重要手段。2017 年饲料级缬氨酸的生产厂家主要有梅花、希杰、星湖、阜丰、晶海。精氨酸厂家包括星湖、阜丰和希杰。2017 年缬氨酸主要以希杰占据出口市场。

（王长梅）

饲料级维生素

2017年维生素市场受环保政策等影响，市场走势风云突变，饲料企业采购成本参差不齐，饲料消费节奏升级加速，供给侧结构性改革加快，饲料和养殖企业进入深度调整阶段。我国南方特别是维生素厂家集中的江苏、浙江等地，对水污染和空气污染严格查处，当地维生素厂家停产或者减产，刺激价格不断飙升。

2017年，我国维生素出口产品总量33.5万t，同比2016年的29.6万t，增长了13.2%。其中维生素B_1、维生素B_2、维生素B_6、维生素B_{12}、维生素C、维生素E出口均出现增长，而胆碱、维生素D_3和其他维生素的出口下降。而且因国内维生素价格大幅上涨，我国维生素的出口额度也出现不同幅度的提升。

2017年维生素总产量为127.4万t，同比增长了12.6%，其中饲料添加剂中维生素为115.7万t，同比增长了20.9%；混合型饲料添加剂中维生素为11.6万t，同比下降了49.1%。其中，氯化胆碱产量61.9万t，同比下降0.5%；维生素A 1.5万t，同比增长59.2%；维生素E 11.3万t，同比增长25.5%；维生素B_{12} 702t，同比增长116倍；维生素B_2 2 961t，同比下降了56.4%；维生素C 3万t，同比下降44.8%。

一、维生素A、维生素E

1. 维生素A、维生素E总体市场情况。 2017年中国维生素A产量为1.5万t，增长59.2%。维生素A全球产量2.5万t，同比下降了0.4%，主要是帝斯曼和浙江医药供应量下降。2017年中国维生素E产量11.3万t，同比增长25.5%。全球维生素E产量为7.8万t，同比增长17.3%，增量来自国内主要几个厂家包括浙江医药、新和成、特能科技和北沙制药。

2. 维生素A市场及进出口基本概况。 2017年，我国维生素A及其衍生物累计出口3 422 t（图2-82），同比增长了15.8%；出口金额为16 910万美元，同比上升了84.2%。维生素A主要出口的国家有德国（1 071.5 t）和美国（1 033.5 t），占出口总量的61.5%，同比下降了2.3个百分点。2017年我国维生素A及其衍生物累计进口1 305.6t，同比上涨了11.6%；进口金额为26 270万美元，同比提高了13.1倍。

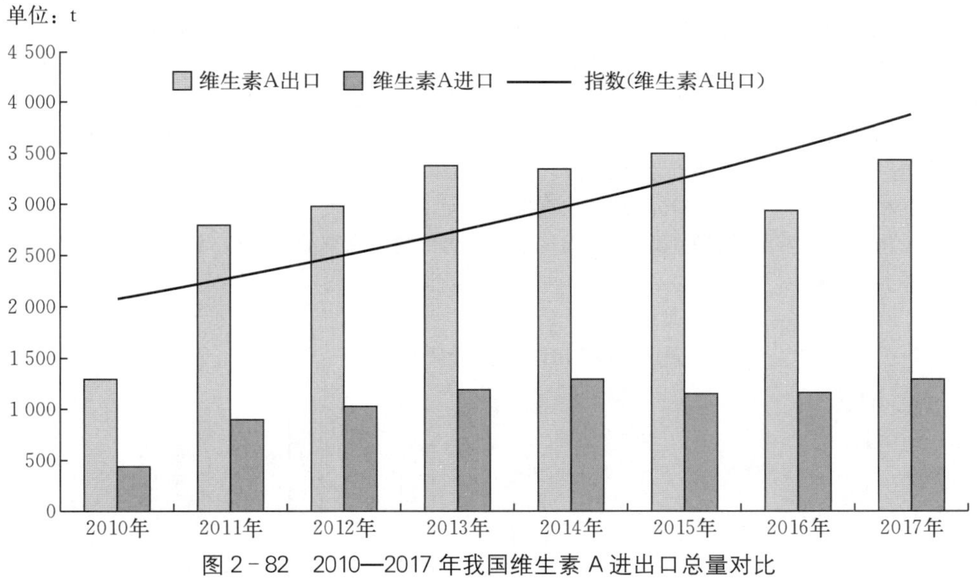

图2-82 2010—2017年我国维生素A进出口总量对比

全球主要生产维生素A的厂家有帝斯曼、巴斯夫、安迪苏、新和成、金达威、浙江医药6家生产企业，上述6家企业在市场占据主导地位。由于维生素A生产的主要原料β-紫罗兰酮及上游柠檬醛的生产企业高度集中在德国和日本，受近两年我国企业在上游原料的研发投入加大，生产柠檬醛的生产能力大幅提高，国际上维生素A的原料生产格局发生巨大变化。同时，浙江医药投资在昌海新区项目推进并调试完成。金达威在厦门投资了800t的维生素A油，200t的维生素D_3油项目，计划在2020年投产。另外，2017年5月，据美国Amyris公司和帝斯曼(DSM)宣布，Amyris与荷兰皇家帝斯曼达成协议，帝斯曼将对Amyris进行股权投资。同时，Amyris公司在维生素A和维生素E中间体方面的一些进展，在近两年引起了国内外相关领域企业的关注，据此前报道，Amyris与CJ（希杰）在2016年5月达成备忘录，Amyris会利用希杰在巴西的发酵工厂进行法尼烯批量生产，并且双方也会就研发和产品方面展开一定范围内的合作。

图2-83显示，2017年维生素A出口均价为49.4美元/kg，同比上涨了59.1%。2017年我国维生素A进口均价为27.4美元/kg，同比下降了19.1%。国内维生素A价格走势受环保压力，市场供应出现阶段性短缺，导致出口价格大幅提升。

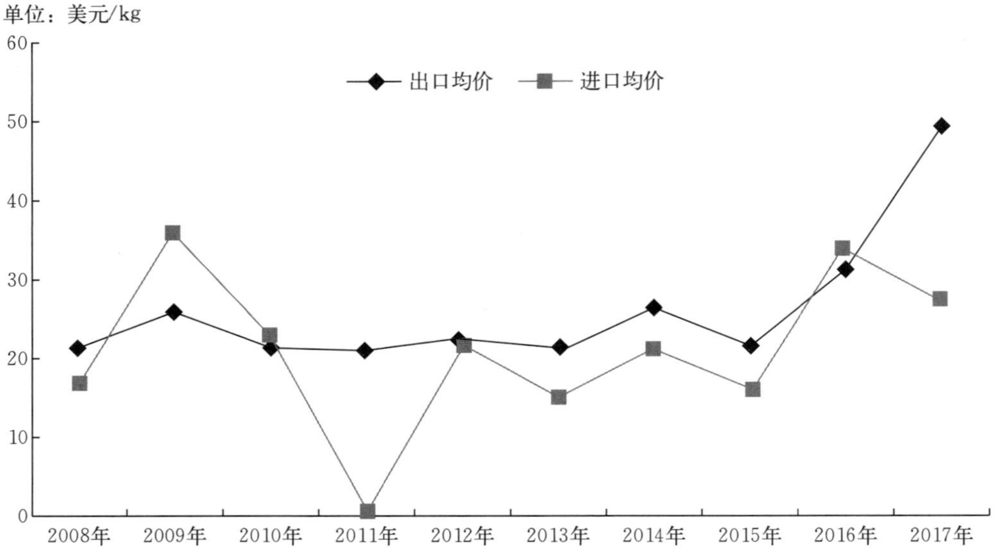

图2-83 2008—2017年我国维生素A进出口均价对比

3. 维生素E市场及进出口基本概况。2017年全球维生素E的主要生产厂家除了往年的帝斯曼、巴斯夫、新和成、浙江医药、北沙药业、海欣药业、冠福股份等，2017年新增加了特能科技。由于新进入厂家产能在2万t，对国内和国际市场仍有一定的冲击。10月，巴斯夫生产基地先后发生生产事故，其中在月底发生的事故中，对工厂造成严重破坏，直接导致维生素以及维生素上游原材料柠檬醛供应出现暂停。饲用维生素E的国内厂家主要是新和成和浙江医药，由于巴斯夫维生素E持续停产，2017年，维生素E的主要供应厂家集中在中国，对市场的主导力度作用加大。

2017年，我国维生素E及其衍生物累计出口68 784 t，同比增长了12.2%；出口金额46 060万美元，同比增长4.3%（图2-84）。我国维生素E主要出口的国家有美国（20 000 t）、德国（13 647t）、荷

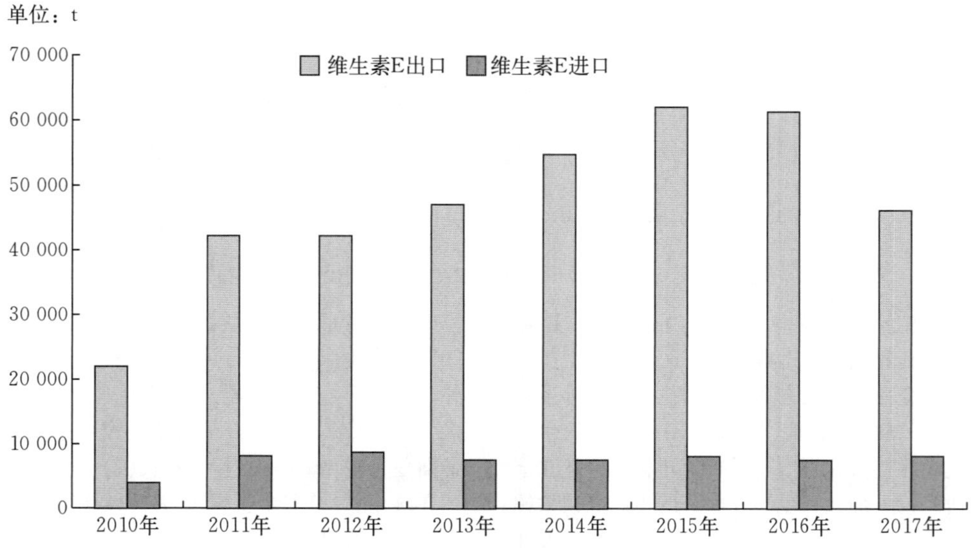

图2-84 2010—2017年我国维生素E进出口总量对比

兰（6 990 t）、日本（3 213 t）、加拿大（1 650 t）、泰国（2 218 t）、巴西（2 234 t）、越南（2 355 t），向上述几个国家出口的维生素E占总量的76%，同比下调了4.1个百分点。我国维生素E出口国家日趋分散。

2017年我国维生素E及其衍生物累计进口7 832t，同比下降了0.01%，基本与上年持平。进口金额为8 133万美元，同比下降了4.8%。2017年我国维生素E出口均价为14.9美元/kg，同比上涨了1.1倍；2017年我国维生素E的进口均价为9.6美元/kg，同比下降了13.1%（图2-85）。2017年我国维生素E的出口价格大幅提升，而进口价格小幅回落。

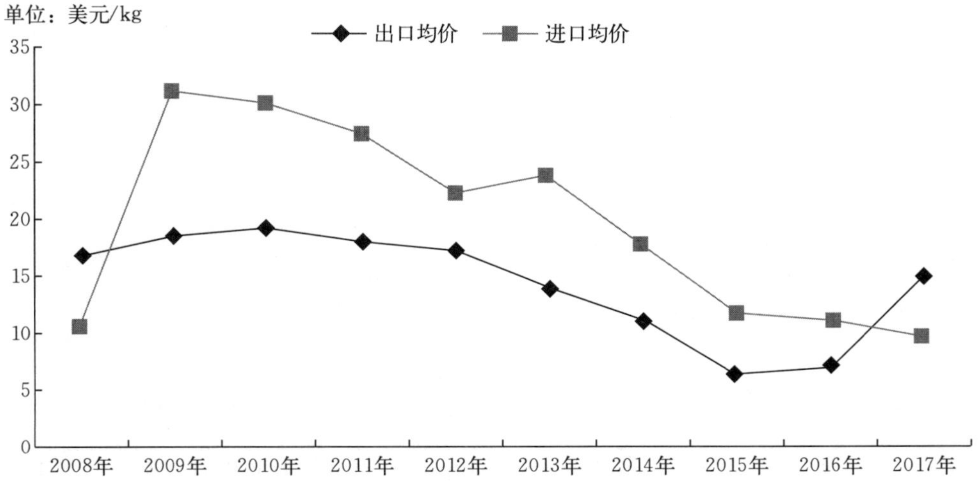

图2-85 2008—2017年我国维生素E进出口均价对比

4. 2017年维生素A和维生素E的价格走势。

（1）供应下降维生素A价格大幅飙升。2017年，我国维生素A的价格从8月开始启动，价格不断创下新高，并在年底达到了近年来的最高水平。年初维生素A市场均价为265元/kg，年内低点出现在6月底，价格为127.5元/kg，与年初比下跌了51.9%，下半年，随着需求提升，国内环保监管力度加大，维生素A的价格在8月开始启动，同时，第三季度也是维生素厂家停产检修季节，部分维生素A厂家陆续停产，加上环保趋严，10月初维生素A价格已上涨至550元/kg，与年初比上涨1倍多，与年内低点比上涨了3.3倍。10月后，因巴斯夫工厂爆炸，导致进口维生素A市场出现大幅下降，同时，生产维生素A的主要原料柠檬醛也受到影响，导致维生素A价格不断飙升，贸易商同时也囤货谨慎出货，截至年底，维生素A价格飙升至1 300元/kg，创下历史的高价。同比上涨了3.9倍，2017年维生素A的均价为377元/kg，与近5年均值比上涨了近98.4%，详见图2-86。

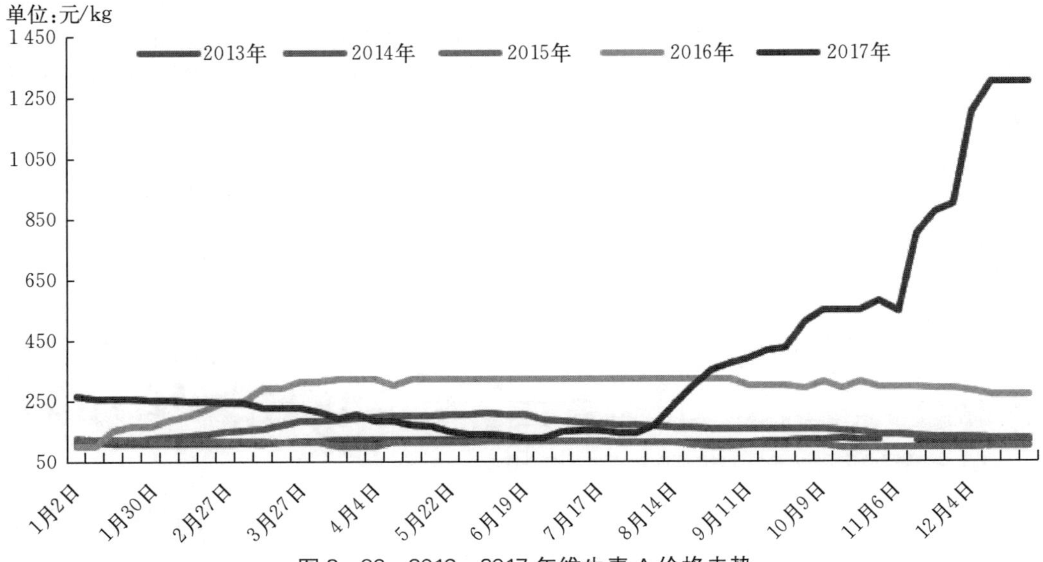

图2-86 2013—2017年维生素A价格走势

（2）维生素 E。图 2－87 显示，2017 年维生素 E 价格基本处于区间波动状态。从全年市场来看，2017 年我国维生素 E 均价处于下降趋势，价格为 59.1 元/kg，同比下跌了 19%，与近 5 年均值比下跌了 26.3%。维生素 E 生产工艺比较繁杂，很难有新企业进入市场，维生素 E 市场价格一般会在一定区间内运行。维生素 E 在年初价格为 73 元/kg，随着厂家竞争激烈，在巴斯夫工厂发生爆炸后，欧洲市场反应强烈，连续大幅跳涨，维生素 E 价格由 10 月初 4.3～4.5 欧元/kg涨至 7.5～8.5 欧元/kg，近于翻倍。国内厂家停报现提价意愿，市场看涨心态增强，部分经销商停报观望导致价格持续飙升。截至年底，维生素 E 价格为 125 元/kg，同比年初上涨了 71.2%，与年内低点比上涨了 2.7 倍。

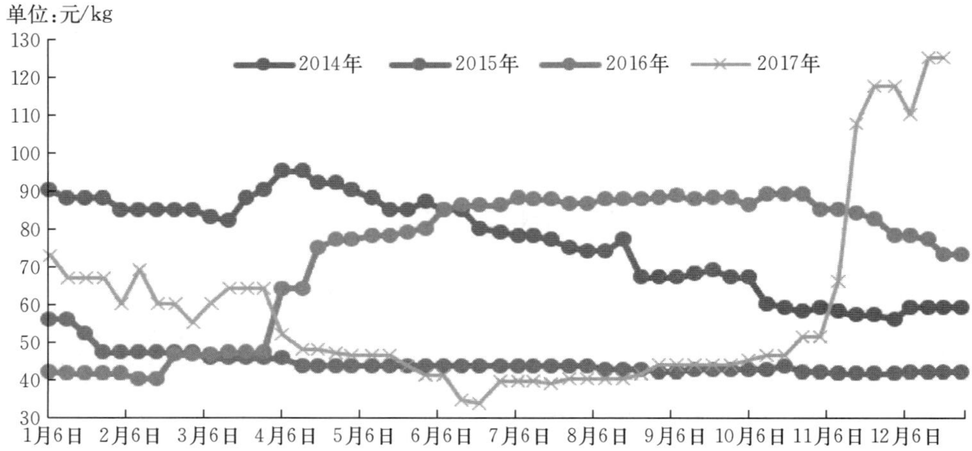

图 2－87　2014—2017 年维生素 E 价格走势

二、维生素 B_2

2017 年维生素 B_2 产量 2 961t，同比下降了 56.4%。全球维生素 B_2 产量 8 000t，同比增长了 1.2%。目前，国内主要生产企业有湖北广济、上海迪赛诺、宁夏启元、山东新发、山东恩贝等，国外主要生产企业有帝斯曼和巴斯夫。巴斯夫、帝斯曼、广济和海嘉诺占据主导，其他厂家为辅，由于价格居高，金玉米、神州生物有投产计划，同时，圣雪大成恢复生产，主要用于出口市场。

2017 年我国维生素 B_2 及其衍生物累计出口 2 739t，同比增长了 24.4%，出口金额为 8 871 万美元，同比上涨了 17.1%。2017 年，我国维生素 B_2 出口的主要国家为美国、荷兰、德国、越南、印度和印度尼西亚等。上述国家占据出口市场的 37.5%，与 2016 年比下降了 23.7 个百分点。2017 年，我国出口的国家更加分散，其他国家的占比有所提升。

2017 年，我国维生素 B_2 走势在前三季度相对稳定，第一季度价格在 225.5～270 元/kg，第二、第三季度因饲料养殖需求低于预期，维生素 B_2 的价格维持在 190～295 元/kg。前三季度维生素 B_2 价格波动最高达到了 55.3%。下半年受环保压力，维生素 B_2 的价格开始不断走高，年底价格上涨至 470 元/kg，同比上涨了 74.1%。全年均价为 287 元/kg，同比上

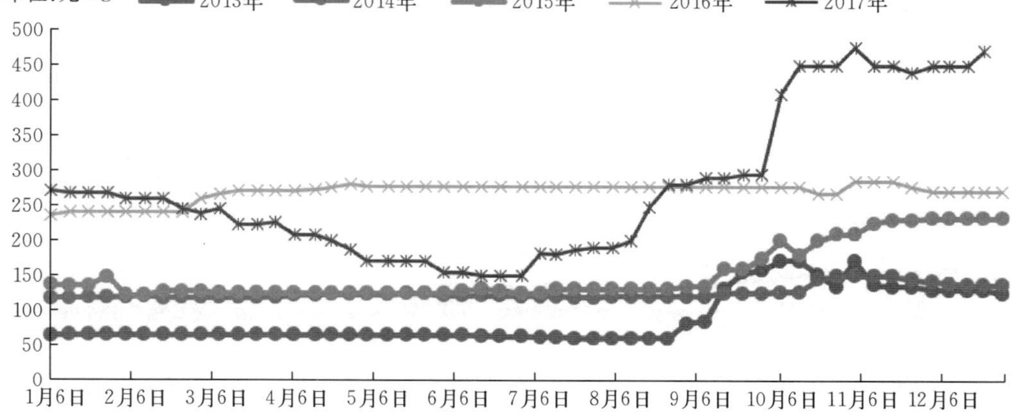

图 2－88　2013—2017 年维生素 B_2 价格走势

涨了0.3%，与5年均值比上涨了78.2%，近两年的环保对维生素 B_2 的价格上涨起到了主要推动作用。2017年，全球主要维生素 B_2 的生产厂家是帝斯曼和巴斯夫。国内维生素 B_2 的厂家比较多，主要集中在湖北广济、山东新发、山东恩贝、上海迪赛诺和宁夏启元等主要厂家（图2－88）。

三、维生素 D_3

2017年全球维生素 D_3 产能为1.1万t，我国以花园高科、金达威、新和成、台州海盛为主，我国维生素 D_3 的产量为4 800t，其中出口3 250t，国内供应为1 550t，无进口。国内需求为1 450t。图2－89显示，2017年，我国维生素 D_3 价格呈现一个右肩头的走势。上半年基本在区间内震荡。价格66～72.5元/kg，价格波动幅度为9.9%。下半年开始，新的环保压力继续加大，导致部分厂家停产改造，维生素 D_3 价格随之大幅上涨，为近5年以来的高点。年底价格上涨至540元/kg，同比上涨了6.5倍。由于受国内市场价格的飙升，刺激国际市场上的维生素 D_3 价格也不断上行。全年维生素 D_3 价格均价为273元/kg，同比5年均值上涨了1.3倍。维生素 D_3 出口国家主要是美国、德国、荷兰和法国。

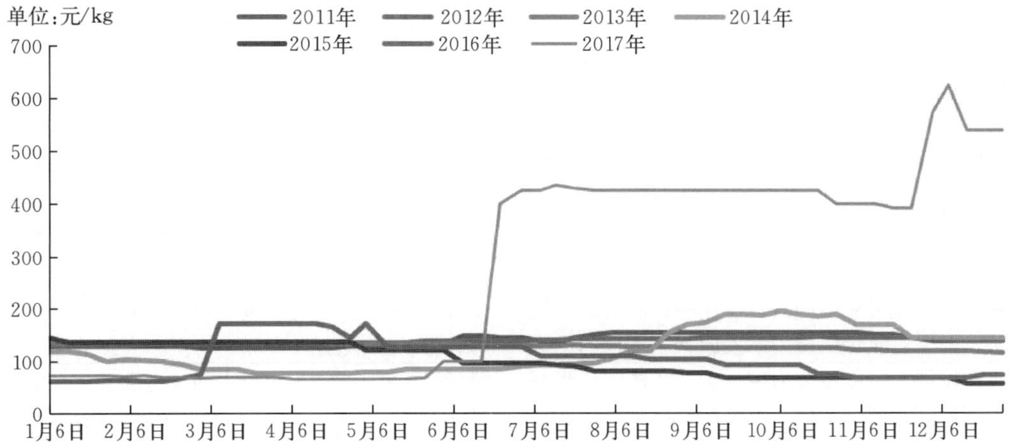

图2－89　2011—2017年国内维生素 D_3 价格走势

我国近两年维生素 D_3 的厂家有所更新，其中包括浙江花园、浙江新和成、厦门金达威、浙江医药、新维普、东营天润、台州海盛、陕西金冠及同辉等企业。国外的企业有帝斯曼、巴斯夫和印度 Fermenta。2017年维生素 D_3 多方供应格局局面仍存，浙江花园维生素 D_3 的主导市场日益明显，由于厂家众多，国内维生素 D_3 价格走势会受到多方制约。下半年，由于环保因素影响，维生素 D_3 价格不断创新高。同时，11月29日，印度 Fermenta 工厂着火，继续推升价格。

四、维生素 B_5（98%泛酸钙）

2017年，全球泛酸钙产量为2.5万t，需求为2万t，出口量1.4万t，中国泛酸钙产能达1.9万t。2016中国产量为1.6万t，国内供应量为3 600t，泛酸钙主要用到饲料中，近两年医药和食品的使用量也在逐渐提升。近两年，随着泛酸钙的环保压力加大，部分中小企业退出市场。市场主要以亿帆药业、新发药业和帝斯曼及巴斯夫为主。2017年第四季度江西兄弟科技开始小批量生产泛酸钙，年产能达5 000t。从6月到年底山东华晨持续停产，同时，亿帆药业和新发药业也受到环保影响，导致发酸钙价格不断飙升，维生素厂家不断提价，泛酸钙价格已经破千元。

2017年泛酸钙市场价格出现大幅飙升。从2016年开始，泛酸钙价格持续走高，后期虽然有所平稳，但价格维持高位。1～8月，泛酸钙价格220～280元/kg。从国内市场来看，8月后环保的压力也让泛酸钙厂家出现停产的现象，部分厂家限定无限期整改。泛酸钙在周环比不断上涨，上涨幅度最高达到1 000元/kg，第三季度价格均在800～880元/kg，虽然第四季度价格有所回调，但价格仍在340～380元/kg的区间内，仍远高于2016年的同期水平。

五、叶酸

2017年叶酸厂家主要为牛塘化工、新鸿医药、新发药业、浙江圣达、冀衡药业、天新药业、河北科泰、山东洪智等，环保压力导致部分企业停产或者需求合作。2017年叶酸厂家共计超过10家。2017年叶酸产量1 600t，出口1 240t，国内供应为360t，实际需求为300t。2017年国内叶酸市场格局仍处于分散状态，竞争相对激烈，出口主要集中在天新药业、牛塘化工、新鸿医药、浙江圣达、新发药业这5家企业，出口国家主要为荷兰、美国、德国，印度的占比也比较靠前。

叶酸生产厂家自从 2015 年调整后，大部分未达标的厂家退出和整改，2017 年生产叶酸的厂家主要有新发药业、江苏牛塘化工、江苏康瑞化工及河北冀衡药业等。从国内市场来看，2017 年叶酸理性回归后，生产厂家相对稳定，形成理性竞争，2017 年叶酸市场价格为 245.5～320 元/kg，下半年受其他维生素价格上涨带动，年底维生素价格上涨至 320 元/kg，与年初比上涨了 8.5%，与年底低点比上涨了 30.3%，这个涨幅也是维生素中上涨幅度最小的品种之一。

六、维生素 B_4（50%氯化胆碱）

2017 年，我国氯化胆碱产能仍是过剩，生产氯化胆碱的企业仍超过 20 家，在环保压力下，氯化胆碱生产厂家开工率明显不足，厂家主要集中在山东、江苏、河北。近 90%以上的出口来自邹平巨佳、奥克特、信诺、碧隆和特明科。2017 年氯化胆碱产量 61.9 万 t，同比下降 0.5%，出口量 57 万 t。2017 年由于环保原因，京津冀雾霾治理等相继展开，其上游原料环氧乙烷的供应量大幅下降，山东、河北等地区氯化胆碱价格大幅跳涨，同时，氯化胆碱的行业利润基本透明，未来对氯化胆碱中掌握原料主动权的厂家会得到快速发展，行业整合力度加大。我国氯化胆碱的主要生产厂家有邹平巨佳、奥克特、恩贝集团、汉威集团、河北碧隆、特明科等。

2017 年我国氯化胆碱的出口总量下降，但金额上升，价格上涨压制了国际市场的需求。累计出口 56 977.4 t，同比下降了 15.2%；出口金额7 108.6万美元，同比上涨了 12.1%。2017 年我国胆碱及其盐主要出口的国家有美国（7 993.9 t）加拿大（11 789.7t）、巴西（8 636.8t）、俄罗斯（3 758t）、土耳其（1 029t）、菲律宾（729.6t）、泰国（3 192.4t）、马来西亚（1 982.8t）、印度尼西亚（3 434t）、阿联酋（765.7t）等。海关数据显示，2017 年我国向美国、泰国及马来西亚出口的胆碱及其盐均较 2016 年同期有所增长，但加拿大、巴西、俄罗斯、土耳其、菲律宾、印度尼西亚、阿联酋等国家地区出口均出现不同幅度的下降，出口至上述国家的总量为 68.6%，同比上调了 5 个百分点。2017 年受胆碱价格上调影响，部分厂家纷纷下调出口数据。但胆碱在国际上仍占据主导地位，2017 年我国胆碱及其盐的进口量为 126t，同比下降了 17.6%。

2017 年，我国氯化胆碱市场与其他维生素市场走势基本雷同。8 月前都是相对平稳，之后随着环保压力加大，氯化胆碱厂家开工率不足，预计在 20%～30%。氯化胆碱价格震荡上行，中间一度出现回调，后期随着供应减少，再次大幅上涨。年底氯化胆碱价格为 14 500 元/t，同比上涨了 2.4 倍。全年氯化胆碱均值为 7 505 元/t，与近 5 年均值比上涨了 71%（图 2-90）。

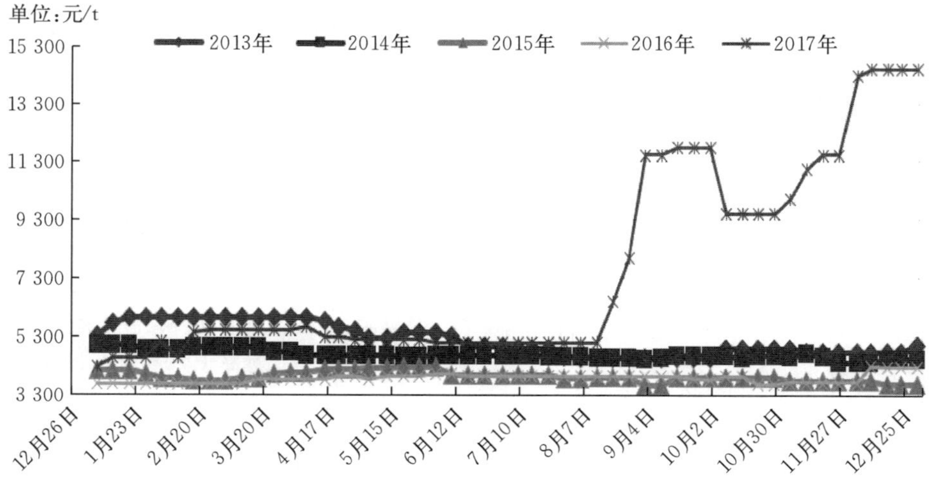

图 2-90　2013—2017 年氯化胆碱价格走势

七、维生素 B_1、维生素 B_6、维生素 B_{12}、维生素 K_3

1. 维生素 B_1。 2017 年全球市场维生素 B_1 产量主要集中在中国，产能在 9 870t，其中我国维生素产量 8 000t，维生素 B_1 出口总量为 6 988t，同比增长了 23.7%；出口金额 32 826 万美元，同比增加 48.4%。市场供应量 1 012t。维生素 B_1 产量中出口占据 87.4%，生产厂家主要集中在兄弟科技、华中医药、天新药业。外企以帝斯曼为主导，生产医药为主。出口国家主要是德国、美国、荷兰和印度。其原料为乙酰丁内酯和盐酸乙醚，占其成本 30%～40%。由于维生素 B_1 的价格大幅上涨，行业毛利率提升，市场有新进入者如新乡瑞诺药业和内蒙古天奈药业，

预计未来维生素 B_1 市场的竞争格局会有新的变化。

2. 维生素 B_6。 2017 年全球维生素 B_6 产能为 1.4 万 t，国内产量 6 300t，国内供应量为 1 200t，维生素 B_6 出口总量为 6 140t，同比增加 27.8%；出口金额 19 541 万美元，增加了 32.9%。2017 年维生素 B_6 生产厂家较多，主要集中在江西天新药业、华中药业、海嘉诺、帝斯曼、惠生药业、江西森泰等。2017 年下半年环保压力加大，维生素 B_6 的厂家竞争激烈，新进入者增加，但国内维生素 B_6 市场毛利率下降，厂家分散，天新药业的出口比例大，受帝斯曼新厂投产影响，未来出口市场有望继续扩大。

3. 维生素 B_{12}。 2017 年我国维生素 B_{12} 出口总量为 347.7t，同比增加了 4.7%；出口金额17 259.9万美元，同比上涨了 21%。具有生产能力的厂家为玉星生物、金维制药、河北华荣、威可达和安万特。维生素 B_{12} 主要用于生产医药级和饲料级产品。国内产能主要集中在这 5 个厂家。

4. 维生素 K_3。 2017 年，维生素 K_3 生产厂家主要为兄弟科技、陆良和平、威尼达、重庆民丰、山东华升和湖北振华等，国外厂家主要是土耳其 Oxyvit 和乌拉圭 Dirox，另外俄罗斯有一厂家投产但量很小。维生素 K_3 是以出口为主。2017 年全球维生素 K_3 产能 1.3 万 t，需求 5 700t，中国需求 1 400t。2017 年中国维生素 K_3 生产约 6 080t，出口 4 100t，国内供应1 980t。2017 年上半年因价格偏低，加上上游铬粉和进口铬矿价格上涨，导致上半年供应量下降。下半年虽然原料进口价格下调，国内以兄弟科技为主导的厂家积极适应市场，国内维生素 K_3 生产量提升，但维生素 K_3 价格仍维持高位。

5. 2017 年维生素 B_2、维生素 B_6 和维生素 K_3 价格。 2017 年可以定义为环保年。环保压力抑制了部分 B 族维生素的市场供应，8 月后，维生素 B_2、维生素 B_6 和维生素 K_3 均出现不同幅度涨幅。从上述 3 个品种来看，维生素 B_2、维生素 B_6 和维生素 K_3 分别从年初的均价 364 元/kg、230 元/kg 和 108 元/kg，分别上涨至年底的 364 元/kg、560 元/kg 和 145 元/kg，分别上涨了 74.1%、143.5%和 34.3%。维生素 B_2 价格是近几年的价格高点，其他两个品种的价格也处于偏高价位。

八、生物素（维生素 H）

我国生物素价格在 8 月中旬前，价格基本稳定在 65.5～75 元/kg。随着环保督查对生物素生产企业日趋严格，生物素价格不断上涨，截至年底生物素价格为 184 元/kg，与年初比上涨 1.5 倍。全年均价为 126 元/kg，与近 5 年均值比上涨了 38.5%。近年来，生物在国内生产技术日趋成熟，工艺不断完善，随着环保部门对生物素中间体环酸生产厂家的督查日趋加紧，导致生物素生产厂家的原料供应不断紧张而推升价格走高。

2017 年，我国生物素生产厂家主要包括浙江医药、浙江新和成、浙江圣达、海嘉诺、科兴集团、安徽泰格等。国外生产厂家以帝斯曼为主。2017 年中国生物素产量为 280t，出口为 230t，国内供给 50t，实际消费 35t（图 2 - 91）。

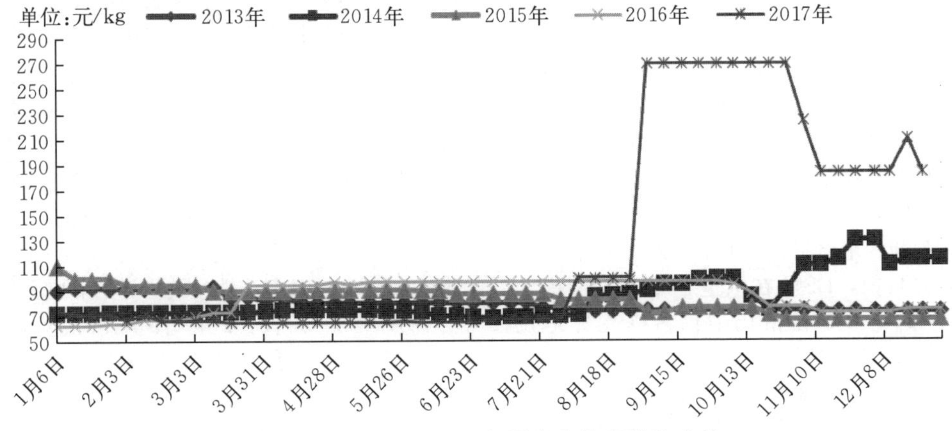

图 2 - 91　2013—2017 年国内生物素价格走势

九、烟酸与烟酰胺（维生素 PP）

2017 年全球烟酰胺产能为 11.4 万 t，其中国内产能高达 6.3 万 t，国外产能达 5 万 t。2017 年，我国烟酸与烟酰胺生产厂家众多，是处于产能释放阶段，厂家竞争激烈，是唯一在下半年价格没有上涨的维生素品种，年底因竞争激烈而出现价格回调的现象。2017 年烟酸与烟酰胺共有 9 个厂家，包括广东龙沙、山东泓达、安徽瑞邦、兄弟科技、兰博生物、四川威尼达、瑞士龙沙、印度吉友联、美国凡特鲁斯，龙沙、威尼达和兄弟科技主要以出口为主。2017 年全球产量为 6.7 万 t，我国产量达 2.6 万 t，饲用消费8 000t，国内供应1.8万t。

2017年2月20日凡特鲁斯发布公告，宣布从2017年4月1日起在欧洲上调烟酰胺报价至8.2美元/kg或7.7欧元/kg，在中国报价68元/kg。5月，山东省环境保护督查组陆续奔赴各地开展环境保护督查工作，首批5个督查组陆续进驻淄博、东营、潍坊、济宁、泰安、日照、莱芜、聊城、滨州、菏泽10个城市，开展为期1个月左右的环境保护工作督查。潍坊有吡啶厂家因环保限产、减产，烟酰胺上游原料市场变化再度引起关注。此后环保督查扩大到中国其他的省份，导致烟酸与烟酰胺价格从年初的60.5元/kg，上涨至78.5元/kg，同比上涨了29.8%。随着厂家供应提升，到年底价格回调至48.5元/kg，同比下降了19.8%，与年内高点比下降了38.2%。

十、维生素C

2017年，全球维生素C产能维持20万t，产量17万t，同比上涨6.2%。饲用维生素C产量3万t，同比下降44.8%。维生素C全年出口总量为148 795 t，同比2016年上涨了13.4%；出口总额为87 974万美元，同比上涨了1倍。全球维生素C主要供应商为帝斯曼、华北制药、东北制药、华药维尔康、江山制药以及鲁维制药等，还有部分小型厂家，我国是维生素C的生产和出口大国。华北制药因环保问题搬迁，处于停产时期，部分小企业加大开工力度。随着华北制药退出市场，出口市场山东鲁维和山东天力补充进来。2017年维生素C出口市场区域分散，传统的北美和欧洲份额下降，出口至东南亚和南美的比例提升。2017年生产维生素C的原粉厂家继续延伸产业链，进入市场竞争，通过完善产品销售渠道和新产品推送，有望推动维生素C未来格局的转变。特别是包括维生素C和维生素C磷酸酯等产品市场的集中度有进一步提升趋势。

在DSM收购江山制药后，维生素C市场格局变成，石家庄制药、东北制药、山东天力、华药维尔康及鲁维药业。目前，DSM在维生素C的份额提升，但国内维生素C市场在市场中仍占据主导地位。2017年，维生素C在环保监管的大环境下，国内需求和出口均出现量价齐增的态势，特别是出口市场的价格大幅提升。2017年维生素C全年出口总量为148 795.6 t，同比2016年的131 158t，上涨了13.4%；出口总额为87 974.1万美元，同比上涨104.1%。

2017年，我国维生素C从上半年开始就震荡上涨，从年初的50元/kg，上涨至年底的72.5元/kg，涨幅达45%。维生素C的原料山梨醇是从淀粉中经过化学工艺生产而来，2017年淀粉受玉米价格影响，相对偏低，低于2016年。而同时市场供应充裕，2017年维生素C的生产毛利率应该有所提高，这也刺激了部分小企业开工生产。2017年维生素C均价为65.18元/kg。

十一、小结

2017年，我国饲料结构调整继续深化，面对新常态，饲料养殖企业一体化加速，在此期间饲料养殖的结构调整会影响上游原料市场的供应，2018年的环保监管和国际出口市场的贸易摩擦仍会继续。但由于2017年部分维生素价格上涨过高，在需求和供应的作用下，会对价格起到抑制作用。从整体来看，环境问题有望在2018年和2019年这两年中获得实质性的解决，此后价格会理性回归。

（王长梅）

微量元素氨基酸螯合物的应用研究

微量元素氨基酸螯合物被称为第三代微量元素添加剂。我们收集及整理了2017年1月1日至12月31日在我国期刊上公开发表的有关微量元素氨基酸螯合物在家禽、养猪、生产中的应用研究文章，供研究、生产、应用者参考。

一、氨基酸螯合物在养猪生产中的应用研究

1. 氨基酸螯合物在仔猪生产中的应用研究

（1）甘氨酸铁对仔猪生长性能及血常规指标的影响。仔猪缺铁易出现缺铁性贫血，影响生长，甚至导致死亡，是养猪生产极关注的课题之一。

①甘氨酸铁对仔猪生长性能的影响。张文飞等选取12头（28±1）日龄“杜×长×大”断奶仔猪，根据体重、健康状况等均衡分布原则分为2组，每组6个重复，每个重复1头仔猪，单个饲养于消化代谢笼。实验旨在研究甘氨酸亚铁对断奶仔猪生长性能、铁表观消化率及血清铁相关指标的影响。实验分为2个阶段，第1阶段：2组均饲喂缺铁基础饲粮10d，使仔猪处于临近贫血状态；第2阶段：对照组在缺铁基础饲粮中额外添加100mg/kg的硫酸亚铁（以铁计），实验组额外添加100mg/kg的甘氨酸亚铁（以铁计），实验期10d。结果表明：与添加硫酸亚铁相比，饲粮添加甘氨酸亚铁降低仔猪料重比的趋势显著，降低了4.6%，但对仔猪的平均日增重、平均日采食量无显著影响；饲粮添加甘氨酸亚铁能显著降低粪中的铁排出量和铁排出总量，分别降低了23.1%和22.1%；饲粮添加甘氨酸亚铁能极显著提高铁表观消化率和表观代谢率，分别提高了13.3%和

22.4%；同时，饲粮添加甘氨酸亚铁能显著提高血清中的铁饱和度和血液中的铁含量。结论是，甘氨酸亚铁可提高断奶仔猪的生长性能。

②甘氨酸对仔猪血常规指标的影响。袁明贵等将24头仔猪（杜×长×大）随机分为4组，每组6头重复，实验正式期为28d。仅通过添加不同剂量的甘氨酸铁来改变饲料中铁元素含量，即实验的Ⅰ、Ⅱ、Ⅲ、Ⅳ组的每千克饲料中添加甘氨酸铁分别为30 mg、60 mg、90 mg和120 mg（以Fe计）。经过实验前后以及组间的血细胞参数分析，发现饲喂含有甘氨酸铁饲料前仔猪的红细胞分布宽度显著高于饲喂后仔猪；添加60mg/kg的甘氨酸铁仔猪的血红蛋白最高，红细胞分布宽度最低，红细胞总数、红细胞压积、红细胞平均体积偏高。结论：饲喂含有甘氨酸铁饲料前的仔猪处于缺铁状态，而日粮中添加60 mg/kg的甘氨酸铁可以明显预防仔猪贫血，并且提高仔猪免疫力。张文飞等报道：甘氨酸铁可提高仔猪血液铁含量，改善仔猪铁代谢状况，降低粪便铁排出量，是一种绿色高效的新型补铁剂。

（2）氨基酸铁和氨基酸锌对仔猪生长性能的影响。

①甘氨酸铁和甘氨酸锌对仔猪生长性能的影响。柯轲等选取204头（25±2）日龄和体质量（7.55±0.31）kg相近的健康三元（杜×长×大）杂交仔猪，随机分为对照组和实验Ⅰ组、实验Ⅱ组和实验Ⅲ组，每组3个重复，每重复17头，各组间质量均无显著差异。对照组仔猪饲喂110 mg/kg铁（硫酸亚铁）＋110mg/kg锌（硫酸锌）的基础日粮，实验Ⅰ组猪饲喂110mg/kg铁（硫酸亚铁）＋55mg/kg锌（硫酸锌）＋55mg/kg锌（甘氨酸锌）的基础日粮，实验Ⅱ组仔猪饲喂55mg/kg铁（硫酸亚铁）＋55mg/kg铁（甘氨酸铁）＋110mg/kg锌（硫酸锌）的基础日粮，实验Ⅲ仔猪饲喂55mg/kg铁（硫酸亚铁）＋55mg/kg铁（甘氨酸铁）＋55mg/kg锌（硫酸锌）＋55mg/kg锌（甘氨酸锌）的基础日粮。实验旨在研究以甘氨酸铁和甘氨酸锌螯合物部分替代无机铁和锌对断奶仔猪生长性能及日粮营养物质表观消化率的影响。结果表明：实验Ⅰ组和实验Ⅱ组白猪只的日采食量和末期体质量均显著高于对照组，实验Ⅰ组、实验Ⅱ组和实验Ⅲ组料重比较对照组分别降低2.3%、2.3%和5.9%；实验组粗蛋白（CP）的消化率显著高于对照组，实验Ⅲ组磷（P）的消化率显著高于对照组，实验Ⅰ组、实验Ⅱ组和实验Ⅲ组钙（Ca）的消化率显著高于对照组。

②羟基蛋氨酸铁和羟基蛋氨酸锌对仔猪生长及血液指标的影响。陈旭等选择28日龄的杜×长×大三元杂交早期断奶仔猪120头，随机分为两组，即实验组和对照组，每组60头，两组基础日粮相同。实验组预混料中的微量元素铁和锌采用羟基蛋氨酸螯合铁和锌，对照组预混料采用硫酸亚铁和硫酸锌。预混料中其他成分相同。结果表明，实验组日增重显著高于对照组，实验组日增重比对照组提高了6.8%。实验组饲料报酬比对照组提高了6%。实验组腹泻头次数比对照组低14.6%。实验组血液红细胞数量显著比对照组提高了10.4%。实验组血液血红蛋白含量显著高于对照组，实验组提高了11.3%。

2. 氨基酸螯合物在生长育肥猪生产中的应用研究。

（1）氨基酸螯合锌对生长育肥猪生长、肉质及抗氧化的影响。为了研究氨基酸螯合锌对生长育肥猪生长、肉质及抗氧化的影响，胡雄贵等选用初始体重（61.4±1.4）kg相近的长白阉公猪28头，随机分为4个处理组，每个处理组7个重复，每个重复1头猪，饲养期45d。对照组饲喂基础日粮（锌含量100mg/kg；无机锌），实验1、2、3组分别在日粮中添加40mg/kg、80mg/kg、120mg/kg锌（氨基酸螯合锌）。结果表明：①实验2组可显著提高猪的平均日增重和平均日采食量，实验3组可显著降低料重比。②与对照组相比，3个实验组均可显著提高瘦肉率、胴体斜长、45min肉色；实验2、3组的24h，pH显著提高。实验3组棕榈酸和硬脂酸含量均显著高于其他组；实验3组花生酸含量显著高于对照组和实验1组；各实验组花生一烯酸含量显著低于对照组；实验2、3组二十四碳一烯酸含量显著高于对照组和实验1组。添加氨基酸螯合锌可提高钠钾泵运转能力；肌肉中Mg、Ca和Cu含量随着氨基酸螯合锌添加量的提高呈峰值规律，分别在添加量为40mg/kg、80mg/kg、40mg/kg时达到峰值；锌含量随氨基酸螯合锌添加量的提高而升高，各组之间无显著性差异。③添加氨基酸螯合锌可提高肌肉和血清的抗氧化力能力，其中谷胱甘肽过氧化物酶（GSH-Px）活性逐渐提高；总抗氧化能力（TCA）以实验3组最高，且肌肉中实验组与对照组存在显著性差异，血清中抗氧化力实验2组和3组与对照组有显著差异；铜锌超氧化物歧化酶（Cu-ZnSOD）在肌肉中以实验1组最高，血清中以实验3组最高，但各组均无显著差异；丙二醛（MDA）在肌肉和血清中均以对照组最高，但各组均无显著差异。结论是：日粮中添加氨基酸螯合锌可提高育肥猪的生产性能，并能提高机体抗氧化能力和锌沉积效应。日粮中添加氨基酸螯合锌可提高育肥猪的屠宰性能，改善肌肉饱和脂肪酸含量，且对不饱和脂肪酸组成具有一定的影响，提高机体钠钾转运机能，加强Mg、Ca和Cu在肌肉中的沉积效率。

（2）小肽螯合铜、锌对生长育肥猪生产性能及生化指标的影响。为了研究日粮中小肽螯合铜锌对生长育肥猪生产性能、抗氧化能力和粪便中铜锌元素含量的影响，李少华等实验将152头健康状况良好、体重相近的28日龄长大断奶仔公猪随机分为2组，每组4个重复，每重复19头仔猪。实验分36～90日龄、91日龄至出栏两阶段进行。对照组饲喂基础日粮，实验组将基础日粮中的硫酸铜（$CuSO_4$）和硫酸锌（$ZnSO_4$）以小肽螯合铜和小肽螯合锌替代。36～90日龄阶段，对照组和实验组Cu含量分别为174.4mg/kg和75.6mg/kg，Zn含量分别为2 412.1mg/kg和522.9mg/kg；91日龄至出栏阶段，对照组和实验组Cu含量分别为134.4mg/kg和26.1mg/kg，Zn含量分别为1 156.5mg/kg和207.1mg/kg。结果表明：36～90日龄和91日龄至出栏两阶段，与对照组相比，实验组的期初体重、期末体重、平均日增重（ADG）、平均日采食量（AD-FI）、料肉比（F/G）、出栏重和成活率均无显著差异。36～90日龄阶段，与对照组相比，实验组血清中总抗氧化能力（T-AOC）、铜蓝蛋白（CP）含量、总超氧化物歧化酶（T-SOD）活性、铜锌超氧化物歧化酶（CuZn-SOD）活性、丙二醛（MDA）含量、谷胱甘肽过氧化物酶（GSH-Px）活性无显著变化；蛋白质羰基浓度显著降低。36～90日龄阶段，与对照组相比，实验组血清中总蛋白质（TP）、尿素氮（BUN）、血清白蛋白（ALB）含量和谷草转氨酶（AST）、碱性磷酸酶（AKP）活性无显著变化，但TP浓度有升高趋势，AKP活性有降低趋势；与对照组相比，实验组血清中谷丙转氨酶（ALT）活性显著降低。实验组的血清总氨基酸浓度高于对照组，特别是赖氨酸（Lys）、甲硫氨酸（Met）、苏氨酸（Thr）等限制性氨基酸的浓度有所升高。36～90日龄阶段，与对照组相比，实验组粪便中铜锌元素的含量极显著降低，分别减少32.2%和65.8%；91日龄至出栏阶段，实验组粪便中Cu元素含量极显著降低，Zn元素含量有降低趋势，分别减少63.3%和26.9%。说明以低剂量的小肽螯合铜和小肽螯合锌替代高剂量的硫酸盐源铜锌对生长育肥猪生产性能和健康状况无不良影响，但能显著降低粪便中铜锌的排放量。

3. 小肽螯合锌对种公猪精液品质及血液指标影响。为研究小肽螯合锌对种公猪精液品质及血液理化指标的影响，乔月建等实验选择18月龄健康杜洛克种公猪20头，随机分为4组，每组5头。对照组在日粮预混料中添加50 mg/kg锌（$ZnSO_4 \cdot H_2O$），实验Ⅰ组、实验Ⅱ组、实验Ⅲ组分别在日粮预混料中添加12.5 mg/kg，25 mg/kg，50 mg/kg锌（小肽螯合锌）。结果表明：实验Ⅰ组、实验Ⅱ组、实验Ⅲ组精液量均高于对照组；实验Ⅱ组精子密度显著高于对照组，精子活力显著高于实验Ⅰ组；精子畸形率随着小肽螯合锌添加量的增加呈降低趋势；生理指标除红细胞分布宽度实验Ⅱ组显著高于其他各组外，其他指标各组间差异不显著；生化指标中，除丙氨酸转氨酶活性实验Ⅱ组显著高于实验Ⅲ组外，其他指标各组间差异不显著。说明在种公猪的日粮中用小肽螯合锌替代无机锌可提高种公猪精液量、精子密度和精子活力，降低精子畸形率，从而提高种公猪的生产性能，同时在一定程度上降低贫血症状的发生，其中添加小肽螯合锌25mg/kg效果最好。

二、氨基酸螯合物在蛋鸡生产中的应用研究

1. 小肽螯合铁、铜、锰、锌复合添加剂对蛋鸡生产性能的影响。为了探讨低于常规预混料中无机微量元素添加量的小肽螯合铁、铜、锰、锌与纳米硒复合使用对蛋鸡生产性能、血清抗氧化指标、蛋黄中微量元素含量以及微量元素减排效果的影响，曲湘勇等选择225只50周龄、体重相近、健康的海兰褐壳蛋鸡，随机分为5组，每组5个重复，每个重复9只鸡。在基础饲粮中添加饲料级无机微量元素6mg/kg铜、75mg/kg铁、60mg/kg锌、60mg/kg锰、0.3 mg/kg硒，为无机组，实验组为70%有机组、60%有机组、50%有机组、40%有机组，其微量元素添加量分别为无机组的70%、60%、50%、40%。预试期10d，正试期42d。结果表明：①与无机组相比，60%有机组可显著提高产蛋率，并显著降低料蛋比，各组在蛋品质上无显著差异。②与无机组相比，70%有机组显著提高了血清谷胱甘肽过氧化物酶（GSH-Px）活性，有机组均显著提高了血清总抗氧化能力（T-AOC），70%和60%有机组显著降低了血清丙二醛（MDA）含量。③各组蛋黄中铜、锰、铁含量无显著差异；与无机组相比，60%有机组显著提高了蛋黄锌含量，而50%与40%有机组在显著提高蛋黄锌含量的同时，显著降低了硒含量。④有机组粪中铜、锰、锌的含量均显著低于无机组。⑤有机组血钙浓度显著高于对照组，60%和40%有机组血磷浓度显著高于对照组。⑥有机组血清中白蛋白（ALB）含量均显著增加，70%和60%有机组血清中总蛋白（TP）含量均显著增加，40%有机组提高了血清免疫球蛋白M（IgM）含量，40%和50%有机组显著降低了血清免疫球蛋白G（IgG）含量，各组血清免疫球蛋白A（IgA）含量无显著差异。综合考虑，为保证蛋鸡正常生产和生理功能，在50～56周龄，按常规预混料中无机微量元素添加量的60%添加小肽螯合铁、铜、锰、锌与纳米硒效果较好。

2. 小肽螯合铁和包膜酸化剂互作对蛋鸡生产性能的影响。为了研究包膜酸化剂和小肽螯合铁及其交

互作用对夏季产蛋高峰期蛋鸡生产性能、蛋黄中微量元素含量以及血清免疫和抗氧化指标的影响，罗玲等实验采用 2×4 双因子完全随机试验设计，其中饲粮中包膜酸化剂设 2 个添加水平，小肽螯合铁设 4 个添加水平。选用 576 只 38 周龄健康罗曼粉壳蛋鸡，随机分成 8 个组，每组 6 个重复，每个重复 12 只鸡。A、B、C 和 D 组饲粮分别在基础饲粮中添加 0mg/kg 包膜酸化剂以及 0（对照组）、0.04%、0.08% 和 0.12%小肽螯合铁（铁含量分别为 0、60 mg/kg、120 mg/kg 和 180 mg/kg）；E、F、G 和 H 组饲粮分别在基础饲粮中添加 300 mg/kg 包膜酸化剂以及 0、0.04%、0.08%和 0.12%的小肽螯合铁（铁含量分别为 0、60 mg/kg、120 mg/kg 和 180 mg/kg）。预试期 1 周，正试期 6 周。结果表明：①包膜酸化剂和小肽螯合铁及其交互作用对第 3 周和第 6 周蛋鸡的平均日采食量、产蛋率和料蛋比均无显著影响。G 组第 3 周和第 6 周的平均日采食量均显著高于对照组和 C、D 组；B 组第 6 周的产蛋率显著高于对照组和 D、E 组，且料蛋比显著低于 D 组。包膜酸化剂对第 3 周末蛋鸡的蛋重、第 6 周末的蛋黄指数和哈氏单位有显著影响；小肽螯合铁对第 6 周末的蛋黄指数有显著影响，小肽螯合铁和包膜酸化剂的交互作用对第 6 周末的蛋黄指数有极显著影响，对第 6 周末的哈氏单位有显著影响。第 3 周末，G 组的蛋重显著高于 B 组，G 和 H 组的蛋黄指数显著高于 C 组；第 6 周末，C、D 和 G 组的蛋重显著高于对照组，F 组的蛋黄指数显著高于 C、D 和 E 组，E、F 和 G 组的哈氏单位显著高于 D 组。②小肽螯合铁及包膜酸化剂和小肽螯合铁的交互作用对第 3 周和第 6 周末蛋鸡蛋黄中铁元素含量有极显著影响。B、C、D、F、G 和 H 组第 3 周和第 6 周末蛋黄中铁元素含量极显著高于对照组和 E 组，且 H 组第 3 周末蛋黄中铁元素含量显著高于 B 和 F 组；H 组第 3 周末蛋黄中锌元素含量显著高于 F 组，B 组第 6 周末蛋黄中锌元素含量显著高于 D 组。③包膜酸化剂对蛋鸡血清中总超氧化物歧化酶（T-SOD）活性有极显著影响，对血清丙二醛（MDA）含量有显著影响；包膜酸化剂和小肽螯合铁的交互作用对血清 T-SOD 活性有极显著影响。C 组血清免疫球蛋白 M（IgM）含量显著高于对照组，D、E、F、G 和 H 组血清 T-SOD 活性极显著高于对照组；B、F 和 G 组血清 MDA 含量显著低于对照组和 E 组。④小肽螯合铁对血清中钙、磷、铁含量有显著影响，包膜酸化剂和小肽螯合铁互作对血清中总胆固醇、钙、磷含量有显著影响。D 组血清碱性磷酸酶活性显著低于对照组，H 组血清中总胆固醇含量显著低于 B、C 组，并较对照组降低了 15.48%，B、F 组血清中钙含量显著高于 E 组，C 组血清中磷含量显著高于 E 组，C 组血清中铁含量显著高于对照组和 E、H 组。综合考虑，饲粮中单独添加 0.04%和 0.08%的小肽螯合铁或与 300mg/kg 包膜酸化剂复合添加均有利于维持和延长蛋鸡夏季的产蛋高峰期，改善蛋品质，增加蛋中铁元素的富集，增强机体抗氧化能力。

3. 羟基蛋氨酸螯合锌对产蛋后期蛋鸡生产性能的影响。为了研究日粮有机锌水平对产蛋后期蛋鸡生产性能、免疫功能和抗氧化指标的影响，刘凤霞等选取体重和产蛋率相近的 57 周龄海兰灰蛋鸡 960 只，随机分为 4 组，每组 8 个重复，每个重复 30 只。采用玉米—豆粕型基础日粮（基础日粮锌水平 35.1mg/kg）。实验期 16 周，其中预试期 2 周（57～58 周龄），各处理组均饲喂不补充锌的基础日粮；正试期 14 周（59～72 周龄），对照组在基础日粮中添加 80mg/kg 锌（硫酸锌），实验组分别在基础日粮中添加 20 mg/kg、40 mg/kg、80 mg/kg 锌（羟基蛋氨酸螯合锌，MHA-Zn），常规饲养管理。结果表明：①锌源和添加水平对蛋鸡的产蛋率、平均蛋重、平均日采食量、料蛋比等产蛋性能指标没有显著影响，但添加 40 mg/kg、80 mg/kg MHA-Zn 显著降低蛋鸡破蛋率；②各处理组血清免疫球蛋白 IgG 和 IgM 水平，新城疫病毒抗体水平无显著差异，但添加 40 mg/kg MHA-Zn 显著提高蛋鸡 H5 亚型禽流感病毒抗体水平；③有机锌与无机锌相比，具有显著提高机体抗氧化能力的优势，主要表现为提高蛋鸡血清和肝脏中铜锌—超氧化物歧化酶（Cu/Zn-SOD）活性和总抗氧化能力（T-AOC），降低丙二醛（MDA）含量。综上所述，建议产蛋后期蛋鸡日粮中 MHA-Zn 添加水平为 40 mg/kg。

4. 蛋鸡对饲粮中蛋氨酸锌的耐受性研究。为了探讨蛋鸡对饲用蛋氨酸锌的耐受剂量，陈娜娜等采用蛋鸡生产性能、组织病理学及血液学指标，实验采用单因子完全随机设计，选择健康且体重和产蛋率相近的 20 周龄海兰白蛋鸡 540 只，随机分成 6 个组，每个组 6 个重复，每个重复 15 只鸡。各组分别饲喂蛋氨酸锌添加水平为 0（对照）、70 mg/kg（有效剂量）、140 mg/kg（2 倍有效剂量）、350 mg/kg（5 倍有效剂量）、700 mg/kg（10 倍有效剂量）和1 400mg/kg（20 倍有效剂量）的实验饲粮。实验为期 8 周。结果显示：①与对照组相比，70mg/kg 组、140mg/kg 组日产蛋重和产蛋率显著提高，料蛋比显著降低；350mg/kg 组、700 mg/kg 组上述指标与对照组差异不显著；与 0～700mg/kg 组相比，1 400mg/kg 组日产蛋重和产蛋率极显著降低，料蛋比极显著提高。②饲粮中添加蛋氨酸锌对蛋鸡血液常规指标无显著影响。③与对照组相比，饲粮中添加70～700 mg/kg 蛋氨酸锌对蛋鸡血清生化指标无显著影响，但添加 1 400 mg/kg 蛋氨酸锌极显著提高了血清葡萄糖、尿酸、肌酐、总胆红素含量以及谷草转氨酶、碱性磷酸酶活性。④添加20倍推荐有效剂量（1 400 mg/kg）的蛋氨酸锌会引起主要器官组织的损伤和病变。结果提示，蛋鸡饲粮中蛋氨酸锌的耐受剂量为700mg/kg。

（王　安）

黏结剂

黏结剂主要用于加工颗粒饲料，以改善颗粒料品质（包括粉率、硬度、耐磨度）、增加生产效率及延长铸模寿命，并可减少饲料粉尘，保持颗粒颜色稳定，特别是水产鱼虾、鳖鳗等饵料需要提高其在水中不散、不沉的特性，从而减少养分流失。饲料用黏结剂特点主要有：对饲料中各种营养成分具有理想的黏着效果，保证营养全价；饲料在运输过程中不易破碎，粉尘少；容易生产制取，黏结剂本身就是动物的营养素，不妨碍饲料营养成分，不妨碍消化吸收；具有较高的化学稳定性和热稳定性，不与其他饲料成分发生不良化学反应；无毒、无不良异味，且有良好适口性和诱食性；用量少，易混合，成本低，能带来养殖经济效益。黏结剂的种类有很多，主要分类和特点见表2－38。

表2－38　黏结剂种类

分类	代表产品	特　点
天然类	树木分泌的胶汁（龙胶、瓜拉胶、果胶等）	易受pH、湿度、矿物盐等的影响，而降低黏度，故未得到广泛应用
	稀土、黏土型黏结剂（膨润土、陶土、钠土、凹凸棒等）	黏度较低，添加比例较大
	植物淀粉（小麦、玉米、木薯、马铃薯等淀粉或变性淀粉）	黏结力取决于淀粉类型和饲料加工设备及操作技术
	海藻类胶质（海藻酸钠、海带胶、琼脂等）	黏结力强，价格贵，多用于试验研究
人工合成类	羧甲基纤维素钠（CMC）	白色纤维状或颗粒状粉末，无臭、无味，有吸湿性，水溶液对热不稳定，其黏度随温度升高而降低。饲料用量不宜超过2%
	脲醛树脂	在冷、热、湿和化学腐蚀等苛刻的环境中稳定性均较高，且价格低廉，是颗粒饲料黏结剂中较好的备选材料。推荐用量0.5%
	木质素磺酸盐	不均匀的醚聚合物，暗褐色，固态物吸湿性强，颗粒状饲料成品中含量不超过4%
	聚丙烯酸钠	水溶性高分子化合物，有极强的增稠保水功能，水溶液黏度较高，黏度为CMC、海藻酸钠等的15～20倍，为食品级黏结剂

水产饲料中黏结剂的概念和畜禽有所不同。畜禽饲料中黏结剂的主要作用是提高制粒成型率和颗粒强度，减少粉尘，保护环模，延长环模的使用寿命。所以畜禽饲料中黏结剂并不重要，对黏结剂的性能要求较低，一般膨润土即可。而水产饲料中黏结剂的作用更加重要。鱼虾饲料中使用黏结剂是为了防止营养物质在水中的溶失，维持饲料颗粒在水中有一定的形态、大小、硬度，延长溃散时间，以保证鱼虾的正常摄食。α-淀粉是使用量最大的黏结剂。中国是全球最大的水产养殖国，随着水产养殖业的发展，α-淀粉的生产规模越来越大，全国现有生产企业50余家，主要有河南建杰实业有限公司，广西百色华侨实业有限责任公司淀粉厂，德清县康正面筋厂，广西隆安银丰淀粉有限公司，无锡泰花淀粉有限公司，浙江欣欣生化科技有限公司，广西武鸣泰源食品有限公司等。与α-淀粉等天然类黏结剂相比，人工合成黏结剂添加量少、成本低、效果好，已占据主流，被多数饲料生产厂家所接受，羧甲基纤维素钠（CMC）是其中的代表产品。我国CMC自1956年研制成功以来，经过几十年的发展，已形成一个由40多个骨干企业组成的行业，年产量达到5万t，主要生产企业有威怡化工（苏州）有限公司，赫克力士化工（江门）有限公司，江苏宜兴市通达化学有限公司等。水产养殖中使用黏土性饲料黏结剂可延长水产饲料在水中耐泡时间，且搬运时不易破损，并对预防鱼病，改善水质都有积极作用。稀土对动物具有明显的促生长作用，

特别是在哺乳、断奶仔猪方面的应用效果显著。

目前来看，我国的黏结剂生产能力较强，可为饲料业的生产提供充足的产品。

（武书庚　任　冰）

抗结块剂

抗结块剂也称流散剂，多系无水硅酸盐，颜色不一，比重较大，微小颗粒有流散性，除防止结块外，饲料中添加抗结块剂还可防止配料仓中结拱，有利于配料准确和饲料混合均匀。目前，国内批准使用的抗结块剂有亚铁氰化钾、硅铝酸钠、磷酸三钙、二氧化硅、微晶纤维素、硬脂酸镁、碳酸镁、滑石粉等，其中亚铁氰化钾在“绿色”标志的食品中禁用。应用较普遍的抗结块剂有二氧化硅及硅酸盐和天然矿物，如膨润土及其钠盐、球土、高岭土、硅藻土、某些黏土等，此外，常用的还有硬脂酸钙、硬脂酸钾、硬脂酸钠等。其中二氧化硅价低最为常用。各种抗结块剂在配合饲料中一般不超过2%。

中国南方地区气候潮湿，饲料极易结块，而南方广东、四川、江西、湖南等省份都是配合饲料和养殖业比较发达的地区，所以对抗结块剂的需求量大。国内生产饲用抗结块剂的厂家很多，代表企业见表2-39。

抗结块剂在生产中使用量较少，且非必需添加剂，因此，国内生产量完全可以满足饲料行业的需要。

（武书庚　任　冰）

表2-39　国内主要饲用抗结块剂生产厂家

企业名称	产品	生产能力（t/年）
青州恒旭化工有限公司	二氧化硅	4 000
重庆建峰工业集团有限公司	二氧化硅	20 000
齐河绿之源动物保健品有限公司	二氧化硅	1 500
寿光市宝特化工有限公司	二氧化硅	200 000
广州中琦硅业有限公司	二氧化硅	50 000
晋江富联化工有限公司	二氧化硅	25 000
江西兴鼎科技有限公司	硅铝酸钠	7 000
广州正和生物科技有限公司	二氧化硅、三氧化二铝	30 000
泗县天力生物科技有限公司	二氧化硅、三氧化二铝	2 000

乳化剂

油脂的消化吸收完成于动物肠道，在脂肪酶的作用下，分解成脂肪酸和甘油。因肠道脂肪酶分泌有限，且酶解反应是在水溶液中进行，因此，油脂只有在水溶状态下才能被脂肪酶分解。如在饲料中添加油脂、不添加乳化剂，油脂仅以颗粒状不均匀分散于肠道，加之饲料行业多使用混合油脂，饱和脂肪酸比例较高，油脂颗粒更大、不均匀，不利于畜禽的消化吸收。乳化剂是一种表面活性剂，其主要作用是乳化两种互不相溶液体中的一种，使其能均匀地分布于另一种液体中。

饲料中乳化剂的用途主要有：一是在高脂肪饲料中添加，可促进或加速肠道油脂乳化成乳糜微粒的过程，促进消化道吸收，提高饲料脂肪和能量的消化利用率，改善动物生产性能。二是在液体饲料（如各种幼龄动物的饲料）中添加，确保液体饲料中营养成分（尤其是脂溶性成分）的均匀分布；三是在采用喷涂液的饲料加工工艺中，可保证脂类物质在喷涂液中的均匀分布，增强雾化效果，提高喷涂质量。其中，尤以提高脂肪消化率为目的的研究最多，应用也最为普遍。

饲料工业上使用的乳化剂较多，主要有苷酯类、磷脂类、胆汁酸盐类、司盘（Span）、吐温（Tween）及甘油脂肪酸酯等。目前，动物饲料中作为乳化剂使用研究最多的是磷脂类（以卵磷脂为主）；商品乳化剂产品，为获得更好的乳化性能，通常为复合乳化剂（如美肥、超能等），因不同乳化剂间互相配合，加强了乳化剂对油脂的乳化能力。国内现有乳化剂生产企业（表2-40）百余家，产品用于饲料工业、食品工业等。

表 2-40　国内主要饲用乳化剂生产企业

企业名称	产品名称
九三集团北安大豆制品有限公司	大豆磷脂
广西渤海农业发展有限公司	大豆磷脂
中粮油脂（钦州）有限公司	大豆磷脂
厦门美尔吉生物科技公司	复合乳化剂“美能”
德清麦特生物有限公司	大豆磷脂
德清县天丰磷脂饲料厂	大豆磷脂
沧州海通生物饲料有限公司	大豆磷脂
潍坊康地恩生物科技有限公司	蔗糖脂肪酸酯、大豆磷脂
潍坊雷曼生物科技有限公司	复合乳化剂（乳能佳）
山东龙昌动物保健品有限公司	饲料级胆汁酸

（武书庚　任　冰）

抗氧化剂

饲料在加工、运输和贮藏过程中容易腐败变质，主要是因为饲料微生物污染和自体氧化。饲料中易氧化物质（不饱和油脂等）较多，如油脂酸败后产生的短链脂肪酸、过氧化物和羟等，具有苦涩味，影响饲料适口性，甚至产生有毒有害物质导致畜禽中毒。饲料中添加抗氧化剂，可以防止氧化酸败。随着肉类消费的攀升，人们更加关注饲料安全和动物健康，饲料抗氧化剂市场持续增长。2012—2018 年，全球动物饲料抗氧化剂市场年均复合增长率约 3.6%，价值 2.2 亿美元。

从地区来看，亚太地区消费了全球动物饲料抗氧化剂的 50%，其后是北美地区和欧洲。因亚太地区饲料产量大、气候偏潮湿，容易发生氧化反应，故抗氧化剂销售额和销售量均为增长最快的地区。

常用的抗氧化剂有：乙氧基喹啉、二丁基羟基甲苯（BHT）、丁基羟基茴香醚（BHA）、没食子酸丙酯（PC）和特丁基对苯酚（TBHQ）、茶多酚、维生素 E、L-抗坏血酸-6-棕榈酸酯、迷迭香提取物。乙氧基喹啉价格低廉、效果明显，常用作饲料抗氧化剂（表 2-41）。

表 2-41　国内主要饲用抗氧化剂生产企业情况

企业名称	产品名称
建明工业（珠海）有限公司	鲜灵、宝鲜
河南省瑞特利生物技术有限公司	乙氧基喹啉
无锡大江中盛生物科技有限公司	乙氧基喹啉、BHT
安徽天浩生物技术有限责任公司	乙氧基喹啉、BHT、BHA
泰兴瑞泰化工有限公司	乙氧基喹啉、BHT、BHA
厦门牡丹饲料科技发展有限公司	乙氧基喹啉
广州立达尔生物科技股份有限公司	乙氧基喹啉、BHT
上海天昌饲料科技有限公司	乙氧基喹啉、BHT
泰州市丰润生物科技有限公司	乙氧基喹啉、BHT
北京昕地美饲料科技有限公司	乙氧基喹啉
广东瑞生科技有限公司	乙氧基喹啉、PC
诺伟司饲料添加剂（上海）有限公司	乙氧基喹啉、BHT、PC

（武书庚　任　冰）

防霉剂

饲料中含有丰富的蛋白质、淀粉、维生素等营养成分，在温、湿度合适的环境下，易为微生物的繁殖提供支撑，从而腐败霉变，首先表现为饲料温度升高。霉变会影响饲料适口性、导致动物免疫抑制、影响动物生产性能，甚至造成畜禽中毒死亡。因此，饲料防霉保鲜技术的开发和应用极为重要，饲料中添加防霉剂具有抑菌杀菌能力，能不同程度地抑制微生物的活动，延缓饲料升温。

常用的防霉剂（表2－42）有有机酸（丙酸、山梨酸、苯甲酸、乙酸、脱氢醋酸和富马酸等）、有机酸盐及其酯〔丙酸盐、山梨酸钠（钾）、苯甲酸钠和富马酸二甲酯等〕和复合防霉剂三大类。有机酸类防霉效果较好，但腐蚀性强；有机酸盐或酯防霉效果不如有机酸类，但腐蚀性小；复合防霉剂主要有万香保（由丙酸铵、乙酸、富马酸、山梨酸等多种有机酸组成）、克霉霸（由丙酸、乙酸、苯甲酸、氯化钠、磷酸钙等组成），以及“克霉灵”“克霉净”和“霉敌101”等。复合防霉剂是目前国际上防霉剂使用的发展趋势（表2－43）。

表2－42　常见防霉剂介绍

产品名称	特　　点
安息香酸钠	白色颗粒或结晶性粉末，稍带安息香的气味。味微甜而有收敛性，空气中稳定，易溶于水。推荐用量0.1%～0.2%
山梨酸钾	无色或白色的鳞片状结晶或结晶性粉末。无臭或稍有臭气。空气中不稳定，易被氧化着色，有吸湿性，易溶于水。可抑制有害霉菌生长，不影响有益微生物
丙酸钙	近白色或微黄色粉末或粉粒。易溶于水，有丙酸特异气味。可抑制霉菌、细菌及酵母菌的生长，并可作饲料钙的补充剂。推荐剂量0.3%～0.7%
安亦妥	灰白色粉末，表面积大，吸附力强，无异味。能吸附大分子细菌、霉菌毒素等，预防（0.03%～0.05%）、治疗（0.1%～0.15%）霉变饲料导致的霉菌毒素中毒

表2－43　国内防霉剂主要生产企业

企业名称	产品名称
潍坊加易加生物科技有限公司	丙酸钙
河南省瑞特利生物技术有限公司	丙酸
四川爱客信生物科技股份有限公司	丙酸、丙酸铵、苯甲酸
上海曙灿实业有限公司	丙酸、富马酸、双乙酸钠
齐河绿之源动物保健品有限公司	双乙酸钠、丙酸、丙酸钙
鹤山市南华动物药业有限公司	丙酸
济南品佳科技发展有限公司	丙酸、丙酸钙
江西兴鼎科技有限公司	丙酸钙
生物源生物技术（深圳）有限公司	丙酸钠、山梨酸钾
厦门牡丹饲料科技发展有限公司	丙酸、丙酸钙
广州立达尔生物科技股份有限公司	丙酸钙
北京大北农科技集团股份有限公司	山梨酸、富马酸、柠檬酸
安徽天浩生物技术有限责任公司	双乙酸钠、丙酸钙
诺伟司饲料添加剂（上海）有限公司	甲酸、甲酸铵、丙酸、丙酸铵、乳酸

（武书庚　任　冰）

酸度调节剂

酸度调节剂亦称 pH 调节剂，用以维持或改变饲料、食品酸碱度的物质。酸度调节剂分单一和复合酸度调节剂，后者能迅速调整饲料 pH，保持良好的缓冲值和性能，添加成本较低，生产、销售和应用也较多。不同酸度调节剂间往往有协同作用，如较高浓度的乳酸能增强醋酸对大肠杆菌的毒性作用，将不同酸度调节剂按比例复合使用，酸化能力和预防疾病的效果更好，优化复合体系是饲料酸度调节剂发展的一种趋势。

柠檬酸是酸度调节剂中的主要品种，约占总耗量的 2/3，生产厂家较多（表 2-44）。2017 年柠檬酸行业蓬勃发展，价格上半年呈“一字型”高位震荡，1～8 月，一水柠檬酸出厂自提均价参考 6 800～7 100 元/t，同比上涨超过 30%；第三季度开始下滑直至年底，9～12 月，一水柠檬酸出厂自提均价参考5 600～6 600 元/t；9 月和 10 月同比仍有上涨，11 月已跌破 2016 年同期价位。无水柠檬酸出厂自提均价参考 6 200～7 225 元/t。

乳酸是目前国家政策优先扶持和重点发展的产品，乳酸生产技术创新后劲足，品牌在国际上的知名度迅速提升。20 世纪 80 年代，我国约有 50 多家小乳酸厂，随着市场竞争加大，逐渐淘汰至 10 家左右，年产能约 20 万 t。近年来，随着聚乳酸生产技术的进步及下游应用领域开拓所带来的巨大市场空间，业内企业及新进入者开始看好乳酸行业未来发展前景，先后投资建厂以扩大产能，目前，国内乳酸产能（含在建及新投产）约 26 万 t。国内主要生产厂家有：安徽中粮生化格拉特乳酸有限公司、山东百盛生物科技有限公司、浙江海正生物材料股份有限公司、上海东亚橡胶厂、郸城金丹乳酸实业有限公司、湖南生物化工厂、常德乳酸厂、湖南安化乳酸厂等。

磷酸、碳酸钠等酸度调节剂在国内产量也十分充足，完全可满足饲料工业的生产需要。

表 2-44 柠檬酸主要生产厂家产能

厂家名称	产能（万 t/年）
潍坊英轩实业有限公司	50～60
山东柠檬生化有限公司	25
日照金禾生化集团有限公司	25
宜兴协联生物化学有限公司	20
莱芜泰禾生化有限公司	15
中粮生物化学（安徽）有限公司	15

（武书庚　任　冰）

药物饲料添加剂

兽药作为畜牧业几大支柱产业之一，对保证畜牧业的健康发展和提高人民生活水平有非常重要的意义。可以说没有兽药的现代化，就很难实现畜牧业的现代化，很难生产出高产量、高品质的畜禽和水产产品。改革开放以来，随着我国畜牧业的迅猛发展，我国兽药工业从无到有，从小到大，得到前所未有的发展，为保障我国畜牧业、水产业甚至宠物业的持续健康发展做出了重大贡献。当然，在发展的过程中也存在以下问题：一是兽药生产企业数量虽多，但规模小，以内向型为主，国际竞争能力弱；二是企业生产管理不够规范，产品质量有待提高；三是产品以仿制为主，一类新药数量少；四是不同动物用药发展不平衡，宠物、水产及少数动物用药缺乏；五是兽用抗菌药市场秩序不够规范，兽药残留超标风险和细菌耐药风险形势严峻。

近年来，农业农村部多措并举，稳步推进兽药监管尤其是抗菌药物治理工作，我国兽药产品质量逐年趋好，监督抽检合格率保持在 95%以上，畜禽产品兽药残留合格率稳定保持在 97%以上。

一、规范兽药研发、生产和经营活动

在研发环节，推动实施兽药 GLP 和兽药 GCP，规范研发活动。新兽药注册审批严格遵循人用重要抗菌药、易蓄积残留超标和易产生交叉耐药性的抗菌药不予批准，鼓励研制新型动物专用抗菌药；对已批准上市的高风险药物进行再评价工作，如 2015 年禁止洛美沙星、培氟沙星、氧氟沙星、诺氟沙星 4 种人兽共用抗菌药物用于食品动物，2016 年禁止硫酸黏菌素预混剂用于动物促生长，2017 年禁止非泼罗尼用于食品动物等。自农业农村部发布第 2368 号公告以来，农业农村部兽药评审中心加强了对兽药注册研制现场核查力度，2017 年共对 4 个产品的研制现场进行核查，进一步规范兽药研制秩序和活动，维护兽药评审工作的严肃性。生产经营环节，强制实施兽药 GMP 和 GSP，规范兽药生产经营活动，保证上市兽药产品质量。2017 年，农业农村部（原为农业部）组织制定了《兽药生产企业飞行检查管理办法》，这意味着在日常随机监督检查基础上，兽药生产企业如有违法生产、可能存在重大质量安全风险、涉嫌造假或严重违反兽药 GMP 要求等情形时，农业农村部可以启动飞行检查，进一步强化对兽药生产企业的监督检查，加强兽药质量监督管理。

二、实施兽用抗菌药专项整治行动

2017 年 6 月，农业部印发了《全国遏制动物源

细菌耐药行动计划（2017—2020年）》的通知，要求各地兽医行政管理部门加强组织领导、协调政策支持、落实考核考评，全面推进动物源细菌耐药性控制工作。一是严格市场准入。加快兽用抗菌药物审评审批制度改革，推进兽用抗菌药物分类管理，鼓励研制新型动物专用抗菌药物。人用重要抗菌药物转兽用、长期添加用于促生长作用、易蓄积残留超标、易产生交叉耐药的抗菌药物不予批准。二是规范养殖用药。制定发布《兽用抗菌药物临床使用指南》，进一步规范兽医临床用药行为。推进养殖环节兽医社会化服务体系建设，推动实施兽用处方药管理、休药期规定等兽药安全使用制度。三是加强饲料生产环节用药监督。组织实施药物饲料添加剂监测计划，以超量、超范围为重点，严厉打击饲料生产企业违法违规添加行为；加大预警监测力度，持续完善相关检测标准和判定标准。四是建立应用监测体系。建立全国兽用抗菌药物应用监测中心和区域分中心，依托兽用抗菌药物生产经营企业、重点养殖企业等形成监测网络。

2017年农业农村部批准注册兽药品种简述

1. 加米霉素注射液。由加米霉素与甘油缩甲醛等配制而成的无菌溶液，为无色至淡黄色液体，属于大环内酯类抗生素。加米霉素为15元环的半合成氮杂内酯类，主要通过与细菌核糖体50S亚基结合，阻止多肽链延长，抑制细菌蛋白质的合成。体外试验数据表明加米霉素以抑菌方式对溶血性曼氏杆菌、多杀性巴氏杆菌起作用。加米霉素内酯环的7a位为烷基化氮，在生理pH条件下能快速吸收，并在靶组织肺中维持长时间的作用。本品用于治疗对加米霉素敏感的溶血性曼氏杆菌、多杀性巴氏杆菌引起的牛呼吸道疾病。按加米霉素计，皮下注射：一次量，每1kg体重，牛是6mg（相当于每25kg体重注射1mL）。每个注射部位的给药体积不超过10mL。禁用于对大环内酯类抗生素过敏的动物；禁与其他大环内酯类或林可酰胺类抗生素同时使用；禁用于泌乳期奶牛；禁用于预产期在2个月内的怀孕母牛。牛休药期为64d。由梅里亚有限公司法国吐鲁兹生产厂申请注册获得批准。

2. 氨基丁三醇前列腺素 $F_{2\alpha}$ 注射液。由氨基丁三醇前列腺素 $F_{2\alpha}$ 和适量苯甲醇制成的无菌水溶液，为无色澄明液体。氨基丁三醇前列腺素 $F_{2\alpha}$ 又名地诺前列腺素，也被称为黄体溶解素。本品能溶解黄体，使孕酮产生减少或停止，结果使黄体期缩短，使母畜提早发情和排卵，有利于配种、人工同期授精或胚胎移植。对于卵巢黄体囊肿或持久性黄体，本品均可使黄体萎缩退化，促进发情和排卵；前列腺素 $F_{2\alpha}$ 能兴奋子宫平滑肌，对妊娠和未妊娠的子宫都有作用，妊娠末期的子宫对本品尤为敏感，可使子宫张力增加，子宫颈松弛，适用于催产、引产和人工流产。主要用于控制母牛同期发情。以前列腺素 $F_{2\alpha}$ 计，肌内注射：一次量，牛25mg（5mL）。患急性或亚急性血管、胃肠道及呼吸系统疾病的动物禁用。牛休药期为1d。由宁波市三生药业有限公司申请注册获得批准。同品种由宁波第二激素厂申请注册获得批准。

3. 复方甲霜灵粉。由甲霜灵、一水硫酸亚铁与无水硫酸钠、滑石粉配制而成的淡黄色粉末，属于抗真菌药。甲霜灵可有效渗透入水霉菌的细胞壁，通过抑制水霉菌的RNA聚合酶Ⅰ，抑制rRNA的合成，使水霉菌的蛋白质变性，菌丝体死亡，孢子失去萌发能力。低浓度甲霜灵可抑制水霉菌丝的生长，高浓度时，还可杀死水霉菌。硫酸亚铁具有伤口收敛作用，可促进鱼类伤口愈合，用于预防和治疗水霉菌等真菌引起的淡水鱼感染。按本品计，浸浴：每立方米水体20g，浸浴2h；泼洒：每亩（水深1m）200g，用池水稀释后全池泼洒。本品不可与硫代硫酸钠、碱性药物、含铝制剂和含巯基的药物同时使用。鱼休药期为240日。由长沙拜特生物科技研究所有限公司和上海海洋大学联合申请注册获得批准。

4. 复方非泼罗尼吡喹酮滴剂。由非泼罗尼、甲氧普烯、乙酰氨基阿维菌素、吡喹酮与适宜辅料配制而成的无色至黄色或橙红色溶液。非泼罗尼是广谱杀虫药，与昆虫中枢神经细胞膜上的γ-氨基丁酸（GABA）受体结合，关闭神经细胞的氯离子通道，从而干扰中枢神经系统的正常功能而导致昆虫死亡。主要通过胃毒和触杀起作用，也具有一定的内吸作用。甲氧普烯是昆虫的生长调节剂（IGR），是昆虫保幼激素的同类物，对未成熟阶段昆虫的发育有抑制作用。这种药物与保幼激素的作用机制相类似，可导致昆虫发育受阻和发育阶段的跳蚤死亡。乙酰氨基阿维菌素对体内外寄生虫主要是体内线虫和节肢动物具有良好的驱杀作用。吡喹酮具有广谱抗血吸虫和抗绦虫作用，对各种绦虫的成虫和幼虫具有良好的活性。此外，吡喹酮可以引起绦虫包膜特殊部位形成灶性空泡，继而使虫体裂解。本品用于预防和治疗猫跳蚤、蜱虫感染，治疗胃肠道线虫、绦虫感染，并可用作辅助治疗因跳蚤引起的过敏性皮炎。外用：分开猫颈背部毛发，将给药器中的全部药量滴至皮肤一点。体重小于2.5kg的猫使用0.3 mL滴管；体重为2.5～7.5kg的猫使用0.9 mL滴管；体重7.5kg以上的猫可根据体重，将药管组合使用。每月给药一次。禁用于犬、兔，禁用于患病（例如全身疾病、发热）或正在康复的动物。由梅里亚有限公司申请注册获得批准。

5. 伊曲康唑内服溶液。由伊曲康唑与适宜辅料配制而成的浅棕色至棕色澄清液体。伊曲康唑通过抑

制真菌细胞色素 P_{450} 依赖甾醇 14α-脱甲基酶的活性、阻止真菌细胞膜重要成分麦角固醇的合成来达到抑制真菌增殖、促进真菌死亡的目的，其主要代谢产物羟基伊曲康唑亦具有与伊曲康唑等效的抗真菌活性，对皮肤癣菌（毛癣菌属、小孢子菌属）、酵母菌（念珠菌属、马拉色菌属）、多种双相型真菌、接合菌均有活性。主要用于由犬小孢子菌等敏感真菌引起的猫皮肤癣菌病。以本品计，空腹内服，使用给药器将药液缓慢注入口腔：每 1kg 体重，猫 0.5mL，一日 1 次，连用 7d，停药 7d 为一个周期。一般使用 3 个周期。肾肝功能受损的猫禁用；怀孕、哺乳期猫禁用。由上海汉维生物医药科技有限公司申请注册获得批准。

6. 复方非班太尔片。由非班太尔、吡喹酮、双羟萘酸噻嘧啶与适宜辅料配制而成的浅黄色圆形片，一侧有十字刻痕，属于抗蠕虫药。在动物体内中，非班太尔通过闭环转化形成芬苯达唑及氧苯达唑，非班太尔及其代谢物通过抑制微管蛋白，在葡萄糖合成过程中，消耗细胞内 ATP，导致寄生虫死亡。噻嘧啶为胆碱受体激动剂，其作用类似于乙酰胆碱，诱发线虫痉挛性瘫痪，从而发挥驱虫作用。吡喹酮可使寄生虫收缩及虫体瘫痪，寄生虫肌肉的瞬间强直收缩并快速吐出灶性空泡。这种快速收缩是二价离子通道的快速开放所致，特别是钙离子通道。噻嘧啶和非班太尔对犬的所有线虫（蛔虫、钩虫、鞭虫）感染均有效。吡喹酮对所有重要的犬绦虫有效，特别是巨颈绦虫、犬复孔绦虫及细粒棘球蚴，且对这些寄生虫的成虫和晚蚴均有效。用于治疗犬的线虫和绦虫引起的混合感染。线虫包括犬蛔虫、狮弓首线虫（成虫及晚蚴）、狭头刺口钩虫、犬钩虫（成虫）和犬鞭虫（成虫）；绦虫包括细粒棘球绦虫、多房棘球绦虫、泡状带绦虫、豆状带绦虫、粗颈带绦虫和犬复孔绦虫（成虫及晚蚴）。以非班太尔计，口服：一次量，每 1kg 体重，犬 15mg（相当于每 10kg 体重 1 片）。给药前后无须禁食空腹。如有重新感染，应当向兽医咨询是否需要重复给药。对本品敏感的犬禁用。由夏奈尔制药有限公司申请注册获得批准。

7. 右旋糖酐铁注射液（20%）。为右旋糖酐与氢氧化铁的络合物的无菌胶体溶液。铁是血红蛋白、肌红蛋白、细胞色素系统等的重要组成部分。血红蛋白是红细胞运输氧的主要成分。肌红蛋白是肌肉细胞等储存氧的部位，在肌肉运动时进行氧的交换。体内与三羧酸循环有关的大多数酶均含铁或需要铁的参与，有些反应甚至只有铁存在时，才能发挥生化反应和生理作用。动物缺铁时（如血红蛋白的合成、各种组织缺铁、需要铁成分参与的酶活性降低等），需要及时、足量地补充铁。用于预防和治疗仔猪的缺铁性贫血。以本品计，肌内注射：一次量，1～4 日龄仔猪，每头 1mL。疑似维生素 E 和/或硒缺乏的仔猪，对本品的活性物质过敏的仔猪禁用；不可用于超过 4 周龄的猪。由丹麦 Pharmacosmos A/S 公司申请注册获得批准。

8. 盐酸多西环素颗粒。由盐酸多西环素与适宜辅料制成的淡黄色至黄色颗粒。本品属于四环素类抗生素。多西环素通过可逆性地与细菌核糖体 30S 亚基上的受体结合，干扰 tRNA 与 mRNA 形成核糖体复合物，阻止肽链延长而抑制蛋白质合成，从而使细菌的生长繁殖迅速被抑制。多西环素对革兰氏阳性菌和阴性菌均有抑制作用，抗菌谱与其他四环素类相似。细菌对多西环素和土霉素及四环素等存在交叉耐药性。用于治疗对多西环素敏感的胸膜肺炎放线杆菌引起的猪呼吸道疾病。以多西环素计，混饮：每 1kg 体重，猪 10mg，一日 1 次，连用 5d。孕畜、哺乳畜禁用；肝肾功能严重不良的患畜禁用；避免与乳制品和含钙量较高的饲料同时服用。猪休药期为 12d。由河北远征禾木药业有限公司和河北远征药业有限公司联合申请注册获得批准。

9. 恩诺沙星注射液。由恩诺沙星与正丁醇等适宜辅料制成的无菌水溶液。本品是动物专用的杀菌性广谱抗菌药物。恩诺沙星的抗菌机制是作用于细菌细胞的 DNA 旋转酶，干扰细菌 DNA 的复制、转录和修复重组，细菌不能正常生长繁殖而死亡。恩诺沙星对大肠杆菌、沙门氏菌、克雷伯氏杆菌、布鲁氏菌、巴氏杆菌、胸膜肺炎放线杆菌、丹毒杆菌、变形杆菌、黏质沙雷氏菌、化脓性棒状杆菌、败血波特氏菌、金黄色葡萄球菌、支原体和衣原体等均有良好作用，对铜绿假单胞菌和链球菌的作用较弱，对厌氧菌作用微弱。用于治疗对恩诺沙星敏感的革兰氏阴性菌和革兰氏阳性菌引起的犬、猫泌尿道感染。以恩诺沙星计，皮下注射：一次量，每 1kg 体重，犬、猫 5mg（相当于本品 0.2mL/kg 体重）。一日 1 次，连用 5d。治疗开始可使用注射液，之后可用恩诺沙星片剂维持，治疗周期应基于批准的片剂产品信息中的允许使用时间。患有软骨发育障碍、中枢神经系统有关的癫痫及对氟喹诺酮类药物过敏的动物禁用；勿将本品用于生长期的青年犬，如 8 月龄以下的小型犬，12 月龄以下的大型犬，18 月龄以下的巨型犬；勿将本品用于 8 周龄以下猫；肾功能受损的动物应慎用。由拜耳动物保健有限责任公司申请注册获得批准。

10. 阿福拉纳咀嚼片。由阿福拉纳与适宜辅料制成的淡红色至褐色圆形或方形片。阿福拉纳是一种异噁唑啉类的杀虫剂与杀螨剂，通过作用于配体门控氯离子通道，尤其是抑制神经递质 γ-氨基丁酸（GABA）门控性通道，从而阻断氯离子从突触前膜到突触后膜的传递，导致昆虫神经元活性增加，兴奋过度死亡。用于治疗犬跳蚤、蜱虫感染。按阿福拉纳计，内服：犬按照以下体重范围给药，每月给药一次。体重2～4 kg的犬，使用规格11.3 mg咀嚼片；体重4.1～10 kg的犬，使用规格28.3 mg咀嚼片；体重10.1～25 kg的犬，使用规格68 mg咀嚼片；体重25.1～50 kg的犬，使用规格136 mg咀嚼片；体重在50 kg以上的犬，可以将咀嚼片组合使用，使给药剂量在2.7～6.9 mg/kg体重范围内。孕犬、8周龄以下和/或体重2 kg以下犬需根据兽医意见谨慎使用。由梅里亚有限公司法国吐鲁兹生产厂申请注册获得批准。

11. 替米考星肠溶颗粒。由替米考星经丙烯酸树脂等包衣制成的类白色至淡黄色颗粒。替米考星属动物专用半合成大环内酯类抗生素。抗菌作用与泰乐菌素相似，敏感的革兰氏阳性菌有金黄色葡萄球菌（包括耐青霉素金黄色葡萄球菌）、肺炎球菌、链球菌、炭疽杆菌、猪丹毒杆菌、李斯特菌、腐败梭菌、气肿疽梭菌等。敏感的革兰氏阴性菌有嗜血杆菌、脑膜炎双球菌、巴氏杆菌等，对支原体也有效。对胸膜肺炎放线杆菌、巴氏杆菌及畜禽支原体的活性比泰乐菌素强。95%溶血性巴氏杆菌菌株对本品敏感。用于治疗猪胸膜肺炎放线杆菌、巴氏杆菌和支原体感染。以替米考星计，混饲：每1 000 kg饲料，猪200～400 g，连用15 d。本品对动物的毒性作用主要是心血管系统，可引起心动过速和心肌收缩力减弱；内服后常出现剂量依赖性胃肠道紊乱，如呕吐、腹泻、腹痛等。由瑞普（天津）生物药业有限公司、湖北龙翔药业科技股份有限公司和江西省特邦动物药业有限公司联合申请注册获得批准。

12. 伊维菌素咀嚼片。由伊维菌素与适宜辅料制成的白色至微黄色片，属于大环内酯类抗寄生虫药。伊维菌素主要对体内线虫和体表节肢动物具有良好的驱杀作用。其驱虫作用机理在于促进突触前神经元释放γ-氨基丁酸（GABA），从而打开GABA介导的氯离子通道。伊维菌素对无脊椎动物神经和肌肉细胞位于GABA介导位点附近的谷氨酸介导的氯离子通道也具有选择性和高亲和力，从而干扰神经肌肉间的信号传递，使虫体松弛麻痹，导致虫体死亡或被排出体外。线虫的抑制性中间神经元和兴奋性运动神经元是其作用部位，而节肢动物的作用部位是神经肌肉接头。由于吸虫和绦虫不以GABA为神经递质，并且缺少受谷氨酸控制的氯离子通道，故本类药物对其无效。伊维菌素对犬的胃肠道线虫具有良好的驱虫效果，对犬的某些体外寄生虫如螨等的感染也有效。用于防治犬线虫病、螨病和寄生性昆虫病。以伊维菌素计，内服：一次量，每1 kg体重，犬0.2 mg。柯利犬禁用；不推荐用于4周龄以内的犬。由中国农业大学动物医学院与佛山市南海东方澳龙制药有限公司、瑞普（天津）生物药业有限公司、齐鲁晟华制药有限公司、北京中农大动物保健品集团湘潭兽药厂联合申请注册获得批准。

13. D-氯前列醇钠注射液。由D-前列醇钠与适宜辅料配制而成的无菌水溶液，属于前列腺素类药。D-氯前列醇是自然存在的前列腺素$PGF_{2\alpha}$的一种功能合成类似物，具有强效溶解黄体作用，D-氯前列醇比氯前列醇（外消旋混合物）活性强3～4倍。引起功能黄体的快速消退，从而导致孕酮生成量的快速下降。黄体溶解后卵巢卵泡开始发育，母畜恢复正常发情与排卵。D-氯前列醇同时能引起子宫平滑肌收缩，对子宫有收缩作用。用于治疗母牛持久黄体，诱导黄体溶解，使母牛恢复正常发情。肌内注射：一次量，母牛2 mL（D-氯前列醇钠0.15 mg）。不希望流产的怀孕母牛禁用；因胎位异常、机械阻力等因素导致难产的母牛禁用；患有心血管或呼吸系统疾病的母牛禁用。牛无休药期。由宁波第二激素厂申请注册获得批准。

14. 美洛昔康内服混悬液（猫用）。由美洛昔康与适宜辅料制成的淡黄绿色混悬液，属于解热镇痛非甾体抗炎药（NSAIDs），主要通过抑制环氧化酶（COX）的活性，减少前列腺素的产生而发挥其镇痛的作用。本品能选择性地抑制环氧化酶（COX-2），而对环氧化酶（COX-1）的抑制作用较轻。因此，与其他同类药相比，本品对胃肠道或肾脏的不良反应较轻。用于猫的术前、术后止痛。以本品计，内服：用前充分摇匀，每1kg体重，猫首次剂量0.2 mL，维持剂量0.1 mL，拌食或直接喂饲，一日1次，连用3～4 d。对本品过敏的猫禁用；胃肠道溃疡或出血，肝脏、心脏或肾脏功能受损及凝血功能异常的猫禁用；不推荐用于妊娠期、泌乳期或不足6周龄的猫；存在肾毒性的潜在风险，慎用于脱水、血容量减少或低血压的猫；禁与糖皮质激素、其他非甾体类抗炎药或抗凝血药合用。由上海汉维生物医药科技有限公司申请注册获得批准。

15. 盐酸贝那普利咀嚼片。由盐酸贝那普利与适宜辅料制成的白色至黄色片，属于血管紧张素转换酶抑制剂。盐酸贝那普利为一种前体药物，在体内水解为贝那普利拉。贝那普利拉抑制血管紧张素转换酶（inhibits angiotensin converting enzyme，ACE）的功能，从而阻止血管紧张素Ⅰ（无活性）转化为血管紧张素Ⅱ（有活性）。盐酸贝那普利咀嚼片可降低所有由血管紧张素Ⅱ所介导的效应，包括动脉与静脉的血管收缩，肾脏水、钠潴留与重吸收。此外，也可通过抑制肾素—血管紧张素—醛固酮系统，减轻由其介导的血管收缩和钠潴留等症状。因此，盐酸贝那普利对心力衰竭的犬具有降压与减轻心脏负荷的作用，改善其临床症状（例如减轻咳嗽等），延长患心力衰竭犬的寿命。用于治疗犬的充血性心力衰竭。以盐酸贝那普利计，内服：每 1 kg 体重，犬 0.25～0.5 mg，每日一次。对血管紧张素转换酶抑制剂过敏的犬禁用；妊娠期或泌乳期母犬禁用；血压过低、血容量不足（血容量过低）、低钠血症或急性肾功能衰竭的动物禁用。中国农业大学动物医学院、瑞普（天津）生物药业有限公司、齐鲁晟华制药有限公司、佛山市南海东方澳龙制药有限公司和北京中农大动物保健品集团湘潭兽药厂联合申请注册获得批准。

16. 美洛昔康内服混悬液（犬用）。由美洛昔康与适宜辅料制成的微带绿色的浅黄色黏稠混悬液。本品为解热镇痛非甾体抗炎药（NSAIDs），主要通过抑制环氧化酶（COX）的活性，减少前列腺素的产生而发挥其镇痛作用。本品能选择性地抑制环氧化酶（COX－2），而对环氧化酶（COX－1）的抑制作用较轻。因此，与非选择性抑制 COX－2 的 NSAIDs 相比，本品对胃肠道或肾脏的不良反应较轻。用于减缓犬急性和慢性肌肉骨骼疾病引起的炎症和疼痛。按美洛昔康计，内服：初始剂量每 1 kg 体重 0.2 mg，维持剂量每 1 kg 体重 0.1 mg，每日一次（间隔 24 h）。初始剂量也可选用美洛昔康注射液，静脉或皮下注射：每 1 kg 体重 0.2 g。怀孕或哺乳犬，6 周龄以下的犬，胃肠道疾病、肝脏、心脏或肾功能受损及出血异常的犬，对本品过敏的犬禁用；禁与糖皮质激素、其他非甾体抗炎药、利尿药、抗凝血药等联合使用；本品有潜在的肾脏毒性风险，避免用于脱水、低血容量或者低血压的犬。由德国勃林格殷格翰动物保健有限公司墨西哥生产厂申请注册获得批准。

17. 注射用尿促性素。由尿促性素加适宜的赋形剂溶解，经冷冻干燥制得的无菌制品。属于促性腺激素类药，主要具有促卵泡生成素（FSH）的作用，促进卵巢中卵泡发育成熟和睾丸生成并分泌甾体性激素。本品肌注能吸收，血药浓度达峰时间为 4～6 h，主要经肾脏排泄。用于牛的超数排卵。对本品过敏的动物禁用。由宁波第二激素厂申请注册获得批准。

18. 美洛昔康片。由美洛昔康与适宜辅料制成的淡黄色至黄褐色片，属于非甾体抗炎药。美洛昔康通过对机体环氧化酶的抑制尤其是对其Ⅱ型环氧化酶的优先抑制，阻断前列腺素的生成而发挥作用。主要功能为抗炎、抗渗出、镇痛、解热。美洛昔康抑制白细胞向发炎组织渗入，微弱地抑制胶原蛋白诱导的血小板聚集。用于缓解犬由急、慢性骨骼、肌肉疾患引起的炎症和疼痛。以美洛昔康计，内服：每 1 kg 体重，犬 0.1 mg，一日 1 次，首次加倍，连用 3～4 d。肝功能、肾功能严重损伤、出血异常，或胃肠道溃疡的动物禁用；因其他非甾体抗炎药引发胃肠道出血或胃穿孔的动物禁用；避免与糖皮质激素、其他非甾体抗炎药，包括Ⅱ型环氧化酶选择性抑制剂合并用药。由齐鲁晟华制药有限公司、佛山市南海东方澳龙制药有限公司、江苏恒丰强生物技术有限公司、齐鲁动物保健品有限公司联合申请注册获得批准。

19. 伊维菌素浇泼溶液。由伊维菌素与异丙醇等配制而成的淡蓝色澄清液体，属于大环内酯类抗寄生虫药。伊维菌素对体内外寄生虫特别是节肢动物和体内线虫具有良好驱杀作用。其驱虫作用机理在于促进突触前神经元释放 γ－氨基丁酸（GABA），从而打开 GABA 介导的氯离子通道。伊维菌素对无脊椎动物神经和肌肉细胞位于 GABA 介导位点附近的谷氨酸介导的氯离子通道也具有选择性和高亲和力。氯离子流能降低细胞膜阻抗，引起细胞突触后膜静息电位轻微超极化，从而干扰神经肌肉的信号传递，使虫体松弛麻痹，导致虫体死亡或被排出体外。伊维菌素对线虫的作用部位为抑制性中间神经元和兴奋性运动神经元，对节肢动物的作用部位为神经肌肉接头。伊维菌素对牛的血矛线虫、奥斯特线虫、古柏线虫、毛圆线虫（包括艾氏毛圆线虫）、圆形线虫、仰口线虫、细颈线虫、毛首线虫、食道口线虫、网尾线虫驱除率可达 97%～100%。对节肢动物（如蝇蛆、螨和虱等）亦很有效。伊维菌素对蜱以及粪便中繁殖的蝇也极有效，药物虽不能立即使蜱死亡，但能影响蜱摄食、蜕皮和产卵，从而降低其生殖能力。对血蝇的作用相似。用于治疗牛体内线虫和虱、螨、蛆等体外寄生虫病。以伊维菌素计。外用：一次量，每 1 kg 体重 0.5 mg（即每 10 kg 体重用本品 1 mL），由牛肩部向后，沿背中线浇注。生育年龄的雌性奶牛（包括泌乳期与非泌乳期）禁用；供食用的小牛禁用。牛休药期 48 d。由内蒙古金河动物药业有限公司和金河生物科技股份有限公司联合申请注册获得批准。

20. 黄连解毒微粉。由黄连、黄芩、黄柏、栀子等药味组成。具有泻火解毒之功效，用于治疗三焦实热，疮黄肿毒。混饲：每 1 kg 饲料，鸡 10 g，连用 7d。由河南省康星药业股份有限公司、河南牧业经济学院、安徽天安生物科技股份有限公司、南京农业大学、河南省康星常笑动物药业有限公司和福建农林大学联合申请注册获得批准。

21. 藿芪灌注液。由淫羊藿、黄芪、菟丝子、阳起石、丹参、红花、益母草、当归等药味制备而成。具有补肝益肾，壮阳催情之功效，用于治疗奶牛卵巢静止和持久黄体。子宫灌注：每次 100 mL，隔日 1 次，4 次为一个疗程。由中国农业科学院兰州畜牧与兽药研究所和北京中农劲腾生物技术股份有限公司联合申请注册获得批准。

22. 人参茎叶总皂苷颗粒。由人参茎叶总皂苷与蔗糖、糊精配制而成。增强免疫功能，用于提高鸡对新城疫、传染性支气管炎疫苗的免疫应答。疫苗免疫前给药。混饮：每 1 kg 体重，鸡 50 mg，连用 7 d。由浙江大学、西安市昌盛动物保健品有限公司、成都乾坤动物药业股份有限公司和浙江金大康动物保健品有限公司联合申请注册获得批准。

23. 苦参功劳颗粒。由十大功劳、苦参、木香等药味制备而成。具有清热燥湿、止痢等功能，用于鸡大肠杆菌病。证见：精神沉郁，食欲下降或废绝，羽毛松乱，闭眼缩颈，离群呆立，驱赶行动迟缓，拉黄白色或黄绿色稀便等。混饮：每 1L 水，鸡 1g，连用 5d。由中国兽医药品监察所和洛阳惠中兽药有限公司、山东鲁抗舍里乐药业有限公司、济南森康三峰生物工程有限公司联合申请注册获得批准。

24. 根黄分散片。由山豆根、黄芩 、射干、板蓝根、桔梗、甘草等药味制备而成。具有清咽利喉，祛痰止咳之功效，主治鸡传染性喉气管炎。混饮：鸡 2～4片，连用 7 d。由中国农业科学院兰州畜牧与兽药研究所和四川鼎尖动物药业有限责任公司联合申请注册获得批准。

25. 芪藿散。由黄芪、淫羊藿等药味制备而成。具有补益正气，增强免疫之功能，提高猪对猪瘟疫苗、鸡对鸡新城疫疫苗的免疫应答。配合疫苗使用，混饲：仔猪 0.7～1 g，连用 3 d；雏鸡 0.075 g，连用 3 d。由南京农业大学与扬中牧乐药业有限公司、湖南农大动物药业有限公司、江苏光大动物药业有限公司、江苏南农高科动物药业有限公司、四川鼎尖动物药业有限责任公司、广东海纳川生物科技股份有限公司、山西福瑞沃农大生物技术工程有限公司、南昌市力赛聚生物技术有限公司联合申请注册获得批准。

26. 商陆口服液。由商陆制备而成。具有逐水消肿，通利二便之功效，主治药物使用不当引起的鸡肾肿、肾损伤。混饮：每 1 kg 体重，鸡 0.4 mL，连用 5 d。由河南省康星药业股份有限公司与辽宁凯为生物技术有限公司、河南白云牧港生物科技有限公司、河南牧业经济学院、河南省康星常笑动物药业有限公司联合申请注册获得批准。

27. 香菇多糖粉。由香菇多糖与甘露醇配制而成的类白色粉末。具有扶正补虚之功效，主要用于提高鸡对新城疫疫苗的免疫应答。混饮：每 1 L 水，鸡 0.5 g，连用 3 d。由成都乾坤动物药业股份有限公司与广东海纳川生物科技股份有限公司、山东鲁抗舍里乐药业有限公司高新区分公司、南京威泰珐玛兽药研究所有限公司、江苏南京农大动物药业有限公司、山东百力和生物药业有限公司、山东信得科技股份有限公司、江西博莱大药厂有限公司、天津市中升挑战生物科技有限公司联合申请注册获得批准。

28. 芪草乳康散。由黄芪、益母草、王不留行（炒）等药味制备而成。具有补气固表，活血通乳之功效。主治奶牛隐性乳房炎。混饲：奶牛 150 g，连用 5 d。由青岛蔚蓝生物股份有限公司、华秦源（北京）动物药业有限公司、郑州百瑞动物药业有限公司、河南中亚神鹏医药科技有限公司和青岛康地恩动物药业有限公司联合申请注册获得批准。

（徐　倩　董义春　段文龙　梁先明）

饲料酶制剂

饲用酶制剂被称为“绿色天然”添加剂，可提高动物免疫水平，增强动物的抗病能力，提高动物的成活率，有效减少抗生素的使用，酶制剂本身安全、无毒，在动物体内无蓄积和残留，能有效保护环境，促进养殖业向绿色、健康、可持续的方向发展。

一、饲用酶制剂产量

据资料显示，2017 年全国商品饲料总产量 22 161万 t，较 2016 年的 20 918 万 t 同比增长 5.9%。但随着国内养殖业规模化进程的加速，下游养殖业集中度的提高，从小农散户养殖走向规模化，饲料行业进一步集中整合，规模化养殖程度提高，以生猪养殖为例：2010 年，我国生猪出栏头数在 500 头以上的出栏数量占比为 35%，2015 年的占比为 44%，2016—2017 年大型饲料企业纷纷建厂从事生猪养殖，集中度进一步提高，因此酶制剂的产量进一步提高。

据中国酶制剂网调研数据及其他统计消息显示，全球饲料酶制剂的增长速度超过 7%，亚太市场的增长率为 7.6% ，中国作为亚太地区主要酶制剂生产使用国，有 8%的增长率，2017 年酶制剂产量在 13 万 t 左右。

饲用酶制剂目前分为植酸酶、复合酶、单酶三大类，下面将这三大类酶制剂分别列述。

1. 植酸酶。植酸酶是饲料行业中应用最为广泛的酶制剂，有 80%的配合饲料使用。饲用植酸酶平均添加量早已由原来 0.01%增加到 0.013%，随着发酵水平提高，植酸酶成本降低，对植酸酶的认识加深，基本都是超量添加（2～4 倍），至少是1 000u/kg饲料，但植酸酶含量已由原来普遍 5 000 单位，提升至10 000 单位，因此产量并没有达到翻倍增加。

2. 复合酶。有 60%左右的配合饲料使用饲用复合酶，其增速较慢，虽然复合酶制剂的效果已得到充分认可，但是酶制剂产业目前处于竞争激烈时期，产品良莠不齐，质量不一，应用效果不稳定，因此推广进程受到影响。

3. 单酶。单酶是近几年来取得发展的酶制剂，相较于复合酶的复杂性，单酶的原理、成分、效果更容易显现，而且应用更加灵活方便，得到普遍认可。目前两类单酶应用较广，一类是提高消化吸收利用类的单酶，如蛋白酶；另一类是功能性酶制剂，主要是在杀菌抑菌、肠道调节、毒素降解和抗氧化等方面，如葡萄糖氧化酶。

二、发展动态

1. 大型饲用酶制剂企业拟通过资本市场谋求发展。截至目前，酶制剂上市企业仅有溢多利一家；2017年酶制剂企业武汉新华扬IPO排队，但于2018年1月终止上市；青岛蔚蓝生物股份有限公司仍处于上市进程中。达到一定规模的企业才会谋求上市，说明行业整合加剧，行业竞争集中度提高，大型企业寻求资本市场。

2. 大型饲料酶制剂企业加强技术创新，加大研发和生产投入。饲料酶市场要有竞争优势，关键是大力投资开发新型创新产品。广东省院士专家企业工作站、华南农业大学新农村发展研究院分布式服务站在溢多利揭牌。华美源生物与华北理工大学联合建立饲用酶工程技术研究中心。蔚蓝生物被农业部评为动物保健品工程技术重点实验室。新华扬荣获“2017武汉民营创新企业100强”称号，投资7 000万元的高科技大型饲用酶制剂基地落成。内蒙古科为博生物科技有限公司年产3万t饲用酶制剂建设项目一期工程通过环保验收。

3. 酶制剂企业技术推广活动十分活跃。据不完全统计，2017年全年有关酶制剂的推广会议有100多场，其中最大规模、集中度最高的是首届“饲料酶制剂科技与产业发展大会”。大会得到了院士、学者、行业精英，19家企业的参与。参会代表1 000余名现场观摩，35 000多名观众通过网络收看现场直播。广东溢多利生物科技股份有限公司聚焦无抗，绿色创新——海外技术沙龙召开，通过这些会议论坛的深入探讨，广泛传播，为饲用酶制剂更好地应用、研发起到了推动作用。

三、酶制剂技术进步与创新

1. 新型耐高温植酸酶成功研发并且产业化。自20世纪90年代，植酸酶从小工厂逐步发展，实现了工业化生产，随着生物技术的飞速发展和饲料工业对植酸酶需求的不断增长，饲用植酸酶的产业化应用得到快速的发展。中国植酸酶产业在饲料添加剂领域已经发展成熟，在科学研究、技术创新、应用技术等方面形成了比较完整的体系，已经发展成为最为完善成熟的饲料酶制剂。

近几年，随着研究人员、大酶制剂厂家坚持不懈地研发投入，在植酸酶菌种选育、提高制粒条件下耐温性、高效降解植酸磷等技术方面取得重大突破，产品性能得到了提高。其中最为突出的是溢多利的全新一代耐高温植酸酶，其通过生物信息学技术、分子定向进化技术、高通量筛选技术、发酵工程技术和制剂剂型技术相结合的高科技产品。其具有卓越的耐温性能，且耐酸性能和pH适应性等酶学性质得到了进一步提高，磷的释放率更高，在饲料工业中具有更加显著和稳定的应用效果。如耐温性能数据：迈特耐高温植酸酶水浴75℃、80℃热处理5min，酶活没有损失；85℃热处理5min，酶活保留率在85%以上，表现出超强耐温性能。

2. 单酶酶种的不断丰富，应用不断完善。自2003年，农业部首次将酶制剂作为饲料添加剂以来，国内市场饲用酶制剂共20余种，如植酸酶、木聚糖酶、纤维素酶和淀粉酶、蛋白酶等。

下面以蛋白酶为例，根据作用的最适pH，蛋白酶可分为酸性蛋白酶（在胃部发挥作用）、中性蛋白酶（在调制过程中、嗉囊、小肠发挥作用）、碱性蛋白酶（在小肠发挥作用）。最早被应用在饲料中的是酸性蛋白酶，随着对蛋白酶研发的深入，不同的最适pH的蛋白酶被应用。

根据来源的不同，蛋白酶又可以分为动物源性蛋白酶（多从动物的胰脏中提取，生产成本高，主要用于医药方面）、植物源性蛋白酶（从木瓜、菠萝中提取，成本低用于饲料等中）、微生物源蛋白酶（通过细菌、真菌发酵提取，用于饲料等中）。

蛋白酶的来源不同、最适pH不同，并且不同动物的消化特点不同，单一的蛋白酶很难取得更好的效果，因此具有更好效果的组合蛋白酶不断推出。蛋白酶在猪、鸡、水产、反刍动物上的效果均已得到初步验证，组合酶种、比例将不断细化，不断完善，更有针对性。

3. 检测方法更加专业和系统。饲用酶制剂在畜牧行业的应用非常广泛，但在畜禽日粮的应用中，如何选择合适的酶制剂品种和剂量仍存在很多问题。目前，酶制剂厂家越来越多，产品质量良莠不齐，盲目性和随机性较为严重，导致人们使用效果相差甚远。下面简单介绍如何评估酶制剂效果。

（1）酶制剂的酶活检测。国标或行标检测方法只适用酶制剂成品的检测，而酶制剂是一种活性蛋白质，在高温环境中容易变性失活，丧失水解能力，饲料全价料进行酶活检测只有植酸酶有国标，其他酶种检测没有国标，饲料全价料中的酶活含量检测有待完善。

(2) 酶制剂的耐温性能。目前酶制剂的耐温检测主要有几种方法，传统水浴法，模拟制粒法，实际制粒法。直接制粒法能真实反映酶制剂在实际制粒过程中的耐温性能，是评价酶制剂耐温性能最直接、最有效的方法。

(3) 酶制剂的耐酸性能。如果一种酶制剂在较宽的 pH 范围具有较高的酶活保持率，并不易被胃蛋白酶、胰蛋白酶分解，那么这种酶制剂在一定 pH 范围内能够较好地作用于底物，在动物胃肠道中能很好地发挥作用。

(4) 单胃动物仿生仪法。单胃动物仿生消化仪更接近体内消化环境，操作简单、重复性好，可实现体外条件下简单模拟动物胃肠道消化饲料的过程。利用仿生消化仪测定酶制剂对饲料养分和能量利用率的影响，以及生成寡糖的种类等，可以在一定程度上反映酶制剂对饲料的作用效果。

(5) 饲养实验法。普遍认为饲养试验是最贴近酶制剂实际作用效果的方法。虽然动物试验易受外界环境的影响，波动较大，且耗时长，但在同一养殖环境中进行严格的试验设计和数据统计，则是评价酶制剂优劣的最佳手段。

对于应用者而言，可以通过（1）～（4）进行初步筛选，通过饲喂实验，以目标动物的生长性能来确定酶制剂的应用效果依据。

四、饲用酶制剂发展空间大

我国饲用酶制剂工业起步于 20 世纪 90 年代，近年来随着技术积累和进步，饲用酶制剂逐渐开始应用和普及。国内酶制剂企业通过不同形式与国际同行进行合作与交流，并逐渐形成了自主研发能力，技术水平不断提升，产品质量已经达到或接近发达国家水平。

饲用酶制剂行业的发展与下游饲料加工行业和畜牧养殖行业的发展息息相关。目前我国饲料加工行业及养殖行业面临着食品安全、资源短缺及环境污染等三大亟待解决的问题，饲用酶制剂产品是解决上述问题的有效途径之一。

虽然酶制剂的效果已得到充分认可，但是，在我国目前的配合饲料中，酶制剂普及率远低于发达国家普及水平，并且饲用酶制剂在单位饲料中的平均酶活添加量远低于发达国家平均添加水平，仍有较大增长空间。

（芦　雪）

饲料酵母

人类对酵母最早的应用起源于公元前 3000 年古埃及人制作发酵面包的技术。过去人们对酵母的应用只停留在做发酵面食或酿酒行业，如今随着人们对酵母研究的深入，酵母被广泛应用在食品、养殖、制药、化妆品、化学工业、基因工程、环境工程等多个领域。

酵母菌体是单细胞真核微生物，其中含有较丰富的蛋白质和维生素、碳水化合物、脂肪、矿物质、核酸等多种营养成分。酵母菌中含有 18 种氨基酸，并且含人体必需的氨基酸，特别是在谷物蛋白中含量较少的赖氨酸，酵母菌体中含量较高，且氨基酸的比例接近联合国粮农组织（FAO）推荐的较理想的氨基酸组成值，所以其营养价值较高。随着世界人口的快速增长，食物缺乏日益显著，尤其是蛋白质食品出现短缺。传统的动植物蛋白质食品的生产受农业技术，及各类环境因子的限制，增长缓慢，难以满足人类蛋白质消费的需求。酵母这种单细胞蛋白的出现开拓了获取蛋白质的新领域。

啤酒酵母粉：单细胞蛋白，利用酵母菌体作饲料，为一优质蛋白质饲料，适口性好，在动物饲料中适当添加酵母，可以提高动物对饲料的消化，改善食欲，增加饲料的进食量和提高饲料转化效率，是目前较为理想的廉价蛋白质饲料之一，也是解决饲料蛋白质紧缺的重要途径之一。

活性干酵母：活性干酵母作为一种益生菌，可明显提高饲料消化率和饲料适口性，并能改善仔猪腹泻和母猪便秘等问题。

酵母水解物：产品富含天然核苷酸、活性肽 GSH、多种游离氨基酸和 B 族维生素等，具有良好的诱食性，提供动物免疫力和成活率，促生长，同时酵母水解中含有丰富的核酸和核苷酸，能修复肠道等功能，激发动物生产潜能。目前根据生产酵母水解物的原料来源不同，酵母水解物可分为啤酒酵母水解物和面包酵母水解物，前者是利用啤酒厂发酵啤酒后的副产物啤酒酵母泥经过过滤去渣、洗涤、酶解、干燥或浓缩等工艺加工而成，产品可分为粉状啤酒水解物，粉状及膏状酵母水解物，而膏状酵母水解物即通俗成为酵母膏，啤酒酵母水解物主要应用于水产动物，如：对虾、海水鱼、鳗、甲鱼、特种经济水产动物，也可用于畜禽动物，面包酵母水解物是利用高蛋白酵母菌株在糖蜜或水解淀粉糖中发酵经过离心洗涤提纯酵母后，酶解、干燥或浓缩而成，目前市场常见的面包酵母水解物几乎以粉状为主，极少使用膏状面包酵母水解物，面包酵母水解物指标相对较好，产品质量易于控制，感官性状及风味较好，此类产品更多应用于乳猪教槽及保育料中，以替代血浆使用，使用效果较好。

酿酒酵母细胞壁：是利用酵母水解后，经过离心分离，将酵母细胞质壁分离，离心后的重相即为酿酒酵母细胞壁。经干燥后得到酿酒酵母细胞壁产品，同样根据加工用的酵母不同，可分为啤酒酵母细胞壁和面包酵母细胞壁，前者是利用啤酒副产物啤酒泥加工而成，一般是黄色至深褐色不等，具有啤酒酵母特有气味。由于啤酒酵母一般较为老化，破壁难度大，会导致破壁不彻底，致使质壁分离不彻底，往往蛋白较高，粗蛋白为35%左右，甘露寡糖及葡聚糖总和一般为40%以上。而面包酵母由于是发酵的鲜嫩酵母，较容易破壁处理，一般质壁分离较彻底，因而面包酵母细胞壁蛋白质较低，根据加工设备及工艺不同，粗蛋白一般会低于30%，而总糖（甘露寡糖及葡聚糖）一般都会大于50%，面包酵母细胞壁具有糖蜜发酵香味，颜色一般为淡黄色。随着对抗生素的限制使用和人们对绿色无残留食品的需求，功能性绿色添加剂成为近几年畜牧养殖行业的热点。作为一种免疫增强剂，酵母细胞壁免疫多糖在水产畜禽养殖上的应用，具有增强非特异性和特异性免疫功能，减少消化道疾病，提高生产性能，降低霉菌毒素对免疫系统的抑制作用，可以提高仔猪的日增重、采食量，降低料肉比，对控制仔猪腹泻的效果非常明显。

酿酒酵母提取物：是利用酵母水解后，经过离心分离，将酵母细胞质壁分离，离心后的轻相即为酿酒酵母提取物，经干燥或浓缩得到的膏状或粉状物即为酿酒酵母提取物。同样根据加工用的酵母不同，可分为啤酒酵母提取物和面包酵母提取物，加工原料不同导致二者在颜色、风味及指标有所差异，总体来看，面包酵母产品要优于啤酒酵母产品，此类产品一般更多地用于食品调味料，在饲料中应用极少，在食品行业也称为酵母浸粉/浸膏或酵母抽提物粉状/膏状。

酵母硒：选育特殊的酵母菌株，通过在富硒的液体培养基中发酵、离心、洗涤、浓缩、干燥等先进发酵工艺生产的产品，其胞内硒主要是以硒取代氨基酸中硫元素为主的形态存在，尤以硒代蛋氨酸为主，有机硒占总硒98%以上。酵母硒是动物补充硒源最佳途径，酵母硒可明显提高动物对硒的生物利用率，减少硒的毒害作用，对提高动物的繁殖性能和改善畜禽肉质等具有明显的作用。

酵母培养物：酵母培养物是指在特定工艺条件控制下由酵母菌在特定的培养基上经过充分的厌氧发酵后形成的酵母培养物，它主要由酵母细胞外代谢产物、经过发酵后变异的培养基和少量已无活性的酵母细胞所构成，该产品能够促进瘤胃发酵使氨细菌、蛋白质合成细菌及纤维细菌等大量繁殖和生长，从而提高饲料粗纤维消化率及细菌利用NPN（非蛋白氮）合成菌体蛋白的效率。

其他酵母饲料产品：其他酵母产品使用较少，市场较少的有酵母锌、酵母锰、酵母铁等，使用金属元素与酵母螯合而成，还有就是提供天然虾青素为主的海洋红酵母、红发夫酵母，作为一般饲料蛋白源的产院假丝酵母等，这些酵母类产品一般在饲料酵母中使用较少。

随着动物营养专家对饲用酵母的日益认可，酵母在饲料中的使用日趋常规化，配方师使用酵母的意愿较前几年有了更大的增加，使饲料酵母的市场需求越来越大。2017年饲用酵母整体有以下几大特点。

①市场需求旺盛，使用饲料酵母意识增强，市场需求量持续增加。

②上游啤酒厂强势上涨酵母泥招标价格，啤酒酵母加工原料成本高企。

③中游生产成本增加，一方面煤改汽后，天然气价格一路上涨，加工干燥成本持续增加，酵母泥运输成本、人力成本等都不同程度增加，另一方面酵母生产属于高污染行业，环保压力大，环保处理费用高，导致饲用酵母行业发展举步维艰。

④下游行业准入门槛低，无须竞争，消费者极力压价，企业基本微利甚至亏损经营。

⑤随着环保持续高压，一些无证生产地下酵母加工厂会逐渐被取缔，酵母饲料行业将越来越规范。

随着中国经济的飞速发展，人们对食品从量的追求早已进入对质的追求，对安全的食品需求越来越高，特别是近十年食品安全问题的曝光，作为养殖业，饲料质量安全也持续受关注，而动物肉制品的抗生素残留问题一直是社会关注热点，农业管理部门和广大民众对抗生素的禁用限用呼声越来越高。

从多个场合技术论坛来看，禁抗、限抗越来越成为动物营养专家们研究的热点，虽然说减抗、替抗是一个系统工程，需要从养殖品种改良、养殖技术、环境、营养及功能性产品等综合方面考虑，但作为替抗的添加剂，酵母成为广大动物营养专家新宠，饲料酵母在饲料中的应用越来越受到关注。

一、饲料酵母现状

由于饲用酵母的需求量持续增加，国内近一两年增加了几家糖蜜发酵酵母公司，如在云南、内蒙古、湖北等地先后建起来规模不一的酵母工厂，由于这两年酵母价格竞争力度增加，糖蜜酵母由2012～2015年的2.3万/t一路跌至1.5万/t甚至更低，而生产酵母成本一路上升及环保压力大，导致酵母工厂持续亏损，又有一些酵母公司纷纷退出饲料酵母行业，转做其他产品。

而啤酒酵母产品由于严重依赖啤酒厂的啤酒酵母

泥，属于资源性产品，而啤酒酵母生产过程中会产生废气、废液等，对环保压力较大，特别是2017年10月，习近平总书记在十九大报告中指出，加快生态文明体制改革，建设美丽中国，并提出“打好污染防治攻坚战”“打赢蓝天保卫战”，要求企业更高水平地推进环保治理，要有新投入，做好异味治理，力争早日实现环保“双达标”任务。近年来随着啤酒行业兼并重组，啤酒行业逐渐出现一些50万～100万L级别的大厂，啤酒产能集中度趋势逐渐明显。一方面国内三大啤酒集团逐步取消一些20万L以下产能工厂的生产发酵职能，变为物流配送，另一方面一些缺乏环保处理设施的作坊式啤酒酵母泥烘干的土小加工厂逐渐被取缔，啤酒酵母泥加工饲料酵母集中度提升，涌现了广东雅琪生物科技股份有限公司等年处理能力万吨以上干酵母的规模以上企业。这些企业必须具备完善的环保处理设施保证达标排放，必须是环境友好型、资源节约型企业。

据国家统计局数据显示，2017年中国啤酒市场受经济增速放缓、消费环境整体低迷等因素影响，啤酒产量连续下滑，这也是自2014年以来，国内啤酒行业年产量连续4年下降。2017年1～12月全国啤酒产量为4 401.5万L，同比减少0.7%（表2-45）。

表2-45 近十年全国啤酒酵母总产量统计

单位：万L，万t，%

年份	全国啤酒总产量	全国啤酒酵母总产量	增长率（相比上年）
2017	4 401	6.6	−2.4
2016	4 506	6.8	−4.4
2015	4 716	7.1	−4.2
2014	4 921	7.4	−2.8
2013	5 061	7.6	+3.3
2012	4 902	7.4	0
2011	4 899	7.4	+9.4
2010	4 483	6.7	+5.8
2009	4 236	6.4	+3.3
2008	4 103	6.2	—

相比较2008年，虽然2017年全国啤酒酵母增长了7.26%，但自2014—2017年全国啤酒产量受到经济因素的影响，啤酒消费量出现连续4年持续下滑，对应的啤酒酵母产量也呈现持续下降，而对饲料酵母的需求却持续火热，供求关系存在一定的矛盾，这种供求关系必然会导致啤酒酵母价格持续上扬，而啤酒酵母终端销售价企稳甚至价格下降，此供需矛盾将持续存在。

从表2-46分析看出，活性干酵母市场增量不大，但酵母水解物有较大的增幅，同样酵母细胞壁也有一定的增长，曾一度供不应求，甚至出现断货的情况，酵母硒也有一定幅度的增加。

表2-46 2017年主要新型酵母源生物饲料产销量统计

单位：t，%

产品名称	2017年产销量	2016年产销量	较2016年增长
活性干酵母	6 300	5 500	14.5
酵母水解物	15 000	13 000	15.4
酿酒酵母细胞壁	9 000	8 000	12.5
酵母硒	4 000	3 800	5.3
合计	34 500	30 300	13.9

经过近几年的无序价格战，新型酵母源生物饲料价格基本降到成本价，甚至略有亏损，该类产品进入激烈的竞争格局，受益的是饲料生产企业，该类产品的性价比经一步提高，特别啤酒酵母水解物有较大的降幅（表 2－47）。

表 2－47　2017 年主要酵母源生物饲料价格走向

单位：元/kg，%

产品名称	2017 年平均市场价格	2016 年平均市场价格	较 2016 年降低
活性干酵母	21	22	4.6
啤酒酵母水解物	14	16	12.5
面包酵母水解物	19	20	5
酿酒酵母细胞壁	15	16	6.3
酵母硒	50	55	9.1

二、行业竞争日趋激烈

2017 年饲料酵母行业竞争越来越激烈，在啤酒酵母饲料板块，由于受到整体国内经济不景气因素影响，全国啤酒产量出现连续 4 年持续下滑，对应的啤酒酵母必然受其影响产量也出现下滑。而啤酒酵母旺盛的需求，导致从啤酒厂竞标酵母泥的价格也持续上涨。而啤酒酵母饲料出现相互压价，无形中增加了啤酒酵母饲料企业经济压力，其中体现最明显的是普通啤酒酵母粉产量越来越少，进而大部分啤酒酵母企业利用啤酒酵母泥生产附加值更高的啤酒酵母水解物产品。

而在糖蜜酵母饲料板块，近几年涌现出一批糖蜜酵母生产厂家，如山东安琪生物有限公司、湖北海宜生物科技有限公司、珠海天香苑生物科技股份有限公司等，加上原来老牌酵母饲料生产厂家，如广东雅琪生物科技有限公司，安琪酵母也在持续增加产能，不可避免饲料酵母行业间打价格战，从糖蜜酵母板块各产品市场平均价格在持续下降体现出这一点。消费者对新型酵母源生物饲料的认知也慢慢地从高端饲料添加剂转变为普通大宗饲料原料，酵母生产企业也要慢慢转变经营观念，将更多的精力放在提高产品品质，降低生产成本及新产品研发方面，只有这样才能在残酷的市场竞争中立于不败之地。

三、饲料酵母发展前景分析

酵母工业属于生物产业中的生物制造业，生物产业是我国七大战略性新兴产业之一。

从产能分布上看，目前全球酵母总产能约为 150 万 t，近年来中国成为全球酵母产能增长最为迅猛的区域，带动了亚太乃至全球酵母产能的快速增长。2016 年中国酵母类总产能达到 30 万 t，从消费市场上看，酵母衍生品需求潜力较大；非洲、亚太等区域人口增长快，活性酵母市场需求增长迅速。

四、饲料酵母功能性替代产品市场空间大

1. 减少鱼粉在水产饲料中使用。截至 2010 年，全球 3 500 万 t 水产饲料消耗约 350 万 t 鱼粉；预计 2020 年，6 000 万 t 水产饲料消耗约 600 万 t 鱼粉，未来 10 年全球鱼粉不但没有增加，而且每年还在锐减。2014 年全球鱼粉总产量约 400 万 t，较 2013 年减少了 50 多万 t。2015 年全球鱼粉总产量维持在 2014 年同等数量 400 万 t 水平。按照现有水产行业和畜禽饲料鱼粉使用量，未来 6 年鱼粉需求量将达到 800 万 t 以上；缺口为 400 万 t 以上，有 600 亿元人民币的市场份额（13 000～15 000 元/t）；其中中国市场缺口至少在 150 万 t 以上，若用酵母等功能性蛋白原料补充，约有 200 亿元以上市场潜力，全球约有 600 亿元以上。

2. 替代血浆蛋白粉。喷雾干燥血浆蛋白粉在中国高档乳仔猪料使用量 4%～5%，按中国近200 万 t 乳猪教槽料计算，每年将使用 8 万～10 万 t 血浆蛋白粉（平均价格 28 000 万～35 000 万元/t）。利用酵母等功能性蛋白原料替代血浆蛋白粉使用量，每年销售收入可达 30 亿元以上。

3. 减抗替抗。饲用抗生素的使用曾被认为是 20 世纪畜牧业生产中最伟大的生物技术，它的应用和推广创造了养殖业和饲料业的革命。但随着抗生素的长期、大量滥用带来了严重的负面效应，世界各国迅速采取措施，瑞士在 1992 年即禁止使用饲用抗生素，欧盟 1999 年 1 月起通过立法禁止抗生素作促生长剂使用。2015 年全国抗生素用量约 18 万 t，其中兽用

抗生素约占一半以上用量，兽用抗生素使用投入达到近200亿元。2017年1月1日起，欧盟全面禁止使用抗生素将给酵母类产品带来极好机会。随着饲料减抗替抗的呼声越来越高，作为重要免疫增强剂产品的功能性酵母产品越来越受关注，作为常规添加成分的酵母在饲料中应用越来越普遍，市场需求也巨大，随着行业内对“无抗养殖”的呼声越来越高，在2015年第三届中国生物饲料科技大会上，中国科学院亚热带农业生态研究所印遇龙院士向与会人员分享了酵母细胞壁半替代抗生素、酵母水解物代替血浆研究的成果，鼓励行业应多关注酵母源生物饲料，认为酵母源生物饲料在减少抗生素的用量、缓解蛋白质资源短缺等方面具有广泛的应用前景。

随着对酵母源生物饲料的深开发，绿色、高效、环保的新型酵母源生物饲料得到广泛的应用，并迎来了极大的发展机遇。在农牧水产饲料行业的使用方法有了新的突破，应用效果与高效安全性得到进一步科学验证和认可，各种产品产销量有了迅速增长。

五、组建饲料酵母行业协会，规范市场行为

饲料酵母企业压力越来越大，上面说的啤酒厂的酵母泥招标价格高涨，中间生产成本高，企业越来越难以获得足够的利润空间维护产品的研发。

啤酒酵母泥本身作为啤酒厂的废水，不可以随便处理，而啤酒饲料酵母厂家花钱拉走啤酒厂的废水，本身减少了其环保压力，并间接处理了啤酒厂的废水问题，而把治污转嫁到饲料酵母厂家，不光如此，啤酒厂还不断提高啤酒酵母泥招标价格。希望组建行业协会，饲料酵母企业在上游酵母泥招标上留有空间。

同时对一些无生产资质、无环保处理能力的地下工厂加大处罚力度，规范企业的公平竞争环境，保护市场价格，减少恶意竞争，企业有空间，才能发展，才能投入研发，开发新产品。

建议有条件的高校或科研院所与企业间加大产学研力度，加大对对酵母源生物饲料产品的投入与研究，以进一步规范市场，规避风险，促进整个酵母生物饲料业健康、良性、快速发展，为推动饲料和食品安全做出积极贡献。不断开发饲料酵母新品种，为饲料酵母持续注入新鲜血液，保证行业健康发展，让酵母为人类健康贡献更大的力量。

（陈训银　董爱华）

益生素应用研究进展

随着食品安全问题的日益突出，人们逐渐意识到抗生素在养殖业中的广泛使用带来的体内耐药性和药物残留等危害。早在2006年，欧盟就颁布禁令，明确要求不得在饲料中添加任何形式的抗生素，随后日本、韩国也对饲料中抗生素的添加做出了严格的限制。近日，我国也提出了2020年饲料端全面禁抗的要求。因此，寻找有效的抗生素替代品，已成为现阶段畜禽养殖发展中急需解决的问题。

益生素（probiotics）即通常所说的益生菌、活菌制剂，是指可以直接饲喂动物并通过改善宿主肠道微生态平衡对宿主发挥有益作用，从而达到预防消化道疾病和促进生长双重作用的生物活性添加剂。益生菌进入动物肠道后，可以补充消化道内的有益微生物，或直接与有害微生物进行竞争抑制，或产生抗菌物质来抑制有害菌的繁殖，平衡肠道菌群。益生素以其安全、无毒、无残留、无抗药性、无副作用等特点，被誉为替代抗生素的新型绿色添加剂，受到广泛关注。2017年，我国关于益生素的研究应用涉及家禽、猪、反刍动物、水产养殖和特种经济动物等领域，为益生素在动物生产中的广泛应用提供了宝贵经验。

一、益生素研究概述

我国农业农村部《饲料添加剂品种目录（2013）》规定的可以直接饲喂动物的饲料级微生物添加剂菌种共34种，其中常用的益生菌的微生物种类有芽孢杆菌、乳酸菌和酵母菌等。芽孢杆菌是好氧菌，在极端环境中可形成芽孢以适应动物消化道中的复杂环境，形成芽孢的芽孢杆菌可以抵御肠道内其他病原菌在体内的侵入与吸附。常用的芽孢杆菌菌种有枯草芽孢杆菌、纳豆芽孢杆菌、地衣芽孢杆菌、凝结芽孢杆菌等。乳酸菌是一群形态、代谢性能和生理学特征不完全相同的革兰氏阳性菌的统称。乳酸菌是动物肠道中的优势菌，是益生素中研究最早、应用最广的一类。酵母菌主要包括啤酒酵母和酿酒酵母，主要通过改变瘤胃的发酵形式调节消化道的内环境，提高反刍动物的生产性能。

目前，市场上与益生素相关的微生态制剂主要有益生菌、益生元和合生元等。益生元（prebiotics）是由一种或几种单糖组成的低聚糖或菊粉，多数是由碳水化合物构成的可溶性纤维，通过选择性地刺激肠道中有益细菌的生长，对宿主产生有益的影响。合生元（synbiotics）又称合生素，是益生菌和益生元通过合理配伍得到的生物制剂，能发挥双方的协同作用，更有效地调节肠道菌群。

二、益生素的作用机制

关于益生菌在动物体内发挥作用的机制已经研究的比较成熟。研究表明，益生菌主要通过促进肠道内某些有益菌的生长、抑制有害菌的生长，形成优势菌群，维持肠道微生态平衡，来发挥促生长的作用。另外，2017年学者们也对益生菌的其他方面的作用进行了深入研究。张鑫等研究了益生菌对肠道黏膜免疫的影响，结果发现益生菌不仅能够调节肠道菌群，通过占位效应、分泌抑菌杀菌物质排斥致病和条件致病微生物，而且可以增强和修复肠道黏膜上皮细胞屏障，刺激、增强和调节肠道免疫和全身免疫。在对益生菌抗氧化能力的研究中发现，益生菌可以通过金属离子螯合能力、抗氧化酶体系调节产生的ROS酶，调控Nrf2-Keap1-ARE、NF-κB和MAPK等信号通路发挥其抗氧化作用。

三、益生素在畜牧生产中的应用

益生素作为抗生素的潜在替代物在动物生产上受到了广泛的关注。2017年益生素在畜牧生产中的研究涉及家禽、猪、反刍动物、水产动物等领域。研究对象方面，研究较多的仍然是家禽和猪；益生素种类方面，研究较多的是乳酸菌、芽孢杆菌和酵母菌；应用形式方面，单一益生素、复合益生素及益生素与中草药、酶制剂等配伍使用均得到了研究；应用效果方面，益生素主要通过调节肠道菌群平衡、提高免疫性能、增强机体对营养物质的消化与吸收，达到改善肠道健康和促进生长发育的目的。需要注意的是，益生素的添加剂量因动物种类、生长阶段和益生素的组成而不尽相同，并非剂量越高越好。另外，益生菌发酵饲料的制备以及各种新的益生菌菌种的筛选已成为益生素研究的新趋势。以下着重从5个领域总结2017年益生素在畜牧生产中的应用。

1. 益生素在家禽生产中的应用。2017年我国关于益生素在家禽生产中应用研究主要集中在肉鸡和蛋鸡，在鹅、鸭和乳鸽上也有一些研究。益生菌在饲料中的应用形式有单一益生素、复合益生素及配伍益生素，且复合益生素和配伍益生素的应用效果往往优于单一益生素。家禽上常用的益生菌菌种有芽孢杆菌、乳酸菌和酵母菌。益生素的添加可以提高家禽的免疫性能和抗氧化性能，维持肠道菌群平衡，提高养分消化率，从而提高生产性能。同时，益生素还可以缓解冷、热应激和免疫应激引起的炎症损伤，抑制鸡粪中的氨气和硫化氢恶臭气体的释放，改善畜舍环境。

①单一益生素在肉鸡生产中的应用。许运岑等以枯草芽孢杆菌为菌种，研究了其对AA商品肉鸡生产性能、血清生化指标及经济效益的影响。结果发现，与对照组相比，添加300mg/kg枯草芽孢杆菌的试验组肉鸡的末重和平均日增重分别提高了9.5%和7.7%，料重比降低了1.1%，出栏率提高了1.2%，同时降低了粪中的氨气浓度，改善了鸡舍的环境，提高肉鸡的生产性能和经济效益，具有应用价值。徐丽娜等研究发现，给罗斯308肉鸡灌服活菌为10^8cfu/mL的枯草芽孢杆菌E－8可明显抑制大肠杆菌导致的腹泻，治愈率达80%，且能增加采食量，提高肉鸡生长速度和饲料利用率，还可提高机体免疫力，改善十二指肠黏膜结构。枯草芽孢杆菌J－4菌株也可提高肉鸡的免疫性能，且以0.2%的添加剂量（有效活菌含量1.0×10^9cfu/g）最为适宜。应志雄等研究发现，日粮添加解淀粉芽孢杆菌具有改善环磷酰胺介导的免疫抑制AA肉鸡肝脏抗氧化功能和缓解肝脏氧化损伤的作用，其机制可能与改善抗氧化酶系统和非酶系统的能力有关。研究还发现，在AA肉鸡基础日粮中添加100mg/kg和150mg/kg的纳豆芽孢杆菌对于其生产性能的改善和免疫功能的提高有显著效果。饲粮中添加300mg/kg凝结芽孢杆菌可抑制肉鸡肠道中大肠杆菌的生长，提高免疫器官指数，降低死淘率。日粮添加地衣芽孢杆菌能改善坏死性肠炎肉鸡的生长性能，调节由坏死性肠炎导致的菌群失调，地衣芽孢杆菌与酶制剂联用也能促进肉鸡的生产性能。

潘迪子等以啤酒酵母（活性为1.2×10^{10}cfu/g）作为研究菌种，探究活性酵母对脂多糖应激黄羽肉鸡肠道健康的影响，结果表明，饲粮中添加活性酵母能够提高黄羽肉鸡肠道绒毛高度和食糜中酵母菌数量，改善肠道黏膜及菌群结构，促进肠道健康。克鲁假丝酵母是从鸡粪中筛选出的一株具有氨氮降解能力的酵母菌，将其作为新型饲料添加剂饲喂肉鸡，可以有效抑制鸡粪中的氨气和硫化氢恶臭气体的释放，表现出较好的除臭效果，对于改善畜舍环境具有重要的意义。

②复合益生素在肉鸡生产中的应用。随着对单一型益生素作用机制的研究深入，人们开始研发复合益生素或将复合益生素与其他饲料、中草药、酶制剂等配伍在肉鸡生产中的使用。表2－48按照研究对象综述了2017年复合益生素在肉鸡生产中的应用，包括益生素组成、试验期、添加剂量、最佳剂量、应用效果等方面内容。

表 2-48 复合益生素在肉鸡生产中的应用

研究对象	益生素组成	试验期	添加剂量	最佳剂量	应用效果
AA 肉鸡	芽孢杆菌、乳酸菌、双歧杆菌等多种益生菌，活菌数为 20 亿 cfu/g	1～42 日龄	0.1%、0.2%、0.3%、0.4%	0.3%	提高肉鸡的生产性能，改善鸡肉品质，延长鸡肉的保质期和货架寿命，提高机体的抗氧化能力和免疫力
AA 肉鸡	黄芪、女贞子、益生素（主要包括芽孢杆菌、酵母菌、乳酸杆菌等）	1～21 日龄 22～42 日龄	0.5%、1.0%、1.5%混合物（三者比例为 1∶1∶1）	1.0%	中药与益生素合用具有协同作用，可提高肉鸡生产性能以及机体免疫机能
AA 肉鸡	乳酸菌、芽孢杆菌、酵母菌等及其代谢产物	1～35 日龄	0.1%、0.5%、1.0%	0.5%	提高肉仔鸡的生长性能，节约饲料成本，改善小肠形态结构
AA 肉鸡	植物乳杆菌＋枯草芽孢杆菌，活菌总数≥3×10^8 cfu/g)	预试期 3d，第 4 天试验开始，冷应激持续 4h	2‰	—	复合益生菌可减轻冷应激对肉雏鸡肾脏的伤害，增强冷应激下肉雏鸡的抗氧化性能
AA 肉鸡	海洋红酵母、枯草芽孢杆菌和乳酸菌	1～42 日龄	分别为 1.5×10^8、3×10^7、3×10^7 cfu/g	—	提高肉鸡的生产性能、屠体性能和养分表观利用率
AA 肉鸡	乳酸菌（活菌数 2.5×10^9 cfu/g）和酵母菌（活菌数 1.3×10^9 cfu/g）	1～21 日龄 22～42 日龄 共 42d	0.1%	—	提高生产性能，降低肠大肠杆菌数量，改善肠道形态，增加血清免疫球蛋白含量
AA 肉鸡	酶制剂和复合微生态制剂（酵母菌 1×10^8 cfu/g、枯草芽孢杆菌 3×10^8 cfu/g、乳酸菌 1×10^8 cfu/g）	1～37 日龄	0.1%	—	提高生产性能，促进免疫器官发育，提高免疫指数及肠道黏膜免疫反应
AA 肉鸡	嗜酸乳杆菌、植物乳杆菌和粪肠球菌，总菌含量≥1×10^9 cfu/g	21～42 日龄 共 21d	1.5×10^8 cfu/g	—	提高热应激肉鸡平均日增重，减轻机体炎症损伤，缓解肠道损伤，改善肠道免疫防御功能
艾维因商品代肉仔鸡	免疫蛋白质粉和复合益生素（芽孢杆菌与乳酸杆菌）	1～40 日龄	0.2%卵黄抗体＋0.02%复合益生素	—	卵黄抗体及其与复合益生素组合能提高肉仔鸡的生产性能
良凤华肉鸡	酶制剂和枯草芽孢杆菌，有效菌数量 2.97×10^{10} cfu/g	前期（1～28 日龄）；后期（29～56 日龄）；代谢试验期（57～68 日龄），共 68 d	200g/t 或 300g/t 复合酶制剂＋100g/t 益生菌	100g/t	提高粗纤维的表观消化率，对肉鸡屠宰性能和肉品质均无不良影响

（续）

研究对象	益生素组成	试验期	添加剂量	最佳剂量	应用效果
黄羽肉鸡	枯草芽孢杆菌、嗜酸乳杆菌和酪酸菌，总活菌数≥10^{10}个/g	10～30 日龄 31～60 日龄 共 50d	50g/t、100g/t、300 g/t	100g/t	提高生产性能，促进肠道发育，增强免疫功能及抗氧化能力

注：表中“—”表示本试验只有一个添加剂量或文中未提及，下表同。

③益生素在蛋鸡中的应用。单一益生素如芽孢杆菌、乳酸菌和酵母菌在蛋鸡中应用较为广泛，益生素与中草药联用也得到了应用。郭军蕊等研究表明，日粮中添加枯草芽孢杆菌以及枯草芽孢杆菌和苜蓿多糖联用可以提高海兰褐蛋鸡的生产性能和蛋品质，且联合使用效果在改善血清生化指标、调节机体免疫功能方面较单独使用枯草芽孢杆菌有一定优势。白术多糖与枯草芽孢杆菌联用对育成期蛋鸡的生长性能和血清免疫指标有协同作用，且以添加 0.4%白术多糖和 250mg/kg 枯草芽孢杆菌组的效果较佳。研究还表明，0.5%的枯草芽孢杆菌能有效改善鸡蛋的品质和熟鸡蛋的质构。黄世猛等试验得到，饲料中添加凝结芽孢杆菌使感染沙门氏菌后蛋鸡料蛋比和平均日采食量的降低得到改善，同时改善血浆蛋白质代谢和脂质代谢。研究乳酸菌的试验表明，在蛋鸡产蛋后期日粮中添喂 150mg/kg 乳酸菌可以明显提高其产蛋性能，改善蛋品质，降低发酵粪中氨气和硫化氢的浓度。饮水中添加乳酸菌也可以提高初产蛋鸡的蛋品质。另外，乳酸菌还能缓解热应激蛋鸡的氧化损伤。研究发现，日粮添加 0.6%富硒乳酸菌制剂显著提高了蛋鸡生产性能、免疫和抗氧化性能，并对蛋白质的吸收利用和脂代谢有一定的调节作用；0.2%富锗酵母菌培养物可提高蛋鸡抗氧化性能及免疫性能。张李荣等比较了不同种类益生素对蛋鸡的影响，结果发现益生菌能显著改善蛋雏鸡的生长性能，且粪肠球菌、嗜酸乳杆菌和乳双歧杆菌三种益生菌的作用效果相近。

复合益生菌在蛋鸡上也得到了应用。研究表明，0.2%富锌益生素（产朊假丝酵母、嗜酸乳杆菌和凝结芽孢杆菌）提高了海兰褐蛋鸡的生长性能和蛋品质，改善了血液生化指标，并提高了抗氧化能力。在罗曼褐壳蛋鸡饲粮中添加 1g/kg 复合益生菌（枯草芽孢杆菌和乳酸片球菌）可促进蛋鸡早期的生长，提高粗蛋白和钙的利用率，改善肠道菌群结构，提高机体生理健康状况。岳道友等研究了复合益生菌和中草药的联用对蛋鸡生产性能和蛋品质的影响后发现，1%的中草药与 0.1%的复合益生菌联用显著改善了蛋鸡的生产性能，提高了蛋品质。

④益生素在其他家禽中的应用。研究表明，在肉鹅日粮中添加 0.25%产甘露聚糖酶芽孢杆菌可提高肉鹅的生长性能和饲料利用率。益生素与多糖和核糖核酸联用均可显著提高种鹅产蛋率、平均蛋重，降低料蛋比、破蛋率。饲粮添加 250mg/kg 枯草芽孢杆菌和 8mg/kg 铜对5～16周龄五龙鹅肠道发育、微生物菌群结构及血清生化指标的影响具有协同促进作用；250g/t 枯草芽孢杆菌和 70mg/kg 协同作用能够提供 5～11 周龄五龙鹅的机体抗氧化水平，促进胫骨发育，降低胫骨锰含量。在樱桃谷肉鸭饲粮中添加枯草芽孢杆菌和复合芽孢杆菌均能有效提高其生产性能，改善屠宰性能。据报道，通过饮水饲喂150mg/kg凝结芽孢杆菌也可以提高肉鸭的生长性能，降低腹泻率。0.2%凝结芽孢杆菌对于朝鲜鹌鹑的生长性能、蛋品质和血清抗氧化能力也有一定的促进作用。陈晓帅等研究了不同益生素对乳鸽生长性能、屠宰性能和血清生化指标的影响，结果发现，在保健砂中添加嗜酸乳杆菌、乳双歧杆菌和粪肠球菌均改善了乳鸽的生长性能、屠宰性能和血清生化指标，添加不同种类的复合益生菌也得到了相同的结果。

2. 益生素在猪生产中的应用。2017 年我国有关益生素在猪生产中的应用研究见表 2－49。从表中可以看出，益生素在猪上的应用主要集中于断奶仔猪，在保育猪、育肥猪、母猪及地方猪等品种上也有研究。猪生产上常用的益生菌菌种有芽孢杆菌、乳酸菌、酵母菌和屎（粪）肠球菌等。应用形式有单一益生素及益生素与酶制剂、低聚糖、中草药等联用。益生菌的作用主要有提高猪的生长性能，降低腹泻率，提高免疫性能、抗氧化性能和血清生化指标，调节肠道菌群平衡；改善肉品质，延长货架期；还可以提高母猪的产仔数，缩短母猪产程和发情周期。益生素除了动物试验中的应用，体外的细胞培养及分子相关试验也表明，益生菌大肠杆菌 Nissle1 917 具有较好的抗逆性能，能够很好地黏附猪上皮细胞，对致病菌大肠杆菌 K88 具有良好的抑制作用。另外，微生物发酵床技术的应用为猪的健康、生态生产及高效养殖创造了良好条件。益生菌发酵饲料因其特有的优势在猪生产上也得到了快速发展。

表 2-49　益生素在猪生产中的应用

研究对象	益生素组成	试验期	添加剂量	最佳剂量	应用效果
杜长大三元杂交断奶仔猪	枯草芽孢杆菌，活菌总数≥2×10^{10}cfu/g	(7.58±0.23) kg 断奶仔猪饲养 40d	0.1%、0.2%、0.4%	0.2%	提高生长性能，增加血清尿素氮，提高血清超氧化物歧化酶活性
杜长大三元杂交断奶仔猪	枯草芽孢杆菌和乳酸杆菌，活菌数达到 1×10^{9}cfu/mL	28 日龄断奶仔猪饲养 30d	2mL 益生菌培养液和 1%中草药	—	益生菌和中草药联合应用促进断奶仔猪生长，优化肠道菌群结构，提高机体免疫功能
杜长大三元杂交断奶仔猪	屎肠球菌，活菌数≥2×10^{9}cfu/mL	28 日龄断奶仔猪饲养 42d	5×10^{12}cfu/T	—	提高生产性能，粗蛋白及钙的消化率，增强仔猪免疫力，维持仔猪消化道菌群稳态，遏制致病微生物的生长
杜长大三元杂交断奶仔猪	芽孢杆菌 Z－27，活菌数为 1×10^{10}cfu/g	预试期 5d，正试期 30d	0.1%	—	益生菌剂 Z－27 能替代抗生素，使用后可提高仔猪生长性能，维护肠道微生态，减少仔猪腹泻
杜长大三元杂交断奶仔猪	地衣芽孢杆菌、枯草芽孢杆菌和丁酸梭菌，其活菌总数不低于 10^{12}cfu/g	28 日龄断奶仔猪饲养 28d	250mg/kg、500mg/kg	—	降低断奶仔猪的腹泻率，提高生长性能，改善肠道菌群
杜长大三元杂交断奶仔猪	复合益生菌（乳酸粪肠球菌、枯草芽孢杆菌、酵母菌等）和果寡糖、绿原酸等中药提取物组合	30 日龄断奶仔猪饲养至 61 日龄，共 30d	0.25%、0.5%、1%	0.5%	促进生长发育，降低腹泻率，增强机体的免疫功能
莱芜黑断奶仔猪	植物乳杆菌、戊糖片球菌、枯草芽孢杆菌、丁酸梭菌和酵母菌及其培养物	(8.15±0.05) kg 断奶仔猪饲养 28d	0.1%	—	提高生产性能，降低胃和十二指肠内容物 pH，提高脾脏指数和肝脏指数，促进免疫器官的发育
断奶五指山猪	地衣芽孢杆菌，活菌总数 2×10^{10}cfu/g	(10.47±1.12) kg 断奶仔猪饲养 40d	100g/t、200g/t、400g/t	400g/t	提高生长性能，提高机体免疫力
杜长大三元杂交育肥猪	枯草芽孢杆菌、屎肠球菌和酵母菌	200 日龄育肥猪饲养 30d	0.5%、1%	1%	促进育肥猪生长，降低腹泻率，改善粪便 pH 和有益微生物群落
杜长大三元杂交育肥猪	酿酒酵母或芽孢杆菌，活菌数分别为 1.0×10^{10} 和 1.0×10^{10}cfu/g	(62.50±0.83) kg 育肥猪饲养 56d	0.5g/kg 酿酒酵母，0.1% 芽孢杆菌	—	两种益生菌均可改善育肥猪对营养物质的消化吸收，酿酒酵母改善肠道形态，芽孢杆菌提高肠道免疫水平
杜陆二元杂交育肥猪	枯草芽孢杆菌、凝结芽孢杆菌、地衣芽孢杆菌及酵母菌等，活菌总数≥10 亿 cfu/g	210 日龄育肥猪饲养 28d	0.1%	—	提高生长性能，降低腹泻率，改善肠道环境，促进钙磷的消化吸收，改善毛色
长白母猪+大白母猪	枯草芽孢杆菌（活菌数≥300 亿 cfu/g）和低聚木糖	母猪妊娠 90d 至断奶后发情，共 52d	0.05%低聚木糖+0.03%益生菌	—	提高 2 胎母猪产仔数、产活仔数和健仔数，缩短母猪产程和发情间隔

（续）

研究对象	益生素组成	试验期	添加剂量	最佳剂量	应用效果
大白母猪	微胶囊益生菌（粪肠球菌 $>1.5\times10^8$ cfu/g、酿酒酵母 $>1.0\times10^7$ cfu/g）	(64.89±2.93) kg 的大白母猪饲养 42d	0.25kg/t、0.5kg/t、1kg/t	0.5kg/t	提高生产性能，减少大肠杆菌数，增加乳酸杆菌和双歧杆菌数
育肥母猪	酿酒酵母、植物乳杆菌、粪肠球菌、枯草芽孢杆菌，总活菌数 $\geqslant10^9$ cfu/g	选择 90 日龄育肥猪饲养 82 d	0.2%、0.5%	0.5%	提高生产性能，提高血清免疫球蛋白含量，减低血清胆固醇含量，调节肠道菌群
保育仔猪	纳豆芽孢杆菌、乳酸菌、光合菌、酵母菌	28 日龄仔猪饲养 20d	0.3%	—	降低仔猪腹泻率，降低猪舍内氨气浓度
PIC 系保育猪	包被乳酸菌，活菌总数 $>5\times10^4$ cfu/g	(9.1±0.5) kg 小猪饲养 20d	100mg/kg 氧化锌＋0.1%包被乳酸菌	—	包被乳酸菌组降低了腹泻率，能有效替代部分氧化锌
杜长大哺乳仔猪	干酪乳杆菌，酿酒酵母，枯草芽孢杆菌	哺乳仔猪饲养 21d	三种益生素、水和蜜糖，配伍比例为 1∶1∶2∶5∶1	—	复合益生菌制剂能够提高哺乳仔猪的生长性能和免疫水平
杜长大商品猪	芽孢杆菌（1.6×10^{11} cfu/g）和酵母菌（1.1×10^{10} cfu/g）	60kg 猪饲养至 100kg	0.5%益生菌＋0.1%丁酸甘油酯＋0.2%甜菜碱	—	提高试验猪日增重，降低肌肉滴水损失，提高机体抗氧化能力，减缓肌肉脂质氧化程度，延长货架期

3. 益生素在反刍动物生产中的应用。2017 年国内有关益生素在反刍动物中的应用研究见表 2－50。从表中可以看出，反刍动物中使用的益生素主要为复合益生素，常用的益生菌菌种为芽孢杆菌和酵母菌。日粮中添加单一益生素和复合益生素能够提高奶牛的泌乳性能，预防乳房炎，提高肉牛和肉羊的生长性能和屠宰性能，促进营养物质消化吸收，提高免疫性能，改善反刍动物的瘤胃发酵环境。

表 2－50 益生素在反刍动物生产中的应用

研究对象	益生素组成	试验期	添加剂量	最佳剂量	应用效果
荷斯坦奶牛	干酪乳杆菌和植物乳杆菌，有效活菌数 $\geqslant1.5\times10^9$ cfu/g	56d	15g/(d·头)，30g/(d·头)	30g/(d·头)	提高奶牛的泌乳性能，抗氧化功能和免疫性能
泌乳中后期奶牛	酵母培养物和芽孢杆菌，总活菌数分别 $\geqslant3\times10^9$ cfu/g，$\geqslant1.2\times10^{11}$ cfu/g	60d	10g/(d·头)，20g/(d·头)，30g/(d·头)	20g/(d·头)	提高奶牛的泌乳性能，改善瘤胃发酵，提高日粮养分的表观消化率
荷斯坦奶牛	乳酸菌液体制剂：植物乳杆菌 SCI－1 和 SCI－2 发酵，总活菌数 $\geqslant1.0\times10^{10}$ cfu/mL	10d	200mL/(d·头)	—	增加奶牛平均头日产奶量，降低乳房炎患牛的乳体细胞数

（续）

研究对象	益生素组成	试验期	添加剂量	最佳剂量	应用效果
安格斯肉牛	活性干酵母，1.71×10^{10} cfu/g	21d	1.5g/(d·头)	—	改善肉牛胴体品质，免疫机能和消化机能
犊牛	枯草芽孢杆菌，酵母菌或乳酸菌	30d	0.01%～0.20%	—	提高犊牛生长性能，增加体尺体重，降低腹泻率
蒙古绵羊羯羊	复合益生菌液：酵母菌与枯草芽孢杆菌 1∶1 混合，活菌数 $1.1\times10^9\sim1.4\times10^9$ cfu/mL	48h（体外发酵法）	0.3mL、0.8mL、1.0mL、1.5mL	精粗比 3∶7，1.0mL 较好；精粗比 7∶3，1.5mL 较好	对不同底物类型饲料发酵参数的影响显著，适量添加可以提高底物的干物质降解率和氨氮 VFA 浓度，促进瘤胃发酵
杜寒杂交肉羊	地衣芽孢杆菌，酿酒酵母和复合生物制剂（包括两种益生菌和碱性蛋白酶）	56d	分别为 4×10^9 cfu/kg、3.2×10^9 cfu/kg、1.1g/kg	1.1g/kg 复合制剂	复合益生菌制剂对肉羊生产性能、屠宰性能及内脏和胃肠道发育的促进效果最好
小尾寒羊羔羊	乳酸菌和地衣芽孢杆菌，活菌总数≥1.1×10^9 cfu/g	49d	0.5%	—	提高肉羊的生长性能、营养物质消化率及免疫功能
杂交羔羊	复合微生态制剂和芽孢杆菌纯菌粉	60d	复合微生态制剂添加量：1%、2%、3%；芽孢杆菌纯菌粉添加量：0.1%、0.2%、0.3%	2%复合微生态制剂；0.2%芽孢杆菌纯菌粉	降低瘤胃液 pH；促进体外发酵产气量的增加，增加发酵底物中 TVFA 的含量，提高日增质量，缩短育肥周期，提高羊群免疫力，减少病死率
湖羊	乳酸菌、芽孢杆菌或芽乳混菌	60d	600mg/kg	—	提高生产性能、营养物质消化率、屠宰性能和肉质，且芽乳混菌优于单菌种

4. 益生素在水产养殖中的应用。2017 年我国益生素在水产养殖中的应用研究对象主要有凡纳滨对虾、刺参和仿刺参以及鱼类。应用于水产业中的菌种主要有芽孢杆菌和乳酸菌。郑玉等研究了来源于糟粕醋的融合乳杆菌（LAB041）和植物乳杆菌（LAB1036）分别对凡纳滨对虾生长、非特异性免疫力和抗逆性的影响。结果表明，2 株乳杆菌均可促进凡纳滨对虾生长，提高存活率，提高血清免疫酶的活性，在一定程度上提高凡纳滨对虾对亚硝酸盐的耐受力，且 LAB1036 在增强对虾抗逆性方面优于 LAB041。孟霄鹏等以类芽孢杆菌和双歧杆菌为益生菌，研究益生菌对凡纳滨对虾免疫功能和肠道菌群的影响，结果发现益生菌能显著提高对虾免疫功能，改善对虾肠道菌群组成，从而提高对虾的抗病力。

在对刺参和仿刺参的研究中发现，生物絮团养殖系统中添加益生菌（硝化菌和枯草芽孢杆菌制剂）可以促进幼参生长，提高消化酶活力和增强免疫反应。姜冰在仿刺参养殖池塘沉积物中分离出两株芽孢杆菌（B_6 和 B_7）作为益生菌制剂的基础菌株投喂仿刺参后发现，B_6 和 B_7 能有效提高仿刺参肠道内的消化酶活性以及体液腔中多种非特异性免疫酶活性，对仿刺参的消化和免疫功能有正向刺激作用。也有研究表明，用解淀粉芽孢杆菌 X3－3 和甲基营养性芽孢杆菌 X4－1作为饲料添加剂，能显著提高仿刺参消化酶活性，免疫相关因子活性，促进仿刺参的生长和免疫抗病力；巨大芽孢杆菌 X4－5 仅对免疫相关因子活性有促进作用，而上述 3 株益生菌以 1∶1∶1 比例配制的复合益生菌使用效果最佳。

在鱼类上，王纯等发现，适宜浓度的解淀粉芽孢杆菌和胶红酵母复合添加能显著促进虹鳟的生长，提高存活率，对消化道优势菌群产生一定的影响，但是高比例添加会降低消化道黏膜数量及多样性风险。覃初斌等研究发现，在饲料中添加适量的解淀粉芽孢杆菌能显著提高黑鲷幼鱼肠道消化酶活性，提高抗氧化能力，促进生长。黄灿等试验还表明，益生芽孢杆菌对嗜水气单胞菌造成的草鱼肠黏膜结构损伤有一定的保护作用。

5. 益生素在其他动物上的应用。崔一喆等研究了复合益生菌对离乳马鹿和离乳梅花鹿生长性能、粪便菌群及免疫球蛋白的影响，结果表明日粮添加复合益生菌制剂均能显著提高幼鹿的平均日增重，促进幼鹿生长，同时有提高幼鹿肠道乳酸杆菌数量、抑制大肠杆菌数量，提高免疫球蛋白含量的趋势，有利于维持肠道微生态平衡，增强机体免疫功能。在兔的研究中发现，公兔日粮中添加 1 000mg/kg 地衣芽孢杆菌能够短期缓解热应激，提高精液品质，有升高卵泡刺激素、促黄体素、睾酮、三碘甲状腺原氨酸和四碘甲状腺原氨酸的作用，并对地衣芽孢杆菌的添加量有剂量依赖性。试验还发现，日粮中添加 500g/t 枯草芽孢杆菌微生态制剂可降低幼兔的腹泻率和死亡率。

四、小结

益生素作为替代抗生素的理想添加剂，在畜牧生产中得到了广泛的研究和应用。无论是单一益生素、复合型益生素还是益生素与酶制剂、中草药等联用，都有调节肠道菌群平衡、促进动物生长的良好作用。然而，益生菌菌种、添加剂量和饲喂时间的不同会在一定程度上影响益生素发挥功效。目前还有许多问题制约着益生素的进一步发展，包括新菌种的开发、菌种的使用剂量、不同菌种之间的配伍以及益生素与其他添加剂的配伍、新型微生物发酵饲料的制备等，都有待进一步深入研究。

（牛　玉　王　恬）

寡糖

作为最有发展前景的替代抗生素产品之一，特别是在畜产品的药物残留和抗生素过度应用已经成为制约我国畜牧业的瓶颈问题的当下，寡糖的研究日益深入和广泛。2017 年公开发表的资料中，壳寡糖的研究资料占据多数，特别是在动物养殖中的应用研究。关于寡糖产品在畜牧业、农业、医药行业的研究新进展综述如下。

一、寡糖在畜牧养殖业中的应用进展

近年对于寡糖在饲料中应用的作用，如改善动物机体免疫力，提高其抗病能力；抑制病原菌的定殖，促进消化道微生态平衡等作用已被广泛认同。2017 年的很多研究不仅关注寡糖的作用，更深入研究了其作用机理。

1. 在养猪生产中的应用。党国旗等以杜长大杂交 21 日龄断奶仔猪为试验对象，日粮中分别添加 50g/t、100g/t、150 g/t 壳寡糖（COS），结果发现适量壳寡糖能在一定程度上提高断奶仔猪体液免疫和细胞免疫能力，血清谷草转氨酶和谷丙转氨酶活性均有提高；试验组血清免疫球蛋白 A、肿瘤坏死因子 α 含量提高。壳寡糖提高了伪狂犬病、猪瘟等血清抗体效价，缓解断奶应激。

Suthongsa 等研究表明在饲料中添加壳寡糖可改善仔猪肠道功能，从而提高养分利用率和仔猪生产性能。饲料中添加 COS（150 mg/kg）可显著提高回肠养分（粗蛋白质、粗脂肪、灰分、钙、磷）利用率，试验 28d 时，肠道绒毛高度增加，绒毛高度和隐窝深度比值提高，肠道吸收能力增强。饲料中添加 150 mg/kg 壳寡糖与林可霉素（110 mg/kg）效果相当。

2. 在养禽生产中的应用。武威等发现在肉仔鸡饲料中添加甘露寡糖（MOS，25mg/kg、50mg/kg、75 mg/kg）可改善肉仔鸡生长性能；甘露寡糖对免疫器官发育有显著作用，同时也提高了过氧化氢酶、超氧化物歧化酶活性。研究结果显示对于肉仔鸡甘露寡糖的适宜添加量为 50 mg/kg。

白洁等评估了壳寡糖对 AA 肉鸡肉品质、抗氧化性能、小肠黏膜结构和肠道菌群的影响，壳寡糖在 AA 肉鸡饲料中的适宜添加量为 100 mg/kg。此添加量的壳寡糖可提高肉鸡平均日增重、血清超氧化物歧化酶活性、总抗氧化能力和 T－SOD、谷胱甘肽过氧化物酶活性以及空肠绒毛高度及绒毛高度与隐窝深度的比值。回肠大肠杆菌的数量也显著降低。

孟晓等认为在 58 周龄海兰褐蛋鸡饲料中添加不同水平（300～900 mg/kg）壳寡糖，可提高蛋鸡产蛋率和哈夫单位，调节肠道微生物菌群，降低血清葡萄糖、胆固醇含量和谷草转氨酶活性，增强蛋鸡免疫力。褐壳蛋鸡饲料中壳寡糖适宜添加量为 600 mg/kg。

陈帆报道在 28 周龄蛋鸡中添加含有果寡糖的复合添加剂，对蛋鸡的产蛋率、平均蛋重、平均日采食量及料蛋比均有显著影响；处理组的肠道长度和重量显著低于对照组。

3. 在反刍动物生产中的应用。王林等用尼龙袋法研究了不同精粗比（4 水平）饲粮中添加甘露寡糖（6 水平）对绵羊瘤胃养分降解率的影响。结果显示饲粮精粗比和 MOS 添加水平没有对绵羊瘤胃养分降解率产生显著交互作用，MOS 仅对不同时间点绵羊瘤胃 CP 的降解率及降解参数（可降解部分）产生了显著影响，其变化规律均为随 MOS 添加水平的增加先升高后降低，在 1.6% 添加量时达到最高。

胡丹丹研发发现在泌乳早期奶牛饲料中添加60 g/(d·头)果寡糖（FOS）可改变瘤胃发酵模式，添加果寡糖可使瘤胃中总挥发性脂肪酸、丁酸含量显著增加，氨态氮含量显著降低；同时果寡糖组奶牛乳汁率提高4.7%（$P<0.05$），体细胞降低68.5%（$P<0.05$），但对产奶量、乳蛋白、乳中尿素氮浓度均无影响。

4. 在水产养殖中的应用。司滨等研究了包被壳寡糖对刺参生长性能和免疫的影响，在刺参基础饲料中分别添加质量分数不同（0.75%～3%）的包被壳寡糖，发现各试验组刺参体壁水分、粗蛋白、粗脂肪、粗灰分含量差异不显著。但1.5%添加组刺参增重率、特定生长率、吞噬活性、呼吸爆发活力、体腔LZM、SOD在试验点与对照组相比差异显著。司滨等另一试验证明，低量（0.5%）添加壳寡糖对刺参的生长性能没有影响，但添加COS组刺参的各项免疫指标均显著提高。

胡晓伟等研究了不同添加水平（0mg/kg、200mg/kg、400 mg/kg、600 mg/kg、800 mg/kg、1 000 mg/kg）的低聚木糖（XOS）对花鲈幼鱼的影响，发现随低聚木糖添加水平升高，花鲈的增重率和特定生长率先提高后降低；低聚木糖添加组的幼鱼血清总蛋白含量均显著提高，400mg/kg和800 mg/kg添加组血清高密度脂蛋白、胆固醇含量显著提高，200 mg/kg组的血清总胆固醇含量显著降低；不同试验组的免疫指标均有改善；并且饲料中添加低聚木糖显著降低了肠道中沙门氏菌、大肠杆菌的数量，增加了双歧杆菌数量。研究结果表明饲料中添加350～560 mg/kg低聚木糖有利于提高花鲈幼鱼生产性能、免疫功能和肠道健康。

王润萍等在罗非鱼饲料中添加1%龙须菜寡糖，试验7个月后，检测罗非鱼腹肉中脂肪酸种类与含量，发现龙须菜寡糖可有效降低罗非鱼腹肉中饱和脂肪酸的种类。龙须菜寡糖组罗非鱼腹肉中C20：5n-3（EPA）、C22：6n-3（DHA）和C20：4n-6（ARA）的相对含量及DHA/EPA值较对照组显著升高，腹肉中挥发性腥味物质降低为25种。袁香丽研究了低鱼粉饲料中添加壳寡糖对凡纳滨对虾生长、免疫以及对口副溶血弧菌感染能力的影响。

二、寡糖在农业生产中的应用进展

寡糖在植物防病抗病及果实保鲜方面的研究进展如下。

萨仁高娃等分别比较了壳寡糖和植物精油复配涂膜处理对鲜切苹果的影响。结果表明壳寡糖涂膜可显著延缓鲜切苹果的质量损失速率，降低样品中脂氧合酶的活性，延缓样品衰老速度；而壳寡糖与百里香油、肉桂油的复合涂膜可维持鲜切苹果的颜色、硬度和抗坏血酸含量，贮藏期内PPO和POD活性均低于其他处理组。

邓丽莉等分别比较了2,4-二氯苯氧乙酸（2，4-D）、1.5%壳寡糖和0.5%壳聚糖浸泡处理对“乙烯褪绿蜜橘”果实贮藏品质和抗性指标的影响。发现1.5%壳寡糖和0.5%壳聚糖可减慢乙烯褪绿引起的果实失重，1.5%壳寡糖可以诱导乙烯褪绿蜜橘果皮PPO、POD、PAL、GLU活性以及总酚、类黄酮含量的显著增加，并对果皮CHI活性有一定的诱导作用。说明壳寡糖在商业柑橘褪绿技术中对2，4-D具有一定替代作用。

单守明等发现赤霞珠葡萄谢花后叶片喷施壳寡糖，可以提高果实转化酶和ATPase酶活性，促进糖分卸载速率，以保证果实采收时的品质，特别是提高已感染卷叶病毒葡萄的果实品质。

何艳秋以丰香草莓为研究对象，对壳寡糖的保鲜作用机制进行了研究，发现壳寡糖处理能延缓草莓果实采后贮藏品质的下降。通过在保藏过程中细胞壁降解、乙烯合成相关酶的基因表达变化，包括果胶裂解酶、果胶酯酶、内切葡萄糖酶、乙烯氧化酶和乙烯合成酶等的测定，初步揭示了壳寡糖对草莓采后保鲜机制。

三、寡糖在医药食品中的应用进展

功能性寡糖一直是医药上的研究重点，寡糖在酒精肝、肝损伤及肺损伤中预防和治疗作用取得了较大进展。

李秀侠等以小鼠为试验动物，探讨了果寡糖对水飞蓟宾（silybin，Sil）治疗非酒精性脂肪肝（non-alcoholic fatty liver disease，NAFLD）的增效作用。结果FOS（2 000 mg/kg）能使水飞蓟宾治疗效果变得更明显，同时降低了肝脏组织病变和脂质沉积，而增大FOS剂量（4 000 mg/kg）对增效作用并不明显，但改善了非酒精性脂肪肝小鼠的体质。

孙媛媛等发现与模型组相比，褐藻胶寡糖预防组显著降低了刀豆蛋白A诱导急性肝损伤（ConA）小鼠血清中的AST和ALT水平，并且肝细胞损伤、炎性浸润和凋亡程度降低，说明褐藻胶寡糖对ConA诱导性肝损伤有一定保护作用。

柳云恩等研究发现壳寡糖对爆震伤致小鼠急性肺损伤（ALI）具有保护作用，可能是通过降低炎症相关因子和通路相关蛋白DDAH1（二甲基精氨酸二甲胺水解酶）表达，促进ADMA（非对称性二甲基精氨酸），进而激活丝裂原活化蛋白激酶（MAPK）通路来实现的。

王巍等评估了不同聚合度的果胶寡糖对供试菌的抑制效果，结果平均聚合度为3的果胶寡糖对供试菌的抑制效果最明显，尤其是对大肠杆菌、枯草芽孢杆菌和金黄色葡萄糖球菌的抑制效果最好；同时发现随着果胶寡糖浓度的增大，菌悬液的相对电导率也随之升高，菌悬液中核酸和蛋白质含量增大，表明寡糖抑菌机理可能是破坏细菌细胞膜通透性和完整性，导致细胞内容物外泄而抑制细菌生长。

四、饲用寡糖检测方法研究进展

目前，寡糖的检测方法主要有荧光辅助糖电泳法、高效液相色谱法、液质联用法等。高效液相色谱法是检测各种物质常用的分析方法，目前还未见高效液相色谱法测定饲料添加剂中甘露寡糖的报道。盛欣建立了饲料添加剂中甘露寡糖的高效液相色谱分析方法。方法简述为：样品经浓盐酸水解后，用氢氧化钠调节 pH 至 6～7，过 0.2 μm 滤膜后上机测定。采用 Shodex SUGAR SH1011 糖分析柱，0.005 mol/L 硫酸溶液为流动相，用示差检测器进行检测。结果甘露寡糖的定量限为 0.01 mg/mL；线性范围为 0.05～0.5 mg/mL；相关系数 r^2＝0.999 5。

（陈旭东　唐茂妍）

短链脂肪酸的产生机制及生理功能

近年来已有证据表明，饲料中添加抗生素促生长剂可导致人类药物耐药性增加，为了保障人类用药安全，维护人体健康，预防耐药性超级细菌对人类带来的威胁，欧盟已于2006年颁布禁令，禁止在所有的饲料中添加抗生素和化学治疗药物。随着饲料中抗生素禁用的日渐普及，迫使人们不断寻求新型抗生素替代品，而研究发现短链脂肪酸及其盐单独使用或混合使用均具有抗菌效力，如调节肠道菌群平衡、促进肠道黏膜发育、预防肠道炎症发生、预防腹泻等，因此，短链脂肪酸及其盐已引起人们对其更多的关注和研究。本文概述了短链脂肪酸的理化性质、产生机制以及生理功能，以期为更好研究应用短链脂肪酸防治动物疾病保护动物健康提供科学依据。

一、脂肪酸的概念分类

脂肪酸是指一端含有一个羧基的长链脂肪族碳氢化合物，低级脂肪酸为无色液体，具有刺激性气味，高级脂肪酸为蜡状固体。脂肪酸根据其碳原子数目不同，大致分为3类。

（1）含1～6个碳原子的称为短链脂肪酸，主要包括乙酸、丙酸、异丁酸、丁酸、异戊酸、戊酸、异己酸和己酸等。其中对动物体代谢作用最为重要的是乙酸、丙酸和丁酸，也称为挥发性脂肪酸，短链脂肪酸多是由结肠内厌氧菌利用低聚糖、非淀粉多糖、抗性淀粉等未消化碳水化合物发酵的主要产物。

（2）含6～12个碳原子的称中链脂肪酸，包括己酸、辛酸、癸酸和月桂酸，被甘油酯化生成的甘油三酯称为中链脂肪酸甘油三酯，由于纯中链脂肪酸具有难闻气味，它们的三酰基甘油（MCT）通常用于动物饲养。

（3）超过12个碳原子的称长链脂肪酸，指碳原子数为14～24的脂肪酸。如棕榈酸（C16：0）、硬脂酸（C18：0）、油酸（C18：1）、亚油酸（C18：2）、α-亚麻酸（C18：3），花生四烯酸（C20：4），其中又可分为长链饱和脂肪酸和不饱和脂肪酸。不饱和脂肪酸如亚油酸、亚麻酸、花生四烯酸等尤为重要，属于必需脂肪酸，人和动物体内不能合成，但对于动物生长是必不可少的重要营养素。

天然饲料资源（新鲜植物或动物来源、发酵或青贮饲料）中含有超过100种有机酸或衍生物，其中乳脂中的短链脂肪酸含量最高，如奶油中丁酸含量可达3%～4%。在生理条件下，食物中的短链脂肪酸均在小肠中被吸收，并不能到达结肠，而且体内合成和分解脂肪酸的过程也是短暂地生成短链脂肪酸，因此体内起主要生理作用的短链脂肪酸是由食物中不消化的碳水化合物在结肠腔内经厌氧菌酵解而生成的。

二、短链脂肪酸的理化特性

人类及动物结肠中的短链脂肪酸主要是醋酸（C2）、丙酸（C3）和丁酸（C4），其中三者约占90%～95%，戊酸（C5）、己酸（C6）、异丁酸（IC4）和异戊酸（IC5）虽然只占很少部分约为5%～10%，但也可见于大肠中。由于短链脂肪酸多为液体，具有一定刺激性，因此饲料工业中也常常采用一些短链脂肪酸及其盐作为添加剂应用于饲料中，欧盟正式批准常用的酸化剂如山梨酸钠、山梨酸钙、山梨酸钾、酒石酸、酒石酸钠、酒石酸钾、甲酸铵、甲酸钠、丙酸钠、乙酸钾、醋酸钙、双乙酸钠、柠檬酸钠、柠檬酸钾、乳酸钾、苯甲酸和苯甲酸钠等，这些短链脂肪酸及盐通过饲料或饮水单独添加或混合添加使用，固体制剂容易加工添加处理，而液体制剂则在喷涂过程中因其挥发性高达20%而导致腐蚀性和难闻的气味，因而只能通过用密封和缓释的包衣技术来消除，以便稳定其释放和解离的速度。常见短链脂肪酸及盐的部分理化特性见表2-51。

表 2-51 常见短链脂肪酸的理化特性

名称	分子式	性状	摩尔质量	总能（MJ/kg）	解离常数（pKa）	味感
甲酸	HCOOH	液体	46.03	5.7	3.75	刺激性
乙酸	$C_2H_4O_2$	液体	60.05	14.6	4.76	刺激性
丙酸	$C_3H_6O_2$	油状	74.08	20.6	4.88	刺激性
丁酸	$C_4H_8O_2$	油状	88.12	24.8	4.82	酸臭味
乳酸	$C_3H_6O_3$	液体	90.08	15.1	3.86	微酸
山梨酸	$C_6H_8O_2$	固体	112.1	27.85	4.76	微苦
富马酸	$C_4H_4O_4$	固体	116.1	11.5	3.02/4.38	无味
苹果酸	$C_4H_6O_5$	固体	134.1	10.0	3.46/5.10	苹果味
柠檬酸	$C_6H_8O_7$	固体	192.1	10.2	3.1/4.8/6.4	无味

注：单羧酸（1～6），二羧酸（7～8），三羧酸（9）。

三、短链脂肪酸产生机制

肠道微生物菌群含有大量与消化过程有关的各种细菌，菌群组成由宿主和菌群之间以及不同菌群之间的相互协同或拮抗的共生作用而决定的，由于发酵底物类型和细菌种类等因素影响，其所产生的短链脂肪酸的类型和数量不同，并且在肠道内发挥不同的作用，因此体内产生的短链脂肪酸数量和比例种类也受多种因素的影响。

1. 短链脂肪酸与肠道环境。在正常的生理条件下，胃肠道微生物的生态环境保持相对稳定，但由于环境条件的不同，不同肠段的微生物种类和数量也不同。胃中的 pH 较低为 2.5～3.5，可对大多数微生物有抑制作用，细菌平均数量为 10^3 cfu/mL；由于胆汁和胰液的作用，在小肠中停留的微生物种类和数量也相对较少，细菌平均数量为 10^8 cfu/mL；由于大肠所处特殊的位置、大肠的结构、酸碱条件以及厌氧环境，因此大肠中的微生物种类最复杂，数量最多，有研究表明在健康成年人结肠中栖息的细菌数量达到 10^{13}～10^{14} cfu/mL，有 300～400 种。据 Ducluzeau（1983）报道，仔猪出生后10～12h 其粪便中菌落数量已达 10^8～10^9 cfu/g，并且于 24～48h 内保持稳定，但是菌落的组成并不确定，伴随着断奶进程菌群数量种类比例等也在不断变化，研究发现在仔猪肠道的后段发现最多的肠道菌群见表2-52。

表 2-52 仔猪胃内小肠大肠菌落的比较（cfu lg/g 内容物）

微生物	胃内菌落	小肠内菌落		大肠内菌落	
		近端	远端	盲肠	结肠
总数	5.5～9.5	5.5～8.5	5.5～9.5	8.5～9.5	8.0～10.0
乳杆菌属	5.0～9.0	5.5～8.5	6.0～9.5	8.0～9.5	7.5～9.5
链球菌属	4.0～7.0	4.0～6.5	5.0～7.5	7.5	6.0～8.0
双歧杆菌属	4.5～6.5	4.0～5.5	5.5～7.5	5.0～8.0	5.5～8.5

2. 短链脂肪酸与糖类。结肠是动物体内短链脂肪酸的主要产生部位，厌氧微生物酵解的底物主要是非消化性碳水化合物，主要包括非淀粉多糖、抗性淀粉以及一些低聚糖等，产生的短链脂肪酸主要包括乙酸、丙酸、丁酸（表 2-53）。

表 2-53　肠道内主要糖类降解细菌数量及代谢产物

菌属	粪便中平均菌数 lg（cfu/g）	主要发酵产物
拟杆菌属	11.3	乙酸、丁酸、琥珀酸
双歧杆菌属	10.2	乙酸、乳酸、甲酸
真杆菌属	10.7	乙酸、丁酸、乳酸
瘤胃球菌属	10.2	乙酸
消化链球菌属	10.1	乙酸、乳酸
梭菌属	9.8	乙酸、丙酸、丁酸、乳酸
乳杆菌属	9.6	乳酸
链球菌属	8.3	乙酸、乳酸

（1）非淀粉多糖。非淀粉多糖包括纤维素、果胶、半纤维素等，多为膳食纤维，主要存在于谷类皮壳以及蔬菜水果中。结肠内厌氧菌利用非淀粉多糖作为发酵底物，产生短链脂肪酸，具有通肠润便、降低血脂、抗结肠癌、提高免疫力等生理功能。另外非淀粉多糖在肠道内经酵解后，对肠道内有益菌群能起到促进增殖改善肠道菌群平衡的作用，可改善肠道的菌群结构，并经肠内细菌发酵后产生更具活性作用的短链脂肪酸。

（2）抗性淀粉。抗性淀粉是指不被健康人体小肠吸收的淀粉及其分解物，主要存在于谷类、豆类及香蕉等水果中。抗性淀粉具有有序的结晶区，阻止淀粉酶活性基团中的结合部位与淀粉分子结合，因此不能被淀粉酶完全作用，从而产生抗酶解性。抗性淀粉在小肠中不被消化和吸收，而是经结肠厌氧菌发酵产生短链脂肪酸并对肠道微生态起到改善作用。如 Annison G 等发现，在食用酰化率为 18% 的酰化淀粉（乙酰化、丙酸化和丁酸化淀粉）3 d 后，大鼠大肠肠腔中的短链脂肪酸含量成倍增加，其中丁酸在远端结肠增加了 13.7 倍之多。这些数据表明，酰化淀粉作为抗性淀粉，能有效提高肠腔内短链脂肪酸含量。

（3）低聚糖。低聚糖又称寡糖，是由 2～10 个单糖通过糖苷键连接形成的低聚糖，如果寡糖、异麦芽寡糖、甘露寡糖、木寡糖等，属于非消化性糖。由于在机体内缺乏水解这些低聚糖的酶而不能被消化吸收，最终被双歧杆菌、拟杆菌等肠道厌氧菌发酵利用，产生短链脂肪酸，这些短链脂肪酸不仅能为厌氧菌自身生长提供能量来源，而且能降低肠道内 pH，提高其酸性环境，抑制有害菌的生长，从而起到改善肠道功能紊乱的作用

3. 短链脂肪酸与蛋白质氨基酸。短链脂肪酸多是在结肠内由厌氧菌通过不同途径发酵未消化吸收碳水化合物而产生，也有少量来自蛋白质如膳食蛋白和内源性蛋白等降解以及氨基酸发酵，因此，短链脂肪酸也是蛋白质降解和氨基酸发酵的主要产物。从表 2-54 可见，梭菌可利用多种氨基酸，相应生成多种有机酸。梭菌可通过丙烯酸途径由丙氨酸产生丁酸，也可在苏氨酸脱水酶和酮酸脱氢酶的参与下，由苏氨酸产生丙酸。乙酸可通过 Stickland 反应从甘氨酸产生，也可从丝氨酸、谷氨酸、赖氨酸、鸟氨酸发酵产生。由表 2-54 中可见谷氨酸是一种常见的发酵底物，厌氧菌对谷氨酸进行代谢主要有两个途径，乙酸和丁酸是其主要发酵产物，谷氨酸转变为甲基天冬氨酸途径，常见于梭菌；羟基谷氨酸途径，常见于梭杆菌、消化链球菌和氨基酸球菌。

表 2-54　结肠中某些氨基酸发酵厌氧菌的基质和有机酸产物

细菌	菌落数 lg/g 干重粪便	氨基酸基质	生成的有机酸
梭菌	9.8	甘氨酸、苏氨酸、缬氨酸、亮氨酸、谷氨酸、赖氨酸、异亮氨酸、酪氨酸、苯丙氨酸、色氨酸	乙酸、丙酸、异丁酸、丁酸、2-甲基丁酸、异戊酸、苯乙酸、羟基—苯乙酸、羟基—苯丙酸吲哚乙酸、吲哚丙酸
迟缓真杆菌	9.3	精氨酸、瓜氨酸	乙酸、乳酸、琥珀酸
梭杆菌	8.4	谷氨酸、赖氨酸	乙酸、丁酸
氨基酸球菌	8.5	谷氨酸	乙酸、丁酸
消化链球菌	10.0	谷氨酸	乙酸、丁酸
普雷沃氏菌	9.6	谷氨酸	乙酸、丁酸

在良好均衡的肠道内环境中，如链球菌、乳酸菌、双歧杆菌、肠球菌、真杆菌、梭杆菌、消化链球菌、肠杆菌、拟杆菌为主要优势菌群，而大肠菌群中大肠杆菌和梭状芽孢杆菌的数量较低，上述菌群在数量上占主导地位，同时其代谢产物也主要为短链脂肪酸，因此在厌氧环境、适宜温度及 pH 和食糜的缓慢通过的条件下，短链脂肪酸在结肠和盲肠中产生并发挥其特有的生物学功能。

四、短链脂肪酸的生理功能

1. 调节肠道菌群，改善肠道功能。小肠内未消化吸收的碳水化合物进入大肠后，主要在结肠内被厌氧菌发酵利用，产生短链脂肪酸。短链脂肪酸的产生，能够提供菌群自身生长所需的能量，还降低肠道内 pH，增加肠道内酸性环境，使有益菌得到增殖，有害菌受到抑制，从而改善肠道菌群结构。当肠道中短链脂肪酸 浓度升高时，明显抑制大肠杆菌和沙门氏菌等有害微生物的繁殖，表现的抑制能力与肠道 pH 有关。其中最具代表性的研究最多为丁酸。目前认为乳酸杆菌与大肠杆菌数量的比值，代表动物对肠道紊乱疾病的抵抗能力，比值越高，抵抗力越强。日粮中添加丁酸可明显降低回肠大肠菌群的比例，同时提高乳酸杆菌的数量。

2. 提供能量。结肠内细菌利用小肠中不能被吸收的物质作原料，一方面进行发酵反应，另一方面进行自身代谢增殖。发酵产生的短链脂肪酸除少部分供给机体能量外，大部分用于维持肠黏膜细胞的能量供给。肠道中短链脂肪酸被肠上皮细胞吸收，在线粒体内进行 β-氧化提供能量，其所提供能量约占人体所需能量的 5%～15%，占正常结肠上皮细胞所需能量的60%～70%，其中最主要的是乙酸和丁酸。通过对短链脂肪酸混合代谢研究可知，短链脂肪酸为细胞供能从高到低的顺序为丁酸、丙酸、乙酸。丁酸是结肠能量来源的首选，乙酸是胆固醇合成的最主要底物，大部分的乙酸被吸收进血液从而进入肝脏代谢，作为周边组织的能源。而在动物前肠优先利用谷氨酰胺和葡萄糖作为能量供应物质。

3. 促进黏膜生长。大量研究已经证实，膳食纤维促进肠黏膜的生长是通过短链脂肪酸介导的。当大肠或小肠内短链脂肪酸的产量降低时，会抑制上皮细胞的增殖水平。大鼠结肠灌注乙酸、丙酸和丁酸时，能显著刺激空肠和结肠上皮细胞的增殖，其中丁酸的作用最强，丙酸居中，乙酸最弱。众所周知，丁酸被认为是对动物胃肠道绒毛起广泛作用的重要物质。丁酸不仅能改善肠黏膜的形态，维持黏膜结构的完整性，还能够保证受损黏膜的快速修复能力。这种能力特别是在回肠尤为明显。

4. 预防疾病。短链脂肪酸是肠道中抑制病原微生物的重要因素，当肠道中短链脂肪酸浓度升高时可抑制沙门菌等病原微生物的生长，抑制能力与 pH 有关，而肠道 pH 又与短链脂肪酸多少有关。短链脂肪酸对于肠道免疫也有重要影响，丙酸和乙酸也可以增加宿主抗菌肽的分泌，从而发挥抗菌作用。口服丁酸盐后，宿主固有免疫的防御肽分泌增多，在引起炎性反应之前即可清除肠炎沙门氏菌。黏蛋白是肠道非特异性免疫的重要组成部分，它由杯状细胞分泌，覆盖在黏膜表层，缺乏黏蛋白时，部分疾病症状会加重如肠炎，而口服丁酸盐可以有效缓解这一症状。

五、短链脂肪酸在饲料中的使用

基于短链脂肪酸呈弱酸性，具有较大气味、游离性和挥发性等特点，在饲料生产上一般将其制成相对稳定的短链脂肪酸盐或短链脂肪酸酯来使用。短链脂肪酸可作为酸化剂如乙酸和甲酸钙等，诱食剂如丁酸钠，防霉剂如丙酸及丙酸钙等和保护肠道健康如丁酸钠，丁酸甘油酯等来使用。短链脂肪酸作为天然的选择性抑菌剂或杀菌剂，或作为黏膜生长的促进剂或生物调节剂，均可通过外源补充和内源产生两种途径获取，尽管已有较多的基础实验结果证实短链脂肪酸在疾病的发生发展中扮演重要作用，但肠道短链脂肪酸的应用效果、疾病预防等有关作用机制仍有待进一步研究探讨。

（李　祥）

饲料机械制造工业概况

饲料机械制造工业

2017年，我国饲料行业继续处于自身发展再平衡再调整时期，需求总量增速放缓，利润率维持在较低水平，企业生存压力增大。养殖规模、品种结构、区域布局、养殖模式的变化，对饲料行业产生了深远的影响，饲料工业和养殖业融合发展进一步加快，饲料产业集中度和工业饲料普及率进一步提高，饲料工业的发展进入稳定发展时期，品牌化、规模化、产业化程度不断提升。随着饲料企业数量的减少及产业集中度、规模的提高，先进的饲料生产技术及装备的使用有很大的发展，自动化和智能化的技术与装备的应用也得到了极大的推广，通过提升饲料加工技术水平和饲料加工装备水平，挖掘工艺、装备潜力，实现智能化、精细化、高效低耗、安全生产，来提升企业的核心竞争力。

一、饲料加工成套机组生产情况

近3年饲料加工成套机组生产情况见表2-55。由表2-55中可以看出，2017年共生产饲料加工成套机组1 389套，生产总数与2015年、2016年相比略有增加，分别增加了40套和30套，增长幅度分别为3%和2.2%。其中，生产时产10t以上的大型饲料加工成套机组1 041套，与2015年相比增长较多，增加了73套，增长幅度为13.3%，与2016年相比略有增加，增加了12套，增长幅度为1.2%。生产时产10t以下的中小饲料加工成套机组348套，与2015年相比有所降低，减少了33套，下降幅度为8.7%，与2016年相比有所增加，增加了18套，增长幅度为5.5%。2017年饲料加工成套机组数量与前二年相比略有增加、变化不大，主要与饲料需求总量增速放缓、《饲料生产企业许可条件》提高了准入门槛有关，也与饲料行业整合速度加快、生产企业两极分化、向大型化规模化方向发展有关。中小型成套机组不能满足配合饲料、浓缩饲料的生产许可条件，主要用于预混料和特种饲料生产。

表2-55 饲料加工成套机组产量

单位：套

年份	≥10t/h	<10t/h	合计
2015	968	381	1 349
2016	1 029	330	1 359
2017	1 041	348	1 389

二、饲料加工机械生产情况

近3年饲料加工机械单机设备生产情况见表2-56。由表中可以看出，2017年共生产单机设备24 300台，与2015年、2016年相比分别减少了1 491台和1 429台，下降幅度分别为5.8%和5.6%。粉碎机、混合机、制粒机等三大主机共生产18 398台，与2015年、2016年相比明显下降，分别减少了4 137台和2 620台，下降幅度分别为18.4%和12.5%。其中，粉碎机8 127台，与2015年、2016年相比略有下降，分别减少了70台和192台，下降幅度分别为0.9%和2.3%；混合机6 599台，与2015年相比略有下降，减少了63台，下降幅度为0.9%，与2016年相比略有增加，增加了78台，增长幅度1.2%；制粒机3 672台，与2015年、2016年相比均大幅减少，分别减少了4 004台和2 506台，下降幅度分别为52.2%和40.6%；其他单机设备5 902台，与2015年、2016年相比大幅增加，分别增加了2 646台和1 191台，增长幅度分别为81.3%和25.3%。2017年出口13 009台，占生产总量的比例为53.5%，与2015年、2016年相比分别减少302台和 314 台，下降幅度分别为 2.3%和 7.9%。与前两年相比，饲料加工机械生产量、出口量和三大主机生产量都呈下降趋势，是由于饲料需求总量增速放缓，导致饲料加工企业进行技术改造、设备更新换代的速度有所放缓，也与饲料企业数量的减少有关。

表 2－56　饲料加工机械单机产量

单位：台

年份	粉碎机	混合机	制粒机	其他	合计		饲料机械出口量
					三大主机	所有设备	
2015	8 197	6 662	7 676	3 256	22 535	25 791	13 311
2016	8 319	6 521	6 178	4 711	21 018	25 729	13 323
2017	8 127	6 599	3 672	5 902	18 398	24 300	13 009

三、配合饲料加工设备发展特点

2017 年，我国饲料行业已经进入稳定发展时期，品牌化、规模化、产业化程度不断提升，行业产能过剩、市场竞争加剧问题日益凸显。饲料加工企业根据形势发展，全面提升饲料加工工艺、技术水平和饲料加工装备性能，挖掘工艺装备潜力，实现智能化、精细化、高效低耗、安全生产。2017 年配合饲料加工设备的发展呈现如下特点。

1. 饲料加工工艺技术不断完善、创新。饲料加工工艺不断改进、创新，对扩大饲料原料来源及其利用率、改善产品质量、提高产出与投入比发挥了重要作用，饲料企业通过完善工艺、改进设备，做出高品质、差异化的饲料产品来提升市场竞争力。随着对饲料产品质量安全重视程度的提高，饲料原料清理工艺越来越完善，谷物原料采用二级筛选＋风选＋磁选工艺，有效提高了原料品质，保证了产品质量；随着新型饲料资源的开发应用及对饲料产品差异化需求的增加，越来越多的饲料原料采用膨化（膨胀）技术进行原料预处理，以消除抗营养因子、提高饲料利用率；为了降低主混合机的交叉污染，提高混合效率，将液体添加工艺移出主混合过程，增加一级液体预混合工艺；为了提高饲料的安全性，调质器采用电热甲或蒸汽等辅助加热方式，制粒前杀菌消毒，制粒后干燥残留防霉变，从工艺上保证调质温度达不到工艺要求的饲料不能进入制粒机，返回重新调质制粒，实现高温杀菌，保证制粒质量；无抗趋势呼声越来越强，饲料企业纷纷推出生物饲料，微生态制剂、发酵饲料等生物饲料生产线应运而生。

2. 新建饲料生产线更加重视环保问题。随着环保意识的增强，饲料企业粉尘排放、噪声污染、污水排放、气味直接排放等越来越受到关注。因此，新建饲料厂在规划总体设计、饲料工艺和设备设计、安装过程中对除尘防爆、气味处理排放、降低噪声以及雨污水分离排放等越来越重视，基本落实到位，有措施、有投入同步设计。如在车间内除尘系统进一步完善，防止粉尘外溢，提高脉冲除尘器的除尘效果，降低外排粉尘浓度；对粉碎脉冲风机外排粉尘气味、烘干风机外排粉尘气味、冷却风机外排粉尘气味等集中冷却处理，再经活性炭等净化处理，达到排放标准。

3. 防止交叉污染和清理措施更加完善。为避免生产过程中的交叉污染，新建大型饲料厂采用不同动物饲料产品采取独立混合机系统和独立制粒系统，专线生产；在配料软件设置交叉感染组，系统在工作前自动检测是否存在交叉污染隐患；制粒机调质器配置加热夹套，防止霉变，避免下次制粒时可能出现的物料与霉菌交叉感染；采用无残留、便于清洗的加工设备和输送设备。

4. 水产膨化饲料关键设备性能和自动控制水平进一步提升。水产膨化饲料成为水产饲料行业的发展趋势，促进了水产饲料膨化设备的研发和膨化技术的进步。因此，许多饲料设备制造企业加快了超微粉碎机、挤压膨化机、烘干机的研究开发和升级换代，设备能耗显著降低，在自动控制系统研究方面也取得了较大进展。超微粉碎机最大功率 250kW，产量可达 9～10t/h（80 目过 95%），产能和效率显著提高；挤压膨化机产量可达 10～12t/h，可以降低开机机头料和机尾料，减少原料浪费，实现同一品种连续生产，不同品种无缝衔接，降低膨化生产线其他设备的空运转损耗；膨化机密度控制技术推广应用，彻底解决了生产沉性膨化颗粒易漂浮的问题；烘干机产能提高，吨料蒸汽用量显著降低（小于 220kg/t），水分均匀性好（±0.5%），可以满足各种颗粒状水产及宠物料的烘干要求。

5. 饲料加工成套生产线继续向规模化、专业化方向发展。我国饲料行业集中度不断提升，饲料加工企业的集团化、大型化脚步加快，在生产线的建设上投资力度不断加大，生产线建设更加追求饲料产品的质量与安全控制技术、设备性能及工艺的先进性、环保性和节能性，以提高生产效率，降低生产成本，减少交叉污染，保证产品质量安全，并解决劳动力短缺、原料物流过程中的劳动强度和速度等问题。

6. 饲料加工成套生产线自动化程度继续提高，可以基本实现自动化。成套设备在工程整体规划布局、加工工艺设计、设备选型、建筑设计、安全规范等方面更加合理，从原料接收到加工生产、到成品包装发货全程自动控制水平普遍提高，实现产品加工质量和过程的有效控制。规模化饲料生产线在粉碎、配料混合、液体添加（后喷涂）等工序实现自动控制的基础上，部分生产线也在调质制粒工序、微量组分配料工序、包装工序、码垛工序等实现了自动控制。特别是原料接收采用散装，直接进筒仓，实现原料储存、进料的自动化，成品散装发送，袋装料全自动定量包装、全自动码垛，袋装料自助式包装发送，实现成品包装、发运的自动化，提高生产效率，降低生产成本，解决劳动力短缺。

7. 饲料加工智能化已成为我国饲料生产发展趋势。为提高整体的效率和竞争力，饲料厂需打通生产、技术、营销、服务、品管等整厂的数据平台，实现企业管理、运营、服务的“通透”，从原料进厂到成品出厂的全过程的数据链接。智能化控制系统包括整厂物流和信息流智能化管控系统、智能化原料出入库系统、智能化生产车间、智能化成品入出库系统等，实现从原料入厂—采样检测—卸载—加工生产—成品打包—装车提货等端到端环节的高度智能化的生产运营，将工艺过程控制和工厂运营管理结合在一起，实现关键控制点的数字化控制和细化到点的实时监控，全程可查可追溯，减少人力成本，提高生产效率，提高生产精度和产品质量品质。

8. 江苏丰尚公司“大型智能化饲料加工装备的创制及产业化”项目荣获 2017 年度国家科技进步二等奖，说明我国在饲料加工装备大型化、智能化方面取得长足进展，主要体现为：一是创新研发了规格最大、国际领先的饲料加工主机装备，打破了国外市场垄断；二是构建了饲料智能化生产体系，实现饲料装备及饲料生产的精细化管理；三是研发了年产 60 万 t 的饲料加工成套系统，极大降低了饲料生产成本，大幅度提升了行业的规模化、集约化水平。

（李军国　王红英）

中国饲料机械企业情况

随着饲料工业规模化、产业化程度的不断提升，饲料生产设备持续向高效化、智能化、精细化发展。饲料加工机械设备生产总量下降，但成套机组设备总量有所增加。2017 年成套机组 1 389 台套，同比增加 30 台套，增长 2.2%；其中，在成套机组中，时产≥10t 设备 1 041 台套，同比增加 12 台套；时产<10t 设备 348 台套，同比增加 18 台套。

一、全国饲料机械概况

2017 年，饲料机械设备总产值 58.3 亿元，同比下降 11.3%，饲料机械设备营业收入 60.3 亿元，同比下降 8%。2017 年，饲料加工机械设备生产总量 25 689 台套，同比减少 1 399 台套，下降 5.2%。其中，成套机组 1 389 台套，同比增加 30 台套，增长 2.2%；单机 24 300 台，同比减少 1 429 台套，下降 5.6%。

在成套机组中，时产≥10t 设备 1 041 台套，同比增加 12 台套，增长 1.2%；时产<10t 设备 348 台套，同比增加 18 台套，增长 5.5%。

在单机设备中，粉碎机 8 127 台，同比减少 192 台，下降 2.3%；混合机 6 599 台，同比增加 78 台，增长 1.2%；制粒机 3 672 台，同比减少 2 506 台，下降 40.6%；单机其他 5 902 台，增加 1 191 台，增长 25.3%。

二、各省份饲料机械情况

2017 年全国饲料加工机械设备总量 25 689 台套，主要集中在江苏省、四川省和湖南省，占全国的 97.4%，较 2016 年占比下降 0.4 个百分点。

其中，江苏省 21 790 台套，比 2016 年减少1 844 台套，占全国的 84.8%，排名全国第一；其次是四川省 1 701 台套，比 2016 年增加 315 台套，占全国的 6.6%；第三是湖南省 1 518 台套，比 2016 年增加 36 台套，占全国的 5.9%。

在成套机组时产≥10t 设备中，江苏省 929 台套，比 2016 年增加 17 台套；四川省 16 台套，比 2016 年减少 12 套；湖南省 0 台套，与 2016 年持平。

在成套机组时产<10t 设备中，江苏省 227 台套，比 2016 年增加 6 台套；四川省 54 台套，比 2016 年减少 21 台套；湖南省为 0。

在单机设备粉碎机中，江苏省 7 001 台套，比 2016 年减少 103 台套；四川省 253 台套，比 2016 年减少 50 台套；湖南省 730 台套，比 2015 年增加 5 台套。

在单机设备混合机中，江苏省 5 599 台套，比 2016 年增加 95 台套；四川省 211 台套，比 2016 年减少 44 台套；湖南省 690 台套，比 2016 年增加 11 台套。

在单机设备制粒机中，江苏省 3 413 台套，比 2016 年减少 2 492 台套；四川省 65 台套，比 2016 年增加50台套；湖南省20台套，比2016年增加7台套。

在单机设备其他中，江苏省4 621台套，比2016年增加633台套；四川省1 102台套，比2016年增加492台套；湖南省78台套，比2016年增加13台套（表2-57）。

表2-57　2017年各省份饲料机械情况

单位：台套

地区	合计	成套机组		单机			
		时产≥10t	时产＜10t	粉碎机	混合机	制粒机	其他
总计	25 689	1 041	348	8 127	6 599	3 672	5 902
河北	119	16	5	33	25	5	35
辽宁	15	6	5	—	—	4	—
黑龙江	48	7	—	24	8	9	—
上海	209	26	12	34	24	113	—
江苏	21 790	929	227	7 001	5 599	3 413	4 621
浙江	157	16	15	30	27	23	46
山东	132	25	30	22	15	20	20
湖南	1 518	—	—	730	690	20	78
四川	1 701	16	54	253	211	65	1 102

三、我国大型饲料机械企业

我国大型饲料机械企业主要集中在江苏省、四川省。2017年生产饲料加工机械设备排名前10的企业中，其中江苏省有5家，四川省有4家，河北省1家。分别是江苏牧羊控股有限公司、布勒（常州）机械有限公司、江苏正昌集团有限公司、溧阳市裕达机械有限公司、四川光明众望畜牧机械有限公司、无锡市太湖粮机有限公司、四川隆源机械有限公司、成都川工星科机电设备有限公司、成都天森饲料设备制造有限公司、石家庄正诚饲料机械有限公司。

江苏牧羊控股有限公司是一家集饲料机械与工程、粮食机械与工程、环保设备与工程、食品机械与工程、仓储工程、钢结构工程、自动化控制技术与工程等产品研发与制造，工程设计与安装为一体的著名企业集团。公司主要产品有码垛机器人、全自动包装机、定量包装秤等，先后在粮油、饲料、食品、化工、种子等行业承接了500余套机器人码垛工程、3 500余套包装工程。

布勒（常州）机械有限公司主要生产饲料机械、牧草机械、港口机械以及饲料、牧草成套工程。同时，还可以为客户提供成套交钥匙工程，饲料加工成套工程，牧草加工成套工程，啤酒花加工成套工程，仓储和输送成套工程，粮食港口成套工程等。

江苏正昌集团是一家集饲料机械与工程、粮食加工装备与仓储、农牧饲料与油脂、房地产为一体的大型产业化集团。项目涉及饲料机械成套设备、牛羊饲料成套设备、蛋鸡料成套设备、水产饲料成套设备、舒化乳猪教槽料成套设备、秸秆再生能源成套设备、农副产品综合利用、整体养殖、繁育项目、禽肉食品加工、啤酒花、复混肥工程成套项目、垃圾处理环境工程项目等领域。

溧阳市裕达机械有限公司是一家专业从事粮油饲料机械、牧草机械、肥料机械制造的高新技术企业，通过了中国ISO 9001：2008质量管理体系认证、欧洲CE认证和SGS认证。生产裕达系列饲料制粒机、粉碎机、微粉碎机、混合机、冷却器、碎粒机、环模配件、饲料成套机组、电控设备。

四川光明众望畜牧机械有限公司是一家西部地区饲料加工设备研发与制造的主要专业企业。主要生产各类添加剂预混合饲料加工设备、浓缩饲料加工设备、配合饲料及全价颗粒饲料加工成套设备和粉碎、混合、提升、制粒等各种单机。

无锡市太湖粮机有限公司是一家集饲料机械、饲料成套工程、绿色有机肥成套工程和环保设备的设计、开发、制造、安装为一体的现代化新型企业。太湖粮机的主导产品有转鼓式混合机、双轴桨叶式混合机、水滴王粉碎机、齿轮传动环模制粒机及预混料添加剂成套机组、颗粒畜禽料成套机组等。公司在2002年通过了ISO 9001国际质量体系认证。

四川隆源机械有限公司是一家集科学研究、生产销售、安装调试和售后服务为一体的饲料机械制造企业。公司产品通过ISO 9001：2008国际质量体系认证。产品涵盖了饲料生产线原料接收、清理、除尘、输送、粉碎、配料、混合、调质、压粒、膨化、筛选、包装及自动控制等各个工段。

成都川工星科机电设备有限公司是一家集饲料加工设备、干燥设备、供热设备及除尘收集设备设计、开发、销售、制造于一体的实体型企业。公司正常设备主要有各类干燥器等。干燥物料广，如磷酸盐、催化剂、硫酸钠、锶盐、玄明粉、氟硅酸钠、酶制剂等。

成都天森饲料设备制造有限公司是生产饲料设备（粉碎机、混合机、颗粒机、冷却器、回转分级筛等）、畜禽养殖设备（单体栏、产床、保育栏等）、牧草处理设备（切草机、揉搓机、草粉机、草颗粒机等）的大型企业。

石家庄正诚饲料机械有限公司是专业生产饲料机械、波纹装配式钢板仓及计算机网络控制设备的私营股份制企业。公司的主营项目包括设计、制造、安装时与饲料加工的成套工程；生产各种饲料单机设备及配件；饲料厂自动控制系统等。

（陆泳霖　陈亚楠）

信息化平台建设与饲料统计监测

2017年，全国畜牧总站、中国饲料工业协会信息中心围绕司站中心工作，圆满完成年初制定的各项工作任务，在信息化建设、网络安全、饲料统计监测、“两网三刊”运行这四大主要业务领域，均有新的突破。

一、勇于探索创新工作方式

一是通过组织和参加培训，提高在网络安全和信息化建设等专业技术能力，在处内形成互促互进的良好的学习氛围，有力支撑了业务工作的开展。

二是完成了畜牧业综合信息平台建设可行性研究、协会一网两刊改革方案调查研究、饲料统计报表制度修订和信息系统升级咨询论证等先导性工作。

三是经过大量调研，落实了“一网两刊”改革方案，经站长会审议通过。按照“党管媒体、事企分离”原则，总站一网一刊和协会一网两刊合署办公，资源互补，经营自主，总站、协会在宣传方向上予以把关，不干涉企业具体经营，彻底解决了事企不分的问题。

四是畜牧业信息化工作稳步推进。2017年率先建设了综合平台中央数据库和共享数据库，按期完成了与农业农村部共享平台和国家共享平台的数据推送对接。按农业农村部要求完成了总站网站整合工作，规范了中国畜牧兽医信息网的中英文域名，申请加挂事业单位电子标识。完成了《农业农村部政务信息资源整合共享工作实施方案》规定的信息资源编目、数据迁移工作，制定了总站《政务信息资源及网站整合共享工作实施方案》和《网站管理办法》。信息安全保障有力，开展信息系统安全等级保护定级工作，申请注销19个信息系统和网站，新增定级系统9个。开展网络信息安全应急演练，根据演练结果完善《网络信息安全事故应急预案》。开展电子邮件系统安全专项整治工作，注销总站不规范邮件系统。与部信息中心协调，将优质服务器和数据库资源整合并全部统一托管至部信息中心，确保数据安全。3次启动重大活动网络安全“零报告”制度。

二、饲料统计监测与时俱进

对饲料统计报表制度大幅修订，为2018年起正式实施月度全口径监测奠定制度依据，并据此升级了饲料统计信息系统，新系统功能丰富，用户体验提升，实现了与饲料许可系统数据对接，真正做到了监管监测一体化。完成常规的月度、季度、年度饲料生产形势分析报告和16种主要饲料产品、饲料原料价格月度监测。此外，组织召开年度饲料生产形势分析会，举办饲料统计培训班，出版了《中国饲料工业统计2016》和《2017中国饲料工业年鉴》。

1. 加强统计制度建设工作。为进一步加强统计工作，提高统计工作的科学性、准确性、真实性，适应行业统计大融合新形势，2017年完成《全国饲料工业统计报表制度（2018）》的修订工作。完成饲料工业统计信息系统平台设计方案和实用功能设计。完成新修订《报表制度》的宣贯培训和全国统计系统的培训及试运行工作。

2. 积极推进统计调研工作。2017年3月和7月，信息中心组织开展了现在座谈和电话调研工作，对《报表制度》指标设置的合理性和统计系统的便捷性进行了充分的讨论。

3. 大力推进全国饲料统计监测工作。一是及时完成了各项统计监测数据的收集、审核和汇总。2017年完成234家重点跟踪企业12个月，共2 808份基层月报、全国饲料企业基层季报和基层年报、各省级管理部门综合季报和综合年报表的催报和数据核查工作。二是着力做好饲料生产形势分析工作。全年完成12期饲料生产统计监测快报，以及各月度、季度、年度饲料生产形势分析。三是加强相关产品价格变化情况监测。受农业农村部市场与经济信息司委托，按月开展16种主要饲料原料和饲料产品市场价格监测工作。

4. 完成《中国饲料工业统计2016》和《2017中国饲料工业年鉴》编印工作。

5. 定期研判饲料生产形势。召开2017年全国饲料生产形势分析研讨会，全面分析我国饲料行业基本情况、发展特点及总体形势，对我国饲料行业发展新趋势、新变化及面临的深层次问题进行了深入分析，并对下一步统计与监测工作进行了部署。

6. 切实做好统计服务工作。为各省饲料管理部门和农业农村部重点跟踪企业等相关单位提供54期《政府周报》行业动态信息，并及时发送12期全国饲料生产形势月度分析报告等。

三、下一步工作思路

一是继续加强总站网络安全保障力度，确保不发生网络安全事故。以贯彻落实等保制度各项要求为抓手，完成所有网站信息系统的等保测评和整改。制订总站信息资源整合规划方案，力争在两到三年内，按照畜牧、饲料、草业、奶业四大领域，将站内信息资源整合为四大平台，实现各平台间的信息资源共享。

二是认真开展饲料统计监测工作，提高统计数据质量。在全国饲料工作办公室领导下，修订统计报表制度，升级饲料统计信息系统，加强统计数据核查力度，不断提升统计数据的准确性和及时性。加强信息价值挖掘和信息公开，加强对饲料原料供需形势的监测分析力度，切实通过数据为管理部门开展调控提供支撑，为行业企业科学组织生产提供参考。

三是强化各项工作调研。调查研究，是谋事之基，成事之道。在当前形势下，增强调研意识，转变工作作风，对于改造我们主观判断，深入研究行业，提高行业的前瞻性、导向性具有重要的意义。

（田建华　杜　伟）

进口饲料和饲料添加剂管理

根据《进口饲料和饲料添加剂登记管理办法》有关规定，批准美国新科生物科技有限公司等 291 家公司生产的 562 种饲料和饲料添加剂产品在我国登记或续展登记，并发给进口登记证（附件 1、附件 2）。批准韩国 Paik Kwang 产业株式会社等 33 家企业变更生产厂家或申请单位名称，部分产品变更其商品名称，并换发进口登记证（附件 3）。所登记产品的监督检验，按中华人民共和国国家标准或农业部发布的质量标准执行。

附件 1

进口饲料和饲料添加剂产品登记证目录(2017)

登记证号	通用名称	商品名称	产品类别	使用范围	生产厂家	有效期限	备注
(2017)外饲准字 001 号	混合型饲料添加剂 微生物 Feed Additives Mixture Live Micro-organisms	生沛素 BIOTURE	混合型饲料添加剂 Feed Additives Mixture	养殖动物 All species or categories of animals	美国新科生物科技有限公司 Scifeed Company,USA	2017.01—2022.01	新办
(2017)外饲准字 002 号	混合型饲料添加剂 包被酿酒酵母 Feed Additives Mixture Coated Saccharomyces cerevisiae	天然保 MycoEnd	混合型饲料添加剂 Feed Additives Mixture	养殖动物 All species or categories of animals	美国新科生物科技有限公司 Scifeed Company,USA	2017.01—2022.01	新办
(2017)外饲准字 003 号	混合型饲料添加剂 微生物 Feed Additives Mixture Live Micro-organisms	爱肠维 BioPro	混合型饲料添加剂 Feed Additives Mixture	养殖动物 All species or categories of animals	韩国大浩株式会社 Daeho Co.,Ltd.,Korea	2017.01—2022.01	新办
(2017)外饲准字 004 号	混合型饲料添加剂 酶制剂 Feed Additives Mixture Enzymes	索玛酶-101 SOMAZYME-101	混合型饲料添加剂 Feed Additives Mixture	养殖动物 All species or categories of animals	韩国索玛公司 Soma Inc.,Korea	2017.01—2022.01	新办
(2017)外饲准字 005 号	混合型饲料添加剂 酸度调节剂 Feed Additives Mixture Acidity Regulators	索玛酸 SOMA-CID	混合型饲料添加剂 Feed Additives Mixture	养殖动物 All species or categories of animals	韩国索玛公司 Soma Inc.,Korea	2017.01—2022.01	新办
(2017)外饲准字 006 号	混合型饲料添加剂 矿物质、酸度调节剂 Feed Additives Mixture Minerals, Acidity Regulator	实肯耐 Selectolyte	混合型饲料添加剂 Feed Additives Mixture	养殖动物 All species or categories of animals	澳大利亚农业化学有限公司 Rural Chemical Industries (Aust.) Pty. Ltd.,Australia	2017.01—2022.01	新办

（续）

登记证号	通用名称	商品名称	产品类别	使用范围	生产厂家	有效期限	备注
(2017)外饲准字007号	混合型饲料添加剂 防腐剂 Feed Additives Mixture Preservatives	强佰仕 360 Jumpstart 360	混合型饲料添加剂 Feed Additives Mixture	养殖动物 All species or categories of animals	加拿大 Jumpstart Animal Technology Inc. 公司 Jumpstart Animal Technology Inc., Canada	2017.01—2022.01	新办
(2017)外饲准字008号	混合型饲料添加剂 氨基酸 维生素 Feed Additives Mixture Amino Acids Vitamins	派固威 FOLREX PETS	混合型饲料添加剂 Feed Additives Mixture	宠物 Pet	凯塔斯(西班牙)有限公司 Catalysis,S. L.,Spain	2017.01—2022.01	新办
(2017)外饲准字009号	混合型饲料添加剂 叶酸 泛酸钙 Feed Additives Mixture Folic Acid Calcium Pantothenate	派实净 RENALOF PETS	混合型饲料添加剂 Feed Additives Mixture	宠物 Pet	凯塔斯(西班牙)有限公司 Catalysis,S. L.,Spain	2017.01—2022.01	新办
(2017)外饲准字010号	混合型饲料添加剂 氨基酸 维生素 矿物质 Feed Additives Mixture Amino Acids Vitamins Minerals	派固坚 KALSIS PETS	混合型饲料添加剂 Feed Additives Mixture	宠物 Pet	凯塔斯(西班牙)有限公司 Catalysis,S. L.,Spain	2017.01—2022.01	新办
(2017)外饲准字011号	混合型饲料添加剂 氨基酸 维生素 Feed Additives Mixture Amino Acids Vitamins	派爱舒 OCOXIN PETS	混合型饲料添加剂 Feed Additives Mixture	宠物 Pet	凯塔斯(西班牙)有限公司 Catalysis,S. L.,Spain	2017.01—2022.01	新办
(2017)外饲准字012号	混合型饲料添加剂 氨基酸 维生素 Feed Additives Mixture Amino Acid Vitamins	派甘宝 VIUSID PETS	混合型饲料添加剂 Feed Additives Mixture	宠物 Pet	凯塔斯(西班牙)有限公司 Catalysis,S. L.,Spain	2017.01—2022.01	新办
(2017)外饲准字013号	混合型饲料添加剂 氨基酸 维生素 Feed Additives Mixture Amino Acids Vitamins	派糖平 DIAMEL PETS	混合型饲料添加剂 Feed Additives Mixture	宠物 Pet	凯塔斯(西班牙)有限公司 Catalysis,S. L.,Spain	2017.01—2022.01	新办

（续）

登记证号	通用名称	商品名称	产品类别	使用范围	生产厂家	有效期限	备注
（2017）外饲准字 014 号	混合型饲料添加剂 富马酸 苹果酸 抗坏血酸 Feed Additives Mixture Fumaric Acid Malic Acid Ascorbic Acid	派可清 ASBRIP PETS	混合型饲料添加剂 Feed Additives Mixture	宠物 Pet	凯塔斯(西班牙)有限公司 Catalysis, S. L., Spain	2017.01—2022.01	新办
（2017）外饲准字 015 号	混合型饲料添加剂 微生物 Feed Additives Mixture Live Microorganisms	水益旺浓缩菌粉 AquaProbiotic Concentrated Direct Fed Microbial	混合型饲料添加剂 Feed Additives Mixture	养殖动物 All species or categories of animals	台湾生合生物科技股份有限公司(燕巢厂) Synbio Tech Inc.,(YanChao)	2017.01—2022.01	新办
（2017）外饲准字 016 号	粪肠球菌 Enterococcus Faecium	芯来旺-粪肠球菌 100 SYNLAC- Enterococcus faecium 100	饲料添加剂 Feed Additive	养殖动物 All species or categories of animals	台湾生合生物科技股份有限公司(燕巢厂) Synbio Tech Inc.,(YanChao)	2017.01—2022.01	新办
（2017）外饲准字 017 号	维生素 A 乙酸酯 Vitamin A Acetate	露他维 A500 S NXT Lutavit A 500 S NXT	饲料添加剂 Feed Additive	养殖动物 All species or categories of animals	巴斯夫欧洲公司 BASF SE, Germany	2017.01—2022.01	新办
（2017）外饲准字 018 号	β-胡萝卜素 β-Carotene	露佳定 10% NXT Lucarotin10% Feed NXT	饲料添加剂 Feed Additive	家禽 Poultry	巴斯夫丹麦公司 BASF A/S, Germany	2017.01—2022.01	新办
（2017）外饲准字 019 号	β,β-胡萝卜素-4,4-二酮(斑蝥黄) β, β-Carotene-4, 4-Diketone (Canthaxanthin)	露康定红 NXT Lucantin Red NXT	饲料添加剂 Feed Additive	家禽 Poultry	巴斯夫欧洲公司 BASF SE, Germany	2017.01—2022.01	新办
（2017）外饲准字 020 号	β-阿朴-8′-胡萝卜素酸乙酯 β-Apo-8′-carotenoic acid ethyl ester	露康定黄 NXT Lucantin Yellow NXT	饲料添加剂 Feed Additive	家禽 Poultry	巴斯夫欧洲公司 BASF SE, Germany	2017.01—2022.01	新办

（续）

登记证号	通用名称	商品名称	产品类别	使用范围	生产厂家	有效期限	备注
（2017）外饲准字021号	虾青素 Astaxanthin	露康定粉红 CWD Lucantin Pink CWD	饲料添加剂 Feed Additive	水产动物和观赏鱼 Aquaculture animals and ornamental fish	巴斯夫欧洲公司 BASF SE,Germany	2017.01—2022.01	新办
（2017）外饲准字022号	dl-α-生育酚乙酸酯 dl-α-tocopheryl acetate	罗维素 E 50 SD ROVIMIX E 50 SD	饲料添加剂 Feed Additive	养殖动物 All species or categories of animals	DSM营养产品美国有限公司 DSM Nutritional Products Inc, USA	2017.01—2022.01	新办
（2017）外饲准字023号	乳酸片球菌 Pediococcus acidilactici	倍特赛 Aqua 100 Bactocell Aqua 100	饲料添加剂 Feed Additive	养殖动物 All species or categories of animals	拉曼动物营养英国有限责任公司 Lallemand Animal Nutrition UK Ltd.,UK	2017.01—2022.01	新办
（2017）外饲准字024号	碱式氯化铜 Basic Copper Chloride	泰棒铜 Selko IntelliBond C	饲料添加剂 Feed Additive	养殖动物 All species or categories of animals	美国微营养有限责任公司 Micronutrients USA LLC,USA	2017.01—2022.01	新办
（2017）外饲准字025号	苏氨酸 L-threonine	饲料级苏氨酸 L-threonine Feed Grade	饲料添加剂 Feed Additive	养殖动物 All species or categories of animals	赢创阿格福姆有限公司 Evonik Agroferm ZRt.,Hungary	2017.01—2022.01	新办
（2017）外饲准字026号	地衣芽孢杆菌 Bacillus licheniformis	倍加利-液剂 Preculti-L	饲料添加剂 Feed Additive	养殖动物 All species or categories of animals	台湾信逢股份有限公司 New Well Power Co. Ltd.	2017.01—2022.01	新办
（2017）外饲准字027号	包被丁酸钠 Coated Sodium Butyrate	纽埃特包被健肠宝 ADMIX Precision	饲料添加剂 Feed Additive	养殖动物 All species or categories of animals	比利时纽埃特国际营养公司（Beveren-Wass 工厂） NUTRI-AD International N. V.（Plant in Beveren-Wass）Belgium	2017.01—2022.01	新办

（续）

登记证号	通用名称	商品名称	产品类别	使用范围	生产厂家	有效期限	备注
(2017)外饲准字 028 号	酿酒酵母培养物 Yeast Culture	百奥 YP50 BIO-YP50	单一饲料 Single Feed	养殖动物 All species or categories of animals	美国国际生物营养有限公司 Bio-Nutrition International, Inc., USA	2017.01—2022.01	新办
(2017)外饲准字 029 号	含可溶物的玉米干酒精糟 DDGS Corn Distillers Dried Grains with Solubles (DDGS)	POET 亚历山大 DDGS POET Alexandria DDGS	单一饲料 Single Feed	养殖动物 All species or categories of animals	美国 POET 生物提炼公司-亚历山大 POET Biorefining-Alexandria, USA	2017.01—2022.01	新办
(2017)外饲准字 030 号	含可溶物的玉米干酒精糟 DDGS Corn Distillers Dried Grains with Solubles (DDGS)	弗林特希尔斯资源谢尔罗克 DDGS Flint Hills Resources Shell Rock DDGS	单一饲料 Single Feed	养殖动物 All species or categories of animals	美国弗林特希尔斯资源谢尔罗克有限责任公司 Flint Hills Resources Shell Rock, LLC, USA	2017.01—2022.01	新办
(2017)外饲准字 031 号	含可溶物的玉米干酒精糟 DDGS Corn Distillers Dried Grains with Solubles (DDGS)	弗林特希尔斯资源卡米拉 DDGS Flint Hills Resources Camilla DDGS	单一饲料 Single Feed	养殖动物 All species or categories of animals	美国弗林特希尔斯资源卡米拉有限责任公司 Flint Hills Resources Camilla, LLC, USA	2017.01—2022.01	新办
(2017)外饲准字 032 号	含可溶物的玉米干酒精糟 DDGS Corn Distillers Dried Grains with Solubles (DDGS)	弗林特希尔斯资源亚瑟 DDGS Flint Hills Resources Arthur DDGS	单一饲料 Single Feed	养殖动物 All species or categories of animals	美国弗林特希尔斯资源亚瑟有限责任公司 Flint Hills Resources Arthur, LLC, USA	2017.01—2022.01	新办
(2017)外饲准字 033 号	含可溶物的玉米干酒精糟 DDGS Corn Distillers Dried Grains with Solubles (DDGS)	弗林特希尔斯资源艾奥瓦福尔斯 DDGS Flint Hills Resources Iowa Falls DDGS	单一饲料 Single Feed	养殖动物 All species or categories of animals	美国弗林特希尔斯资源艾奥瓦福尔斯有限责任公司 Flint Hills Resources Iowa Falls, LLC, USA	2017.01—2022.01	新办

（续）

登记证号	通用名称	商品名称	产品类别	使用范围	生产厂家	有效期限	备注
（2017）外饲准字 034 号	含可溶物的玉米干酒精糟 DDGS Corn Distillers Dried Grains with Solubles (DDGS)	弗林特希尔斯资源费尔蒙特 DDGS Flint Hills Resources Fairmont DDGS	单一饲料 Single Feed	养殖动物 All species or categories of animals	美国弗林特希尔斯资源费尔蒙特有限责任公司 Flint Hills Resources Fairmont, LLC, USA	2017.01—2022.01	新办
（2017）外饲准字 035 号	含可溶物的玉米干酒精糟 DDGS Corn Distillers Dried Grains with Solubles (DDGS)	弗林特希尔斯资源费尔班克 DDGS Flint Hills Resources Fairbank DDGS	单一饲料 Single Feed	养殖动物 All species or categories of animals	美国弗林特希尔斯资源费尔班克有限责任公司 Flint Hills Resources Fairbank, LLC, USA	2017.01—2022.01	新办
（2017）外饲准字 036 号	含可溶物的玉米干酒精糟 DDGS Corn Distillers Dried Grains with Solubles (DDGS)	弗林特希尔斯资源门洛 DDGS Flint Hills Resources Menlo DDGS	单一饲料 Single Feed	养殖动物 All species or categories of animals	美国弗林特希尔斯资源门洛有限责任公司 Flint Hills Resources Menlo, LLC, USA	2017.01—2022.01	新办
（2017）外饲准字 037 号	鱼油 Fish Oil	秘鲁鱼油(饲料级) Peruvian Fish Oil (Feed Grade)	单一饲料 Single Feed	畜禽和水产动物 Livestock and Poultry, Aquaculture animals	秘鲁 Pesquera Diamante S. A. 公司 Samanco 工厂 Pesquera Diamante S. A. - Samanco Plant, Peru	2017.01—2022.01	新办
（2017）外饲准字 038 号	鱼油 Fish Oil	秘鲁鱼油(饲料级) Peruvian Fish Oil (Feed Grade)	单一饲料 Single Feed	畜禽和水产动物 Livestock and Poultry, Aquaculture animals	秘鲁 Pesquera Diamante S. A. 公司 Pisco 工厂 Pesquera Diamante S. A., Pisco Plant, Peru	2017.01—2022.01	新办
（2017）外饲准字 039 号	鱼粉 Fish meal	红鱼粉(一级) Red fish meal(I)	单一饲料 Single Feed	畜禽和水产动物 Livestock and Poultry, Aquaculture animals	辽宁大平渔业集团有限公司辽东渔 536 Liaoning Daping Fishery Co., Ltd-Liaodongyu536	2017.01—2022.01	新办

（续）

登记证号	通用名称	商品名称	产品类别	使用范围	生产厂家	有效期限	备注
（2017）外饲准字 040 号	鱼粉 Fish meal	红鱼粉（三级） Red Fish meal（Ⅲ）	单一饲料 Single Feed	畜禽和水产动物 Livestock and Poultry，Aquaculture animals	印度 Indo Fish Meal & Oil Co. Pvt. 公司 Indo Fish Meal & Oil Co. Pvt. Ltd.，India	2017.01—2022.01	新办
（2017）外饲准字 041 号	鱼粉 Fish meal	红鱼粉（三级） Red Fish meal（Ⅲ）	单一饲料 Single Feed	畜禽和水产动物 Livestock and Poultry，Aquaculture animals	厄瓜多尔 Dimolfin S. A. 公司 Dimolfin S. A.，Ecuador	2017.01—2022.01	新办
（2017）外饲准字 042 号	大豆浓缩蛋白 Soybean protein concentrate	阿尔法 Premium FISH AlphaSoy Premium FISH	单一饲料 Single Feed	水产动物 Aquaculture animals	丹麦 Agro Korn 公司 Agro Korn A/S，Denmark	2017.01—2022.01	新办
（2017）外饲准字 043 号	猫配合饲料 Cat Compound Feed	爱威堡 1892 猫粮 AVP 1892 CAT FOOD	配合饲料 Compound Feed	猫 Cat	比利时联合宠物食品公司 United Petfood Producers NV，Belgium	2017.01—2022.01	新办
（2017）外饲准字 044 号	猫配合饲料 Cat Compound Feed	爱威堡 1361 幼猫粮 AVP 1361 KITTEN FOOD	配合饲料 Compound Feed	猫 Cat	比利时联合宠物食品公司 United Petfood Producers NV，Belgium	2017.01—2022.01	新办
（2017）外饲准字 045 号	犬配合饲料 Dog Compound Feed	爱威堡 1863 狗粮 AVP 1863 DOG FOOD	配合饲料 Compound Feed	犬 Dog	比利时联合宠物食品公司 United Petfood Producers NV，Belgium	2017.01—2022.01	新办
（2017）外饲准字 046 号	犬配合饲料 Dog Compound Feed	爱威堡 1620 狗粮 AVP 1620 DOG FOOD	配合饲料 Compound Feed	犬 Dog	比利时联合宠物食品公司 United Petfood Producers NV，Belgium	2017.01—2022.01	新办

（续）

登记证号	通用名称	商品名称	产品类别	使用范围	生产厂家	有效期限	备注
(2017)外饲准字047号	犬配合饲料 Dog Compound Feed	爱威堡1389幼犬粮 AVP 1389 PUPPY FOOD	配合饲料 Compound Feed	犬 Dog	比利时联合宠物食品公司 United Petfood Producers NV, Belgium	2017.01—2022.01	新办
(2017)外饲准字048号	猫配合饲料 Cat Compound Feed	爱威堡1659猫粮 AVP 1659 CAT FOOD	配合饲料 Compound Feed	猫 Cat	比利时联合宠物食品公司 United Petfood Producers NV, Belgium	2017.01—2022.01	新办
(2017)外饲准字049号	犬配合饲料 Dog Compound Feed	小型成犬粮家禽大米配方 Premium adult small dog rich in poultry and with rice	配合饲料 Compound Feed	犬 Dog	比利时菲德氏宠物食品有限公司 Fides Petfood, Belgium	2017.01—2022.01	新办
(2017)外饲准字050号	猫配合饲料 Cat Compound Feed	爱斯卡无谷幼猫粮 Iskhan Cat grain-free Kitten	配合饲料 Compound Feed	猫 Cat	大韩饲料株式会社 Daehan feed Co., Ltd, Korea	2017.01—2022.01	新办
(2017)外饲准字051号	猫配合饲料 Cat Compound Feed	爱斯卡无谷成猫粮 Iskhan Cat grain-free A-dult	配合饲料 Compound Feed	猫 Cat	大韩饲料株式会社 Daehan feed Co., Ltd, Korea	2017.01—2022.01	新办
(2017)外饲准字052号	犬配合饲料 Dog Compound Feed	爱斯卡离乳粮 Iskhan Baby Starter	配合饲料 Compound Feed	犬 Dog	大韩饲料株式会社 Daehan feed Co., Ltd, Korea	2017.01—2022.01	新办
(2017)外饲准字053号	犬配合饲料 Dog Compound Feed	爱斯卡软粮 Iskhan Soft	配合饲料 Compound Feed	犬 Dog	大韩饲料株式会社 Daehan feed Co., Ltd, Korea	2017.01—2022.01	新办
(2017)外饲准字054号	犬配合饲料 Dog Compound Feed	爱斯卡软粮三文鱼 Iskhan Soft Salmon	配合饲料 Compound Feed	犬 Dog	大韩饲料株式会社 Daehan feed Co., Ltd, Korea	2017.01—2022.01	新办

（续）

登记证号	通用名称	商品名称	产品类别	使用范围	生产厂家	有效期限	备注
（2017）外饲准字 055 号	犬配合饲料 Dog Compound Feed	爱斯卡成犬粮 Iskhan Performance	配合饲料 Compound Feed	犬 Dog	大韩饲料株式会社 Daehan feed Co.，Ltd，Korea	2017.01—2022.01	新办
（2017）外饲准字 056 号	犬配合饲料 Dog Compound Food	爱斯卡幼犬粮 Iskhan Junior	配合饲料 Compound Feed	犬 Dog	大韩饲料株式会社 Daehan feed Co.，Ltd，Korea	2017.01—2022.01	新办
（2017）外饲准字 057 号	猫配合饲料 Cat Compound Feed	爱诺鸡肉成猫粮 Eminent Adult Cat-Chicken	配合饲料 Compound Feed	猫 Cat	泰可欧有限公司 Tekro，spol. s r. o.，Czech Republic	2017.01—2022.01	新办
（2017）外饲准字 058 号	犬配合饲料 Dog Compound Feed	爱诺低敏狗粮 Eminent Sensitive	配合饲料 Compound Feed	犬 Dog	泰可欧有限公司 Tekro，spol. s r. o.，Czech Republic	2017.01—2022.01	新办
（2017）外饲准字 059 号	猫配合饲料 Cat Compound Feed	爱诺三文鱼成猫粮 Eminent Adult Cat-Salmon	配合饲料 Compound Feed	猫 Cat	泰可欧有限公司 Tekro，spol. s r. o.，Czech Republic	2017.01—2022.01	新办
（2017）外饲准字 060 号	猫配合饲料 Cat Compound Feed	爱诺绝育猫粮 Eminent Cat Light/Sterile	配合饲料 Compound Feed	猫 Cat	泰可欧有限公司 Tekro，spol. s r. o.，Czech Republic	2017.01—2022.01	新办
（2017）外饲准字 061 号	犬配合饲料 Dog Compound Feed	爱诺低脂犬粮 Eminent Senior/Light	配合饲料 Compound Feed	犬 Dog	泰可欧有限公司 Tekro，spol. s r. o.，Czech Republic	2017.01—2022.01	新办
（2017）外饲准字 062 号	鱼粉 Fishmeal	鱼粉（三级） Fishmeal（Ⅲ）	单一饲料 Single Feed	畜禽和水产动物 Livestock and Poultry，Aquaculture animals	东南亚罐头包装有限公司 Southeast Asian Packaging and Canning Limited，Thailand	2017.01—2022.01	新办

（续）

登记证号	通用名称	商品名称	产品类别	使用范围	生产厂家	有效期限	备注
(2017)外饲准字063号	犬配合饲料 Dog Compound Feed	鸡肉全犬干粮 Free Spirit Holistic	配合饲料 Compound Feed	犬 Dog	比利时联合宠物食品公司 United Petfood Producers NV, Belgium	2017.01—2022.01	新办
(2017)外饲准字064号	犬配合饲料 Dog Compound Feed	鸡肉无谷物幼犬干粮 Puppy Grain Free	配合饲料 Compound Feed	犬 Dog	比利时联合宠物食品公司 United Petfood Producers NV, Belgium	2017.01—2022.01	新办
(2017)外饲准字065号	犬配合饲料 Dog Compound Feed	抗敏减肥老犬干粮 Special Needs	配合饲料 Compound Feed	犬 Dog	比利时联合宠物食品公司 United Petfood Producers NV, Belgium	2017.01—2022.01	新办
(2017)外饲准字066号	犬配合饲料 Dog Compound Feed	羊肉全犬干粮 Open Meadow	配合饲料 Compound Feed	犬 Dog	比利时联合宠物食品公司 United Petfood Producers NV, Belgium	2017.01—2022.01	新办
(2017)外饲准字096号	混合型饲料添加剂 丙酸锌 Feed Additives Mixture Zinc Propionate	微生康锌 27 粉剂 KemTRACE Zinc 27 Dry	混合型饲料添加剂 Feed Additives Mixture	猪、牛和家禽 Swine, Cow and Poultry	美国建明工业有限公司 Kemin Industries, Inc., USA	2017.03—2022.03	新办
(2017)外饲准字097号	混合型饲料添加剂 抗氧化剂 Feed Additives Mixture Antioxidant	宠鲜 Premium 液剂 Naturox Premium Liquid	混合型饲料添加剂 Feed Additives Mixture	养殖动物 All species or categories of animals	美国建明工业有限公司 Kemin Industries, Inc., USA	2017.03—2022.03	新办
(2017)外饲准字098号	混合型饲料添加剂 香味剂 Feed Additives Mixture Flavouring Agent	酚多精-S MoreHerb-S	混合型饲料添加剂 Feed Additives Mixture	家禽 Poultry	台湾贸立实业股份有限公司 More-standing Enterprise Co., Ltd.	2017.03—2022.03	新办
(2017)外饲准字099号	混合型饲料添加剂 香味剂 Feed Additives Mixture Flavouring Agent	酚多精 MoreHerb	混合型饲料添加剂 Feed Additives Mixture	家禽 Poultry	台湾贸立实业股份有限公司 More-standing Enterprise Co., Ltd.	2017.03—2022.03	新办

（续）

登记证号	通用名称	商品名称	产品类别	使用范围	生产厂家	有效期限	备注
（2017）外饲准字100号	混合型饲料添加剂 植物乳杆菌 Feed Additives Mixture Lactobacillus plantarum	活力美-禽畜水产养殖添加液 VIGROUS	混合型饲料添加剂 Feed Additives Mixture	养殖动物 All species or categories of animals	台湾博尧生物科技股份有限公司 Bioyo Biotech Co.,Ltd. Taiwan	2017.03—2022.03	新办
（2017）外饲准字101号	混合型饲料添加剂 植物乳杆菌 Feed Additives Mixture Lactobacillus plantarum	活力美-禽畜水产养殖添加剂 VIGROUS	混合型饲料添加剂 Feed Additives Mixture	养殖动物 All species or categories of animals	台湾博尧生物科技股份有限公司 Bioyo Biotech Co.,Ltd. Taiwan	2017.03—2022.03	新办
（2017）外饲准字102号	混合型饲料添加剂 氨基酸 维生素 Feed Additives Mixture Amino Acids Vitamins	大浩超劲维他 PerBig S	混合型饲料添加剂 Feed Additives Mixture	畜禽和牛 Livestock and Poultry, Cow	韩国大浩株式会社 Daeho Co.,Ltd,Korea	2017.03—2022.03	新办
（2017）外饲准字103号	混合型饲料添加剂 维生素 矿物质 Feed Additives Mixture Vitamins Minerals	戈必强 GlobStrong	混合型饲料添加剂 Feed Additives Mixture	猪 Swine	台湾汇轩股份有限公司 Kanvergen Inc. Taiwan	2017.03—2022.03	新办
（2017）外饲准字104号	混合型饲料添加剂 蛋白酶（产自枯草芽孢杆菌） Feed Additives Mixture Protease (Source: *Bacillus subtilis*)	速美宝-P Concentrase-P	混合型饲料添加剂 Feed Additives Mixture	植物和动物蛋白 Plant and animal proteins	加拿大Bio-Systems公司 Canadian Bio-Systems Inc.,Canada	2017.03—2022.03	新办
（2017）外饲准字105号	混合型饲料添加剂 微生物 Feed Additives Mixture Live Microorganisms	保时青XP Schaumalac Feed Protect XP C	混合型饲料添加剂 Feed Additives Mixture	青贮饲料 Silage	奥地利力多生有限责任公司 Lactosan GmbH & Co. KG, Austria	2017.03—2022.03	新办

（续）

登记证号	通用名称	商品名称	产品类别	使用范围	生产厂家	有效期限	备注
（2017）外饲准字 106 号	混合型饲料添加剂 酸度调节剂 Feed Additives Mixture Acidify regulators	纽埃特瑞立妥 Revital Plus Liquid	混合型饲料添加剂 Feed Additives Mixture	养殖动物 All species or categories of animals	比利时纽埃特国际营养公司（Beveren-Wass 工厂）NUTRI-AD International N. V.（Plant in Beveren-Wass），Belgium	2017.03—2022.03	新办
（2017）外饲准字 107 号	混合型饲料添加剂 乳酸片球菌 Feed Additives Mixture Pediococcus Acidilactici	倍特赛® Drink Bactocell® Drink	混合型饲料添加剂 Feed Additives Mixture	畜禽 Livestock and Poultry	拉曼动物营养英国有限责任公司 Lallemand Animal Nutrition UK Ltd.，UK	2017.03—2022.03	新办
（2017）外饲准字 108 号	混合型饲料添加剂 微生物 Feed Additives Mixture Live Micro-organisms	青贮宝 FC SiloSolve® FC	混合型饲料添加剂 Feed Additives Mixture	反刍动物 Ruminant	科汉森捷克有限公司 Chr. Hansen Czech Repubilc, s. r. o.，Czech Republic	2017.03—2022.03	新办
（2017）外饲准字 109 号	混合型饲料添加剂 苯甲醇 香味剂 Feed Additives Mixture Benzyl Alcohol Flavouring	速赛-赛马专用 Epiitalis Forte	混合型饲料添加剂 Feed Additives Mixture	赛马 Equine	新西兰艾德龙公司 Alaron Products，New Zealand	2017.03—2022.03	新办
（2017）外饲准字 110 号	混合型饲料添加剂 防霉剂 Feed Additives Mixture Mold Inhibitor	妙粒-丙酸和丁酸 Maxi-Mil HP	混合型饲料添加剂 Feed Additives Mixture	养殖动物 All species or categories of animals	匹仕多化学集团有限公司（美国安尼妥斯公司马来西亚工厂）Asta Chemicals Sdn Bhd，Malaysia	2017.03—2022.03	新办
（2017）外饲准字 111 号	混合型饲料添加剂 木寡糖 Feed Additives Mixture Xylo-oligo-saccharides	蘑力多 Agaricus Bio	混合型饲料添加剂 Feed Additives Mixture	鸡 Chicken	美国阿特拉斯沃尔德公司 Atals World USA，Inc.，USA	2017.03—2022.03	新办

（续）

登记证号	通用名称	商品名称	产品类别	使用范围	生产厂家	有效期限	备注
（2017）外饲准字112号	混合型饲料添加剂 矿物质 Feed Additives Mixture Minerals	肉牛、奶牛用混合矿物质 SR50 Redmond Natural Trace Mineral Sr50 Natural Minerals With Beef and Dairy Cattle	混合型饲料添加剂 Feed Additives Mixture	牛 Cow	美国雷德蒙矿物质有限公司 Redmond Mineral. Inc.,USA	2017.03—2022.03	新办
（2017）外饲准字113号	混合型饲料添加剂 矿物质 维生素 Feed Additives Mixture Minerals Vitamins	肉牛用混合矿物质 Redmond Beef Mineral Mix	混合型饲料添加剂 Feed Additives Mixture	牛 Cow	美国雷德蒙矿物质有限公司 Redmond Mineral. Inc.,USA	2017.03—2022.03	新办
（2017）外饲准字114号	混合型饲料添加剂 矿物质 维生素 Feed Additives Mixture Minerals Vitamins	山羊用混合矿物质 Redmond Goat Mineral Mix	混合型饲料添加剂 Feed Additives Mixture	羊 Sheep	美国雷德蒙矿物质有限公司 Redmond Mineral. Inc.,USA	2017.03—2022.03	新办
（2017）外饲准字115号	混合型饲料添加剂 矿物质 Feed Additive Mixture Minerals	微量矿物质盐 硒 30 Redmond Natural Trace Mineral Salt Tm Selenium 30 For Multiple Animal Species	混合型饲料添加剂 Feed Additives Mixture	养殖动物 All species or categories of animals	美国雷德蒙矿物质有限公司 Redmond Mineral. Inc.,USA	2017.03—2022.03	新办
（2017）外饲准字116号	植物乳杆菌 Lactobacillus plantarun	C1 胃净 C1 Animals Nutrition Product	饲料添加剂 Feed Additive	养殖动物 All species or categories of animals	台湾伊罗玛生物科技有限公司苗栗厂 Eroma Agri-Biotech Ltd. Taiwan	2017.03—2022.03	新办
（2017）外饲准字117号	氯化钠 NaCl	雷德蒙天然矿物质盐 Redmond Natural Mineral Block For All Classes Of Beef &Dairy Cattle Goats Sheep Pigs & Horses	饲料添加剂 Feed Additive	养殖动物 All species or categories of animals	美国雷德蒙矿物质有限公司 Redmond Mineral. Inc.,USA	2017.03—2022.03	新办

（续）

登记证号	通用名称	商品名称	产品类别	使用范围	生产厂家	有效期限	备注
(2017)外饲准字118号	酿酒酵母 Saccharomyces Cerevisiae	瘤胃康®铁达10号 Levucell® SC 10ME TITAN	饲料添加剂 Feed Additive	反刍动物和马 Ruminant and horse	拉曼集团波兰有限公司 Lallemand Polska Sp z o.o., Poland	2017.03—2022.03	新办
(2017)外饲准字119号	酿酒酵母 Saccharomyces Cerevisiae	瘤胃康®铁达10号 Levucell® SC 10ME TITAN	饲料添加剂 Feed Additive	反刍动物和马 Ruminant and horse	德国F. X. Wieninger有限责任公司 F. X. Wieninger GmbH, Germany	2017.03—2022.03	新办
(2017)外饲准字120号	L-抗坏血酸-2-磷酸酯 L-ascorbyl-2-phosphate	安定-C 50 STAY-C 50	饲料添加剂 Feed Additive	宠物 Pets	帝斯曼营养产品法国有限公司 DSM Nutritional Products France SAS, France	2017.03—2022.03	新办
(2017)外饲准字121号	可食脂肪酸钙盐 Calcium Salt of Edible Fatty Acid	营大哥82 Nutracor 82	饲料添加剂 Feed Additive	反刍动物 Ruminant	马来西亚万山宝有限公司 Wawasan Agrolipids Sdn. Bhd., Malaysia	2017.03—2022.03	新办
(2017)外饲准字122号	混合型饲料添加剂 角蛋白酶（产自地衣芽孢杆菌） Feed Additives Mixture Keratinase (Source: *Bacillus licheniformis*)	乐多仙PE（包被颗粒） Ronozyme PE (CT)	混合型饲料添加剂 Feed Additives Mixture	植物和动物蛋白 Plant and animal proteins	诺维信北美有限公司 Novozymes North America, Inc., USA	2017.03—2022.03	新办
(2017)外饲准字123号	酿酒酵母提取物 Saccharomyces Cerevisiae Yeast Extract	赛维素 Sinergis 40	单一饲料 Single Feed	养殖动物 All species or categories of animals	巴西Pitangueiras Acúcar e álcool公司 Pitangueiras Acúcar e álcool, Ltda, Brazil	2017.03—2022.03	新办

（续）

登记证号	通用名称	商品名称	产品类别	使用范围	生产厂家	有效期限	备注
（2017）外饲准字 124 号	水解羽毛粉 Hydrolyzed Feather Meal	水解羽毛粉 Hydrolyzed Feather Meal	单一饲料 Single Feed	畜禽和水产动物 Livestock and Poultry, Aquaculture animals	美国 Mountaire Farms of Delaware, Inc. 公司 Mountaire Farms of Delaware, Inc. , USA	2017. 03—2022. 03	新办
（2017）外饲准字 125 号	鸡肉粉 Poultry By-product Meal	鸡肉粉 Poultry By-product Meal	单一饲料 Single Feed	畜禽和水产动物 Livestock and Poultry, Aquaculture animals	美国蛋白质有限公司 American Proteins Inc. , USA	2017. 03—2022. 03	新办
（2017）外饲准字 126 号	猪肉骨粉 Pork Meat And Bone Meal	猪肉骨粉 Pork Meat And Bone Meal	单一饲料 Single Feed	畜禽和水产动物 Livestock and Poultry, Aquaculture animals	美国史密斯费尔德公司弗吉尼亚州工厂 Smithfield Farmland Corp. , USA	2017. 03—2022. 03	新办
（2017）外饲准字 127 号	喷雾干燥猪血浆蛋白粉 Spray-dried porcine plasma powder	喷雾干燥猪血浆蛋白粉 AP820P	单一饲料 Single Feed	畜禽和水产动物 Livestock and Poultry, Aquaculture animals	西班牙 APC Europe S. A 公司 APC Europe S. A, Spain	2017. 03—2022. 03	新办
（2017）外饲准字 128 号	喷雾干燥猪血浆蛋白 Spray-dried porcine plasma	喷雾干燥猪血浆蛋白（颗粒） Appetein GS	单一饲料 Single Feed	畜禽和水产动物 Livestock and Poultry, Aquaculture animals	西班牙 APC Europe S. A 公司 APC Europe S. A, Spain	2017. 03—2022. 03	新办
（2017）外饲准字 129 号	鱼油 Fish Oil（Feed grade）	鱼油（饲料级） Fish Oil（Feed grade）	单一饲料 Single Feed	畜禽和水产动物 Livestock and Poultry, Aquaculture animals	印度 Indo Fish Meal & Oil Co. Pvt. 公司 Indo Fish Meal & Oil Co. Pvt. Ltd. , India	2017. 03—2022. 03	新办

（续）

登记证号	通用名称	商品名称	产品类别	使用范围	生产厂家	有效期限	备注
（2017）外饲准字 130 号	鱼粉 Fishmeal	红鱼粉（三级至一级） Red Fishmeal（Ⅲ to Ⅰ）	单一饲料 Single Feed	畜禽和水产动物 Livestock and Poultry, Aquaculture animals	美国彼得潘海产公司 King Cove 工厂 Peter Pan Seafoods, Inc,-King Cove Plant, USA	2017.03—2022.03	新办
（2017）外饲准字 131 号	白鱼粉 White Fishmeal	白鱼粉（三级） White Fishmeal（Grade Ⅲ）	单一饲料 Single Feed	畜禽和水产动物 Livestock and Poultry, Aquaculture animals	俄罗斯"SOFCO"有限公司（工船加工，工船名称 Admiral Kolchak 工船号：CH-10） SOFCO Co.,Ltd.,（Admiral Kolchak CH-10），Russia	2017.03—2022.03	新办
（2017）外饲准字 132 号	牛肉骨粉 Bovine Meat and Bone Meal	牛肉骨粉 Bovine Meat and Bone Meal	单一饲料 Single Feed	畜禽和水产动物 Livestock and Poultry, Aquaculture animals	阿根廷 Agrupacion De Colaboracion San Antonio 公司 Agrupacion De Colaboracion San Antonio, Argentina	2017.03—2022.03	新办
（2017）外饲准字 133 号	鱼粉 Fishmeal	俄罗斯白鱼粉（三级至一级） Russia White Fishmeal（Ⅲ to Ⅰ）	单一饲料 Single Feed	水产动物 Aquaculture animals	俄罗斯 JSC Intraros 公司（工船加工，工船名 FV Georgiy Moskovskiy，工船号 CH-302） JSC Intraros（FV Georgiy Moskovskiy CH-302），Russia	2017.03—2022.03	新办
（2017）外饲准字 134 号	鱼粉 Fishmeal	俄罗斯白鱼粉（三级至一级） Russia White Fishmeal（Ⅲ to Ⅰ）	单一饲料 Single Feed	水产动物 Aquaculture animals	俄罗斯 JSC Intraros 公司（工船加工，工船名 FV Berezina，工船号 CH-47B） JSC Intraros（FV Berezina, CH-47B），Russia	2017.03—2022.03	新办

（续）

登记证号	通用名称	商品名称	产品类别	使用范围	生产厂家	有效期限	备注
（2017）外饲准字 135 号	鱼粉 Fishmeal	俄罗斯白鱼粉（三级至一级） Russia White Fishmeal（Ⅲ to Ⅰ）	单一饲料 Single Feed	水产动物 Aquaculture animals	俄罗斯 LLC Vostokrybprom 公司（工船加工，工船名称 FV Pavel Panin 工船号 CH-27G） LLC Vostokrybprom（FV Pavel Panin CH-27G），Russia	2017.03—2022.03	新办
（2017）外饲准字 136 号	鱼粉 Fishmeal	俄罗斯白鱼粉（三级至一级） Russia White Fishmeal（Ⅲ to Ⅰ）	单一饲料 Single Feed	水产动物 Aquaculture animals	俄罗斯 LLC Vostokrybprom 公司（工船加工，工船名称 FV Bazhenovsk 工船号 CH-50K LLC Vostokrybprom（FV Bazhenovsk CH-50K），Russia	2017.03—2022.03	新办
（2017）外饲准字 137 号	鱼粉 Fishmeal	俄罗斯白鱼粉（三级至一级） Russia White Fishmeal（Ⅲ to Ⅰ）	单一饲料 Single Feed	水产动物 Aquaculture animals	俄罗斯 LLC Vostokrybprom 公司（工船加工，工船名称 FV Geroi Shironintsy 工船号 CH-071） LLC Vostokrybprom（FV Geroi Shironintsy CH-071），Russia	2017.03—2022.03	新办
（2017）外饲准字 138 号	鱼粉 Fishmeal	俄罗斯白鱼粉（三级至一级） Russia White Fishmeal（Ⅲ to Ⅰ）	单一饲料 Single Feed	水产动物 Aquaculture animals	俄罗斯 LLC Vostokrybprom 公司（工船加工，工船名称 FV Novouralsk 工船号 CH-45K） LLC Vostokrybprom（FV Novouralsk CH-45K），Russia	2017.03—2022.03	新办
（2017）外饲准字 139 号	鱼粉 Fishmeal	俄罗斯白鱼粉（三级至一级） Russia White Fishmeal（Ⅲ to Ⅰ）	单一饲料 Single Feed	水产动物 Aquaculture animals	俄罗斯 LLC Sovgavanryba 公司（工船加工，工船名称 FV Ivan Kalinin 工船号 CH-62L） LLC Sovgavanryba（FV Ivan Kalinin CH-62L），Russia	2017.03—2022.03	新办

（续）

登记证号	通用名称	商品名称	产品类别	使用范围	生产厂家	有效期限	备注
（2017）外饲准字140号	鱼粉 Fishmeal	俄罗斯白鱼粉（三级至一级） Russia White Fishmeal（Ⅲ to Ⅰ）	单一饲料 Single Feed	水产动物 Aquaculture animals	俄罗斯JSC Turnif公司（工船加工，工船名称FV Kapitan Oleynichuk 工船号CH-88A） JSC Turnif（FV Kapitan Oleynichuk CH-88A），Russia	2017.03—2022.03	新办
（2017）外饲准字141号	鱼粉 Fishmeal	俄罗斯白鱼粉（三级至一级） Russia White Fishmeal（Ⅲ to Ⅰ）	单一饲料 Single Feed	水产动物 Aquaculture animals	俄罗斯JSC Turnif公司（工船加工，工船名称FV Pioner Nikolaeva 工船号CH-35H） JSC Turnif（FV Pioner Nikolaeva CH-35H），Russia	2017.03—2022.03	新办
（2017）外饲准字142号	鱼粉 Fishmeal	俄罗斯白鱼粉（三级至一级） Russia White Fishmeal（Ⅲ to Ⅰ）	单一饲料 Single Feed	水产动物 Aquaculture animals	俄罗斯JSC Turnif公司（工船加工，工船名称FV Vladivostok 工船号CH-07K） JSC Turnif（FV Vladivostok CH-07K），Russia	2017.03—2022.03	新办
（2017）外饲准字143号	鱼粉 Fishmeal	俄罗斯白鱼粉（三级至一级） Russia White Fishmeal（Ⅲ to Ⅰ）	单一饲料 Single Feed	水产动物 Aquaculture animals	俄罗斯JSC Intraros公司（工船加工，工船名FV Borodino 工船号CH-85A） JSC Intraros（FV Borodino CH-85A），Russia	2017.03—2022.03	新办
（2017）外饲准字144号	鱼粉 Fishmeal	蒸汽烘干全鱼红鱼粉 Steamed Dry Whole Red Fishmeal	单一饲料 Single Feed	畜禽和水产动物 Livestock and Poultry，Aquaculture animals	印度尼西亚辉煌渔业有限公司 Pt. Wijaya Makmur Samudra，Indonesia	2017.03—2022.03	新办

（续）

登记证号	通用名称	商品名称	产品类别	使用范围	生产厂家	有效期限	备注
(2017)外饲准字 145 号	鱼配合饲料 Fish Compound Feed	奥润之 NURSE(S/L/XL) O. Range NURSE(S/L/XL)	配合饲料 Compound Feed	海水鱼鱼苗 Marine Fish Larvea	英伟(泰国)有限公司 INVE (Thailand) Ltd. ,Thailand	2017.03—2022.03	新办
(2017)外饲准字 146 号	鱼配合饲料 Fish Compound Feed	NRD 鱼苗饲料(NRD P16S:颗粒度为 1600μm;NRD P22S:颗粒度为 2200μm) NRD P16S;NRD P22S	配合饲料 Compound Feed	水产动物 Aquaculture animals	英伟(泰国)有限公司 INVE(Thailand)Ltd. ,Thailand	2017.03—2022.03	新办
(2017)外饲准字 147 号	犬配合饲料 Dog Compound Feed	灵动成狗粮 Lingdok Dry Dog Food (Adult)	配合饲料 Compound Feed	犬 Dog	比利时联合宠物食品公司 United Petfood Producers NV, Belgium	2017.03—2022.03	新办
(2017)外饲准字 148 号	犬配合饲料 Dog Compound Feed	灵动幼狗粮 Lingdok Dry Dog Food (Puppy)	配合饲料 Compound Feed	犬 Dog	比利时联合宠物食品公司 United Petfood Producers NV, Belgium	2017.03—2022.03	新办
(2017)外饲准字 149 号	犬配合饲料 Dog Compound Feed	澳维加成狗粮 Ozvic Dry Dog Food(A-dult)	配合饲料 Compound Feed	犬 Dog	比利时联合宠物食品公司 United Petfood Producers NV, Belgium	2017.03—2022.03	新办
(2017)外饲准字 150 号	犬配合饲料 Dog Compound Feed	澳维加幼狗粮 Ozvic Dry Dog Food (Puppy)	配合饲料 Compound Feed	犬 Dog	比利时联合宠物食品公司 United Petfood Producers NV, Belgium	2017.03—2022.03	新办
(2017)外饲准字 151 号	犬配合饲料 Dog Compound Feed	佰芙深海庄园幼犬粮 Pet Froh Selected Ocean Fish Puppy	配合饲料 Compound Feed	犬 Dog	比利时联合宠物食品公司 United Petfood Producers NV, Belgium	2017.03—2022.03	新办

（续）

登记证号	通用名称	商品名称	产品类别	使用范围	生产厂家	有效期限	备注
（2017）外饲准字 152 号	犬配合饲料 Dog Compound Feed	佰芙深海庄园成犬粮 Pet Froh Selected Ocean Fish Adult	配合饲料 Compound Feed	犬 Dog	比利时联合宠物食品公司 United Petfood Producers NV, Belgium	2017.03—2022.03	新办
（2017）外饲准字 153 号	犬配合饲料 Dog Compound Feed	佰芙深海庄园老年犬粮 Pet Froh Selected Ocean Fish Senior	配合饲料 Compound Feed	犬 Dog	比利时联合宠物食品公司 United Petfood Producers NV, Belgium	2017.03—2022.03	新办
（2017）外饲准字 154 号	犬配合饲料 Dog Compound Feed	佰芙深海庄园奶糕粮 Pet Froh Selected Ocean Fish Weaning	配合饲料 Compound Feed	犬 Dog	比利时联合宠物食品公司 United Petfood Producers NV, Belgium	2017.03—2022.03	新办
（2017）外饲准字 155 号	犬配合饲料 Dog Compound Feed	昊品鸡肉大米狗粮 Initial Chicken Rice Dog Food	配合饲料 Compound Feed	犬 Dog	比利时联合宠物食品公司 United Petfood Producers NV, Belgium	2017.03—2022.03	新办
（2017）外饲准字 156 号	犬配合饲料 Dog Compound Feed	昊品猪肉大米狗粮 Initial Pork Rice Dog Food	配合饲料 Compound Feed	犬 Dog	比利时联合宠物食品公司 United Petfood Producers NV, Belgium	2017.03—2022.03	新办
（2017）外饲准字 157 号	犬配合饲料 Dog Compound Feed	昊品鱼肉大米狗粮 Initial Fish Rice Dog Food	配合饲料 Compound Feed	犬 Dog	比利时联合宠物食品公司 United Petfood Producers NV, Belgium	2017.03—2022.03	新办
（2017）外饲准字 158 号	猫配合饲料 Cat Compound Feed	昊品鸡肉大米猫粮 Initial Chicken Rice Cat Food	配合饲料 Compound Feed	猫 Cat	比利时联合宠物食品公司 United Petfood Producers NV, Belgium	2017.03—2022.03	新办
（2017）外饲准字 159 号	猫配合饲料 Cat Compound Feed	昊品鱼肉大米猫粮 Initial Fish Rice Cat Food	配合饲料 Compound Feed	猫 Cat	比利时联合宠物食品公司 United Petfood Producers NV, Belgium	2017.03—2022.03	新办
（2017）外饲准字 176 号	鱼油 Fish oil	三文鱼油 Salmon oil	单一饲料 Single Feed	宠物 Pet	英国 Fish4dogs Ltd. 公司 Fish4dogs Ltd. ,UK	2017.04—2022.04	新办

（续）

登记证号	通用名称	商品名称	产品类别	使用范围	生产厂家	有效期限	备注
（2017）外饲准字 177 号	猫配合饲料 Cat Compound Feed	沙丁鱼猫粮 Finest Fish4cats Sardine	配合饲料 Compound Feed	猫 Cat	英国 Fish4dogs Ltd . 公司 Fish4dogs Ltd. ,UK	2017.04—2022.04	新办
（2017）外饲准字 178 号	猫配合饲料 Cat Compound Feed	三文鱼猫粮 Finest Fish4cats Salmon	配合饲料 Compound Feed	猫 Cat	英国 Fish4dogs Ltd. 公司 Fish4dogs Ltd. ,UK	2017.04—2022.04	新办
（2017）外饲准字 179 号	猫配合饲料 Cat Compound Feed	鲭鱼猫粮 Finest Fish4cats Mackerel	配合饲料 Compound Feed	猫 Cat	英国 Fish4dogs Ltd. 公司 Fish4dogs Ltd. ,UK	2017.04—2022.04	新办
（2017）外饲准字 180 号	犬配合饲料 Dog Compound Feed	玩具犬配方 Finest Toy Breed	配合饲料 Compound Feed	犬 Dog	英国 Fish4dogs Ltd. 公司 Fish4dogs Ltd. ,UK	2017.04—2022.04	新办
（2017）外饲准字 181 号	猫配合饲料 Cat Compound Feed	爱贝塔无添加猫粮（金枪鱼+食蔬） Ibeta Natural Cat Food-Tuna & Vegetable	配合饲料 Compound Feed	猫 Cat	台湾富崴饲料有限公司 Foray Forage Co. ,Ltd. ,Taiwan	2017.04—2022.04	新办
（2017）外饲准字 182 号	犬配合饲料 Dog Compound Feed	爱贝塔无添加犬粮（深海鱼+食蔬） Ibeta Natural Dog Food-Seefish mix Vegetable	配合饲料 Compound Feed	犬 Dog	台湾富崴饲料有限公司 Foray Forage Co. ,Ltd. ,Taiwan	2017.04—2022.04	新办
（2017）外饲准字 183 号	犬配合饲料 Dog Compound Feed	Voraz 牌幼犬粮牛肉鸡肉混合配方 Voraz Complete Food for Junior Dogs Meat and Chicken Flavor	配合饲料 Compound Feed	犬 Dog	阿根廷 Agro Industrias Baires S. A. 公司 Agro Industrias Baires S. A. ,Argentina	2017.04—2022.04	新办

（续）

登记证号	通用名称	商品名称	产品类别	使用范围	生产厂家	有效期限	备注
（2017）外饲准字184号	猫配合饲料 Cat Compound feed	Voraz牌猫粮鱼配方 Voraz Cat	配合饲料 Compound Feed	猫 Cat	阿根廷 Agro Industrias Baires S. A. 公司 Agro Industrias Baires S. A.，Argentina	2017.04—2022.04	新办
（2017）外饲准字185号	犬配合饲料 Dog Compound Feed	Voraz牌成犬粮牛肉配方 Voraz Adult Dogs Meat Flavour	配合饲料 Compound Feed	犬 Dog	阿根廷 Agro Industrias Baires S. A. 公司 Agro Industrias Baires S. A.，Argentina	2017.04—2022.04	新办
（2017）外饲准字186号	仓鼠配合饲料 Hamster Compound Feed	纯天然系列仓鼠粮 PUUR Hamster	配合饲料 Compound Feed	仓鼠 Hamster	荷兰维特魔轮公司 Witte Molen BV，Netherlands	2017.04—2022.04	新办
（2017）外饲准字187号	兔配合饲料 Rabbit Compound Feed	纯天然系列高纤兔粮 PUUR Rabbit	配合饲料 Compound Feed	兔 Rabbit	荷兰维特魔轮公司 Witte Molen BV，Netherlands	2017.04—2022.04	新办
（2017）外饲准字188号	犬配合饲料 Dog Compound Feed	保罗叔叔田园生机狗食-幼犬/全龄 Uncle Paul Original Dog Food-Puppy / All Life Stage	配合饲料 Compound Feed	犬 Dog	（台湾）保生实业股份有限公司 Pomp Shine Enterprise Corp.，Taiwan	2017.04—2022.04	新办
（2017）外饲准字189号	犬配合饲料 Dog Compound Feed	保罗叔叔田园生机狗食-高能成犬 Uncle Paul Original Dog Food-Energetic Adult	配合饲料 Compound Feed	犬 Dog	（台湾）保生实业股份有限公司 Pomp Shine Enterprise Corp.，Taiwan	2017.04—2022.04	新办
（2017）外饲准字190号	犬配合饲料 Dog Compound Feed	保罗叔叔田园生机狗食-肥胖成犬/熟龄犬 Uncle Paul Original Dog Food-Overweight/ Mature 5＋	配合饲料 Compound Feed	犬 Dog	（台湾）保生实业股份有限公司 Pomp Shine Enterprise Corp.，Taiwan	2017.04—2022.04	新办

（续）

登记证号	通用名称	商品名称	产品类别	使用范围	生产厂家	有效期限	备注
(2017)外饲准字191号	犬配合饲料 Dog Compound Feed	保罗叔叔田园生机狗食-低敏成犬/室内 Uncle Paul Original Dog Food-Sensitive Adult(In-door)	配合饲料 Compound Feed	犬 Dog	(台湾)保生实业股份有限公司 Pomp Shine Enterprise Corp., Taiwan	2017.04—2022.04	新办
(2017)外饲准字192号	猫配合饲料 Cat Compound Feed	保罗叔叔田园生机猫食-幼猫/全龄 Uncle Paul Original Cat Food-Kitten/All Life Stage	配合饲料 Compound Feed	猫 Cat	(台湾)保生实业股份有限公司 Pomp Shine Enterprise Corp., Taiwan	2017.04—2022.04	新办
(2017)外饲准字193号	犬配合饲料 Dog Compound Feed	保罗叔叔田园生机狗食-低敏成犬/小粒 Uncle Paul Original Dog Food-Sensitive Adult(Small Bits)	配合饲料 Compound Feed	犬 Dog	(台湾)保生实业股份有限公司 Pomp Shine Enterprise Corp., Taiwan	2017.04—2022.04	新办
(2017)外饲准字194号	猫配合饲料 Cat Compound Feed	保罗叔叔田园生机猫食-低敏成猫/体态猫 Uncle Paul Original Cat Food-Sensitive Adult(Fit)	配合饲料 Compound Feed	猫 Cat	(台湾)保生实业股份有限公司 Pomp Shine Enterprise Corp., Taiwan	2017.04—2022.04	新办
(2017)外饲准字195号	猫配合饲料 Cat Compound Feed	保罗叔叔田园生机猫食-成猫/长毛猫 Uncle Paul Original Cat Food-Adult/Long Hair	配合饲料 Compound Feed	猫 Cat	(台湾)保生实业股份有限公司 Pomp Shine Enterprise Corp., Taiwan	2017.04—2022.04	新办
(2017)外饲准字196号	犬配合饲料 Dog Compound Feed	活性益生菌鸡肉 & 大米成犬粮 ProBiotic LIVE Adult Dog (Chicken & Rice)	配合饲料 Compound Feed	犬 Dog	比利时联合宠物食品公司 United Petfood Producers NV, Belgium	2017.04—2022.04	新办

（续）

登记证号	通用名称	商品名称	产品类别	使用范围	生产厂家	有效期限	备注
（2017）外饲准字197号	犬配合饲料 Dog Compound Feed	活性益生菌鸡肉&大米老龄犬粮 ProBiotic LIVE Senior Dog (Chicken & Rice)	配合饲料 Compound Feed	犬 Dog	比利时联合宠物食品公司 United Petfood Producers NV, Belgium	2017.04—2022.04	新办
（2017）外饲准字198号	犬配合饲料 Dog Compound Feed	活性益生菌鸡肉&大米幼犬粮 ProBiotic LIVE Puppy (Chicken & Rice)	配合饲料 Compound Feed	犬 Dog	比利时联合宠物食品公司 United Petfood Producers NV, Belgium	2017.04—2022.04	新办
（2017）外饲准字199号	犬配合饲料 Dog Compound Feed	活性益生菌三文鱼&大米迷你犬成犬粮 ProBiotic LIVE Adult MINI Dog (Salmon & Rice)	配合饲料 Compound Feed	犬 Dog	比利时联合宠物食品公司 United Petfood Producers NV, Belgium	2017.04—2022.04	新办
（2017）外饲准字200号	犬配合饲料 Dog Compound Feed	活性益生菌羊肉&大米成犬粮 ProBiotic LIVE Adult Dog (Lamb & Rice)	配合饲料 Compound Feed	犬 Dog	比利时联合宠物食品公司 United Petfood Producers NV, Belgium	2017.04—2022.04	新办
（2017）外饲准字201号	犬配合饲料 Dog Compound Feed	耐吉斯无谷犬粮-鸡肉及三文鱼 Holistic Recipe Solution Grain Free Dog Food-Chicken & Salmon	配合饲料 Compound Feed	犬 Dog	（新西兰）爱德胜宠物产品有限公司 Addiction Foods NZ Ltd., New Zealand	2017.04—2022.04	新办

（续）

登记证号	通用名称	商品名称	产品类别	使用范围	生产厂家	有效期限	备注
（2017）外饲准字202号	犬配合饲料 Dog Compound Feed	耐吉斯无谷犬粮-羊肉及三文鱼 Holistic Recipe Solution Grain Free Dog Food-Lamb & Salmon	配合饲料 Compound Feed	犬 Dog	（新西兰）爱德胜宠物产品有限公司 Addiction Foods NZ Ltd., New Zealand	2017.04—2022.04	新办
（2017）外饲准字203号	猫配合饲料 Cat Compound Feed	耐吉斯无谷猫粮-三文鱼及羊肉 Holistic Recipe Solution Grain Free Cat Food-Salmon & Lamb	配合饲料 Compound Feed	猫 Cat	（新西兰）爱德胜宠物产品有限公司 Addiction Foods NZ Ltd., New Zealand	2017.04—2022.04	新办
（2017）外饲准字204号	猫配合饲料 Cat Compound Feed	耐吉斯无谷猫粮-三文鱼及鸡肉 Holistic Recipe Solution Grain Free Cat Food-Salmon & Chicken	配合饲料 Compound Feed	猫 Cat	（新西兰）爱德胜宠物产品有限公司 Addiction Foods NZ Ltd., New Zealand	2017.04—2022.04	新办
（2017）外饲准字205号	犬配合饲料 Dog Compound Feed	耐吉斯火鸡肉苹果幼犬干粮 Holistic Recipe Solution Turkey And Apple Puppy Dry Dog Food	配合饲料 Compound Feed	犬 Dog	（加拿大）艾尔麦乐宠物产品有限公司 Elmira Pet Products Ltd.,Canada	2017.04—2022.04	新办
（2017）外饲准字206号	犬配合饲料 Dog Compound Feed	耐吉斯火鸡肉苹果成犬干粮 Holistic Recipe Solution Turkey And Apple Adult Dry Dog Food	配合饲料 Compound Feed	犬 Dog	（加拿大）艾尔麦乐宠物产品有限公司 Elmira Pet Products Ltd.,Canada	2017.04—2022.04	新办

（续）

登记证号	通用名称	商品名称	产品类别	使用范围	生产厂家	有效期限	备注
（2017）外饲准字 207 号	猫配合饲料 Cat Compound Feed	耐吉斯幼猫干粮 Holistic Recipe Solution Kitten Dry Cat Food	配合饲料 Compound Feed	猫 Cat	（加拿大）艾尔麦乐宠物产品有限公司 Elmira Pet Products Ltd.,Canada	2017.04—2022.04	新办
（2017）外饲准字 208 号	猫配合饲料 Cat Compound Feed	耐吉斯室内猫干粮 Holistic Recipe Solution Indoor Dry Cat Food	配合饲料 Compound Feed	猫 Cat	（加拿大）艾尔麦乐宠物产品有限公司 Elmira Pet Products Ltd.,Canada	2017.04—2022.04	新办
（2017）外饲准字 209 号	猫配合饲料 Cat Compound Feed	耐吉斯成猫干粮 Holistic Recipe Solution Adult Dry Cat Food	配合饲料 Compound Feed	猫 Cat	（加拿大）艾尔麦乐宠物产品有限公司 Elmira Pet Products Ltd.,Canada	2017.04—2022.04	新办
（2017）外饲准字 214 号	混合型饲料添加剂 氨基酸 维生素 Feed Additive Mixture Amino acid Vitamin	爱乐维 APSA AMINOVIT	混合型饲料添加剂 Feed Additives Mixture	养殖动物 All species or categories of animals	西班牙皮特鲁巴公司 ANDRéS PINTALUBA，S. A. Spain	2017.05—2022.05	新办
（2017）外饲准字 215 号	混合型饲料添加剂 维生素 Feed Additive Mixture Vitamin	产乐维 APSA POLIVIT COMPLEX SE	混合型饲料添加剂 Feed Additives Mixture	养殖动物 All species or categories of animals	西班牙皮特鲁巴公司 ANDRéS PINTALUBA，S. A. Spain	2017.05—2022.05	新办
（2017）外饲准字 216 号	混合型饲料添加剂 维生素 Feed Additive Mixture Vitamin	康乐维 APSA B COMPLEX ＋ K3＋CHOLINE	混合型饲料添加剂 Feed Additives Mixture	养殖动物 All species or categories of animals	西班牙皮特鲁巴公司 ANDRéS PINTALUBA，S. A. Spain	2017.05—2022.05	新办
（2017）外饲准字 217 号	混合型饲料添加剂 酸度调节剂 香味剂 Feed Additives Mixture Acidity regulators flavors	普乐吉吉酸 500 Biacid 500	混合型饲料添加剂 Feed Additives Mixture	家禽 Poultry	法国普乐维美公司 PROVIMI France	2017.05—2022.05	新办

（续）

登记证号	通用名称	商品名称	产品类别	使用范围	生产厂家	有效期限	备注
（2017）外饲准字 218 号	混合型饲料添加剂 酸度调节剂 香味剂 Feed Additives Mixture Acidity regulators flavors	普乐吉吉酸 Biacid	混合型饲料添加剂 Feed Additives Mixture	家禽 Poultry	法国普乐维美公司 PROVIMI France	2017.05—2022.05	新办
（2017）外饲准字 219 号	混合型饲料添加剂 甘油脂肪酸酯、甘油 Feed Additives Mixture Glycerine Fatty acid Ester, Glycerol	斯福(3G 液体) SILOHEALTH 104 L	混合型饲料添加剂 Feed Additives Mixture	养殖动物 All species or categories of animals	意大利 SILO 公司 SILO SpA, Italy	2017.05—2022.05	新办
（2017）外饲准字 220 号	混合型饲料添加剂 甘油脂肪酸酯、甘油 Feed Additives Mixture Glycerine Fatty Acid Ester, Glycerol	斯福(1MG 固体) SILOHEALTH 108 P	混合型饲料添加剂 Feed Additives Mixture	养殖动物 All species or categories of animals	意大利 SILO 公司 SILO SpA, Italy	2017.05—2022.05	新办
（2017）外饲准字 221 号	混合型饲料添加剂 酸度调节剂 Feed Additives Mixture Acidity Regulators	克沙净 Flow 液体 Fysal® Flow Liquid	混合型饲料添加剂 Feed Additives Mixture	养殖动物 All species or categories of animals	荷兰赛尔可公司 Selko B. V., the Netherlands	2017.05—2022.05	新办
（2017）外饲准字 222 号	混合型饲料添加剂 矿物质 微生物 维生素 Feed Additives Mixture Minerals Live Microorganisms Vitamins	信东活力多 Spirelyte	混合型饲料添加剂 Feed Additives Mixture	猪、家禽、犬、马 Swine, Poultry, Dog, Horse	台湾信东动物药品股份有限公司 Sintong Animal Pharmaceutical Co., Ltd.	2017.05—2022.05	新办
（2017）外饲准字 223 号	混合型饲料添加剂 矿物质 维生素 氨基酸 Feed Additives Mixture Minerals Vitamins Amino Acids	信东保矿立 Luxmins	混合型饲料添加剂 Feed Additives Mixture	家禽 Poultry	台湾信东动物药品股份有限公司 Sintong Animal Pharmaceutical Co., Ltd.	2017.05—2022.05	新办

（续）

登记证号	通用名称	商品名称	产品类别	使用范围	生产厂家	有效期限	备注
（2017）外饲准字224号	混合型饲料添加剂 酸度调节剂 Feed Additives Mixture Acidity Regulators	信东宝力精 Polygen	混合型饲料添加剂 Feed Additives Mixture	家禽 Poultry	台湾信东动物药品股份有限公司 Sintong Animal Pharmaceutical Co.，Ltd.	2017.05—2022.05	新办
（2017）外饲准字225号	混合型饲料添加剂 微生物 Feed Additives Mixture Live Microorganisms	益加 Super DFM Plus	混合型饲料添加剂 Feed Additives Mixture	鸡、猪、牛 Chicken，Swine，Cattle	美国福蓝迪他生物集团有限公司 Frondita Biogroup，Inc.，USA	2017.05—2022.05	新办
（2017）外饲准字226号	混合型饲料添加剂 植酸酶（产自黑曲霉） Feed Additives Mixture Phytase（Source：*Aspergillus niger*）	特威宝 SSF（脂溶性） SSF FS	混合型饲料添加剂 Feed Additives Mixture	宠物、水产动物 Pets，Aquaculture animals	美国奥特奇公司 Alltech Inc.，USA	2017.05—2022.05	新办
（2017）外饲准字227号	混合型饲料添加剂 微生物 Feed Additives Mixture Live Microorganisms	奥乐康 XCL 5X ALL-LAC XCL 5X	混合型饲料添加剂 Feed Additives Mixture	家禽 Poultry	美国奥特奇公司 Alltech Inc.，USA	2017.05—2022.05	新办
（2017）外饲准字228号	混合型饲料添加剂 矿物元素 牛至香酚 Feed Additives Mixture Minerals Oregano Carvacrol	奥健宝 ALLTECH NATUSTAT	混合型饲料添加剂 Feed Additives Mixture	家禽 Poultry	美国奥特奇公司 Alltech Inc.，USA	2017.05—2022.05	新办
（2017）外饲准字229号	混合型饲料添加剂 枯草芽孢杆菌 Feed Additives Mixture *Bacillus subtilis*	安惠华 TM SWI 302 CN Enviva® SWI 302 CN	混合型饲料添加剂 Feed Additives Mixture	猪 Swine	丹尼斯克美国有限公司（Rochester 工厂） Danisco USA Inc.，Rochester Plant，USA	2017.05—2022.05	新办

（续）

登记证号	通用名称	商品名称	产品类别	使用范围	生产厂家	有效期限	备注
(2017)外饲准字 230 号	混合型饲料添加剂 枯草芽孢杆菌 Feed Additives Mixture *Bacillus subtilis*	安惠华 TMSWI 301 CN Enviva® SWI 301 CN	混合型饲料添加剂 Feed Additives Mixture	猪 Swine	丹尼斯克美国有限公司(Rochester 工厂) Danisco USA Inc., Rochester Plant, USA	2017.05—2022.05	新办
(2017)外饲准字 231 号	混合型饲料添加剂 枯草芽孢杆菌 Feed Additives Mixture *Bacillus subtilis*	安惠华 TM PRO 202 CN Enviva® Pro 202 CN	混合型饲料添加剂 Feed Additives Mixture	家禽 Poultry	丹尼斯克美国有限公司(Rochester 工厂) Danisco USA Inc., Rochester Plant, USA	2017.05—2022.05	新办
(2017)外饲准字 232 号	混合型饲料添加剂 丙三醇 Feed Additives Mixture Glycerine	能量宝 MANNA-C	混合型饲料添加剂 Feed Additives Mixture	猪,鸡 Swine, Chicken	韩国索玛公司 SOMA Inc., Korea	2017.05—2022.05	新办
(2017)外饲准字 233 号	混合型饲料添加剂 矿物元素及其络(螯)合物 Feed Additives Mixture Minerals and Their Complexes (or Chelates)	蛋可多 SEM PLUS	混合型饲料添加剂 Feed Additives Mixture	鸡 Chicken	韩国索玛公司 SOMA Inc., Korea	2017.05—2022.05	新办
(2017)外饲准字 234 号	混合型饲料添加剂 磷酸 美国栗树叶提取物 Feed Additives Mixture Phosphoric Acid Chestnut Leaves Extract	福美酚 TO Farmatan TO	混合型饲料添加剂 Feed Additives Mixture	养殖动物 All species or categories of animals	斯洛文尼亚天宁有限公司 Tanin Sevnica d. d, Slovenia	2017.05—2022.05	新办
(2017)外饲准字 235 号	混合型饲料添加剂 甲酸 磷酸 美国栗树叶提取物 Feed Additives Mixture Formic Phosphoric Acid Chestnut Leaves Extract	福美酚 ACO Farmatan ACO	混合型饲料添加剂 Feed Additives Mixture	养殖动物 All species or categories of animals	斯洛文尼亚天宁有限公司 Tanin Sevnica d. d, Slovenia	2017.05—2022.05	新办

（续）

登记证号	通用名称	商品名称	产品类别	使用范围	生产厂家	有效期限	备注
（2017）外饲准字236号	混合型饲料添加剂 蛋氨酸铬 Feed Additives Mixture Chromium Methionine Chelate	佳味铬2000 Goodwell Cr 2000	混合型饲料添加剂 Feed Additives Mixture	猪 Swine	台湾贸立实业股份有限公司 More-standing Enterprise Co.，Ltd.，	2017.05—2022.05	新办
（2017）外饲准字237号	混合型饲料添加剂 精氨酸 苹果酸 维生素 Feed Additives Mixture Arginine Malic Acid Vitamins	卫适得 VIUSID AQUA	混合型饲料添加剂 Feed Additives Mixture	水产动物 Aquaculture animals	凯塔斯(西班牙)有限公司 CATALYSIS,S. L.，Spain	2017.05—2022.05	新办
（2017）外饲准字238号	混合型饲料添加剂 蛋白酶和淀粉酶（产自黑曲霉） Feed Additives Mixture Proteas and Amylase（Source：*Aspergillus niger*）	保力胺 Polian	混合型饲料添加剂 Feed Additives Mixture	养殖动物 All species or categories of animals	台湾立胺酵素股份有限公司燕巢厂 Lih An Enzyme Industrial Co.，Ltd. Yanchao Plant	2017.05—2022.05	新办
（2017）外饲准字239号	可食脂肪酸钙盐 Calcium Salt of Edible Fatty Acid	劲能 Energizer Gold	饲料添加剂 Feed Additive	反刍动物 Ruminant	马来西亚亚洲油衍生物有限公司 Asian Oils and Derivatives Sdn. Bhd.，Malaysia	2017.05—2022.05	新办
（2017）外饲准字240号	蛋白铁 Iron Proteinate	保福敏蛋白铁 Buffermin Iron Proteinate	饲料添加剂 Feed Additive	养殖动物(反刍动物除外) All species or categories of animals(not including ruminant)	美国佳和生物技术公司 JH Biotech,Inc.，USA	2017.05—2022.05	新办
（2017）外饲准字241号	氨基酸锌络合物 Zinc Amino Acid Complex	氨维乐-锌120 Availa-Zn 120	饲料添加剂 Feed Additive	畜禽 Livestock	美国金宝动物营养(国际)有限公司 Zinpro Animal Nutrition（International）Inc.，USA	2017.05—2022.05	新办

（续）

登记证号	通用名称	商品名称	产品类别	使用范围	生产厂家	有效期限	备注
（2017）外饲准字 242 号	酿酒酵母 Saccharomyces Cerevisiae	布拉迪® 铁达 10 号 Levucell® SB 10ME titan	饲料添加剂 Feed Additive	猪、家禽 Swine, Poultry	拉曼集团波兰有限公司 Lallemand Polska Sp z o. o. , Poland	2017.05—2022.05	新办
（2017）外饲准字 243 号	混合型饲料添加剂 嗜酸乳杆菌 Feed Additives Mixture Lactobacillus Acidophilus	芯来旺-嗜酸乳杆菌 SYNLAC— Lactobacillus Acidophilus	混合型饲料添加剂 Feed Additives Mixture	养殖动物 All species or categories of animals	台湾生合生物科技股份有限公司（燕巢厂） Synbiotech Inc (Yanchao)	2017.05—2022.05	新办
（2017）外饲准字 244 号	混合型饲料添加剂 干酪乳杆菌 Feed Additives Mixture Lactobacillus Casei	芯来旺-干酪乳杆菌 SYNLAC— Lactobacillus Casei	混合型饲料添加剂 Feed Additives Mixture	养殖动物 All species or categories of animals	台湾生合生物科技股份有限公司（燕巢厂） Synbiotech Inc (Yanchao)	2017.05—2022.05	新办
（2017）外饲准字 245 号	混合型饲料添加剂 酿酒酵母 Feed Additives Mixture Saccharomyces cerevisiae	百奥明® PX3 Mycofix® PX3	混合型饲料添加剂 Feed Additives Mixture	养殖动物 All species or categories of animals	百奥明新加坡私人有限公司 BIOMIN Singapore Pte. Ltd, Singapore	2017.05—2022.05	新办
（2017）外饲准字 246 号	酿酒酵母细胞壁 Yeast Cell Wall of Saccharomyces Cerevisiae	爱力魔斯® Agrimos®	单一饲料 Single Feed	养殖动物 All species or categories of animals	爱沙尼亚 Salutaguse P® rmitehas 工厂 AS Salutaguse P® rmitehas, Estonia	2017.05—2022.05	新办
（2017）外饲准字 247 号	鱼油 Fish Oil	鱼油 Fish Oil	单一饲料 Single Feed	畜禽和水产动物 Livestock and Poultry, Aquaculture animals	智利 Companía Pesquera Camanchaca S. A. 公司-Iquique 工厂 Compania Pesquera Camanchaca S. A, Iquique Plant, Chile	2017.05—2022.05	新办

（续）

登记证号	通用名称	商品名称	产品类别	使用范围	生产厂家	有效期限	备注
（2017）外饲准字 248 号	鱼油 Fish Oil	鱼油 Fish Oil	单一饲料 Single Feed	畜禽和水产动物 Livestock and Poultry, Aquaculture animals	智利 Camanchaca Pesca Sur S. A. 公司- Coronel 工厂 Camanchaca Pesca Sur S. A., Coronel Plant, Chile	2017.05—2022.05	新办
（2017）外饲准字 249 号	蛋粉 Egg Powder	蛋金全蛋粉饲料级 Whole Eggpowder Feed grade	单一饲料 Single Feed	养殖动物 All species or categories of animals	荷兰撒孚拉氏公司 Schaffelaarbos B. V., the Netherlands	2017.05—2022.05	新办
（2017）外饲准字 250 号	喷雾干燥猪血浆蛋白粉 Spray Dried Porcine Plasma Protein	益母盾免疫蛋白粉 ImmuTEIN	单一饲料 Single Feed	猪、家禽、水产动物 Swine, Poultry, Aquaculture animals	美国普伦敦农业有限公司（艾奥瓦州工厂） Puretein Agri LLC, USA	2017.05—2022.05	新办
（2017）外饲准字 251 号	谷氨酸渣 L-Glutamate Production Residue Meal Product	味丹蜜—谷氨酸渣 Vedafeed-L-glutamate Production Residue Meal	单一饲料 Single Feed	养殖动物 All species or categories of animals	越南味丹企业股份有限公司 Vedan (Vietnam) Enterprise Corporation Limited, Vietnam	2017.05—2022.05	新办
（2017）外饲准字 252 号	犬配合饲料 Dog Compound Feed	Superior 体重控制狗粮 Superior Weight Control	配合饲料 Compound Feed	犬 Dog	比利时联合宠物食品公司 United Petfood Producers NV, Belgium	2017.05—2022.05	新办
（2017）外饲准字 253 号	犬配合饲料 Dog Compound Feed	Superoir 幼犬狗粮 Superior Puppy Food	配合饲料 Compound Feed	犬 Dog	比利时联合宠物食品公司 United Petfood Producers NV, Belgium	2017.05—2022.05	新办
（2017）外饲准字 254 号	猫配合饲料 Cat Compound Feed	Finest Fish4Cats 鲭鱼猫粮 Finest Fish4Cats Mackerel	配合饲料 Compound Feed	猫 Cat	比利时联合宠物食品公司 United Petfood Producers NV, Belgium	2017.05—2022.05	新办

（续）

登记证号	通用名称	商品名称	产品类别	使用范围	生产厂家	有效期限	备注
（2017）外饲准字 255 号	猫配合饲料 Cat Compound Feed	Finest Fish4Cats 沙丁鱼猫粮 Finest Fish4Cats Sardine	配合饲料 Compound Feed	猫 Cat	比利时联合宠物食品公司 United Petfood Producers NV, Belgium	2017.05—2022.05	新办
（2017）外饲准字 256 号	猫配合饲料 Cat Compound Feed	Finest Fish4Cats 三文鱼猫粮 Finest Fish4Cats Salmon	配合饲料 Compound Feed	猫 Cat	比利时联合宠物食品公司 United Petfood Producers NV, Belgium	2017.05—2022.05	新办
（2017）外饲准字 257 号	犬配合饲料 Dog Compound Feed	Finest 三文鱼成犬狗粮 Finest Salmon Adult	配合饲料 Compound Feed	犬 Dog	比利时联合宠物食品公司 United Petfood Producers NV, Belgium	2017.05—2022.05	新办
（2017）外饲准字 258 号	犬配合饲料 Dog Compound Feed	Finest 深海鱼成犬狗粮 Finest Ocean White Fish Adult	配合饲料 Compound Feed	犬 Dog	比利时联合宠物食品公司 United Petfood Producers NV, Belgium	2017.05—2022.05	新办
（2017）外饲准字 259 号	犬配合饲料 Dog Compound Feed	Finest 深海鱼幼犬狗粮 Finest Ocean White Fish Puppy	配合饲料 Compound Feed	犬 Dog	比利时联合宠物食品公司 United Petfood Producers NV, Belgium	2017.05—2022.05	新办
（2017）外饲准字 260 号	犬配合饲料 Dog Compound Feed	Finest 玩具犬狗粮 Finest Toy Breed	配合饲料 Compound Feed	犬 Dog	比利时联合宠物食品公司 United Petfood Producers NV, Belgium	2017.05—2022.05	新办
（2017）外饲准字 261 号	犬配合饲料 Dog Compound Feed	Superior 成犬狗粮 Superior Adult Complete	配合饲料 Compound Feed	犬 Dog	比利时联合宠物食品公司 United Petfood Producers NV, Belgium	2017.05—2022.05	新办

（续）

登记证号	通用名称	商品名称	产品类别	使用范围	生产厂家	有效期限	备注
（2017）外饲准字 262 号	双低菜籽粕 Double Low Rapeseed Meal	加拿大菜籽粕颗粒（加拿大双低菜籽） Canola Meal Pellet（Canadian Double Low Rapeseed Meal）	单一饲料 Single Feed	养殖动物 All species or categories of animals	嘉吉有限公司(Camrose 工厂) Cargill Limited,Canada	2017.05—2022.05	新办
（2017）外饲准字 276 号	混合型饲料添加剂 β-甘露聚糖酶(产自迟缓芽孢杆菌) Feed Additives Mixtureβ-Mannanase (by *Bacillus lentus*)	和美酵素⁻TM-XT Hemicell⁻TM- XT	混合型饲料添加剂 Feed Additives Mixture	家禽、猪 Poultry,Swine	美国礼来公司克林顿工厂 Eli Lilly and Company, Plant in Clinton,USA	2017.07—2022.07	新办
（2017）外饲准字 277 号	混合型饲料添加剂 酸度调节剂 Feed Additives Mixture Acidity Regulators	优沙净 ULTRA-SALM MIX	混合型饲料添加剂 Feed Additives Mixture	养殖动物 All species or categories of animals	西班牙 AVITASA 公司 AVICOLA DE TARRAGONA, SA(AVITASA),Spain	2017.07—2022.07	新办
（2017）外饲准字 278 号	混合型饲料添加剂 矿物质 Feed Additives Mixture Minerals	牛健素 MaxiChlor	混合型饲料添加剂 Feed Additives Mixture	反刍动物 Ruminant	美国 Nutech Biosciences Inc. 公司 Nutech Biosciences Inc.,USA	2017.07—2022.07	新办
（2017）外饲准字 279 号	混合型饲料添加剂 氨基酸铜络合物 Feed Additives Mixture Copper Amino Acid Complex	安乐维 铜 Mineralate-Cu	混合型饲料添加剂 Feed Additives Mixture	养殖动物 All species or categories of animals	美国 Nutech Biosciences Inc. 公司 Nutech Biosciences Inc.,USA	2017.07—2022.07	新办
（2017）外饲准字 280 号	混合型饲料添加剂 氨基酸锌络合物 Feed Additives Mixture Zinc Amino Acid Complex	安乐维 锌 Mineralate-Zn	混合型饲料添加剂 Feed Additives Mixture	养殖动物 All species or categories of animals	美国 Nutech Biosciences Inc. 公司 Nutech Biosciences Inc.,USA	2017.07—2022.07	新办

（续）

登记证号	通用名称	商品名称	产品类别	使用范围	生产厂家	有效期限	备注
（2017）外饲准字 281 号	混合型饲料添加剂 酸度调节剂 Feed Additives Mixture Acidity Regulators	普瑞沙 虾-SP Presan® Shrimp-SP	混合型饲料添加剂 Feed Additives Mixture	水产动物 Aquaculture animals	荷兰赛尔可公司 Selko B. V. ,the Netherlands	2017.07—2022.07	新办
（2017）外饲准字 282 号	混合型饲料添加剂 酸度调节剂 Feed Additives Mixture Acidity Regulators	赛可新 SELKO® -pH	混合型饲料添加剂 Feed Additives Mixture	家禽、猪 Poultry,Swine	荷兰赛尔可公司 Selko B. V. ,the Netherlands	2017.07—2022.07	新办
（2017）外饲准字 283 号	混合型饲料添加剂 β-胡萝卜素 Feed Additives Mixture β-Carotene	罗维素® β-胡萝卜素 10% ROVIMIX® β-Carotene 10%	混合型饲料添加剂 Feed Additives Mixture	猪、马、反刍动物和宠物 Swine, horses, ruminants and pets	蒂斯曼营养产品法国有限公司 DSM Nutritional Products France SAS,France	2017.07—2022.07	新办
（2017）外饲准字 284 号	混合型饲料添加剂 β,β-胡萝卜素-4,4-二酮(斑蝥黄) Feed Additives Mixtureβ, β-Carotene-4,4-Diketone (Canthaxanthin)	加丽素® 红 10% Carophyll® Red 10%	混合型饲料添加剂 Feed Additives Mixture	家禽 Poultry	蒂斯曼营养产品法国有限公司 DSM Nutritional Products France SAS,France	2017.07—2022.07	新办
（2017）外饲准字 285 号	混合型饲料添加剂 β-阿朴-8′-胡萝卜素酸乙酯 Feed Additives Mixtureβ-Apo-8′-Carotenoic Acid Ethyl Ester	加丽素® 黄 10% Carophyll® Yellow 10%	混合型饲料添加剂 Feed Additives Mixture	家禽 Poultry	蒂斯曼营养产品法国有限公司 DSM Nutritional Products France SAS,France	2017.07—2022.07	新办
（2017）外饲准字 286 号	鱼粉 Fishmeal	红鱼粉 Fishmeal（Ⅲ）	单一饲料 Single Feed	畜禽和水产动物 Livestock and Poultry, Aquaculture animals	中巴鱼粉有限公司 PAK CHINA FISH MEAL,PAKISTAN	2017.07—2022.07	新办

（续）

登记证号	通用名称	商品名称	产品类别	使用范围	生产厂家	有效期限	备注
（2017）外饲准字 287 号	鱼粉 Fishmeal	白鱼粉(一级) White Fishmeal Ⅰ	单一饲料 Single Feed	畜禽和水产动物 Livestock and Poultry, Aquaculture animals	KURILSKIY RYBAK 公司(工船 LANGUSTA CH-72H) JSC KURILSKIY RYBAK (F/V "Langusta", CH-72H), Russia	2017.07—2022.07	新办
（2017）外饲准字 288 号	鱼粉 Fishmeal	白鱼粉(一级) White Fishmeal Ⅰ	单一饲料 Single Feed	畜禽和水产动物 Livestock and Poultry, Aquaculture animals	PORONAY 公司(工船 OSTROV ITURUP, CH-14P) PORONAY CO., LTD(F/V "Ostrov Iturup", CH-14P), Russia	2017.07—2022.07	新办
（2017）外饲准字 289 号	菜籽粕 Canola Meal	菜籽粕 Canola Meal	单一饲料 Single Feed	养殖动物 All species or categories of animals	澳大利亚 Riverina Oils & Bio Energy Pty 公司 Riverina Oils & Bio Energy Pty Ltd, Australia	2017.07—2022.07	新办
（2017）外饲准字 290 号	双低菜籽粕 Double-low Canola meal	双低菜籽粕 Double-low Canola meal	单一饲料 Single Feed	养殖动物 All species or categories of animals	加拿大 Louis Dreyfus Company Yorkton Processing GP 公司 Louis Dreyfus Company Yorkton Processing GP, Canada	2017.07—2022.07	新办
（2017）外饲准字 291 号	大豆浓缩蛋白 Soy Protein Concentrate	X-SOY 80 大豆浓缩蛋白 X-SOY 80	单一饲料 Single Feed	养殖动物 All species or categories of animals	巴西 SEMENTES SELECTA S. A. 公司 Araguari 工厂 SEMENTES SELECTA S. A., Araguari Plant, Brazil	2017.07—2022.07	新办
（2017）外饲准字 292 号	大豆浓缩蛋白 Soy Protein Concentrate	X-SOY 200 大豆浓缩蛋白 X-SOY 200	单一饲料 Single Feed	养殖动物 All species or categories of animals	巴西 SEMENTES SELECTA S. A. 公司 Araguari 工厂 SEMENTES SELECTA S. A., Araguari Plant, Brazil	2017.07—2022.07	新办
（2017）外饲准字 293 号	大豆浓缩蛋白 Soy Protein Concentrate	X-SOY 600 大豆浓缩蛋白 X-SOY 600	单一饲料 Single Feed	养殖动物 All species or categories of animals	巴西 SEMENTES SELECTA S. A. 公司 Araguari 工厂 SEMENTES SELECTA S. A., Araguari Plant, Brazil	2017.07—2022.07	新办

（续）

登记证号	通用名称	商品名称	产品类别	使用范围	生产厂家	有效期限	备注
（2017）外饲准字 294 号	鱼粉 Fishmeal	红鱼粉(二级) Red Fishmeal （Grade Ⅱ）	单一饲料 Single Feed	畜禽和水产动物 Livestock and Poultry, Aquaculture animals	泰国 T R F 鱼粉有限公司 T R F Fishmeal Co. , Ltd, Thailand	2017. 07—2022. 07	新办
（2017）外饲准字 295 号	白鱼粉 White Fishmeal	白鱼粉(三级) White Fishmeal（Grade Ⅲ）	单一饲料 Single Feed	畜禽和水产动物 Livestock and Poultry, Aquaculture animals	俄罗斯 LLC ROLIZ 公司(工船加工,工船名称“Kapitan Kayzer”工船批准号：CH-30N) LLC ROLIZ（Produced on Broad at vessel “Kapitan Kayzer”, Register No. CH-30N), Russia	2017. 07—2022. 07	新办
（2017）外饲准字 296 号	白鱼粉 White Fishmeal	白鱼粉(三级) White Fishmeal（Grade Ⅲ）	单一饲料 Single Feed	畜禽和水产动物 Livestock and Poultry, Aquaculture animals	俄罗斯 JSC Sakhalin Leasing Flot 公司(工船加工,工船名称“Mys Muravieva”，工船批准号：CH-35A) JSC Sakhalin Leasing Flot（Produced on Broad at vessel “Mys Muravieva ”, Register No. CH-35A), Russia	2017. 07—2022. 07	新办
（2017）外饲准字 297 号	白鱼粉 White Fishmeal	白鱼粉(三级) White Fishmeal（Grade Ⅲ）	单一饲料 Single Feed	畜禽和水产动物 Livestock and Poultry, Aquaculture animals	俄罗斯 JSC Sakhalin Leasing Flot 公司(工船加工,工船名称“Mys Lovtsova”，工船批准号：CH-42A) JSC Sakhalin Leasing Flot（Produced on Broad at vessel “Mys Lovtsova ”, Register No. CH-42A), Russia	2017. 07—2022. 07	新办

（续）

登记证号	通用名称	商品名称	产品类别	使用范围	生产厂家	有效期限	备注
（2017）外饲准字298号	猫配合饲料 Cat Compound Feed	挑嘴成猫粮 Adult Fussy Cat	配合饲料 Compound Feed	猫 Cat	比利时 FIDES PETFOOD NV FIDES PETFOOD NV, Belgium	2017.07—2022.07	新办
（2017）外饲准字299号	猫配合饲料 Cat Compound Feed	幼猫猫粮 Kitten	配合饲料 Compound Feed	猫 Cat	比利时 FIDES PETFOOD NV FIDES PETFOOD NV, Belgium	2017.07—2022.07	新办
（2017）外饲准字300号	猫配合饲料 Cat Compound Feed	成猫猫粮 Adult Cat	配合饲料 Compound Feed	猫 Cat	比利时 FIDES PETFOOD NV FIDES PETFOOD NV, Belgium	2017.07—2022.07	新办
（2017）外饲准字301号	犬配合饲料 Dog Compound Feed	小型犬幼犬粮 Junior Small Dog	配合饲料 Compound Feed	犬 Dog	比利时 FIDES PETFOOD NV FIDES PETFOOD NV, Belgium	2017.07—2022.07	新办
（2017）外饲准字302号	犬配合饲料 Dog Compound Feed	小型犬成犬粮 Adult Small Dog	配合饲料 Compound Feed	犬 Dog	比利时 FIDES PETFOOD NV FIDES PETFOOD NV, Belgium	2017.07—2022.07	新办
（2017）外饲准字303号	犬配合饲料 Dog Compound Feed	中型犬幼犬粮 Junior Medium Dog	配合饲料 Compound Feed	犬 Dog	比利时 FIDES PETFOOD NV FIDES PETFOOD NV, Belgium	2017.07—2022.07	新办
（2017）外饲准字304号	犬配合饲料 Dog Compound Feed	中型犬成犬粮 Adult Medium Dog	配合饲料 Compound Feed	犬 Dog	比利时 FIDES PETFOOD NV FIDES PETFOOD NV, Belgium	2017.07—2022.07	新办
（2017）外饲准字305号	犬配合饲料 Dog Compound Feed	大型犬幼犬粮 Junior Large Dog	配合饲料 Compound Feed	犬 Dog	比利时 FIDES PETFOOD NV FIDES PETFOOD NV, Belgium	2017.07—2022.07	新办
（2017）外饲准字306号	犬配合饲料 Dog Compound Feed	大型犬成犬粮 Adult Large Dog	配合饲料 Compound Feed	犬 Dog	比利时 FIDES PETFOOD NV FIDES PETFOOD NV, Belgium	2017.07—2022.07	新办
（2017）外饲准字307号	犬配合饲料 Dog Compound Feed	小型犬老年犬粮 Senior Small Dog	配合饲料 Compound Feed	犬 Dog	比利时 FIDES PETFOOD NV FIDES PETFOOD NV, Belgium	2017.07—2022.07	新办

（续）

登记证号	通用名称	商品名称	产品类别	使用范围	生产厂家	有效期限	备注
（2017）外饲准字308号	猫配合饲料 Cat Compound Feed	冠能室内猫成猫猫粮 PRO PLAN Cat Food Housecat Formula	配合饲料 Compound Feed	猫 Cat	澳大利亚雀巢普瑞纳宠物食品有限公司 Nestle Australia Limited.，Nestle Purina Petcare，Australia	2017.07—2022.07	新办
（2017）外饲准字309号	猫配合饲料 Cat Compound Feed	冠能鸡肉配方成猫猫粮 PRO PLAN Cat Food Adult Chicken Formula	配合饲料 Compound Feed	猫 Cat	澳大利亚雀巢普瑞纳宠物食品有限公司 Nestle Australia Limited.，Nestle Purina Petcare，Australia	2017.07—2022.07	新办
（2017）外饲准字310号	猫配合饲料 Cat Compound Feed	冠能幼猫猫粮 PRO PLAN Cat Food Kitten Formula	配合饲料 Compound Feed	猫 Cat	澳大利亚雀巢普瑞纳宠物食品有限公司 Nestle Australia Limited.，Nestle Purina Petcare，Australia	2017.07—2022.07	新办
（2017）外饲准字311号	猫配合饲料 Cat Compound Feed	冠能三文鱼配方成猫猫粮 PRO PLAN Cat Food Adult Salmon Formula	配合饲料 Compound Feed	猫 Cat	澳大利亚雀巢普瑞纳宠物食品有限公司 Nestle Australia Limited.，Nestle Purina Petcare，Australia	2017.07—2022.07	新办
（2017）外饲准字312号	犬配合饲料 Dog Compound Feed	冠能中型犬消化敏感配方幼犬犬粮 PRO PLAN Medium Puppy Sensitive Digestion Formula	配合饲料 Compound Feed	犬 Dog	澳大利亚雀巢普瑞纳宠物食品有限公司 Nestle Australia Limited.，Nestle Purina Petcare，Australia	2017.07—2022.07	新办
（2017）外饲准字313号	犬配合饲料 Dog Compound Feed	冠能胃肠及皮肤敏感配方成犬犬粮 PRO PLAN Dog Food All Sizes Sensitive Skin and Stomach Formula	配合饲料 Compound Feed	犬 Dog	澳大利亚雀巢普瑞纳宠物食品有限公司 Nestle Australia Limited.，Nestle Purina Petcare，Australia	2017.07—2022.07	新办

（续）

登记证号	通用名称	商品名称	产品类别	使用范围	生产厂家	有效期限	备注
(2017)外饲准字314号	犬配合饲料 Dog Compound Feed	冠能体重管理/绝育犬配方成犬犬粮 PRO PLAN Dog Food All Sizes Weight Loss/Sterilized Formula	配合饲料 Compound Feed	犬 Dog	澳大利亚雀巢普瑞纳宠物食品有限公司 Nestle Australia Limited.，Nestle Purina Petcare，Australia	2017.07—2022.07	新办
(2017)外饲准字315号	犬配合饲料 Dog Compound Feed	冠能中型犬消化敏感配方成犬犬粮 PRO PLAN Dog Food Medium Adult Sensitive Digestion Formula	配合饲料 Compound Feed	犬 Dog	澳大利亚雀巢普瑞纳宠物食品有限公司 Nestle Australia Limited.，Nestle Purina Petcare，Australia	2017.07—2022.07	新办
(2017)外饲准字316号	猫配合饲料 Cat Compound Feed	斑尼菲蓝带无谷浓缩天然粮-幼猫/母猫(海陆) Benefit Prime Blue Natural Holistic Cat Food-Kitten / Queen (SeaLand)	配合饲料 Compound Feed	猫 Cat	台湾保生实业股份有限公司 Pomp Shine Enterprise Corp.，	2017.07—2022.07	新办
(2017)外饲准字317号	猫配合饲料 Cat Compound Feed	斑尼菲蓝带无谷浓缩天然粮-成猫(海陆) Benefit Prime Blue Natural Holistic Cat Food-Adult (SeaLand)	配合饲料 Compound Feed	猫 Cat	台湾保生实业股份有限公司 Pomp Shine Enterprise Corp.，	2017.07—2022.07	新办
(2017)外饲准字318号	猫配合饲料 Cat Compound Feed	斑尼菲蓝带无谷浓缩天然粮-成/老猫(海陆) Benefit Prime Blue Natural Holistic Cat Food-Senior / Adult (SeaLand)	配合饲料 Compound Feed	猫 Cat	台湾保生实业股份有限公司 Pomp Shine Enterprise Corp.，	2017.07—2022.07	新办

（续）

登记证号	通用名称	商品名称	产品类别	使用范围	生产厂家	有效期限	备注
（2017）外饲准字319号	犬配合饲料 Dog Compound Feed	斑尼菲蓝带无谷浓缩天然粮-幼犬/母犬（海陆） Benefit Prime Blue Natural Holistic Dog Food-Puppy & Queen (SeaLand)	配合饲料 Compound Feed	犬 Dog	台湾保生实业股份有限公司 Pomp Shine Enterprise Corp.,	2017.07—2022.07	新办
（2017）外饲准字320号	犬配合饲料 Dog Compound Feed	斑尼菲蓝带无谷浓缩天然粮-成犬（海陆） Benefit Prime Blue Natural Holistic Dog Food-Adult (SeaLand)	配合饲料 Compound Feed	犬 Dog	台湾保生实业股份有限公司 Pomp Shine Enterprise Corp.,	2017.07—2022.07	新办
（2017）外饲准字321号	犬配合饲料 Dog Compound Feed	斑尼菲蓝带无谷浓缩天然粮-老犬/减重成犬（海陆） Benefit Prime Blue Natural Holistic Dog Food-Senior / Overweight Adult (SeaLand)	配合饲料 Compound Feed	犬 Dog	台湾保生实业股份有限公司 Pomp Shine Enterprise Corp.,	2017.07—2022.07	新办
（2017）外饲准字322号	犬配合饲料 Dog Compound Feed	斑尼菲蓝带无谷浓缩天然粮-成犬（牛肉） Benefit Prime Blue Natural Holistic Dog Food-Senior (Beef)	配合饲料 Compound Feed	犬 Dog	台湾保生实业股份有限公司 Pomp Shine Enterprise Corp.,	2017.07—2022.07	新办
（2017）外饲准字323号	犬配合饲料 Dog Compound Feed	斑尼菲蓝带无谷浓缩天然粮-成犬（羊肉） Benefit Prime Blue Natural Holistic Dog Food-Senior (Lamb)	配合饲料 Compound Feed	犬 Dog	台湾保生实业股份有限公司 Pomp Shine Enterprise Corp.,	2017.07—2022.07	新办

（续）

登记证号	通用名称	商品名称	产品类别	使用范围	生产厂家	有效期限	备注
（2017）外饲准字 324 号	犬配合饲料 Dog Compound Feed	斑尼菲蓝带无谷浓缩天然粮-全龄犬（太平洋鱼） Benefit Prime Blue Natural Holistic Dog Food-All Life Stages（Pacific Fishes）	配合饲料 Compound Feed	犬 Dog	台湾保生实业股份有限公司 Pomp Shine Enterprise Corp.，	2017.07—2022.07	新办
（2017）外饲准字 325 号	猫配合饲料 Cat Compound Feed	鸡肉 & 火鸡肉全猫配方 T22 NutramNumber Total Cat Food Chicken & Turkey Recipe	配合饲料 Compound Feed	猫 Cat	（加拿大）艾尔麦乐宠物产品有限公司 Elmira Pet Products Ltd.，Canada	2017.07—2022.07	新办
（2017）外饲准字 326 号	猫配合饲料 Cat Compound Feed	鳟鱼 & 鲑鱼全猫配方 T24 NutramNumber Total Cat Food Trout & Salmon Meal Recipe	配合饲料 Compound Feed	猫 Cat	（加拿大）艾尔麦乐宠物产品有限公司 Elmira Pet Products Ltd.，Canada	2017.07—2022.07	新办
（2017）外饲准字 327 号	猫配合饲料 Cat Compound Feed	鸡肉 & 鲑鱼幼猫配方 S1 NutramNumber Sound Kitten Food Chicken Meal & Salmon Meal Recipe	配合饲料 Compound Feed	猫 Cat	（加拿大）艾尔麦乐宠物产品有限公司 Elmira Pet Products Ltd.，Canada	2017.07—2022.07	新办
（2017）外饲准字 328 号	猫配合饲料 Cat Compound Feed	鸡肉 & 全蛋室内猫配方 I17 NutramNumber Ideal Indoor Cat Food Chicken Meal & Whole Eggs Recipe	配合饲料 Compound Feed	猫 Cat	（加拿大）艾尔麦乐宠物产品有限公司 Elmira Pet Products Ltd.，Canada	2017.07—2022.07	新办

（续）

登记证号	通用名称	商品名称	产品类别	使用范围	生产厂家	有效期限	备注
(2017)外饲准字329号	猫配合饲料 Cat Compound Feed	鸡肉&鲑鱼成猫配方 S5 NutramNumber Sound Adult Senior Cat Food Chicken Meal & Salmon Meal Recipe	配合饲料 Compound Feed	猫 Cat	(加拿大)艾尔麦乐宠物产品有限公司 Elmira Pet Products Ltd. ,Canada	2017.07—2022.07	新办
(2017)外饲准字330号	犬配合饲料 Dog Compound Feed	鸡肉&全蛋幼犬配方 S2 NutramNumber Sound Puppy Food Chicken Meal & Whole Eggs Recipe	配合饲料 Compound Feed	犬 Dog	(加拿大)艾尔麦乐宠物产品有限公司 Elmira Pet Products Ltd. ,Canada	2017.07—2022.07	新办
(2017)外饲准字331号	犬配合饲料 Dog Compound Feed	羊肉&豌豆全犬配方 T26 NutramNumber Total Dog Food Lamb & Split Peas Recipe	配合饲料 Compound Feed	犬 Dog	(加拿大)艾尔麦乐宠物产品有限公司 Elmira Pet Products Ltd. ,Canada	2017.07—2022.07	新办
(2017)外饲准字332号	犬配合饲料 Dog Compound Feed	鸡肉&火鸡肉全犬配方 T27 NutramNumber Total Small & Toy Breed Dog Food Chicken & Turkey Recipe	配合饲料 Compound Feed	犬 Dog	(加拿大)艾尔麦乐宠物产品有限公司 Elmira Pet Products Ltd. ,Canada	2017.07—2022.07	新办
(2017)外饲准字333号	犬配合饲料 Dog Compound Feed	鸡肉&燕麦幼犬配方 S3 NutramNumber Sound Large Breed Puppy Food Chicken Meal & Oatmeal Recipe	配合饲料 Compound Feed	犬 Dog	(加拿大)艾尔麦乐宠物产品有限公司 Elmira Pet Products Ltd. ,Canada	2017.07—2022.07	新办

（续）

登记证号	通用名称	商品名称	产品类别	使用范围	生产厂家	有效期限	备注
(2017)外饲准字334号	犬配合饲料 Dog Compound Feed	鸡肉&糙米中大型成犬配方 S6 NutramNumber Sound Adult Dog Food Chicken Meal & Brown Rice Recipe	配合饲料 Compound Feed	犬 Dog	(加拿大)艾尔麦乐宠物产品有限公司 Elmira Pet Products Ltd.,Canada	2017.07—2022.07	新办
(2017)外饲准字335号	犬配合饲料 Dog Compound Feed	鸡肉&糙米成犬配方 S7 NutramNumber Sound SmallBreed Adult Dog-Food ChickenMeal&BrownRice Recipe	配合饲料 Compound Feed	犬 Dog	(加拿大)艾尔麦乐宠物产品有限公司 Elmira Pet Products Ltd.,Canada	2017.07—2022.07	新办
(2017)外饲准字336号	犬配合饲料 Dog Compound Feed	鸡肉&全蛋小型幼犬配方 S11 NutramNumber Sound Small & Toy Breed Puppy Food Chicken Meal & Whole Eggs Recipe	配合饲料 Compound Feed	犬 Dog	(加拿大)艾尔麦乐宠物产品有限公司 Elmira Pet Products Ltd.,Canada	2017.07—2022.07	新办
(2017)外饲准字337号	犬配合饲料 Dog Compound Feed	鲱鱼无谷物全犬干粮 Wild Ocean Grain Free	配合饲料 Compound Feed	犬 Dog	比利时联合宠物食品公司 United Petfood Producers NV，Belgium	2017.07—2022.07	新办
(2017)外饲准字351号	犬配合饲料 Dog Compound Feed	鳟鱼&鲑鱼全犬配方 T28 NutramNumber Total Small&Toy - Breed Dog Food Trout & Salmon Meal Recipe	配合饲料 Compound Feed	犬 Dog	(加拿大)艾尔麦乐宠物产品有限公司 Elmira Pet Products Ltd.,Canada	2017.07—2022.07	新办

（续）

登记证号	通用名称	商品名称	产品类别	使用范围	生产厂家	有效期限	备注
（2017）外饲准字 352 号	混合型饲料添加剂 甘油脂肪酸酯 Feed Additives Mixture Glycerin fatty acid Ester	索麦 SOLMAX®	混合型饲料添加剂 Feed Additives Mixture	畜禽 Livestock	日新唯尔斯有限公司 ILSHIINWELLS CO.，LTD，Korea	2017.07—2022.07	新办
（2017）外饲准字 353 号	鼠配合饲料 Murine Compound Feed	5M4M 优质啮齿类饲料 5M4M Mazuri® CU Chinchilla Diet Pellet C	配合饲料 Compound Feed	鼠 Murine	美国 PMI 营养国际有限责任公司（里士满工厂） PMI Nutrition International，LLC.（plant in Richmond），USA	2017.07—2022.07	新办
（2017）外饲准字 354 号	鼠配合饲料 Murine Compound Feed	5C08 优质啮齿类饲料 5C08 LabDiet® For mulab Diet C	配合饲料 Compound Feed	鼠 Murine	美国 PMI 营养国际有限责任公司（里士满工厂） PMI Nutrition International，LLC.（plant in Richmond），USA	2017.07—2022.07	新办
（2017）外饲准字 355 号	龟配合饲料 Tortoise Compound Feed	5M4L 优质爬行动物类饲料 5M4L Mazuri® CU Tortoise Diet Extruded C	配合饲料 Compound Feed	龟 Tortoise	美国 PMI 营养国际有限责任公司（里士满工厂） PMI Nutrition International，LLC.（plant in Richmond），USA	2017.07—2022.07	新办
（2017）外饲准字 356 号	犬配合饲料 Dog Compound Feed	宠物狗食品 Pet Food for Dog	配合饲料 Compound Feed	犬 Dog	（日本）易思达株式会社 YEASTER Co.，LTD，Japan	2017.07—2022.07	新办
（2017）外饲准字 357 号	猫配合饲料 Cat Compound Feed	宠物猫食品 Pet Food for Cat	配合饲料 Compound Feed	猫 Cat	（日本）易思达株式会社 YEASTER Co.，LTD，Japan	2017.07—2022.07	新办
（2017）外饲准字 358 号	天然类固醇萨洒皂角苷（源自丝兰） Yucca（by Yucca Schidigera Extract）	丝兰宝（AQ） Yucca Best	饲料添加剂 Feed Additive	养殖动物 All species or categories of animals	墨西哥 BAJA AGRO INTERNATIONAL，S. A. de C. V. 公司 BAJA AGRO INTERNATIONAL，S. A. de C. V.，Mexico	2017.08—2022.08	新办

（续）

登记证号	通用名称	商品名称	产品类别	使用范围	生产厂家	有效期限	备注
（2017）外饲准字 359 号	混合型饲料添加剂 维生素 D_3 Feed Additives Mixture Vitamin D_3	罗维素® D_3 500 ROVIMIX® D_3 500	混合型饲料添加剂 Feed Additives Mixture	养殖动物 All species or categories of animals	帝斯曼营养产品法国有限公司 DSM Nutritional Products France SAS，France	2017.08—2022.08	新办
（2017）外饲准字 360 号	植酸酶（产自黑曲霉） Feed Additive Phytase（*by Aspergillus niger*）	酶他富 E 10000 Natuphos E 10000	饲料添加剂 Feed Additive	家禽、猪、宠物鸟 Poultry，Swine，Pet bird	巴斯夫欧洲公司 BASF SE，Germany	2017.08—2022.08	新办
（2017）外饲准字 361 号	天然类固醇萨洒皂角苷（源自丝兰） YUCCA（Yucca Schidigera Extract）	利可 40 DK SARSAPONIN 40	饲料添加剂 Feed Additive	养殖动物 All species or categories of animals	美国 Desert King 国际有限公司 Desert King International Inc.，USA	2017.08—2022.08	新办
（2017）外饲准字 362 号	天然类固醇萨洒皂角苷（源自丝兰） YUCCA（Yucca Schidigera Extract）	利可 40 DK SARSAPONIN 40	饲料添加剂 Feed Additive	养殖动物 All species or categories of animals	墨西哥 Desert King 有限公司 Desert King de Mexico S. de R. L. de C. V.，Mexico	2017.08—2022.08	新办
（2017）外饲准字 363 号	混合型饲料添加剂 防霉剂 Feed Additives Mixture Preservatives	纽埃特立霉克 MOLD NIL Liquid	混合型饲料添加剂 Feed Additives Mixture	养殖动物 All species or categories of animals	比利时纽埃特国际营养公司 Beveren-Waas 工厂 NUTRIAD International N. V.，Beveren-Waas Plant，Belgium	2017.08—2022.08	新办
（2017）外饲准字 364 号	混合型饲料添加剂 酶制剂 Feed Additives Mixture Enzyme	纽埃特酶安健 Nutri-Ferm	混合型饲料添加剂 Feed Additives Mixture	牛 Cow	比利时纽埃特国际营养公司 Beveren-Waas 工厂 NUTRIAD International N. V.，Beveren-Waas Plant，Belgium	2017.08—2022.08	新办
（2017）外饲准字 365 号	混合型饲料添加剂 酸度调节剂 矿物质 Feed Additives Mixture Acidity Regulator，Minerals	好益酸 PreAcid BA	混合型饲料添加剂 Feed Additives Mixture	畜禽和水产动物 Livestock and Poultry，Aquaculture animals	艾柯博士动物营养有限两合公司 Dr. Eckel Animal Nutrition GmbH & Co. KG，Germany	2017.08—2022.08	新办

（续）

登记证号	通用名称	商品名称	产品类别	使用范围	生产厂家	有效期限	备注
（2017）外饲准字 366 号	混合型饲料添加剂 酶制剂 酿酒酵母 氨基酸锌络合物 Feed Additives Mixture Enzyme, Saccharomyces Cerevisiae, Zinc Amino Acid Complex	刍安康 D Dairy Booster	混合型饲料添加剂 Feed Additives Mixture	奶牛 Dairy Cow	德国菲百特饲料添加剂有限公司 Phytobiotics Futterzusatzstoffe GmbH, Germany	2017. 08—2022. 08	新办
（2017）外饲准字 367 号	混合型饲料添加剂 微生物 Feed Additives Mixture Live Microorganisms	晶好肽 SMQF	混合型饲料添加剂 Feed Additives Mixture	猪、鸡和水产动物 Swine、chicken, Aquaculture animals	台湾孟德雨生物科技股份有限公司 TAIWAN MENDEL BIOTECH CO., LTD.,	2017. 08—2022. 08	新办
（2017）外饲准字 368 号	混合型饲料添加剂 酿酒酵母 Feed Additives Mixture Saccharomyces Cerevisiae	百名素 PIOMIN	混合型饲料添加剂 Feed Additives Mixture	养殖动物 All species or categories of animals	美国先拓生物科技公司 PioTech Company, USA	2017. 08—2022. 08	新办
（2017）外饲准字 369 号	混合型饲料添加剂 酿酒酵母 Feed Additives Mixture Saccharomyces Cerevisiae	先泌素 LACTURE	混合型饲料添加剂 Feed Additives Mixture	畜禽 Livestock and Poultry	美国先拓生物科技公司 PioTech Company, USA	2017. 08—2022. 08	新办
（2017）外饲准字 370 号	混合型饲料添加剂 香味物质 Feed Additives Mixture Flavouring Substances	诱食源 VEO VEO Premium	混合型饲料添加剂 Feed Additives Mixture	养殖动物 All species or categories of animals	法国馥蒂公司 Laboratoires Phode S. A. S., France	2017. 08—2022. 08	新办
（2017）外饲准字 371 号	混合型饲料添加剂 香味物质 Feed Additives Mixture Flavouring Substances	奥利欧 LX189 P2 OLEOBIOTEC® LX189 P2	混合型饲料添加剂 Feed Additives Mixture	养殖动物 All species or categories of animals	法国馥蒂公司 Laboratoires Phode S. A. S., France	2017. 08—2022. 08	新办

（续）

登记证号	通用名称	商品名称	产品类别	使用范围	生产厂家	有效期限	备注
（2017）外饲准字 372 号	混合型饲料添加剂 香味物质 Feed Additives Mixture Flavouring Substances	奥利欧（反刍专用）常规型 LX 185 P4 OLEOBIOTEC® RUMINANT LX 185 P4 LR	混合型饲料添加剂 Feed Additives Mixture	反刍动物 Ruminant	法国馥蒂公司 Laboratoires Phode S. A. S. , France	2017.08—2022.08	新办
（2017）外饲准字 373 号	混合型饲料添加剂 丝兰提取物 Feed Additive Mixture Yucca Extract	臭罢完 CLEANTEC	混合型饲料添加剂 Feed Additives Mixture	养殖动物 All species or categories of animals	韩国索玛公司 SOMA Inc. ,Korea	2017.08—2022.08	新办
（2017）外饲准字 374 号	混合型饲料添加剂 防霉剂 Feed Additives Mixture Preservatives	百霉净 Elisorb Premix	混合型饲料添加剂 Feed Additives Mixture	养殖动物 All species or categories of animals	新加坡威发药业有限公司 Vetpharm Laboratories (S) Pte. Ltd. ,Singapore	2017.08—2022.08	新办
（2017）外饲准字 375 号	混合型饲料添加剂 抗氧化剂 防腐剂 Feed Additives Mixture Antioxidants Preservatives	克氧净 FI SPECTRA FI	混合型饲料添加剂 Feed Additives Mixture	畜禽和水产动物 Livestock and Poultry, Aquaculture animals	西班牙埃特亚公司 Industrial Tecnica Pecuaria, S. A. ,Spain	2017.08—2022.08	新办
（2017）外饲准字 376 号	混合型饲料添加剂 枯草芽孢杆菌 Feed Additives Mixture *Bacillus subtilis*	安泰来 Alterion NE	混合型饲料添加剂 Feed Additives Mixture	养殖动物 All species or categories of animals	美国诺维信生物公司 Novozymes Biologicals, Inc. ,USA	2017.08—2022.08	新办
（2017）外饲准字 377 号	混合型饲料添加剂 抗氧化剂 Feed Additives Mixture Antioxidant	宠鲜 Plus 粉剂 Naturox Plus Dry	混合型饲料添加剂 Feed Additives Mixture	宠物 Pet	美国建明工业有限公司 Kemin Industries, Inc. ,USA	2017.08—2022.08	新办

（续）

登记证号	通用名称	商品名称	产品类别	使用范围	生产厂家	有效期限	备注
（2017）外饲准字 378 号	混合型饲料添加剂 防霉剂 Feed Additives Mixture Preservatives	菲乐斯（液体） Fylax® Liquid	混合型饲料添加剂 Feed Additives Mixture	养殖动物 All species or categories of animals	荷兰赛尔可公司 Selko B. V. ，the Netherlands	2017.08—2022.08	新办
（2017）外饲准字 379 号	混合型饲料添加剂 氧化镁 Feed Additives Mixture Magnesium Oxide	凯尔特猪康 CeltiCal	混合型饲料添加剂 Feed Additives Mixture	猪 Swine	爱尔兰马里戈特有限公司 Marigot Ltd. ，Ireland	2017.08—2022.08	新办
（2017）外饲准字 380 号	混合型饲料添加剂 粪肠球菌 谷氨酰胺 L-苏氨酸 Feed Additives Mixture Enterococcus faecium，Glutamine，L-Threonine	康肠健 Promax	混合型饲料添加剂 Feed Additives Mixture	犬 Dog	VetPlus 国际有限公司 VetPlus International Ltd. ，Kingdom	2017.08—2022.08	新办
（2017）外饲准字 381 号	混合型饲料添加剂 枯草芽孢杆菌 酿酒酵母 Feed Additives Mixture Bacillus subtilis Saccharomyces Cerevisiae	依润 HI-TAM 100＋	混合型饲料添加剂 Feed Additives Mixture	奶牛 Dairy Cow	韩国 PAEK KWANG C&S 株式会社 PAEK KWANG C&S CO. ，LTD. ，Korea	2017.08—2022.08	新办
（2017）外饲准字 382 号	仔猪复合预混合饲料 Premix for piglets	荣都 PRO-10 PRODUMIX PRO-10	复合预混合饲料 Premix	仔猪 Piglets	西班牙 Produmix S. A. 公司 Produmix S. A. ，Spain	2017.08—2022.08	新办
（2017）外饲准字 383 号	精料补充料 Concentrate Supplement	补维康 BOVISTART	精料补充料 Concentrate Supplement	羊 Sheep	法国百艾莫发展公司 BIOARMOR DEVELOPPEMENT，France	2017.08—2022.08	新办

（续）

登记证号	通用名称	商品名称	产品类别	使用范围	生产厂家	有效期限	备注
(2017)外饲准字384号	鸡肉粉 Chicken By-Product Meal	鸡肉粉 Chicken By-Product Meal	单一饲料 Single Feed	畜禽和水产动物 Livestock and Poultry, Aquaculture animals	美国泰森食品公司瑞福旺丽动物营养事业部 Tyson Foods-River Valley Animal Foods, USA	2017.08—2022.08	新办
(2017)外饲准字385号	高温高压水解羽毛粉 High Temperature and High Pressure Hydrolysis Feather Meal	水解羽毛粉 Hydrolyzed Feather Meal	单一饲料 Single Feed	畜禽和水产动物 Livestock and Poultry, Aquaculture animals	西班牙 SARVAL BIO-INDUSTRIES, S. A. U. 西班牙 SARVAL BIO-INDUSTRIES, S. A. U. , Spain	2017.08—2022.08	新办
(2017)外饲准字386号	鱼粉 Fishmeal	红鱼粉(三级) Red Fishmeal (Grade Ⅲ)	单一饲料 Single Feed	畜禽和水产动物 Livestock and Poultry, Aquaculture animals	纳米比亚 Etosha 捕鱼有限公司 Etosha Fishing Corporation Pty Ltd. , Namibia	2017.08—2022.08	新办
(2017)外饲准字387号	鱼粉 Fishmeal	红鱼粉（三级） Red Fishmeal (Grade Ⅲ)	单一饲料 Single Feed	畜禽和水产动物 Livestock and Poultry, Aquaculture animals	厄瓜多尔 NUTRIFISHING S. A. 公司 NUTRIFISHING S. A. , Ecuador	2017.08—2022.08	新办
(2017)外饲准字388号	鱼油 Fish Oil	鱼油（饲料级） Fish Oil (Feed Grade)	单一饲料 Single Feed	畜禽和水产动物 Livestock and Poultry, Aquaculture animals	厄瓜多尔 NUTRIFISHING S. A. 公司 NUTRIFISHING S. A. , Ecuador	2017.08—2022.08	新办
(2017)外饲准字389号	鱼粉 Fish meal	红鱼粉（一级） Red fish meal (Ⅰ)	单一饲料 Single Feed	畜禽和水产动物 Livestock and Poultry, Aquaculture animals	仰光渔业发展有限公司(鱼粉厂) Yangon Fishery Development co; Ltd. (Fish Meal), Myanmar	2017.08—2022.08	新办
(2017)外饲准字390号	猫配合饲料 Cat Compound Feed	佰芙深海庄园鸡肉成猫粮 PET FROH CHICKEN & FISH ADULT CAT	配合饲料 Compound Feed	猫 Cat	比利时联合宠物食品公司 United Petfood Producers NV, Belgium	2017.08—2022.08	新办

（续）

登记证号	通用名称	商品名称	产品类别	使用范围	生产厂家	有效期限	备注
（2017）外饲准字 391 号	猫配合饲料 Cat Compound Feed	佰芙深海庄园老年猫粮 PET FROH SELECTED OCEAN FISH SENIOR CAT	配合饲料 Compound Feed	猫 Cat	比利时联合宠物食品公司 United Petfood Producers NV, Belgium	2017.08—2022.08	新办
（2017）外饲准字 392 号	猫配合饲料 Cat Compound Feed	佰芙深海庄园成猫粮 PET FROH SELECTED OCEAN FISH ADULT CAT	配合饲料 Compound Feed	猫 Cat	比利时联合宠物食品公司 United Petfood Producers NV, Belgium	2017.08—2022.08	新办
（2017）外饲准字 393 号	犬配合饲料 Dog Compound Feed	派提拉成犬粮 Petive Life Adult Dog	配合饲料 Compound Feed	犬 Dog	比利时联合宠物食品公司 United Petfood Producers NV, Belgium	2017.08—2022.08	新办
（2017）外饲准字 394 号	犬配合饲料 Dog Compound Feed	派提拉幼犬粮 Petive Life Puppy	配合饲料 Compound Feed	犬 Dog	比利时联合宠物食品公司 United Petfood Producers NV, Belgium	2017.08—2022.08	新办
（2017）外饲准字 395 号	猫配合饲料 Cat Compound Feed	派提拉成猫粮 Petive Life Adult Cat	配合饲料 Compound Feed	猫 Cat	比利时联合宠物食品公司 United Petfood Producers NV, Belgium	2017.08—2022.08	新办
（2017）外饲准字 396 号	猫配合饲料 Cat Compound Feed	派提拉幼猫粮 Petive Life Kitten	配合饲料 Compound Feed	猫 Cat	比利时联合宠物食品公司 United Petfood Producers NV, Belgium	2017.08—2022.08	新办
（2017）外饲准字 397 号	犬配合饲料 Dog Compound Feed	活性益生菌小型老年犬及超重犬粮 Probiotic LIVE Senior Mini Breeds & Overweight	配合饲料 Compound Feed	犬 Dog	比利时联合宠物食品公司 United Petfood Producers NV, Belgium	2017.08—2022.08	新办

（续）

登记证号	通用名称	商品名称	产品类别	使用范围	生产厂家	有效期限	备注
(2017)外饲准字 398 号	犬配合饲料 Dog Compound Feed	Hug 狗粮 三文鱼大米配方 Hug Dry Dog Food Salmon and Rice Flavour	配合饲料 Compound Feed	犬 Dog	泰国 Nutrix Public 有限公司 Nutrix Public Company Limited, Thailand	2017.08—2022.08	新办
(2017)外饲准字 399 号	犬配合饲料 Dog Compound Feed	Hug 狗粮 鸡肉大米配方 Hug Dry Dog Food Chicken and Rice Flavour	配合饲料 Compound Feed	犬 Dog	泰国 Nutrix Public 有限公司 Nutrix Public Company Limited, Thailand	2017.08—2022.08	新办
(2017)外饲准字 400 号	犬配合饲料 Dog Compound Feed	Hug 狗粮 羊肉大米配方 Hug Dry Dog Food Lamb and Rice Flavour	配合饲料 Compound Feed	犬 Dog	泰国 Nutrix Public 有限公司 Nutrix Public Company Limited, Thailand	2017.08—2022.08	新办
(2017)外饲准字 401 号	猫配合饲料 Cat Compound Feed	Snappy Tom 猫粮 海洋鱼蔬菜配方 Snappy Tom Dry Cat Food Ocean Fish & Vegetables Flavour	配合饲料 Compound Feed	猫 Cat	泰国 Nutrix Public 有限公司 Nutrix Public Company Limited, Thailand	2017.08—2022.08	新办
(2017)外饲准字 402 号	猫配合饲料 Cat Compound Feed	Snappy Tom 猫粮 三文鱼鸡肉配方 Snappy Tom Dry Cat Food Salmon with Chicken Flavour	配合饲料 Compound Feed	猫 Cat	泰国 Nutrix Public 有限公司 Nutrix Public Company Limited, Thailand	2017.08—2022.08	新办
(2017)外饲准字 403 号	鱼油 Fish oil	鱼油 Fish oil	单一饲料 Single Feed	畜禽和水产动物 Livestock and Poultry, Aquaculture animals	智利 Sociedad Pesquera Landes S. A. 公司 Sociedad Pesquera Landes S. A., Chile	2017.08—2022.08	新办

（续）

登记证号	通用名称	商品名称	产品类别	使用范围	生产厂家	有效期限	备注
（2017）外饲准字 418 号	混合型饲料添加剂 微生物 Feed Additives Mixture Live Microorganisms	韩南肠悦 Joy Gut	混合型饲料添加剂 Feed Additives Mixture	养殖动物 All species or categories of animals	韩南生物株式会社 Hannam Bio Co.，Ltd，Korea	2017.10—2022.10	新办
（2017）外饲准字 419 号	混合型饲料添加剂 姜黄浸膏 Feed Additives Mixture *Curcuma longa L*	馥力康 FX 605 P1 FORCE 6 FX 605 P1	混合型饲料添加剂 Feed Additives Mixture	养殖动物 All species or categories of animals	法国馥蒂公司 Laboratoires Phode S. A. S.，France	2017.10—2022.10	新办
（2017）外饲准字 420 号	混合型饲料添加剂 植物乳杆菌 Feed Additives Mixture *Lactobacillus plantarum*	贮多鲜-青贮剂 Lactosil	混合型饲料添加剂 Feed Additives Mixture	养殖动物 All species or categories of animals	意大利 CSL 奶牛试验中心（MI 分厂） Centro Sperimentale del Latte S. r. l.，Italy	2017.10—2022.10	新办
（2017）外饲准字 421 号	混合型饲料添加剂 罗勒油 柠檬酸 Feed Additives Mixture Basil oil citric acid	艾可美天然粉剂 Alquermold nature powder	混合型饲料添加剂 Feed Additives Mixture	养殖动物 All species or categories of animals	西班牙百卫公司 BIOVET S. A.，Spain	2017.10—2022.10	新办
（2017）外饲准字 422 号	混合型饲料添加剂 丙二醇 Feed Additives Mixture Propylene Glycol	丙二醇 65 Glycopowder 65	混合型饲料添加剂 Feed Additives Mixture	奶牛 Dairy cow	荷兰 Framelco 有限公司 Framelco B. V.，the Netherlands	2017.10—2022.10	新办
（2017）外饲准字 423 号	混合型饲料添加剂 香味物质 Feed Additives Mixture Flavouring Substances	能多呼 MENTOFIN®	混合型饲料添加剂 Feed Additives Mixture	畜禽 Livestock and Poultry	德国爱沃宝公司 EWABO Chemikalien GmbH & Co. KG，Germany	2017.10—2022.10	新办
（2017）外饲准字 424 号	混合型饲料添加剂 香味物质 Feed Additives Mixture Flavouring Substances	蓝桉素 Miarom	混合型饲料添加剂 Feed Additives Mixture	畜禽 Livestock and Poultry	德国麦尔威股份有限公司 Miavit GmbH，Germany	2017.10—2022.10	新办

（续）

登记证号	通用名称	商品名称	产品类别	使用范围	生产厂家	有效期限	备注
(2017)外饲准字425号	混合型饲料添加剂 香味物质 Feed Additives Mixture Flavouring Substances	蓝桉素P Miarom P	混合型饲料添加剂 Feed Additives Mixture	畜禽 Livestock and Poultry	德国麦尔威股份有限公司 Miavit GmbH，Germany	2017.10—2022.10	新办
(2017)外饲准字426号	混合型饲料添加剂 维生素 矿物质 Feed Additives Mixture Vitamins Minerals	牧场卫士 舒肝达 Farm-O-San FLS-Mix	混合型饲料添加剂 Feed Additives Mixture	蛋鸡 Laying hen	荷兰创荷美营养有限公司 Trouw Nutrition Nederland B. V.，the Netherlands	2017.10—2022.10	新办
(2017)外饲准字427号	混合型饲料添加剂 维生素 Feed Additives Mixture Vitamins	牧场卫士 乳维酮 Farm-O-San Pro-Keto Dry	混合型饲料添加剂 Feed Additives Mixture	奶牛、母羊 Dairy cow，Sheep	创荷美营养-泰高比利时有限公司 Trouw Nutrition-Nutreco Belgium NV，Belgium	2017.10—2022.10	新办
(2017)外饲准字428号	混合型饲料添加剂 矿物质 Feed Additives Mixture Minerals	耐久能电解质 Electrolit	混合型饲料添加剂 Feed Additives Mixture	赛鸽 Racing pigeon	比利时 Natural Granen Gebr. De Scheemaecker NV Natural Granen Gebr. De Scheemaecker NV，Belgium	2017.10—2022.10	新办
(2017)外饲准字429号	维生素预混合饲料 Vitamin Premix	耐久能突破13(肝精) Naturavit Plus	添加剂预混合饲料 Feed Additive Premix	赛鸽 Racing pigeon	比利时 Natural Granen Gebr. De Scheemaecker NV Natural Granen Gebr. De Scheemaecker NV，Belgium	2017.10—2022.10	新办
(2017)外饲准字430号	微量元素预混合饲料 Trace Mineral Premix	耐久能 爱您加 Alacal	添加剂预混合饲料 Feed Additive Premix	赛鸽 Racing pigeon	法国 Laboratoires Biové Laboratoires Biové，France	2017.10—2022.10	新办

（续）

登记证号	通用名称	商品名称	产品类别	使用范围	生产厂家	有效期限	备注
（2017）外饲准字 431 号	混合型饲料添加剂 包被烟酸 Feed Additives Mixture Coated Nicotinic Acid	纽埃特包被烟酸 NUTRI-PP 50C	混合型饲料添加剂 Feed Additives Mixture	养殖动物 All species or categories of animals	比利时纽蔼迪国际营养公司（Beveren-Waas 工厂） NUTRI-AD International N. V. (Beveren-Waas Plant), Belgium	2017. 10—2022. 10	新办
（2017）外饲准字 432 号	混合型饲料添加剂 包被氯化胆碱 Feed Additives Mixture Coated Choline Chloride	纽埃特包被氯化胆碱 NUTRI-CHOL 25C	混合型饲料添加剂 Feed Additives Mixture	养殖动物 All species or categories of animals	比利时纽蔼迪国际营养公司（Beveren-Waas 工厂） NUTRI-AD International N. V. (Beveren-Waas Plant), Belgium	2017. 10—2022. 10	新办
（2017）外饲准字 433 号	仔猪配合饲料 Compound feed for Piglets	利宝维仔猪酸奶 Pigger Cream	配合饲料 Compound Feed	仔猪 Piglet	荷兰利宝维公司 Liprovit B. V. , the Netherlands	2017. 10—2022. 10	新办
（2017）外饲准字 434 号	发酵豆粕 Fermented Soybean Meal	优肽 F100 Protigen F100	单一饲料 Single Feed	畜禽和水产动物 Livestock and Poultry, Aquaculture animals	台湾全能营养技术股份有限公司 Total Nutrition Technologies, Co. Ltd. , Taiwan	2017. 10—2022. 10	新办
（2017）外饲准字 435 号	猪肠膜蛋白粉 Porcine Mucosa Protein Powder	MucoPro 80P 肠膜蛋白粉 MucoPro Powder 80P	单一饲料 Single Feed	畜禽和水产动物 Livestock and Poultry, Aquaculture animals	索纳克贝赫姆（荷兰）有限公司 SONAC BURGUM B. V. , the Netherlands	2017. 10—2022. 10	新办
（2017）外饲准字 436 号	鱼粉 Fishmeal	大品蒸汽干燥红鱼粉（三级） Dapin steam dried red fish meal(Ⅲ)	单一饲料 Single Feed	畜禽和水产动物 Livestock and Poultry, Aquaculture animals	刚果荣昌有限公司 RONG CHANG SARLU, Republic of Congo(Brazzaville)	2017. 10—2022. 10	新办
（2017）外饲准字 437 号	猫配合饲料 Cat Compound Feed	乐思德儿有机成猫粮 Croquettes bio pour chats	配合饲料 Compound Feed	猫 Cat	法国索瓦勒公司（工厂） SAUVALE PRODUCTION, France	2017. 10—2022. 10	新办

（续）

登记证号	通用名称	商品名称	产品类别	使用范围	生产厂家	有效期限	备注
(2017)外饲准字438号	猫配合饲料 Cat Compound Feed	乐思德儿有机幼猫粮 Croquettes bio pour chatons	配合饲料 Compound Feed	猫 Cat	法国索瓦勒公司(工厂) SAUVALE PRODUCTION, France	2017.10—2022.10	新办
(2017)外饲准字439号	犬配合饲料 Dog Compound Feed	乐思德儿有机中大型成犬粮 Croquettes bio pour chien moyenne et grande race	配合饲料 Compound Feed	犬 Dog	法国索瓦勒公司(工厂) SAUVALE PRODUCTION, France	2017.10—2022.10	新办
(2017)外饲准字440号	犬配合饲料 Dog Compound Feed	乐思德儿有机小型成犬粮 Croquettes bio pour chien de petite race	配合饲料 Compound Feed	犬 Dog	法国索瓦勒公司(工厂) SAUVALE PRODUCTION, France	2017.10—2022.10	新办
(2017)外饲准字441号	犬配合饲料 Dog Compound Feed	乐思德儿有机幼犬粮 Croquettes bio pour chiot	配合饲料 Compound Feed	犬 Dog	法国索瓦勒公司(工厂) SAUVALE PRODUCTION, France	2017.10—2022.10	新办
(2017)外饲准字442号	猫配合饲料 Cat Compound Feed	真挚三鱼配方天然软猫粮 ZEAL 3Fish Risotto Natural Soft Dry Cat Food	配合饲料 Compound Feed	猫 Cat	(新西兰)天然宠物小食有限责任公司 The Natural Pet Treat Company Ltd., New Zealand	2017.10—2022.10	新办
(2017)外饲准字443号	猫配合饲料 Cat Compound Feed	真挚鸡肉配方天然软猫粮 ZEAL Chicken Risotto Natural Soft Dry Cat Food	配合饲料 Compound Feed	猫 Cat	(新西兰)天然宠物小食有限责任公司 The Natural Pet Treat Company Ltd., New Zealand	2017.10—2022.10	新办
(2017)外饲准字444号	犬配合饲料 Dog Compound Feed	真挚鹿肉配方天然软狗粮 Zeal Venison Risotto Natural Soft Dry Dog Food	配合饲料 Compound Feed	犬 Dog	(新西兰)天然宠物小食有限责任公司 The Natural Pet Treat Company Ltd., New Zealand	2017.10—2022.10	新办

（续）

登记证号	通用名称	商品名称	产品类别	使用范围	生产厂家	有效期限	备注
(2017)外饲准字445号	犬配合饲料 Dog Compound Feed	真挚白鱼配方天然软狗粮 ZEAL Seafood Risotto Natural Soft Dry Dog Food	配合饲料 Compound Feed	犬 Dog	(新西兰)天然宠物小食有限责任公司 The Natural Pet Treat Company Ltd.,New Zealand	2017.10—2022.10	新办
(2017)外饲准字446号	犬配合饲料 Dog Compound Feed	真挚羊肉配方天然软狗粮 ZEAL Lamb Risotto Natural Soft Dry Dog Food	配合饲料 Compound Feed	犬 Dog	(新西兰)天然宠物小食有限责任公司 The Natural Pet Treat Company Ltd.,New Zealand	2017.10—2022.10	新办
(2017)外饲准字447号	犬配合饲料 Dog Compound Feed	真挚鸡肉配方天然软狗粮 Zeal Chicken Risotto Natural Soft Dry Dog Food	配合饲料 Compound Feed	犬 Dog	(新西兰)天然宠物小食有限责任公司 The Natural Pet Treat Company Ltd.,New Zealand	2017.10—2022.10	新办
(2017)外饲准字448号	犬配合饲料 Dog Compound Feed	真挚牛肉配方天然软狗粮 ZEAL Beef Risotto Natural Soft Dry Dog Food	配合饲料 Compound Feed	犬 Dog	(新西兰)天然宠物小食有限责任公司 The Natural Pet Treat Company Ltd.,New Zealand	2017.10—2022.10	新办
(2017)外饲准字453号	混合型饲料添加剂 微生物 Feed Additive Mixture Live Microorganisms	保时青 CCM Bonsilage CCM Plus	混合型饲料添加剂 Feed Additives Mixture	养殖动物 All species or categories of animals	奥地利力多生有限责任公司 Lactosan GmbH & Co. KG,Austria	2017.10—2022.10	新办
(2017)外饲准字474号	酿酒酵母 Saccharomyces Cerevisiae	碧悦酿酒酵母 Biosprint ® Prosol	饲料添加剂 Feed Additive	家畜 Livestock	马其顿共和国Bitola市酵母和酒精酿造厂 Factory for yeast and alcohol A. D-Bitola,Republic of Macedonia	2017.12—2022.12	新办

（续）

登记证号	通用名称	商品名称	产品类别	使用范围	生产厂家	有效期限	备注
（2017）外饲准字 475 号	混合型饲料添加剂 酶制剂 Feed Additives Mixture Enzyme	欧帝酶 Optizyme-T2	混合型饲料添加剂 Feed Additives Mixture	养殖动物 All species or categories of animals	英国 Anpario 公司 Anpario plc, UK	2017.12—2022.12	新办
（2017）外饲准字 476 号	混合型饲料添加剂 酸度调节剂 Feed Additives Mixture Acidity Regulator	精灵士猪 Genex Pig	混合型饲料添加剂 Feed Additives Mixture	猪 Swine	英国 Anpario 公司 Anpario plc, UK	2017.12—2022.12	新办
（2017）外饲准字 477 号	混合型饲料添加剂 丙酸钙 Feed Additives Mixture Calcium Propionate	新霉净 Neutox	混合型饲料添加剂 Feed Additives Mixture	养殖动物 All species or categories of animals	英国 Kiotechagil 公司 Kiotechagil, UK	2017.12—2022.12	新办
（2017）外饲准字 478 号	混合型饲料添加剂 枯草芽孢杆菌 地衣芽孢杆菌 Feed Additives Mixture *Bacillus subtilis Bacillus licheniformis*	彼美乐 Bimulac® Pre	混合型饲料添加剂 Feed Additives Mixture	仔猪、犊牛 Piglets, Calves	德国 Biochem 添加剂贸易和生产有限公司 Biochem Zusatzstoffe Handels-und Produktionsgesellschaft mbH, Germany	2017.12—2022.12	新办
（2017）外饲准字 479 号	添加剂预混合饲料 Additive Premix	开萝镁 CAROMAG	添加剂预混合饲料 Feed Additive Premix	奶牛 Cow	德国威廉绍曼爱尔斯雷本有限责任公司 H. W. Schaumann Eilsleben GmbH, Germany	2017.12—2022.12	新办
（2017）外饲准字 480 号	混合型饲料添加剂 枯草芽孢杆菌 Feed Additives Mixture *Bacillus subtilis*	沙安适 MOLUCCA KS	混合型饲料添加剂 Feed Additives Mixture	牛、猪、鸡 Cattle, Swine, Chicken	（日本）共立制药株式会社 广岛工厂 Kyoritsu Seiyaku Corporation Hiroshima Plant, Japan	2017.12—2022.12	新办
（2017）外饲准字 481 号	混合型饲料添加剂 枯草芽孢杆菌 Feed Additives Mixture *Bacillus subtilis*	益菌能-S EMUBIO-S	混合型饲料添加剂 Feed Additives Mixture	畜禽和水产动物 Livestock and Poultry, Aquaculture animals	台湾信逢股份有限公司 New Well Power Co. Ltd.	2017.12—2022.12	新办

（续）

登记证号	通用名称	商品名称	产品类别	使用范围	生产厂家	有效期限	备注
（2017）外饲准字 482 号	混合型饲料添加剂 磷酸氢钙 维生素 D_3 嗜酸乳杆菌 Feed Additives Mixture Calcium Hydogen Phosphate，Vitamin D_3，*Lactobacillus acidophilus*	钙胃能 Caweline	混合型饲料添加剂 Feed Additives Mixture	宠物 Pets	信元制药股份有限公司（中科厂） SINGEN ANIMAL HEALTH INDUSTRY CO.，LTD，	2017.12—2022.12	新办
（2017）外饲准字 483 号	混合型饲料添加剂 磷脂 Feed Additives Mixture Lecithin	利百多 LIPIDOL	混合型饲料添加剂 Feed Additives Mixture	养殖动物 All species or categories of animals	韩国 Pathway Intermediates International 公司（Jiksan 工厂） Pathway Intermediates International，Inc.（Jiksan plant），Korea	2017.12—2022.12	新办
（2017）外饲准字 484 号	混合型饲料添加剂 香味物质 Feed Additives Mixture Flavouring Substances	诺壮 Nor-Spice AB	混合型饲料添加剂 Feed Additives Mixture	畜禽和水产动物 Livestock and Poultry，Aquaculture animals	（法国）诺富得 Nor-Feed SAS，France	2017.12—2022.12	新办
（2017）外饲准字 485 号	鱼粉 Fishmeal	智利红鱼粉（一级） CHILEAN RED FISHMEAL（I）	单一饲料 Single Feed	畜禽和水产动物 Livestock and Poultry，Aquaculture animals	智利 Foodcorp 公司 Foodcorp Chile S.A. Chile	2017.12—2022.12	新办
（2017）外饲准字 486 号	混合型饲料添加剂 微量元素 Feed Additives Mixture Minturels	诺优 Nutrisol Oral	混合型饲料添加剂 Feed Additives Mixture	猪、禽类 Swine，Poultry	荷兰 Interchemie werken "De Adelaar" B.V. 公司 Interchemie werken "De Adelaar" B.V.，the Netherlands	2017.12—2022.12	新办
（2017）外饲准字 487 号	混合型饲料添加剂 维生素 Feed Additives Mixture Vitamins	英乐维 100 Introvit-ES-100 Oral	混合型饲料添加剂 Feed Additives Mixture	养殖动物 All species or categories of animals	荷兰 Interchemie werken "De Adelaar" B.V. 公司 Interchemie werken "De Adelaar" B.V.，the Netherlands	2017.12—2022.12	新办

（续）

登记证号	通用名称	商品名称	产品类别	使用范围	生产厂家	有效期限	备注
（2017）外饲准字 488 号	混合型饲料添加剂 枯草芽孢杆菌 Feed Additives Mixture Bacillus subtilis	饲勇 Strong	混合型饲料添加剂 Feed Additives Mixture	畜禽和水产动物 Livestock and Poultry，Aquaculture animals	台湾百泰生物科技股份有限公司新竹科学园区分公司 Bion Tech Inc.，HSIP branch office	2017.12—2022.12	新办
（2017）外饲准字 489 号	混合型饲料添加剂 香味物质 Feed Additives Mixture Flavouring Substances	爱玛洛 Emerald	混合型饲料添加剂 Feed Additives Mixture	养殖动物 All species or categories of animals	西班牙 IGUSOL ADVANCE S. A. 公司 IGUSOL ADVANCE S. A.，Spain	2017.12—2022.12	新办
（2017）外饲准字 490 号	混合型饲料添加剂 酸度调节剂 Feed Additives Mixture Acidity Regulator	欧乐酸 600TM GALLIACID 600TM	混合型饲料添加剂 Feed Additives Mixture	禽类 Poultry	加拿大 Jefagro 科技有限公司 Jefagro Technologies Inc.，Canada	2017.12—2022.12	新办
（2017）外饲准字 491 号	维生素预混合饲料 Vitamin Premix	维奶康 30 LACTATION VB30	添加剂预混合饲料 Feed Additive Premix	奶牛 Cow	加拿大 Jefagro 科技有限公司 Jefagro Technologies Inc.，Canada	2017.12—2022.12	新办
（2017）外饲准字 492 号	牛肉骨粉 Bovine Meat and Bone Meal	牛肉骨粉 Bovine Meat and Bone Meal	单一饲料 Single Feed	畜禽和水产动物 Livestock and Poultry，Aquaculture animals	乌拉圭 Grinsol 公司 Grinsol S. A. Uruguay	2017.12—2022.12	新办
（2017）外饲准字 493 号	鱼粉 Fishmeal	红鱼粉（三级） Red Fishmeal （Grade Ⅲ）	单一饲料 Single Feed	畜禽和水产动物 Livestock and Poultry，Aquaculture animals	马来西亚山打根鱼粉厂有限公司 SANDAKAN FISHMEAL SDN. BHD.，Malaysia	2017.12—2022.12	新办
（2017）外饲准字 494 号	牛肉骨粉 Bovine Meat and Bone Meal	牛肉骨粉 Bovine Meat and Bone Meal	单一饲料 Single Feed	畜禽和水产动物 Livestock and Poultry，Aquaculture animals	乌拉圭 KROL 公司 KROL S. A.，Uruguay	2017.12—2022.12	新办

（续）

登记证号	通用名称	商品名称	产品类别	使用范围	生产厂家	有效期限	备注
（2017）外饲准字495号	鱼油 Fish oil	大品鱼油（饲料级） Dapin fish oil （feed grade）	单一饲料 Single Feed	畜禽和水产动物 Livestock and Poultry, Aquaculture animals	刚果荣昌有限公司 RONG CHANG SARLU, Republic of Congo(Brazzaville)	2017.12—2022.12	新办
（2017）外饲准字496号	白鱼粉 White Fishmeal	白鱼粉（一级） White Fishmeal（Ⅰ）	单一饲料 Single Feed	畜禽和水产动物 Livestock and Poultry, Aquaculture animals	俄罗斯 PILENGA 公司（工船 PILENGA-2, CH-16H） JSC PILENGA（F/V Pilenga-2，CH-16H）, Russia	2017.12—2022.12	新办
（2017）外饲准字497号	白鱼粉 White Fishmeal	白鱼粉（一级） White Fishmeal（Ⅰ）	单一饲料 Single Feed	畜禽和水产动物 Livestock and Poultry, Aquaculture animals	俄罗斯 PILENGA 公司（工船 PILENGA, CH-01H） JSC PILENGA（F/V Pilenga, CH-01H）, Russia	2017.12—2022.12	新办
（2017）外饲准字498号	鱼粉 Fishmeal	冰岛红鱼粉（三级至一级） ICELANDIC RED FISHMEAL（Ⅲ to Ⅰ）	单一饲料 Single Feed	畜禽和水产动物 Livestock and Poultry, Aquaculture animals	冰岛 Sildarvinnslan hf./Ltd-Seydisfjo Sildarvinnslan hf./Ltd-Seydisfjo, Iceland	2017.12—2022.12	新办
（2017）外饲准字499号	鱼粉 Fishmeal	冰岛红鱼粉（三级至一级） ICELANDIC RED FISHMEAL（Ⅲ to Ⅰ）	单一饲料 Single Feed	畜禽和水产动物 Livestock and Poultry, Aquaculture animals	冰岛 Sildarvinnslan hf./Ltd-Neskaupst Sildarvinnslan hf./Ltd-Neskaupst, Iceland	2017.12—2022.12	新办
（2017）外饲准字500号	鱼粉 Fishmeal	冰岛红鱼粉（三级至一级） ICELANDIC RED FISHMEAL（Ⅲ to Ⅰ）	单一饲料 Single Feed	畜禽和水产动物 Livestock and Poultry, Aquaculture animals	冰岛 Isfelag Vestmannaeyja hf.-FES Isfelag Vestmannaeyja hf.-FES, Iceland	2017.12—2022.12	新办

（续）

登记证号	通用名称	商品名称	产品类别	使用范围	生产厂家	有效期限	备注
（2017）外饲准字 501 号	鱼粉 Fishmeal	冰岛红鱼粉（三级至一级） ICELANDIC RED FISH-MEAL（Ⅲ to Ⅰ）	单一饲料 Single Feed	畜禽和水产动物 Livestock and Poultry, Aquaculture animals	冰岛 Isfelag Vestmannaeyja hf.-Thorshofn Isfelag Vestmannaeyja hf.-Thorshofn, Iceland	2017.12—2022.12	新办
（2017）外饲准字 502 号	鱼粉 Fishmeal	冰岛红鱼粉（三级至一级） ICELANDIC RED FISH-MEAL（Ⅲ to Ⅰ）	单一饲料 Single Feed	畜禽和水产动物 Livestock and Poultry, Aquaculture animals	冰岛 Eskja hf. /Ltd. Eskja hf. /Ltd., Iceland	2017.12—2022.12	新办
（2017）外饲准字 503 号	鱼粉 Fishmeal	冰岛红鱼粉（三级至一级） ICELANDIC RED FISH-MEAL（Ⅲ to Ⅰ）	单一饲料 Single Feed	畜禽和水产动物 Livestock and Poultry, Aquaculture animals	冰岛 HB Grandi-Vopnafjordur HB Grandi-Vopnafjordur, Iceland	2017.12—2022.12	新办
（2017）外饲准字 504 号	鱼粉 Fishmeal	冰岛红鱼粉（三级至一级） ICELANDIC RED FISH-MEAL（Ⅲ to Ⅰ）	单一饲料 Single Feed	畜禽和水产动物 Livestock and Poultry, Aquaculture animals	冰岛 Vinnslustodin hf. Vinnslustodin hf., Iceland	2017.12—2022.12	新办
（2017）外饲准字 505 号	鱼粉 Fishmeal	冰岛红鱼粉（三级至一级） ICELANDIC RED FISH-MEAL（Ⅲ to Ⅰ）	单一饲料 Single Feed	畜禽和水产动物 Livestock and Poultry, Aquaculture animals	冰岛 Skinney-Thinganes hf. Skinney-Thinganes hf., Iceland	2017.12—2022.12	新办
（2017）外饲准字 506 号	鱼粉 Fishmeal	冰岛红鱼粉（三级至一级） ICELANDIC RED FISH-MEAL（Ⅲ to Ⅰ）	单一饲料 Single Feed	畜禽和水产动物 Livestock and Poultry, Aquaculture animals	冰岛 Lodnuvinnslan hf. Lodnuvinnslan hf., Iceland	2017.12—2022.12	新办

（续）

登记证号	通用名称	商品名称	产品类别	使用范围	生产厂家	有效期限	备注
（2017）外饲准字 507 号	鱼粉 Fishmeal	冰岛红鱼粉（三级至一级） ICELANDIC RED FISH-MEAL（Ⅲ to Ⅰ）	单一饲料 Single Feed	畜禽和水产动物 Livestock and Poultry, Aquaculture animals	冰岛 Sildarvinnslan hf. /Ltd-Helguvik Sildarvinnslan hf. /Ltd-Helguvik, Iceland	2017. 12—2022. 12	新办
（2017）外饲准字 508 号	鱼粉 Fishmeal	冰岛红鱼粉（三级至一级） ICELANDIC RED FISH-MEAL（Ⅲ to Ⅰ）	单一饲料 Single Feed	畜禽和水产动物 Livestock and Poultry, Aquaculture animals	冰岛 HB Grandi-Akranes HB Grandi-Akranes, Iceland	2017. 12—2022. 12	新办
（2017）外饲准字 509 号	鱼配合饲料 Fish Compound Feed	爱乐福达 Aller Futura	配合饲料 Compound Feed	鱼 Fish	丹麦爱乐水产有限公司 Aller Aqua A/S, Denmark	2017. 12—2022. 12	新办
（2017）外饲准字 510 号	鱼配合饲料 Fish Compound Feed	爱乐铜牌 Aller Bronze	配合饲料 Compound Feed	鱼 Fish	丹麦爱乐水产有限公司 Aller Aqua A/S, Denmark	2017. 12—2022. 12	新办
（2017）外饲准字 511 号	鱼配合饲料 Fish Compound Feed	爱乐银牌 Aller silver	配合饲料 Compound Feed	鱼 Fish	丹麦爱乐水产有限公司 Aller Aqua A/S, Denmark	2017. 12—2022. 12	新办
（2017）外饲准字 512 号	犬配合饲料 Dog Compound Feed	斯巴奇 CRD-1 减肥犬粮 SPECIFIC CRD-1 Weight Reduction	配合饲料 Compound Feed	犬 Dog	比利时 Fides Petfood Fides Petfood, Belgium	2017. 12—2022. 12	新办
（2017）外饲准字 513 号	犬配合饲料 Dog Compound Feed	斯巴奇 CID 肠道健康犬粮 SPECIFIC CID Digestive Support	配合饲料 Compound Feed	犬 Dog	比利时 Fides Petfood Fides Petfood, Belgium	2017. 12—2022. 12	新办

（续）

登记证号	通用名称	商品名称	产品类别	使用范围	生产厂家	有效期限	备注
（2017）外饲准字 514 号	犬配合饲料 Dog Compound Feed	斯巴奇 CDD 抗食物过敏成犬粮 SPECIFIC CDD Food Allergy Management	配合饲料 Compound Feed	犬 Dog	比利时 Fides Petfood Fides Petfood, Belgium	2017.12—2022.12	新办
（2017）外饲准字 515 号	猫配合饲料 Cat Compound Feed	海鲜王国皇室幼猫奶糕猫粮 Sea Kingdom Cat Food For Kitten Between 1-4 months, Gestation and Lactation Cat	配合饲料 Compound Feed	猫 Cat	泰国 Nutrix Public 有限公司 Nutrix Public Company Limited, Thailand	2017.12—2022.12	新办
（2017）外饲准字 516 号	犬配合饲料 Dog Compound Feed	田园野味（小型犬全犬粮） Small Breed Country Game for Dogs	配合饲料 Compound Feed	犬 Dog	比利时联合宠物食品公司 United Petfood Producers NV, Belgium	2017.12—2022.12	新办
（2017）外饲准字 517 号	犬配合饲料 Dog Compound Feed	田园野味（全犬粮） Country Game for Dogs	配合饲料 Compound Feed	犬 Dog	比利时联合宠物食品公司 United Petfood Producers NV, Belgium	2017.12—2022.12	新办
（2017）外饲准字 518 号	犬配合饲料 Dog Compound Feed	走地鸡(全犬粮) Free Run Chicken for Dogs	配合饲料 Compound Feed	犬 Dog	比利时联合宠物食品公司 United Petfood Producers NV, Belgium	2017.12—2022.12	新办
（2017）外饲准字 519 号	犬配合饲料 Dog Compound Feed	走地鸡(大型犬全犬粮) Large Breed Free Run Chicken for Dogs	配合饲料 Compound Feed	犬 Dog	比利时联合宠物食品公司 United Petfood Producers NV, Belgium	2017.12—2022.12	新办

（续）

登记证号	通用名称	商品名称	产品类别	使用范围	生产厂家	有效期限	备注
（2017）外饲准字520号	犬配合饲料 Dog Compound Feed	老犬/减肥 走地鸡（全犬粮） Light/Senior for Dogs	配合饲料 Compound Feed	犬 Dog	比利时联合宠物食品公司 United Petfood Producers NV, Belgium	2017.12—2022.12	新办
（2017）外饲准字521号	犬配合饲料 Dog Compound Feed	走地鸡（小型犬全犬粮） Small Breed Free Run Chicken for Dogs	配合饲料 Compound Feed	犬 Dog	比利时联合宠物食品公司 United Petfood Producers NV, Belgium	2017.12—2022.12	新办
（2017）外饲准字522号	犬配合饲料 Dog Compound Feed	苏格兰三文鱼（全犬粮） Scottish Salmon for Dogs	配合饲料 Compound Feed	犬 Dog	比利时联合宠物食品公司 United Petfood Producers NV, Belgium	2017.12—2022.12	新办
（2017）外饲准字523号	猫配合饲料 Cat Compound Feed	走地鸡（全猫粮） Free-Run Chicken for Cats	配合饲料 Compound Feed	猫 Cat	比利时联合宠物食品公司 United Petfood Producers NV, Belgium	2017.12—2022.12	新办
（2017）外饲准字524号	猫配合饲料 Cat Compound Feed	百娜绮超活力均衡营养系列 火鸡鲱鱼青豌豆味猫粮 By nature active defense+balanced diet Cat food-Turkey, Herring & Green Peas Recipe	配合饲料 Compound Feed	猫 Cat	美国飒天宠物营养有限责任公司 Southern Tier Pet Nutrition, LLC, USA	2017.12—2022.12	新办
（2017）外饲准字525号	犬配合饲料 Dog Compound Feed	百娜绮超活力均衡营养系列 猪肉红薯风味狗粮 By nature active defense+balanced diet Dog food-Pork & Sweet Potato Recipe	配合饲料 Compound Feed	犬 Dog	美国飒天宠物营养有限责任公司 Southern Tier Pet Nutrition, LLC, USA	2017.12—2022.12	新办

（续）

登记证号	通用名称	商品名称	产品类别	使用范围	生产厂家	有效期限	备注
(2017)外饲准字526号	犬配合饲料 Dog Compound Feed	百娜绮超活力无谷系列猪肉红薯风味狗粮 By nature active defense+ Grain free Dog food-Pork & Sweet Potato Recipe	配合饲料 Compound Feed	犬 Dog	美国飒天宠物营养有限责任公司 Southern Tier Pet Nutrition, LLC, USA	2017.12—2022.12	新办
(2017)外饲准字527号	犬配合饲料 Dog Compound Feed	百娜绮超活力无谷系列 海洋白鱼青豌豆风味狗粮 By nature active defense+ Grain free Dog food-Ocean Whitefish & Green Peas Recipe	配合饲料 Compound Feed	犬 Dog	美国飒天宠物营养有限责任公司 Southern Tier Pet Nutrition, LLC, USA	2017.12—2022.12	新办
(2017)外饲准字528号	犬配合饲料 Dog Compound Feed	百娜绮超活力无谷系列火鸡红薯风味狗粮 By nature active defense+ Grain free Dog food-Turkey & Sweet Potato Recipe	配合饲料 Compound Feed	犬 Dog	美国飒天宠物营养有限责任公司 Southern Tier Pet Nutrition, LLC, USA	2017.12—2022.12	新办
(2017)外饲准字529号	犬配合饲料 Dog Compound Feed	百娜绮超活力均衡营养系列 火鸡鲱鱼青豌豆风味狗粮 By nature active defense+ balanced diet Dog food-Turkey, Herring & Green Peas Recipe	配合饲料 Compound Feed	犬 Dog	美国飒天宠物营养有限责任公司 Southern Tier Pet Nutrition, LLC, USA	2017.12—2022.12	新办
(2017)外饲准字530号	猫配合饲料 Cat Compound Feed	百娜绮超活力无谷系列猪肉红薯风味猫粮 By nature active defense+ Grain free Cat food-Pork & Sweet Potato Recipe	配合饲料 Compound Feed	猫 Cat	美国飒天宠物营养有限责任公司 Southern Tier Pet Nutrition, LLC, USA	2017.12—2022.12	新办

（续）

登记证号	通用名称	商品名称	产品类别	使用范围	生产厂家	有效期限	备注
(2017)外饲准字531号	犬配合饲料 Dog compound feed	糖狐高级优质鱼肉饲料配方 SugarFox Super Premium Fish Formula	配合饲料 Compound Feed	犬 Dog	美国SPECIALTY饲料有限公司 SPECIALTY FEEDS, INC., USA	2017.12—2022.12	新办
(2017)外饲准字532号	犬配合饲料 Dog compound feed	糖狐幼犬营养配餐 SugarFox Premium Puppy Feast Formula	配合饲料 Compound Feed	犬 Dog	美国SPECIALTY饲料有限公司 SPECIALTY FEEDS, INC., USA	2017.12—2022.12	新办
(2017)外饲准字533号	犬配合饲料 Dog compound feed	糖狐特级猪肉配方 SugarFox Premium Pork Formula	配合饲料 Compound Feed	犬 Dog	美国SPECIALTY饲料有限公司 SPECIALTY FEEDS, INC., USA	2017.12—2022.12	新办
(2017)外饲准字534号	犬配合饲料 Dog compound feed	糖狐特级鸡肉配方 SugarFox Premium Chicken Formula	配合饲料 Compound Feed	犬 Dog	美国SPECIALTY饲料有限公司 SPECIALTY FEEDS, INC., USA	2017.12—2022.12	新办
(2017)外饲准字535号	犬配合饲料 Dog compound feed	糖狐金牌鸡肉鱼肉配方 SugarFox Super Premium Chicken & Fish Formula	配合饲料 Compound Feed	犬 Dog	美国SPECIALTY饲料有限公司 SPECIALTY FEEDS, INC., USA	2017.12—2022.12	新办
(2017)外饲准字536号	犬配合饲料 Dog compound feed	糖狐金牌猪肉饲料配方 SugarFox Super Premium Pork & Peas Formula	配合饲料 Compound Feed	犬 Dog	美国SPECIALTY饲料有限公司 SPECIALTY FEEDS, INC., USA	2017.12—2022.12	新办
(2017)外饲准字537号	犬配合饲料 Dog compound feed	糖狐特级鸡肉猪肉米饭配方 SugarFox Premium Chicken, Pork & Rice Formula	配合饲料 Compound Feed	犬 Dog	美国SPECIALTY饲料有限公司 SPECIALTY FEEDS, INC., USA	2017.12—2022.12	新办

附件 2

进口饲料和饲料添加剂产品续展登记证目录(2017)

登记证号	通用名称	商品名称	产品类别	使用范围	生产厂家	有效期限	备注
(2017)外饲准字 067 号	混合型饲料添加剂 屎肠球菌 维生素 Feed Additives Mixture Enterococcus Faecium Vitamins	水得益 Ovilac WA	混合型饲料添加剂 Feed Additives Mixture	畜禽 Livestock and Poultry	奥地利力多生有限责任公司 Lactosan GmbH & Co,KG,Austria	2017.01—2022.01	续展
(2017)外饲准字 068 号	混合型饲料添加剂 香味物质 Feed Additives Mixture Flavouring Substances	恩益 300 Next Enhance 300	混合型饲料添加剂 Feed Additives Mixture	牛、羊和水产动物 Cow, Sheep and Aquaculture animals	西班牙诺伟司科泰色素有限公司 Novus Carotenoid Technologies, S. A. ,Spain	2017.01—2022.01	续展
(2017)外饲准字 069 号	混合型饲料添加剂 丙酸铵 卵磷脂 Feed Additives Mixture Ammonium Propionate Lecithin	毒去完 TOXIBAN	混合型饲料添加剂 Feed Additives Mixture	养殖动物 All species or categories of animals	西班牙诺伟司科泰色素有限公司 Novus Carotenoid Technologies, S. A. ,Spain	2017.01—2022.01	续展
(2017)外饲准字 070 号	酿酒酵母培养物 Yeast Culture	达农威水产益康 DV AQUA Yeast Culture	单一饲料 Single Feed	水产动物 Aquaculture animals	美国达农威公司 Diamond V Mills,Inc. ,USA	2017.01—2022.01	续展
(2017)外饲准字 071 号	复合预混合饲料 Premix	粒克溶 MutilSol-G	复合预混合饲料 Premix	养殖动物 All species or categories of animals	韩国第一化学株式会社 Cheil Bio Co. ,Ltd. ,Korea	2017.01—2022.01	续展
(2017)外饲准字 072 号	混合型饲料添加剂 维生素 微量元素 Feed Additives Mixture Vitamins Microelement	爱力佳 Arcavit P Forte	混合型饲料添加剂 Feed Additives Mixture	养殖动物 All species or categories of animals	意大利阿卡公司 Prodotti Arca S. r. l. ,Italy	2017.01—2022.01	续展

（续）

登记证号	通用名称	商品名称	产品类别	使用范围	生产厂家	有效期限	备注
(2017)外饲准字 073 号	混合型饲料添加剂 维生素 Feed Additives Mixture Vitamins	爱乐多 Arcavit ADE-C	混合型饲料添加剂 Feed Additives Mixture	家禽 Livestock and Poultry	意大利阿卡公司 Prodotti Arca S. r. l. ,Italy	2017.01—2022.01	续展
(2017)外饲准字 074 号	虾配合饲料 Shrimp Compound Feed	Top 顶好牌草虾虾苗前期用饲料 Top Shrimp Flakes Feed	配合饲料 Compound Feed	草虾虾苗 Shrimp Flakes	台湾淯晖企业股份有限公司新园分公司 Yuh-Huei Enterprise Co. ,Ltd. ,	2017.01—2022.01	续展
(2017)外饲准字 075 号	鱼配合饲料 Compound Feed	日清鱼饲料(C1,C2) OTOHIME (C1,C2)	配合饲料 Compound Feed	水产动物 Aquaculture animals	日本日清丸红饲料株式会社知多工厂 Marubeni Nisshin Feed Co. , Ltd. ,Japan	2017.01—2022.01	续展
(2017)外饲准字 076 号	鱼配合饲料 Compound Feed	日清鱼饲料(EP1) OTOHIME (EP1)	配合饲料 Compound Feed	水产动物 Aquaculture animals	日本日清丸红饲料株式会社知多工厂 Marubeni Nisshin Feed Co. , Ltd. ,Japan	2017.01—2022.01	续展
(2017)外饲准字 077 号	鱼配合饲料 Compound Feed	日清鱼饲料(B1,B2) OTOHIME (B1,B2)	配合饲料 Compound Feed	水产动物 Aquaculture animals	日本日清丸红饲料株式会社知多工厂 Marubeni Nisshin Feed Co. , Ltd. ,Japan	2017.01—2022.01	续展
(2017)外饲准字 078 号	鱼配合饲料 Compound Feed	日清鱼饲料(S1,S2) OTOHIME (S1,S2)	配合饲料 Compound Feed	水产动物 Aquaculture animals	日本日清丸红饲料株式会社知多工厂 Marubeni Nisshin Feed Co. , Ltd. ,Japan	2017.01—2022.01	续展

（续）

登记证号	通用名称	商品名称	产品类别	使用范围	生产厂家	有效期限	备注
(2017)外饲准字079号	白鱼粉 White Fishmeal	阿拉斯加低温白鱼粉（三级至一级） Alaska L/T White Fishmeal（Ⅲ to Ⅰ）	单一饲料 Single Feed	畜禽和水产动物 Livestock and Poultry, Aquaculture animals	美国彼得潘海鲜公司 King Cove 工厂 Peter Pan Seafoods Inc., Plant King Cove, USA	2017.01—2022.01	续展
(2017)外饲准字080号	鱼粉 Fish meal	秘鲁红鱼粉（三级至一级） Peruvian Red Fishmeal（Ⅲ to Ⅰ）	单一饲料 Single Feed	畜禽和水产动物 Livestock and Poultry, Aquaculture animals	秘鲁 Tecnologica De Alimentos S. A. 公司 Paita 工厂 Tecnologica De Alimentos S. A., Plant in Paita, Peru	2017.01—2022.01	续展
(2017)外饲准字081号	白鱼粉 White Fishmeal	G. L. S. 牌阿拉斯加低温白鱼粉（二级至一级） G. L. S. Brand Alaskan L/T White Fishmeal (Ⅱ to Ⅰ)	单一饲料 Single Feed	畜禽和水产动物 Livestock and Poultry, Aquaculture animals	美国 UniSea 有限公司 Dutch Harbor 工厂 UniSea, Inc., Dutch Harbor Plant, USA	2017.01—2022.01	续展
(2017)外饲准字082号	鱼粉 Fish meal	秘鲁红鱼粉（三级至一级） Peruvian Red Fishmeal（Ⅲ to Ⅰ）	单一饲料 Single Feed	畜禽和水产动物 Livestock and Poultry, Aquaculture animals	秘鲁 Compañia Pesquera Del Pacifico Centro S. A. 公司 Supe 工厂 Compañia Pesquera Del Pacifico Centro S. A., Supe Plant, Peru	2017.01—2022.01	续展
(2017)外饲准字083号	鱼粉 Fish meal	秘鲁红鱼粉（三级至一级） Peruvian Red Fishmeal（Ⅲ to Ⅰ）	单一饲料 Single Feed	畜禽和水产动物 Livestock and Poultry, Aquaculture animals	秘鲁 Compañia Pesquera Del Pacifico Centro S. A. 公司 Chimbote 工厂 Compañia Pesquera Del Pacifico Centro S. A., Chimbote Plant, Peru	2017.01—2022.01	续展
(2017)外饲准字084号	鱼油 Fish Oil	秘鲁鱼油（饲料级） Peruvian Fish Oil（Feed Grade）	单一饲料 Single Feed	畜禽和水产动物 Livestock and Poultry, Aquaculture animals	秘鲁 CFG Investment S. A. C. 公司 Tambo de Mora 工厂 CFG Investment S. A. C., Plant Tambo de Mora, Peru	2017.01—2022.01	续展

（续）

登记证号	通用名称	商品名称	产品类别	使用范围	生产厂家	有效期限	备注
（2017）外饲准字 085 号	鱼粉 Fishmeal	金枪鱼红鱼粉（三级） Tuna Red Fishmeal（Ⅲ）	单一饲料 Single Feed	畜禽和水产动物 Livestock and Poultry，Aquaculture animals	毛里求斯 Marine Biotechnology Products Ltd. 公司 Marine Biotechnology Products Ltd.，Mauritius	2017.01—2022.01	续展
（2017）外饲准字 086 号	白鱼粉 White Fishmeal	白鱼粉（一级） White Fishmeal（Ⅰ）	单一饲料 Single Feed	畜禽和水产动物 Livestock and Poultry，Aquaculture animals	美国海岸乡村鳕鱼公司（工船加工，工船名 F/T Northern Hawk，工船号 4063） Coastal Villages Pollock LLC.，Produced on Board at Vessel "F/T Northern Hawk"（Fisheries Permit No. 4063），USA	2017.01—2022.01	续展
（2017）外饲准字 087 号	虾粉 Shrimp Meal	虾粉 Shrimp Meal	单一饲料 Single Feed	水产动物 Aquaculture animals	厄瓜多尔 Fortidex S. A. 公司 Duran Tambo 工厂 Fortidex S. A.，Plant Duran Tambo，Ecuador	2017.01—2022.01	续展
（2017）外饲准字 088 号	鱼粉 Fishmeal	双豚牌红鱼粉（三级） Double Dolphin Brand Red Fishmeal（Ⅲ）	单一饲料 Single Feed	畜禽和水产动物 Livestock and Poultry，Aquaculture animals	马来西亚全利鱼粉厂有限公司 QL Fishmeal Sdn. Bhd.，Malaysia	2017.01—2022.01	续展
（2017）外饲准字 089 号	白鱼粉 White Fishmeal	白鱼粉（三级） White Fishmeal（Ⅲ）	单一饲料 Single Feed	畜禽和水产动物 Livestock and Poultry，Aquaculture animals	美国 Premier 太平洋海鲜公司（工船加工，工船名 S. S. Ocean Phoenix，工船号 3703） Premier Pacific Seafoods Inc.（Produced on Board at Vessel "S. S. Ocean Phoenix"，Official No. 3703），USA	2017.01—2022.01	续展

（续）

登记证号	通用名称	商品名称	产品类别	使用范围	生产厂家	有效期限	备注
（2017）外饲准字 090 号	鱼粉 Fishmeal	红鱼粉(二级) Red Fishmeal(Ⅱ)	单一饲料 Single Feed	畜禽和水产动物 Livestock and Poultry, Aquaculture animals	毛里塔尼亚 Omaurci 有限公司 Omaurci S. A.，Mauritania	2017.01—2022.01	续展
（2017）外饲准字 091 号	鱼粉 Fishmeal	红鱼粉(三级) Red Fishmeal（Ⅲ）	单一饲料 Single Feed	畜禽和水产动物 Livestock and Poultry, Aquaculture animals	厄瓜多尔 Productos Pesqueros S. A. 公司 Produpes Productos Pesqueros S. A.，Produpes, Ecuador	2017.01—2022.01	续展
（2017）外饲准字 092 号	猪肠膜蛋白粉 Porcine Protein Concentrate	多美蛋白粉 PRO-PEP F	单一饲料 Single Feed	畜禽 Livestock and Poultry	美国国际营养公司 International Nutrition, Inc.，USA	2017.01—2022.01	续展
（2017）外饲准字 093 号	猫配合饲料 Cat Compound Feed	高级猫用干粮—全猫 Premium Cat Food for All Life Stages	配合饲料 Compound Feed	猫 Cat	台湾保生实业股份有限公司 Pomp Shine Enterprise Corp.	2017.01—2022.01	续展
（2017）外饲准字 094 号	犬配合饲料 Dog Compound Feed	高级犬用干粮—幼犬 Premium Dog Food for Puppies	配合饲料 Compound Feed	犬 Dog	台湾保生实业股份有限公司 Pomp Shine Enterprise Corp.	2017.01—2022.01	续展
（2017）外饲准字 095 号	犬配合饲料 Dog Compound Feed	高级犬用干粮—成犬 Premium Dog Food for Adults	配合饲料 Compound Feed	犬 Dog	台湾保生实业股份有限公司 Pomp Shine Enterprise Corp.	2017.01—2022.01	续展
（2017）外饲准字 160 号	混合型饲料添加剂 氯化胆碱 Feed Additives Mixture Choline	瑞信氯化胆碱 Reashure® Choline	混合型饲料添加剂 Feed Additives Mixture	养殖动物 All species or categories of animals	美国博思培原料有限公司 BCP Ingredients, Inc.，USA	2017.03—2022.03	续展
（2017）外饲准字 161 号	混合型饲料添加剂 微生物 维生素 Feed Additives Mixture Live Micro-organisms Vitamins	乐毒清 OSP 20200	混合型饲料添加剂 Feed Additives Mixture	养殖动物 All species or categories of animals	加拿大奥斯珀有限公司 Oshawa Specialty Products Ltd.，Canada	2017.03—2022.03	续展

（续）

登记证号	通用名称	商品名称	产品类别	使用范围	生产厂家	有效期限	备注
(2017)外饲准字162号	蛋白酶(产自米曲霉) Protease (Source: *Aspergillus oryzae*)	六畜安®(粉末) Toxi-end® (Powder)	饲料添加剂 Feed Additive	植物和动物蛋白 Plant and animal proteins	台湾生百兴业有限公司 Life Rainbow Biotech Co., Ltd. Taiwan	2017.03—2022.03	续展
(2017)外饲准字163号	混合型饲料添加剂 聚氧乙烯20山梨醇酐单油酸酯 Feed Additives Mixture Polyoxyethylene(20) Sorbitan Mono-oleate	益美素 Emupack	混合型饲料添加剂 Feed Additives Mixture	畜禽和水产动物 Livestock and Poultry, Aquaculture animals	台湾信逢股份有限公司 New Well Power Co. Ltd. Taiwan	2017.03—2022.03	续展
(2017)外饲准字164号	混合型饲料添加剂 丁酸钠 Feed Additives Mixture Butyrate	西尔包被丁酸钠(30%) SIL Butyrate 30 Coated	混合型饲料添加剂 Feed Additives Mixture	养殖动物 All species or categories of animals	意大利西拉公司 SILA Srl, Italy	2017.03—2022.03	续展
(2017)外饲准字165号	混合型饲料添加剂 吡啶甲酸铬 Feed Additives Mixture Chromium Tirpicolinate	铬精0.1% Picolean-Chromium Picolinate 0.1%	混合型饲料添加剂 Feed Additives Mixture	猪 Swine	意大利阿卡公司 Prodotti Arca S. r. l., Italy	2017.03—2022.03	续展
(2017)外饲准字166号	吡啶甲酸铬 Chromium Tirpicolinate	铬精 Chromium Picolean	饲料添加剂 Feed Additive	猪 Swine	意大利阿卡公司 Prodotti Arca S. r. l., Italy	2017.03—2022.03	续展
(2017)外饲准字167号	猪肠膜蛋白 Porcine Mucosa	百乐宝50 RD Palbio 50 RD	单一饲料 Single Feed	养殖动物 All species or categories of animals	西班牙 Bioiberica 公司 Bioiberica S. A., Spain	2017.03—2022.03	续展
(2017)外饲准字168号	猪肠膜蛋白 Porcine Mucosa	百乐宝62 SP Palbio 62 SP	单一饲料 Single Feed	养殖动物 All species or categories of animals	西班牙 Bioiberica 公司 Bioiberica S. A., Spain	2017.03—2022.03	续展
(2017)外饲准字169号	牛肉骨粉 Bovine Meat and Bone Meal	牛肉骨粉 Bovine Meat and Bone Meal	单一饲料 Single Feed	畜禽和水产动物 Livestock and Poultry, Aquaculture animals	澳大利亚 JBS Australia Pty 有限公司 Purrawunda 工厂 JBS Australia Pty, Plant Purrawunda, Australia	2017.03—2022.03	续展

（续）

登记证号	通用名称	商品名称	产品类别	使用范围	生产厂家	有效期限	备注
(2017)外饲准字170号	鱼粉 Fishmeal	红鱼粉(二级) Red Fishmeal (Ⅱ)	单一饲料 Single Feed	畜禽和水产动物 Livestock and Poultry, Aquaculture animals	泰国 Krungdhepmahakij 有限公司 Krungdhepmahakij Co., Ltd., Thailand	2017.03—2022.03	续展
(2017)外饲准字171号	鱼粉 Fishmeal	红鱼粉(三级) Red Fishmeal (Ⅲ)	单一饲料 Single Feed	畜禽和水产动物 Livestock and Poultry, Aquaculture animals	泰国开发鱼粉企业有限公司 Fishmeal Marketing Development Co.,Ltd.,Thailand	2017.03—2022.03	续展
(2017)外饲准字172号	酿酒酵母 Saccharomyces Cerevisiae	益赛福(标准型) Actisaf Sc47 STD	饲料添加剂 Feed Additive	养殖动物 All species or categories of animals	法国乐斯福工业公司 Societe Industrielle Lesaffre, France	2017.03—2022.03	续展
(2017)外饲准字173号	牛肉骨粉 Bovine Meat and Bone Meal	牛肉骨粉 Bovine Meat and Bone Meal	单一饲料 Single Feed	畜禽和水产动物 Livestock and Poultry, Aquaculture animals	澳大利亚洁百士集团有限公司 JBS Australia Pty Limited, Australia	2017.03—2022.03	续展
(2017)外饲准字174号	白鱼粉 White Fishmeall	北太平洋白鱼粉(三级) North Pacific White Fishmeal(Grade Ⅲ)	单一饲料 Single Feed	畜禽和水产动物 Livestock and Poultry, Aquaculture animals	美国 Westward Seafoods,Inc. 公司,Dutch Harbor 工厂 Westward Seafoods, Inc., Dutch Harbor Plant,USA	2017.03—2022.03	续展
(2017)外饲准字175号	白鱼粉 White Fishmeal	北太平洋白鱼粉(三级) North Pacific White Fishmeal(Grade Ⅲ)	单一饲料 Single Feed	畜禽和水产动物 Livestock and Poultry, Aquaculture animals	美国 Alyeska 海鲜公司 Alyeska Seafoods,Inc.,USA	2017.03—2022.03	续展
(2017)外饲准字210号	鱼粉 Fishmeal	红鱼粉(三级) Red Fishmeal (Ⅲ)	单一饲料 Single Feed	畜禽和水产动物 Livestock and Poultry, Aquaculture animals	墨西哥 Guaymas Protein Company,S. A. de C. V. Guaymas Protein Company, S. A. de C. V.,Mexico	2017.04—2022.04	续展

（续）

登记证号	通用名称	商品名称	产品类别	使用范围	生产厂家	有效期限	备注
（2017）外饲准字 211 号	鱼粉 Fishmeal	智利红鱼粉（三级至特级） Chilean Red Fishmeal（Ⅲ to Superfine）	单一饲料 Single Feed	畜禽和水产动物 Livestock and Poultry, Aquaculture animals	智利 Landes 渔业公司 Sociedad Pesquera Landes S. A.，Chile	2017.04—2022.04	续展
（2017）外饲准字 212 号	dl-α-生育酚乙酸酯 dl-alpha-Tocopherol Acetate	露他维® E50S Lutavit® E 50S	饲料添加剂 Feed Additive	养殖动物 All species or categories of animals	巴斯夫欧洲公司 BASF SE，Germany	2017.04—2022.04	续展
（2017）外饲准字 213 号	蛋氨酸羟基类似物 Methionine Hydroxy Analogue	粉状美斯特® MetaSmart ® Dry	饲料添加剂 Feed Additive	奶牛 Dairy Cattle	安迪苏法国公司 Commentry 工厂 Adisseo France S. A. S.，Plant Commentry，France	2017.04—2022.04	续展
（2017）外饲准字 263 号	蛋氨酸羟基类似物钙盐 Methionine Hydroxy Analogue Calcium	美瑞特 MHA® SP	饲料添加剂 Feed Additive	猪、鸡、牛、水产动物 Swine，Chicken，Cattle，Aquaculture animals	诺伟司国际公司 Novus International，Inc.，USA	2017.05—2022.05	续展
（2017）外饲准字 264 号	甘露寡糖 Manno-oligosaccharides	赛福寡糖 Safmannan	饲料添加剂 Feed Additive	养殖动物 All species or categories of animals	法国乐斯福集团 Biospringer 生物技术公司 Biospringer，France-Lesaffre Group，France	2017.05—2022.05	续展
（2017）外饲准字 265 号	枯草芽孢杆菌 *Bacillus subtilis*	畜禽黄金 BIO PLUS	饲料添加剂 Feed Addtitve	畜禽和水产动物	韩国 AD 生物科技有限公司 ADbiotech Co.，Ltd.，Korea	2017.05—2022.05	续展
（2017）外饲准字 266 号	美国栗树叶提取物 Chestnut Leaves Extract	福美酚 Farmatan Le	饲料添加剂 Feed Addtitve	养殖动物 All species or categories of animals	斯洛文尼亚天宁有限公司 Tanin Sevnica d. d.，Slovenija	2017.05—2022.05	续展
（2017）外饲准字 267 号	混合型饲料添加剂 可食用脂肪酸单/双甘油酯 Feed Additives Mixture Mono-/ di-glycerides of Edible Fatty Acids	希特力 Fra C12 Dry	混合型饲料添加剂 Feed Additives Mixture	猪、家禽、水产动物 Swine，Poultry，Aquaculture animals	荷兰 Framelco B. V. 公司 Framelco B. V.，the Netherlands	2017.05—2022.05	续展

（续）

登记证号	通用名称	商品名称	产品类别	使用范围	生产厂家	有效期限	备注
（2017）外饲准字 268 号	混合型饲料添加剂 可食用脂肪酸单/双甘油酯 Feed Additives Mixture Mono-/ diglycerides of Edible Fatty Acids	艾希托 Fra AC 34 Liquid	混合型饲料添加剂 Feed Additives Mixture	猪、家禽 Swine,Poultry	荷兰 Framelco B. V. 公司 Framelco B. V. ,the Netherlands	2017. 05—2022. 05	续展
（2017）外饲准字 269 号	混合型饲料添加剂 可食用脂肪酸单/双甘油酯 Feed Additives Mixture Mono-/ diglycerides of Edible Fatty Acids	莱力舒 Fra Lac 34 Dry	混合型饲料添加剂 Feed Additives Mixture	猪、家禽、水产动物 Swine, Poultry, Aquaculture animals	荷兰 Framelco B. V. 公司 Framelco B. V. ,the Netherlands	2017. 05—2022. 05	续展
（2017）外饲准字 270 号	妊娠母猪复合预混合饲料 Premix for Dry Sow	壮仔多 Gesta-Lac 110	混合型饲料添加剂 Feed Additives Mixture	母猪 Sow	加拿大盈泰营养公司 Inno Tech Nutrition Solutions, Canada	2017. 05—2022. 05	续展
（2017）外饲准字 271 号	哺乳母猪复合预混合饲料 Premix for Nursing Sow	促情多 PBT 4-WAY®	混合型饲料添加剂 Feed Additives Mixture	母猪 Sow	加拿大盈泰营养公司 Inno Tech Nutrition Solutions, Canada	2017. 05—2022. 05	续展
（2017）外饲准字 272 号	公猪复合预混合饲料 Premix for Boar	活力多 PRO 22：SIX	混合型饲料添加剂 Feed Additives Mixture	公猪 Boar	加拿大盈泰营养公司 Inno Tech Nutrition Solutions, Canada	2017. 05—2022. 05	续展
（2017）外饲准字 273 号	鱼粉 Fishmeal	红鱼粉(二级) Red Fishmeal（Ⅱ）	单一饲料 Single Feed	畜禽和水产动物 Livestock and Poultry, Aquaculture animals	(泰国)泰诚信鱼粉厂有限公司 Teppama Fishmeal Co.，Ltd.，Thailand	2017. 05—2022. 05	续展
（2017）外饲准字 274 号	鱼油 Fish Oil	鱼油(饲料级) Fish Oil（Feed Grade）	单一饲料 Single Feed	畜禽和水产动物 Livestock and Poultry, Aquaculture animals	丹麦 FF Skagen 公司 FF Skagen,Denmark	2017. 05—2022. 05	续展

（续）

登记证号	通用名称	商品名称	产品类别	使用范围	生产厂家	有效期限	备注
（2017）外饲准字 275 号	鸡肉粉 Poultry By-product Meal	鸡肉粉 Poultry By-product Meal	单一饲料 Single Feed	畜禽和水产动物 Livestock, Poultry and Aquaculture	美国蛋白公司 American Proteins Inc. ,USA	2017.05—2022.05	续展
（2017）外饲准字 338 号	轮虫配合饲料 Rotifers Compound Feed	赛尔科—斯帕克 SELCO S. parkle	配合饲料 Compound Feed	轮虫 Rotifers	英伟(泰国)饲料有限公司 INVE (Thailand) Ltd. ,Thailand	2017.07—2022.07	续展
（2017）外饲准字 339 号	轮虫和丰年虾配合饲料 Rotifers and Artemia Compound Feed	赛尔科—斯派索 SELCO S. presso	配合饲料 Compound Feed	轮虫和丰年虾 Rotifers and Artemia	英伟(泰国)饲料有限公司 INVE (Thailand) Ltd. ,Thailand	2017.07—2022.07	续展
（2017）外饲准字 340 号	轮虫配合饲料 Rotifers Compound Feed	赛尔科—蛋白 DHA DHA Protein SELCO	配合饲料 Compound Feed	轮虫 Rotifers	英伟(泰国)饲料有限公司 INVE (Thailand) Ltd. ,Thailand	2017.07—2022.07	续展
（2017）外饲准字 341 号	虾苗配合饲料 Shrimp Compound Feed	滋丰薄片虾苗饲料 Tzu Feng Shrimp Flakes (Shrimp Fry)	配合饲料 Compound Feed	虾苗 Shrimp Fry	台湾滋丰水产资材有限公司 Tzu Feng Aquacultural Supplies Co. ,Ltd	2017.07—2022.07	续展
（2017）外饲准字 342 号	β-葡聚糖酶(产自长柄木霉) β-Glucanase (by *Trichoderma longibrachiatum*)	好特美 SUIS 2000 Hostazym Suis 2000	饲料添加剂 Feed Additive	仔猪 Piglet	保加利亚标伟特股份有限公司 Biovet Joint Stock Company, Bulgaria	2017.07—2022.07	续展
（2017）外饲准字 343 号	混合型饲料添加剂 硫酸钾 硫酸镁 Feed Additives Mixture Potassium Sulfate, Magnesium Sulfate	速畅 SOW-GRO	混合型饲料添加剂 Feed Additives Mixture	畜禽 Livestock	美国国际矿物质公司 International Mineral Sales LLC, USA	2017.07—2022.07	续展
（2017）外饲准字 344 号	维生素添加剂预混合饲料 Vitamin Additive Premix	鳗多维 Vitamin Premix for Eel Feeds	添加剂预混合饲料 Feed Additive Premix	鳗鱼 Eel	台湾全兴国际水产股份有限公司桃园厂 Ye Cherng Industrial Products Co. ,Ltd. ,Tao-Yuan Factory	2017.07—2022.07	续展

（续）

登记证号	通用名称	商品名称	产品类别	使用范围	生产厂家	有效期限	备注
（2017）外饲准字 345 号	鱼粉 Fishmeal	全利高品质蒸汽红鱼粉（三级） QL Steam Dried Red Fishmeal（Ⅲ）	单一饲料 Single Feed	畜禽和水产动物 Livestock and Poultry, Aquaculture animals	马来西亚全利海产有限公司 QL Marine Products Sdn. Bhd. Malaysia	2017.07—2022.07	续展
（2017）外饲准字 346 号	牛肉骨粉 Bovine Meat And Bone Meal	牛肉骨粉(LA LOMA) Bovine Meat And Bone Meal(LA LOMA)	单一饲料 Single Feed	畜禽和水产动物 Livestock and Poultry, Aquaculture animals	乌拉圭 Yarus S. A. 公司 Yarus S. A. ,Uruguay	2017.07—2022.07	续展
（2017）外饲准字 347 号	鱼粉 Fishmeal	Special SelectTM 牌鲱鱼红鱼粉(三级至一级) Special Select Brand Menhaden Red Fishmeal（Ⅲ to Ⅰ）	单一饲料 Single Feed	畜禽和水产动物 Livestock and Poultry, Aquaculture animals	美国欧米茄蛋白公司(Reedville 工厂) Omega Protein,Inc. ,USA	2017.07—2022.07	续展
（2017）外饲准字 348 号	酿酒酵母细胞壁 Yeast cell wall of saccharomyces cerevisiae	莱克素 Biolex® -MB 40	单一饲料 Single Feed	养殖动物 All species or categories of animals	德国莱博有限公司 Leiber GmbH,Germany	2017.07—2022.07	续展
（2017）外饲准字 349 号	食品酵母粉 Yeast powder	莱博非萃取啤酒酵母 Leiber Brewer′s Yeast Unextracted	单一饲料 Single Feed	养殖动物 All species or categories of animals	德国莱博有限公司 Leiber GmbH,Germany	2017.07—2022.07	续展
（2017）外饲准字 350 号	酿酒酵母 Saccharomyces cerevisiae	布拉迪® 铁达 10 号 Levucell SB® 10ME titan	饲料添加剂 Feed Additive	家禽、猪 Poultry,Swine	德国 F. X. Wieninger 有限责任公司 F. X. Wieninger GmbH,Germany	2017.07—2022.07	续展
（2017）外饲准字 404 号	犬配合饲料 Dogs compound feed	犬低过敏性处方粮 VETERINARY DIET HYPOALLERGENIC CANINE	配合饲料 Compound Feed	犬 Dog	法国皇家宠物食品有限公司 Royal Canin S. A. S. ,France	2017.08—2022.08	续展

（续）

登记证号	通用名称	商品名称	产品类别	使用范围	生产厂家	有效期限	备注
（2017）外饲准字405号	猫配合饲料 Cats Compound Feed	猫低过敏性处方粮 VETERINARY DIET HYPOALLERGENIC FELINE	配合饲料 Compound Feed	猫 Cat	法国皇家宠物食品有限公司 Royal Canin S. A. S. ,France	2017.08—2022.08	续展
（2017）外饲准字406号	内切-1,4,-β-木聚糖酶(源自长柄木霉) Endo-1, 4-β-Xylanase (by *Trichoderma longibrachiatum*)	好特美 X30000 HOSTAZYM X30000	饲料添加剂 Feed Additive	家禽、猪 Poultry,Swine	保加利亚标伟特股份有限公司 Biovet Joint Stock Company,Bulgaria	2017.08—2022.08	续展
（2017）外饲准字407号	内切-1,4,-β-木聚糖酶(源自长柄木霉) Endo-1, 4-β-Xylanase (by *Trichoderma longibrachiatum*)	好特美 X60000 HOSTAZYM X60000	饲料添加剂 Feed Additive	家禽、猪 Poultry,Swine	保加利亚标伟特股份有限公司 Biovet Joint Stock Company,Bulgaria	2017.08—2022.08	续展
（2017）外饲准字408号	DL-蛋氨酸 DL- Methionine	罗迪美® NP99 Rhodimet® NP99	饲料添加剂 Feed Additive	养殖动物 All species or categories of animals	安迪苏法国公司ROR工厂 Adisseo France S. A. S. , ROR Site,France	2017.08—2022.08	续展
（2017）外饲准字409号	DL-蛋氨酸 DL-Methionine	罗迪美® NP99 Rhodimet® NP99	饲料添加剂 Feed Additive	养殖动物 All species or categories of animals	安迪苏法国公司Commentry工厂 Adisseo France S. A. S. , Plant Commentry,France	2017.08—2022.08	续展
（2017）外饲准字410号	蛋氨酸羟基类似物 Hydroxy Analogue of Methionine	罗迪美® AT88 Rhodimet® AT88	饲料添加剂 Feed Additive	猪、鸡、牛和水产养殖动物 Swine,chicken,cattle or Aquaculture animals	安迪苏西班牙公司 Adisseo Espana S. A. ,Spain	2017.08—2022.08	续展
（2017）外饲准字411号	混合型饲料添加剂 维生素A乙酸酯 Feed Additives Mixture Vitamin A Acetate	麦可维® A超性能型1000 Microvi® A Supra 1000	混合型饲料添加剂 Feed Additives Mixture	养殖动物 All species or categories of animals	安迪苏法国公司Commentry工厂 Adisseo France S. A. S. , Plant Commentry,France	2017.08—2022.08	续展

（续）

登记证号	通用名称	商品名称	产品类别	使用范围	生产厂家	有效期限	备注
（2017）外饲准字 412 号	混合型饲料添加剂 维生素 E Feed Additives Mixture Viamin E	麦可维® E 混合型 50 Microvit® E Promix50	混合型饲料添加剂 Feed Additives Mixture	养殖动物 All species or categories of animals	安迪苏法国公司 Commentry 工厂 Adisseo France S. A. S., Plant Commentry, France	2017.08—2022.08	续展
（2017）外饲准字 413 号	混合型饲料添加剂 木聚糖酶 β-葡聚糖酶（源自绳状青霉） Feed Additives Mixture Xylanase β-glucanases (by *Penicillium funuculosum*)	罗酶宝® 优越型复合酶 AP Rovabio® Excel AP	混合型饲料添加剂 Feed Additives Mixture	家禽、猪 Poultry, Swine	法国 INNOV′ IA 公司 INNOV′ IA, France	2017.08—2022.08	续展
（2017）外饲准字 414 号	屎肠球菌 Enterococcus faecium	普乐特康 Protexin Concentrate	饲料添加剂 Feed Additive	养殖动物 All species or categories of animals	英国普碧欧堤丝国际有限公司 Probiotics International Ltd, UK	2017.08—2022.08	续展
（2017）外饲准字 415 号	烟酰胺 Niacinamide	饲料级烟酰胺 Feed Grade Niacinamide	饲料添加剂 Feed Additive	养殖动物 All species or categories of animals	印度吉友联有机合成化学有限公司 Jubilant Life Sciences Limited, India	2017.08—2022.08	续展
（2017）外饲准字 416 号	混合型饲料添加剂 枯草芽孢杆菌 酿酒酵母 Feed Additives Mixture *Bacillus subtilis Saccharomyces cerevisiae*	依润-100 TAM-100	混合型饲料添加剂 Feed Additives Mixture	反刍家畜 Ruminant	韩国 Biotopia 株式会社 Korea Biotopia Co., Ltd., Korea	2017.08—2022.08	续展
（2017）外饲准字 417 号	混合型饲料添加剂 枯草芽孢杆菌 乳酸片球菌 Feed Additives Mixture *Bacillus subtilis* Pediococcus acidilactici	依润-300 PLA	混合型饲料添加剂 Feed Additives Mixture	畜禽 Livestock	韩国 Biotopia 株式会社 Korea Biotopia Co., Ltd., Korea	2017.08—2022.08	续展

（续）

登记证号	通用名称	商品名称	产品类别	使用范围	生产厂家	有效期限	备注
（2017）外饲准字 449 号	混合型饲料添加剂 木聚糖酶（产自长柄木霉） Feed Additives Mixture Xylanase (by *Trichoderma Longibrachiatum*)	好特美 X 6000 Hostazym X 6000	混合型饲料添加剂 Feed Additives Mixture	猪、鸡 Swine, Chicken	保加利亚标伟特股份有限公司 Biovet Joint Stock Company, Bulgaria	2017.10—2022.10	续展
（2017）外饲准字 450 号	混合型饲料添加剂 木聚糖酶（产自长柄木霉） Feed Additives Mixture Xylanase (by *Trichoderma Longibrachiatum*)	好特美 X 15000 Hostazym X 15000	混合型饲料添加剂 Feed Additives Mixture	猪、鸡 Swine, Chicken	保加利亚标伟特股份有限公司 Biovet Joint Stock Company, Bulgaria	2017.10—2022.10	续展
（2017）外饲准字 451 号	酵母水解物 Autolysed Dry Yeast	恒赛尔 Hicell	单一饲料 Single Feed	养殖动物 All species or categories of animals	巴西库塔糖业公司（Macatuba 工厂） Acucareira Quata, S. A. (Plant Macatuba), Brazil	2017.10—2022.10	续展
（2017）外饲准字 452 号	酵母水解物 Autolysed Dry Yeast	恒赛尔 Hicell	单一饲料 Single Feed	养殖动物 All species or categories of animals	巴西库塔糖业公司（Quatá 工厂） Acucareira Quatá, S. A. (Plant Quatá), Brazil	2017.10—2022.10	续展
（2017）外饲准字 454 号	混合型饲料添加剂 防霉剂 Feed Additives Mixture Preservative	沥普汀 Re-Hydra Pro®	混合型饲料添加剂 Feed Additives Mixture	养殖动物 All species or categories of animals	西班牙艾迪维特公司 ADIVETER SL, Spain	2017.10—2022.10	续展
（2017）外饲准字 455 号	混合型饲料添加剂 枯草芽孢杆菌 Feed Additives Mixture *Bacillus Subtilis*	益菌素 Soyamix	混合型饲料添加剂 Feed Additives Mixture	养殖动物 All species or categories of animals	台湾信逢股份有限公司 New Well Power Co. Ltd.	2017.10—2022.10	续展
（2017）外饲准字 456 号	天然类固醇萨洒皂角苷（源自丝兰） YUCCA (by *Yucca Schidigera* Exact)	丝兰宝 BIOPOWDER	饲料添加剂 Feed Additive	养殖动物 All species or categories of animals	墨西哥 Baja Agro International, S. A. de C. V. 公司 Baja Agro International, S. A. de C. V., Mexico	2017.10—2022.10	续展

（续）

登记证号	通用名称	商品名称	产品类别	使用范围	生产厂家	有效期限	备注
（2017）外饲准字 457 号	混合型饲料添加剂 氧化锌 Feed Additives Mixture Zinc Oxide	维肠宝 S Zincoret Swine	混合型饲料添加剂 Feed Additives Mixture	猪 Swine	意大利 Vetagro S. P. A. 股份公司 Vetagro S. P. A. ,Italy	2017. 10—2022. 10	续展
（2017）外饲准字 458 号	混合型饲料添加剂 柠檬酸，山梨酸，百里香酚，香兰素 Feed Additives Mixture Citric Acid, Sorbic Acid, Thymol, Vanillin	维肠康 P AviPlus P	混合型饲料添加剂 Feed Additives Mixture	家禽和水产动物 Poultry, Aquaculture animals	意大利 Vetagro S. P. A. 股份公司 Vetagro S. P. A. ,Italy	2017. 10—2022. 10	续展
（2017）外饲准字 459 号	混合型饲料添加剂 柠檬酸，山梨酸，百里香酚，香兰素 Feed Additives Mixture Citric Acid, Sorbic Acid, Thymol, Vanillin	维肠康 S AviPlus S	混合型饲料添加剂 Feed Additives Mixture	断奶仔猪 Weanling Piglet	意大利 Vetagro S. P. A. 股份公司 Vetagro S. P. A. ,Italy	2017. 10—2022. 10	续展
（2017）外饲准字 460 号	啤酒酵母粉 Yeast Powder	优科酵母 Nutricell Yeast	单一饲料 Single Feed	养殖动物 All species or categories of animals	巴西库塔糖业公司（Quatá 工厂） Acucareira Quatá, S. A. (Plant Quatá), Brazil	2017. 10—2022. 10	续展
（2017）外饲准字 461 号	啤酒酵母粉 Yeast Powder	优科酵母 Nutricell Yeast	单一饲料 Single Feed	养殖动物 All species or categories of animals	巴西库塔糖业公司（Macatuba 工厂） Acucareira Quata, S. A. (Plant Macatuba), Brazil	2017. 10—2022. 10	续展
（2017）外饲准字 462 号	啤酒酵母粉 Yeast Powder	博赛 Brewcell	单一饲料 Single Feed	养殖动物 All species or categories of animals	巴西库塔糖业公司（Macatuba 工厂） Acucareira Quata, S. A. (Plant Macatuba), Brazil	2017. 10—2022. 10	续展

（续）

登记证号	通用名称	商品名称	产品类别	使用范围	生产厂家	有效期限	备注
（2017）外饲准字 463 号	混合型饲料添加剂 木聚糖酶（产自长柄木霉） Feed Additives Mixture Xylanase（by *Trichoderma longibrachiatum*）	保安生® 93010 Danisco Xylanase 40000G	混合型饲料添加剂 Feed Additives Mixture	猪 Swine	芬兰饲料国际有限公司 Finnfeeds Oy.，Finland	2017.10—2022.10	续展
（2017）外饲准字 464 号	混合型饲料添加剂 木聚糖酶（产自长柄木霉），淀粉酶（产自地衣芽孢杆菌），蛋白酶（产自枯草芽孢杆菌） Feed Additives Mixture Xylanase（by *Trichoderma longibrachiatum*），Amylase（by *Bacillus licheniformis*），Protease（by *Bacillus subtilis*）	爱特康 TM XAP 101TPT Axtra® XAP 101TPT	混合型饲料添加剂 Feed Additives Mixture	家禽 Poultry	丹尼斯克美国有限公司（New Century 工厂） Danisco USA Inc.，(New Century Plant)，USA	2017.10—2022.10	续展
（2017）外饲准字 465 号	维生素预混合饲料 Vitamin Premix	福德维 Fortevit	添加剂预混合饲料 Feed Additive Premix	鸡 Chicken	印度尼西亚美迪安有限公司 PT Medion Farma Jaya，Indonesia	2017.10—2022.10	续展
（2017）外饲准字 466 号	复合预混合饲料 Premix	美迪施 Medistress	添加剂预混合饲料 Feed Additive Premix	鸡 Chicken	印度尼西亚美迪安有限公司 PT Medion Farma Jaya，Indonesia	2017.10—2022.10	续展
（2017）外饲准字 467 号	鱼粉 Fishmeal	红鱼粉（三级） Red Fishmeal（Ⅲ）	单一饲料 Single Feed	畜禽和水产动物 Livestock and Poultry，Aquaculture animals	巴基斯坦凯帕国际销售公司 Kanpa International Sales，Pakistan	2017.10—2022.10	续展
（2017）外饲准字 468 号	鱼粉 Fishmeal	红鱼粉（三级） Red Fishmeal（Ⅲ）	单一饲料 Single Feed	畜禽和水产动物 Livestock and Poultry，Aquaculture animals	越南青奎责任有限公司 Thanh Khoi Company Limited，Vietnam	2017.10—2022.10	续展

（续）

登记证号	通用名称	商品名称	产品类别	使用范围	生产厂家	有效期限	备注
（2017）外饲准字 469 号	白鱼粉 White Fishmeal	ICICLE® 白鱼粉(三级) ICICLE® White Fishmeal（Ⅲ）	单一饲料 Single Feed	畜禽和水产动物 Livestock and Poultry, Aquaculture animals	美国 ICICLE 海鲜公司(工船加工,工船名 M/V Northern Victor,工船号 No. 4078) ICICLE Seafoods, Inc.（Produced on Board at Vessel M/V Northern Victor, Processor Permit No. 4078）,USA	2017. 10—2022. 10	续展
（2017）外饲准字 470 号	白鱼粉 White Fishmeal	白鱼粉(三级至一级) White Fishmeal（Grade Ⅲ to Ⅰ）	单一饲料 Single Feed	畜禽和水产动物 Livestock and Poultry, Aquaculture animals	俄罗斯列宁集团渔庄(工船加工,工船名 Seroglazka,工船号 CH-036) Collective Farm Fishery by V. I. Lenin (Produced on Board at Vessel Seroglazka, Official No. CH-036), Russia	2017. 10—2022. 10	续展
（2017）外饲准字 471 号	白鱼粉 White Fishmeal	白鱼粉(三级至一级) White Fishmeal（Grade Ⅲ to Ⅰ）	单一饲料 Single Feed	畜禽和水产动物 Livestock and Poultry, Aquaculture animals	俄罗斯列宁集团渔庄(工船加工,工船名 Sergey Novosyolov,工船号 CH-038) Collective Farm Fishery by V. I. Lenin(Produced on Board at Vessel Sergey Novosyolov, Official No. CH-038),Russia	2017. 10—2022. 10	续展
（2017）外饲准字 472 号	白鱼粉 White Fishmeal	白鱼粉(三级至一级) White Fishmeal（Grade Ⅲ to Ⅰ）	单一饲料 Single Feed	畜禽和水产动物 Livestock and Poultry, Aquaculture animals	俄罗斯列宁集团渔庄(工船加工,工船名“Mikhail Staritsyn”,工船号 CH-037) Collective Farm Fishery by V. I. Lenin (Produced on Board at Vessel Mikhail Staritsyn,Official No. CH-037),Russia	2017. 10—2022. 10	续展

（续）

登记证号	通用名称	商品名称	产品类别	使用范围	生产厂家	有效期限	备注
（2017）外饲准字473号	白鱼粉 White Fishmeal	白鱼粉（三级至一级） White Fishmeal（Grade Ⅲ to Ⅰ）	单一饲料 Single Feed	畜禽和水产动物 Livestock and Poultry, Aquaculture animals	俄罗斯列宁集团渔庄（工船加工，工船名 Victor Gavrilov，工船号 CH-106） Collective Farm Fishery by V. I. Lenin（Produced on Board at Vessel UMS Victor Gavrilov, Official No. CH-106），Russia	2017.10—2022.10	续展
（2017）外饲准字538号	木质素磺酸盐 Lignin Sulfonate	木质素磺酸钙 PellTech	饲料添加剂 Feed Additive	养殖动物 All species or categories of animals	挪威鲍利葛工业有限公司 Borregaard LignoTech LTD, Norway	2017.12—2022.12	续展
（2017）外饲准字539号	混合型饲料添加剂 香味物质 Feed Additives Mixture Flavouring Substances	保比粉 5% Ecodiar Powder 5%	混合型饲料添加剂 Feed Additives Mixture	猪、禽类和牛 Swine, Poultry, Cattle	希腊依可发公司 Ecopharm Hellas S. A., Greece	2017.12—2022.12	续展
（2017）外饲准字540号	混合型饲料添加剂 香味物质 Feed Additives Mixture Flavouring Substances	保比液 5% Ecodiar Liquid 5%	混合型饲料添加剂 Feed Additives Mixture	猪、禽类和牛 Swine, Poultry, Cattle	希腊依可发公司 Ecopharm Hellas S. A., Greece	2017.12—2022.12	续展
（2017）外饲准字541号	犊牛配合饲料 Compound Feed for Calves	嘉康利 ELEVAGE EXTRA	配合饲料 Compound Feed	犊牛 Calves	法国雷提耶-弗洛米乳业公司 Societe Laitiere De Retiers, France	2017.12—2022.12	续展
（2017）外饲准字542号	牛肉骨粉 Bovine Meat Bone Meal	牛肉骨粉 Bovine Meat and Bone Meal	单一饲料 Single Feed	畜禽和水产动物 Livestock and Poultry, Aquaculture animals	阿根廷 JBS 公司 JBS Argentina S. A., Argentina	2017.12—2022.12	续展
（2017）外饲准字543号	鱼粉 Fishmeal	红鱼粉（三级） Red Fishmeal（Ⅲ）	单一饲料 Single Feed	畜禽和水产动物 Livestock and Poultry, Aquaculture animals	厄瓜多尔 Borsea 股份公司 Borsea S. A., Ecuador	2017.12—2022.12	续展

(续)

登记证号	通用名称	商品名称	产品类别	使用范围	生产厂家	有效期限	备注
(2017)外饲准字544号	鱼粉 Fishmeal	红鱼粉(二级) Red Fishmeal (Ⅱ)	单一饲料 Single Feed	畜禽和水产动物 Livestock and Poultry, Aquaculture animals	泰国诚信鱼产有限公司 Sermsin Fish Product Co., Ltd, Thailand	2017.12—2022.12	续展
(2017)外饲准字545号	鱼油 Fish Oil	鱼油(饲料级) Fish Oil(Feed Grade)	单一饲料 Single Feed	畜禽和水产动物 Livestock and Poultry, Aquaculture animals	厄瓜多尔 Fortidex S. A. 公司 Data de Posorja 工厂 Fortidex S. A., Data de Posorja Plant, Ecuador	2017.12—2022.12	续展
(2017)外饲准字546号	鱼油 Fish Oil	鱼油(饲料级) Fish Oil(Feed Grade)	单一饲料 Single Feed	畜禽和水产动物 Livestock and Poultry, Aquaculture animals	墨西哥 Maz Industrial S. A. de C. V.,公司 Maz Industrial S. A. de C. V., Mexico	2017.12—2022.12	续展
(2017)外饲准字547号	白鱼粉 White Fishmeal	Lucky 88 牌白鱼粉(三级) Lucky 88 Brand White Fishmeal (Ⅲ)	单一饲料 Single Feed	畜禽和水产动物 Livestock and Poultry, Aquaculture animals	新西兰 Sealord 集团有限公司(工船加工,工船名:Aukaha,工船号:PD429) Sealord Group Limited (Produced on Board at Vessel Aukaha, Official No. PD429), New Zealand	2017.12—2022.12	续展
(2017)外饲准字548号	白鱼粉 White Fishmeal	Lucky 88 牌白鱼粉(三级) Lucky 88 Brand White Fishmeal (Ⅲ)	单一饲料 Single Feed	畜禽和水产动物 Livestock and Poultry, Aquaculture animals	新西兰 Sealord 集团有限公司(工船加工,工船名:Meridian 1,工船号:L62858) Sealord Group Limited (Produced on Board at Vessel Meridian 1, Official No. L62858), New Zealand	2017.12—2022.12	续展

（续）

登记证号	通用名称	商品名称	产品类别	使用范围	生产厂家	有效期限	备注
（2017）外饲准字 549 号	白鱼粉 White Fishmeal	Lucky 88 牌白鱼粉（三级） Lucky 88 Brand White Fishmeal（Ⅲ）	单一饲料 Single Feed	畜禽和水产动物 Livestock and Poultry, Aquaculture animals	新西兰 Sealord 集团有限公司（工船加工，工船名：Professor Mykhaylo Aleksandrov，工船号：L64051） Sealord Group Limited (Produced on Board at Vessel Professor Mykhaylo Aleksandrov, Official No. L64051)，New Zealand	2017.12—2022.12	续展
（2017）外饲准字 550 号	白鱼粉 White Fishmeal	Lucky 88 牌白鱼粉（三级） Lucky 88 Brand White Fishmeal（Ⅲ）	单一饲料 Single Feed	畜禽和水产动物 Livestock and Poultry, Aquaculture animals	新西兰 Sealord 集团有限公司（PH12 工厂） Sealord Group Limited, (Plant PH12)，New Zealand	2017.12—2022.12	续展
（2017）外饲准字 551 号	白鱼粉 White Fishmeal	Lucky 88 牌白鱼粉（三级） Lucky 88 Brand White Fishmeal（Ⅲ）	单一饲料 Single Feed	畜禽和水产动物 Livestock and Poultry, Aquaculture animals	新西兰 Sealord 集团有限公司（工船加工，工船名：Aleksey Slobodchikov，工船号：L62713） Sealord Group Limited (Produced on Board at Vessel Aleksey Slobodchikov, Official No. L62713)，New Zealand	2017.12—2022.12	续展
（2017）外饲准字 552 号	白鱼粉 White Fishmeal	Lucky 88 牌白鱼粉（三级） Lucky 88 Brand White Fishmeal（Ⅲ）	单一饲料 Single Feed	畜禽和水产动物 Livestock and Poultry, Aquaculture animals	新西兰 Sealord 集团有限公司（工船加工，工船名：Ocean Dawn，工船号：OD64） Sealord Group Limited (Produced on Board at Vessel Ocean Dawn, Official No. OD64)，New Zealand	2017.12—2022.12	续展

（续）

登记证号	通用名称	商品名称	产品类别	使用范围	生产厂家	有效期限	备注
（2017）外饲准字553号	白鱼粉 White Fishmeal	Lucky 88 牌白鱼粉（三级） Lucky 88 Brand White Fishmeal（Ⅲ）	单一饲料 Single Feed	畜禽和水产动物 Livestock and Poultry, Aquaculture animals	新西兰 Sealord 集团有限公司（工船加工，工船名：REHUA，工船号：PH472） Sealord Group Limited（Produced on Board at Vessel REHUA，Official No. PH472），New Zealand	2017.12—2022.12	续展
（2017）外饲准字554号	鱼配合饲料 Fish Compound Feed	海丰牌锦鲤观赏鱼饲料 Hai Feng Koi Ornamental Fish Food	配合饲料 Compound Feed	鱼 Fish	台湾海丰饲料股份有限公司 Hai Feng Feeds Co.，Ltd.，	2017.12—2022.12	续展
（2017）外饲准字555号	复合预混合饲料 Premix	可力可利颗粒 Glyco-Line Pellet	添加剂预混合饲料 Feed Additive Premix	牛、羊 Cattle，sheep	法国 Vitalac 公司 Vitalac，France	2017.12—2022.12	续展
（2017）外饲准字556号	微量元素预混合饲料 Trace Minerals Premix	麦尔磷 Miaphos	添加剂预混合饲料 Feed Additive Premix	家禽 Poultry	德国麦尔威股份有限公司 Miavit GmbH，Germany	2017.12—2022.12	续展
（2017）外饲准字557号	复合预混合饲料 Premix	爱米特 Amivit	添加剂预混合饲料 Feed Additive Premix	猪、禽 Swine，Poultry	德国麦尔威股份有限公司 Miavit GmbH，Germany	2017.12—2022.12	续展
（2017）外饲准字558号	混合型饲料添加剂 维生素 Feed Additives Mixture Vitamins	补乐健 PROMOTOR	混合型饲料添加剂 Feed Additives Mixture	猪、牛和家禽 Swine，Cow，Poultry	法国阿缇蒙公司 ARTIMON，France	2017.12—2022.12	续展
（2017）外饲准字559号	复合预混合饲料 Premix	达可 Diakur® Plus	添加剂预混合饲料 Additive Premix	幼畜 Young Animal	勃林格殷格翰（丹麦）公司 Boehringer Ingelheim Danmark A/S，Danmark	2017.12—2022.12	续展
（2017）外饲准字560号	混合型饲料添加剂 矿物质 Feed Additives Mixture Minerals	博威钙 Bovikalc	混合型饲料添加剂 Feed Additives Mixture	奶牛 Dairy Cow	勃林格殷格翰（丹麦）公司 Boehringer Ingelheim Danmark A/S，Danmark	2017.12—2022.12	续展

（续）

登记证号	通用名称	商品名称	产品类别	使用范围	生产厂家	有效期限	备注
（2017）外饲准字 561 号	酿酒酵母细胞壁 Saccharomyces Cerevisiae Cell Wall	普壮素 IMMUNOWALL	单一饲料 Single Feed	养殖动物 All species or categories of animals	巴西 Alcoeste Destilaria Fernandópolis S/A 公司 Alcoeste Destilaria Fernandópolis S/A, Brazil	2017.12—2022.12	续展
（2017）外饲准字 562 号	含可溶物干玉米酒糟 Dried Distillers Grains with Soubles (DDGS)	马奎斯 DDGS Marquis DDGS	单一饲料 Single Feed	畜禽和水产动物 Livestock and Poultry, Aquaculture animals	美国马奎斯能源有限公司 Marquis Energy LLC	2017.12—2022.12	续展

附件 3

换发进口饲料和饲料添加剂产品登记证目录(2017－1)

登记证号	商品名称	通用名称	变更内容	原名称	变更名称
(2015)外饲准字043号	赐益	混合型饲料添加剂 维生素 矿物元素 酸度调节剂	中文商品名称	赐益	赐益强
(2013)外饲准字141号	Sewon 牌饲料级 99% L－赖氨酸盐酸盐	饲料添加剂	申请企业名称	韩国 Paik Kwang 产业株式会社 Paik Kwang Industrial Co., Ltd., Korea	韩国大象株式会社 Daesang Corporation, Korea
			生产厂家名称	韩国 Paik Kwang 产业株式会社 Paik Kwang Industrial Co., Ltd., Korea	韩国大象株式会社 Daesang Corporation, Korea
			生产地址名称	228－2, Soryong-dong, Gunsan-city, Chollabuk-do, Korea	57, Oehang 4-gil, Gunsan-si, Jeollabuk-do, Korea

换发进口饲料和饲料添加剂产品登记证目录(2017－2)

登记证号	商品名称	通用名称	变更内容	原名称	变更名称
(2013)外饲准字182号	欧酸肥 Acidofac GF	混合型饲料添加剂 酸度调节剂 Feed Additives Mixture Acidity Regulators	申请企业名称	台湾硕腾生技股份有限公司(新竹厂) Zoetis Biotech Manufacturing Limited (Hsin Chu Plant)	台湾永鸿国际生技股份有限公司(新竹厂) Vetnostrum Animal Health Co., Ltd.
			生产厂家名称	台湾硕腾生技股份有限公司(新竹厂) Zoetis Biotech Manufacturing Limited (Hsin Chu Plant)	台湾永鸿国际生技股份有限公司(新竹厂) Vetnostrum Animal Health Co., Ltd.
(2015)外饲准字036号	芬莱碱® S4 Betafin® S4	甜菜碱 Betaine	生产地址名称	Satamatie 2, 21100 Naantali, Finland	Satamatie 8, 21100 Naantali, Finland

（续）

登记证号	商品名称	通用名称	变更内容	原名称	变更名称
(2015)外饲准字037号	芬莱碱® S1 Betafin® S1	甜菜碱 Betaine	生产地址名称	Satamatie 2,21100 Naantali,Finland	Satamatie 8,21100 Naantali,Finland
(2014)外饲准字312号	鸡肉粉 Chicken By-Product Meal	鸡肉粉 Chicken By-Product Meal	生产地址名称	7500 Tyson Road, Texarkana, AR, USA	5465 Miller County 64,Texarkana,AR 71854,USA
(2014)外饲准字314号	鸡油 Poultry Fat	鸡油 Poultry Fat	生产地址名称	7500 Tyson Road, Texarkana, AR, USA	5465 Miller County 64,Texarkana,AR 71854,USA
(2014)外饲准字316号	羽毛粉 Feather Meal	羽毛粉 Feather Meal	生产地址名称	7500 Tyson Road, Texarkana, AR, USA	5465 Miller County 64,Texarkana,AR 71854,USA

换发进口饲料和饲料添加剂产品登记证目录(2017－3)

登记证号	商品名称	通用名称	变更内容	原名称	变更名称
(2016)外饲准字155号	饲料级 DL－蛋氨酸 DL-Methionine Feed Grade	DL－蛋氨酸 DL-Methionine	申请企业名称	赢创营养与保健股份有限公司 Evonik Nutrtion & Care GmbH,Germany	赢创营养与消费化学品有限公司 Evonik Nutrition & Care GmbH,Germany
			生产厂家名称	比利时赢创德固赛安特卫普公司 Evonik Degussa Antwerpen N. V Belgium	赢创安特卫普公司 Evonik Antwerpen N. V. Belgium
(2014)外饲准字331号	新吉吉 Biacid Nucleus	混合型饲料添加剂 香味物质 Feed Additives Mixture Flavouring Substances	中文商品名称	新吉吉 Biacid Nucleus	普乐新吉吉 Biacid Nucleus
(2013)外饲准字397号	新德吉(浓缩型) Cinergy (Concentrated)	肉桂醛和百里香酚 Cinnamaldehyde and Thymol	中文和外文商品名称	新德吉(浓缩型)Cinergy(Concentrated)	普乐新金金(浓缩型) Cinergy FIT 3S (cc)
(2015)外饲准字274号	新德吉 Cinergy	混合型饲料添加剂 香味剂 Feed Additives Mixture Flavouring Agent	中文和外文商品名称	新德吉 Cinergy	普乐新金金 Cinergy FIT 3S

（续）

登记证号	商品名称	通用名称	变更内容	原名称	变更名称
(2015)外饲准字012号	卫常酸 Latibon® Plus ME	混合型饲料添加剂 酸度调节剂 香味物质 Feed Additives Mixture Acidity Regulators Flavouring Substances	申请企业名称	德国 Dr. Eckel GmbH 公司 Dr. Eckel GmbH, Germany	艾柯博士动物营养有限两合公司 Dr. Eckel Animal Nutrition GmbH & Co. KG, Germany
			生产厂家名称	德国 Dr. Eckel GmbH 公司 Dr. Eckel GmbH, Germany	艾柯博士动物营养有限两合公司 Dr. Eckel Animal Nutrition GmbH & Co. KG, Germany

换发进口饲料和饲料添加剂产品登记证目录(2017－4)

登记证号	商品名称	通用名称	变更内容	原名称	变更名称
(2014)外饲准字207号	信东母猪宝 Nutripak Sow	饲料添加剂 蛋氨酸 Feed Additive Methionine	中文商品名称	信东母猪宝	启基母猪宝
			申请企业名称	台湾信东动物药品股份有限公司 Sintong Animal Pharmaceutical Co., Ltd.	台湾启基生技股份有限公司 Spiregene Biotech Co., Ltd.
			生产厂家名称	台湾信东动物药品股份有限公司 Sintong Animal Pharmaceutical Co., Ltd.	台湾启基生技股份有限公司 Spiregene Biotech Co., Ltd.
(2014)外饲准字246号	信东活力强 Bio-Toxisol	混合型饲料添加剂 酸度调节剂 酿酒酵母 Feed Mixture Additives Acidity Regulators Saccharomyces cerevisiae	中文商品名称	信东活力强	启基活力强
			申请企业名称	台湾信东动物药品股份有限公司 Sintong Animal Pharmaceutical Co., Ltd.	台湾启基生技股份有限公司 Spiregene Biotech Co., Ltd.
			生产厂家名称	台湾信东动物药品股份有限公司 Sintong Animal Pharmaceutical Co., Ltd.	台湾启基生技股份有限公司 Spiregene Biotech Co., Ltd.

（续）

登记证号	商品名称	通用名称	变更内容	原名称	变更名称
			(2017)外饲准字 222号	信东活力多 SPIRELYTE	混合型饲料添加剂 矿物质 微生物 维生素 Feed Mixture Additives Minerals Live Microorganisms Vitamins
(2014)外饲准字246号	信东活力强 Bio-Toxisol	混合型饲料添加剂 酸度调节剂 酿酒酵母 Feed Mixture Additives Acidity Regulators Saccharomyces cerevisiae	中文商品名称	信东活力多	启基活力多
			申请企业名称	台湾信东动物药品股份有限公司 Sintong Animal Pharmaceutical Co., Ltd.	台湾启基生技股份有限公司 Spiregene Biotech Co., Ltd.
			生产厂家名称	台湾信东动物药品股份有限公司 Sintong Animal Pharmaceutical Co., Ltd.	台湾启基生技股份有限公司 Spiregene Biotech Co., Ltd.
(2017)外饲准字223号	信东保矿立 LUXMINS	混合型饲料添加剂 矿物质 维生素 氨基酸 Feed Mixture Additives Minerals Vitamins Amino Acids	中文商品名称	信东保矿立	启基保矿立
			申请企业名称	台湾信东动物药品股份有限公司 Sintong Animal Pharmaceutical Co., Ltd.	台湾启基生技股份有限公司 Spiregene Biotech Co., Ltd.
			生产厂家名称	台湾信东动物药品股份有限公司 Sintong Animal Pharmaceutical Co., Ltd.	台湾启基生技股份有限公司 Spiregene Biotech Co., Ltd.
(2017)外饲准字224号	信东宝力精 Polygen	混合型饲料添加剂 酸度调节剂 Feed Additives Mixture Acidity Regulators	中文商品名称	信东宝力精	启基宝力精
			申请企业名称	台湾信东动物药品股份有限公司 Sintong Animal Pharmaceutical Co., Ltd.	台湾启基生技股份有限公司 Spiregene Biotech Co., Ltd.
			生产厂家名称	台湾信东动物药品股份有限公司 Sintong Animal Pharmaceutical Co., Ltd.	台湾启基生技股份有限公司 Spiregene Biotech Co., Ltd.

换发进口饲料和饲料添加剂产品登记证目录(2017－5)

登记证号	商品名称	通用名称	变更内容	原名称	变更名称
(2016)外饲准字173号	咕咕宝(粉体) Cody-nutro (Powder)	混合型饲料添加剂 蛋白酶(产自 黑曲霉) Feed Additives Mixture Protease (by *Aspergillus niger*)	中文和外文商品名称	咕咕宝(粉体) Cody-nutro (Powder)	百猪乐 Ace-immune
(2014)外饲准字095号	恩多美 ENDO-POWER β	混合型饲料添加剂植酸酶(产自黑曲霉)、β-葡聚糖酶(产自黑曲霉)和木聚糖酶(产自米曲霉) Feed Additives Mixture Phytase (by *Aspergillus niger*),β-Glucanase (by *Aspergillus niger*), and Xylanase (by *Aspergillus oryzae*)	中文商品名称	恩多美	利百多(U)
(2017)外饲准字001号	生沛素 BIOTURE	混合型饲料添加剂 微生物 Feed Additives Mixture Live Microorganisms	中文商品名称	生沛素	生沛素—酿酒酵母,枯草芽孢杆菌
(2017)外饲准字002号	天然保 MycoEnd	饲料添加剂 酿酒酵母 Feed Additive Coated Saccharomyces cerevisiae	中文商品名称	天然保	天然保—酿酒酵母
(2017)外饲准字167号	百乐宝 50 RD Palbio 50 RD	猪肠膜蛋白粉 Porcine Mucosa Protein Powder	申请企业名称	西班牙 Bioiberica 公司 Bioiberica S. A. ,Spain	西班牙 Bioiberica 公司 Bioiberica S. A. U. ,Spain
			生产厂家名称	西班牙 Bioiberica 公司 Bioiberica S. A. ,Spain	西班牙 Bioiberica 公司 Bioiberica S. A. U. ,Spain

（续）

登记证号	商品名称	通用名称	变更内容	原名称	变更名称
(2017)外饲准字168号	百乐宝 62 SP Palbio 62 SP	猪肠膜蛋白粉 Porcine Mucosa Protein Powder	申请企业名称	西班牙 Bioiberica 公司 Bioiberica S. A. ,Spain	西班牙 Bioiberica 公司 Bioiberica S. A. U. ,Spain
			生产厂家名称	西班牙 Bioiberica 公司 Bioiberica S. A. ,Spain	西班牙 Bioiberica 公司 Bioiberica S. A. U. ,Spain
(2017)外饲准字393号	派提拉成犬粮 Petive Life Adult Dog	犬配合饲料 Dog Compound Feed	中文商品名称	派提拉成犬粮	派堤拉成犬粮
(2017)外饲准字394号	派提拉幼犬粮 Petive Life Puppy	犬配合饲料 Dog Compound Feed	中文商品名称	派提拉幼犬粮	派堤拉幼犬粮
(2017)外饲准字395号	派提拉成猫粮 Petive Life Adult Cat	猫配合饲料 Cat Compound Feed	中文商品名称	派提拉成猫粮	派堤拉成猫粮
(2017)外饲准字396号	派提拉幼猫粮 Petive Life Kitten	猫配合饲料 Cat Compound Feed	中文商品名称	派提拉幼猫粮	派堤拉幼猫粮
(2017)外饲准字127号	喷雾干燥猪血浆蛋白粉 AP820P	喷雾干燥猪血浆蛋白粉 Spray-dried porcine plasma powder	申请企业名称	西班牙 APC EUROPE S. A 公司 APC EUROPE S. A,Spain	西班牙 APC EUROPE S. L. U 公司 APC EUROPE S. L. U,Spain
			生产厂家名称	西班牙 APC EUROPE S. A 公司 APC EUROPE S. A,Spain	西班牙 APC EUROPE S. L. U 公司 APC EUROPE S. L. U,Spain
(2017)外饲准字128号	喷雾干燥猪血浆蛋白(颗粒) APPETEIN GS	喷雾干燥猪血浆蛋白粉 Spray-dried porcine plasma powder	申请企业名称	西班牙 APC EUROPE S. A 公司 APC EUROPE S. A,Spain	西班牙 APC EUROPE S. L. U 公司 APC EUROPE S. L. U,Spain
			生产厂家名称	西班牙 APC EUROPE S. A 公司 APC EUROPE S. A,Spain	西班牙 APC EUROPE S. L. U 公司 APC EUROPE S. L. U,Spain

换发进口饲料和饲料添加剂产品登记证目录(2017－6)

登记证号	商品名称	通用名称	变更内容	原名称	变更名称
(2017)外饲准字367号	晶好肽 SMQF	混合型饲料添加剂 微生物 Feed Additives Mixture Microorganism	申请企业名称	台湾孟德雨生物科技股份有限公司 TAIWAN MENDEL BIOTECH CO., LTD.,	台湾孟德尔生物科技股份有限公司 TAIWAN MENDEL BIOTECH CO., LTD.
			生产厂家名称	台湾孟德雨生物科技股份有限公司 TAIWAN MENDEL BIOTECH CO., LTD.,	台湾孟德尔生物科技股份有限公司 TAIWAN MENDEL BIOTECH CO., LTD.
			生产地址名称	No. 15－1, LANE 1. KANN－DING ST. JBOU－RU HSLANG, PINGTUNG HSIEN.	No. 15－1, LANE 1. KANN－DING ST. JEOU－RU HSLANG, PINGTUNG HSIEN.
((2014)外饲准字109号	菜籽粕(菜籽来源加拿大) Canola Meal	菜籽粕 Canola Meal	申请企业名称	巴基斯坦 WALI OIL MILLS(私人)有限公司	巴基斯坦 SEASONS EDIBLE OIL LIMITED公司
			生产厂家名称	巴基斯坦 WALI OIL MILLS(私人)有限公司	巴基斯坦 SEASONS EDIBLE OIL LIMITED公司
(2013)外饲准字322号	菜籽粕 Rapeseed Meal	菜籽粕 Rapeseed Meal	申请企业名称	巴基斯坦 WALI OIL MILLS(私人)有限公司	巴基斯坦 SEASONS EDIBLE OIL LIMITED公司
			生产厂家名称	巴基斯坦 WALI OIL MILLS(私人)有限公司	巴基斯坦 SEASONS EDIBLE OIL LIMITED公司

科学评审　强化服务　助力行业绿色发展

——全国饲料评审委员会 2017 年主要工作

2017 年，全国饲料评审委员会（以下简称“评审委”）以绿色发展为导向，紧密围绕部中心任务和行业重点工作，以“优供给、强安全、保生态”为宗旨，科学公正公平开展新饲料技术评审，积极参与行业法规制度建设，充分发挥技术支撑作用。

一、科学开展新饲料评审工作

严格按照新产品评审流程，科学开展评审工作。全年组织召开专家评审会 5 次，对 10 个产品进行了评审，3 个产品通过评审。创新工作方式，着力加强行政许可，事前服务，开展新饲料产品申报咨询研讨，给企业新产品申报提出合理化意见和建议，提高新饲料行政许可效率。对获证新饲料添加剂 L-硒代蛋氨酸进行跟踪检查，全面了解新产品上市后的安全性、有效性和质量可控性。

二、动态更新《饲料原料目录》和《饲料添加剂品种目录》

根据行业实际生产需要，保持对《饲料原料目录》《饲料添加剂品种目录》的动态更新。对增补辅酶 Q10 渣饲料原料增补，乳酸肠球菌微生物饲料添加剂名称变更等 6 项目录修订意见进行全面评价，科学提出修订意见，其中 2 项申请通过审定。

三、修订《饲料添加剂安全使用规范》

为切实推进畜禽养殖业源头减排和粪污资源化利用，促进铜锌饲料添加剂减量使用，及时启动铜锌限量修订工作。参考欧盟铜锌限量评估模式和经验，结合我国研究成果和行业生产实际，对主要动物品种饲料中铜锌限量修订进行科学评估和多次论证，科学提出铜锌限量修订建议值，总体下调约 30%。同时，对非蛋白氮，抗氧化剂和着色剂等行业关注度较高的 6 大类，50 个重点品种进行了安全使用规范制定。农业农村部公布了新的《饲料添加剂安全使用规范》（农业农村部公告第 2625 号），通过此次修订和增补，将 120 个品种纳入《规范》管理。

四、加强法规宣贯培训

举办一期进口饲料和饲料添加剂产品在华登记注册培训班，为进口产品和新产品申报提供技术指导服务，80 余位国内外企业代表参加培训。为进一步加强评审能力建设，提高评审人员的理论与实践水平，组织召开饲料评价规程培训班，从饲料法规体系、评审纪律要求、评审要点以及评价规程等方面对 70 余名评审与评价骨干人员进行了系统培训。

五、举办 2017 饲料行业技术交流活动

为提升行业科技水平，加快转型升级，促进绿色发展，在 2017 年饲料工业展览会期间，举办了以“绿色、安全、精准”为主题的饲料行业技术交流活动，邀请中国工程院院士、行业知名专家学者和领导，围绕畜牧业发展形势、抗生素替代、养殖业源头减排、绿色饲料添加剂、精准营养、饲料安全等行业关注的热点问题作专题报告并进行深入交流研讨，600 余名行业代表参加了活动。

（胡广东）

饲料质量安全监管

2017年农业部畜牧业司全面提升畜牧业发展质量，狠抓监管保安全，在推动饲料行业健康稳定发展上取得积极成效。

一、组织实施专项监测确保质量安全

以饲料产品质量安全为重点，在全国范围开展专项监督抽查，实施检打联动，发现问题及时查处，努力确保饲料生产环节不发生重大质量安全事件。全年抽检各类饲料产品5 810个，总体合格率97.4%，同比提高1.1%。针对监测中发现的不合格产品，建立快速通报机制，指导地方强化检打联动，及时查处不合格产品生产企业和经营单位。向社会公开通报产品质量指标严重不合格、卫生指标不合格、超量使用铜锌添加剂企业名单。针对行业反映集中、风险隐患突出的霉菌毒素、重金属和动物油脂等污染物进行预警监测，持续跟踪积累数据、掌握规律。

二、积极应对突发事件确保行业稳定

针对“3·15”晚会曝光和鸡蛋氟虫腈事件，迅速采取有效措施应对，及时回应社会关切，避免突发事件对行业不利影响。一是实施饲料生产经营环节药物饲料添加剂专项监测。“3·15”晚会后，督促山东、江苏、河南及时查处违规企业和养殖场户，指导江苏饲料管理部门严肃查处涉事远方中汇生物科技有限公司。组织开展全国饲料生产环节药物饲料添加剂大排查，及时消除风险隐患。启动实施药物饲料添加剂监测工作，推动药物饲料添加剂监管常态化，构建长效工作机制。二是开展蛋禽饲料企业和养殖场户大检查。欧洲鸡蛋受氟虫腈污染事件发生后，积极参与舆情应对和事件调查处置工作，组织开展全国蛋禽饲料企业和养殖场户大检查，排除饲料生产企业风险隐患。制定鸡蛋中氟虫腈抽检工作方案，开展10省市督查和养殖环节风险排查。

三、组织开展示范创建活动引导行业健康发展

加快实施《饲料质量安全管理规范》，继续组织开展规范部级示范企业验收，推动省级示范企业创建，全年创建部级示范企业72家，全国部级示范企业数量达246家。加强对省级管理部门的指导，推动规范与日常监管、行政许可紧密结合。针对省级管理部门举办3期培训班，培训180余人次，培育规范实施中坚力量。组织专家从成本收益、产出效率等多方面对实施和未实施规范的企业进行研究比对，挖掘规范实施与企业效益提高的结合点，提高企业认识，激发企业积极性，培育企业实施规范内生动力，为全面推动规范执法落地创造条件。

四、实施饲料行业管理工作督查强化业务指导

组织开展10省、自治区、直辖市饲料管理工作督导检查，围绕行政审批、质量安全监管、企业安全生产等重点领域，对省级管理部门工作进行全面评估。召开专题会议，组织省级饲料管理部门负责人会商饲料行业发展形势，研讨饲料质量安全重点工作。协调、指导省级管理部门查处跨省饲料质量安全案件。举办饲料执法培训班，以案例教学的方式，推进各地饲料行政执法工作。

饲料质量安全管理规范示范企业创建

饲料是养殖业最重要的投入品，对动物性食品安全稳定供应具有决定性作用。改革开放以来，我国饲料工业快速发展，为肉蛋奶供给实现从短缺到充足的历史性转变提供了有力支撑。但是，随着工业饲料应用日趋广泛，如果管理不到位，对动物性食品质量安全的影响会越来越大。习近平总书记在中央农村工作会议上指出，质量安全是“产”出来的，也是“管”出来的。为切实提高饲料质量安全保障能力，2011年国务院发布新修订的《饲料和饲料添加剂管理条例》，立足通过补齐“产”和“管”的短板，增设《饲料质量安全管理规范》制度。为全面推进《饲料质量安全管理规范》实施，健全事前事中事后有效衔接的饲料安全保障制度，自2015年开始，农业农村部组织开展示范企业创建，三年示范创建活动开展以来，全国部级示范企业数量达246家（表2-58～表2-63）。

表2-58 饲料质量安全管理规范示范企业名单（第1批）

省份	企业名称	生产许可证号
山东	文登六和饲料有限公司	鲁饲证（2013）10007
	文登环山饲料有限公司	鲁饲证（2013）10008
四川	广汉正大饲料科技有限公司	饲预（2010）1090
	通威股份有限公司德阳分公司	川饲证（2013）05002
	成都正大有限公司	川饲证（2014）01017
上海	上海富朗特动物保健有限公司	饲预（2012）3865
	帝斯曼维生素（上海）有限公司	饲预（2010）0237
湖北	襄阳正大有限公司	鄂饲证（2014）03001
	康地饲料（中国）有限公司	饲预（2010）5970 鄂饲证（2014）01007
	中粮粮油工业（黄冈）有限公司	鄂饲证（2013）04001
黑龙江	谷实农牧集团股份有限公司	黑饲证（2013）01001
	哈尔滨绿色巨农牧业有限公司	黑饲证（2013）01003
福建	福建天马科技集团股份有限公司	闽饲证（2014）01055
	漳州大北农农牧科技有限公司	闽饲预（2014）06062 闽饲证（2013）06062
	福建省漳州市华龙饲料有限公司	闽饲证（2014）06102
	福州海马饲料有限公司	闽饲证（2013）01041

（续）

省份	企业名称	生产许可证号
湖南	郴州湘大骆驼饲料有限公司	湘饲证（2013）10016
	湖南大北农农业科技有限公司	湘饲证（2014）01006 饲预（2012）6639
	湖南帝亿生物科技有限公司	湘饲证（2014）01086 湘饲预（2014）01006
广东	广州市江丰生物科技有限公司	饲预（2013）00045
	金钱饲料（东莞）有限公司	粤饲证（2014）11011

表 2-59 饲料质量安全管理规范示范企业名单（第 2 批）

省份	企业名称	生产许可证号
北京	北京大北农科技集团股份有限公司	京饲预（2015）11066 京饲证（2014）11023
	泰高营养科技（北京）有限公司	京饲预（2015）07075
天津	天津正大饲料科技有限公司	津饲预（2015）10001 津饲证（2014）10005
	天津昌农科技有限责任公司	津饲证（2013）02005
河北	大成食品（河北）有限公司	冀饲证（2014）07016
	河北方田饲料有限公司	冀饲证（2013）02002
江苏	太仓安佑生物科技有限公司	苏饲预（2014）05001 苏饲证（2014）05035
	江苏天参有限公司	苏饲证（2013）08048
江西	吉安傲农生物科技有限公司	赣饲证（2015）03014
	南昌正大畜禽有限公司	赣饲证（2014）00009
	江西大北农科技有限责任公司	饲预（2012）6751 赣饲证（2013）00001
山东	山东众成饲料科技有限公司	饲预（2011）1630 鲁饲证（2013）09008
	临沂六和配合饲料有限公司	鲁饲证（2013）16020
广东	广东金新农饲料有限公司	饲预（2013）00026 粤饲证（2013）09001
	佛山市高明通威饲料有限公司	粤饲证（2013）05003
	揭阳海大饲料有限公司	粤饲证（2014）20002

表 2－60　饲料质量安全管理规范示范企业名单（第 3 批）

省份	企业名称	生产许可证号
天津	天津海大饲料有限公司	津饲证（2014）03003
	天津通威饲料有限公司	津饲证（2014）02009
山西	晋中大北农农牧科技有限公司	晋饲证（2014）06002
上海	上海黑马饲料有限公司	沪饲预（2014）02003 沪饲证（2014）02009
江苏	江苏奥迈生物科技有限公司	苏饲预（2014）01001
	南通海大生物科技有限公司	苏饲证（2013）06113
	江苏万瑞达生物科技股份有限公司	苏饲预（2015）09004
	英联动物营养（南通）有限公司	苏饲证（2014）06126
	扬州通威饲料有限公司	苏饲证（2014）10002
浙江	浙江大北农农牧科技有限公司	饲预（2013）00039 浙饲证（2013）07004
	浙江成农饲料有限公司	浙饲证（2015）07016
安徽	安徽海大饲料有限公司	皖饲证（2014）15001
	通威股份有限公司合肥分公司	皖饲证（2014）01015
福建	福建闽科饲料有限公司	饲预（2011）4663 闽饲证（2014）01136
	福建新正阳饲料科技有限公司	闽饲预（2014）01091 闽饲证（2014）01091
	三明傲农生物科技有限公司	闽饲证（2014）08161
山东	山东丰沃新农农牧科技有限公司	饲预（2013）00030 鲁饲证（2013）07012
	潍坊中基饲料有限公司	饲预（2011）1565 鲁饲证（2014）07173
	山东通威饲料有限公司	鲁饲证（2013）03007
	山东峪口禽业有限公司	鲁饲预（2014）08002 鲁饲证（2013）08017
河南	河南广安生物科技股份有限公司高新区中草药饲料基地	豫饲证（2014）01030
	新乡市大北农农牧有限责任公司	豫饲证（2014）07008
	河南雄峰科技有限公司新郑分公司	饲预（2012）1454 豫饲证（2013）01004
湖北	洪湖通威饲料有限公司	鄂饲证（2015）10003
	襄阳九鼎牧业有限公司	鄂饲证（2015）03002
	武汉通威饲料有限公司	鄂饲证（2013）01007
	武汉国雄饲料科技有限公司	鄂饲证（2013）01009
湖南	湖南金霞九鼎农牧有限公司	湘饲证（2014）01134
	长沙成农饲料有限公司	饲预（2011）6197 湘饲证（2013）01108
	常德大北农饲料有限公司	湘饲证（2013）07063

（续）

省份	企业名称	生产许可证号
广西	宾阳通威饲料有限公司	桂饲证（2013）01004
海南	通威股份有限公司海南分公司	琼饲证（2014）06007
	海南恒兴饲料实业有限公司	琼饲证（2014）01004
重庆	重庆通威饲料有限公司	渝饲证（2013）18002
四川	嘉吉饲料（成都）有限公司	川饲证（2014）01026
	四川大北农农牧科技有限责任公司	饲预（2011）3842 川饲证（2013）01012
	四川铁骑力士实业有限公司	川饲证（2014）06004
	宜宾市旺达饲料有限公司	川饲证（2014）12005
云南	云南海大生物科技有限公司	滇饲证（2014）01069
陕西	陕西正大有限公司	陕饲证（2013）04003
甘肃	甘肃傲农饲料科技有限公司	甘饲证（2015）03021
	甘肃禾丰牧业有限公司	甘饲证（2013）03003
	兰州正大有限公司	甘饲证（2014）11004
宁夏	宁夏杨哈吉清真农牧产业发展有限公司	宁饲证（2014）03005
	宁夏大北农科技实业有限公司	饲预（2011）1740 宁饲证（2014）01017
新疆	新疆泰昆集团昌吉饲料有限责任公司	新饲预（2015）23003 新饲证（2014）23009

表 2-61　饲料质量安全管理规范示范企业名单（第 4 批）

省份	企业名称	生产许可证号
北京	北京英惠尔生物技术有限公司	京饲预（2015）07081
	北京伟嘉人生物技术有限公司	京饲预（2015）07079
	北京福乐维生物科技股份有限公司	京饲预（2015）08085
	光大畜牧（北京）有限公司	京饲预（2014）12035 京饲证（2014）10046
河北	河北兴达饲料集团有限公司	饲预（2012）6494 冀饲证（2013）09005
	石家庄博瑞正诚饲料有限公司	冀饲证（2013）01002
	饶阳大北农农牧科技有限责任公司	冀饲证（2014）08009
辽宁	沈阳谷实饲料有限公司	辽饲证（2014）01065
	英联饲料（辽宁）有限公司	辽饲预（2015）03002 辽饲证（2014）03020
吉林	长春博瑞饲料集团有限公司	吉饲预（2014）01777 吉饲证（2014）01777
	长春金新农饲料有限公司	吉饲证（2014）01060
福建	福建恒兴饲料有限公司	闽饲证（2012）06021

（续）

省份	企业名称	生产许可证号
江西	江西绿环饲料科技有限公司	赣饲预（2016）02004 赣饲证（2014）02016
	南昌双胞胎饲料有限公司	赣饲证（2014）00014
	江西正邦科技股份有限公司吉安分公司	赣饲证（2014）03007
山东	海阳丰沃新农饲料有限公司	鲁饲证（2013）06031
	嘉吉饲料（泰安）有限公司	鲁饲证（2014）09034
河南	河南东方正大有限公司洛阳饲料厂	豫饲证（2014）03018
	河南旭百瑞生物科技股份有限公司	豫饲预（2014）08053，豫饲证（2013）08008
湖北	宜昌双胞胎饲料有限公司	鄂饲证（2013）05004
	湖北金新农饲料有限公司	鄂饲证（2015）01002
	黄冈新希望饲料科技有限公司	鄂饲证（2015）04002
	荆州安佑生物科技有限公司	鄂饲证（2015）10008
广东	中山市泰山饲料有限公司	粤饲证（2014）12010
	茂名大北农农牧科技有限公司	粤饲证（2013）16025
	东莞正大康地饲料有限公司	粤饲预（2015）11004 粤饲证（2015）11001
重庆	梁平大北农饲料科技有限责任公司	渝饲证（2014）28001
	梁平双胞胎饲料有限公司	渝饲证（2014）28008
	重庆新希望饲料有限公司	渝饲证（2015）13004
四川	德阳特驱饲料有限公司	川饲证（2013）05001
	乐山特驱饲料有限公司	川饲证（2014）10014
贵州	黔西通威饲料有限公司	黔饲证（2014）07032
	贵阳新希望农业科技有限公司	黔饲证（2013）01012
	黔东南新希望农牧科技有限公司	黔饲证（2012）05001
云南	昆明新希望动物营养食品有限公司	滇饲证（2014）01044
	嘉吉动物营养（昆明）有限公司	滇饲证（2013）01008
	云南大北农饲料科技有限公司	滇饲证（2013）01039
陕西	陕西石羊农业科技有限公司蒲城猪饲料分公司	陕饲证（2013）05004
	陕西华秦农牧科技有限公司	饲预（2012）1373 陕饲证（2013）11006
	西安禾丰饲料科技有限公司	陕饲预（2015）01003 陕饲证（2013）01003

表 2-62 饲料质量安全管理规范示范企业名单（第5批）

省份	企业名称	生产许可证号
河北	唐山禾丰饲料有限公司	冀饲证（2013）05001
	中粮饲料（唐山）有限公司	冀饲证（2014）05070
山西	山西金粮饲料股份有限公司	晋饲证（2013）06002
内蒙古	嘉吉饲料（内蒙古）有限公司	蒙饲证（2013）02006
	赤峰市大中高科技饲料有限公司	蒙饲证（2013）06039
	赤峰大北农农牧科技有限公司	蒙饲证（2013）06065
辽宁	沈阳禾丰牧业有限公司	辽饲证（2013）01019
	正大预混料（沈阳）有限公司	辽饲预（2015）01016
	沈阳成农饲料有限公司辽河分公司	辽饲证（2016）01148
江苏	中粮饲料（东台）有限公司	苏饲证（2014）09049
	泰州正大饲料有限公司	苏饲证（2013）12001
	常州海大生物饲料有限公司	苏饲证（2014）04047
	中粮饲料（新沂）有限公司	苏饲证（2014）03108
	盐城恒兴饲料有限公司	苏饲证（2014）09002
	无锡华诺威动物保健品有限公司	饲预（2013）00032
安徽	安徽省大北农农牧科技有限公司	皖饲证（2014）01014 皖饲预（2014）01008
	中粮粮油工业（巢湖）有限公司	皖饲证（2014）01017
	嘉吉动物蛋白（安徽）有限公司	皖饲证（2014）12013
福建	龙岩大北农生物科技有限公司	闽饲证（2013）07036
	福建傲农生物科技集团股份有限公司	闽饲证（2016）06374 闽饲预（2016）06374
江西	瑞金双胞胎饲料有限公司	赣饲证（2014）12001
	赣州朱师傅预混饲料事业有限公司	赣饲预（2014）01001 赣饲证（2015）01025
	江西高安大北农饲料有限公司	赣饲证（2014）02009
山东	山东大北农农牧科技有限责任公司	鲁饲证（2016）07010
	济南益佳饲料有限公司	鲁饲预（2014）01007
	山东安佑生物科技有限公司咸家分公司	鲁饲证（2014）07127
	山东鲁源饲料有限公司	鲁饲证（2016）15023 鲁饲预（2015）15168
	中粮黄海粮油工业（山东）有限公司	鲁饲证（2013）11011
	山东海能生物工程有限公司	饲预（2013）00062
	山东龙海生物科技有限公司	鲁饲证（2014）16111 饲预（2012）6688
河南	开封伟嘉生物技术有限公司	豫饲证（2015）02021 豫饲预（2015）02116

（续）

省份	企业名称	生产许可证号
河南	河南亿万饲料有限公司	豫饲证（2015）01095 豫饲预（2015）01137
	兰考禾丰牧业有限公司	豫饲证（2015）20001
	商丘市大北农饲料有限公司	豫饲证（2014）14023
湖北	武汉正大水产有限公司	鄂饲证（2015）01001
	仙桃嘉康生物科技有限公司	鄂饲证（2016）14001
	中粮饲料（黄石）有限公司	鄂饲证（2014）02003
	武汉伟嘉生物技术有限公司	鄂饲证（2014）01006 饲预（2013）00072
湖南	湖南傲农生物科技有限公司	湘饲证（2015）03027
	湘乡双胞胎饲料有限公司	湘饲证（2015）03029
	湖南中农联成生物科技有限公司	湘饲证（2015）06154
广东	湛江粤华水产饲料有限公司	粤饲证（2013）15003
	中粮饲料（茂名）有限公司	粤饲证（2013）16031
	河源双胞胎饲料有限公司	粤饲证（2014）07002
云南	大理正大有限公司	滇饲证（2015）13200
	曲靖双胞胎饲料有限公司	滇饲证（2013）02004
	云南西尔南饲料有限公司	滇饲证（2013）01020
甘肃	兰州正大有限公司张掖分公司	甘饲证（2015）02012
宁夏	宁夏大成永康营养技术有限公司	宁饲证（2016）01043
	宁夏昊胜傲农饲料科技有限公司	宁饲证（2016）03037
	银川正大有限公司	宁饲证（2016）01011

表 2-63　饲料质量安全管理规范示范企业名单（第 6 批）

省份	企业名称	生产许可证号
北京	中粮（北京）饲料科技有限公司	京饲证（2015）12116 京饲预（2015）12085
	北京慧农生物科技有限公司	京饲证（2014）12115 京饲预（2014）12048
	北京市华都峪口禽业有限责任公司	京饲证（2014）10013 饲预（2013）00015
	北京三元禾丰牧业有限公司	京饲证（2013）06003 京饲预（2015）06086
山西	山西禾丰牧业有限公司	晋饲证（2017）04001
内蒙古	包头市北辰生物技术有限公司	蒙饲证（2014）02182
	内蒙古四季春饲料有限公司	蒙饲证（2013）01032
	兴安盟九州大地饲料有限公司	蒙饲证（2014）11057

（续）

省份	企业名称	生产许可证号
辽宁	沈阳扬翔饲料有限公司	辽饲证（2014）01031
	沈阳伟嘉牧业技术有限公司	辽饲证（2013）01008 辽饲预（2016）01017
	凌源禾丰牧业有限责任公司	辽饲证（2014）13004
	锦州大北农牧业科技有限公司	辽饲证（2014）07031
	辽宁明瑞农牧科技有限公司	辽饲证（2016）12045
	辽宁安佑生物科技有限公司	辽饲证（2014）01030
	辽宁众友饲料有限公司	辽饲证（2017）01010 辽饲预（2015）01011
吉林	吉林大北农农牧科技有限责任公司	吉饲证（2014）01050
	中牧实业股份有限公司长春华罗分公司	吉饲证（2014）01052 吉饲预（2014）01003
	公主岭禾丰牧业有限责任公司	吉饲证（2013）03004
黑龙江	黑龙江大牧人牧业有限公司	黑饲证（2013）01008 黑饲预（2017）01089
	杜尔伯特牧泉元兴饲料有限责任公司	黑饲证（2013）05001
上海	上海光明荷斯坦饲料有限公司	沪饲证（2017）05014 沪饲预（2017）05011
江苏	亚太星原农牧科技海安有限公司	苏饲证（2015）06052 苏饲预（2016）06029
	溧阳比利美英伟营养饲料有限公司	苏饲证（2016）04026
	江苏大信饲料有限公司	苏饲证（2013）08053
浙江	江山大北农农牧科技有限公司	浙饲证（2015）08003
	湖州海皇生物科技有限公司	浙饲证（2015）05062
安徽	蚌埠大北农农牧科技有限公司	皖饲证（2016）03009
	宣城海大生物科技有限公司	皖饲证（2017）14018
福建	福建大北农水产科技有限公司	闽饲证（2014）06192
	厦门隆励工贸有限公司	闽饲证（2014）02257 闽饲预（2017）02257
山东	济宁禾丰牧业有限公司	鲁饲证（2014）08027
	青岛禾丰牧业有限公司	鲁饲证（2013）02018
	莱芜邦和希牛饲料有限公司	鲁饲证（2014）12011
	青岛神丰牧业有限公司	鲁饲证（2013）02024
河南	河南全赫饲料有限公司	豫饲证（2015）04008 豫饲预（2017）04283
	南阳大北农农牧科技有限公司	豫饲证（2015）13023
	驻马店盛世大北农农牧科技有限公司	豫饲证（2016）17058

（续）

省份	企业名称	生产许可证号
湖北	武汉家家乐饲料股份有限公司	鄂饲证（2013）01008 鄂饲预（2016）01005
	武汉大北农农牧发展有限公司	鄂饲证（2017）01003 鄂饲预（2017）01005
	武汉大北农水产科技有限公司	鄂饲证（2017）01002
	荆州禾丰农业科技有限公司	鄂饲证（2017）10001
	洪湖海大饲料有限公司	鄂饲证（2016）10004
	浠水晨科饲料科技有限公司	鄂饲证（2014）04012
	正大饲料（潜江）有限公司	鄂饲证（2017）15001
	襄阳安佑生物科技有限公司	鄂饲证（2015）03001
湖南	湖南普爱生物饲料有限公司	湘饲证（2015）06152
广东	广东上上生物科技有限公司	粤饲证（2015）15053
	广东凤凰饲料有限公司	粤饲证（2013）15014
	广东粤海饲料集团股份有限公司	粤饲证（2013）15001
	茂名扬翔饲料有限公司	粤饲证（2013）16007
广西	广西商大科技股份有限公司	桂饲证（2015）01070 桂饲预（2015）01012
	贵港市海大饲料有限公司	桂饲证（2014）08003
	南宁绿色巨农生物科技有限公司	桂饲证（2017）01078 桂饲预（2017）01027
海南	海南远生渔业有限公司	琼饲证（2014）06019
重庆	重庆生搏饲料有限公司	渝饲证（2014）28002
四川	峨眉山新希望六和饲料有限公司	川饲证（2014）10013
	渠县特驱饲料有限公司	川饲证（2015）14010
	绵阳大北农农牧科技有限公司	川饲证（2015）06024
	邛崃驰阳农牧科技有限公司	川饲证（2017）01084
	仪陇温氏畜牧有限公司	川饲证（2016）11011
云南	云南快大多畜牧科技有限公司	滇饲证（2014）03083 滇饲预（2015）03010
陕西	陕西正能农牧科技有限责任公司	陕饲证（2014）01004 陕饲预（2016）01005
	宝鸡新希望农牧有限公司	陕饲证（2013）03002
	渭南大北农农牧科技有限公司	陕饲证（2013）05009
	陕西杨凌富仕特饲料有限公司	陕饲证（2014）11008
甘肃	甘肃元生农牧科技有限公司	甘饲证（2017）12001
	甘肃大北农农牧科技有限责任公司	甘饲证（2016）11005
	兰州正大有限公司泾川分公司	甘饲证（2013）06001

（续）

省份	企业名称	生产许可证号
青海	青海黄河畜兴农牧开发有限公司	青饲证（2014）25061 青饲预（2016）25002
宁夏	宁夏正旺生物科技股份有限公司	宁饲证（2017）05048
新疆	新疆北泉天康饲料科技有限公司	新饲证（2014）90005
	新疆大北农牧业科技有限责任公司	新饲证（2013）01001

“瘦肉精”专项整治

2017年农业部继续组织开展“瘦肉精”专项整治工作，针对问题多发地区加大检查力度，采取高压态势打击“瘦肉精”违法行为，严防问题反弹。

一是针对中小规模养殖户开展“瘦肉精”监督抽查。全年抽检21个省份13 933个生猪、肉牛和肉羊养殖场户的育肥后期动物尿液38 922批次，均未检出克伦特罗、莱克多巴胺和沙丁胺醇等“瘦肉精”残留。密切关注“瘦肉精”问题发展动态，及时调整监测计划，增加牛羊养殖场抽检数量，调动检测机构对河北、内蒙古、辽宁等10个肉牛重点养殖省份开展异地拉网监测和飞行监测，共抽检32个县，1 070个肉牛和肉羊养殖场户的尿液和动物产品3 161批次，发现3批次不合格样品。

二是加强对问题多发区域的督导抽查。针对近年来专项整治中发现的新动向，对问题突出地区加大督促检查力度。根据浙江、江苏等地通报的肉牛含“瘦肉精”问题，采用现场督导和发函督办的方式责成河北、山东、吉林等相关省市追根溯源，遏制苗头。

三是完善健全长效监管机制。健全上下联动、区域联动、部门联动的案件查处机制，加大跨省案件督办力度和工作薄弱地区督查力度。组织开展“瘦肉精”专项督查调研，深入研究牛羊“瘦肉精”监管问题，积极协调兽医局强化牛羊贩运、屠宰环节监管工作。

粮改饲试点

为深入推进农业供给侧结构性改革，2015 年农业部（现改为农业农村部）会同财政部在全国 10 个省区 30 个县启动了粮改饲试点工作，试点任务 150 万亩，计划收贮优质饲草量 450 万 t。2016 年，中央财政补助资金从 3 亿元增加到 10 亿元，试点范围扩大到“镰刀湾”和黄淮海 17 个省区，试点任务 600 万亩，计划收贮 1 800 万 t。2017 年，在 17 个试点省区基础上，将黑龙江省农垦总局纳入实施范围，中央补助资金达 20 亿元，试点任务 1 000 万亩，计划收贮量 3 000 万 t。

粮改饲试点实施过程中，国务院领导和部领导高度关注。2017 年粮改饲 1 000 万亩任务目标被列入政府工作报告的量化指标。2017 年累计完成粮改饲面积 1 334 万亩，超额 33.4%完成年度绩效目标。三年的实践表明，粮改饲是一项符合农业现代化发展方向、顺应市场规律、满足产业需求、受到广大农民和地方政府普遍欢迎的好政策，实现了“农牧结合、种养双赢”的目标。目前，“为养而种”的种植业生产方式加快建立，种养关系正以市场为导向作适应性调整，粮草兼顾、农牧结合、种养一体的新型农牧业发展格局正在形成。

一是促进了玉米去库存和种植增收。据调查，2017 年试点地区落实粮改饲面积中，青贮玉米占 95%，高粱、苜蓿、燕麦等其他优质饲草料占 5%。按各地籽粒玉米平均亩产和粮改饲面积测算，共减少籽粒玉米 71 亿 kg，约占试点地区当年玉米总产量的 15%。农民出售青贮玉米，平均每亩收入 1 081 元，比出售籽粒玉米每亩增收 302 元。

二是促进了牛羊养殖增产增效。据调查，原年产奶 6t 左右的奶牛饲喂青贮玉米后，日均产奶量增加 3kg，乳蛋白、乳脂肪等质量指标也明显提高。肉牛饲喂青贮玉米后，日增重提高约 0.4kg，出栏时间缩短 30d 以上，饲料成本降低 900 元左右。肉羊饲喂青贮玉米后，日增重提高约 0.05kg，出栏时间缩短 15d 以上，饲料成本降低 40 元左右。

三是促进了种养结合循环发展。2017 年落实的粮改饲面积中，养殖场流转土地自种、种养一体化经营的比例达到 36%，内蒙古、辽宁、青海等省份超过 60%。养殖场利用一体化经营优势，将牛羊粪便还田用于青贮饲料种植，减少化肥用量 40%以上。试点地区专业化生产服务组织发展到两千余家，由专业收贮企业收贮面积达 7%，“耕、种、收、贮”全程机械化作业水平大幅提高。

四是促进了产业扶贫和草牧业发展。各地在政策落实过程中，还将粮改饲与扶贫攻坚、发展草牧业等工作紧密结合起来。2017 年 455 个粮改饲试点县中，169 个是国家或省级贫困县，共安排粮改饲资金 1.53 亿元。在收贮品种上，山东和河南两省将构树收贮纳入补贴范围，分别在山东省菏泽市牡丹区和河南省兰考县、太康县实施，累计收贮构树青贮饲料 3 万 t，涉及面积 1.5 万亩，为拓展饲草料资源开发利用，推动草牧业发展，作了积极探索。

饲料质量监督与监测

为加强饲料产品质量安全监督管理，提高饲料和养殖产品质量安全水平，根据《农业农村部办公厅关于印发〈2017 年全国饲料产品质量安全监测计划〉等 3 项监测计划的通知》(农办牧［2017］8 号）和《2017 年养殖环节“瘦肉精”专项监测计划》(农办牧［2017］7 号）的要求，北京市饲料监察所等 35 个饲料质检机构在各省（自治区、直辖市）畜牧饲料主管部门的支持和指导下，2017 年全年对全国 30 个省（自治区、直辖市）、新疆生产建设兵团的饲料生产、经营和使用环节的饲料产品质量、“瘦肉精”、三聚氰胺等违禁添加物和药物饲料添加剂、养殖环节“瘦肉精”等进行了监测。

一、监测计划完成情况

全年计划监测 56 070 批次，2017 年全年完成了 57 749 批次，占全年计划的 103%。其中全国饲料产品质量安全监测完成 5 810 批次，占计划 5 710 批次的 101.8%；养殖环节饲料中违禁添加物监测完成 4 699批次，占计划 4 600 批次的 102.2%；养殖环节“瘦肉精”专项监测中监督抽检 13 933 个养殖场（户）的 38 922 批次动物尿液，占计划 37 500 批次动物尿液的 103.8%；重点省养殖场（户）β-兴奋剂类违禁物质排查监测完成 3 161 批次，占计划3 300批次的 95.8%；饲料中苯乙醇胺 A、可乐定、赛庚啶专项监测完成 970 批次，占计划 960 批次的 101%；奶牛养殖集中区域奶牛饲料中三聚氰胺监测完成 386 批次，占计划 400 批次的 96.5%；蛋白饲料中三聚氰胺监测完成 721 批次，占计划 600 批次的 120.2%（图 2 - 92）。

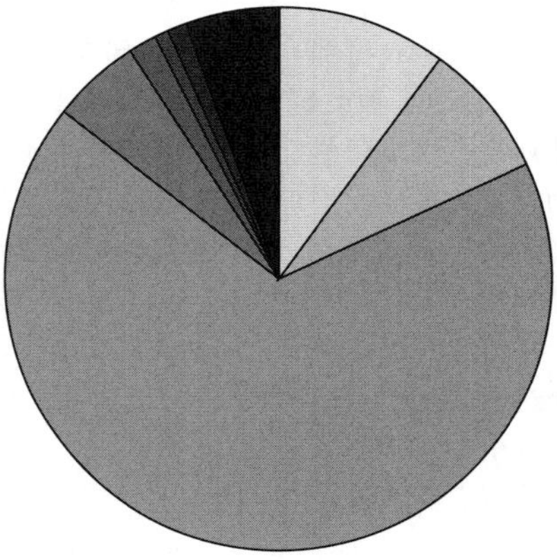

图 2 - 92　2017 年全年监测计划完成情况（批次）

二、监测结果总体情况

（一）饲料产品质量安全监测

对全国 30 个省（自治区、直辖市）、新疆生产建设兵团3 042个饲料生产、经营企业的饲料产品进行了抽检，抽查检测 5 810 批次，合格 5 658 批次，合格率 97.4%。与 2016 年全年（96.3%）相比上升 1.1 个百分点，其中配合饲料的合格率为 99.1%，与 2016 年全年（96.2%）相比上升 2.9 个百分点；浓缩饲料的合格率为 97.71%，与 2016 年全年（96%）相比上升 1.7 个百分点；复合预混合饲料的合格率为 93.3%，与 2016 年全年（93.5%）相比下降 0.2 个百分点；微量元素预混合饲料的合格率为 95%，与 2016 年全年（96.9%）相比下降 1.9 个百分点；维生素预混合饲料的合格率为 83.6%，与 2016 年全年（93.6%）相比下降 10 个百分点；国产饲料添加剂的合格率为99.5%，与2016年全年（96.9%）相比上升2.6个百分点；动物源性饲料的合格率为93.3%，与2016年全年（95.8%）相比下降2.5个百分点；植物性饲料的合格率为99.4%，与2016年全年（98.9%）相比上升0.5个百分点；不同饲料产品合格率对比见图2-93。

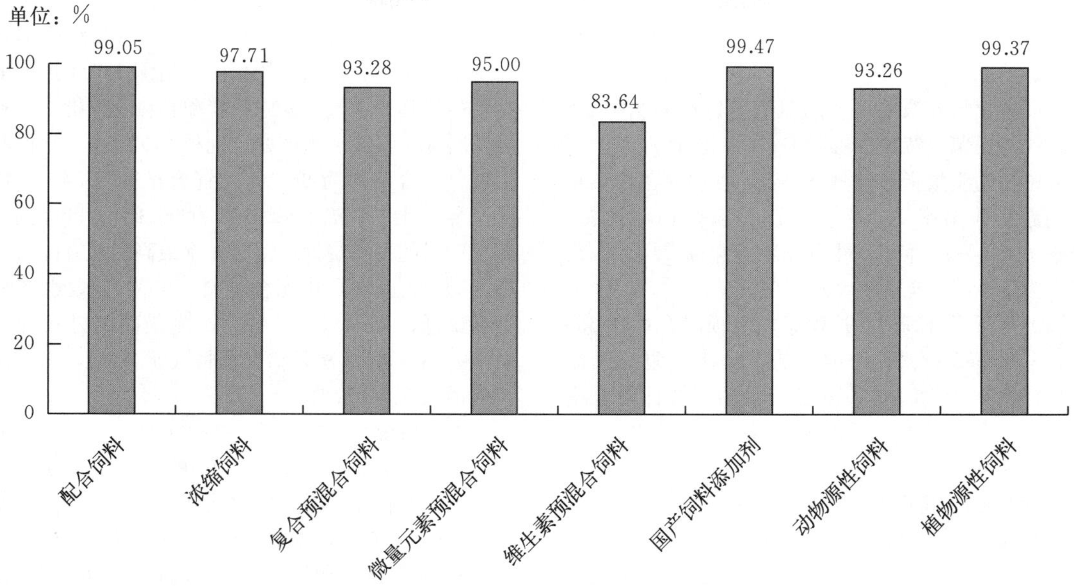

图2-93 不同饲料产品合格率

（二）饲料安全专项监测

1. 饲料使用环节违禁添加物专项监测。对全国30个省（自治区、直辖市）、新疆生产建设兵团4 276个养殖场（户）的商品饲料和自配饲料进行了抽检，抽查检测4 699批次，违禁添加物检出0批次，检出率为0。其中，抽检猪用饲料2 218批次，家禽饲料1 198批次，水产饲料335批次，肉牛饲料669批次，肉羊饲料279批次。

2. 饲料中苯乙醇胺A、可乐定、赛庚啶专项监测。对河北、上海、浙江、安徽、福建、江西、山东、河南、湖北、湖南、广东、四川12省份的854个饲料生产和使用企业的育肥猪添加剂预混合饲料、浓缩饲料和配合饲料进行苯乙醇胺A、可乐定、赛庚啶等违禁添加物的专项监测，抽查检测苯乙醇胺A等违禁添加物970批次，均未检出违禁物质。

3. 饲料中三聚氰胺专项监测。对河北、内蒙古、黑龙江、山东、河南、陕西、甘肃、新疆8省区308个奶牛养殖场（户）的奶牛饲料中三聚氰胺进行专项监测。抽查检测386批次奶牛精料补充料、全混合日粮和自配饲料，未检出三聚氰胺。对全国范围内588个蛋白饲料生产、经营和使用者的蛋白饲料原料中三聚氰胺进行监测。抽查检测721批次，检出率0。

（三）养殖环节“瘦肉精”专项监测

1. 养殖场（户）“瘦肉精”监督抽检。对全国21个省份13 933个养殖场（户）育肥后期的生猪、肉牛和肉羊尿液中克伦特罗、莱克多巴胺和沙丁胺醇进行了抽检，抽查检测38 922批次，检出率为0。

2. 重点省养殖场（户）β-兴奋剂类违禁物质排查监测。2017年全年，对河北、内蒙古、辽宁、吉林、黑龙江、山东、河南、四川、云南、甘肃10省份32县市1 070个养殖场（户）进行监测，抽检肉牛和肉羊尿液、牛羊肉（肝）样品3 161批次，2批次牛尿和1批次肉牛检出克伦特罗，检出率为0.1%，未检出莱克多巴胺、沙丁胺醇、齐帕特罗、氯丙那林、特布他林、西马特罗、西布特罗、马布特罗、溴布特罗、班布特罗等11种β-兴奋剂类违禁物质。

三、监测结果分析

（一）饲料产品质量安全监测结果分析

1. 不同饲料产品质量状况比较。配合饲料和浓缩饲料。共监测3 635批次配合饲料和浓缩饲料产品，不合格产品75批次，不合格率为2.1%。不合格产品中有43批次饲料粗蛋白不合格，占不合格配合饲料和浓缩饲料产品的57.3%，与2016年全年（22.8%）相比上升34.5个百分点。粗蛋白不合格是配合饲料和浓缩饲料产品不合格的主要原因。粗蛋白指标不合格主要原因：一是饲料原料价格上涨，劳动力成本上升，企业生产成本攀升，饲料销售难度加大，部分中小企业生产、经营困难，任意调低配方的粗蛋白等质量指标或使用低质原料，人为降低了饲料产品质量；二是部分企业生产设备落后，管理不善，质量控制意识和能力较差，原料进厂，产品出厂未检验；三是部分省份管理部门对质量指标不合格不处罚或处罚较轻，导致企业对质量问题不重视。

从配合饲料和浓缩饲料的卫生指标检测结果看，主要是沙门氏菌、黄曲霉毒素 B_1 和铬超标。

从鱼粉的质量指标检测结果看，沙门氏菌污染是主要问题，检出率 10.3%；其次是粗蛋白不达标，不合格率 4.5%；再次是砂分，不合格率 1.8%；铬超标率为 1.8%；镉超标率为 0.6%。

添加剂预混合饲料。抽检添加剂预混合饲料 636 批次，合格 589 批次，合格率为 92.6%。复合预混合饲料合格率为 93.3%，微量元素预混合饲料合格率为 95%，维生素预混合饲料合格率为 83.6%。其中，经营环节的复合预混合饲料、微量元素预混合饲料和维生素预混合饲料合格率分别为 90.5%、66.7%和 38.5%，复合预混合饲料合格率比 2016 年全年（95.4%）下降 4.9 个百分点，微量元素预混合饲料合格率比 2016 年全年（90%）下降 23.3 个百分点，维生素预混合饲料比 2016 年全年（75%）下降 36.5 个百分点。微量元素预混合饲料，抽检的 60 批次中有 3 批次铜、锌不合格，其铜、锌的含量几乎为 0；抽检的 55 批次维生素预混合饲料中有 7 批次维生素 A、6 批次维生素 E 和 7 批次维生素 D_3 不合格；复合预混合饲料，抽检的 521 批次中有 11 批次铜、锌不合格，其中 4 批次铜、2 批次锌含量几乎为 0；有 28 批次维生素不合格，10 批次含量为 0，其中有 16 批次维生素 A 不合格，4 批次含量几乎为 0；有 7 批次维生素 E 不合格，2 批次含量几乎为 0；有 10 批次维生素 B_1 不合格，3 批次含量几乎为 0；有 3 批次维生素 B_2 不合格，0 批次含量几乎为 0。经营环节，抽检的 105 批次复合预混合饲料中 2 批次铜、6 批次锌不合格，其中 1 批次铜、2 批次锌含量几乎为 0；有 6 批次维生素 A 不合格，2 批次含量几乎为 0；有 4 批次维生素 E 不合格，1 批次含量几乎为 0；有 3 批次维生素 B_1 不合格，0 批次含量为 0；有 2 批次维生素 B_2 不合格，0 批次含量为 0。

国产饲料添加剂。抽检饲料添加剂产品 190 批次，合格产品 189 批次，合格率 99.5%。抽检维生素添加剂 67 批次，其中氯化胆碱 62 批次和甜菜碱 20 批次，全部合格。结合抽检，合格产品 20 批次，合格率为 100%，与 2016 年全年（96%）相比持平。从 2010—2017 年历次监测结果来看，氯化胆碱和甜菜碱质量逐渐趋稳。

2. 主要卫生指标检测结果比较。本次监测结果表明，沙门氏菌超标最严重，达到 1.3%；其次是铬超标，达到 0.4%，其中鱼粉超标较严重，为 1.8%。

3. 配合饲料中铜、锌监测结果。为了解农业农村部 1224 号公告执行情况，在猪、禽和水产配合饲料中增测了铜和锌两项指标。共检测 1 724 批次配合饲料中铜和锌含量，其中：猪配合料 934 批次，禽配合饲料 571 批次，水产配合饲料 219 批次。从检测结果看，铜合格率为 96.6%，锌合格率 98.4%。2016 年全年，铜、锌合格率分别为 99.2%、98.8%。按配合饲料的种类统计，铜合格率最高的是禽配合饲料（99.3%），其次是猪配合饲料（97.4%），水产配合饲料最低，为 86.3%。锌合格率最高的是禽配合饲料（99.8%），其次是猪配合料（98.6%），水产配合饲料最低，为 93.6%。

按省份统计，铜、锌合格率在 90%以上的省份有 28 个。其中：铜合格率为 100%的有 17 个省份，锌 21 个省份。铜和锌两项合格率均在 95%以上有 24 个省份，1 个省（市）的铜或锌合格率都不低于 90%。

4. 生产环节和经营环节的饲料产品质量对比。全年共抽查生产环节的配合饲料、浓缩饲料、饲料添加剂、添加剂预混合饲料和动物源性饲料 3 336 批次，合格 3 270 批次，合格率 98%，与 2016 年全年（96.3%）相比上升 1.7 个百分点。抽查经营环节的配合饲料、浓缩饲料、饲料添加剂、添加剂预混合饲料和动物源性饲料 950 批次，合格 902 批次，合格率 94.5%，与 2016 年全年（94.5%）相比上升 0.01 个百分点。生产企业产品合格率比经营企业高 3.1 个百分点。

（二）饲料安全专项监测结果分析

1. 饲料使用环节违禁添加物监测结果分析。抽检育肥猪饲料 2 218 批次，肉牛饲料 669 批次，肉羊饲料 279 批次，均未检出克伦特罗、莱克多巴胺、沙丁胺醇等违禁药物，违禁添加物检出率为 0。抽检肉禽和蛋禽饲料 1 198 批次，未检出呋喃唑酮、氯霉素和苏丹红。抽检 38 批次大菱鲆、鳗鱼、甲鱼等特种水产饲料，未检出呋喃唑酮；抽检 297 批次其他水产饲料，均合格。

2. 饲料中苯乙醇胺 A、可乐定、赛庚啶专项监测。对河北、上海等 12 省份的 854 个饲料生产和使用企业的育肥猪添加剂预混合饲料、浓缩饲料和配合饲料进行苯乙醇胺 A、可乐定、赛庚啶等违禁添加物的专项监测，抽查检测苯乙醇胺 A 等违禁添加物 970 批次，检出 0 批次。

3. 饲料中三聚氰胺专项监测。对奶牛养殖集中区域的北京、河北等 9 省（市）320 个奶牛养殖场（户）的奶牛饲料中三聚氰胺进行专项监测。抽查检测386批次奶牛精料补充料、全混合日粮和自配饲料，未检出三聚氰胺。对全国范围内588个蛋白饲料生产、经营和使用者的蛋白饲料原料中三聚氰胺进行监测。抽查检测721批次，检出率0。

4. 饲料中不同违禁添加物检出情况对比。检测饲料中克伦特罗、莱克多巴胺、沙丁胺醇3 166批次，检测齐帕特罗、特布他林、西马特罗、西布特罗、克伦普罗、班布特罗、氯丙那林3 061批次，检测马布特罗、溴布特罗和妥布特罗3 156批次，全部未检出；检测苏丹红689批次，氯霉素1 530批次，检出为0批次；检测呋喃唑酮、呋喃西林、呋喃妥因、呋喃伦酮1 257批次，全部未检出。由此可见，饲料中克伦特罗、莱克多巴胺、苏丹红、呋喃唑酮、已烯雌酚、氯霉素等违规使用已经基本得到抑制。

（三）养殖环节“瘦肉精”专项监测

1. 养殖场（户）“瘦肉精”监督抽检。对全国21个省份13 933个养殖场（户）育肥后期的生猪、肉牛和肉羊尿液中克伦特罗、莱克多巴胺和沙丁胺醇进行了抽检，抽查检测38 922批次，未检出“瘦肉精”。

2. 重点省养殖场（户）β-兴奋剂类违禁物质排查监测。对河北、内蒙古等10省份32县市1 070个生猪、肉牛和肉羊养殖场（户）进行监测，现场筛查克伦特罗、莱克多巴胺和沙丁胺醇3种β-兴奋剂类违禁物质。除现场筛查呈阳性的样品外，每个养殖场（户）选1份样品，实验室检测克伦特罗、莱克多巴胺、沙丁胺醇、齐帕特罗、氯丙那林、特布他林、西马特罗、西布特罗、马布特罗、溴布特罗、班布特罗等11种β-兴奋剂类违禁物质。抽检肉牛和肉羊尿液、牛羊肉（肝）样品3 161批次，2批次牛尿和1批次肉牛检出克伦特罗，检出率为0.1%。共排查监测777个肉牛养殖场（户），2 285批次牛尿；293个肉羊养殖场（户），876批次羊尿，全部未检出。

（四）《饲料标签》执行情况

每省抽取不同饲料生产企业的10个标签，经统一判定，并比较饲料产品标签合格率与质量合格率，发现饲料产品标签合格率逐渐逼近饲料产品质量合格率。

四、存在的问题

（一）粗蛋白等质量指标制约提高饲料合格率

近年来随着饲料监测和处罚力度的加大，饲料质量指标的合格率逐年提高，但合格率平均值仍低于卫生指标合格率。全年共抽检3 635批次配合饲料和浓缩饲料产品，不合格产品75批次，不合格率为2.1%。不合格产品中有43批次为饲料粗蛋白不合格，占不合格配合饲料和浓缩饲料产品的57.3%。造成饲料粗蛋白不达标的原因主要是人为因素，少数中小企业人为调低配方中的蛋白原料用量或选用低质的原料，导致饲料产品质量的降低。此外，部分企业缺少必要的检化验设备，生产过程控制能力较差，没有对原料进厂和产品出厂进行有效控制。也存在标签上标示质量指标虚高的现象。

（二）经营环节维生素预混合饲料造假问题突出

抽检添加剂预混合饲料636批次，合格589批次，合格率为92.6%。其中生产环节的复合预混合饲料合格率为95.4%；微量元素预混合饲料合格率为100%；维生素预混合饲料合格率为100%。但经营环节的复合预混合饲料、微量元素预混合饲料、维生素预混合饲料合格率分别为90.5%、66.7%和38.5%。经营环节，添加剂预混合饲料存在严重造假现象。微量元素预混合饲料、维生素预混合饲料通过经营环节销售的主要是小包装产品。这类成产品多为小公司生产，加之销售环节多，销售地点多为老少边穷地区，监管难度大，质量难以保证。

（三）猪配合饲料“高铜、高锌”问题依然存在

抽检1 724批次配合饲料中铜和锌含量，其中猪配合料934批次，禽配合饲料571批次，水产配合饲料219批次。铜合格率为96.6%，锌合格率98.4%，与2016年全年基本持平。其中，水产配合饲料中铜、锌的合格率最低，分别为86.3%、93.6%。依据农业部1 224号公告，“高铜、高锌”问题突出，其中不乏国内知名饲料生产企业。有些企业利用该公告中“仔猪断奶后的前两周，配合饲料中氧化锌的添加量不超过2 250 mg/kg”，标签上标明“仔猪断奶后的前两周配合饲料”，但告知养殖场户可以饲喂断奶仔猪和生长育肥猪。也存在标签上标明“氧化锌”，但实际添加硫酸锌的现象。

（四）动物源性饲料合格率降低

共抽查315个生产、经营企业的动物源性饲料产品341批次，合格318批次，合格率为93.3%。与2016年全年（95.8%）相比下降2.5个百分点。在23批次不合格的动物源性饲料产品中，其中有16批次是鱼粉、1批次是骨粉、2批次是肉骨粉、1批次是膨化羽毛粉、1批次是水解羽毛粉、2批次是肉粉。水解羽毛粉问题是粗蛋白含量不足。鱼粉的主要问题有砂分、铬、镉超标和粗蛋白含量不足。肉粉的不合格原因是沙门氏菌污染。鱼粉的铬超标与掺假有关。沙门氏菌污染与生产工艺和储存运输条件有关，同时也与企业对沙门氏菌等病原微生物的防控意识缺失、病原微生物的检测能力较差等因素有关。

（五）部分省养殖环节“瘦肉精”监测抽检数据上报不及时

《2017年养殖环节“瘦肉精”专项监测计划》

（农办牧［2017］7号）规定，各抽样单位应按时将抽检结果和总结分析报告报送监测工作小组办公室。部分省份（北京、天津、山西、山东、河南、贵州和宁夏）因各种原因没有按要求及时上报，影响了数据汇总和数据的完整性。

五、对策措施和建议

（一）严格准入条件，规范企业饲料质量安全管理

近年来，随着监测工作的进一步加强，饲料产品的质量安全水平有了很大提高，但由于饲料行业整体水平不高，受生产条件、管理水平、人员素质、检验化验条件和能力、市场因素等方面的影响，部分生产企业饲料产品质量不稳定，导致合格率波动较大。此外，如致病微生物等一些潜在安全隐患依然存在。因此，需要严格饲料生产企业，特别是添加剂预混料生产企业的准入条件，全面贯彻实施《饲料质量安全管理规范》，强化全程追溯管理。同时，加强销售环节从业人员的法规培训和教育，加强检验化验人员的培训和再教育。

（二）建立适合饲料行业的守信联合激励和失信联合惩戒制度，构建行业信用体系

要严格按照《饲料和饲料添加剂管理条例》的规定，对不合格产品的企业实施处罚并曝光，使监督检查取得成效。彻底改变部分地区“重查轻处或只查不处”的状况。逐步建立“黑名单”制度，定期通过有关媒体公布饲料产品质量指标严重不合格的劣质产品及企业，让市场淘汰制售不合格产品和使用违禁添加物的企业。增加对列入黑名单企业的检查频次，并将其产品列为重点监测对象。同时，根据《国务院关于建立完善守信联合激励和失信联合惩戒制度加快推进社会诚信建设的指导意见》（国发［2016］33号）的要求，逐步建立饲料行业的信用体系。

（三）转变工作思路，提高养殖环节“瘦肉精”监管成效

以提升养殖环节“瘦肉精”监管效能为目标，优化绩效考核和奖惩方式，鼓励发现问题和解决问题。同时，推进适度规模化养殖，完善各种补贴制度，提高养殖效益。加强处理“瘦肉精”案件的透明度和宣传力度，使所有人都不敢碰这道高压线。加强养殖环节从业人员的法规培训，做到从“不敢加”到“不想加”的转变。

（四）开展监督抽查和预警监测，加强对动物源性饲料生产企业的监管和服务

动物源性饲料原料是畜禽配合饲料和浓缩饲料的重要组分，同时，除乳和乳制品外的动物源性饲料原料被禁止添加到反刍动物饲料中，因此，要依据《饲料和饲料添加剂管理条例》及配套规章，加强对动物源性饲料的监管。针对掺杂使假、病原微生物污染问题，持续开展监督抽查和预警监测。并对发现的问题线索，进行跟踪，查找问题，分析原因，提出整体解决方案，更好地服务于企业，服务于行业。

（五）加强监督检查，提高饲料质量安全和“瘦肉精”监测工作质量

随着饲料监管工作思路的调整和新饲料卫生标准的出台，需要检测的项目将不断增加，对检测机构的检测能力要求不断提高，为确保饲料质量安全监测工作质量，应加强抽样人员、检测人员、结果处置和数据录入人员的培训，提高业务水平，增强工作责任心。加强检测技术培训和预警监测技术交流，提高监测技术水平。同时，依据《农业农村部饲料质量安全监测工作规范（修订）》，逐步对承担任务单位的饲料监测工作质量进行监督检查和实地评估。对监测工作不得力的任务承担单位予以通报。同时，对拒绝接受监督抽查和拒绝接收不合格样品的《检验报告》的企业进行通报，并加强跟踪监督抽查。

（樊　霞　李　俊）

2017 中国饲料工业展览会

由中国饲料工业协会、全国畜牧总站主办的2017中国饲料工业展览会于2017年4月15日至19日在福州海峡国际会展中心成功举办。农业部副部长于康震，农业部原副部长、中国饲料工业协会顾问、全国政协委员高鸿宾等领导出席大会并参观展览。

本届展览会以"转型升级调结构，创新发展铸品牌"为主题，充分发挥展览会信息发布、技术交流、商贸洽谈等方面的平台作用，充分体现饲料工业连接种植养殖上下游、延长产业链的中枢和纽带作用，近20个国家和地区以及国内外400多家饲料加工、饲料添加剂、饲料原料、饲料机械等企业参展，展会规模再创历史新高。经过20多年的精心打造，饲料展已经成为国内外饲料行业展示新成就、交流新经验、沟通新信息、推广新技术、促进新合作的重要平台，成为国内饲料行业规模最大、规格最高、人气最旺、影响力最强的第一品牌展会。

本届展会按产品功能划分大型饲料企业展区、饲料机械展区、饲料添加剂展区、饲料原料展区、饲料和饲料添加剂综合展区、国外饲料企业展区、行业宣传媒体展区等。共设置展位2 089个，参展企业402家，展览面积5万m^2，特装面积接近90%，吸引了5万余人次的畜牧饲料行业专业观众参展参会。

为贯彻落实中央一号文件精神以及《农业农村部关于推进农业供给侧结构性改革的实施意见》，分析当前饲料工业、养殖业运行情况，研判玉米、豆粕等大宗饲料原料供需形势，进一步推进粮改饲工作，中国饲料工业协会在展会期间举办了2017饲料原料暨粮改饲论坛。此次论坛主题突出，内容丰富，与会600多位代表从多角度、多层面对当前我国宏观经济形势、养殖饲料行业发展趋势、种植业结构调整、玉米等主要饲料原料供求关系和价格走势等问题有了更加深入的了解，论坛在行业内的影响力进一步提升。

同时，为深入贯彻落实"创新、协调、绿色、开放、共享"的五大发展理念，中国饲料工业协会同期举办了2017饲料行业技术交流活动，旨在扎实推进饲料业供给侧结构性改革，加快饲料工业转型升级，依靠科技创新提升核心竞争力。活动邀请包括李德发等4位中国工程院院士在内的行业知名专家，就抗生素替代、养殖业源头减排、绿色饲料添加剂、精准营养等行业关注的热点问题进行交流研讨，以新理念、新思路、新技术不断拓展行业发展新空间。行业内500多位技术人员到场，大家一致认为，中国饲料工业协会举办的这种公益性行业服务活动，专家水平高、内容丰富多彩，使大家对饲料行业技术创新、模式创新、管理创新有了更深的理解和更新的认识。

（闫奎友　赵之阳）

粮改饲试点工作

2017年，中央财政粮改饲项目资金从2016年的10亿元增加到20亿元，试点任务1 000万亩，计划收贮量3 000万t。1 000万亩的任务目标不仅是2017年政府工作报告中36项需要量化完成的工作之一，也是国务院下达农业部的唯一量化指标。为确保任务顺利完成，农业农村部畜牧业司和全国畜牧总站会同各试点省区紧密围绕种养一体化、生产服务社会化、饲草料品种多元化等发展方向，开拓进取，扎实工作，提前并超额完成2017年度粮改饲目标任务。

一、成功举办了2017粮改饲论坛

4月17日，全国畜牧总站、中国饲料工业协会在福州举办2017饲料原料暨粮改饲论坛，农业农村部于康震副部长出席会议并作"粮改饲是推进农业供给侧结构性改革的重要举措"的主旨报告。来自饲料行业专家学者、粮改饲试点省区县管理部门和相关技术推广单位、企业代表共计600余人参加了会议。本次论坛对推动粮改饲工作向纵深发展，促进饲料行业转型升级，推进农业供给侧结构性改革具有重要意义。

二、组织召开了粮改饲技术创新与推广现场会

9月上旬，在青海省西宁市组织召开了全国粮改饲技术创新与推广现场会，农业农村部畜牧业司马有祥司长出席会议并作了重要讲话。其间，5个来自粮改饲试点省区的代表作了典型发言，与会代表对饲草集中连片规模种植、大型机械现场收割制作青贮、工厂化饲草加工生产线、多元经营模式等进行了现场观摩。这次会议对总结推介技术模式，交流工作经验，深入推进粮改饲试点工作起到了重要作用。

三、组织开展了粮改饲现场督导检查

9月中下旬，农业农村部组成8个检查组分赴河北、山西、内蒙古、辽宁、吉林、黑龙江、安徽、山东、河南、广西、贵州、云南、陕西、甘肃、青海、宁夏、新疆17个试点省区34个县进行实地督查。各检查组听取试点省区、市、县三级农牧部门汇报，查阅粮改饲项目实施方案、管理制度等档案资料，实地核查青贮种植、加工、收贮现场及相关养殖场，与各级粮改饲管理部门工作人员、养殖场（户）、饲草加工企业负责人、青贮饲草种植户座谈交流，了解掌握粮改饲试点工作进展情况，督促检查指导，确保目标任务顺利完成。

四、总结提炼出五个可复制推广的粮改饲典型模式

各省区紧盯政策目标，依托资源禀赋，大力推进粮改饲各项工作，在收贮主体、种植技术、经营主体、社会化服务、帮扶脱贫等方面进行了大胆探索，积极实践，涌现出可复制推广的典型模式：一是种养一体化模式。养殖场发挥一体化经营优势，集中连片种植青贮玉米和优质牧草，将牛羊粪便还田，形成草畜有机结合。二是"养殖企业＋新型农业经营主体"合作模式。试点省区积极推广"养殖企业＋种植大户""养殖企业＋种植合作社""养殖企业＋合作社＋农户"等合作模式。根据养殖需求，养殖企业与种植户或合作社签订饲草料收购合同，构建了互惠互利的利益连接机制。三是种收贮专业化模式。河南、内蒙古等省区大力培育、支持引导服务专业化企业和农民经济合作组织发展，实现了饲草料种植、收购、加工、储运、销售一条龙服务。四是社会化服务模式。规模养殖企业采取外包方式，委托有能力的饲草料社会化服务组织来组织生产。社会化服务组织按照需求

组织农户开展饲草料种植，并集中收回、加工、储运到规定地点，最后双方根据约定统一结算。五是养殖企业帮扶脱贫模式。山西、贵州、云南等试点省将农业结构调整与脱贫攻坚有效结合起来，以实施粮改饲政策为抓手，进一步发挥产业脱贫功能。

五、粮改饲试点工作影响力进一步扩大

一是举办了两期粮改饲项目管理与技术培训班，对400多个县项目管理人员进行了专业技术培训。二是利用《农村工作通讯》《农民日报》《中国畜牧业》等报刊、电视、网络、展会等广泛宣传，扩大了粮改饲试点工作的影响力。

经过各方面的共同努力，2017年10月中旬，完成了粮改饲全年的目标任务，完成进度在政府工作报告量化指标任务中居前五位。据不完全统计，2017年，累计完成粮改饲面积1 300多万亩，超额完成任务指标30%。

实践证明，粮改饲是一项符合农业现代化发展方向、顺应市场规律、满足产业需求、受到广大农牧民和地方政府普遍欢迎的好政策，实现了“农牧结合、种养双赢”的目标。目前，“为养而种”的种植业生产方式加快建立，种养关系正以市场为导向作适应性调整，粮草兼顾、农牧结合、种养一体的新型农牧业发展格局正在形成。

（刘海良　栗胜兰）

科技与推广

2017年，由江苏牧羊控股有限公司范天铭等完成的“大型智能化饲料加工装备的创制及产业化”项目成果获得了国家科技进步二等奖，项目参加单位包括江南大学、南京理工大学、四川特驱投资集团有限公司、江苏牧羊集团有限公司。项目针对我国长期以来存在的大型化饲料加工主机装备设计理论空白、饲料生产过程自动化程度低、大型化饲料生产成套工艺理论缺失等难题，创新研制了新一代大型智能化饲料加工装备，开发了饲料生产全流程智能控制系统，形成了饲料生产大型成套工程高效建设技术，完成国际领先的新技术12项。围绕粉碎、混合、制粒等主机装备大型化的技术瓶颈，提出了基于最大剪应力理论的饲料原料斜向多频次高效剪切方法、多相流粉体快慢流区域交互均化方法等，彻底解决了传统结构大型化时难以克服的“环流层”“漩涡反流”等难题，创新研发了规格最大、国际领先的饲料加工主机装备。围绕饲料生产智能化程度低、饲料生产交叉污染的行业难题，发明了基于图像识别原理的粉碎机筛片智能检测技术、基于配方智能分析的混合工艺智能调控技术等，实现了饲料生产全流程的智能化控制，使原有产量30t/h、需30人操控的生产线产量提高到100t/h，生产人员只需16人，引领了饲料生产企业向智能工厂的转型升级。创立了工程设计模块化、产线配置标准化、物料提升最少化及物料输送最短化的大型化饲料生产成套工程的设计方法。设计周期缩短到原来的1/3，工程建设周期缩短到原来的2/3，成功研发了60万t/年（100t/h）大型饲料加工成套系统，饲料生产吨料电耗由33度/t降至24度/t，极大降低了饲料生产成本。鉴定表明，研发的大型化粉碎机、混合机、制粒机及制粒机自动化控制系统均达国际领先水平；大型饲料加工成套设备达国际先进水平。项目获授权发明专利19件，实用新型专利16件，软件著作权5件，制定国家、行业标准23件。近三年共实施大型成套工程516项，项目实现了我国大型智能化饲料装备的自主创新，对带动饲料工业向绿色智能化方向发展，促使产业升级做出了重大贡献。

由四川省草原科学研究院白史且等完成的“青藏高原特色牧草种质资源挖掘与育种应用”项目成果获得国家科学技术进步奖二等奖，项目参加单位包括全国畜牧总站、兰州大学、河南农业大学、中国农业大学和四川省草原工作总站。该项目针对青藏高原地区草地退化严重、草畜矛盾尖锐等问题，紧扣优良牧草缺乏这一重要限制因素，针对本土特色牧草资源开展系统评价，发掘创制抗寒耐旱、高产优质种质465份；选育出14个高产优质、性能稳定的牧草新品种；创建了新品种丰产栽培、加工利用及退化草地治理等配套技术体系。项目整体技术处于国际先进水平，其中对老芒麦、披碱草等资源的遗传多样性研究和品种选育达到国际领先水平。项目发表论文220余篇，出版著作12部，获授权专利14件，制定省级标准40项，培训农牧民3.2万人次，培养本土高级专家120余名，形成科研平台12个，有力推进了青藏高原地区草牧业科技进步。成果已在四川、青海、西藏等省区的40多个县市推广应用3 200多万亩，生态、社会、经济效益显著。

由中国农业科学院饲料研究所王建华研究员等完成的“新型饲用抗生素替代品创制与应用”获得北京市科学技术奖一等奖。项目参加单位包括北京大北农科技集团股份有限公司、山东宝来利来生物工程股份有限公司、沈阳科丰牧业科技有限公司。项目基于畜禽养殖中饲用抗生素大量使用与动物病原菌感染等行业主流难题，聚焦新型替代品的抗菌、提高免疫、促生长等功能，牵头科研院所与企业共同攻关，突破多项技术瓶颈。首创了耐胆盐产酸约氏乳杆菌制剂和动物用防腹泻益生双效布拉酵母制剂，创制了三效寡糖特用培养基及复合益生菌制剂和五效复合微生态制剂，提高饲料转化率5%以上。针对抗菌肽无差别杀菌与低产瓶颈，分别创制治疗仔猪腹泻、奶牛乳腺炎和鸡坏死性肠炎系列抗菌肽，创建高产表达体系，建立了抗菌肽设计、机理、高产表达技术平台，研发的抗革兰氏阳性病原菌肽、抗革兰氏阴性病原菌肽、广谱乳源肽等效果显著优于传统抗生素。突破氨基酸不平衡和蛋白变性等瓶颈，创制基于丰产多肽的多元益生粕类（花生粕）产品，建立羧甲基菊粉水酶法与有机溶剂法高效制备体系，首次建立菊粉内切酶制备菊粉寡糖新工艺及连续离子交换树脂纯化菊粉方法。针对液态发酵饲料产品易失活变质等缺陷，开发牧场专用乳酸菌自动发酵系统，实现该类产品的全产业链生产，自主研发国内首个半固态发酵饲料制备体系，解决固态发酵周期长、高污染风险和液体发酵高耗能、菌种单一以及相关益生物质含量低等应用瓶颈。该项目通过15年的持续研发，创制32种新产品，建立相关抗生素替代配套应用技术10项，取得了良好的经济、生态和社会效益。

2017年，国家重点研发计划“畜禽重大疫病防控与高效安全养殖综合技术研发”重点专项中，又有3个与饲料相关的项目启动。“畜禽肠道健康与消化道微生物互作机制研究”由西北农林科技大学牵头，项目首席科学家为姚军虎教授；“畜禽现代化饲养关键技术研发”由华中农业大学牵头，项目首席科学家为蒋思文教授；“优质饲草供给及草畜种养循环关键技术研发”由中国农业大学牵头，项目首席科学家为杨富裕教授。

（吴子林）

饲料工业标准化

2017年，全国饲料工业标准化技术委员会（以下简称“标委会”）在国家标准化管理委员会和农业部农产品质量安全监管局、畜牧业司等主管司局的领导和支持下，紧紧围绕“保供给、保安全、保生态”的行业发展目标，结合饲料工业发展的形势需求和重点工作，大力推进标准制修订工作，为规范行业生产、监督执法和促进公平贸易提供了有力的技术支撑。

一、推进标准制（修）订

1. 强化标准立项申报评审。根据年度饲料行业标准化工作重点，饲料标委会在饲料行业网站上公开征集标准项目立项建议，形成年度标准项目指南，并且在相关单位提出项目立项建议的基础上，组织行业专家就项目可行性、必要性和起草单位技术能力进行论证评审，严把标准申报质量关。2017年获农业部农业行业标准立项19项，并提出2018年标准计划36项，其中国标2项，行标34项。

2. 严把标准审查报批。全年组织召开4次饲料工业标准审查会，共审查标准36项，其中国家标准20项，农业行业标准16项；报批标准35项，其中国家标准20项，农业行业标准15项；推动发布标准53项，其中国家标准39项，农业行业标准14项（表2-64和表2-65）。协助国家标准化管理委员会完成2017版《饲料卫生标准》发布及宣贯工作。

二、完成饲料中药物饲料添加剂检测方法标准复审工作

针对“3·15”曝光的饲料企业违规用药和非法添加等问题，结合饲料中药物饲料添加剂监管工作要求，对111项饲料中药物添加剂、兽药和违禁物质的检测方法标准进行了集中复审，提出了继续有效42项、修订43项、废止20项、暂时保留6项的建议，为行业监管部门开展行业监管提供有力支撑。

三、加强饲料标准化培训工作

为切实推进饲料工业标准项目执行进度，提高标准编制质量和标准项目完成率，饲料标委会全年共举办2次培训班，一是5月底在成都举办标准编制培训班，邀请标准化工作专家就标准编写导则和标准制修订程序对100多名标准起草人员进行了培训；二是12月底标委会年会期间，邀请国家标准委、国家标准审评中心等单位相关领导就新修订的《标准化法》《全国专业标准化技术委员会管理办法》等法律法规对全体委员进行了培训，解读了新版《饲料卫生标准》，讨论了饲料工业标准体系表。

四、推进团体标准工作，参与国际标准制修订

响应国家标准化改革精神，制定《中国饲料工业协会团体标准管理办法》并通过了国标委全国团体标准信息平台公示，中国饲料工业协会正式注册成为团体标准发布单位。同时，标委会与国际标准化组织ISO重新取得了联系，积极参与饲料工业领域国际标准的修订。

五、完成标委会委员调整

饲料标委会现为第五届，本届标委会成立于2016年，现有委员91名。因个别委员所在单位人事调整，经报国标委同意，2017年标委会秘书处对7名委员人选及职务进行了调整。

表 2-64　2017 年发布国家标准目录

序号	标准号	标准名称	代替标准号	实施日期
1	GB 7293—2017	饲料添加剂 DL-α-生育酚乙酸酯（粉）	GB/T 7293—2006	2018-05-01
2	GB 7294—2017	饲料添加剂 亚硫酸氢钠甲萘醌（维生素 K_3）	GB/T 7294—2009	2018-05-01
3	GB 7298—2017	饲料添加剂 维生素 B_6（盐酸吡哆醇）	GB/T 7298—2006	2018-05-01
4	GB 7300—2017	饲料添加剂 烟酸	GB/T 7300—2006	2018-05-01
5	GB 7301—2017	饲料添加剂 烟酰胺	GB/T 7301—2002	2018-05-01
6	GB 9454—2017	饲料添加剂 DL-α-生育酚乙酸酯	GB/T 9454—2008	2018-05-01
7	GB 9840—2017	饲料添加剂 维生素 D_3（微粒）	GB/T 9840—2006	2018-05-01
8	GB 20802—2017	饲料添加剂 蛋氨酸铜络（螯）合物	GB/T 20802—2006	2018-05-01
9	GB 21034—2017	饲料添加剂 蛋氨酸羟基类似物钙盐	GB/T 21034—2007	2018-05-01
10	GB 21694—2017	饲料添加剂 蛋氨酸锌络（螯）合物	GB/T 21694—2008	2018-05-01
11	GB 22489—2017	饲料添加剂 蛋氨酸锰络（螯）合物	GB/T 22489—2008	2018-05-01
12	GB 22548—2017	饲料添加剂 磷酸二氢钙	GB/T 22548—2008	2018-05-01
13	GB 22549—2017	饲料添加剂 磷酸氢钙	GB/T 22549—2008	2018-05-01
14	GB 23386—2017	饲料添加剂 维生素 A 棕榈酸酯（粉）	GB/T 23386—2009	2018-05-01
15	GB 34456—2017	饲料添加剂 磷酸二氢钠		2018-05-01
16	GB 34457—2017	饲料添加剂 磷酸三钙		2018-05-01
17	GB 34458—2017	饲料添加剂 磷酸氢二钾		2018-05-01
18	GB 34459—2017	饲料添加剂 硫酸铜		2018-05-01
19	GB 34460—2017	饲料添加剂 L-抗坏血酸钠		2018-05-01
20	GB 34461—2017	饲料添加剂 L-肉碱		2018-05-01
21	GB 34462—2017	饲料添加剂 氯化胆碱		2018-05-01
22	GB 34463—2017	饲料添加剂 L-抗坏血酸钙		2018-05-01
23	GB 34464—2017	饲料添加剂 二甲基嘧啶醇亚硫酸甲萘醌		2018-05-01
24	GB 34465—2017	饲料添加剂 硫酸亚铁		2018-05-01
25	GB 34466—2017	饲料添加剂 L-赖氨酸盐酸盐		2018-05-01
26	GB 34467—2017	饲料添加剂 柠檬酸钙		2018-05-01
27	GB 34468—2017	饲料添加剂 硫酸锰		2018-05-01
28	GB 34469—2017	饲料添加剂 β-胡萝卜素（化学合成）		2018-05-01
29	GB 34470—2017	饲料添加剂 磷酸二氢钾		2018-05-01
30	GB 13078—2017	饲料卫生标准	GB 21693—2008	2018-05-01
31	GB/T 13885—2017	饲料中钙、铜、铁、镁、锰、钾、钠和锌含量的测定 原子吸收光谱法	GB/T 13885—2003	2018-05-01
32	GB/T 14698—2017	饲料原料显微镜检查方法	GB/T 14698—2002	2018-04-01
33	GB/T 17819—2017	添加剂预混合饲料中维生素 B_{12} 的测定 高效液相色谱法	GB/T 17819—1999	2018-05-01
34	GB/T 18872—2017	饲料中维生素 K_3 的测定 高效液相色谱法	GB/T 18872—2002	2018-05-01
35	GB/T 19541—2017	饲料原料 豆粕	GB/T 19541—2004	2018-02-01

（续）

序号	标准号	标准名称	代替标准号	实施日期
36	GB/T 33914—2017	饲料原料 喷雾干燥猪血浆蛋白粉		2018-02-01
37	GB/T 34269—2017	饲料原料显微镜检查图谱		2018-04-01
38	GB/T 34270—2017	饲料中多氯联苯与六氯苯的测定 气相色谱法		2018-04-01
39	GB/T 34271—2017	饲料中油脂的皂化值的测定		2018-04-01

表 2-65　2017 年发布农业行业标准目录

序号	标准号	标准名称	代替标准号	实施日期
1	NY/T 3135—2017	饲料原料 干啤酒糟		2018-06-01
2	NY/T 3136—2017	饲用调味剂中香兰素、乙基香兰素、肉桂醛、桃醛、乙酸异戊酯、γ-壬内酯、肉桂酸甲酯、大茴香脑的测定 气相色谱法		2018-06-01
3	NY/T 3137—2017	饲料中香芹酚和百里香酚的测定 气相色谱法		2018-06-01
4	NY/T 3138—2017	饲料中艾司唑仑的测定 高效液相色谱法		2018-06-01
5	NY/T 3139—2017	饲料中左旋咪唑的测定 高效液相色谱法		2018-06-01
6	NY/T 3140—2017	饲料中苯乙醇胺 A 的测定 高效液相色谱法		2018-06-01
7	NY/T 3141—2017	饲料中 2,6-二甲基-3,5-二乙酯基-1,4-二氢吡啶的测定 液相色谱-串联质谱法		2018-06-01
8	NY/T 915—2017	饲料原料 水解羽毛粉	NY/T 915—2004	2018-06-01
9	NY/T 3142—2017	饲料中溴吡斯的明的测定 液相色谱-串联质谱法		2018-06-01
10	NY/T 3143—2017	鱼粉中脲醛聚合物快速检测方法		2018-06-01
11	NY/T 3144—2017	饲料原料 血液制品中 18 种 β-受体激动剂的测定 液相色谱-串联质谱法		2018-06-01
12	NY/T 3145—2017	饲料中 22 种 β-受体激动剂的测定 液相色谱-串联质谱法		2018-06-01
13	NY/T 3146—2017	动物尿液中 22 种 β-受体激动剂的测定 液相色谱-串联质谱法		2018-06-01
14	NY/T 3147—2017	饲料中肾上腺素和异丙肾上腺素的测定 液相色谱-串联质谱法		2018-06-01

（王黎文）

饲料行业质量认证

一、认证行业工作概述

回首 2017 年，党的十九大标志着中国特色社会主义进入了新时代，开启了建设社会主义现代化强国新征程，我国经济发展进入了高质量发展的新阶段。作为国家质量基础设施的重要组成部分，认证认可也进入了新时代，为建设质量强国、推动高质量发展日益彰显出重要作用。

（一）认证行业规模

目前，我国经中国国家认证认可监督管理委员会（CNCA）批准的认证机构达到 426 家，颁发经中国合格评定国家认可委员会（CNAS）认可的现行有效认证证书。目前，全国已累计颁发各类有效认证证书 176.7 万张、获证组织 60.3 万余家，其中质量管理体系认证 45.4 万张，颁发证书及获证组织数量连续 14 年位居世界第一位。

（二）2017 年主要工作回顾

1. 事业发展进入新阶段。在过去的 2017 年，随着质量发展在党和国家工作全局中的作用日益凸显，党中央、国务院对认证认可工作的重视程度前所未有，给予强有力的政策支持。在《中共中央 国务院关于开展质量提升行动的指导意见》中明确提出完善国家合格评定体系，国务院第 185 次常务会议专题研究并确定推进质量认证体系建设措施，强调“按照推进供给侧结构性改革的要求，推行和强化质量认证这一市场经济基础性制度，有利于加强质量监管，营造公平竞争市场环境，促进中国制造提质升级、迈向中高端”。

2. 开展质量管理体系升级行动。以 ISO 9001 标准换为 2015 版为契机，在航空、汽车、石化、机械、食品等 21 个行业率先实施全面质量管理升级行动，启动 38 个试点项目，打造质量管理体系认证升级版。

开展高端品质认证。对标国际先进标准，在消费品领域，开展空气净化器、智能马桶盖、电饭煲、儿童用品等认证；在装备制造领域，开展城市轨道交通装备、车联网产品、机器人等认证；在服务领域，开展养老服务、保健服务、金融服务等认证，举办“服务认证体验周”活动，促进服务业质量提升。

推进内外销“同线同标同质”。深入开展出口食品企业“逐一帮扶”行动和“三同”食品进万家活动，“三同”企业及产品分别达到 2 620 家、9 866 种，产品销售额累计达 1 098 亿元。

3. 深化改革取得新突破。稳步推进绿色产品认证制度改革。会同相关部委制定绿色产品认证机构、检测机构能力要求，构建中国绿色产品认证信息平台。

全面深化强制性产品认证制度改革。制订了强制性产品认证整体改革方案，出台完善认证目录动态管理，推行企业自我承诺制度。

4. 行业治理形成新格局。部际协作深入推进。国家认监委（CNCA）会同中央网信办、发展改革委、工业信息化部、公安部、环保部等共同推进绿色低碳、网络安全、住房建设、军民融合等检验检测认证体系和采信机制建设。中国合格评定国家认可委员会（CNAS）通过监督审核和确认审核的现场检查方式，并与国家认监委（CNCA）、中国认证认可协会（CCAA）联动，充分发挥了专项监督警示作用，引导各类机构规范开展合格评定活动，确保行业健康发展。

二、饲料行业质量安全管理工作概述

（一）行业规模

根据农业农村部的相关信息，2017 年畜牧饲料生产总体稳定，商品饲料产量 2.3 亿 t，年产值超过 8 000 亿元，连续 7 年位居世界第一位，已占到世界饲料总产量近 20%。行业经过近几年的整合，饲料行业集中度明显提升，2017 年年产 100 万 t 以上企业达 35 家，占全国饲料总产量的 62%。

随着畜牧业行业企业规模的扩大，大型企业逐步在饲料原料、饲料加工、疫苗兽药、畜禽养殖、屠宰及食品加工领域等产业链上下游各环节进行延伸，纵深发展打造全产业链农牧企业。在产业链一体化发展趋势下，大型企业的细分行业属性逐步弱化，综合产品和服务提供能力增强，行业竞争与合作在产业链全方位展开。

（二）行业质量安全管理

作为畜禽养殖的重要投入品，饲料原料污染、饲料添加剂使用不当等因素都可能影响畜产品质量安全。随着消费者对食品安全越来越关注，饲料安全也越来越受到重视。目前，我国各级政府对饲料安全监管持续强化，为保障畜产品安全奠定了基础。

1. 继续推进《饲料质量安全管理规范》的全面实施。农业农村部出台的《饲料质量安全管理规范》等多项规定，对饲料原料采购与管理、生产过程控制、产品质量控制、产品贮存与运输、产品投诉与召回等多个方面进行了严格的规范，以保障饲料产品质量安全。

农业农村部于 2017 年继续组织开展饲料质量安全管理规范示范企业创建活动。经专家组现场审核，共有 26 个省（自治区、直辖市）的 72 家饲料生产企业通过部级验收。

2. 饲料质量安全管理取得成效。农业农村部组织开展的饲料质量安全专项监测数据显示，饲料质量安全管理取得成效。

（1）饲料质量安全继续保持较高水平。2017 年抽检商品饲料样品 11 000 批次，商品饲料质量卫生合格率 97.4%，比 2016 年提高 1.1 个百分点；商品饲料中“瘦肉精”、三聚氰胺等违禁添加物非法添加行为得到有效控制。针对饲料生产经营环节开展药物饲料添加剂专项监测，抽检样品 1 078 批次，检测合格率 95.7%。开展饲料企业和蛋禽养殖场氟虫腈专项大检查，出动执法人员 9 万余人次，检查饲料企业 4 155 家和蛋禽养殖场 5.7 万家，抽检饲料产品 4 151 批次，未发现饲料产品中含有氟虫腈成分。养殖环节“瘦肉精”抽检范围涉及 1.5 万家养殖场户，有效遏制了“瘦肉精”非法使用行为。

（2）饲料添加剂使用规定更加严格。农业农村部修订发布《饲料添加剂安全使用规范》，统筹保生态和保供给平衡，全面下调饲料添加剂使用最高限量，与世界上最严格的欧盟标准接轨，铜锌等限量指标还严于欧美发达国家。将抗氧化剂等类别中重要品种纳入管理范围，由原《规范》涉及的 4 类 73 个品种扩大到目前的 8 类 120 个品种，社会关注度高、风险较大的饲料添加剂品种基本都纳入《规范》管理。

（3）适应环保要求推动铜锌等金属元素减排。聚焦社会最关心的环境保护问题，适应养殖业绿色发展要求，大幅下调饲料中铜锌限量值，倒逼养殖场转型升级，提高管理水平，在满足养殖需求基础上有效降低铜锌排放量。预计执行新的限量规定后，我国养殖业每年可减排铜元素 0.8 万 t、锌元素 1.7 万 t，分别减量 50%和 34%以上。

三、行业质量认证工作开展情况

（一）行业开展认证情况简述

饲料及饲料添加剂行业开展的国内认证主要有 GB/T 19001 质量管理体系认证、GB/T 22000 食品安全管理体系认证，国际认证有欧洲饲料添加剂和添加剂预混合饲料质量体系（FAMI－QS）认证。

通过统计国内认证机构给饲料企业颁发的 GB/T 22000 食品安全管理体系证书数量，显示出近三年饲料企业开展食品安全管理体系认证的企业数量基本稳定，保持在 500 家左右。

近三年，饲料行业开展欧洲饲料添加剂和添加剂预混合饲料质量体系（FAMI－QS）认证的企业数量逐年增加。据统计，2017 年全球颁发 FAMI－QS 认证证书 1 100 张，其中中国颁发了 400 张，全球占比 24%，全球发证数量第一位。

随着国家环保政策日趋严格，饲料行业环保意识的加强，行业开展 GB/T 24001 环境管理体系认证的企业开始增加。

（二）北京华思联认证中心认证工作开展情况

2017 年，北京华思联认证中心（以下简称“中心”），作为畜牧行业专业的第三方认证机构，开展了如下工作。

1. 聚焦饲料及饲料添加剂行业，开展国内外认证业务。中心的发展宗旨是立足养殖和饲料行业，提供专业化认证服务，打造初级农产品加工产业链的专业认证机构。截至 2017 年年底，中心获证客户涵盖了国内开展认证的质量管理体系（GB/T 19001）、食品安全管理体系（GB/T 22000）、良好农业规范（GB/T 24001）、环境管理体系（GB/T 14001）、职业健康安全管理体系（GB/T 28001）五大专业领域；涵盖了国际欧洲饲料添加剂和添加剂预混合饲料质量体系（FAMI-QS）、动物饲料生产中的良好生产规范（GMP＋）、全球食品安全标准（BRC）等细分的专业认证领域。从行业分布看，聚焦在畜牧行业的饲料生产企业、养殖企业、屠宰加工企业、食品生产企业及化工行业的饲料添加剂生产企业，上述获证企业占到中心总获证企业 80%以上，其中，饲料及饲料添加剂生产企业获证企业占比达到 85%以上，充分体现了中心聚焦战略的经营理念。

从中心各领域颁发证书数量与组织规模分析来看，获证客户中企业集团、大中型企业比例超过50%，这些企业既有国有企业，亦有民营企业。通过为相关行业内领先企业提供认证、二方审核等服务，强化了中心具有的饲料及饲料添加剂、养殖、屠宰加工、食品及食品添加剂等领域认证的独特优势。

2. 国际合作认证业务稳定发展。2017 年，中心开展的欧盟 FAMI-QS 认证业务稳步增长，颁发的 FAMI-QS 证书占到全国颁发量的 65%，比 2016 年增加 10%。为促进行业质量和安全管理能力的不断提升，中心翻译了 FAMI-QS 新的认证标准，供中国区获得 FAMI-QS 认可的认证机构使用。

BRC 分包业务在 2016 年实现零的突破后稳定发展，新增认证客户 12%。

2017 年，蒙牛集团继续授权中心按照新西兰 Asure Quality（以下简称 AQ）专家为中国规模化牧场量身定做的《牧场食品安全保障标准》，对其合作牧场进行二方审核，这是中心与蒙牛集团第三次合作，全年完成了蒙牛 22 家合作牧场的二方审核，对蒙牛原料的质量把控发挥出专业作用。

中心作为荷兰 GMP+ International 授权可从事 GMP+认证的唯一中国认证机构，在为企业提供了 GMP+认证和增值服务同时，持续对 GMP+、英国 FEMAS 等饲料认证标准进行了跟踪研究，拟吸收其成熟有效的管控经验，为中国饲料行业质量和安全管理提供借鉴。

3. 服务社会，为行业质量安全发挥专业作用

（1）结合 ISO 9001 认证标准变化，为企业的质量管理提升提供培训指导。从标准维度看，2016 版标准更加注重通过过程方法保证体系运行效果，鼓励企业通过过程方法整合自身的运营管理体系和其他管理体系，使各体系整合成为协同一致的过程体系，避免“两张皮”的现象发生，从而实现企业各种管理活动的敏捷和高效。从管理维度看，中心的主要获证客户——饲料企业要执行农业农村部的《饲料质量安全管理规范》。将认证标准与《饲料质量安全管理规范》整合成为协同一致的过程体系，达到质量管理的提升，是饲料企业的需求，也是监管部门的要求。

中心聚焦并转化企业需求，2017 年全年为饲料获证企业举办了 4 次 GB/T 19001—2016 标准与《饲料质量安全管理规范》结合的培训，共有 80 余家企业，近 130 人参加了培训。

（2）持续开展《饲料质量安全管理规范》专项指导。中心深刻认识到推动《饲料质量安全管理规范》的全面落地是完成行业“十三五”规划的重要举措之一，是建立饲料产品大安全格局的重要保障，清楚自身作为行业认证机构，在推动《规范》执行工作中的使命和责任。2017 年度，中心对 10 余家饲料企业开展了《饲料质量安全管理规范》专项现场指导，与企业共同对管理流程进行了梳理并再造；结合年度审核，对百余家饲料企业《饲料质量安全管理规范》的执行情况提出了书面改进建议。

（3）为战略客户提供增值服务。2017 年中心按照中粮饲料的要求，对其下辖全国 5 大区域 20 余家企业的品控和生产负责人进行专业培训。中心专家协助中粮饲料发现管理的薄弱环节并进行改进，带动了其所辖企业管理能力的共同提升，确保了产品质量的一致性，食品链的安全性。

4. 结合行业监管重点，创新服务领域。兽药是预防、治疗动物疾病的重要物资，是保障养殖业健康稳定发展不可或缺的投入品，在保障动物源性食品安全和公共卫生安全等方面具有重要作用，因此对兽药特别是抗生素类兽药使用的监管是农业农村部及各地畜牧监管部门的工作重点。因产业发展迅速，国家的监管体系还不健全，同时兽药使用企业对兽药的专业性不足，如何选择管理规范的生产企业，是兽药使用企业面临的问题。

2017 年，中心接收中粮肉食的委托，首次开展了对其兽药提供企业的二方审核，为中粮肉食打造安全完整的产业链发挥出中心的专业作用。

通过创新服务领域，实现了政府、企业、中心的共赢，发挥出认证工作对经济持续发展和社会和谐进步的促进作用。

四、饲料行业质量及安全管理体系认证工作中存在的问题

饲料行业中开展质量及食品安全管理体系认证的单位仍集中于大型企业集团、非集团的大中型企业，这些企业按照 GB/T 19001、GB/T 22000 标准的要求建立起的质量和安全管理体系，实现了从原料采购、配方设计、产品加工到产品销售的全程质量控制，同时为实施《规范》奠定了良好的管理基础，帮助部分获证企业通过了农业部组织的《规范》示范企业的验收。

推动饲料行业内中小型企业开展认证仍是近年的难点，主要表现在以下几个方面。

（1）认证行业目前还是以价格竞争为主导，造成部分饲料企业认为质量安全管理体系就是文件化的体系，按标准要求编好文件，取得证书就完成了全部工作。

（2）部分企业为认证所编写的文件，与企业实际的运营管理脱节，造成质量安全管理体系运行与日常质量安全管理二者割裂，增加了管理成本。

（3）中小型企业产品质量和安全的风险控制意识不强，因经营效益等原因，用于保障产品质量和安全的投入也不足。

以上原因造成质量和安全管理体系第三方认证工作在饲料行业的中小型企业进展相对较慢。

五、建议

“十三五”期间，饲料行业全面实施《规范》，这将全面提升行业全员质量安全意识，推动行业设备和技术的升级，督促各企业建立并不断完善质量管理体系。

GB/T 19001 标准提出的质量管理体系要求，是世界范围内质量管理成功经验的浓缩和结晶，是世界范围内成功的质量管理方法的总结、提炼和固化（标准化）。特别是目前实施 2016 版标准，明确提出将标准要求融入企业的业务过程，进一步强调了领导作用和承诺。饲料企业借助专业性认证机构的技术能力，通过开展质量和食品安全管理体系认证，借鉴世界范围内成功的质量管理方法，融入《规范》的所有要求，建立起适合企业实际的系统的、规范的管理体系，为更好地执行《规范》打下基础。

2017 年北京华思联认证中心部分获证企业名单（表 2－66）。

表 2－66　2017 年北京华思联认证中心部分获证企业名单

序号	企业名称
1	唐人神集团股份有限公司
2	北京三元禾丰牧业有限公司
3	唐山禾丰饲料有限公司
4	甘肃禾丰牧业有限公司
5	西安禾丰饲料科技有限公司
6	凌源禾丰牧业有限责任公司
7	淮安禾丰饲料有限公司
8	西安禾丰饲料科技有限公司
9	沈阳禾丰牧业有限公司
10	台安禾丰饲料有限责任公司
11	沈阳正大畜牧有限公司
12	广汉正大饲料科技有限公司
13	长沙正大有限公司
14	天津正大饲料科技有限公司
15	正大预混料（柳州）有限公司
16	赤峰大北农农牧科技有限公司
17	常德大北农饲料有限公司
18	梁平大北农饲料科技有限责任公司
19	饶阳大北农农牧科技有限责任公司
20	通辽大北农牧业科技有限公司
21	哈尔滨大北农牧业科技有限公司
22	吉林大北农农牧科技有限责任公司
23	江西大北农科技有限责任公司
24	浙江大北农农牧科技有限公司
25	中粮饲料（佛山）有限公司

（续）

序号	企业名称
26	中粮饲料（茂名）有限公司
27	中粮天科生物工程（天津）有限公司
28	中粮饲料（新沂）有限公司
29	中粮饲料（沛县）有限公司
30	中粮粮油工业（黄冈）有限公司
31	中粮饲料（东台）有限公司
32	中粮饲料（黄石）有限公司
33	中粮饲料（唐山）有限公司
34	中粮家佳康（吉林）有限公司
35	中粮家佳康（张家口）有限公司
36	安徽天邦饲料科技有限公司
37	湖北天邦饲料有限公司
38	盐城天邦饲料科技有限公司
39	广东天邦饲料科技有限公司
40	内蒙古草原天邦饲料有限公司
41	淮安通威饲料有限公司
42	通威（大丰）饲料有限公司
43	西安通威饲料有限公司
44	通威股份有限公司无锡分公司
45	通威股份有限公司海南分公司
46	连云港通威饲料有限公司
47	天津通威饲料有限公司
48	佛山市高明通威饲料有限公司
49	宁夏银川通威饲料有限公司
50	广东通威饲料有限公司
51	嘉吉饲料（新疆）有限公司
52	嘉吉饲料（陕西）有限公司
53	嘉吉动物营养（郑州）有限公司
54	邦基玖瑞（德州）农牧有限公司
55	邦基（唐山）饲料有限公司
56	泰高营养科技（北京）有限公司
57	泰高营养科技（湖南）有限公司
58	内蒙古博瑞饲料有限公司
59	山东博瑞饲料有限公司
60	上海延华饲料有限公司天津分公司
61	辽宁九州生物科技有限公司
62	北京九州大地生物技术集团股份有限公司

（续）

序号	企业名称
63	张家口九州大地饲料有限公司
64	北京科兴大地饲料有限公司
65	北京康华远景科技股份有限公司
66	北京英惠尔生物技术有限公司
67	北京科为博生物科技有限公司
68	北京首农畜牧发展有限公司饲料分公司
69	北京三元种业科技股份有限公司滦平饲料分公司
70	北京菲迪饲料科技有限责任公司
71	北京亚禾营养高新技术有限责任公司
72	天津市圆鼎饲料有限公司
73	天津北英伟生物技术饲料有限公司
74	全能生物科技（天津）有限公司
75	天津昌农科技有限责任公司
76	天津光明荷斯坦牧业有限公司
77	天津硕普饲料有限公司
78	天津通和饲料有限公司宝坻分公司
79	天津瑞孚饲料有限公司
80	廊坊瑞康饲料有限公司
81	谷实农牧集团股份有限公司
82	沈阳谷实饲料有限公司
83	长春谷实饲料有限公司
84	唐山天康饲料有限公司
85	黑龙江九三农垦科菲特饲料有限公司
86	黑龙江省荣耀牧业有限公司
87	英赉动物营养（吉林）有限公司
88	沈阳英大科技发展有限公司
89	锦州双胞胎饲料有限公司
90	山东佑润生物技术股份有限公司
91	山东和达农牧有限公司
92	潍坊硕昌中慧饲料有限公司
93	山东惠康饲料有限公司
94	诸城中慧饲料有限公司
95	青岛明慧饲料有限公司
96	临沂市环山饲料有限公司
97	山东龙昌动物保健品有限公司
98	赤峰家育饲料有限公司
99	青岛大信饲料有限公司

（续）

序号	企业名称
100	青岛和美饲料有限公司
101	宇星饲料（德州）有限公司
102	烟台大韩饲料有限公司
103	河南大陆农牧技术股份有限公司
104	河南普爱饲料股份有限公司
105	河南广安生物科技股份有限公司
106	河南雄峰科技有限公司新郑分公司
107	河南聚丰饲料科技有限公司
108	安徽申亚农牧科技股份有限公司
109	固安君德同创生物工程有限公司
110	武汉安佑饲料科技有限公司
111	衡阳市中宝饲料科技有限公司
112	湖南旺大生物科技有限公司
113	深圳康达尔（邵阳）饲料有限公司
114	江苏天成科技集团有限公司
115	江苏比利美英伟营养饲料有限公司
116	盐城恒兴饲料有限公司
117	太仓安佑生物科技有限公司
118	金朝生物科技（上海）有限公司
119	上海黑马饲料有限公司
120	诺伟司饲料添加剂（上海）有限公司
121	上海创博生态工程有限公司
122	上海朝翔生物技术有限公司
123	广东希普生物科技股份有限公司
124	广东科邦饲料科技有限公司
125	广东兴腾科生物科技有限公司
126	广东雅琪生物科技有限公司
127	广东海因特生物技术集团有限公司
128	广州市番禺区大川饲料有限公司
129	广州南宝饲料有限公司
130	广州市海维饲料有限公司
131	广州市众望饲料有限公司
132	广州市骏宝饲料有限公司
133	江门珊瑚饲料有限公司
134	广州绿安康饲料科技有限公司
135	广州市联鲲生物科技有限公司
136	广东君有饲料有限公司

（续）

序号	企业名称
137	茂名君有饲料有限公司
138	漳州日高饲料有限公司
139	厦门汇盛生物有限公司
140	海南海壹水产饲料有限公司
141	柳州亿万饲料科技有限公司
142	广西旺大饲料有限公司
143	南宁市泽威尔饲料有限责任公司
144	南宁艾格菲饲料有限公司
145	南昌比利美英伟营养饲料有限公司
146	大理东道农业产业有限公司
147	云南东道饲料有限公司
148	成都蜀星饲料有限公司
149	康地饲料（银川）有限公司
150	陕西正立乳业有限责任公司泾阳饲料厂

（雷学锋）

地方篇

北京市饲料工业

【饲料工业发展概况】

在政治副中心建设过程中，非首都核心功能的疏解，养殖业及上游饲料产业面临巨大的挑战，正在经历着从粗放到集约，从数量到质量的转型。绿色、环保、安全的要求成为新常态，外部压力倒逼饲料企业转型升级。2017年饲料生产中小企业持续清退或自主退出，企业数量持续减少，总产值、总产量和总营业收入分别为111.3亿元、214万t、111亿元，同比分别下降19.3%、18.4%、23.4%。

2017年北京市饲料工业“双减、双增、三提升”情况。

双减：一是指企业数量减，2010年有饲料企业357个，2016年调减到218个，2017年饲料企业共计199家，其中国有企业9家，集体企业1家，私营企业90家，股份有限公司71家，股份有限责任公司19家，股份合作制企业1家，港澳台企业3家，外商2家，其他登记注册类型企业3家。行业集中度越来越明显的同时，质量向好，效益提高，竞争力明显提升。二是从业人员减，2017年北京市饲料企业职工总数为8 737人，同比2016年9 190人减少4.9%，其中大专以上学历人数占总人数的55.2%，比2016年占比51.1%上升4.1个百分点；特有工种人员584人，同比2016年739人减少9.1%，特有工种人员人数占总人数的6.7%，比2016年占比7.8%，下降1.1个百分点。

双增：是指外迁企业数量增，主要集中于河北、内蒙古、山东等周边省份。2017年，北京市饲料出口量和出口额分别为10 586.6t、6 629.7万元，同比增长32.1%、79.6%。饲料添加剂增长幅度较大，出口量和出口额分别由2016年的845.4t、1 420.1万元增长至1 714.7t、3 823.1万元，同比增长102.8%、169.2%。

三提升：是环保意识提升，抗风险能力提升，品牌效应提升。

一是绿色、环保、安全的要求成为新常态，外部压力倒逼饲料企业转型升级，粉尘不达标，锅炉不达标，污水处理不达标，安全要求不达标，就会被断水断电贴封条，使企业的环保意识大大提升。

二是市场的精细化和多元化使传统粗放式的饲料生产难以为继，要求企业创新产品、创新技术、创新品牌，转变经营理念和经营模式，采用互联网＋模式，节本增效；一些有条件有实力的大企业通过兼并重组、产业融合等方式，延长产业链，抗风险的能力大大提升。

三是以科研单位为依托的科技研发型饲料企业，科技含量高，成长迅猛，酶制剂、微生态制剂以及高密度发酵等领域有较大突破，到“十三五”末，要逐步禁用抗生素，本市以植物提取物替代抗生素的新型饲料，已经形成了以技术、品牌、质量、服务为核心的综合竞争态势，远远走在行业前沿，且成燎原之势，引领优势大大提升。英惠尔、昕地美等饲料企业的产品已远销欧美、东南亚等国。

【组织结构】

北京市农业局畜牧管理处是北京市的饲料行政管理部门，依法负责本市饲料的行政许可、行业监督管理、质量安全监测工作。

【主要工作内容】

1. 规范行政许可工作，加快企业转型升级。继续实行行政许可，强化事前监管，严把入口关。严格按照《条例》和行政许可审批程序，认真组织有关专家对企业申报材料和现场审核，把好准入关，从源头上保障饲料质量安全，提升行业整体素质。全年受理行政许可25家，其中审核通过的许可证24家，变更许可证19家，批准文号138家。

2. 加强饲料安全监管，提高质量安全状况。印发《2017年北京市饲料、生鲜乳、瘦肉精和草种质量安全监测计划》，据市饲料监察所饲料质量安全监测显示，2017年对大兴、房山、密云、怀柔、平谷等9个区的各类饲料样品1 460批次进行抽样检测，样品合格率为98.9%。印发《关于严厉打击饲料生产和养殖环节违法使用兽用抗菌药物行为工作方案的通知》，严厉打击饲料和饲料添加剂生产企业违法违规使用兽用抗菌药物的行为及养殖环节违法违规使用兽用抗菌药物的行为，全市出动执法人员873人次，执法次数366次，饲料结案7起，罚款3.31万元，没收违法所得3 244.1元，没收饲料1 889kg；其中生产环节4起，罚款2.61万元，没收违法所得1 000元，没收饲料1 860kg；经营环节3起，罚款7 000元，没收违法所得2 244.1元，没收饲料29kg。积极应对“3·15”曝光的非法添加事件，较好地完成了党的十九大、北京市党代会等重大活动保障。

3. 加快推进《饲料质量安全管理规范》实施，提升行业水平。全面推进《饲料质量安全管理规范》进入实质推动阶段，将《饲料质量安全管理规范》纳入企业许可验收。两年来北京市创建《饲料质量安全管理规范》部级示范企业10家，有9家企业办理了对外自由销售证明，上市企业达到7家。主要得益于新的饲料法规体系的落实，提高了饲料企业的准入门槛，减少数量，加强监管，培育了企业的综合实力和可持续发展能力。

4. 稳步推进饲料统计监测工作。严格按照《全国饲料工业统计报表制度》中对统计对象、调查范围、填报时限等的要求，组织企业按时填报，保质保量完成数据上报工作。在企业上报数据后，市、区两级层层审核，确保上报数据的准确性，为行业发展规划的制定，企业生产、发展动态，行业健康发展的指导提供具体数据和可靠依据。不定期通过电话沟通、面对面沟通等不同形式对统计人员的工作状况和工作形式进行询问和调研，针对发现的问题及时纠正，对企业存在的系统报送问题积极回应，耐心解答，解决统计工作中的实际困难。

5. 加强宣传培训，提升行业素质。为全面落实《饲料质量安全管理规范》，营造全行业齐抓共管饲料质量安全的良好氛围，2017年9月4日，召开创建《饲料质量安全管理规范》市级示范企业活动启动大会暨培训会，145家饲料生产企业参加，分三个阶段实施市级《饲料质量安全管理规范》示范企业工作，推动企业加强内部管理，加快行业转型升级，提高监管力度，树立企业饲料质量安全管理的“样板”和“标杆”。

【存在问题】

一是在城市副中心建设过程中，一些企业面临搬迁和关闭的困境，对改造提升持观望态度。

二是在市场竞争日益激烈的环境中，在新常态条件下，同质化的问题突出，特色的科技含量高的无抗和节能环保的饲料和饲料添加剂产品有待于更好地开发。

（北京市农业局）

天津市饲料工业

【饲料工业发展概况】

2017年天津共有各类饲料生产企业195家，比2016年同期增加13家。其中，配合饲料、浓缩饲料、精料补充料生产许可的企业189家，预混合饲料生产许可的企业69家，混合饲料添加剂生产许可的企业25家，添加剂生产的企业14家，单一饲料生产企业17家。全年饲料工业总产量213.13万t，总产值89.92亿元。其中配合料（含精补料）138.8万t，浓缩料46.6万t，预混料23.9万t，添加剂和混合型添加剂产量为3.83万t。天津市饲料行业总体规模不大，围绕京津冀协同发展战略，建设以优势、精品、安全为特色的饲料产业，有像正大科技、诺维信、奥特奇、挑战博德等一批创新型饲料企业。天津市利用港口及物流等区位优势发展豆粕等单一饲料，单一饲料年产量达380万t。

2017年天津市饲料生产主要特点：一是饲料生产与畜牧生产发展情况相适应，总产量稳中有降，反刍浓缩料逆势突起，添加剂大幅回落，饲料总量有所下降。二是产业集中度明显提高。随着环保监管力度的加大，天津市各区在产业园区以外的饲料企业、规模小投资少产能低的企业遇到不小的环保压力，全市1/4的企业存在不同程度的整改压力，企业联合、重组、兼并步伐加快，产业集中度明显提高。三是饲料企业创新能力不断增强。随着京津冀一体化发展和非首都功能疏解深入推进，一批以科研单位为依托的科技研发型饲料企业在天津市落户和创立，推动了天津市饲料工业科技水平的提升。

在京津冀一体化战略中，天津市定位为“全国先进制造研发基地、北方国际航运核心区、金融创新运营示范区、改革开放先行区”。在“十三五”期间天津市要结合天津现代都市型农业定位和国家自主创新示范区的要求，优化调整发展定位，明确科技创新驱动饲料产业，突出发展生物饲料等科技含量高的饲料产品。

生物饲料开发国家工程研究中心落户天津蓟县，成立了天津博菲德科技有限公司。中心将建设成为面向全行业的生物饲料研发平台、工程化验证基地、人才交流培训中心、技术转移和技术咨询服务中心，将会为天津饲料工业创建新的平台和机遇。作为饲料行业主管部门，天津市畜牧兽医局会积极推动中心在天津的发展，突出精品、特色、高档定位，充分发挥工程研究中心在饲料生物技术、饲料添加剂、畜禽水产饲料与营养和饲料与食品安全等方面的强大研发实力及国家级平台优势，促进天津的生物饲料产业发展和升级。

【主要工作】

1. 贯彻落实《饲料和饲料添加剂管理条例》，加强依法监管。强化事中、事后监管，加强获证企业证后监管。一是抓源头管理，强化企业主体责任。组织开展饲料生产企业年度备案工作。完成全市176家饲料生产企业和23家委托生产备案。以备案工作为抓手，全面掌握全市获证企业情况，做到监管底数清，情况明。强化落实企业主体责任，明确企业责任义务，全市签订企业生产质量安全责任书167份，经营企业质量安全承诺书78份。为全面实施饲料生产经营事中事后监管工作奠定良好基础。二是建立巡查制度，落实属地管理责任。严格落实月巡查制度和经营门店登记备案制度，强化对生产企业和经营门店日常监管，全市各级饲料管理部门共出动执法人员6 500余人次，检查饲料生产、经营企业1 900余个次，养殖环节1 872场次，排除安全隐患100余处，印发资料6 057份，立案查处3起，处罚金额4.4万元。三是强化专项治理，组织开展了全市饲料添加剂氯化钠生产经营情况调研、饲料生产经营环节药物饲料添加剂专项检测、严厉打击违法使用兽用抗菌药物专项行动、禽蛋饲料养殖环节质量安全专项检查，全年持续性开展饲料打假专项行动，对全市190余家饲料生产企业、70余家饲料经营场所以及规模化养殖场进行了巡查和抽查，保障了天津市饲料产品质量安全。各区共巡查饲料生产企业、经营场所1 900余场次，参与巡查人员4 000人次。有力推动了饲料质量安全依法监管工作任务的落实。四是加强交流学习，及时总结推动。为规范饲料行业监管和饲料及饲料添加剂生产经营行为，推动天津市饲料行业依法行政规范化水平不断提升，组织开展了区级饲料行业管理工作互查互学活动，加强各区间交流学习。同时，根据《2017年天津市饲料质量安全监管工作实施方案》安排，按时组织召开专项会议，做到年初有部署、年中有推动、年终有总结，及时掌握工作进展情况，总结典型经验、推动计划任务落实，使各区、各阶段工作得到较好的协调推进，也使全市饲料行业监管水平得到进一步提升。

2. 全面实施《饲料质量安全管理规范》，开展示范创建，提高企业规范化生产水平。深入推动《饲料质量安全管理规范》的实施，组织开展了市级质量安全管理规范示范企业创建活动。组建了天津市《饲料质量安全管理规范》示范企业创建评审委员会专家库，制定了天津市示范企业验收标准和程序。市区两级饲料主管部门开展《饲料质量安全管理规范》培训十余场次，培训人员450余人次，深入企业开展了《规范》示范创建培训指导，组织专家对申报创建企业进行了市级验收，有7个企业被评为市级示范企业。组织开展了全市示范企业观摩学习和经验交流会，通过一系列示范企业创建活动的开展，推动了饲料企业质量安全规范化生产水平的提高。

3. 加强质量监测，实施检打联动。全面开展饲料质量安全专项监测，监测范围覆盖全市饲料生产企业的经营和使用环节。全年完成检测饲料3 024批次，检测合格率100%。区级饲料主管部门抽检饲料样品检测项目600批次，不合格批次有2批。全市完成饲料样品检测3 624批次，全年饲料抽检合格率达到99.9%以上，饲料质量安全水平保持平稳态势。

【存在问题】

1. 天津市饲料生产企业规模化水平还比较低。部分饲料生产企业投入不足，建设水平低，在环保监管越来越严的形势下，生存压力加大，全市饲料生产能力下滑趋势明显。

2. 饲料经营监管工作难度大。目前饲料流通经营企业规模小，布局分散，兼营情况突出，因为没有经营许可制度，缺乏有效的监管手段和质量控制措施，存在很大的安全监管风险。

3. 执法队伍有待健全。区级政府监管能力不适应各种要求，监管执法人员不足、体制不顺、受公车制度改革影响，普遍存在执法设备不能满足工作需要的问题。

4. 饲料使用环节管理比较薄弱。在养殖环节，违法添加、超范围使用是畜产品质量安全的关键，但养殖企业数量多、分布广、监管工作量大面宽，天津市饲料监管人员、装备还不能适应监管要求，质量安全风险尤为突出。

（天津市畜牧兽医局）

河北省饲料工业

【饲料工业发展概况】

饲料产量稳定增长。2017 年完成饲料总产量 1 345万 t，比上年增长 0.4%。其中，配合饲料、浓缩饲料和添加剂预混合饲料产量分别为 1 131 万 t、196 万 t 和 18 万 t，与上年同比分别增长－0.5%、3.7%和 28.6%。生产企业数量有所增长。2017 年年底，河北省饲料和饲料添加剂生产企业 1 253 家，比上年同期增加了 96 家。其中浓缩饲料、配合饲料、精料补充料企业 594 家，较上年同期增加 49 家，单一饲料企业 185 家，与上年相比没有变化，饲料添加剂企业 191 家，添加剂预混合饲料生产企业 274 家，分别比上年同期增加 27 家、20 家。产业集中度明显提高。饲料行业联合、重组、兼并步伐加快，生产经营方式转变呈现新格局。河北省 594 家浓缩饲料、配合饲料、精料补充料企业中，2017 年产量 10 万 t 以上的企业数量达到了 30 家，年产万吨以上企业比例达到 90%以上。饲料行业“两个安全”得到有效保障。2017 年，省级以上饲料监督抽检合格率 98%以上，全年未发生安全生产事故，实现了饲料质量、饲料生产“两个安全”。宠物饲料产业快速发展。2017 年河北省宠物饲料总产量达到 45 万 t，较上年增长 80%，占全国总产量的 60%以上，宠物饲料由单纯的宠物干粮不断向干、湿粮为主，宠物零食、奶糕等多品种发展。南和县已成为全国最大的宠物饲料生产基地。粮改饲工作卓有成效。全省共落实“粮改饲”面积 203.7 万亩，落实万亩示范区 21 个，千亩示范片 226 个。各试点市、县共完成收贮面积 148.9 万亩，完成收贮量 405.6 万 t，圆满完成了国家下达河北省试点面积 104 万亩、收贮量 312 万 t 试点任务。草原生态补奖政策有效推进。2017 年补助河北省绩效奖励资金 15 574 万元，比 2016 年（14 236 万元）增加 1 338 万元，增幅达 9.4%。草原补奖政策绩效考核得到了认可。落实草原禁牧任务 1 747.3 万亩，建设“草原生态保护示范区”28 个，草原综合植被盖度达到 71.2%。草原防火实现了“四个确保”目标，未发生虫鼠害暴发破坏草原生态环境事件。

【主要工作】

1. 开展饲料和饲料添加剂等投入品隐患排查紧急行动。中央电视台“3·15”晚会曝光外省个别企业及养殖场（户）非法添加饲料药物添加剂，包括“人用西药”等现象后，起草印发了《河北省畜牧兽医局关于开展饲料和饲料添加剂等投入品隐患排查活动的紧急通知》，于 2017 年 3 月 18 日至 4 月 30 日，开展了为期 40 天的全省饲料、饲料添加剂等投入品隐患排查活动。据统计，本次活动中，全省共出动监督执法人员 5 639 人次，检查生产经营企业 2 751 个，其中饲料和饲料添加剂生产企业 1 016 个，经营单位 1 739个，查处违法违规饲料和饲料添加剂生产企业 6 个，查处饲料和饲料添加及经营单位 10 个，下达责令整改通知 110 份、行政处罚通知 2 份，取缔无证照企业 1 家，查扣违法产品 4t，罚款金额 2.362 万元。有力震慑了违规生产等不法行为。

2. 开展饲料原料专项整治行动。为进一步加强对饲料原料市场的规范化管理，提高产品质量，印发了《2017 年河北省饲料原料专项整治实施方案》，于 2017 年 3 月 15 日至 6 月 15 日在全省范围内开展饲料原料专项整治行动，对单一饲料生产企业进行了拉网式检查，对饲料生产、经营企业饲料原料使用、经营情况进行了抽查，进一步净化了饲料原料市场，为确保饲料产品质量安全奠定了基础。

3. 落实饲料行业安全生产责任。制订了《2017 年河北省饲料行业安全生产指南》《饲料行业安全生产应急预案》，与各市饲料办签订了安全生产责任状，明确了安全生产主要工作内容及相关责任。认真落实省领导在全省安全生产电视电话会议上的讲话精神和省安委办《关于切实做好全国两会期间安全生产工作的通知》精神，对各市饲料安全生产工作进行了检查。举办了河北省饲料生产企业安全生产应急演练活动，并邀请专家对饲料安全生产知识进行了培训。经过努力，河北省饲料行业全年未发生等级以上安全生产事故。

4. 开展饲料监督监测抽检活动。一是根据农业部印发的《2017 年全国饲料产品质量安全监测计划》，结合河北省实际，制订了河北省 2017 年饲料监测计划，对河北省饲料和饲料添加剂抽样批次、检测重点、检测项目进行了细化完善。二是开展应急监测。"3·15"后，对饲料中喹乙醇和磺胺喹噁啉进行检测，检测 36 批，其中 4 批有喹乙醇检出，但结果合格。三是配合农业部饲料质量监督检验测试中心（济南）进行了霉菌毒素风险预警监测抽样。四是对群众举报的保定市唐县葛堡村饲料经营使用环节饲料存在风险隐患问题，组织保定市饲料执法人员、唐山市畜禽水产品监测中心抽样人员，对该村经营使用环节饲料进行抽检，对不合格产品进行了查处。五是配合农业部饲料质量监督检验测试中心（武汉）进行了饲料药物添加剂监督抽检。

5. 举办 2017 饲料业发展峰会暨饲料法规培训班。2017 年 3 月 18～19 日，2017 河北省饲料业发展峰会暨饲料法规培训班在石家庄市举办。河北省各市、重点县饲料办主任、饲料生产企业负责人等 800 余人参加了会议和培训，会议特别邀请了李德发院士、中国饲料工业协会闫奎友处长等专家学者进行了讲座，收到了良好的效果。

6. 指导南和县举办首届宠物嘉年华。为了推进河北省现代宠物饲料产业体系健康发展，南和县委、县政府组织举办了首届全国宠物嘉年华，省局对该项行动进行了全程指导。通过努力，首届宠物嘉年华于 5 月 20～21 日成功举办，农业部畜牧业司、全国畜牧总站有关领导出席开幕式并讲话。

7. 开展饲料行业先进评选活动。为表彰在饲料战线上为河北省饲料行业发展做出突出贡献的企业和个人，在全省评选出了"河北省饲料行业年度人物"5 人、"河北省饲料行业十强"10 家、"河北省饲料行业先进工作者"87 名，并于 2017 年 3 月在石家庄召开的"2017 河北省饲料业发展峰会"上进行了表彰。

8. 扎实开展粮改饲工作。一是对粮改饲工作及早安排布置。春节过后，3 月召开了河北省粮改饲工作会，各试点县进行了典型经验交流，与会人员对《2017 年河北省粮改饲工作实施方案》进行了讨论研究，对 2017 年工作进行了安排、目标进行了分解，指导各市、县提前做好 2017 年"粮改饲"试点申报准备工作，为顺利完成粮改饲工作打下了基础。二是举办了省全株青贮玉米收贮技术推广现场培训班。9 月份在保定市对全省试点市、县有关人员进行了技术培训，观摩了玉米品种选育试验示范基地和全株青贮玉米收获现场，试点市、县进行了工作交流发言，对推进 2017 年"粮改饲"试点工作、确保约束性指标任务完成进行了"攻坚战"动员部署。三是做好粮改饲收贮进度信息周报报送工作。为贯彻落实国务院办公厅督查要求，掌握各市、县收贮进度，根据《农业部畜牧业司关于报送粮改饲收贮进度信息周报的通知》要求，河北省于 8 月 14 日启动粮改饲收贮进度信息周报报送工作，安排专人负责试点市、县数据的收集整理，汇总后按时上报农业部。四是完成粮改饲试点工作落实情况的督导检查。为确保河北省粮改饲试点任务全面落实，根据项目管理要求，于 9 月下旬至 10 月中旬，对全省粮改饲试点市、县粮改饲工作落实情况和收贮进度开展了交叉督导检查工作。通过交叉督导检查，有效促进了项目的落实。

9. 强力推进草原生态保护建设。完成了对 2016 年"草原生态保护示范区"建设项目实施方案的批复。报经省政府同意，印发了《河北省 2017—2020 年草原生态保护补助奖励政策实施方案》。落实草原禁牧任务 1 747.3 万亩，制定印发了"草原生态保护示范区"推进工作方案，多次开展了 2016 年草原生态补奖政策落实督导检查，督促各县加快工作进度，帮助各县区解决项目实施中遇到的一些难点问题，对个别县进行约谈。每季召开全省草原生态补奖政策调度会，总结上季度工作，安排部署下一步工作。配合农业部在滦平县圆满地完成了以"京津冀联防草原火保安全献礼十九大"为主题的全国草原防火实战演练。层层签订防火责任书。在节日及敏感时期组织督导检查，实现了"零火警"。制定印发了《2017 年河北省草原虫害防治工作实施方案》和《2017 年河北省草原鼠害防治工作实施方案》，未发生鼠虫害严重破坏草原事件。在对全省草原资源数量、质量、现状进一步清查的基础上，组织专家技术人员编制了《河北省草原生态保护建设总体规划》，结束了国家审计署审计提出的河北省草原长期没有专门规划的历史。

【存在问题】

1. 监管体系建设不健全。部分县（市、区）监管、检测和执法力量比较薄弱，不能满足饲料质量安全监管工作需要。

2. 监管任务重、难度大。河北省中小企业数量较多，企业人员素质参差不齐，监管任务十分艰巨。

3. 生产企业主体质量安全责任意识还需要增强。

4. 监管部门发现问题、处理问题能力还需强化提升。一些地方虽然开展风险排查了，却发现不了质量安全隐患和问题，在执法立案查处方面是空白，不能对违法行为形成有力震慑。

5. 部门联动机制仍需加强，准出准入衔接机制、涉嫌犯罪线索移送及查处机制还不完善。

6. 个别县（市、区）饲料质量安全管理规范工作还停留在试点阶段，没有在面上整体推开。

【下一步工作思路】

1. 加强饲料法规规章的宣贯培训。抓好新修订的饲料法规、规范性文件的宣贯培训，对辖区内所有监管人员进行培训、企业进行轮训，提升监管能力，激发企业主体积极性，提升全行业知法守法水平。

2. 做好饲料生产许可证换发工作。严格按照许可条件和要求进行材料审查和现场审核，既要让符合要求、管理规范、按时申报的企业及时拿到生产许可证，又要把一些弄虚作假、不符合条件的企业坚决拒之门外。同时，对本辖区到期未申请换证的企业坚决予以关停，避免出现无证生产现象。

3. 加强对饲料药物添加剂在饲料中使用的管理。加大对使用饲料药物添加剂生产企业的排查力度，一旦发现有超限量、超范围添加，不按照要求在标签上标示有效成分、休药期等违规行为，按照《条例》严厉处罚。

4. 继续抓好安全生产工作。结合日常监管工作，加大对饲料企业安全生产检查力度，实现安全检查"痕迹化管理"。在饲料行政许可环节推行安全生产"一票否决制"。继续开展安全生产应急演练活动，督促辖区内饲料生产企业建立多层次、全覆盖的安全生产事故应急预案体系，提高应对突发事件综合处置能力。

5. 加大执法检查力度。加大对饲料生产企业的检查力度，对拒不执行《规范》的企业按照相关规定予以处罚。加大对例行监测和群众举报问题的检查力度。开展宠物饲料、动物源性单一饲料等专项整治，严厉打击无证生产饲料和饲料添加剂行为，严厉打击违规添加行为。鼓励社会各界对各类饲料违法行为进行举报，对各级例行监测及群众举报的问题，加大核查力度，进行重点跟踪检查。对问题较多的企业重点监控。

6. 做大做强宠物饲料产业体系。充分发挥河北省饲料资源优势，通过专项整治、座谈研讨、推进全过程质量控制等多项措施，帮助和指导宠物饲料生产企业规范生产，提高产品性能，增加品种，扶持宠物饲料企业上等级、上规模、创品牌，加快产业内部的整合步伐，重点培养大型企业，做大做强宠物饲料产业，提高国内市场占有率，扩大国际市场份额，有效提高社会知名度。

7. 采取有效措施推进草原生态保护。按照《河北省2017—2020年草原生态保护补助奖励政策实施方案》要求，督促各县加快工作进度，帮助各县区解决项目实施中遇到的一些难点问题，推进补奖政策落实。督促补奖政策新增五县（兴隆、滦平、赤城、怀来、涿鹿）加快草原确权工作，进一步落实禁牧责任，确保草原生态补奖资金发挥效益。对"草原生态保护示范区"工作进行认真梳理，对亮点特色工作进行总结提炼，特别是各试点县涌现出的好经验、好做法，加强典型模式宣传推介，确保重点工作落到实处。

8. 创造性开展粮改饲试点工作。一是制订实施方案。根据不同草食畜种，探索全株青贮玉米及其他饲草料利用模式；根据当地的水热气候条件、农作物种植制度及生产习惯，确定推广模式，搞好产销衔接，制订实施方案，开展工作指导。二是建设饲草基地。因地制宜大力推行种养结合的产业发展模式，鼓励各类草食畜养殖场，特别是大型养殖场、家庭农（牧）场建设自有饲草料基地。三是创新土地利用模式。通过土地流转或牧草生产订单模式，探索建立牧草种植企业独资经营、专业合作社、专业大户、家庭牧场等多种青贮饲草料种植模式，逐步形成"龙头＋基地＋经纪人＋农户"生产经营模式，实现龙头和农民的共赢。

（河北省农业厅草原与饲料处）

山西省饲料工业

【饲料工业发展概况】

2017年山西省饲料行业努力克服经济发展新常态面临的各种挑战，面对原材料价格上涨、生产成本增加、畜产品价格低迷、环保压力增大等复杂多变的内外环境，积极应对，较好地化解不利因素，取得了生产平稳发展，质量安全保持较高水平，市场秩序明显好转的成绩。

据统计，2017年全省共有获证饲料生产企业181家，饲料总产量为278.8万t，同比减少2.4%，其中配合饲料251万t，同比减少2.1%；浓缩饲料23.2万t，同比减少11.8%；预混料4.6万t，同比增长50.6%。按饲喂对象来看，生产猪饲料76.1万t，同比增长26.2%；蛋禽料86.6万t，同比减少10.3%；肉禽料106.5万t，同比减少6.2%；反刍料7.2万t，同比减少29.3%。总体来看生产形势呈现以下特点：一是产能有所提高，产量小幅减少，生产条件明显改善。随着饲料生产企业准入门槛的不断提高，生产许可条件越来越严。通过严格行政审批，淘汰落后产能，企业生产规模不断扩大，2017年全省饲料生产企业单班生产能力达3.6万t/h，同比增加5.8%；但产量有所下降，配合饲料出现多年来的首次减少，特别是浓缩饲料减幅较大，预混料逆势而上，呈现50.6%的涨幅。这与山西省养殖结构调整和饲料原料上涨密切相关。二是产能过剩现象普遍，开班率严重不足，生产效益不容乐观。设备的生产能力增加了，但养殖量和市场需求量没有同步，特别是规模化养殖已经成为养殖的主导，在技术条件满足的情况下，养殖场更愿意使用自配料来减低养殖成本。商品化饲料市场逐渐萎缩，饲料销量呈现下降趋势，造成企业设备不能满负荷运行，大部分企业不能连续生产，初步计算，开班率不足30%。三是产品结构不断调整，饲料转化率越来越高，适应市场的能力越来越强。2017年全省猪存栏、出栏都有所增长，带动猪饲料明显增长，在蛋禽料、肉禽料、反刍料和水产料大幅下降之时，猪料一枝独秀，呈现难得的26.2%的增长。主要原因是国家养殖结构调整，设立了禁养区，出现了南猪北养潮，山西省通过招商引资，先后引进了广东温氏集团、河南牧原集团和天津宝坻等集团化养猪场，再加上山西省自己培育的新大象集团的规模化养猪场，使得猪存栏量和出栏量都有所增长。蛋禽料原来是山西省饲料主打品种。鸡蛋行情长期低迷，严重影响了养鸡户的积极性，蛋鸡存栏量减少，直接影响了蛋禽料的销售。肉禽料也呈现不增反降的趋势。四是产业链条进一步延长，一条龙发展优势明显。以大象集团、晋龙集团、山西金粮为代表的大型龙头企业，实行饲料加工、畜禽养殖、屠宰加工一条龙经营，着力打造从田间地头到餐桌的模式，通过延长产业链、集团化管理等方式，趋利避险，在追求利润最大化上做文章，走出了一条产业化经营的路子。五是品种系列更加细化，专业化和特色化水平不断提高。山西大北农饲料有限公司、山西安佑饲料有限公司将产品重心集中到了投入成本大、技术含量高、利润回报好的教槽料、乳猪料、母猪料等品种上来，中小饲料企业也充分挖掘自身潜力，不贪多而求精，将产品研发集中到某种特定养殖动物和特定养殖阶段上来，努力将产品做到极致，稳定自己的销售市场。

【组织机构】

山西省农业厅饲料奶站管理办公室负责全省饲料监督管理工作，在2017年12月这项工作由山西省农业厅畜牧兽医局代管。山西省饲料兽药监察所负责全省饲料监督检验、委托检验、仲裁检验等检测工作，各市和部分县设立饲料管理部门，负责本辖区的饲料监管工作。

【主要工作】

1. 认真组织实施农业部饲料产品例行监测计划，按时按质完成抽检任务。按照农业部下达的全国饲料产品质量安全监测计划，全年共抽检企业351家，完成检验样品447批次，其中，饲料产品质量安全监测任务抽检企业107家，检验样品159批次，合格率95.6%。协助江西省兽药饲料监察所、上海市动物卫生监督所、浙江省兽药饲料监察所、北京市饲料监察所完成异地抽样160批次。

2. 周密部署，严格检查，确保饲料企业安全生产，杜绝安全事故的发生。为确实做好安全生产工作，遏制重大事故发生，山西省饲料兽药监察所认真按照山西省农业厅《关于在全省农业领域开展安全生产大检查的通知》和统一安排，对全省饲料行业组织开展了为期3个月的安全生产大检查。此次安全大检查，由省饲料奶办统一组织实施，组织有关专家和各级饲料监管部门，深入企业生产一线，对企业生产安全责任制的落实，生产安全规章制度和操作规程的建立，员工现场操作的安全意识，消防设施进行了安全隐患排查。重点检查除尘、防火、生产安全操作。通过检查整改，进一步优化了饲料企业安全生产环境，为企业增产增效良性安全发展保驾护航。

3. 全面实施《饲料质量安全管理规范》培训、指导和落实工作，行业的规范化管理进程进一步加快。从2015年7月1日《饲料质量安全管理规范》正式实施以来，山西省制订了实施方案，并通过多次举办培训班，组织企业现场观摩等形式，积极推进《规范》的实施。2018年饲料兽药监察所对现行的饲料专家委员会人员进行更新和调整，并对专家进行《规范》内容的培训，形成一支素质强、标准高、会服务的专家队伍，为稳步推进《规范》的实施提供技术保障。截至目前，山西省共有3家企业，山西大北农饲料有限公司、山西金粮饲料股份有限公司、山西禾丰牧业有限公司通过了农业部规范示范企业验收。2017年太原市率先推进市级《规范》企业的检查验收工作，辖区内的18家企业成为市级饲料质量安全规范企业。

【存在问题】

1. 从省级到市级、县级饲料管理部门普遍存在机构不健全、人员不到位、经费无保障等问题，已经成为影响饲料管理工作正常开展的主要因素。

2. 现在山西省饲料生产企业许可审批由行政审批处承担，由于工作衔接和审批方式的转变，饲料监管部门对企业信息的了解不如以前直接和及时，再加上取消了企业年度备案制度，监管工作某种程度受到一些影响。

【下一步工作思路】

1. 按照饲料质量安全监管工作方案，按时按质完成抽样检测和生产企业现场监督检查任务。每年各市饲料办都在承担国家的饲料抽样任务，根据《2018年全国饲料质量安全监管工作方案》的要求，2018年实行异地抽样和异地检测，并增加了抽检企业现场监督检查环节，各级饲料管理部门和饲料质检单位要积极做好各项准备工作，保证按时完成抽样和检测任务。

2. 加强监管与引导，定期开展督导检查，切实落实地方政府属地管理责任。按照《饲料和饲料添加剂管理条例》的规定，饲料监管实行属地管理，生产企业、经营者是质量安全的第一责任人，各级饲料管理部门要认真履职，确实承担起饲料生产、经营、使用环节的监管工作，层层落实监管责任，推进行业管理和安全监管结合联动，采取饲料企业监督检查和产品抽样检测相结合，提高饲料质量安全监管效率。还要加大对于重点区域和重点企业的日常监管，特别是对2017年检测不合格企业和不合格产品进行重点跟踪和检查，加大抽检力度。同时，要对饲料生产企业的除尘设备、高温高压设施，危化品管理实行严格的责任落实制度，确保生产安全。

3. 全面实施《饲料质量安全管理规范》。要充分认识实施《规范》的重要意义，把全面实施《规范》作为当前饲料监管的重点和抓手，采取有效措施，确保《规范》的实施。各市要成立相应的审核专家队伍，通过《规范》内容的集中培训和加强学习，提高专家的知识储备和对《规范》的深入了解，建设一支专业素质强，技术水平高，能为企业提供服务的专家队伍。同时按照对饲料企业分类指导、各市分步进行的总体思路，加快推进《规范》的全面实施。2018年争取完成创建省级示范企业30～40家，力争到2018年年底全部完成市级规范企业的审核验收工作。

4. 继续开展专项整治，把随机抽查和交叉检查结合起来，加大执法监管力度。扎实开展饲料质量安全专项整治，实施"两随机一公开"行动。继续开展"瘦肉精"非法添加、饲料中滥用抗生素、不规范使用药物饲料添加剂、微量元素超限量使用等专项整治，强化对饲料生产、经营和自配料等环节的监管，落实监管责任，提高监管效能。要在全省11个市开展市际间交叉检查和随机抽样检测工作，切实排查各类质量安全隐患和生产安全隐患。对于农业部通报的不合格产品和企业，要依据《饲料和饲料添加剂管理条例》，予以严厉查处，并做好后续监管工作。同时要认真组织对辖区内所有企业进行检查，按照《规范》的要求，逐条逐项对照；对未实施规范和达不到规范要求的企业，各地饲料管理部门要按期限责令其整改，逾期未完成整改的和拒绝整改的，将依照有关规定，从严从重进行处罚。

5. 继续开展多层次、多形式的培训学习，提升管理者和从业者的整体素质。2017 年年底到 2018 年年初，农业部陆续发布了一系列的法规和规章，出台和修订了一批新的饲料标准，我们将请有关专家，分次分批对饲料管理部门、生产企业、经营户和养殖场进行培训，营造知法、懂法、守法的氛围。

6. 加强饲料信息统计工作，做好形势分析。各地饲料管理部门和饲料、饲料添加剂生产企业，要安排专职或兼职人员，负责本市和本企业的饲料统计工作，确保信息准确，按时上报；同时要及时对企业报表进行整理，对饲料市场和行业形势进行分析，为指导行业和企业发展，规避市场风险，提供数据支撑。

（山西省饲料兽药监察所）

内蒙古自治区饲料工业

【饲料工业发展概况】

2017年饲料质量安全管理工作，以严厉打击非法添加物为重点，认真贯彻落实《饲料和饲料添加剂管理条例》及其配套规章，全面推进《饲料质量安全管理规范》，圆满完成了年度工作任务，未发生饲料质量安全重大责任事故。

1. 饲料工业生产情况。2017年内蒙古自治区饲料总产量为327万t，同比增长17.4%；总产值85.3亿元，同比增长13.1%；营业收入84.5亿元，同比增长10.7%。按产品类别分：配合饲料产量257.2万t，同比增长20.6%；浓缩饲料产量66.4万t，同比增长9.5%；添加剂预混合饲料产量3.4万t，同比下降25.6%。按产品品种分：猪饲料产量49.9万t，同比增长99.7%；蛋禽饲料产量23万t，同比下降15.4%；肉禽饲料产量26.2万t，同比增长1%；反刍饲料产量215万t，同比增长12.5%。

饲料添加剂产量为58.3万t，同比增长21%；营业收入63.8亿元，同比增长57.1%；总产值64.3亿元，同比增长56.3%。

全区饲料生产企业加工能力单班达到400万t以上，从业人数达到了1.5万人；年实际产量超过5万t企业达到了13家，产量占到总产量的50%。

2. 饲料安全情况。截至10月底，饲料产品质量安全监测抽检1 321批次，合格率90.0%；获证饲料生产企业全覆盖监督抽检564批次，合格率94.7%；养殖环节违禁添加物监测、奶牛饲料和蛋白饲料的三聚氰胺监测、反刍动物饲料牛羊源性成分监测、反刍动物饲料预警监测分别抽检220批次、285批次、199批次、204批次，合格率均为100%。

【主要工作】

1. 加强行政许可，严把事前准入关。全面加强审核专家队伍建设和管理，不断完善饲料和饲料添加剂行政审批制度和程序，增强审核的科学性、规范性，严把生产许可审批的准入关，饲料行业整体素质明显提升。截至2017年年底，内蒙古自治区有饲料和饲料添加剂生产企业329家，累计审批生产许可证377个，其中：饲料添加剂生产许可证36个，混合型饲料添加剂生产许可证29个，添加剂预混合饲料生产许可证29个，单一饲料生产许可证63个，配合饲料、浓缩饲料、精料补充料生产许可证220个。2017年批准注销饲料生产企业4家。

2. 全面落实《规范》，加强事中监管。全面贯彻落实质量安全"产""管"结合要求，稳步推进饲料生产全过程质量安全管理制度的落实和法定职责义务的履行。采取不同形式组织专项督查组，对全区获证饲料生产企业进行了3次专项督查，并结合督查巡查，对实施《规范》企业进行了现场辅导培训10多次。累计召开培训班15个，培训860人次，发放指南、检查手册1 000多份，创建部级示范企业3家，自治区级示范企业15家。

3. 加大检测力度，强化事后整治。继续组织实施《饲料质量安全及养殖环节"瘦肉精"监测计划》，对饲料生产、经营和使用环节以及养殖场户进行监测。各类饲料样品、养殖场户"瘦肉精"监测抽检任务较上年分别增加了595批次和6 045批次，总任务增加到了15 795批次。截至10月底，各类饲料样品和牛羊尿液监测抽检14 532批次，其中：各类饲料样品抽检2 793批次，合格率94.7%，及时组织属地监管部门对抽检不合格饲料生产、经营企业和产品进行了查处。

4. 落实专项行动，严打违法用药行为。一是严厉打击饲料生产和养殖环节违法使用兽用抗菌药物行为专项行动。按照《农业部办公厅关于开展严厉打击饲料生产和养殖环节违法使用兽用抗菌药物行为的通知》（农牧办［2017］16号）要求，3月下旬开始，对饲料和饲料添加剂生产经营企业分阶段进行了违法使用兽用抗菌药物行为全覆盖专项整治行动。截至10月底，第一、二阶段累计出动执法人员13 348人次、发放宣传资料70 953份、检查饲料和饲料添加剂生产企业736个次；检查饲料和饲料添加剂经营门店5 802个次；查处违规饲料生产企业25家、饲料和饲料添加剂经营门店96个、下发整改通知190份、取缔无证照企业5家、查扣违法产品60.3t、处罚金额38.2万元；抽检生产经营企业2 670个。组织4个督查组，集中一周时间对呼和浩特市等8个重点盟市进行了重点督查，并形成问题清单反馈到盟市农牧业局，现已全部完成了自查整改。二是加强蛋禽养殖质量安全管理工作大检查行动。按照《农业部办公厅关于切实加强蛋禽养殖质量安全管理工作的通知》（农牧办［2017］43号）文件要求，及时组织各级饲料管理部门对蛋禽饲料生产使用企业开展了拉网式大检查行动，及时排查氟虫腈污染风险隐患。累计出动执法人员1 620人次；检查饲料生产企业141家，其中蛋禽饲料生产企业104家；养殖场户664个次；发现不按《规范》组织生产等问题22起，全部责令整改到位。

5. 落实巡查制度，全面排查安全隐患。坚持问题导向，提出了“发现问题是业绩，消除隐患是政绩”的履职新观念，依据《条例》，规范执法行为，不定期组织巡查、督查组，对盟市、旗县饲料工作进行了巡查和督查，组织质检机构对重点地区、重点环节、重大节日进行重点监督监测。三级饲料监管部门按照“212”巡查制度，对饲料生产、使用和经营环节进行全覆盖检查，日常监管形成了“常态化、踪迹化、统一化”模式。到10月底，累计巡查11 628余次，每月巡查分别达到了2次和1次以上。累计出动监督执法人员13 618人次，检查饲料生产经营使用企业4 843个，通过规范的监管和检测，积极主动地发现问题，确保了不酿成区域性、系统性的问题。

6. 持续高压态势，严查非法添加。按照农牧业厅统一下发的《农畜产品质量安全专项整治方案》中明确的“瘦肉精”等违禁添加物专项整治行动，继续组织实施了《养殖环节“瘦肉精”监测计划》，监测抽检任务较上年增加了6 045批次，总任务达到了12 120批次，不断加大对禁止使用的“瘦肉精”类物质进行全面排查的力度，对重点地区进行重点监督抽检，100%落实安全责任告知，100%实行质量安全公开承诺。累计检查饲料生产、经营企业和养殖场户4 521个（次），监测抽检养殖场（户）3 110家，抽检动物尿样14 391批次，均未检出“瘦肉精”等违禁添加物。有效地打击“瘦肉精”工作机制、相应的监管措施的实施，对违法添加形成了强大的震慑作用。

7. 严格管理项目，促进饲料化利用。组织对1个2016年农副资源饲料化利用项目、2个2015年秸秆养畜项目进行了验收；对2016年之前5个项目建设、4次组织督导检查，对落实自筹资金不到位的2个2015年项目，分别进行了变更和终止。对于检查验收中存在的问题责令进行了限期整改。

【存在问题】

一是生产企业整体素质有待提高。从生产体系看，多数饲料生产企业产品同质化问题突出，具有较强行业影响力的企业和品牌少。从经营体系看，饲料生产企业营销能力差，产品销售零散、费用高，部分企业处于半停产、季节性生产状态现象严重。二是监管形势复杂压力不断增大。从监管体系看，技术支撑机构人才、装备建设滞后，基层监督执法体制不健全，风险管控能力不强。从生产过程看，部分饲料生产企业不按《规范》组织生产，安全隐患仍然存在，在生产中超量超范围、复合使用药物饲料添加剂等问题时有发生。从经营市场看，假冒商品饲料、预混料、添加剂等“三无”产品仍然存在。加之养殖场户自配饲料生产使用比例不断增加，违规使用添加物等问题难以根除，监管形势日趋复杂。三是政策扶持力度弱、抗风险能力不强。饲料生产企业既是农副产品加工企业，也是工业化生产行业，在应对大宗原料价格波动、采用新技术新装备、加工与养殖对接等方面缺乏政策支持，在新建、扩建厂用地等方面政策优惠受限，抗风险和持续发展能力不强。

【下一步工作思路】

1. 总体思路。以全面贯彻党的十九大精神为主线，推动各级饲料管理部门履行好监督管理职责，着力提升现代饲料生产经营体系。从产和管两方面入手，加大监管监测力度，提高饲料安全保障能力。

2. 主要目标。饲料工业总产量达到350万t以上；饲料工业实现产值90亿元以上；饲料生产企业抽检达到全覆盖，各类饲料样品监测抽检合格率保持在95%以上，杜绝在饲料中添加“瘦肉精”等违禁添加物；饲料生产经营环节执法检查率达到100%，不发生饲料质量安全重大责任事故。

3. 重点工作。一是加强饲料行业管理，强化监督执法。以认真落实《条例》及其配套规章要求为重点，在行政许可的过程中，把责任意识和风险意识摆在前面，加强事前管控，严把准入关，严格生产许可证和产品批准文号审核。在监管力量、经费、手段十分有限的条件下，抓住主要矛盾、找准关键环节、突出重点问题，有针对性地采取严格措施实施“抽、检、监、管”。加强与相关部门的沟通和协调，从严从重惩处一批违法企业和违法分子，形成强有力的震慑。对办案突出的地方给予通报表扬。

二是夯实饲料质量安全管理规范。把实施《规范》作为行业管理的根本抓手，严格落实《规范》是行政许可重要条件的要求。严格落实“212”巡查制度，对实施《规范》企业进行全覆盖专项执法检查，按照《农业部关于全面实施饲料质量安全管理规范意见》（农牧发［2015］8号）要求，进一步强化监督执法、服务指导和宣传培训。对于不执行规范的企业，约谈主要负责人，明确整改要求和时限，对于经督促仍不改正的，一律按照条例规定严肃处理。

三是加强饲料质量安全监测。加强饲料中禁用物质、反刍动物饲料中牛羊源性成分等安全性指标及饲料卫生指标的监测，实行产品抽样与日常监管相结合，监督管理部门与质检机构协同行动，在抽样的同时对企业进行监督检查。积极开展饲料生产环节违规使用药物饲料添加剂监测工作，把打击违法添加作为饲料质量安全根本要求落实到位。依法通报并查处不合格产品及其生产经营单位，对严重不合格产品及生产经营企业实行“黑名单”制度。科学制定并落实年度监督监测计划任务，按照预警监测项目，针对重点产品进行全面分析和风险筛查，对存在风险隐患的检测项目进行重点跟踪检测。

四是加强“瘦肉精”监管。进一步明确任务和要求，落实主体责任，强化上下、区域、部门联动机制，建立完善行政执法与刑事司法衔接的查处机制，推动地方落实监管职责。采取积极措施坚决遏制牛羊“瘦肉精”问题，针对牛羊养殖重点地区增加牛羊养殖场抽检数量，加大突击抽查力度，不定期进行拉网式排查，发现线索立即移交公安部门进行查处，争取联合公安部门查处几起“瘦肉精”违法案件，打击制售源头，形成强大震慑态势。

（内蒙古自治区农牧业厅饲料处）

辽宁省饲料工业

【饲料工业发展概况】

饲料工业：据统计，2017 年辽宁省饲料产品总产量1 193.3万 t，较上年同比增长 11.1%；其中配合饲料 910.6 万 t，同比增长 15.7%；浓缩饲料 263 万 t，同比减少 1.6%；添加剂预混合饲料 19.7 万 t，同比增长 2%。全年实现饲料工业总产值 376.8 亿元，同比增长 7.5%。

饲料原料业：据统计，2017 年单一饲料生产企业 137 家。单一饲料总产量 493.6 万 t，同比减少 6.6%。其中，豆粕产量为 400.5 万 t，同比减少 10.4%；鱼粉产量为 9.4 万 t，同比增长 14.6%。实现产值 124.7 亿元，同比减少 19.8%。

饲料添加剂产量稳步增长。据统计，2017 年饲料添加剂总产量为 14.0 万 t，同比减少 5.4%。其中氨基酸 7.1 万 t，同比减少 17.4%；维生素 0.7 万 t，同比增长 16.7%；矿物元素及络合物 4.3t，同比减少 6.5%。实现产值 16.1 亿元，同比增长 21.1%。

饲料机械成套设备产量减少。据统计，2017 年全省饲料机械企业生产饲料加工成套设备为 11 套，同比减少 21.4%。其中时产 10t 以上成套机组 6 套，同比持平。生产单机台数为 4 台，同比减少 33.3%。实现产值 700 万元，同比减少 53.6%。

【组织机构】

辽宁省畜牧兽医局畜产品安全与兽药饲料处（省饲料工作办公室）行政编制 5 名，负责拟订全省饲料行业发展规划和计划，承担饲料和饲料添加剂研制、生产、经营的监督管理工作，组织实施饲料行业质量管理规范。辽宁省兽药饲料畜产品质量安全检测中心负责饲料质量安全检测和质量安全基础理论、基础技术等方面的科学研究和技术推广工作。辽宁省畜产品安全监察所负责饲料生产经营和使用的质量安全监督执法工作。

【主要工作】

（一）饲料监管工作

1. 抓专项整治。一是开展专项整治行动。制定《2017 年饲料质量安全专项整治方案》，组织开展专项整治行动。全省各级机构检查饲料生产企业 1 050 家次，饲料经营企业 5 200 家次，出动执法人员 1.2 万人次，查办饲料案件 59 起，罚款 46.1 万元。二是开展打假专项整治行动。“3·15”期间开展放心兽药饲料下乡进村宣传周活动，开展集中清缴 26 次，收缴并销毁假劣饲料 8.5t。

2. 抓隐患排查。一是排查蛋鸡饲料产品安全隐患。按照农业部统一部署要求，辽宁省围绕蛋禽养殖质量安全对 391 家蛋鸡饲料生产企业进行了排查，发现的问题由各市分类进行处理。二是开展药物饲料添加剂隐患排查。按照农业部要求开展了药物饲料添加剂的专项整治，在全省范围内组织开展药物饲料添加剂质量安全大排查行动。三是 7 月和 11 月开展两次饲料产品安全专项督查工作，组成督查组对全省饲料监管工作进行督查。重点查看市县级饲料管理部门是否认真履行监管职责，是否建立并认真执行企业日常巡查制度。

3. 抓检验监测。一是开展监督检测。制定饲料监督抽检计划，省级完成饲料及饲料添加剂 1 797 批次，饲料监测合格率为 98.6%，不合格品全部进行查处。二是开展风险监测。制定了畜产品安全与兽药饲料风险监测计划，对饲料中抗生素、人工甜味剂和经济性毛皮动物成分共 14 类进行风险监测，全年共下达兽药饲料和畜产品风险监测任务 18 034 批次，由省检测中心和 44 个县检测中心共同承担。

4. 抓备案管理。认真完成饲料年度备案工作，切实做好饲料生产企业证后管理。年初发布年度备案通知，由县、市级饲料管理部门具体负责操作。由企业通过兽药饲料网络监管平台上传年度备案材料，县、市级通过查看材料、现场审核，最终确定年度备案合格和不合格企业名单，省局根据全省年度备案情况发布备案通报，在省畜牧局官网上进行公示。利用开展上半年饲料专项督查和监督抽检的机会，对备案合格的企业抽取不少于20%数量进行核查，重点检查各地备案工作质量和证后管理情况。

（二）饲料行业服务工作

1. 抓政策扶持。全面完成饲料生产企业玉米深加工补贴的落实工作。为做好国家支持实施饲料加工企业收购加工新产玉米奖补政策，根据有关要求，通过对2015年度配合饲料总产量达到5万t以上的企业（集团）开展饲料统计、从属资质核查工作和资质公示，最终确定35家饲料生产企业（集团）纳入政策补贴范畴。10月奖补资金全额发放到位，辽宁省饲料生产企业获得奖补资金共计4 000万元。协助饲料企业与农发行衔接，争取贷款4 750万元。与省国税局协调，落实好饲料生产企业免征增值税政策，解决免税检验问题，减轻企业负担。

2. 抓便民服务。实现了所有饲料行政审批事项网上申请、受理、审批、办结，不再提交纸质材料，基本达到与申请人不见面办理审批业务。4月实现了饲料生产许可证的电子证照事宜，生产许可证审批通过后，自动生成电子证照，企业可从网上直接下载打印。饲料、饲料添加剂生产许可及饲料添加剂和预混料产品批准文号电子批准证件将具有防伪和信息查询的二维码，样式与纸质证照完全一致。饲料所有审批工作全部实现网上办理，彻底解决审批服务“最后一公里”问题。

3. 抓宣传培训。一是开展各种宣传。全年狠抓法律法规宣传，加大宣传频次和力度。全年共开展了质量安全宣传月系列活动、畜牧兽医系统检验检测机构开放日活动、“赶大集”送科技下乡活动以及“推进质量兴农 确保舌尖上的安全”专题征文等活动，全年在辽宁日报、各新闻频道等报纸、电视媒体就畜产品安全、兽药饲料及品牌建设等宣传报道7次。二是开展各种培训。开展饲料统计工作和新饲料卫生标准培训班（沈阳）、饲料生产企业现场审核专家培训班等，累计培训380人次。

4. 抓风险预警。2017年将饲料原料风险监测、肉骨粉中的皮毛动物成分监测列入辽宁省饲料监测计划。依托省检测中心大平台，吸纳20个大中型饲料企业的检测中心，集中饲料原料大数据，借助省检测中心技术，实现资源共享，跟企业一起分析饲料原料中存在的风险，帮助企业提高检测能力与水平，建立企业饲料原料质量安全意识。

5. 抓规范实施。全面推进饲料质量安全管理规范实施工作。一是开展饲料质量安全管理规范示范创建工作。按照“逐级创建、择优上报”的原则，各市按照通知要求进行了市级示范企业创建工作，并对通过市级示范创建的企业择优申报省级示范创建。截至目前，辽宁省共有27家企业通过市级示范创建，30家企业通过省级示范创建，12家通过农业部示范创建。二是结合日常检查督促企业严格落实规范要求。在对企业进行生产许可现场核查时，要求专家组对企业实施《规范》情况进行核查，指导企业在生产中落实《规范》要求，同时监督执法人员利用日常监督执法，指导企业落实《规范》要求，全面推进《规范》的实施工作。

【下一步工作思路】

1. 开展饲料行业监管工作。一是以药物饲料添加剂为重点，加强饲料质量安全监管。二是推进饲料质量安全规范实施。三是进一步加强饲料统计工作。

2. 强化饲料监测工作。一是实施全省饲料监督抽检计划和风险监测计划。二是及时公布监测结果。对监测中产品不合格的生产经营企业，依照相应法律法规严厉查处。

3. 完善饲料质量安全监管机制。一是推进信用档案建设。建立饲料生产经营主体信用（监管）档案制度。二是坚持和完善检打联动制度。实施饲料质量监测，对不合格产品实施追溯处理，畅通检打渠道，缩短检打时间，提高联动效率。三是实施信息公开。按照法定的公开范围、公开程序和公开方式，及时准确全面地公开行政监管和监测执法中的相关信息，行政处罚案件信息公开率须达100%。四是严格实施两法衔接。

4. 做好饲料宣传培训工作。宣传饲料整治工作部署安排及落实情况；宣传查办大案、要案及典型案件；宣传“无抗”养殖典型等。适应新形势，对新修订的饲料有关法律法规和相应标准进行业务培训，宣贯国家饲料卫生标准变化情况、喹乙醇等药物退出政策、锌等重金属限量政策。

5. 做好饲料生产企业安全生产工作。饲料监管与安全生产工作同部署、同落实，检查饲料生产企业同时检查安全生产。研究制定饲料生产企业安全生产检查要点。举办一期饲料生产企业安全生产专项培训。

（辽宁省饲料工作办公室）

吉林省饲料工业

【饲料工业发展概况】

2017年，吉林省饲料工业生产总体上呈均衡发展态势，受玉米补贴政策的影响，工业饲料产量稳中有升，形势是比较好的。

为进一步推进《饲料质量安全管理规范》的实施，省饲料工作办公室于2017年7月，在长春市组织召开了《全省推进饲料质量安全管理规范观摩交流会》，各市（州）、县（市、区）饲料管理工作负责人及部分企业代表参加了会议，听取了有关单位的经验介绍，明确了工作重点。同时，对农业部组织部署的饲料质量安全管理规范示范企业创建工作进行了部署和落实。2017年上半年，吉林省本着强化规范落实、宣传指导督促、成熟一个申报一个的原则，申报了公主岭禾丰农牧有限责任公司，吉林大北农农牧科技有限责任公司和中牧实业股份有限公司长春华罗分公司3家企业，已经全部通过了农业部示范企业创建工作专家组验收。到2017年年底，吉林省共有5家饲料生产企业被农业部授予饲料质量安全管理规范示范企业，为全省现代畜牧业发展提供了强有力的支撑。

2017年，吉林省共有注册饲料生产企业346家。全省饲料工业产品总产量388万t，与上年同比增长17%以上。饲料添加剂产量达到34万t，与上年同比持平。

【组织机构】

吉林省饲料工作办公室隶属于吉林省畜牧业管理局，与草原饲料处合署办公。在全省各市（州）、县（市、区）政府畜牧业管理部门中，都设立了饲料工业行政管理部门。在质量检验上，有3个具有资质的省级饲料质量检验机构，分别隶属于省畜牧业管理部门、省质量监督管理部门和省商检管理部门。全省有12个市级饲料质量检验机构，其中3个隶属于畜牧业管理部门，9个隶属于质量监督管理部门。目前，县级还没有设立饲料质量监督检验机构。

【主要工作】

1. 开展了饲料质量安全和生产安全专项监督检查。根据吉林省畜牧业管理局《关于印发2017年有关畜牧工作要点的通知》要求，按照省级部署、市级组织、县级实施的原则，2017年，吉林省先后开展了两次饲料生产、经营企业“两个安全”大检查活动。并于9月份，对各地“两个安全”大检查开展情况进行了督导检查。采取“双随机一公开”的检查方式，对饲料企业进行检查。在检查中，省畜牧业管理局组成两个检查组在全省随机抽取12家企业，严格按照《吉林省行政执法条例》要求，做到文明执法。民调显示，2017年，全省饲料行业行政执法群众满意度达到100%。

2. 健全、完善了公开审批流程和网上申请审批制度。按照农业部和省政府的有关要求，吉林省制定了饲料和饲料添加剂申报审批程序及审批工作流程图，并在省政府网上政务服务中心平台上公开。2017年，省饲料工作办公室对审批事项类别、名称、法律依据、许可条件、材料要求、申请受理、现场审核、补正告知、审批时限、审批是否收费、经办部门、联系人及联系电话等内容，都做到了具体细化，确保了许可证审批工作的制度化、规范化、公开化。

2017年，许可事项全部实行了网上审批。按照省政府的统一要求，畜牧业管理局将饲料和饲料添加剂审批事项全部纳入省政府网上政务服务中心管理平台，实现了100%网上受理、审批。审批后，通过农业部饲料行政许可系统打印生产许可证。同时，上传许可审批信息，并不定期公开行政审批结果。做到了受理、审批等全程网上公示，缩短了时间，透明了程序，提高了办事效率。

3. 依法严把许可准入关。 2017 年，吉林省认真贯彻了农业部公告第 1849 号、第 1867 号和许可程序制度，严格许可条件。新核发了饲料和饲料添加剂生产许可证 26 个，受理新增生产线 11 个，办理企业法定代表人变更，企业名称变更，增加产品品种等许可项目 35 件。共办理饲料添加剂，添加剂预混合饲料产品批准文号 469 个。

4. 落实了饲料化利用玉米补贴政策。 为加强饲料企业转化利用玉米比重，解决玉米积压库存，增加农民收入，按照国家和省政府有关要求，吉林省畜牧业管理局同省粮食局、省财政厅联合下发了《吉林省饲料加工企业省财政补贴管理办法》（吉财粮〔2017〕144 号），组织召开专题会议，传达国家和省政府文件精神，积极组织省内饲料企业开展申报工作。通过对饲料企业实施补贴，调动了企业收购玉米的积极性。仅此一项，全省就有 14 家饲料生产企业得到国家级补贴共 4 700 万元，76 家饲料生产企业得到省级补贴共 4 200 万元。全省总共得到补贴8 900万元。

5. 全面开展了饲料行业执法行动。 按照农业部农资打假和省政府的有关要求，省饲料工作办公室制定下发了饲料质量安全专项治理行动实施方案，对饲料监管工作进行了全面部署。2017 年，全省共出动饲料执法人员 4 245 人次，检查饲料生产企业 326 家，责令整改的企业 11 家，检查养殖场户 1 010 家，杜绝了违禁添加行为。全省各级饲料行业主管部门，对辖区内的饲料生产企业及经营业户，进行了拉网式排查，做到了不留死角，从而加强了饲料生产及流通使用环节的监督管理，确保了全省饲料企业无重大质量安全问题和安全生产事故，在全省形成了严抓严管的态势。

【存在问题】

2017 年，吉林省饲料行业主要存在以下几个方面的问题。

1. 吉林省大部分县市还没有开展农业或畜牧综合执法，基层执法队伍建设滞后，人员执法能力和素质参差不齐，执法手段原始、单一，从而影响了执法效果、执法规范和执法质量。

2. 全面贯彻落实《饲料质量安全管理规范》有盲区盲点。特别是中小型饲料生产企业，距离全面达到规范要求，仍有较大的差距。

3. 饲料质量安全隐患依然存在，风险依然存在。特别是药物饲料添加剂违规添加和超限度添加等问题依然存在。

4. 自配料的监管依然缺失，管理难度依然很大。

5. 饲料经营企业变化较快，采集信息难度很大，给各级监管带来很大困难。

【下一步工作思路】

2018 年，全省将重点抓好如下几项饲料工作。

1. 进一步加大饲料质量安全管理规范推进工作力度。 深入贯彻落实《农业部关于全面实施饲料质量安全管理规范的意见》，加大企业的宣传培训，指导服务，监督检查工作力度。对饲料生产企业的原料采购、生产过程控制、产品质量、储存运输、产品投诉与召回、相关档案记录等诸环节，加强监管，全面推进《饲料质量安全管理规范》的实施。

2. 加强督导检查和抽样检测工作，确保“两个安全”。 按照“省级部署，市州组织，县级实施”的原则，2018 年，要开展两次饲料质量安全和安全生产检查工作，各集中一个月时间，对饲料生产、经营企业开展“两个安全”大检查活动。同时，省饲料工作办公室还要组织人员进行抽检。

3. 继续积极推进饲料生产示范企业创建工作。 2018 年，吉林省将继续大力推进示范企业创建工作，力争有 2～3 家饲料生产企业能够通过农业部验收，成为全国示范企业。

4. 强化监测预警工作，建立企业不合格产品公示机制。 采取日常监管和饲料产品检测相结合的方法，建立不合格产品信息库，对生产不合格饲料产品的厂家进行公示，并责成相关的饲料管理部门进行处罚。

5. 积极推进散装饲料运输工作。 散装饲料运输是降低成本、减少环境污染的有效途径。通过部分企业探索，已经取得成功经验。2018 年，将作为重点工作纳入日程。

6. 做好饲料生产许可证的核发工作。 严格按照农业部提出的“提高门槛，减少数量；转变方式，增加效益；加强监管，保证安全”的总体要求，在开展饲料生产许可工作中，坚持公平、公开、公正、客观、透明的原则，严格按照饲料生产许可工作的程序，做到达不到标准的不审批，确保饲料生产许可制度的顺利实施。

严格按照农业部制定的《饲料质量安全管理规范》的要求，全面落实 8 章 44 条的规范要求，这是 2018 年工作的重中之重。举全省之力，进一步完善企业内部管理机制，推进企业规范化运营，督导企业建立健全各项规章制度，全面提升企业综合管理水平。

7. 抓好饲料企业质量安全管理规范示范企业创建工作。 按照《饲料质量安全管理规范》的要求，深入抓好示范企业创建工作。深入企业，切实加强指导服务，扩大示范引导，积极创建一批示范企业。

8. 强化饲料监管和质量检测，确保饲料质量安

全。一是深入开展饲料中违禁品执法检查和清缴行动。依法打击企业超范围、超剂量使用抗生素以及非法使用三聚氰胺、“瘦肉精”、地沟油等违禁品行为。二是组织开展假冒伪劣饲料原料清理整治行动。认真贯彻实施《饲料原料目录》和新修订的《饲料添加剂品种目录》，依法打击饲料生产中滥用非饲料用物质和劣质饲料物质的行为。三是继续深入开展饲料产品质量安全检测行动。以三聚氰胺、“瘦肉精”等违禁品为重点，认真完成农业部下达的饲料检测任务。四是组织开展饲料生产企业和饲料经营场所的监督检查行动。

9. 依法打击非法生产，切实维护行业生产秩序。依据《饲料和饲料添加剂管理条例》《饲料和饲料添加剂许可证管理办法》，进一步加大对无证生产行为的打击力度。在全省开展饲料行业非法生产专项整治行动。对未取得生产许可证的原有饲料生产企业进行全面排查，一旦发现非法生产行为，就严格依据《条例》有关规定从严处理。

10. 强化安全意识，杜绝重大、特大安全事故。要坚持安全生产属地监管和生产经营者第一责任人原则。实施责任主体安全承诺制度。做到认识到位，责任到位，措施到位。企业要加强安全教育宣传工作，建立安全生产巡回检查机制。各市州，县市区饲料监管部门要定期开展安全生产检查工作。对存在重大安全生产隐患的生产企业，要责令停产整改，对拒不整改的企业，要坚决吊销其生产许可证。

11. 严格执行准入标准，把好饲料行业准入关。按照国务院新修订的《饲料和饲料添加剂管理条例》及相关配套规章准入条件要求，坚持标准，坚持原则，严把审核关，做好饲料生产许可证的核发工作。

（吉林省饲料工作办公室）

黑龙江省饲料工业

【饲料工业发展概况】

2017年，黑龙江省饲料工业克服了养殖方式转变的压力，充分发挥了企业集团力量和行业优势，着力转变饲料行业发展方式，饲料工业呈现出产业发展平稳态势。全年商品饲料总产量555.3万t，同比下降4.6%。其中，生产配合饲料217万t，同比下降16.2%；浓缩饲料306.7万t，同比上升4.7%；添加剂预混合饲料31.6万t，同比上升4.9%。饲料工业产值约145亿元。

目前，全省持有许可证的饲料生产企业503家，其中，配合饲料、精料补充料、浓缩料245家，单一饲料89家，饲料添加剂和添加剂预混合饲料169家。

【组织机构】

黑龙江省畜牧兽医局和各市、县畜牧兽医局，省农垦总局畜牧兽医局为饲料管理部门。黑龙江省畜牧兽医局内设黑龙江省饲料工业办公室，具体负责组织实施饲料管理法律、法规；拟定饲料行业发展规划、产业政策；组织拟定饲料行业技术规范；负责饲料、饲料添加剂审核、审批工作；制定饲料质量监测计划并组织实施；指导饲料资源的开发利用；负责饲料行业安全生产和本部门相关项目具体管理工作。

【主要工作】

1. 优化行政许可审批流程。按照省政府的要求，根据《饲料和饲料添加剂管理条例》和规章，对核发饲料和饲料添加剂生产许可和饲料添加剂和添加剂预混合饲料产品批准文号两项行政许可审批的工作流程进行了优化，完善了审批事项一次性告知单和审批流程图，为企业申请提供了更加便利的条件。

2. 组织饲料和饲料添加剂监督抽查。2017年，在饲料生产、经营、使用环节上抽查饲料样品1 430批次，其中，完成农业部630批次、省级800批次，产品合格率分别为97.7%、98.8%。向全省通报了监督抽查结果，各市县畜牧兽医管理部门依据《条例》对抽查结果中有问题的饲料生产企业进行查处。

3. 开展《饲料质量安全管理规范》示范创建。一是组织培训各市县畜牧兽医局，明确行业主管部门在饲料质量安全管理和饲料生产企业安全生产中的监管责任和具体检查内容；二是开展省级示范企业验收工作。目前，全省有4个农业部示范创建企业，9个省级示范创建企业，为全省饲料生产企业树立了标杆。

4. 配合完成饲料生产企业收购玉米补贴工作。积极贯彻国家和省政府关于玉米等粮食收购政策改革，配合省粮食局和省财政厅，共同完成了黑龙江省饲料生产企业收购加工新产玉米补贴工作。2017年共有10个饲料生产企业得到了收购玉米的政策性补贴，补助资金5 123万元。

（黑龙江省饲料工业办公室）

上海市饲料工业

【饲料工业发展概况】

2017 年，上海市各级畜牧兽医部门，监督、监测机构和行业协会采取各种有效措施，围绕投入品安全监管和畜产品质量安全，以保障饲料质量安全为目标，以推进《饲料质量安全管理规范》实施为抓手，严格准入，强化监管，努力规范饲料生产、经营和使用行为，促进饲料行业不断向规模化、标准化、集约化方向发展，形成“行业监管严格、安全风险可控、发展稳定向好”的良好局面。

强化监管，完善制度，做好 2017 年各项监管工作。

（一）行业结构调整，生产稳定发展

上海市饲料工业呈现总体健康发展、结构不断优化的趋势。2017 年，上海市共有 125 家饲料和饲料添加剂企业正常生产经营，其中配合饲料、浓缩饲料、精料补充料生产企业和单一饲料生产企业 67 家（包括宠物饲料企业 9 家、单一饲料企业 2 家），饲料添加剂生产企业 6 家，混合型饲料添加剂生产企业 32 家，添加剂预混合饲料生产企业 74 家，行业发展保持稳定良好态势。伴随着饲料监管趋严，长三角地区禁养力度的加大，加上城市拆迁等因素，上海市一些生产管理水平较差的企业陆续退出饲料行业。通过优胜劣汰，上海市饲料生产企业无论是硬件条件还是软件管理，均有了显著提高。2017 年上海市饲料加工产品总产量 169.4 万 t，同比增长 0.8%，其中：配合饲料 125.3 万 t，同比增长 1.9%；浓缩饲料 15 万 t，同比减少 0.7%；添加剂预混合饲料 23.6 万 t，同比减少 2.5%；饲料添加剂和混合型饲料添加剂 5.5 万 t，同比减少 5.7%。2017 年上海市饲料总产值达到 82.2 亿元，同比增长 1%。

（二）健全管理制度，强化准入监管

上海市以许可审核为抓手，以贯彻落实《饲料和饲料添加剂管理条例》及其配套规章为要求，不断强化许可监管力度，严格行业准入门槛，确保行政许可的公开、公正、公平。一是健全许可管理制度。不断完善专家审核制度，加强专家审核队伍培训，足额保障许可专家审核专项经费，统一评审尺度，严把行业准入关。2017 年共完成审核发证 48 张，其中饲料生产许可证 31 张，饲料添加剂生产许可证 17 张，注销饲料和饲料添加剂生产许可证 9 张，促进上海市饲料企业增强了生产安全防护设施，降低了生产安全隐患，在人员、场地与设施、生产工艺与设备、检化验仪器和功能室设立等软硬件方面的综合水平大幅度提升。二是强化属地管理制度。继续实行饲料和饲料添加剂生产企业年度备案审核，完善企业监管档案，加强获证企业后续跟踪监管，对备案企业进行全覆盖的现场审核，组织开展集中审核、评定和现场督查，并与日常监管情况相结合，重点审核获证企业持证人员、生产检验设备、委托检验和形式检验等情况，及时清理不再具备生产资质的获证企业，2017 年上海市年度备案通过率为 97.6%。三是完善行政审批制度。按照上海市“证照分离”改革试点总体方案，进一步强化行政许可受理环节服务质量，提高饲料行政审批项目的审批透明度，完善网上办事流程，修订办事指南和业务手册，通过明晰申报要求，提前指导服务，畅通办理渠道等举措，提高行政办理效率，审批通过率提高了 15%。同时，按照农业部要求将许可信息录入饲料和饲料添加剂生产许可信息系统，便于查询，确保许可公开、透明运行。四是完善批准文号管理制度。建立完善批准文号电子管理档案，定期公示批准文号办理结果。2017 年共核发产品批准文号 1 182 个，并按季度公示审核结果，不断提高批准文号审批许可事项的透明与公开程度。

（三）严格监督抽检，强化过程监管

根据农业部和上海市饲料质量安全监测计划，依据各区生产实际，编制和下达了饲料产品质量、饲料中违禁添加物、饲料中有毒有害物质的抽检、饲料中牛羊肉骨粉危害性检测和地产生猪出栏前“瘦肉精”及其替代品等各项监测计划，还开展了饲料中非法添加物及毒素污染筛查等安全预警监测。对抽检不合格的获证企业，做到有案必查，使监管措施规范化、系统化、常态化。2017 年上海市共完成饲料监测计划总数为 1 326 批次，合格率 99.3%，饲料安全状况处于总体可控状态。

加强对地产生猪的残留安全管理，重点加强对出栏前生猪的检测，强化源头管理和生产监控，及时掌控上海市出栏生猪的质量情况，2017 年共完成对生猪出栏前瘦肉精及其替代品产地监测 32 137 批次，飞行监测 9 113 批，检测项目包括盐酸克伦特罗、沙丁胺醇、莱克多巴胺、齐帕特罗、赛庚啶等，检测结果均为未检出。

（四）注重多措并举，强化监督执法

1. 强化制度建设。上海市通过现场指导、专题培训、案件评审等措施，使区饲料执法人员的配备和能力基本满足辖区监管的要求，不断建立健全市区两级监管网络，逐步形成了辖区管理、市所协调的二级监管网络体系。上海市对饲料监管实行了“双告知”和“双随机”抽查工作机制，不断完善饲料执法程序。上海市还建立了企业诚信监管档案，实施诚信评级，并开展企业分级监督管理制度，根据质量安全、生产运行、违规情况等项目完成对辖区内饲料生产企业的评级。上海市还通过网站及时对行业动态、政策法规和监管信息进行公示，对不合格产品和注销企业及产品信息进行曝光，不断引导上海市饲料行业进入自律、规范的良好发展状态。

2. 强化监督检查。上海市依托行政审批、质量安全监测、案件查处三方联动机制，推行告知承诺制度，强化饲料安全责任，严肃查处违法违规饲料企业，坚决查扣销毁无生产许可证、无产品批准文号、无产品标签的“三无”产品，严格规范饲料安全用药，对获证企业的年度检查覆盖率达到 100%。2017 年上海市累计出动执法人员 8 771 人次，检查企业和养殖场 2 518 家次，其中涉及 1 784 家次养殖场（含 219 家次奶牛养殖场/户），608 家次饲料生产企业和 126 家次饲料经营企业，查处饲料案件 12 起，罚没金额 46.8 万元，维护和净化了上海市饲料市场秩序。

3. 强化专项检查。为进一步加强上海市饲料养殖环节质量安全监管和环境管理，防止有毒有害物质污染禽蛋产品，上海市对饲料养殖环节质量安全情况开展了专项检查，出动执法人员 126 人次，对全市 16 家蛋禽饲料生产企业和 26 家蛋禽养殖场进行了全覆盖检查，检查中未发现涉及违规违法使用含氟虫腈成分的各种卫生杀虫剂的情况。为进一步加强饲料生产和养殖环节兽用抗菌药物使用监管，上海市组织各区饲料监管部门对饲料和饲料添加剂生产企业、养殖场兽药使用情况实施专项检查，对饲料生产经营单位做到全覆盖检查，对规模养殖场进行重点排查，上海市全年共分三个阶段开展了专项检查，共计出动执法人员 1 518 人次，检查企业 389 个次，检查中未发现涉及用药的违规违法问题，杜绝违规添加兽用抗菌药物的商品饲料流入上海，全面保障上海市农产品投入品的质量安全。

（五）推进《规范》实施，提升行业水平

上海市以规范推进为契机，不断提升企业规范化和标准化程度，建立事前事中事后紧密衔接、相互补充的饲料行业管理新机制，切实保障饲料产品质量安全。一是抓好示范创建，发挥引领作用。继续开展部级示范企业的创建工作，组织专家组对上海市申报部级示范创建的企业开展预验收和实地指导，配合农业部专家组完成验收工作，目前上海市已有 3 家企业获评为农业部部级示范企业；组织实施市级示范创建工作，制订实施方案和宣传手册，召开市级示范创建工作推进会，按照区遴选推荐、市办确定、宣传培训、专家咨询、现场指导、企业整改、检查验收、授牌公告、示范带动的程序，指导一批基础较好的企业率先开展示范创建，目前上海市共有 17 家企业通过市级示范创建企业验收。二是抓好宣传培训，活动形式多样。组织召开两期专题培训班，发放实施指南和宣传手册等各项学习资料 500 余份，加强对市、区行政执法部门和企业管理者的宣传培训，使其熟悉和掌握规范实施的意义和要点，共培训 300 余人次。各区根据实际情况，组织开展了多种形式的宣传培训活动，重点宣贯《规范》及相关配套政策、监管要求和企业实施具体要求。三是抓好规范督查，加强后续监管。采取企业自查、辖区检查、市级督查的方式，对企业的设备设施、人员素质、日常管理、质量控制等方面进行全面检查，因主观原因未按规定建立相关制度和记录的企业，由辖区监督执法部门依法予以处理；将《规范》审核纳入饲料生产许可审核程序，制定《规范》现场审核表，不符合要求的不予核发生产许可证；结合日常监管工作，对市级示范企业开展定期回访和检查，发现示范企业存在违法违规行为不再具备示范作用的，将撤销其示范企业称号。

（六）强化宣传培训，提升行业素质

加强饲料行业法规和技术培训，确保饲料行业各项政策的顺利实施。2017 年市区两级饲料管理部门全年共开办饲料法规培训班 8 期，规范专题培训班 2 期，参加人员 800 余人次，发放《饲料法律法规文件资料汇编》《饲料质量安全管理规范宣传手册》等学习资料500余份，进一步提高从业者守法意识、安全意识和责任意识。一是组织对饲料从业人员开展多层次培训，针对负责人进行法规培训，明晰管理要求，提高守法意识，全年培训200余人次。二是针对标准化行业统计管理人员，进行专业知识培训，提高统计工作质量和效率，全年培训100余人次。三是针对饲料行业特有工种人员，组织开展专业培训和职业技能鉴定考核，选拔优秀操作工人，全年培训100余人次。

【下一步工作思路】

2018年，上海市将按照农业农村部的统一部署，在市农委的正确领导下，以饲料质量安全管理规范的贯彻落实工作为抓手，以饲料质量安全整治为重点，在长效管理上下功夫，确保畜牧业投入品的质量安全，重点做好以下几方面的工作。

1. 加强饲料获证企业监督力度。继续以《饲料质量安全管理规范》实施为抓手，加强各区属地化监管职能，以督促引导和处罚制约同步实施的方式，推进《规范》实施各项举措；强化获证企业后续监管，监督检查做到全覆盖，实施饲料生产企业诚信评级制度和分级监管制度，完善饲料执法程序；加大饲料经营和使用环节监督力度，重点打击违法添加禁用物质、药物饲料添加剂和其他未经批准物质的行为；继续深入开展兽用抗菌药综合治理行动，以养殖环节监管为重点，采取各项监管手段和措施，坚持问题导向，及时发现隐患。

2. 进一步强化饲料许可审核各项工作。继续落实饲料和饲料添加剂生产许可专家审核制度，完善饲料许可审核专家库，加强专家审核队伍建设，不断提升审核水平，规范审核程序，注重审批时效，保障饲料各项许可审核工作顺利、有序、公正开展；继续完善《规范》与许可并轨审核工作，并以专题培训、现场交流、参观学习等多种方式，不断加强市区饲料行业管理人员和从业人员的宣培力度，确保《规范》在上海市顺利实施。

3. 进一步加强饲料安全监测工作。健全产品质量追溯制度，完善抽样记录、不合格品处理记录和监测结果的发布公示制度，完善饲料和饲料添加剂质量安全预警信息发布制度；继续加快对违禁物质及兽药残留的快速检测技术及标准的研究，健全饲料质量安全检测和安全评价体系；加强饲料预警监测工作力度，开展饲料中药物和未知风险物质排查，将抽检工作和日常监督检查相结合，及早发现质量安全隐患，并通过优化调整抽检方案进一步提高监测的针对性和有效性；强化企业自检能力，开展精密仪器、主成分监测和卫生指标检测等方面的专项培训。

（上海市饲料工作办公室）

江苏省饲料工业

【饲料工业发展概况】

2017年，江苏省工业饲料总产量为1 237.1万t，同比增长10.1%。从产品结构来看，配合饲料1 147.1万t，同比增长9.6%；浓缩饲料49.8万t，同比增长20.5%；预混合饲料40.2万t，同比增长14.5%。配合饲料、浓缩饲料、添加剂预混合饲料产量占总产量比重分别为92.7%、4%、3.3%。按养殖动物品种分，猪料408.3万t，同比增长20.3%；蛋禽料149.5万t，同比下降3.7%；肉禽料316.1万t，同比下降2%；水产料324.7万t，同比增长18.7%；反刍料19.9万t，同比增长65.8%；其他料18.6万t，同比下降9.3%。猪料、蛋禽料、肉禽料、水产料产量占总产量比重分别为33%、12.1%、25.6%、26.2%。

（一）饲料行业法制建设

完善制度，规范饲料生产企业现场审核。建立《江苏省动物卫生监督所兽药、饲料管理廉政风险防范制度》《廉政风险防控措施一览表》，严格执行《江苏省兽药、饲料生产企业检查验收纪律》，验收前由组长宣读，受检企业签字盖章，每位检查员填写《廉政自查表》。检查验收结束后，由受检企业填写《检查验收组工作情况评价表》，企业对检查组工作开展情况进行监督和评价。

（二）饲料质量安全管理规范示范企业创建

积极推进《饲料质量安全管理规范》实施，组织企业参与部、省级《饲料质量安全管理规范》创建，派出专家对申报企业精心指导，督促企业全面实施规范化管理、标准化生产，切实提升企业管理水平。截至2017年年底，全省共有16家饲料生产企业通过部级《饲料质量安全管理规范》示范企业现场验收，28家企业通过省级示范企业现场验收。

（三）饲料行政许可

1. 简政放权，做好生产许可证委托衔接工作。按照《省政府关于公布企业投资项目省级部门不再审批事项清单（第一批）的决定》（苏政发［2017］82号）的要求，“饲料生产许可证审批”事项中除饲料添加剂外的其他项目，自2017年7月15日起委托区市农业行政主管部门实施。

2. 加强饲料行业准入管理。2017年年底，全省共有饲料和饲料添加剂生产企业715家，持有生产许可证数量846个，其中饲料添加剂生产许可证87个，混合型饲料添加剂生产许可证67个，添加剂预混合饲料生产许可证158个，配合饲料、浓缩饲料、精料补充料生产许可证432个，单一饲料生产许可证102个。一企多证的企业有116家。

3. 规范饲料生产企业许可。2017年，全省共核发饲料和饲料添加剂生产许可证112个，其中新发证61个，续展发证51个。共核发和续展配合、浓缩饲料、精料补充料生产企业发证24个，饲料添加剂企业22个，混合型饲料添加剂企业15个，预混料企业36个，单一饲料生产企业15个。注销饲料生产企业4家。2017年，江苏省共核发饲料添加剂和添加剂预混合饲料产品批准文号2 050个、批准产品批准文号变更事项112个。

（四）饲料安全监管

1. 强化日常监管。加强对辖区内饲料生产、经营企业的宣传与引导，坚决打击在饲料中违规添加违禁药物和非法添加物的行为。一是落实主体责任。兽药、饲料、饲料添加剂生产、经营企业是产品质量第一责任人。3月21日、4月11日省动物卫生监督所先后发出《关于开展兽药生产、经营、使用单位告知、承诺工作的通知》和《关于开展饲料生产、经营、使用单位告知、承诺工作的通知》，在全省兽药、饲料生产、经营和使用单位实行告知和承诺制度。据统计，全省共签订承诺书5万份以上。二是加强宣传引导。各地共发放普法宣传资料11.6万份，通过媒体宣传 35 次，培训 63 场次，培训人数 5 188 人次。连云港市各县区在乡村居委会、农贸市场、畜禽交易市场等醒目处粘贴《农业部公布的假劣兽药名单》及《如何识别假劣兽药》。三是加强警示教育。在 3 月 28 日省饲料工业协会年会、4 月 21 日全省动物卫生监督工作会议、5 月 4 日全省畜牧生态健康养殖示范创建工作会议上，三次向行业内监管人员、饲料生产企业、规模养殖场等通报远方中汇案件进展情况，以身边的案例对参会人员进行警示教育。

2. 开展非法添加物紧急清查。按照《农业部办公厅关于严厉打击饲料生产和养殖环节违法使用兽用抗菌药物行为的通知》，省农委组织全省各地从 2017 年 3 月 20 日至 4 月 20 日开展了为期一个月的饲料生产经营和养殖环节非法添加物紧急清查。全省饲料生产经营和养殖环节非法添加物紧急清查共检查饲料生产企业 682 个，饲料和饲料添加剂经营单位 4 836 个，养殖单位 49 794 个；共查处违法违规饲料生产企业 7 个，查处饲料和饲料添加剂经营单位 9 个，查处养殖单位 439 个，下发责令整改通知 417 个，下发行政处罚通知 14 个，罚款总金额 10.9 万元，查扣违法产品 6.0t，移交公安机关 2 起。

3. 开展企业飞行检查。7～8 月，在全省组织开展了饲料添加剂和添加剂预混合饲料生产企业飞行检查工作，共检查了 15 个饲料生产企业，现场抽取了 30 个饲料产品及原料样品送省畜产品检测中心检测。经检测，有 5 个样品不合格，不合格指标有铜、锌、维生素 A、维生素 E，违禁药物或非法添加物均未检出。通过飞行检查，发现部分企业存在一些不规范的问题，针对飞行检查暴露出的问题，各地饲料管理部门督促企业逐项整改到位，对 1 家涉嫌违法的企业进行了查处。

4. 严格案件执法查处。依法查处远方中汇案件。央视“3·15”晚会上，江苏省徐州远方中汇生物科技有限公司因在饲料中非法添加人用药被曝光。省市县相关部门组成调查组，连夜赶赴企业调查，对该企业所有产品进行扣押封存。根据调查情况和检测结果，农委系统依据相关法律法规，对远方中汇进行立案调查并实施处罚。3 月 17 日，铜山区农委将案件正式移交公安部门，企业法定代表人、技术负责人被刑事拘留。省农委对徐州远方中汇生物科技有限公司涉嫌在饲料中非法添加药物立案，7 月 11 日，依法吊销其生产许可证和产品批准文号。

（江苏省饲料工作办公室）

浙江省饲料工业

【饲料工业发展概况】

2017年，浙江省饲料产业发展围绕畜牧业绿色发展示范省创建工作部署和要求，积极引导行业加快转型升级步伐，严格行业准入，进一步强化行政许可事后监管，严厉打击饲料生产经营违法违规行为，切实保障饲料产品质量安全，努力推进饲料产业健康发展。

据统计，2017年全省共有饲料和饲料添加剂生产企业398家，拥有各类生产许可证447个。全年饲料和饲料添加剂总产量630.7万t，同比减少1.5%；饲料产品424.8万t，同比增长1.3%；单一饲料183.2万t，同比减少6.6%；饲料添加剂22.7万t，同比减少7.7%。饲料和饲料添加剂总产值385.3亿元，同比增长7.8%。

【主要工作】

2017年，全省饲料管理工作认真践行新发展理念，围绕"最多跑一次"改革、畜牧业绿色示范省创建等重大决策部署，立足"防风险、保安全、促发展"工作目标，加强工作谋划，饲料生产经营秩序总体规范平稳。着重开展了以下几项工作。

（一）以"最多跑一次"改革要求为统领，积极探索落实饲料许可业务审查机制，优化服务举措

"最多跑一次"改革是省委省政府做出的一项重大决策部署，是撬动全省各领域改革的重要抓手。饲料添加剂和添加剂预混合产品批准文号核发又是省级前100项高频事项之一，服务对象多，关注度高，业务审查又是改革的核心环节，改革任务十分繁重。一年来，通过对企业现场实地调研，召开服务对象座谈会，向服务对象发放公开信，加强与两所及厅有关部门的沟通衔接，广泛听取各方意见建议，研究服务流程优化的具体举措，取得了积极的成效。一是申请材料大幅度精简。"设立饲料添加剂、添加剂预混合饲料生产企业审批"申请材料，由原农业部规定的22项减少到目前的14项；二是办结时间大幅度提速。饲料和饲料添加剂生产企业设立及产品批准文号等事项审批办理时限均缩短5个工作日以上，同时重点加快报批产品复核检验，有关饲料和饲料添加剂产品批准文号核发涉及检验方法验证与产品复核检验时间，也全部提速到1个月以内；三是对办理程序进行探索改革。根据企业意见建议，以改革探索的精神，对申请饲料添加剂和添加剂预混合饲料产品，取消产品复核检验原来规定的送样时需要业务审查处室审签的程序，直接送检验机构检验，并拟试行申请添加剂预混合饲料产品批准文号免复核检验手续，大大方便了申请企业；四是服务意识和作风更加优化。处室干部进一步增强以人民为中心的服务理念，提高服务意识，转变工作作风，强化对企业饲料许可现场审验等事项的服务指导，营造热情、负责、高效、廉洁的服务氛围。

（二）以扎实推进《饲料质量安全管理规范》实施为抓手，推动饲料产业健康发展，保障产品安全

1. 再次组织开展主体专项培训。在前两年多次组织饲料法规和《规范》培训的基础上，再次组织开展全省《饲料质量安全管理规范》培训活动，邀请农业部专家对《规范》各章节再次进行系统解读，全省所有饲料生产企业及各级饲料管理部门都派代表参加了培训。

2. 开展饲料质量管理规范检查。为推动《饲料质量安全管理规范》的落实，防范转型期饲料企业发生质量安全与生产安全事件，推动完善浙江省饲料质量安全体系，由省、市、县三级监管人员组成检查组，对全省44家饲料生产企业许可条件和《饲料质量安全管理规范》实施情况开展专项抽查，对许可条件执行不到位或《规范》实施不到位、存在安全生产隐患的8家企业督促其进行限期整改，有效提升企业质量安全规范管理水平。

3. 树立饲料质量安全示范企业。下发《关于开展饲料质量安全管理规范省级示范企业验收工作的通知》，要求各地积极指导、培育《规范》部省级示范企业，组织实施《饲料质量安全管理规范》示范企业创建工作，为全省其他企业树立标杆。年度通过部级示范企业和省级示范企业验收各 2 家。

（三）以畜牧业绿色发展为导向，加强技术储备和典型培育，探索绿色饲料发展路径

围绕畜牧业绿色发展示范省创建这一工作目标，积极开展调研，从饲料生产供给侧和畜禽养殖需求侧研究制约畜牧业绿色发展的政策和技术瓶颈，组织开展集成技术试验与示范，着力破解绿色发展路径，推动畜牧业绿色发展。

一是开展饲料产业绿色发展专题调研。组织实施由刘嫔珺副厅长主持的“与畜牧业绿色发展要求相适应的畜禽养殖饲料供给服务体系探析”专题调研项目，对全省 115 家饲料生产企业饲料质量安全管理情况和 114 家畜禽养殖主体饲料使用情况开展问卷调查，全面梳理总结 2011—2016 年全省饲料工业发展态势和特点，从畜牧业绿色发展要求，以及饲料生产供给侧和畜禽养殖需求侧角度研究分析制约畜牧业绿色发展的政策和技术瓶颈，提出对策建议。

二是开展环保型饲料发展技术试验示范。组织业内专家，反复论证修订《环保节约型猪配合饲料推荐标准》，为环保型猪饲料的推广应用提供了技术依据。安排专项资金，组织实施生猪低矿物元素环保型猪饲料减排试验以及异位发酵床养殖模式下矿物元素低排技术比对试验，为优化环保型饲料技术标准，实现有机肥安全还田奠定技术支撑。

三是开展绿色饲料供给和养殖模式推广。组织美丽牧场培训班，专题安排环保型猪饲料讲座，大力宣传推广“厂场对接”散装饲料供给，经对 79 家饲料企业调查，已有 29 家建立了“厂场对接”散装饲料配送业务，占比达到 36.7%，覆盖养殖场 3 981 个，2017 年配送散装饲料约 70 万 t；指导绍兴、衢州、舟山、湖州、嘉兴等地部分畜禽规模养殖场，从日常饲养管理、饲料安全管控、动物防疫等现代化健康养殖技术手段和饲养模式入手，培育绿色养殖模式，总结做法，争取下一步在全省范围内作示范推广。

四是开展行业调研引导饲料产业健康转型。针对湖羊等草食动物良好发展势头，开展反刍动物饲料调研，指导宁波、嘉兴、湖州等地饲料企业和养殖企业利用农作物秸秆等农副产品开发 TMR 等反刍动物饲料，谋划在嘉兴、湖州等地开展秸秆等农副产品饲料化技术推广工作；针对宠物食品潜在市场前景，开展宠物饲料专项调研，指导嘉兴、绍兴等地饲料企业开发宠物食品；加强与农业部畜牧业司政策衔接，支持杭州市江干区建设跨境宠物食品电商集聚区，同时会同省宠物行业协会着手起草宠物饲料（食品）相关标准。

【存在问题】

一是《饲料质量安全规范》的真正实施未全面落地。由于本省养殖政策的调整，畜禽养殖量锐减，造成饲料生产企业产量下滑严重，不少中小规模企业都处于停产和半停产状态，企业生存尚有问题，《规范》的真正实施更是无从谈起。二是畜禽排泄物中重金属超标，矛头直指饲料产品。近几年来，有机肥的推广使用力度逐年加大，但推广难度也不小，有关部门将矛头直指饲料产品，认为是饲料产品中重金属超标导致畜禽排泄物和有机肥中重金属时有超标。对这两者的关联性研究是亟待解决的问题。三是自配饲料的监管仍是难中之难、重中之重。自配饲料的生产随意性大，安全隐患较多，但缺乏有效监管手段，监管难度大。尽快出台《自行配制饲料使用规范》，探索有效监管机制是当务之急。

【下一步工作思路】

2018 年饲料产业发展工作的总体思路是：认真贯彻落实饲料法规及配套规章，围绕省委、省政府和省农业厅加快畜牧业转型升级和建设畜牧业绿色强省的一系列决策部署，以努力确保不发生重大畜产品质量安全事件和加快饲料产业转型升级、保障养殖业健康发展需求为目标，创新工作机制，严格饲料行业准入，强化饲料生产全过程质量安全监管，加强产业发展指导。重点工作和主要抓手如下。

1. 宣传教育与业务培训并重，夯实饲料生产经营主体和属地管理责任。充分发挥财政预算畜产品安全和饲料专项培训经费作用，强化生产经营主体和基层饲料管理骨干的培训，夯实主体责任和基层管理基础。

2. 协调沟通与手段配套并重，完善饲料监管常态监管机制。加强内外协调沟通，优化饲料管理氛围，强化合力，强化日常监管、专项整治与监督抽检等工作手段综合配套运用，完善常态监管工作机制。

3. 规范制度与指导服务并重，提升饲料行政许可与公共服务水平。完善制度，加强指导，进一步规范饲料行政许可以及非行政许可类服务事项的操作，强化服务意识，提升服务形象。

4. 监测调研与典型培育并重，推动饲料产业健康转型。加强对饲料产业发展监测和调研，按照畜牧业绿色发展总体目标和工作要求，研究提出产业转型对策，指导产业转型。

（浙江省饲料工作办公室）

安徽省饲料工业

【饲料工业发展概况】

2017年安徽省饲料产品总产量612万t，与2016年的598万t相比增长2.3%，其中配合饲料569万t，浓缩饲料25万t，添加剂预混合饲料18万t，同比分别增长0.8%、32.7%、23.5%；各类单一饲料产量40万t。全省饲料工业总产值204亿元，与2016年的171亿元相比增长19.3%。2016年安徽省饲料产量排名前五的企业分别为萧县强英饲料有限公司、滁州温氏畜牧有限公司、嘉吉动物蛋白（安徽）有限公司、合肥华仁农牧集团、安徽省正大源饲料集团有限公司，合计产量为116万t，占全省饲料总产量的18.9%。

2017年省政务服务中心农委窗口受理办件81件，经初审和现场审核退回办件22件。全年共发证44个，其中新发证36个。新发证中添加剂发证2个，混合型饲料添加剂发证3个，单一饲料发证7个，浓配料发证7个，预混料发证17个。

【组织机构】

安徽省畜牧兽医局和安徽省饲料工作办公室一个机构两块牌子，负责全省饲料和饲料添加剂行政管理工作；省兽药饲料监察所负责饲料质量监测工作。行政主管部门为安徽省农业委员会。

安徽省饲料与健康养殖行业协会主要调查研究行业发展动态，协助饲料主管部门做好行业管理，宣传、普及饲料工业的新知识和新技术，推介最新科技成果的转化先进经验，帮助企业改善经营管理，组织经济贸易合作与科学技术交流，编辑出版饲料行业有关书籍、资料、期刊，做好宣传报道工作。

【主要工作】

1. 加强行政许可制度建设。为了做好行政许可审核工作，省畜牧兽医局广泛邀请相关专家，组建并完善了省级行政许可（含项目）评审专家库，目前专家共有29人，分别在饲料研究与推广、饲料加工、饲料机械、饲料检测、饲料质量管理等岗位工作。制定了《安徽省畜牧兽医局行政许可工作规程（试行）》《安徽省饲料和饲料添加剂生产许可现场审核工作程序》，加强制度建设，减少人为因素，客观地进行行政许可工作。

2. 强化获证企业监管，规范饲料生产行为。截至2017年年底，全省共发放生产许可证391个，涉及企业323家。其中发放添加剂生产许可证21个，混合型饲料添加剂生产许可证24个，添加剂预混合饲料生产许可证69个，单一饲料生产许可证80个，配合饲料、浓缩饲料、精料补充料生产许可证197个。

3. 落实监管责任，推行饲料质量安全管理规范。成立饲料专家评审委员会，现有委员9人，专家库成员有26人，做到每个申报生产饲料企业100%进行现场核实检查。全省共有3家企业通过农业部《饲料质量安全管理规范》认定，成为部级示范企业。2017年共出动行政执法人员24 000多人次，对饲料生产经营和使用环节检查8 000多次，发放各种宣传材料1万多份。针对“3·15”暴露出饲料中抗生素添加问题，及时印发了《全省饲料生产和养殖环节违法使用兽用抗菌药物专项检查工作方案的通知》，对全省范围内饲料生产和养殖企业，进行了拉网式检查，共出动执法人员12 000多人次，检查企业6 000多家，要求整改52家。

4. 开展饲料质量监测。全年饲料产品质量共抽检172批次。其中配合、浓缩料100批次；饲料原料30批次；预混合饲料30批次，覆盖了安徽省11个地级市，抽检产品结果合格168批次，合格率97.5%。其中：饲料产品样品142批次（包括配合饲料87批次、浓缩饲料21批次、预混合饲料及饲料添加剂34批次），合格138批次，合格率为97.1%，比上年同期上升1.5%；监测原料样品30批次，合格30批次，合格率为100%。

5. 开展特有工种职业技能鉴定工作。全年共有51人参加培训鉴定，其中化验员合格31人，维修工合格16人，总体鉴定合格率92%。

6. 做好企业标准咨询和信息服务工作。全年共召开特殊产品企业标准专家审查会4次，地方标准《微贮饲料生产技术规范》专家咨询会1次。编辑出版《饲料与饲养》杂志3期，《饲料与饲养网》全年更新文章200多篇，省饲料工业协会微信公众平台、行业QQ群和片区微信群也正常运行。

7. 完成饲料行业统计工作。全年共报送饲料工业统计季报4次，年报1次，并根据统计信息情况编辑信息供领导参阅。

8. 多次举办行业培训及交流活动。举办了饲料行业质量标准技术培训班、行业交流创新活动及安徽饲料养殖行业采购人员培训研讨会等。

9. 开展走访调研及联合调研活动。全年开展了化验室业务合作、外购大宗原料、生态养殖、生猪期货交割场等调研工作。

【存在问题】

1. 体系完善方面。一是饲料法规虽然进行了修订，但是管理和处罚力度不够。二是基层饲料执法人员力量薄弱，突出表现在人员兼职，无办公和检测经费，且检测设备不齐全或没有。目前只有阜阳、合肥市具备检测饲料的条件，其他市基本依靠省兽药饲料监察所检测，给执法带来一定的困难。三是农业部进行了部级饲料质量安全管理规范示范创建，但是省级示范创建还没有进行。企业在进行示范创建后应给予一定的物质奖励，从而更好地带动畜牧业健康发展。四是行业协会的服务购买需要进一步加强。

2. 企业发展方面。一是在引进大型饲料生产企业后，对安徽省中小型饲料生产企业形成了不小的冲击。它们规模小，知名品牌少，缺乏流动资金，生产中出现脱钩现象时，不能进行有效缓解，在有效监督管理方面也出现困难。二是科技创新不足，活力不够。安徽省饲料科研项目少，饲料科技成果主要从外地引进，最缺乏的是成套的饲料原料处理应用技术、饲料添加剂生产技术、中草药等安全饲料药物替代产品生产技术。安徽省至今没有一家省级饲料科研技术中心。三是安徽省饲料行业缺乏品牌企业和品牌饲料。企业小而全，经营成本高，管理水平低。

3. 市场波动方面。一是饲料原料价格上涨过快，增加了饲料生产企业负担，原本困难的饲料企业雪上加霜。尤其是环保限产，诸如维生素类原料资源短缺，供应紧张，价格直线上涨。二是目前安徽省的饲料行业发展进入了行情调整期，也是安徽省饲料行业发展中总产量首次下降。三是饲料质量安全仍然存在潜在风险。

【下一步工作思路】

一是计划召开全省饲料质量安全管理工作会议和全省饲料统计工作培训班，统一思想，落实农业农村部的相关要求。二是全面实施《饲料质量安全管理规范》。结合农业农村部开展的饲料质量年，在需要开展《饲料质量安全管理规范》的企业中进行巡查，督促企业完善《规范》的相关内容。三是严格行政审批，杜绝无证生产。按照《安徽省种畜禽、饲料和饲料添加剂生产许可现场审核工作程序（试行）》，实行现场审核专家负责制，严格把关，提高行政许可门槛。四是强化日常监管，落实检打联动机制。拟组织省兽药饲料监察所、省饲料和健康养殖协会等有关单位参加联合检查组，进行专项督查。按照“五不放过”的原则，一查到底。在案件查处过程中，抓典型、讲案例，提高执法人员业务水平，维护企业合法利益。五是加强质量监测，确保产品安全。按照安徽省“双随机一公开”（随机抽取检查对象，随机选派执法检查人员，抽查情况及查处结果及时向社会公开）的行动方案，在农业部日常抽检的基础上，加大抽检的频次和力度，力争两年内全省饲料生产企业检查全覆盖，同时积累安徽省饲料质量安全数据。六是积极探讨行政许可验收工作的新思路，切实发挥专家专业特长，使得验收工作效率更高，更加公开、透明，更好地服务企业。七是认真实施“四送一服”双千工程（组织千名机关干部，深入千家企业，送新发展理念、送支持政策、送创新项目、送生产要素，服务实体经济）。有效解决实体经济发展中面临的突出困难和问题，持续优服务、稳增长、促转型，努力营造有利于实体经济发展的良好环境。八是履行政府购买服务项目。2018年，省饲料和健康养殖协会将总结上年首次承接政府购买服务经验，在行业统计、标准化建设、省产玉米产业化利用等项目方面，认真准备投标方案，细致制定工作计划，努力按时、按质、按量完成政府所购买的服务项目，力争再次获得政府验收组的好评。

（安徽省饲料工作办公室）

福建省饲料工业

【饲料工业发展概况】

2017 年福建省共有饲料和饲料添加剂生产企业 361 家（其中双证企业 65 家，三证企业 4 家），424 张饲料或饲料添加剂生产许可证（添加剂预混合饲料 84 张、配合饲料 235 张、饲料添加剂 28 张、混合型饲料添加剂 22 张、单一饲料 55 张）。

2017 年饲料总产量 856.32 万 t，同比减少 2.96%，产值 274.51 亿元，其中按产品类别分，配合饲料 822.65 万 t，同比减少 2.37%；浓缩饲料 12.71 万 t，同比减少 15.46%；添加剂预混合饲料 20.96t，同比减少 15.56%。按饲喂对象分，猪饲料 364.04 万 t，同比减少 11.07%；蛋禽饲料 90.56 万 t，同比减少 12.02%；肉禽饲料 251.86 万 t，同比增长 8.03%；水产饲料 137.91 万 t，同比增长 3.12%；其他饲料 11.95 万 t。其中年产 10 万 t 以上企业 22 家，其产量占到全省产量的 49.98%。

饲料添加剂产量 5.45 万 t，产值 10.40 亿元，主要产品有酶制剂、氧化锌、维生素 A、维生素 D_3、抗氧化剂、二氧化硅、微生物制剂等。

饲料原料（单一饲料）产量 423.14 万 t，产值 80.66 亿元，其中鱼油 1.58 万 t，鱼粉 0.55 万 t，豆粕 236.69 万 t，膨化豆粕 104.66 万 t，菜籽粕 17.00 万 t，发酵豆粕 2.44 万 t。

【组织机构】

福建省农业厅，各市、县（区）农业局和平潭综合实验区农村发展局为饲料主管部门，省农业厅内设饲料兽药管理处，负责全省饲料行政管理的日常工作，福建省动物卫生监督所承担饲料行政执法职能；福建省农产品质量安全检验检测中心（福建省兽药饲料监察所）负责饲料质量检测工作。

【主要工作】

2017 年，福建省各级饲料管理部门认真贯彻落实党中央、国务院和省委、省政府关于农产品质量安全工作和安全生产的决策部署，以确保“两个安全”为目标，加强组织领导，强化督促检查，狠抓落实，逐项推进饲料监管有关工作，促进了全省饲料产业健康发展，保证了饲料产品质量安全，确保全省饲料行业安全生产形势持续稳定向好。

（一）促进饲料行业健康发展

依据《福建省饲料工业“十三五”发展规划》，鼓励引导企业加快科技创新，发展优质高效饲料和饲料添加剂产品；推动生产全过程质量安全控制，特别是通过示范创建，推动优质企业做优做强，加快饲料企业上市步伐，福建天马饲料有限公司、福建傲农生物科技集团股份有限公司 2 家企业分别于 2 月和 9 月在主板上市。

（二）协助做好饲料原料暨粮改饲论坛和中国饲料工业展览会

中国饲料工业展览会和饲料原料暨粮改饲论坛在福州举办。展览会以“转型升级调结构，创新发展铸品牌”为主题，近 20 个国家和地区以及国内 400 多家饲料加工、饲料添加剂、饲料原料、饲料机械、畜禽养殖等企业参展，农业部副部长于康震，农业部原副部长高鸿宾，中国饲料工业协会会长、中国工程院院士李德发等出席展览会。展览会同期举办 2017 饲料原料暨粮改饲论坛和饲料行业技术交流活动。

（三）落实饲料质量安全监管

1. 严格许可准入。根据《国务院关于实施〈促进产业结构调整暂行规定〉的决定》（国发〔2005〕40 号）、《产业结构调整指导目录》、农业部相关法律法规和《福建省农业厅关于印发推进省级行政审批“三集中”改革实施方案的通知》（闽农政〔2017〕18 号），制定饲料审批审查细则，明确 5 种类型“饲料和饲料添加剂生产许可的许可”和“饲料添加剂和添加剂预混合饲料产品批准文号核发”的审查项目、受理审查具体标准和审查环节（专家现场勘查）工作具体标准，减少审查人员和饲料行政许可专家的自由裁量权，保证饲料行政许可严格按照法律法规要求公平公正开展。2017 年依法核发 69 家企业饲料和饲料添加剂许可证；核发 53 家企业共 721 个饲料添加剂或添加剂预混合饲料产品批准文号。

2. 开展饲料企业年度备案及现场核查工作。根据《饲料和饲料添加剂管理条例》和《饲料和饲料添加剂生产许可管理办法》要求，组织市县农业局对全省 361 家饲料生产企业年度备案材料进行审查和实地全覆盖核查，在此基础上开展市际交叉检查工作。依法注销了 34 张饲料或饲料添加剂生产企业的生产许可证。

3. 推进《饲料质量安全管理规范》。2017 年，福建大北农水产科技有限公司和厦门隆励工贸有限公司通过部级《规范》示范验收，福建旺大生物科技有限公司等 4 家企业通过省级《规范》示范验收。截至 2017 年年底，福建省通过部、省、市级《规范》验收企业数量分别为 12 家、15 家和 24 家，合计 51 家，通过比例为 19.3%（《规范》实施对象为 264 家）。

4. 开展兽用抗菌药专项整治行动。组织开展兽用抗菌药专项整治行动。制定《福建省严厉打击饲料生产和养殖环节违法使用兽用抗菌药物行为工作方案》（闽农厅办［2017］33 号），在饲料生产、经营环节和养殖场环节共组织检查企业 7 269 家次，出动检查人员 14 924 人次，查处问题 156 起。同时加强督查工作，组织 5 个督查组对 9 个设区市和平潭综合实验区 18 个县（市、区）的共 116 个饲料生产经营企业和养殖场进行延伸检查，强化餐桌污染治理。

5. 开展饲料质量安全监测。根据《农业部办公厅关于印发〈2017 年全国饲料产品质量安全监测计划〉等 3 项监测计划的通知》（农办牧［2017］8 号），全年抽检 420 批，合格 409 批，合格率为 97.4%。其中饲料产品质量安全监测 160 批，合格 149 批，合格率为 93.1%；饲料安全专项监测计划中养殖环节违禁添加物监测 160 批，合格 160 批，合格率为 100%；蛋白饲料中三聚氰胺专项监测 20 批，合格 20 批，合格率为 100%；饲料中苯乙醇胺 A 等违禁添加物专项监测 80 批，合格 80 批，合格率为 100%。

6. 饲料违法案件查处。实行检打联动，制定了《福建省农业厅办公室关于开展 2017 年饲料产品质量执法抽检的通知》（闽农综明传［2017］40 号），结合“双随机一公开”制度，组织开展监督抽检，抽检对象为饲料生产、经营企业和养殖场（户），抽检的品种涵盖生猪和禽类不同生长阶段所需的饲料及生产经营环节的水产饲料。2017 年共抽检饲料产品 292 批次，27 批次不合格，合格率 90.8%，组织查处了 23 起不合格饲料产品案件，罚款 22.4 万元。

（四）开展安全生产专项整治

1. 推动企业安全标准化建设。制定下发了《实施遏制饲料行业重特大事故工作指南构建双重预防机制实施方案》和《关于深入开展安全生产标准化建设促进企业自主安全管理的通知》，推进饲料生产企业建立健全安全风险分级管控和隐患排查治理的工作制度和规范，提高企业安全风险自辨自控、隐患自查自治能力。据统计，全省共有安全生产标准化企业 143 家，占全省所有饲料企业数量（361 家）的 39.6%。

2. 开展粉尘涉爆企业安全生产专项整治。根据省安委会部署，制定了《2017 年饲料行业安全生产督导计划》，成立督导分队深入企业开展督导检查，省、市、县三级累计出动检查人员 3 622 人次，检查 1 170 家次企业，排查发现并督促整改 490 个问题，实现隐患发现、督促整改、化解消除全过程闭环管理。

（五）加强饲料法规及安全生产宣贯工作

1. 举办饲料法规暨安全生产培训班。市县饲料管理人员及全省饲料企业负责人共 436 人参加培训。培训重点为饲料法规、饲料质量安全管理规范、饲料企业安全生产标准化建设等内容。

2. 开展“安全生产月”活动。向全国安全生产月活动组委会办公室采购了《粉尘危害及职业性尘肺病预防知识宣教挂图》364 套，分发给全省所有饲料和饲料添加剂生产企业，增强安全生产和职业病预防意识。

3. 利用平台开展普法宣传。2017 年利用省政府饲料兽药频道和福建农业信息网发布信息 20 余条，及时将国家和福建省饲料行业最新文件及法规知识向全社会公开，做好政策解读，增强饲料法规宣传教育的实效性。

【存在问题】

（一）企业主体责任落实不足

1. 产品质量责任落实不到位。部分饲料和饲料添加剂生产经营企业和养殖场生产经营记录不规范、不健全，自我管理能力不足，在饲料生产经营和养殖环节存在超量添加和超范围添加药物饲料添加剂的现象。

2. 安全生产责任落实不到位。部分饲料企业对爆炸粉尘危害性认识不足，对涉爆粉尘的辨识、管理不到位，自查自改工作落实不到位，存在不少安全隐患。

（二）基层监管能力不足

除了市局有专门的饲料兽药管理科，县级因受人员职数的局限，绝大多数没有专门的饲料行政管理部门，一般为畜牧站、动物卫生监督所或执法大队人员兼职，监管任务重，人员又偏少，且变动快，造成监管难以到位。

【下一步工作思路】

2018 年，福建省将突出“质量兴农”和“绿色发展”两大主题，紧密围绕“防风险、保安全、促发展”目标任务，不断加强饲料监管，努力提高管理水平，确保饲料生产安全和质量安全，促进乡村振兴战略和健康中国战略高效实施。

（一）大力推进饲料监管工作

1. 开展饲料、饲料添加剂企业生产经营活动监督检查。按照“双随机一公开”的要求，制定 2018 年“饲料、饲料添加剂企业生产经营活动监督检查”随机抽查工作方案，部署监督检查工作，明确抽查对象、抽查标准和要点、抽查比例和频次，并设计好检查表，对饲料和饲料添加剂生产企业生产许可条件进行监督检查。

2. 做好饲料工业统计工作。一是通过举办培训班、福建农业信息网、微信群、下乡检查等途径宣贯《农业部新饲料工业统计报表制度》和饲料工业统计信息系统上机操作规程。二是坚持严格审核制度，每月认真对各地上报的统计报表进行审核，提高福建省饲料统计数据的完整性和准确性。

（二）大力抓好饲料安全生产

1. 推进双重预防机制建设。根据《福建省实施遏制重特大事故工作指南构建双重预防机制方案》的要求，组织制定《福建省饲料生产企业安全风险分级管控和隐患排查治理制度规范》，形成试行稿，并将试行稿在省级标杆企业试点运行。

2. 开展粉尘防爆专项整治工作。通过企业自查、市县全覆盖检查、省级督查等方式，有节奏有梯次加强安全生产监管强度，紧紧围绕厂区及建筑物、除尘系统、防火防爆、粉尘清理和企业主体责任落实情况 5 个方面开展排查，对排查发现的事故隐患实行“零容忍”，坚决防范和遏制饲料行业重特大安全生产事故发生。

（三）大力抓好宣传教育

1. 举办培训班。通过举办培训班，重点做好《饲料和饲料添加剂管理条例》《福建省安全生产管理条例》《饲料质量安全管理规范》、新《饲料卫生标准》（GB 13078—2017）和《饲料添加剂安全使用规范》等法律法规的学习，切实提高全省饲料管理人员依法办事的能力，并要求各设市区组织辖区企业按照新标准和要求，及时更改企业标准和饲料标签，加强原料与采购管理监管，保障原料的质量安全，从源头把好产品质量关。

2. 利用平台宣教。利用省政府饲料兽药频道和福建农业信息网，发布安全生产重要文件和通知、饲料监管工作亮点、经验做法，及时向全社会发布国家和福建省饲料行业最新法规知识，做好政策解读，增强饲料法律法规宣传教育的实效性。

（福建省农业厅饲料兽药管理处）

江西省饲料工业

【饲料工业发展概况】

2017 年江西省饲料工作以全面实施《饲料质量安全管理规范》为目标，以实施《全省饲料质量安全整治专项实施方案》为抓手，进一步完善监管机制，大力推进现代企业制度建设，着力构建企业管理规范、产品优质安全、资源高效利用的现代化饲料工业体系，为江西省畜牧水产养殖业持续健康发展提供可靠物质保障。2017 年开展饲料质量安全专项整治行动，加强对饲料生产和经营企业的监督、管理，切实做好指导、协调和服务工作，圆满实现了全省饲料工业目标任务。

2017 年在饲料生产企业数量略有增加的情况下，江西省饲料产业克服饲料原料涨价和市场竞争日趋激烈等因素影响，实现了新发展。一是饲料产量突破 1 000万 t。2017 年饲料总产量达 1 005.1 万 t，饲料产值达 322.6 亿元。二是形成了南昌、赣州两大饲料产业集群。南昌有饲料生产企业 115 家，占全省饲料企业数的 35%；饲料产量 285.14 万 t，占全省饲料总产量的 28.4%；饲料产值 97.5 亿元，占全省饲料总产值的 30.2%。赣州有饲料生产企业 42 家，占全省饲料企业数的 13%；饲料产量 233.4 万 t，占全省饲料总产量的 26.5%；饲料产值 90.2 亿元，占全省饲料总产值的 28%。

饲料市场需求增加，总量保持增长，产品结构优化。经营成本上升，企业利润下滑，大中型企业扩张，中小型企业艰难维持，养殖格局转变，饲料产业链条延伸。但规模化大企业的增长大于中小型企业，尤其是一些产业链延伸到养殖行业的集团企业。

行业发展的主要特点：一是企业数量增加，产能扩大。二是得益于企业市场开拓力度进一步加大，市场占有率明显提高。如 2017 年正邦集团、双胞胎集团、赣州朱师傅，抓住机遇，主动出击，深入研究市场，适应市场，通过开拓新市场、改变营销策略、创新营销方式、强化销售队伍建设等措施，积极抢占市场份额。三是得益于企业规范内部管理，降低企业成本，提升产品质量，增强核心竞争力。四是得益于企业延伸产业链，建设养殖板块，扩大养殖规模。如双胞胎集团、华农恒青集团、赣州朱师傅、加大集团、裕丰大成、柯恩集团、播恩集团、宝宝仔集团都建立了自己的养殖基地，养殖板块的发展联动了饲料板块的做大。

【组织机构】

机构：江西省饲料工业办公室为全额拨款事业单位，编制 12 人。内设机构 3 个，名称分别是：综合科、监督管理科、行业指导科。

职能：受饲料行政主管部门委托，负责全省饲料工业的行业管理工作。负责提出和编制全省饲料行业发展规划，并组织实施；负责组织全省饲料和饲料添加剂产品在生产环节、养殖环节、流通环节的质量安全监管；负责饲料添加剂和添加剂预混合饲料生产许可证审核发放、产品批准文号的核准发放；负责饲料企业的培训、饲料行业职业技能鉴定、饲料标准化技术工作；牵头畜产品质量安全监督管理工作。

【主要工作】

1. 认真做好行政审批工作。全省饲料生产行政许可分 2 个层级实施；各设区市负责单一饲料、浓缩饲料、配合饲料、精料补充料生产许可证核发，省级负责饲料添加剂、添加剂预混合饲料生产许可证核发，饲料添加剂和预混合饲料产品批准文号的核发，截至目前，全省共有 306 家饲料生产企业，在有效期内的饲料、饲料添加剂生产许可证 370 张。添加剂预混合饲料生产许可证 87 张，饲料添加剂生产许可证 31 张和混合型饲料添加剂生产许可证 45 张。配合饲料、浓缩饲料、精料补充料、单一饲料生产许可证共

207 张。2017 年已为 29 家企业办理 125 个饲料添加剂产品批准文号，41 家企业办理 723 个复合预混合饲料产品批准文号。

2. 加强监管和专项整治工作。一是注重日常监管。为有效开展此项工作，全省加大宣传力度，加强对饲料法规、规章及有关政策的学习、宣传和培训，提高饲料生产经营企业从业人员守法意识，增强依法生产经营的自觉性。二是加强制度建设和档案管理，规范饲料标签、说明书、外包装物和商品名，建立健全饲料和饲料添加剂入库、出库检查验收、索证、保管、产品留样观察等制度。三是建立企业诚信档案和不良信用记录档案，做好跟踪检查，依法诚实生产经营。四是加强饲料产品质量监测，配合完成农业部的各项抽检任务，先后协助配合辽宁省、上海市的兽药饲料检测机构到江西省的赣州、宜春和南昌的饲料生产企业抽取饲料样品。对饲料和饲料添加剂产品的主含量指标、卫生指标、违禁药物、牛羊源性成分等进行监测。2017 年完成饲料产品质量监测 218 批，合格率 97.7%；完成饲料中违禁添加物监测 142 批，合格率 100%；完成反刍动物饲料中牛羊源性成分监测 97 批，合格率 100%。

3. 专项检查情况。（1）开展了江西省饲料生产经营环节严厉打击饲料生产和养殖环节违法使用兽用抗菌药物行为专项检查。按照《农业部办公厅关于严厉打击饲料生产和养殖环节违法使用兽用抗菌药物行为的通知》（农牧办〔2017〕16 号）文件要求，及时转发了文件，部署了排查工作。2017 年 3 月下旬至 10 月上旬，各县（区）饲料管理部门紧急行动，组织相关部门，从 3 月 25 日起，开展了拉网式检查。严厉打击违法添加兽药、“瘦肉精”、三聚氰胺等违禁添加物行为，触犯刑法的及时移送公安机关；坚决查处无生产许可证、无产品批准文号、无产品标签的“三无”饲料产品及生产经营“三无”产品的企业；开展饲料产品质量安全监测，依法查处生产经营假冒伪劣饲料产品的违法行为。全省共出动监督执法人员 10 182 人次，对 716 家饲料及饲料添加剂生产企业、2 760 家经销店和重点养殖场进行督导检查。查处违法违规饲料生产企业 3 个。针对饲料和饲料添加剂生产企业管理不规范等问题，下发责令整改通知 33 份。同时，各市、县（区）开展督查抽样，现场抽取饲料样品 2 188 批次。目前，未发现违法添加药物。本次专项检查，全省共举办培训班 63 场次、培训人员 5 678人次，发放普法宣传材料 9 249 份。

（2）禽蛋氟虫腈污染事件。按照《农业部办公厅关于切实加强蛋禽养殖质量安全管理工作的通知》（农牧办〔2017〕43 号）的要求，及时转发了文件，制定了方案，进行了蛋禽饲料生产经营企业专项检查。对饲料生产企业进行了全面检查，未发现违规使用违禁添加物的情况。

（3）加大了牛羊“瘦肉精”的监管力度。为贯彻落实农业部办公厅《2017 年养殖环节“瘦肉精”专项监测计划通知》（农牧办［2017］7 号）精神，加强安全监管工作，切实保障动物产品质量安全，研究制定了《2017 年全省养殖环节“瘦肉精”专项监测计划》，下达了牛羊“瘦肉精”监测任务，6～10 月底，江西省饲料办组织了监测计划的实施。本次监测覆盖全省 11 个设区市和丰城、瑞金两个省直管市 100 个县（区），全省共检查 606 个养殖场（户），其中猪养殖场（户）488 个，肉牛（羊）养殖场（户）118 个，共采样 1 655 批次，分别为育肥猪、肉牛羊尿样。现采现筛，尿样中莱克多巴胺、盐酸克伦特罗、沙丁胺醇 3 项监测指标全部呈阴性。

（4）组织实施了江西省饲料安全生产大检查 。先后下发了《2017 年全省饲料质量安全专项整治行动实施方案》《江西省饲料安全生产大检查实施方案》（赣牧函［2017］57 号），《江西省畜牧兽医局关于开展饲料质量安全和行业生产安全交叉检查的通知》（赣牧函［2017］64 号）等文件，进一步统一了思想，提高了认识，对饲料安全生产监管工作进行安排部署。并要求各设区市、直管县饲料管理部门相应成立领导小组并指派专人具体负责饲料安全监管，确保全省饲料安全监管工作的有序、高效开展，确保了江西省“零死亡、零伤害、零事故”安全目标的实现。

4. 全力推进《饲料质量安全管理规范》的实施。（1）加强宣贯培训工作。全面推进《饲料质量安全管理规范》的实施。2017 年继续加大实施工作力度：一是大力开展了宣传培训工作。省饲料办 8 月份举办了“全省饲料质量安全管理规范暨安全生产”培训班，参加培训的有各设区市、直管县畜牧兽医（畜牧水产）局、饲料办分管领导及工作人员、省级专家及部分饲料企业，共计 150 人，反映良好，同时市县也采用不同形式进行了宣传培训。（2）抓好示范创建工作。开展《规范》专项整治行动并下达了方案，在全省开展交叉检查，倒逼市县加大推进力度和企业实施进度。通过这些举措，企业认识水平有了较大提升，《规范》是强制的，不是可执行可不执行的，企业法人的质量安全主体意识得到了增强，企业的整体素质有了较大提高。

（江西省饲料工业办公室）

山东省饲料工业

【饲料工业发展概况】

2017年，山东省饲料行业发展经历了多重挑战，在以往畜牧业局部发展过剩、饲料产能过剩等制约的基础上，又相继经受质量安全（“3·15”药残事件、“瘦肉精”“毒鸡蛋”问题）、畜禽禁养区划定和拆迁、环保督查停产限产、添加剂原料大涨价、大集团闭环养殖市场挤压等问题考验，山东省饲料行业积极落实省委、省政府领先发展、持续发展、创新发展的任务，各级管理部门按照“保安全、保生态、保供给”的总体要求，行业整体上不降反增，加速转型升级和新旧动能转换，仍保持了稳中有进、持续健康发展。

2017年，全省实现畜牧业增加值997.8亿元，同比增长3.7%；猪牛羊禽肉产量772.4万t，同比增长2.7%；禽蛋产量449.3万t，同比增长1.9%；牛奶产量266.2万t，同比下降0.8%。全省生猪存栏2 805.6万头，同比增长1.5%，其中能繁母猪存栏301.3万头，同比增长0.7%；生猪出栏4 806.6万头，同比增长3.1%；奶牛存栏93.1万头，同比增长6%。

山东是全国饲料生产流通大省，截至2017年年底，全省现有1 890家饲料生产企业，工业饲料总产量2 939万t，产值1 175亿元，比上年分别增长13.6%、18.8%。饲料行业发展表现为以下特点。

1. 新建和改扩建饲料企业持续增加，混合型饲料添加剂快速增加。2017年比2016年年底，添加剂和混合型饲料添加剂生产企业增加123个，配合饲料增加102个，预混料证书增加38个、单一饲料增加32个。

2. 肉鸡萎缩，肉鸭稳中有增，蛋鸡稳定，猪料大幅增长。受温氏、牧原等18家龙头企业在山东大规模扩产影响，猪料持续增长，2017年山东饲料产量中，肉禽料仍占大头，产量1 632万t，比上年增长6%；猪配合料产量678万t，比上年增长28%。按照这18个企业规划，至2022年左右，18家龙头企业在山东的能繁母猪存栏将达到190万头，生猪年出栏按照每头母猪年提供20头计算，将达到3 800万头。

3. 开展新旧动能转换，饲料生产品种结构日趋前段化、高附加值。山东单一饲料生产企业达到502家，玉米深加工、发酵豆粕、鱼粉、肉骨粉等原料生产企业比较集中，添加剂生产品种齐全，2017年全省维生素、氨基酸等饲料添加剂产量173万t，产值234亿元，比2016年的135万t、119亿元，分别增长28%、96.6%。

4. 饲料生产企业规模效益持续增长，但产能利用率仍保持在36%左右低位水平。2017年，全省有551个企业产量过1万t，比2005年增加225个；有339个企业产量过3万t，79个企业产量过10万t，18个企业产量过20万t。

【组织机构】

2017年6月，山东省畜牧兽医局（山东省饲料工作办公室）调整了饲料管理处室，撤销原饲料处、兽药处，设立饲料兽药处，政策法规处（行政许可处）。

【主要工作】

(一) 以“瘦肉精”“氟虫腈”为重点，严打畜禽养殖违禁添加物质

年初央视“3·15”晚会报道了山东省菏泽、莱芜、济南部分饲料生产、兽药经营、兔养殖场（户）非法添加、使用兽用“喹乙醇”等抗菌药物问题后，山东省迅速行动，从重依法查处了4个涉案单位，

吊销了成武旺泰的饲料生产许可证，令邹平恩康兽药厂停产整顿。

8月份欧洲“毒鸡蛋”事件发生后，组织全省开展了禽蛋质量整治月活动，开展产品抽检和投入品摸底调查，共出动执法人员16 173人次，抽检企业1 472家，样品794批次，排查养殖场8 546家，未在饲料产品中发现氟虫腈等违禁杀虫剂添加使用的问题，对查获的一个假兽药生产企业吊销其生产许可证。

（二）检打联动，开展饲料分类监管

省局全年监督抽检饲料1 250批次、合格率为95.5%，与上年基本持平；抽检覆盖面达一半左右的生产企业，平均4 000t饲料抽检一个样品。在动物养殖环节开展“瘦肉精”等违禁物质监督抽检，共完成2 004个养殖场4 008批次猪、牛、羊尿液样品检测，有4个养殖场的7批次牛、羊被检出阳性，合格率为99.83%。其中抽检生猪养殖场（户）1 417个，肉牛养殖场（户）391个，肉羊养殖场（户）196个，每个场采集育肥后期的动物尿液2批，分别占全省出栏动物总量的万分之0.2、万分之1、万分之0.1。

省局开展分类监管，充分利用抽检数据，2017年4月，省局梳理曝光2015—2016年饲料监督抽检质量稳定企业和问题企业名单，公布了89家优质企业、38家质量安全风险企业、23家涉及抗菌药物残留的重点监控企业名单；发布了2017年监督抽检总结通报文件，对全部抽检问题产品进行了通报，公布了“黑名单”。同时大力表扬先进，培育品牌，公布“红榜名单”。2017年全省有65家饲料生产企业抽检3批以上全部合格，菏泽海鼎饲料科技有限公司、齐鲁动物保健品有限公司等15家企业连续3年抽检合格，作为“山东省优秀饲料生产企业”予以通报表彰。

（三）开展“双随机一公开”检查，督办查处违法企业和不合格产品

按照省政府部署，在饲料生产、兽药生产、经营环节全面推行“双随机一公开”检查工作，省局2017年共抽查91家企业，包括41家饲料生产企业、30家兽药生产企业、20家生物制品经营企业，并执法与抽检联动，同时安排了饲料兽药产品监督抽检，省局发文分3批通报了检查结果，表扬了优质企业，处罚了问题企业，对社会和行业产生了巨大震慑。

高度重视饲料、兽药抽检不合格产品后处置和举报信访案件的督办查处，认真落实农业部下发的监督抽检通报、假劣兽药查处通知和山东省监督抽检中发现的不合格产品，组织涉事的市、县（区）进行了查处工作。省局直接督办案件114件（其中饲料方面78件、兽药方面36件），截至年底，大多数案件查处完毕。2018年年初，省局汇总公布了十起兽药、饲料典型案例。

（四）完善兽药、饲料质量追溯体系，在全国率先全面实施《饲料质量安全管理规范》

2017年8月省局印发了加快饲料生产企业实施《饲料质量安全管理规范》的文件，公布了山东版60条《规范》标准，在全国率先明确了两年完成的时限。截至2018年4月底，全省已经完成1 100多家企业检查审核，70.2%检查合格，20%的企业整改后合格，10%的企业不合格。

2018年3月12日，省局在齐鲁晚报、大众日报刊登了1/4版的公告，公布了38家省级以上（21家国家级）饲料质量安全管理规范示范企业，对2017年19家示范企业举行了授牌活动。

【下一步工作思路】

1. 继续全面实施《饲料质量安全管理规范》，建立完善原料—饲料—养殖—畜产品的质量安全追溯体系。2018年计划对全省所有饲料添加剂和单一饲料生产企业实施《饲料质量安全管理规范》检查，落实《规范》要求的各项制度和记录，实现原料—饲料—养殖—畜产品的质量安全追溯体系。继续向社会推出一批省级饲料质量安全管理规范示范企业，引导消费，树立品牌。

2. 全面推进“双随机一公开”，加大违法犯罪行为曝光力度。以监督检测结果和群众举报为线索，坚持问题导向，按照2%～5%的抽查比例，加大“双随机一公开”检查的覆盖面，2017年拟检查80余家企业，实行“许可验收—规范检查—监督抽检”三位一体，提高监管执法效果；扩大正面宣传，宣传先进企业，在主流媒体定期曝光典型案例。加强对各市随机抽查工作的督促指导、业绩考评，鼓励地方主动发现、查处案件，对主动发现问题、查处案件的，给予表扬。

3. 积极引导行业转型升级和新旧动能转换。一方面，督促企业由数量规模向品质效益转变，生产经营饲料要围绕“绿色、生态、健康”养殖的理念，紧盯食品安全的目标，控制不合格饲料回机，打击恶性竞争，限制饲料原料价格垄断和人为炒作，减少非营养型饲料添加剂使用，推广近红外等快速检测仪器，尝试利用二维码、物联网及大数据，实现“饲料厂—检测机构—养殖场—屠宰加工厂”数据共享，提高饲料产品整体质量水平。另一方面，组织协会等力量，加强对外宣称，紧跟国家政策要求，落实土地、环保、安全生产、食品安全等政策，服务乡村振兴战略，倡导开展饲料厂“清洁”生产实践，评选“最美饲料厂”“美味饲料”，实现饲料行业与社会和谐相处。

4. 加强信息平台建设。依托目前正在建设的省级畜牧兽医综合信息平台，和农业部追溯系统相结合，山东省建立兽药生产、经营、使用大数据系统，做好追溯和监管工作。

（山东省饲料工作办公室）

河南省饲料工业

【饲料工业发展概况】

2017年，河南省饲料工业随着畜牧业的不断调整和优化，转型速度加快。全年饲料工业受多种因素的影响，生产形势严峻，商品饲料总产量降幅较大。2017年，全省共有饲料生产企业776家，年单班设计生产能力3 819万t，共有生产许可证911个，其中：配合饲料、浓缩饲料和精料补充料许可证443个，添加剂预混合饲料许可证233个，添加剂许可证30个，混合型添加剂许可证85个，单一饲料许可证120个。前三季度，全省商品饲料产量548万t，同比下降22.5%。其中，浓缩饲料66.29万t、配合饲料462.8万t、添加剂预混合饲料19万t，同比分别下降34.1%、20.2%、25.4%。其中：猪料287.47万t、蛋禽料65.89万t、肉禽料123.34万t、水产料17.38万t、反刍料12.86万t、其他料40.1万t，同比分别下降20.2%、23.6%、28.5%、35%、9.8%和6.6%。进入第四季度，受天气变冷，畜产品消费增加和"双节"效应的拉动，畜牧业生产进入旺季，全省商品饲料产量大幅跃升，拉动全年商品饲料产量数值快速上涨。全年全省商品饲料产量达到1 060.8万t，同比下降6.71%。其中：配合饲料907.9万t，浓缩饲料91万t，添加剂预混合饲料61.9万t，分别下降4.3%、27%、2.3%。全省饲料工业产值达266.8亿元，同比下降9%。预计全年全省商品饲料总产量达1 025万t，同比下降9.8%。下降的主要原因：一是全省禁养区、限养区养殖场关闭、拆迁力度加大。据统计，全省禁养、限养共关闭、拆迁养殖场2 081家，规模场的关闭和搬迁直接导致饲料需求量下降。二是环保要求日趋严格。部分饲料生产企业迫于环保压力，处于停产或半停产状态，饲料产量下降。三是上半年养鸡行情低迷，养鸡场（户）亏损严重，肉禽存栏下降，蛋禽加速淘汰，饲料需求不旺。四是养殖企业自配料增多。这些因素是导致前三季度全省商品饲料产量大幅下降的主要原因。

2017年，河南省饲料工业发展主要呈现出6个特点。

1. 市场竞争更加激烈。随着养殖行情的波动和原料行情的变化，饲料企业为了争夺用户，纷纷开展各种促销活动，不断创新营销模式，加大营销力度，竞争趋于白热化，效益趋于低利化。

2. 企业转型速度加快。面对严峻形势，有实力的饲料生产企业为了规避市场风险纷纷向上下游延长产业链条，办起了养殖和畜产品加工等，中小饲料生产企业及时调整生产方式，逐渐改变了品种多而全、同质化严重的局面，饲料生产更趋精细化，饲料产品日趋专业化、特色化，同时，与养殖企业对接更加紧密。

3. 委托加工和散装饲料成为新亮点。饲料生产企业为了降低成本，节约费用，纷纷开展委托加工和饲料散装散运，委托加工节约了运输费，饲料散装散运节约了包装费和人工搬运费。

4. 饲料添加剂生产成为热点。兽药生产企业申报添加剂或混合型饲料添加剂生产许可增多，饲料添加剂和混合型饲料添加剂快速增长，一至三季度，全省饲料添加剂产量8.5万t，同比增长32.7%，混合型饲料添加剂产量7 787t，同比增长近6倍。

5. 单一饲料生产保持稳定。一至三季度，全省单一饲料总产量188.7万t，同比基本持平。

6. 大型养殖企业投资新建饲料厂增多。牧原集团先后在全省新建饲料生产厂13家，大用、华英等养殖集团也办起了饲料生产厂，一体化趋势明显，中小型饲料生产企业的生存空间进一步压缩，全省饲料行业进入"洗牌"期。

【主要工作】

1. 严格饲料生产行政许可，严把"入口关"。一是积极修订完善河南省饲料生产行政许可相关的程序和制度。积极组织人员研究修订了《河南省饲料和饲料添加剂生产许可证审核专家管理办法》《河南省饲料和饲料添加剂生产行政许可审批工作程序》，进一步完善了饲料行政审批程序，明确了专家的职责和义务。二是积极推行饲料生产行政许可信息化、规范化。开发了《河南省畜牧局饲料生产行政许可评审管理系统》，并得到有效运用，实现了河南省饲料生产行政许可从申报、受理、审查、验收专家选派、现场审核、人员考试，到许可证发放等环节全过程在网上运行、网上查阅和监督，增加规范性和透明度，提高工作效率。三是积极开展专家培训。为了进一步确保现场审核的规范性、严肃性、公正性和廉洁性，11月27日至12月1日在三门峡举办了饲料法律法规和“饲料行政许可评审管理系统”培训班，进一步对饲料法律法规进行了深入学习，并召开了座谈会，对现场审核中发现的问题进行了认真梳理和统一标准，对专家现场审核工作提出了明确要求。为全省饲料行政许可工作严格、规范地开展打下了坚实基础。四是认真开展专家现场审核工作。严格按照饲料生产行政许可审核程序和纪律要求，及时抽派专家开展饲料生产企业行政许可现场审核。全省共计现场审核饲料生产企业118家，不予许可27家；变更法人或企业名称62家，审核下发批准文号1 256个。

2. 深入推进《饲料质量安全管理规范》落实，切实规范生产经营行为。一是积极开展宣传指导。先后两次抽调《规范》指导专家分组分赴各地开展指导，重点解决企业在推进《规范》遇到的困难和问题，指导试点企业从原料采购、生产过程和产品检验、贮存、运输、追溯及召回等方面，严格按照《规范》进行管理。同时，多次分派专家指导省级和部级示范企业。二是积极开展《规范》示范创建活动。按照企业自愿、地市推荐的原则，对地市推荐的省级示范企业进行了现场审核验收，同时，积极指导选拔推荐申报农业部《规范》示范企业。全省共审核验收通过部级示范企业12家、省级示范企业41家，为全省全面推进《饲料质量安全管理规范》的实施树立了标杆。三是认真开展《规范》实施情况监督检查。为了促进《规范》的全面落实，上半年下半年分两次抽调饲料行政管理、质量检验、综合执法等部门人员和省级《规范》专家组成监督检查组，把《规范》落实情况作为检查的重要内容，对全省18个省辖市和10个省直管县（市）《规范》实施情况开展了交叉监督检查，通报了情况，明确了整改要求。

3. 强化监督检查。一是开展了全省饲料生产和养殖环节违法使用兽用抗菌药物专项检查。针对“3·15”曝光的问题，3月19日下发了《河南省畜牧局关于开展饲料生产和养殖环节违法使用兽用抗菌药物专项检查的通知》和《全省饲料生产和养殖环节违法使用兽用抗菌药物专项检查工作》方案，在全省范围内，重点对全省饲料经营企业、饲料添加剂生产企业、添加剂预混合饲料生产企业、混合型饲料添加剂生产企业、规模养殖场（户）违法使用兽用抗菌药物的行为进行了深入排查，并及时将全省检查情况上报农业部。据统计：本次专项检查全省共出动执法人员1 500人次、发放宣传材料3 600份、宣传培训30场次、累计培训人员5 000人次，共检查饲料生产经营企业356个次，查处违法违规企业4个，罚款9.3万元，监督抽检饲料样品117批次。二是开展了上半年和下半年全省饲料质量安全监督检查。于5月15～19日和12月4～10日，分两次抽调部分省辖市饲料科长，《饲料质量安全管理规范》指导专家，省兽药饲料监察所人员、省畜牧兽医综合执法总队人员组成检查组，对全省饲料质量管理工作进行监督检查，并及时反馈检查情况，对发现的问题进行责令整改，对发现的违法违规现象及时移交当地饲料管理部门进行查处。在上半年的监督检查中，共检查饲料生产企业39家，抽检饲料样品65批次，其中浓缩饲料8批次、配合饲料30批次、预混合饲料13批次、精料补充料1批次、饲料添加剂13批次。抽检结果64批次合格、1批次不合格，合格率98.5%。

4. 强化饲料质量安全监测。河南省切实以风险监测、监督抽检为抓手，紧紧围绕饲料主产区、问题多发区、质检和执法体系不健全等地区，积极开展飞行检测、异地检测、交叉互查等活动，加大了对饲料质量监测的频次，扩大了项目监测范围，重点加强了对兽药及其违禁添加物、重金属含量、饲料原料霉菌毒素、沙门氏菌等的监测和饲料产品中各种添加物的监测。先后开展了饲料产品质量安全监测、饲料安全专项监测、反刍动物中牛羊源性成分监测、养殖环节“瘦肉精”专项监测、饲料生产经营环节药物饲料添加剂专项监测等。同时，建立完善了饲料业风险评估和预警分析制度、定期抽查制度、巡查制度和检打联动制度等，运用检测的结果研判形势、发现问题，消除隐患、完善措施，加强监管，切实把隐患消灭在萌芽状态。全年，河南省共完成部省两级监测任务3 020批，总合格率为96.4%。其中：完成部级监测任务1 550批，合格率98.9%。其中：饲料产品质量安全监测222批、饲料安全专项监测280批、反刍饲料中牛羊源性成分监测190批、养殖环节“瘦肉精”专项监测303批、饲料生产经营环节药物饲料添加剂专项监测348批。完成省级监测1 470批，合格率94.1%。其中：饲料原料和饲料产品监测469批、饲料安全专项监测126批、饲料预警监测875批。对部级和省级监测情况进行了全省通报，对在部级和省级监督抽检中发现的 18 个不合格产品涉及的 10 个饲料生产企业和使用企业进行了立案查处。

5. 强化饲料案件查处。积极依托河南省畜牧兽医综合执法，以查办案件为突破口，以震慑违法违规行为、规范生产经营行为为目的，建立完善网络举报平台，畅通举报渠道；树立经营案件的理念，对每一条案件线索，都深挖根源，不断加强对饲料案件的查处力度。同时，严格落实案件督办制度，严格实行督办台账管理，责任到人，不办结不销账。对查办不力的案件，采取现场督办、行政约谈等多种措施，强力推进。对违法违规饲料生产、经营企业，建立“黑名单”制度并实施跟踪监管，严厉打击未取得生产许可证生产饲料、饲料添加剂的行为，严厉打击非法添加违禁物质和超范围添加、超剂量添加饲料添加剂和滥用药物饲料添加剂等不法行为。2017 年以来，全省共立案查处饲料类违法案件 231 起，罚款 118 万余元，取缔非法生产黑窝点 2 个，移交公安机关 2 起，切实达到“发现一起，严打一起，警示一片”的效果。

【存在问题】

2017 年，虽然河南省在饲料质量安全监管上做了大量工作，但还存在着一些问题和不足。在行业管理上主要表现在：一是《饲料质量安全管理规范》没有得到全面落实。虽然要求在 2015 年 7 月 1 日起全面实施，河南省大型饲料企业基本能够落实到位，但中小型饲料企业实现全面落实还有不小差距。二是饲料产品不合格现象时有发生。从全省饲料产品质量风险监测和监督抽检情况来看，虽然总体合格率有所提高，但是在部分检测项目上问题比较突出，粗蛋白质、维生素等营养指标不合格，霉菌毒素、沙门氏菌超标，重金属超标也时有发生，随意添加、超范围添加、超剂量添加药物的现象依然存在。在饲料原料方面：玉米及其副产物、小麦及其副产物和饼粕类霉菌毒素污染较为严重。在行业发展上主要表现在：一是大型饲料龙头企业少，辐射带动能力不强。目前，虽然河南省饲料生产企业总量达 800 多家，但本土的、大块头的较少，上规模、成集团的企业不多。二是产品同质化严重，竞争力不强。低水平同质化产品比重大，高端饲料添加剂、专用饲料品种少，品牌培育和创建力度小，在国内外叫得响的知名品牌较少。三是科技创新重视不够，投入不足。饲料企业高新技术人才缺乏，自主研发能力较弱，科技投入不足，产品升级换代较慢。四是用地难、融资难、扶持政策少。随着环保政策要求越来越严和饲料企业产品免税，用地难、融资难等问题成为困扰饲料工业发展的突出问题。

（河南省畜牧局饲料处）

湖北省饲料工业

【饲料工业发展概况】

2017年湖北省饲料产业总体运行良好，饲料生产继续保持中高速发展态势。同时，受养殖政策调整、成本上升等因素影响，饲料生产呈现结构性调整。全年全省饲料和饲料添加剂生产总量1 066.7万t、增幅15.7%；总产值435.6亿元、增幅28.3%；饲料质量总体合格率99.2%。

1. 饲料生产情况。2017年湖北省饲料总产量996.8万t，增幅13.7%；总产值397.7亿元，增幅27.3%。一至四季度产量分别为238万t、278.9万t、222.6万t、257.3万t，分别占全年生产的23.8%、28.0%、22.4%、25.8%。按品种分，生产猪料387.9万t，同比增长26.7%；蛋禽料197.2万t，增长4.3%；肉禽料173.5万t，增长17.5%；水产料235.5万t，增长1%。按类型分，配合饲料948.8万t，同比增长14.4%；浓缩饲料29.8万t，增长0.6%；预混合饲料18.2万t，增长4%。

不同规模企业饲料生产情况：一是2017年生产饲料前10名的企业分别是：宜城襄大、襄阳正大、荆州海大、钟祥牧原、浠水海大、监利温氏、宜昌正大、宜昌双胞胎、天门海大、湖北海大；合计生产519万t，占总产量的52.1%。二是规模企业生产情况：生产过20万t以上企业7家（宜城襄大、襄阳正大、荆州海大、钟祥牧原、浠水海大、监利温氏、宜昌正大），合计生产468.4万t，占总产量的47%。生产15万～20万t的企业5家，合计生产81.2万t，占总产量的8.1%。生产10万～15万t的企业11家，合计生产139.6万t，占总产量的14%。生产10万t以下企业206家，合计生产307.6万t，占总产量的30.9%。

2. 添加剂生产情况。全年全省生产各类饲料添加剂69.9万t，总产值37.9亿元；同比分别增长47.8%和25.5%。主要品种为矿物元素及其络合物、维生素、微生物、氨基酸、酶制剂。

发展特点如下。

1. 配合饲料增长是行业发展的主引擎。配合饲料作为可直接喂养饲料，继续保持较大的市场份额，占比达到95.2%，配合饲料生产基数较大，左右行业发展增速；预混料生产稳定，占比1.9%，符合预期；浓缩饲料相比上年持平。名优特品牌饲料和鱼饵饲料迎合市场需求，生产和销售加速明显。

2. 猪料和肉禽料保持高速增长。2014—2015年，湖北省猪料、禽料、水产料各占全年饲料生产总量的1/3左右，呈现均衡发展态势。2016—2017年，猪料、禽料、水产料生产增速上出现差异化。猪料和禽料增长加速明显。猪料增长主要受2015—2016年生猪市场呈现出一个超长的盈利周期，以及2017年盈利有所回落但全年生猪养殖利润依旧维持在一个相对较高水平的影响，持续推高猪料生产，湖北省排名前十的饲料企业生产的猪料都创了企业近几年新高。禽料在持续3年高速增长后，2017年出现明显分化，肉禽料高速增长、蛋禽料增幅收窄，主要是受黄冈市等家禽养殖集中地区的限养、禁养政策落地，以及蛋价格行情不好的影响。水产饲料的生产近3年基本稳定。一方面受下游水产养殖政策调整，全省累计拆除围栏、围网、网箱115.2万亩，投肥（粪）养殖全面取缔，养殖水面萎缩等不利因素的影响，另一方面受湖北省大力推进精养池塘标准化生产、生态养殖、特色品种养殖新增55万亩等利好因素影响，一减一增，相互抵消，对水产饲料的生产影响有限。

3. 养殖业市场变化影响饲料生产。首先，湖北省养殖规模存量为湖北省饲料发展提供了支撑。从存量规模分析看，湖北省2016年猪、禽出栏分别达到4 223万头、5.2亿只养殖规模，水产品产量470万t规模。2017年生猪出栏4 299.6万头，增长1.8%；

牛出栏107.9万头，增长0.4%；羊出栏557.1万只，增长0.3%；家禽出笼50 891万只，下降2.5%；禽蛋产量164.75万t，下降1.8%，水产品产量465.4万t。这些基本面为饲料发展奠定了基础。其次，发展要素的变化对饲料生产带来一定的影响。一方面，随着禁养区、限养区、适养区工作加速落地，一批养殖场面临关停、搬迁，饲料生产企业原有的供需渠道被打破，影响了饲料企业全年生产计划，有的饲料企业生产量严重不足。另一方面，随着养殖业发展理念的变化、养殖场（户）的重新布局、养殖品种迎合市场的健康需求等要素变化，养殖业正在转身，谋求转型升级，走可持续发展之路。养殖业的可持续发展，饲料企业必须为之提供可解决方案，对饲料产品配方、工艺、生产、服务都提出了更高的要求，也带来新的发展机遇，可以说饲料企业将来是随着养殖业的调整而调整，主动迎合已是大势所趋。

4. 饲料企业新增投资明显减少。这些年，湖北省饲料生产总量保持中高速增长，主要靠投资拉动，全国前10的大型饲料企业集团不断加大对湖北投资，如2016年全省新投产企业18家，新增产能300万t，新增产能主要品种是猪料，2017年产能进入集中释放期。2017年，受政策和市场双重因素影响，投资意愿大幅减弱，发展动能进入转换期。

5. 中小饲料企业生产、生存压力增大。从生产上看，年生产10万t以下的中小饲料企业生产产量进一步萎缩，市场份额逐渐减少。从经营情况看，预混料生产企业中，专业化程度高、技术含量高的预混料生产企业经营状况好于生产低端产品的预混料企业；在生产配合饲料的中小企业中，有养殖场的企业经营好于专门从事饲料生产企业，单一从事配合饲料生产的企业面临生存压力最大，基本是低价竞争。

【主要工作】

（一）积极推进饲料供给侧结构性改革

主要是以“三个引导”为突破口加大饲料供给侧结构性调整，一是积极引导企业有序整合，淘汰落后产能。积极引导中小企业通过扩建、改造、联合、重组的方式逐步提高生产能力，每年新增产能200万t以上。引导大型饲料集团在湖北省合理布局，避免出现区域性产能过剩的局面。二是积极引导秸秆饲料化。积极引导传统饲料企业参与牛羊料的生产，积极推广青贮、黄贮和微贮等处理技术为秸秆养畜配套，鼓励青贮合作社、秸秆收储及加工企业等多种经营主体进入秸秆饲料精深加工和商品化销售。三是积极引导特种饲料生产。引导饲料企业发展鳝鱼、虾、蟹等特种水产料和反刍动物饲料生产，突出发展食用率高、吸收率高、节能环保型膨化料、仿生料，饲料产品适应市场变化适时调整的能力进一步增强。

（二）加强饲料质量安全监测

2017年年初制定了《湖北省饲料产品质量安全监测计划》《湖北省饲料安全专项监测计划》《湖北省反刍动物饲料中牛羊源性成分例行监测计划》，对17个市、州生产、经营企业和使用环节的饲料产品全方位加强监测。2017年，共抽查17个市生产、经营企业和使用环节的饲料产品499批次（其中普遍性检测153批、牛羊源性成分检测93批、违禁药物检测104批），合格495批次，产品合格率99.2%，较上年提高0.3%。对监测中发现的不合格产品，及时向全省通报，并督导所在市州监管部门跟进查处。

（三）推进《饲料质量安全管理规范》实施

2017年4月25日，召开了全省饲料工作会议，要求各级饲料管理部门层层压实监管责任，创新监管服务方式，整体推进《饲料质量安全管理规范》实施。11月10日，举办了全省饲料质量安全管理规范培训班，要求各地严格按照《饲料和饲料添加剂管理条例》及其配套规章要求，及时将《饲料质量安全管理规范》的相关条件纳入饲料生产许可审核工作，依法对企业的制度、规程和记录文件进行严格审核，不断提升全省饲料质量安全水平。以争创农业部“饲料质量安全管理规范示范企业”为抓手，制定饲料生产企业质量安全管理操作指南地方标准，指导有条件的企业积极参与创建活动。2017年7月，湖北省武汉家家乐饲料股份有限公司、武汉大北农水产科技有限公司、武汉大北农农牧发展有限公司、荆州禾丰农业科技有限公司4家饲料生产企业通过了农业部示范企业验收。目前，全省有19家企业获农业部“示范企业”称号，成为全国“示范企业”较多的省份。

（四）规范饲料生产行政许可

按照《饲料和饲料添加剂许可管理办法》要求，成立了湖北省饲料企业生产许可审查专家委员会，制定了专家委员会工作章程，推行专家审核责任制，实现了专家审核责任可追溯。按照“一个窗口对外，一站式服务”的要求，许可事项由厅行政审批中心统一受理，实行政务公开，在湖北农业信息网上公示了饲料生产许可的申报指南、办理程序和承诺时限等，自觉接受社会监督。全年共核发饲料生产许可证62个；核发饲料添加剂产品批准文号1 767个。所有许可事项全部在规定时限内办结，服务对象满意率100%。

（五）积极做好统计工作

一是做好饲料统计系统报表报送工作。2017年，全省饲料信息统计工作以“中国饲料工业统计信息系统”平台为中心，以省、市（州）、饲料企业三级网络终端管理为手段，采取企业填报、管理部门核实工作机制，认真落实中国饲料工业统计信息系统报表制度，为饲料工业发展服务。通过大家的共同努力，做到常规月报、季报和综合年报、单一饲料年报及时报送；数据分析材料及时跟进，为全省饲料工业发展决策提供参考；做到企业统计信息采集人员、管理部门统计工作人员工作调动后及时补缺，工作不断档。二是按照新报表的要求，以问题为导向，全面提升统计工作质量。集中解决了无有效生产许可证的饲料企业有序退出系统，持有效生产许可证企业进不了新系统，以及迁入新址或企业名称变更后的历史数据留存三个方面的突出问题。针对管理部门对统计工作要求高，管理手段弱，企业填报主动性不高问题，着力围绕平台探索和延伸监管、监测一体化工作。

（湖北省饲料工业办公室）

湖南省饲料工业

【饲料工业发展概况】

2017年，是饲料行业"调结构、保安全、促增长"的一年。一年以来，受经济增速放缓、环保高压政策、H7N9流感疫情等因素影响，尤其是湖南环洞庭湖、湘江流域的养殖环保治理政策，湖南的生猪、水产养殖退养限养，在一定程度上影响了养殖布局，通过积极采取应对措施，深入推进养殖业供给侧结构性改革，及时调整产业布局，全年养殖业生产保持稳定发展，畜禽水产饲料产量产值也未受到很大影响，并取得了持续增长的良好态势。

（一）饲料生产基本情况

2017年湖南省饲料工业产量产值继续保持2016年快速发展的态势，实现产量、产值再创新高。全省各类商品饲料总产量达到1 240万t，比上年增长5.8%，饲料工业总产值达到460亿元，增长5.9%。在饲料产量中，配合饲料1 159万t，比上年增长7.3%，浓缩饲料34万t，下降15%，预混饲料47万t，下降10%。其中，猪料904万t，增长7.6%，蛋禽料102万t，减少5.1%，肉禽料87万t，减少8.3%，水产料143万t，增长14.5%。

（二）运行特点

全省饲料运行呈现以下特点。

1. 从产品结构看，配合饲料有一定幅度增长，浓缩饲料继续呈递减趋势，预混合饲料略有一定幅度减少。分析原因：5月底以来，受中央环保督查影响，短期内数量众多的规模猪场被强制关停，大批清栏活猪提前上市，市场供求关系受到较大影响，但湖南省养猪业借着环保政策，加快调整产业布局，养殖场向湘西、湘南等丘陵山区转移；同时广东等沿海省份因环保高压退出的部分养殖场也在向湖南转移；湖南养殖规模和养殖区域相对较广，养殖习惯也比较好，因环保问题出台的限养退养政策，也促使适宜养殖的规模猪场增加补栏。大型企业集团也不断在湖南抢滩布局养殖。唐人神湘西州绿色通道生猪养殖项目在花垣县正式开工建设，总投入15亿元，建设年出栏160万头生猪的产业项目；佳和农牧在湘西建设100万头生猪产业链，湖南百宜等本土饲料企业也加快养殖布局，温氏集团等外来大型集团也加大在湖南本土养殖场的扩建和饲养。以上几方面能够完全弥补退养限养带来的产能空缺，生猪存栏同比仍然相对稳定，出栏同比还出现了小幅增长，养殖市场尤其是生猪市场的相对稳定，促使配合饲料的需求仍然保持一定幅度的增长。

由于供给侧结构性改革的影响，饲料生产结构持续几年也在发生改变，浓缩饲料市场需求逐年呈下降趋势，养殖户使用浓缩饲料的越来越少了。2017年原料总体上与上年同比，采购原料没有成本优势，加之用工成本的持续增加，购买预混料，自行配制饲料的增利空间不大，驱使规模养殖场使用配合饲料的趋势在增长。另外由于劳动用工及物流成本上升，自配饲料减少，商品配合饲料也在一定幅度内增长，浓缩饲料和预混饲料逐渐减少。

2. 从产品类别看，猪料、水产料都有一定幅度增长，但禽料有小幅减少。猪料有一定幅度增长，主要是因为上述讲的生猪存栏和出栏仍然保持稳增长。禽料有一定幅度增长，主要是蛋禽供应多，蛋禽饲料增长增幅明显，虽然家禽业上半年持续主动或被动去产能，但下半年产能迅速恢复，禽饲料需求比较稳定；肉禽饲料相比于蛋禽饲料增幅则要低得多。

水产料小幅增长主要原因是2017年鱼价较好，带动了养殖场补塘的积极性，加之2017年气温比较温和，适合鱼的生长，加之食用水产鱼和特种水产的安全度在逐年提高，百姓消费习惯需求更加旺盛，带动了鱼的刚性需求，从而促进了水产饲料的增长。另外由于湖南推广稻虾种养结合政策，导致特种水产料比如虾料和蟹料需求旺盛，增长势头较好。

肉禽和蛋禽存栏相对减少，导致肉禽料和蛋禽料都有相对幅度的减少。

3. 重点企业生产情况。其中产量增幅比较明显的是：唐人神集团股份有限公司集团本部，42.4 万 t，同比增长 16.4%；益阳海大 25.4 万 t，同比增长 23.9%；湖南百宜 19.2 万 t，同比增长 18.5%；湘佳牧业 13.4 万 t，同比增长 7.2%。减少的有湖南海大 23.4 万 t，同比减少 27%；岳阳九岳 6.1 万 t，同比减少 21%；环球 5.6 万 t，同比减少 13%；湖南创新 6.5 万 t，同比减少 27%。

4. 原料价格有增有减。与 2016 年主要原料豆粕、菜粕、麦麸、赖氨酸、多维等价格同比都有上升，尤其是氨基酸类赖氨酸创了年内新高，苏氨酸、色氨酸都在节节高升。而添加剂主要产品多矿产品也是暴涨，硫酸亚铁从 1.8 元/kg 上涨到 4.8 元/kg，氧化锌从 26 元/kg 涨到 36 元/kg，而且货源供应紧张，硫酸铜、硫酸锰、硫酸锌、磷酸氢钙、氯化胆碱价格同比都有上升。

与 2016 年主要原料玉米、进口鱼粉采购价格同比却有减少，分别减少 7.8%，9.5%左右。添加剂采购价格同比减少最明显的是蛋氨酸，幅度应在 20%以上。

5. 产品价格基本持平。全年育肥猪料配合饲料每吨在 3 080 元左右，与 2016 年上半年同比增长 0.9%；蛋鸡配合饲料每吨在 2 680 元左右，同比减少 1.4%；浓缩饲料育肥猪料每吨在 4 980 元左右，同比增长 1.4%；浓缩饲料蛋鸡料平均每吨在 3 725 元左右，同比增长 0.8%；4%的大猪预混饲料平均每吨在6 135元左右，同比增长 3.8%；5%的蛋鸡饲料平均每吨在5 375元左右，同比增长 1.6%。

随着第二轮的中央环保督查即将到来，环保制度会更加严厉，预计原料价格易涨难跌，造成预混料产品的成本将进一步上涨，跟着预混合饲料价格也会水涨船高。

6. 产业链条得到进一步延伸。饲料企业利用人才、技术、资金等方面的优势，整合业内资源，采取“公司＋农户”、扩展融资平台等方式，投资养殖行业与屠宰加工业。

7. 产业集中度进一步提高。全省持证企业 395 家，共 504 个生产许可证（1 个企业有 2～3 个证书）。其中商品饲料从企业总产量来看，81 家过 5 万 t，占全省商品饲料总产量的 67.4%，33 家过 10 万 t，占全省商品饲料总产量的 40.4%。集团企业 1 家过 400 万 t，1 家过 200 万 t，5 家过 40 万 t，2 家过 30 万 t，2 家过 20 万 t，13 家过 10 万 t。从企业产值来看，单个公司中 110 家过亿元，13 家过 5 亿元，1 家过 10 亿元。集团企业（包括本土和外来集团），其中 1 家过 100 亿元，1 家过 50 亿元，7 家过 10 亿元，6 家过 5 亿元。

22 家重点饲料企业的产量占全省总产量的 52%。唐人神集团被中国饲料工业协会评为全国十大领军饲料企业，九鼎集团和岳泰集团被评为全国 30 强饲料企业，兴嘉生物被评为全国 20 强饲料添加剂企业，湖南伟业被评为全国饲料优秀创新企业。

8. 企业转型升级进一步加快。企业集团快速扩张，通过整体收购、租赁经营、兼并联合等方式，加快企业转型升级步伐。饲料产品质量稳步提升。饲料产品质量的抽检合格率常年都保持在 98%以上，已经连续 12 年未在商品饲料中检测出违禁药物。

9. 企业合作联营，集约化步伐加快。企业集团快速扩张，通过整体收购、租赁经营、兼并联合等方式，加快发展步伐，产业集中度在进一步提升，企业合作趋势在加快。希望集团、海大集团、澳华集团、双胞胎集团均加快在湖南的产业布局，或者与湖南本土企业合作联营，共谋发展。其中澳华集团近期与湖南本土企业合作，将在湖南成立 4 家合作企业；海大温氏集团也加快在湖南的养殖布局，进而带动禽饲料的预期增长。

【存在问题】

（一）饲料行业存在的问题

1. 饲料产能严重过剩，整体竞争力弱。目前湖南省饲料年总产能 3 200 万 t 左右，而实际年产销量只占全省产能的 1/3。“散、小、差”的问题仍然突出，企业规模过小，容易造成饲料资源浪费和市场竞争无序，影响整个行业的竞争力，同时增加了监管难度。

2. 科技投入少，创新能力不强。湖南省在这方面的投入严重不足，政府相关部门没有安排饲料科研专项经费，中小企业又不愿多投资搞科技创新，致使绝大多数饲料产品低水平重复生产，企业发展后劲不足。

3. 产品同质化程度高，竞争异常激烈。饲料企业销售产品时互相压价，压低了行业平均利润率，不少厂家已无利可图，有产值无利润，甚至出现少见的亏损。

4. 企业融资困难，资金周转不活。

5. 物流成本陡升，加大企业负担。

（二）对饲料行业发展的影响

1. 饲料产量产值进入低速增长期。虽然每年都有新的规模企业建立，产能扩大了，但从全省来看，产量产值并未大幅度增加，行业利润率逐年下降。

2. 饲料饲养结合越来越紧密。饲料业向上延、向下拉延伸产业链，如由养殖业需求来带动饲料业的发展，防止饲料生产盲目扩张，也降低养殖业风险，实现饲料养殖双赢。

3. 外部压力倒逼饲料业转型升级。饲料业外部压力主要有消费者对动物产品要求提高，养殖业现代化对饲料产品要求提高，减少氮磷排放重金属污染等环保压力增大，这些压力都倒逼饲料业转型升级。

4. “互联网＋”平台加快发展。饲料生产企业利用“互联网＋”平台技术提升网络化服务水平，强化自己的产品竞争力。随着互联网的发展，包括电商的发展，大数据、云计算的使用，会使饲料行业形成一种平台，这将对整个饲料产业的发展起到极大的推动作用。

（三）对饲料行业发展的几点建议

1. 坚决把好质量安全关，做到稳定发展。饲料企业要把确保饲料质量安全作为关系企业生死存亡的头等大事，严格按《条例》和《规范》生产，强化质量管控，提高企业管理水平，生产优质安全产品，积极创建一流品牌，形成以技术、品牌、质量、服务为核心的综合竞争新优势。

2. 勇于承担社会责任，做到共同发展。养殖户与饲料企业是命运共同体，要建立企业与养殖户合理的利益连接机制，让养殖户分享饲料业发展的成功。践行服务行业回报消费者的社会责任，完善利益联结机制，带动养殖户共同增收致富。

3. 始终坚持市场导向，做到创新发展。随着市场细分化、多元化的趋势日益明显，传统粗放式的扩张已难以为继，必须深入研究市场变化，高举创新大旗，加快产品创新、技术创新、经营理念和经营模式的创新。采用电子商务等新型流通业态，加快物流体系的建设，改进企业经营管理，提高流通的效率，降低流通成本。要注重发挥市场机制的作用，鼓励企业通过兼并重组等方式整合资源，创新产业的组织模式，加快种养加纵向一体化建设。加快淘汰落后产能，增强抵御风险能力。

4. 着力行业正面宣传，增强百姓消费信心。充分利用广播、电视、微博、微信等媒体，从原料采购、生产、加工、配送等对畜禽产品进行全过程、全方位报道，帮助百姓澄清消费安全模糊认知，努力宣传畜禽产品供给有保障、安全有保障，营养满需求的安全知识，增强百姓对农、牧、畜、禽产品的安全消费信心，引导百姓正确消费理念，增强百姓对本国畜禽产品的品牌认知、信誉认知、安全认知、营养认知。

5. 引进来，走出去，强化合作意识。要在行业领导的带领下，积极引进优秀外来企业、引进管理技能、引进优势资源等。在实现引进来的同时，协会有必要带领企业走出去，通过国际、省际行业协会交流，帮助企业打破竞争壁垒，交流学习新技术、新经验，帮助企业在竞争中促进，在竞争中合作。

6. 规避恶性竞争，推动行业健康有序发展。要充分利用新媒体等手段，制订行业自律公约，倡导诚信、公平经营理念，抨击不正当、低层次竞争，切实减少价格战、不择手段抢人才、不潜心提升研发能力、上市圈钱等不良现象，努力开创良性竞争的公平环境。

7. 切实加强行业自律，做到和谐发展。践行“合作、和谐、共赢”的行业发展理念，加强行业自律机制建设，进一步完善行规行约，努力把行为规范落实到具体行动中，自觉接受政府、社会、消费者的监督。

【下一步工作思路】

供给侧结构性改革，不仅影响工业，影响农业，对饲料行业的影响也是全面的、深远的，饲料行业如何转型升级，调结构、转方式、增动能、突瓶颈、定方向就显得迫在眉睫。

1. 绿色环保，行稳致远。饲料质量安全要求如今更加严格。全国首届畜禽废弃物利用会议在湖南成功举办，将进一步带动湖南养殖业的发展，提升湖南整体养殖水平。但打好农业面源污染防治攻坚战，畜禽粪污治理任务艰巨，也要求饲料产品朝着绿色化发展，统筹兼顾减量排放、达标排放等环保要求。特别是长期使用一些传统饲料添加剂带来的负面影响日益受到关注，需要采取更有效的措施促进规范使用和减量使用，要更好地规范微量元素在饲料配方中的占比，调整蛋白日粮结构，减少氮磷排放，无抗或低抗饲料需求迫切。

2. 产业聚集，优势突显。从全国来看，行业内部整合、全产业链和全球化发展将成为饲料企业做大变强、持续发展的决定性因素。从湖南省实际来看，全省饲料行业已培育出一批具有较强竞争力的大企业，商品饲料生产企业如唐人神集团和九鼎集团，添加剂生产企业如兴嘉和普菲克，这些大企业与小企业的差距正在不断拉大。随着市场竞争加剧，优势企业对中小企业的兼并重组和整合力度将进一步加大。

3. 产业融合，规避风险。饲料养殖联系越来越紧密，饲养互动更是大势所趋。饲料企业谁看清了形势，整合了有效资源，谁就会在未来的有限空间里成长得越来越茁壮。湖南是养殖大省，配合饲料在养殖中的全程实用率将不断增加，工业饲料还有较大的发展空间。饲料企业综合实力较强，在资本、管理、技术、人才等方面都有优势，为增强持续发展能力，融入养殖大产业、打造全产业链，全省饲料企业要抓住

“一带一路”这个契机，运用好政策，发展好产业规划，规划好发展愿景。同时也应该看到，散养户的快速退出，已超出了人们原来的预期，湖南养殖业正进入生产减速、结构优化、质量升级、布局调整、产业整合的新阶段，饲料工业发展面临着市场空间拓展更难、同质化竞争越来越激烈的局面，这就要求加快推进饲料新产品的研发，积极开发适应环保安全新形势的饲料产品。

（湖南省饲料工业办公室）

广东省饲料工业

【饲料工业发展概况】

2017年，广东新增大型饲料企业投产较多、生产全面上量，饲料主原料价格、生产成本同比总体下降；养殖业形势向好，饲料与养殖企业“厂场对接”合作模式不断深化，配合饲料使用率进一步提高；饲料产业强强联合、优势互补、产销联动、产业延伸，向养殖终端融合发展，成为饲料企业发展新的增长点。总体上，饲料业呈现生产发展、效益提高、素质提升的良好态势。主要特点如下。

1. 产业规模大。截至2017年年底，全省共有饲料和饲料添加剂企业918家，生产许可证1 088个，其中浓缩饲料577个、单一饲料128个、添加剂预混合饲料226个、饲料添加剂189个。饲料总产量2 951万t、产值1 018亿元，产量同比增长4.5%，再创历史新高，连续15年位居全国首位。在饲料总产量中，配合饲料2 831.8万t、增长4.5%，浓缩饲料46.2万t、下降2.0%，添加剂预混合饲料73.2万t，增长7.3%。在配合饲料产量中，猪料1 304.7万t、蛋禽料177.1万t、肉禽料826.1万t、水产料502.6万t、精补料3.8万t、其他饲料17.5万t，分别比上年增长16.3%、－12.0%、－9.4%、12.8%、11.6%、－30.9%。饲料添加剂（含混合型）产量9.8万t、产值23.1亿元，产量同比下降12.5%。

2. 产业集中度高。集团化、规模化及产业链融合发展进程明显加快，行业发展主体力量不断壮大，规模化、现代化水平进一步提高，转型升级加快。全省577个浓缩饲料企业平均产量5万t/个，远高于全国平均水平。年产10万t以上企业122个、产量占总产量69%；年产50万t集团企业9个、年产100万t以上企业5个。

3. 质量水平高。全省饲料产品质量安全水平持续提高，饲料产品质量例行监测抽检合格率99.8%，保持较高水平，饲料中“瘦肉精”等违禁添加物保持“零检出”，生猪养殖环节“瘦肉精”监测合格率100%，保障了畜禽水产产品质量安全。

4. 绿色安全产品加快发展。积极引导和支持饲料企业研发安全环保饲料产品，促进药物饲料添加剂减量使用，推广低氮、低磷、低矿物质和无抗饲料产品，严格控制饲料中铜、锌用量及总砷含量，推进微生物发酵技术在饲料产品中的应用，构建精准配方技术体系，提高饲料使用效率，促进绿色发展。

5. 创新动力足。集团化大型企业建立研发中心，积极研究探索、构建精准配方技术体系，推广低氮、低磷和低矿物质饲料产品。饲料专业化和精细化加工快速发展，饲料膨化、微粉碎、高效调质、熟化等先进工艺广泛应用，饲料散装运输、自动饲喂的“厂场对接”方式快速发展，码垛机器人快速推广。同时，省内多数饲料企业积极进行设备改造更新和产品升级，科技投入稳步增加，技术和经营模式创新能力明显增强。

6. 产品品牌响。饲料质量安全管理规范全面实施，饲料企业积极进行设备改造和产品升级，科技投入稳步增加，技术和经营管理模式创新能力明显增强，全省累计创建了部级示范企业11家、省级示范企业41家，全省共有165个广东省名牌饲料产品，占农业名牌产品的13.8%。

【组织机构】

广东省畜牧兽医局为省农业厅内设副厅级行政管理机构，负责全省畜牧、兽医防疫、饲料、兽药管理工作。内设3个处室：综合处、畜牧处（加挂省饲料工作办公室牌子）、兽医处。广东省饲料工作办公室具体负责饲料管理工作。

【主要工作】

（一）饲料业法制建设

进一步贯彻实施饲料行业管理新规，依法规范行政许可行为，将各类许可申请书申报格式、办事指南等相关许可文件和投诉方式、廉政制度、审批结果和监管措施在网上公开，在规定的时限内完成许可审批事项并及时在广东农业信息网公布审批结果，提高办事效率，促进依法行政；认真清理规范饲料和饲料添加剂生产许可审批中介服务事项，印发了《关于落实清理规范饲料和饲料添加剂生产许可审批中介服务事项的通知》（粤农函［2016］802号），明确了申请饲料添加剂（微生物、酶制剂类产品）、单一饲料（采用生物发酵工艺）生产许可“微生物菌种来源证明”项不再作为行政审批的受理条件，申请配合饲料、浓缩饲料、精料补充料及混合型饲料添加剂、添加剂预混合饲料生产许可“混合机混合均匀度检测报告”项不再作为行政审批的受理条件。要求各地饲料管理部门认真做好清理规范落实工作，及时宣传到辖区企业，确保饲料质量安全和安全生产。同时，进一步完善了生产许可专家审核委员会及专家库、广东省网上办事平台建设等，推进饲料管理法制建设。

（二）饲料质量安全管理规范示范企业创建

通过加强宣传培训，督促指导企业认真贯彻落实《饲料质量安全管理规范》，积极创建示范企业，树立行业标杆。2017年，创建省级示范企业8家，全省共有部级示范企业11家、省级示范企业41家。

（三）饲料行政许可

依法严把生产准入关。坚持扶强扶大，依法淘汰一批小、乱、差企业，向安全、集约、高效发展，规范生产经营，着力提升广东省饲料业规模化、产业化程度，提高饲料行业总体素质。对申请生产许可，严格按许可条件进行现场审核，并将企业实施《饲料质量安全管理规范》情况一并纳入考核。全年核（换）发饲料和饲料添加剂生产许可证105个，核发饲料添加剂和添加剂预混合饲料产品批准文号3 955个，注销饲料添加剂生产许可证27个。

（四）饲料标准化

认真开展饲料标准化工作，省饲料专业标准化技术委员会完成农业部下达的“饲料中艾司唑仑的测定”和“饲料中左旋咪唑的测定”高效液相色谱法的标准制定，并通过全国饲料工业标准化技术委员会最终审查。

（五）饲料质量安全监管

1. 强化日常监管。以辖区监管为主体，强化检查督导，督促企业依法依规完善各项管理制度，强化企业责任，提高企业责任意识和管理水平。同时，组织开展全省专项监督检查行动，加大监督管理力度。

2. 强化监督监测。全省各级着力强化监督检测，促进饲料产品质量提升。全省共抽检饲料产品1 856个次，合格率99.82%。省级抽检各类饲料产品587批，其中合格586批，合格率99.8%；抽检641个养殖场（户）样品1 282批次，合格率100%。

3. 严肃查处违法行为。重点加大对举报案件及抽查检测中问题产品生产经营企业的查处力度，全省查处违法饲料生产企业3个，查处8宗不合格饲料产品案件及1宗“瘦肉精”案件。通过严格执法，对不法分子形成强大震慑，对饲料生产企业和畜禽养殖场起到了有效的警示作用，减少了违法案件的发生。

4. 加强服务与指导。积极引导企业开展技术和管理创新、及时调整战略布局。开展5期饲料检验化验员、维修工培训班，培训376人。强化饲料统计与分析，严格企业年度备案统计，做好与各地饲料管理部门和企业的对接工作，力求准确，为行业发展预测及规划提供可靠的数据支持。

（六）“瘦肉精”专项整治

一是制定方案、落实责任。制定印发了《2017年广东省“瘦肉精”等违禁添加物整治工作方案》《2017年广东省养殖场（户）“瘦肉精”专项监测工作实施方案》，明确整治目标和任务，突出重点区域和环节，落实监管主体责任。二是落实经费，加大投入。各级政府高度重视“瘦肉精”监管工作，加大监管经费投入，全省共投入监管经费2 800万元，其中省财政安排500万元，为监管工作提供了有力保障。三是精心整治、保障安全。认真开展饲料生产经营、生猪养殖、收购贩运、屠宰环节“瘦肉精”专项整治，重点强化生猪养殖、屠宰环节“瘦肉精”监测，不定期派出检查组开展“瘦肉精”等违禁添加物飞行检查。四是强化宣传，提高认识。进一步强化《最高人民法院最高人民检察院关于办理危害食品安全刑事案件适用法律若干问题的解释》宣贯工作，印发了《广东省严禁使用“瘦肉精”等违禁物质告知书》《无“瘦肉精”等禁用物质承诺书》，提高饲料生产、经营者及养殖者的守法意识。全省共抽检“瘦肉精”企业（场、户）58 525个，抽检样品数（含饲料生产、养殖、屠宰等环节）232万余个，合格率99.99%；省级现场筛查608个养殖场，检测1 346个样品，合格率100%；饲料产品“瘦肉精”保持零检出。

【存在问题】

虽然广东省饲料业发展取得了较好成效，但仍然存在不足。一是部分企业不重视实施《饲料质量安全管理规范》，管理制度不完善，管理不到位；二是个别企业守法意识不强，发生套用、冒用产品批准文号情况，养殖环节滥用抗生素及违法添加“瘦肉精”案件仍然存在，畜产品质量安全存在隐患；三是仍有部分小企业不重视统计工作，出现漏报、少报、报送不及时等情况；四是创新能力不足，表现在科技创新、产业链融合发展、经营模式等方面存在不足。

【下一步工作思路】

以质量安全和绿色发展为重点，加快建设现代饲料业。

1. 强化饲料行业监管。严把生产许可准入关，依法淘汰一批小、乱、差企业，减少企业数量，避免产能过剩。严格落实饲料质量安全、突出抓好“瘦肉精”、生鲜乳三聚氰胺和皮革水解蛋白等违禁添加物专项整治及重金属超标整治，强化监督检测抽样计划，积极开展“双随机一公开”工作，切实履行行业安全生产监管职责，确保饲料质量安全及生产安全，饲料产品检测合格率保持在99.5%以上，力争饲料产品中“瘦肉精”保持零检出，全省不发生重大饲料质量安全和生产事故。

2. 推动企业转型升级。全面实施《饲料质量安全管理规范》，积极推进“放管服”工作，重点抓好示范企业创建工作，提升饲料生产标准化和规范化水平。促进畜牧饲料业提质增效。强力推进产业链融合发展，大力推进饲料行业与养殖企业“厂场对接”模式。

3. 着力推进环保、安全、高效饲料的技术研发。支持建设省级绿色高效饲料研发中心，推进微生物发酵技术的应用，推广低氮、低磷、低矿物质饲料，严格控制铜、锌用量及饲料中总砷含量，构建精准配方技术体系，提高饲料使用效率。

（广东省饲料工作办公室）

广西壮族自治区饲料工业

【饲料工业发展概况】

2017年广西壮族自治区共有饲料和饲料添加剂生产企业279家，同比增长4.5%；2017年饲料产品产量1 346.4万t，产值411.6亿元，同比分别增长10.7%、12.9%。全区饲料产品抽检合格率99.7%，同比基本持平，商品饲料和生猪尿样“瘦肉精”等违禁药物检出率为0。

1. 饲料产量增幅明显，呈现配合饲料、浓缩饲料增长，预混料下降的结构模式。全年饲料产品产量1 346.4万t，同比增长10.7%。其中配合饲料1 312.2万t，同比增长10.9%；浓缩饲料18.4万t，同比增长9.7%；预混饲料15.8万t，同比减少4.8%。在产品结构上，猪料739.4万t，同比增长17.3%；蛋禽料64.4万t，同比增长6.3%；肉禽料477.2万t，同比增长1.8%；水产料65.4万t，同比增长14.8%。

2. 集团企业扩张步伐加快，饲料生产集中度继续保持高位态势。2017年，广西饲料和饲料添加剂生产企业有279家，其中获饲料添加剂生产许可证30家，获混合型饲料添加剂11张，获添加剂预混合饲料生产许可证50张，获单一饲料生产许可证41张，获配合饲料、浓缩饲料、精料补充料生产许可证179张（其中交叉获双证32家），同比增长4.5%，全区年产量10万t以上的企业有50家，比上年增加8家，占同类企业数173家的28.9%，产量1 013.9万t，同比增长13.6%，占全区饲料总产量的75.3%，大型企业、集团企业所占份额越来越大。全区年产量50万t以上的集团企业有5家，产量811.4万t，同比增长17.5%，占全区饲料总产量的60.3%，比上一年增长3.5个百分点。

3. 发挥区位优势，豆粕、菜粕等植物蛋白原料聚集发展。广西年进口粮食达800多万t，约占全国进口总量的10%，其中进口大豆、油菜籽分别占全国的一成和四成，已成为我国进口粮油加工重要产业基地，部分大型粮油加工企业看好广西沿海港口的区位优势和海运成本低廉优势，相继落户钦州、北海和防城港，全区豆粕、菜粕生产企业达9家。全年豆粕、菜粕、大豆浓缩蛋白产量797万t，同比增长16%。

【主要工作】

1. 落实监管资金，确保饲料监管任务顺利完成。2017年共落实饲料质量安全监管经费310万元（其中自治区财政240万元、农业部70万元），用于全区饲料质量监测体系建设，饲料和饲料添加剂生产许可评审，饲料质量安全管理规范、示范创建，饲料生产、经营、使用环节的质量监督抽查，饲料执法、法规宣贯培训等工作，有效确保了饲料监管等各项任务顺利完成。

2. 扎实推进饲料质量安全管理规范示范创建工作。一是加强宣传培训。全年各级饲料主管部门共举办许可、规范培训班9期，培训人数达800多人次，其中举办省级饲料质量安全管理规范示范企业创建暨安全生产管理培训班1期，培训各市局（农委）饲料行政管理工作负责人、省级示范创建饲料生产企业、部分饲料和饲料添加剂生产许可证技术评审专家及执法人员共计180人次，印制发放宣传材料3 500份。二是做好规范示范企业创建。截至目前，宾阳通威、广西商大、贵港海大、南宁绿色巨农4家企业已通过国家级示范企业验收。北海恒兴、桂林正大、正大（柳州）公司、宾阳恒兴、广西华港、贵港漓源、兴安扬翔、广西粤海8家企业已通过省级示范企业验收。三是发挥示范企业带头作用。在国家级示范企业、省级示范创建企业的带动下，抓好饲料企业质量安全管理规范的落实，自觉贯彻落实新的饲料法规体系，对照《规范》要求修订、理顺、完善内部管理制度、操作规程和各种记录表格，严格按照《规范》要求组织生产，认真执行各项制度、规程并做好记录，切实把好原料进厂关、产品出厂检验关，实现从原料采购到产品生产、产品销售的全程质量控制。

3. 狠抓关键环节监管重点，确保饲料质量安全。一是严格资格审核，从源头把关，对不符合条件的一律不予许可，全年共受理 46 家饲料和饲料添加剂生产企业许可申请；共核发产品批准文号 585 个，其中饲料添加剂 35 个、添加剂预混合饲料 350 个。二是加大对获证生产企业日常监管力度，结合年度备案工作，各市对辖区内饲料生产企业实行全覆盖现场检查，对存在问题的及时查处溯源。三是加大对饲料生产企业的执法监督力度。在各市开展执法检查的基础上，10～11 月组织开展了全区饲料执法监督检查工作，对全区 25 家饲料生产企业、24 家饲料经营店、25 家养殖场（户）进行了监督执法检查，对检查结果予以通报，落实问题企业的查处。四是强化检打联动，落实对不合格产品及企业的追踪溯源。全年共抽检饲料和饲料添加剂生产企业、经营单位和养殖场（户）877 家次的饲料和饲料添加剂样品 1 778 批次，合格率为 99.7%。加强对不合格产品的追踪溯源，及时消除质量安全隐患。五是将监测不合格及被投诉、被举报企业作为重点监控对象进行认真排查，重点突击检查原料库房和使用记录，督促企业质量安全制度的落实。

4. 深入开展饲料和饲料添加剂生产企业防范粉尘爆炸安全专项整治，消除安全隐患。根据自治区安委会统一部署，自治区安监局牵头，自治区水产畜牧兽医局、公安厅、工商局等多部门配合，继续在全区深入开展涉粉尘爆炸企业安全生产专项整治活动，努力防范和遏制重特大生产安全事故发生。全区全年累计组织检查组 110 个，检查人员 338 人，检查饲料和饲料添加剂生产企业 655 家次，一般隐患排查 102 项，已如期整治完毕，确保所有涉问题企业隐患整改全部合格，巩固了专项整治成果，年内饲料和饲料添加剂企业没有发生涉粉尘爆炸事故。

5. 全面开展饲料生产经营和养殖环节非法添加使用药物专项整治，提高畜产品质量安全水平。2017 年央视“3·15”晚会曝光了外省某些养殖场违规使用喹乙醇等的情况，广西根据《农业部办公厅关于严厉打击饲料生产经营和养殖环节违法使用兽用抗菌药物行为的通知》（农办牧［2017］16 号）的具体要求，在全区开展非法添加使用药物专项整治工作，对全区饲料和饲料添加剂生产经营企业 100%全覆盖检查，对规模养殖场（户）重点排查，全面排查治理质量安全隐患。

6. 加强蛋禽饲料生产及养殖场管理，确保产品质量安全。2017 年关于欧洲和韩国发生氟虫腈污染鸡蛋事件，禽蛋质量安全问题引起社会广泛关注。广西根据农业部统一部署在全区开展蛋禽饲料生产企业、养殖场检查工作，排查饲料生产企业使用 3 个目录以外的物质生产饲料及养殖场滥用含有氟虫腈等违禁物的行为。

7. 抓好饲料行业的基础性及服务工作。一是 10 月 23 日召开培训班传达 2017 年全国饲料工业统计培训内容，要求所有企业从 2018 年起执行月报表制度，实现全口径上报统计数据；二是积极主动与国税、粮食、质检部门沟通、联系，做好协调工作，确保饲料企业能公平享受优惠政策；三是加大饲料特有工种培训鉴定力度，年度全区共开展 3 期 340 人培训鉴定，有 231 人获证，提高了饲料行业从业者的素质。

【存在问题】

1. 企业质量安全主体责任的落实仍是薄弱环节。养殖户、饲料和饲料添加剂经营企业生产经营档案仍不规范、不健全，自我管理能力不足，发生产品质量安全问题后难以追溯，养殖环节不按规定使用药物，流通环节制售假冒伪劣饲料、无证生产饲料等问题依然无法杜绝。

2. 部分市畜牧兽医综合执法工作还没有全部整体推进，饲料执法人员依法监管的能力和水平仍然有待提高。部分市的畜牧兽医综合执法工作还没有全部整体推进，饲料执法仅靠几个行政管理人员，监管工作难以落到实处。一些市虽然将饲料执法委托给动物卫生监督所，但对委托执法情况未加强指导和监管，执法人员仍存在有案不会办、不敢办、不想办的现象。特别是《饲料质量安全管理规范》的实施，对企业执行规范的监管主要由县级执法人员承担，基层监管人员的监管能力迫切需要提升。

3. 自配料监管难度大。目前条例对自配料侧重于对违禁品和限制性物质的使用管理，没有出台自配料使用规范，自配料仍是监管难点和薄弱环节。

4. 饲料添加剂和单一饲料缺乏规范管理依据。《饲料质量安全管理规范》只适用于添加剂预混合饲料、浓缩饲料、配合饲料和精料补充料生产企业，而不适用于饲料添加剂和单一饲料生产企业，造成前类企业有相应条款规范企业生产，而后类企业除了按许可要求及规范中共性的问题执行外，目前没有一套针对此类企业的使用规范。建议农业农村部出台针对饲料添加剂和单一饲料生产企业的许可条件及相应的使用规范。

5. 各市对饲料统计工作不重视，质量不高。一是部分市饲料管理部门、企业统计人员对统计报表理解不透、概念不清，工作不重视、不负责，迟报、虚报、错报的现象时有发生，特别是未经认真核对就上报；二是管理部门没有将统计工作与年度备案及日常监管相结合，且企业上报数据时，各市只求上报率，不求上报质量，或者业务不熟练，建议今后多开展统计工作业务培训。

【下一步工作思路】

全面落实农业农村部 2018 年农产品质量安全年决策部署，突出抓好饲料监管工作。一是落实农业农村部饲料监测计划；二是加大力度开展饲料法规宣传培训；三是加强饲料监管和执法体系建设，提高监管和执法水平；四是严格资格审核，加强生产企业的准入管理和证后监管，依法淘汰不合格企业；五是全面推进实施《饲料生产企业质量安全管理规范》；六是加强日常监管和执法监督，对违法违规行为保持高压严打态势；七是强化饲料信息统计工作，要求所有企业均按时填报月报表，实现全口径上报统计数据。

（广西壮族自治区饲料工业办公室）

海南省饲料工业

【饲料工业发展概况】

2017年是实施"十三五"规划的重要之年，海南省饲料行业紧紧围绕推进农业供给侧结构性改革主线，以畜牧业"调结构转方式"转型升级为牵引，以推进实施《饲料质量安全管理规范》为抓手，认真抓好饲料行业监管和服务指导工作，不断规范企业生产行为，提升饲料行业产品质量安全管理水平，有效促进饲料行业平稳发展，全省饲料总产量总产值继续保持"双增"态势。据饲料统计信息显示：全年新增饲料生产企业4家，核发饲料批准文号36个，注销1家饲料生产企业，全省饲料生产许可证50张，其中配合饲料生产许可证28张，添加剂预混合饲料生产许可证4张，饲料添加剂生产许可证3张，混合型饲料添加剂生产许可证6张，单一饲料生产许可证9张。2017年全省商品饲料总产量260.4万t，同比增长11%，总产值78.1亿元，同比增长6.5%，其中配合饲料259.8万t，同比增长5.6%；添加剂预混合饲料0.6t，同比增长159%。从不同品种来看，生猪配合饲料115.3万t，同比增长18.7%，蛋禽配合饲料15万t，同比下降10.8%，肉禽配合饲料94.9万t，同比下降1%，水产配合饲料34.6万t，同比增长1.5%。

另外，全省饲料添加剂348t，同比增长93%，单一饲料19 504t，同比增长19%。

【组织机构】

2006年海南省农业厅内设海南省畜牧兽医局，畜牧兽医局内设兽医处、畜牧处，海南省饲料工作办公室附属于畜牧处，2009年7月经海南省编委批准，海南省农业厅增设饲料兽药管理处（加挂"海南省饲料工作办公室"牌子），现定编人员5人，主要承担全省饲料兽药质量及饲料兽药行业监督管理职能。

海南省兽药饲料监察所主要承担农业部和省农业厅下达的各类产品抽样监测计划和本省兽药饲料产品质量安全监督、检验、委托检验、技术仲裁及提供监管技术支撑等工作职能。

全省18个市县畜牧兽医局分别负责辖区内的违禁药物查处、兽药饲料生产、经营和使用环节的监督执法管理及配合省饲料检测机构做好各类产品抽样送检等工作。

【主要工作】

1. 认真抓实饲料许可管理工作。2018年注重加强饲料企业事前、事中、事后的监管，严格执行《饲料和饲料添加剂管理条例》规定和行政许可审批程序，认真组织有关专家对企业申报材审核和实施企业生产现场核查工作，严格行业准入条件，确保全行业的整体素质。今年全省按照行政许可新增饲料企业4家，注销饲料生产企业1家，企业搬迁换证1家，核发饲料批准文号36个；同时认真做好饲料生产证备案工作，1月中旬印发了《海南省农业厅办公室关于做好2017年饲料生产企业许可证备案工作的通知》（琼农办［2017］3号），对全省所有企业进行备案，办理4家饲料企业委托生产备案，并抽查了海口、文昌、澄迈等市县15家饲料生产企业运营情况，进一步促进企业规范管理，提高饲料行业自律能力，保证全省饲料生产企业持证率100%，备案率100%。

2. 继续推进《规范》实施工作。按照《农业部办公厅关于开展2017年饲料质量安全管理规范示范企业验收工作的通知》（农办牧〔2017〕23号）要求，积极抓好全省《规范》示范创建活动，继续推行省部级示范企业。主要采取如下措施：一是加强培训，提高能力。一方面要求各市县开展《规范》培训，另一方面选派专家或示范企业人员参加农业部培训班学习，同时在2017年7月举办一期全省《规范》

培训班，邀请了北京华思联认证中心专家授课，培训饲料管理人员100多人，进一步提高全省饲料管理队伍推行《规范》实施能力。二是服务指导，示范带动。全年先后3次组织省级专家进行饲料质量安全管理规范检查指导，组织申报示范企业管理人员参观农业部示范企业，推动企业按照《规范》要求建立并运行各项管理制度，让更多企业成为省部级示范企业，全面带动全省饲料生产企业生产质量水平提高。2017年又有一家饲料生产企业通过了农业部示范验收，使部级示范企业占全省浓配混饲料企业总数比例达到10%。

3. 督促做好饲料质量检测工作。按照《农业部办公厅关于印发〈2017年全国饲料产品质量安全监测计划〉等3项监测计划的通知》（农办牧［2017］8号）要求，结合本省实际，制定印发了《海南省农业厅办公室关于印发2017年饲料兽药及畜产品质量安全监测计划的通知》（琼农办［2017］11号），督促有关单位认真组织开展全省饲料产品质量安全监测与饲料安全（违禁药物）专项监测工作，在饲料生产、经营和养殖环节抽检了214家（次）饲料企业〔其中饲料生产30家（次）、经营企业84家（次）、养殖企业100家（次）〕各类饲料产品372批次，开展饲料产品质量安全与饲料安全（违禁药物）专项监测，检测合格364批次，不合格8批次，总合格率为97.8%，8批次不合格产品均来自经营环节的预混料，主要是蛋白质含量和铜超标问题；违禁药物监测合格率100%，与2016年持平。

4. 加强饲料监督执法工作。进一步加大饲料监督执法力度，结合厅各项执法行动，在重要节日重点时段开展全省饲料质量安全大检查，特别是“3·15”曝光饲料行业问题后，根据《农业部办公厅关于严厉打击饲料生产和养殖环节违法使用兽用抗菌药物行为的通知》（农办牧［2017］16号）、《农业部办公厅关于切实加强蛋禽养殖质量安全管理工作的通知》（农办牧［2017］43号）要求，结合海南省实际迅速制定下发了《海南省农业厅关于印发海南省严厉打击畜牧饲料行业违法使用兽用抗菌药行为方案的通知》（琼农字［2017］31号）、《海南省农业厅关于印发畜产品质量安全专项整治行动方案的通知》《海南省农业厅关于印发2017年全省农资打假专项治理行动实施方案的通知》等文件，在全省范围内开展饲料生产经营企业、畜产品养殖场、蛋鸡养殖场专项整治，严厉打击饲料兽药生产企业和规模养殖企业非法添加违禁药物行动，确保全省畜产品质量安全。各市县按照要求相继制定具体行动方案，细化任务，落实责任，确保专项整治成效。省农业厅先后3次组织督查组重点对海口、文昌、琼海、儋州、五指山、屯昌、定安、澄迈、陵水9个市县饲料生产企业、经营企业及畜禽养殖场进行监督执法检查，针对2017年发生的氟虫腈违法违规使用问题，重点抽查蛋禽饲料生产企业和蛋禽养殖企业，现场检查饲料企业的药物储存间、配料间、原料库、小料投料记录、标签以及配方等方面，彻查非法添加违禁药物行为，保证饲料质量安全；检查蛋禽养殖企业的药房及养殖档案，全面系统排查氟虫腈污染风险隐患，打击滥用抗菌药和在饲料中非法添加违禁药物行为。截至11月30日，全省共出动饲料执法人员800人次，车辆290多台次，检查饲料生产企业40多家，经营店690家，养殖场（户）193家，现场责成企业整改300多件，查处违规养殖场1个，下发责令整改通知6个，处罚金额1万多元。现场抽样生猪尿液快速检测“瘦肉精”等违禁药物1 000多头次，合格率100%。

5. 注重抓好饲料行业安全生产。2017年高度重视饲料行业安全生产工作，坚持“讲安全促发展”的理念，周密部署，精心组织，先后制定下发了《海南省农业厅关于印发2017年海南省饲料行业安全生产工作要点的通知》（琼农字［2017］15号）、《海南省农业厅关于印发海南省饲料行业2017年“安全生产月”和“安全生产（琼州）行”活动方案的通知》（琼农办［2017］78号）、《海南省农业厅关于印发继续开展饲料行业粉尘防爆专项整治工作实施方案的通知》（琼农字［2017］59号）、《海南省农业厅关于印发海南省饲料兽药行业危险化学品安全综合治理实施方案的通知》（琼农字［2017］60号）、《海南省农业厅关于印发海南省饲料行业夏季消防安全检查工作方案的通知》等文件，大力开展安全生产专项整治和大检查大督查工作，重点抓实饲料粉尘防爆整治，省农业厅5次派出督查组对全省饲料生产经营企业及养殖场进行督导检查，敦促市县饲料管理部门落实属地责任和生产企业主体责任，进一步增强责任意识和防患意识，强化安全生产监管执法，大力排查安全隐患。据统计，2017年全省开展安全生产检查200多次，派出车辆近100台次，出动执法人员500多人次，检查了饲料生产企业49家，养殖自配料企业70多家，督促26家企业进行生产设施设备整改，完善33家企业管理制度，改造老化电线800多m，增加配电箱子15个、防爆灯200多个、除尘设备3台，建立企业安全基础台账40多家；组织各级培训班20多场，培训各类人员400多人，发放宣传图片材料800多份，切实把安全生产措施落实到位，确保全省饲料行业安全生产稳定发展。

【存在问题】

1. 全省编制体制不断改革，饲料监管力量弱化，在养殖环节和经营环节中饲料监管很难落实到位。

2. 市县之间企业之间实施《规范》不平衡，有待于进一步深化。

【下一步工作思路】

(一) 严格饲料行政监管，从源头上把好饲料质量安全

饲料是养殖动物（水产）的食品，质量好坏直接影响到动物（水产）品的质量。2018年将进一步加强饲料生产企业事前、事中、事后的监管，确保饲料产品质量。

1. 严格执行好行政许可审批制度，加强事前监管。适应当前形势要求，严格执行《饲料和饲料添加剂管理条例》规定和行政许可审批程序，认真组织有关专家对企业申报材料审核和实施企业生产现场核查工作，严格把握行业准入条件，确保饲料企业的整体素质。

2. 积极推进《规范》实施工作，规范饲料企业生产行为。一是推进示范引领工作。按照农业部和海南省《规范》实施工作要求，在开展《规范》示范先行基础上，举办培训班，组织饲料企业管理人员参观部级示范企业，发挥好示范企业作用，不断提高行业整体素质。二是加强服务指导。2018年计划组织4次省级专家开展《规范》检查指导，进一步推动企业落实各项管理制度。

3. 加大饲料监督检查，促进饲料企业生产经营健康发展。结合各项整治活动，加强饲料生产企业日常监督检查，对标新修改的各项饲料法规要求，严格要求严格管理，进一步增强企业遵规守纪自觉性，规范饲料企业生产行为。

(二) 扎实做好饲料例行监测工作，预警预报饲料质量安全

2018年将按照农业农村部饲料监测计划，结合本省实际，认真组织开展全省饲料产品质量安全监测与饲料安全（违禁药物）专项监测工作，在饲料生产、经营和养殖环节抽检各类饲料产品，总合格率安达到98%以上。

(三) 严厉打击饲料违法行为，维护饲料市场安全健康有序发展

2018年将进一步加大饲料监督执法力度，结合农资打假行动以及专项整治活动，在亚洲博鳌论坛和重要节假日时机，开展全省饲料质量安全执法大行动，全年不少于4次组织督查组对重点市县进行监督执法检查，严厉查处在饲料中违规使用和非法添加违禁药物行为，进一步规范饲料生产经营市场秩序，保证饲料质量安全。

(四) 大力抓好饲料企业安全生产工作，确保饲料行业生产安全

在新常态新形势下，把饲料企业安全生产作为一项经常性长期性工作抓紧抓好。根据各级部署要求，认真抓好饲料企业安全生产工作，突出饲料粉尘防爆和危险化学品治理，确保全省饲料生产企业安全无事故。

（海南省饲料工作办公室）

重庆市饲料工业

【饲料工业发展概况】

2017年，重庆市饲料工业按照“强化监管，确保安全；转变方式，增长效益”的总体思路，紧紧围绕饲料产品质量安全这条主线，认真安排部署，全面落实各项制度和要求，切实转变监管模式，不断完善长效监管机制，各项工作得到有序推进，取得了较好的成绩，有力地保证了重庆及周边地区饲料产品质量安全。

全市共有饲料生产企业162家，其中：配合饲料、浓缩饲料生产企业105家；预混合饲料生产企业24家；饲料添加剂生产企业8家；混合型饲料添加剂生产企业15家；单一饲料生产企业10家。2017年全市饲料工业总产量277万t，同比增长19%。其中，配合饲料251万t，同比增长21%；浓缩饲料25万t，同比增长4%；添加剂预混合饲料0.6万t，同比增长20%。各类饲料添加剂总产量3.7万t，同比下降13%。不同品种饲料产量有增有降，总体产量增加。全市饲料工业总产值90亿元。同比增长4%。

【组织机构】

重庆市饲料工业办公室于1986年正式成立，挂靠市农办。1996年转到市农业局后改为市农业局内设机构。2000年机构改革时不再是市农业局单独的内设机构，改为挂靠重庆市农业局畜牧兽医处。2005年重庆畜牧兽医体制改革，畜牧兽医处分为畜牧处和兽医处，重庆市饲料工业办公室挂靠在畜牧处。2008年成立市农委后，挂靠在重庆市农委畜牧业发展处。

【主要工作】

1. 规范审批行为，提升审批效率。严格贯彻落实国务院“放管服”改革工作的统一部署，进一步推进简政放权、放管结合，优化服务环境，提高审批事项的透明度和可预期性，使办证更加便捷高效，激励饲料生产企业创新创优活力。同时依托重庆市网上行政审批平台、重庆市信用信息应用平台、重庆农业农村信息网等网络平台，公示“设立饲料添加剂、添加剂预混合饲料生产企业审批事项”的申请条件、审批依据、受理机构、受理标准、申请材料目录、办理基本流程、禁止性要求、行政相对人权利和义务、办理时限、办理进程和结果查询、办公地址和时间、监督投诉渠道等内容，提供公众查询，接受社会监督。饲料和饲料添加剂生产行政许可审批均纳入重庆市网上行政审批平台办理，进一步提升了行政审批效率，规范了行政审批行为，实行“一网”办理、“标准”审批。

2. 强化监管，确保饲料产品质量安全。按照国务院“双随机一公开”的执法工作要求，重庆市农委将“双随机一公开”作为深化行政审批制度改革、强化市场主体监管、深化部门服务的重要抓手，饲料执法监督工作得到进一步落实，形成了有人抓有人管有人督促有人落实的良好工作局面。2017年1～11月，全市共出动执法人员4 786人次，出动执法车辆1 149台次，对132个饲料生产企业、2 356个饲料经营门市、937个规模化养殖场进行了执法检查。全市共办理饲料案件10件，罚没金额3.3万元，没收不合格饲料5 314.5kg。其中，市级接到12316举报投诉电话15起，交办区县案件线索8起，督办6起，约谈饲料生产企业7家。

3. 强化监督监测，饲料产品质量稳步提高。2017年，根据重庆市实际情况并结合《农业部办公厅关于印发〈2017年全国饲料产品质量安全监测计划〉等3项监测计划的通知》（农办牧［2017］8号）制定了监测计划（渝农发［2017］72号），对重点地区、重点企业和重点产品安排了500批次的监测任务。2017年养殖环节违禁添加物监测共抽查22个区县，139家使用企业和养殖场（户）的170批次样品，合格率100%；饲料产品质量安全监测共抽查14个区县，生产和使用环节的74批次饲料产品，合格率97.3%；反刍动物饲料中牛羊源性成分监测共抽查17个区县，48家反刍动物饲料、动物源性饲料使用企业和养殖场户70批次样品，合格率100%；"瘦肉精"专项监测共抽查了30个区县，501家养殖场户1 002批次尿液，合格率100%。

4. 强化法规宣传，增强守法意识。为提高饲料行业的遵纪守法意识和行业自律，2017年全市各级饲料监管部门通过发放宣传资料，现场咨询、答疑，播放影像资料等多种形式，大力宣传《农产品质量安全法》《饲料和饲料添加剂管理条例》等法律法规；宣传饲料质量安全的重要性、饲料及畜产品安全知识、饲料及畜产品质量安全生产技术。全市共印发《农产品质量安全法》《饲料和饲料添加剂管理条例》《饲料药物添加剂使用规范》《标签标准》《饲料识假辨假常识》《饲料安全使用须知》以及其他相关方面的宣传资料共25 478份（册）。媒体宣传报道9次，开展现场咨询答疑活动23场次，参加人数4.5万人次。通过这些工作，提高了饲料生产、经营、使用企业的法律法规意识和产品质量意识。

5.《饲料质量安全管理规范》得到有效落实。实施《规范》是全面提升企业管理水平，确保饲料产品质量安全的重要抓手。市农委高度重视《规范》实施工作，要求区县加强组织领导，制定切实可行的工作方案，落实监管责任，把监督执法作为推进《规范》实施的重要手段，科学把握执法尺度，既要依法行政，严格执法，又要做到正确执法、公正执法，处理好《规范》实施与企业发展、行政执法与服务指导的关系，将《规范》作为饲料生产行政许可关键要素之一。目前，重庆市有5家饲料生产企业通过农业部《规范》创建示范企业验收。

【存在问题】

一是区县饲料管理部门设置不健全，缺人、缺经费、缺手段，造成部分地方、部分环节管理"真空"，监督、服务不到位，造成工作积极性不高，管理连续性脱节。二是区县对浓缩、配合及单一饲料生产许可条件规定把握不准，造成许可尺度不一。三是《饲料质量安全管理规范》推进不平衡，与上级的要求有差距。四是饲料行业整体素质不高，企业质量安全意识有待加强。

【下一步工作打算】

为促进全市的饲料工业健康有序发展，2018年重庆市将着重开展以下工作：一是继续狠抓《规范》落实工作，对不符合《规范》要求的一律按照《饲料和饲料添加剂管理条例》有关规定查处；二是加强对获证企业的监管，规范生产经营行为；三是加大执法力度，严厉查处生产、经营和使用不合格饲料、超范围超计量添加药物和添加剂以及添加违禁药物的行为。四是加大监督抽检力度，确保饲料产品质量。

（重庆市饲料工业办公室）

四川省饲料工业

【饲料工业发展概况】

截至2017年年底，四川省共有饲料和饲料添加剂生产企业542家，其中饲料加工企业363家，加工能力6 003.5t/h。全省饲料和饲料添加剂企业中，取得预混料生产许可证的企业97家，添加剂生产许可证企业62家，混合型添加剂生产许可证企业40家，配合、浓缩、精料补充料生产许可证企业288家，单一饲料生产许可证企业117家。

2017年，工业饲料总产量达1 105.2万t，同比增长3.3%，饲料工业总产值467亿元，同比增长6.1%，产量产值呈现出全面增长的良好势头。从饲料种类来看，配合饲料1 008.1万t，同比增长3%，浓缩饲料67.6万t，同比增长8%，预混料29.5万t，同比增长3.5%。从饲料品种来看，猪饲料737.7万t，同比增长12.4%，禽饲料269.4万t，同比下降15.5%，水产料67.7万t，同比增长3.7%，反刍饲料11.4万t，同比下降8.1%。

全省饲料质量安全水平稳步提升。2017年，全省共监督抽检饲料样品2 859批次，产品合格率99.5%，较上年提高0.1个百分点，连续8年产品合格率稳定在98%以上。未检出“瘦肉精”、三聚氰胺、苏丹红等违禁物质，氟苯尼考、氟喹诺酮类等违禁药品以及反刍动物饲料中牛羊源性成分等。

【主要工作】

1. 严格实施许可准入。严把行业准入关，从产前、源头入手加强饲料质量安全监管，把《规范》要求纳入许可技术评审审核内容。全年共开展饲料生产许可书面评审169个次，现场审核69个次，合格率分别为83.4%和78.3%。加强许可后续监管，对监督检查和年度备案中发现的问题，及时进行通报，开展跟踪检查，实行分类处理。2017年共注销30家企业生产许可证。

2. 深入推进《规范》实施。在全省启动《规范》推进年活动，制定下发《规范》推进年活动方案，印制《规范》推进现场检查表，举办全省饲料监管工作培训班，分宣传动员实施、摸底自查指导和监督执法推进三个阶段，全力推进《规范》贯彻实施，实现饲料生产企业质量安全管理制度化、标准化、规范化，全面提升饲料质量安全保障能力。2017年，申报的5家创建企业均通过农业部组织的专家验收。目前，全省国家级示范企业达到14家，省级示范企业达26家。

3. 坚持开展检打联动。制订下达2017年全省饲料质量安全监督抽检计划，举办全省饲料质量安全监管培训班，对开展全省饲料“全覆盖”监测工作进行周密安排，并监督严格实施。对监测出的14批不合格产品，省厅专门发文对不合格饲料产品及其生产经营单位进行通报，并对所在地饲料管理部门提出具体的处理要求。目前已全部结案，罚没金额13万元。

4. 着力强化行业监管。开展行业管理督导调研，促进监管责任落实。组织调研组对成都、德阳、宜宾、内江、自贡、绵阳6市进行了督导调研，查阅监管执法档案，延伸检查生产和经营单位，加强监管工作指导，促进监管责任落实。积极应对环保督查，认真梳理行业环保问题，履职尽责，将行业环境保护工作和危化品管理等安全工作融入到饲料质量安全日常监管工作中。

5. 积极应对突发事件。针对央视“3·15”晚会曝光山东、江苏等地非法添加药物案件，省农业厅牵头及时印发《关于加强兽用抗菌药生产经营使用监管工作的通知》，对全省各地应急监管工作提出明确要求；组织开展应急督查；抽取38批次饲料样品和14批次兔肉样品开展应急检测，结果全部合格。针对欧洲和韩国发生的氟虫腈污染鸡蛋事件，省农业厅牵头及时转发农业部办公厅文件，提出加强宣传教育、加强监督检查、开展风险排查的贯彻意见；派出检查组赴成都、眉山检查饲料企业 26 家；抽取鸡蛋 20 批次开展风险监测，全部合格。

6. 切实抓好饲料资源开发。一是组织对在建的国家级秸秆养畜项目和农副资源饲料化利用项目开展监督检查。二是组织完成万源市秸秆养畜项目省级验收。三是开展农作物秸秆饲料化利用调研，形成了《四川省农作物秸秆饲料化利用现状及对策措施》调研报告，获四川省农业厅一等奖。

（四川省饲料工业办公室）

贵州省饲料工业

【饲料工业发展概况】

2017年，贵州省严格执行《饲料和饲料添加剂管理条例》和《饲料和饲料添加剂生产许可管理办法》等一系列行业法规，全面推行《饲料质量安全管理规范》有效实施，大力开展饲料质量安全专项整治和饲料质量安全监管，全省工业饲料产销量大幅提升，行业整体生产技术水平持续提高。全省共有饲料生产企业81家，其中，配合（浓缩）饲料生产企业61家，饲料添加剂生产企业11家，饲料原料（单一饲料）生产企业9家。2017年全省工业饲料产量155.7万t，同比增长26.2%，其中配合饲料产量116.4万t，同比增长32%，浓缩饲料产量39.3万t，同比增长11.5%。

【组织机构】

贵州省饲料工作办公室为贵州省农业委员会内设机构，与草业饲料处合署办公，正处级行政单位，编制5人，在编2人，主要负责全省饲料监管与服务工作。全省9个市（州）农业行政管理部门均设立了饲料工作办公室。

【主要工作】

1. 加大宣传培训，提升行业管理水平。一是组织开展全省饲料行政监管暨《饲料质量安全管理规范》培训班，省、市、县饲料管理部门和各饲料生产企业负责人共140余人参训，为全省饲料行政监管和《规范》打牢了基础。二是到黔南州瓮安县参与了“放心农资进农村监管服务到基层”的农资下乡活动。围绕主题，大力普及饲料产品识假辨假知识，宣传有关饲料法律法规，把安全优质饲料和技术服务送到乡村，指导农民科学合理使用饲料，提高农民群众质量意识和维权能力，整顿贵州省饲料市场秩序，保障饲料生产质量安全。

2. 严格行政审批、严把企业准入关。一是依法严格审核。指导各市州成立行政审批专家组、制定规范的审批程序，把《规范》纳入许可的必要条件，并对各地行政许可工作情况进行督查，严格要求各市州饲料管理部门按要求进行严格审核许可，确保程序合法、企业合格。2017年按时完成了贵州川恒化工股份有限公司、福泉大北农农业科技有限公司、贵阳海大智海饲料有限公司、中禾恒瑞（贵州）贵牛牧业有限公司等7家企业生产许可证核发和4个批准文号核发。二是严把饲料产品质量关。按照省农委《关于下达2017年全省饲料质量安全监测计划的通知》（黔农办发［2017］44号）要求，督促各地对照检测任务抓好落实。并加强饲料生产、经营、使用环节饲料产品监督管理，确保全省饲料产品质量安全。

3. 强化监督检查，确保饲料质量安全。一是开展饲料生产、经营、使用环节专项大检查。根据《关于开展饲料生产和养殖环节违法使用兽用抗菌药物专项督查的通知》和《关于切实加强蛋禽养殖质量安全管理工作的通知》要求，组织6个督查组对各市州饲料生产和养殖环节违法违规使用兽用抗菌药物及蛋禽养殖质量安全进行专项检查，全面检查了饲料生产企业，未发现滥用兽药及非法添加违禁添加物、氟虫腈在生产经营环节对饲料和产品造成污染情况等行为。组织开展了全省饲料生产经营环节药物饲料添加剂预警排查，抽取饲料、药添样品40个送中国农科院饲料研究所检测。配合海南省动物疫病预防控制中心在贵阳市、遵义市、安顺市抽样42批，检测喹乙醇、金霉素等。据海南疫控中心反馈，对检测出不合格产品的厂家，安排贵阳市执法支队启动约谈、行政处罚。二是开展生产养殖环节“瘦肉精”专项整治。出动监督执法人员1 190人次，检查饲料生产经营养殖企业1 896个，抽检样品数11 560个；发放普法宣传材料5 000份，通过媒体宣传81次，培训1 862人次；在专项整治中，未发现“瘦肉精”和含“瘦肉精”饲料及畜产品情况。三是严厉打击非法添加剂和使用违禁药品的违法行为，严厉查处在饲料生产经营和使用环节非法添加和使用三聚氰胺等有害物质的违法行为，要求在生产环节饲料生产企业对购进的饲料原料和生产的产品要加强检测，确保饲料产品不含三聚氰胺等有害化学物质。四是加强饲料抽样监测。完成各项饲料抽检任务 830 批，同比增长 6.6%。完成饲料质量安全监测 280 批，合格率 96.1%。其中，饲料质量安全检测 156 批，合格率 92.9%；饲料中违禁药物检测 113 批，合格率 100%；饲料原料中三聚氰胺专项检测 11 批，合格率 100%。完成饲料社会委托检验 443 批次。

【存在问题】

一是饲料药物添加剂的使用不规范。存在超量、超适用动物范围等行为。二是产品标签不符合要求。产品标签标示的饲料药物添加剂与生产实际不符，未规范标注药物含量、适用范围、停药期规定等。三是饲料经营环节监管执法困难。由于饲料经营没有入门审核、没有具体条件要求，在偏远乡村有很多杂货店兼营饲料，没有技术鉴别能力，经营的产品量虽小但是混乱，对饲料产品资质核查不严，经营假冒产品的可能性大。小包装添加剂预混料大多不规范，禽料开包销售比较普遍。执法监管难度大，查出问题处罚困难多。四是企业布局不合理。饲料工业主要集中在贵阳周边，加工能力相对较强，而在其他市（州）则较少，制约了全省养殖业的协调发展。

【下一步工作思路】

一是合理引导行业发展。紧密结合贵州省委、省政府建设山地畜牧业大省的目标，积极引导企业加快转型升级，延伸产业链。二是加强饲料质量安全监管。严格行政审批，严把企业准入关，加强现场审核和复核力度，强化日常监督检查和检测力度，严肃查处饲料生产、经营、使用中违法违规添加违禁药物等行为。三是加大政策扶持力度。引导企业不断更新、改善企业设施和条件，加大对饲料高新技术的开发、引进和推广，促进全省饲料行业加快发展。

（贵州省饲料工作办公室）

云南省饲料工业

【饲料工业发展概况】

2017年，云南省饲料工业以加快产业转型升级，狠抓饲料产品质量安全管理为目标，严格准入，强化监管，从严执法，积极引导饲料企业做大做强，努力保障饲料和饲料添加剂产品质量安全。全省饲料工业生产克服了多重困难，呈现稳中有升的良好态势，为云南养殖业和经济社会发展提供了有力支撑。

1. 饲料产量稳定增长。据统计，截至2017年年底，全省共有配合饲料、浓缩饲料、精料补充料生产企业208家，添加剂预混合饲料生产企业30家，饲料添加剂生产企业有37家（包含混合型饲料添加剂生产企业7家），单一饲料生产企业22家。2017年全年工业饲料总产量达412万t，同比增长12.5%，其中配合饲料总产量289.6万t，同比增长9.5%；浓缩饲料总产量115.9万t，同比增长20.6%；添加剂预混合饲料总产量6.5万t，同比增长14%。饲料添加剂总产量201万t，同比增长8.8%。全省饲料工业总产值222亿元，同比增长9.9%。从饲料产品品种来看，猪料产量增幅较大，肉禽料、水产料稳定增长，蛋禽料下降幅度较大。全年猪料为215万t，同比增长21.9%；肉禽料为105万t，同比增长9.6%；蛋禽料为37.3万t，同比下降11.8%；水产料46.9万t，同比增长6.5%。饲料添加剂工业实现同步增长，作为云南省资源优势产业的饲料级磷酸氢钙产量达到192万t，同比增长8.8%。

2. 竞争激烈，大型企业产业化优势明显。2017年，云南省饲料工业竞争更加激烈，优胜劣汰更加明显，一批小规模的落后企业面临被淘汰的格局，而大企业凭借在技术、产品、人才、资金、市场等方面的优势，在原料价格急剧波动和畜产品价格下跌的不利形势下，仍然表现出较快的发展速度，尤其是实行产业化经营的大企业，在竞争中有效地规避了市场风险，稳定地占有市场。2017年云南省排名前20位的饲料企业产量约183万t，占全省总产量的44.4%左右。

【主要工作】

1. 落实经费，保障饲料质量安全监管工作。为保障饲料质量安全监管工作的正常开展，2017年度通过省级财政安排800万元工作经费〔《云南省财政厅云南省农业厅关于下达2017年农业生产发展专项资金和绩效目标的通知》（云财农［2017］29号）〕用于完成农业部和省级安排的州市饲料抽检任务，把辖区内的饲料生产经营企业100%纳入监管范围，贯彻落实饲料质量安全管理规范示范创建工作。

2. 严格生产许可准入，加快推进《饲料质量安全管理规范》进度。为从生产源头加强对饲料产品质量的控制和监督，加快推进《饲料质量安全管理规范》进度，2017年，云南省仍把生产许可和规范推进有机结合起来，进一步加强对饲料和饲料添加剂生产企业的行政许可工作和《饲料质量安全管理规范》推进工作。一是严格按照农业部根据《饲料和饲料添加剂管理条例》要求颁布实施的配套规章的要求，对实行生产许可证管理的饲料添加剂、添加剂预混合饲料、混合型饲料添加剂、配合饲料、浓缩饲料、精料补充料、单一饲料等饲料生产企业生产许可严格把好准入关，在进行生产许可现场审核时将《饲料质量安全管理规范》的相关要求纳入其中，积极引导和帮助企业按照《饲料质量安全管理规范》要求建立健全各项管理制度、操作规程、相关控制程序及记录表单，坚持高标准，严要求，牢固树立企业产品质量和安全意识，把提高饲料产品质量和安全工作放在首位；二是按照农业部的统一部署，积极推进省级和部级《饲料质量安全管理规范》示范企业创建工作，经农业厅推荐确定了玉溪快大多畜牧科技有限公司为部级示范创建试点企业。经农业部专家组现场审核，该企业通过验收。截至2016年年底，云南省已有22家企业通过了省级饲料质量安全管理规范示范创建验收，8家企业通过部级验收。通过示范创建，进一步完善了饲料企业从原料采购、检化验、生产加工、出厂销售全过程的饲料产品质量安全控制和可追溯制度，为《规范》的全面实施树立了样板、奠定了基础。

3. 加强日常监管，严把饲料产品质量关。产品质量是企业的生命线，云南省饲料质量安全监管工作以日常监管长效机制，完善信息制度建设，层层落实责任，注重时效为目标。2017年，云南省把加强饲料质量安全风险监测作为一项重要工作来抓，以卫生指标、禁用物质为重点，组织实施全省饲料质量安全监测计划，强化检打联动，加大对不合格产品的查处力度。全年共抽检饲料产品1 486批次，对全省290家饲料和饲料添加剂生产企业、15 788个畜禽规模养殖场（户）开展了专项检查，共出动检查人员18 380人次、车辆4 220辆次。

4. 加大宣传，舆论监督。为了更有效地震慑不法行为，加大行业相关法规的宣传力度，充分利用网络、报刊、印发宣传资料等各种形式，加大对饲料法律法规、饲料安全、饲料配制技术等的宣传及培训力度，提高饲料生产者、经营者和使用者的安全意识和守法意识，并动员全社会参与饲料安全监督，震慑不法行为。

【主要问题】

当前饲料行业发展和饲料质量安全监管工作中的主要问题，一是基层执法机构不健全，人员少、业务多、压力大，执法人员存在业务知识更新不及时，饲料监管手段落后，州市级饲料检测基础设施较差，设施设备不足；二是饲料使用环节情况复杂，监管难度大，主要表现在对自配料的监管、药物添加剂的规范使用等方面；三是检查中发现部分小型企业检化验工作有待加强，主要是因为饲料行业人员流动性大，检化验员时有变化，操作熟练程度有待继续提高；四是行业产能过剩，竞争激烈。饲料工业生产面临严峻考验。

【下一步工作思路】

2018年，云南省将认真按照农业农村部的统一部署和要求，继续深入开展饲料质量安全整治，推进《饲料质量安全管理规范》全面落实工作，加强饲料行业管理，扶优扶强，加快推进饲料工业稳定发展。一是加大法律法规的宣传及培训力度，加强执法队伍人员业务素质培训，提高守法、用法意识，提高执法能力和水平，提升行业整体素质；二是严格按照新的统计报表制度要求，做好全省饲料企业统计上报工作，开展统计制度业务培训；三是严把生产许可准入关，做好饲料及饲料添加剂生产许可证审核工作和《饲料质量安全管理规范》的全面实施，引导企业配备符合法规要求的人员、设备和场地，引导企业按照《规范》组织生产；四是建立监督抽检与行政执法联动的长效机制，加大对不合格产品和违法案件查处力度，确保饲料产品质量安全和使用安全，保障畜产品安全。

（云南省饲料工作办公室）

陕西省饲料工业

【饲料工业发展概况】

2017年陕西省饲料行业以“五大发展理念”为引领，认真落实年初各项工作安排部署，调结构、转方式、促转型，全省饲料工业生产基本平稳，整体呈小幅下降态势。

1. 饲料生产形势基本稳定。2017年，全省工业饲料总产量261.5万t，总产值98.9亿元，同比分别下降13.2%和9.2%。其中配合饲料190.7万t，浓缩饲料61.3万t，添加剂预混合饲料9.5万t，同比分别下降10.4%、21.3%和10.5%。

2. 饲料产品结构跟进调整。主要饲料品种中，猪料140.6万t、蛋禽料64.6万t、肉禽料28.2万t、水产料5.1万t、反刍料22万t，同比分别下降6.7%、23.2%、20%、37.7%和2.8%，其他料1万t，同比上涨123.9%。在总产量中，猪料比重53.8%，蛋禽料比重24.7%，肉禽料比重10.8%，水产料比重1.9%，反刍料比重8.4%，其他料比重0.4%。从饲料类别看，配合饲料比重72.9%，浓缩饲料比重23.4%，添加剂预混合饲料比重3.6%。

3. 饲料产品质量安全保持高水平。2017年全省各级饲料管理部门持续开展饲料产品质量安全专项整治活动、跨市区交叉检查、饲料产品抽检、专项督查、查处饲料违法违规案件等活动，不断强化监管力度，饲料生产企业和经营者、使用者的饲料安全意识、质量意识不断提高，饲料生产企业的原料和成品双检意识不断增强，有效地防止了饲料安全事故的发生，饲料工业促进和保障了全省养殖业的健康发展。特别是央视“3·15”晚会曝光个别省部分饲料企业有关问题、欧洲“毒鸡蛋”事件发生后，全省饲料行业反应迅速，各市区饲料管理部门按照省饲料办的统一安排，积极开展专项检查，省饲料办及时对西安、咸阳两地开展督查，未发现违法违规行为，全省饲料中“瘦肉精”连续18年未检出。

4. 抓好饲料产品研发供给改革。2017年全省突出抓好附加值和科技含量高的饲料产品研发供给，重点引导、推广无公害、绿色、无抗生素的微生态饲料产品，促进实现行业供给侧结构性改革。陕西金冠牧业、陕西瑞之源公司分别联合有关大学，成立了陕西饲料维生素纳米研发中心、陕西饲料添加剂新型载体研发中心。2017年，全省添加剂、混合型添加剂和预混合饲料生产企业增长迅速，达25家，占设立饲料生产企业总数31家的80.6%。

【主要工作】

1. 安排部署全省饲料工业工作。印发了《2017年全省饲料工业工作要点》，在西安召开了全省饲料工业工作暨行业精准管理培训会。会议围绕行业精准管理目标，对2017年全省饲料工业重点工作进行了安排。与各市区饲料管理部门负责人签订了《2017年度饲料质量安全监管责任书》，与各饲料生产企业负责人签订了《2017年度饲料企业生产质量安全责任书》。会上举行了全省饲料行业诚信联盟企业宣誓活动，对2016年评选出的先进单位和个人进行表彰，并对参加会议的200多人进行了大会经验交流和专题培训。

2. 强化饲料行业监管工作。制定印发了《2017年陕西省饲料质量安全专项整治行动实施方案》和《2017年饲料和饲料添加剂经营环节违法使用兽药专项检查实施方案》，转发了《农业部办公厅关于严厉打击饲料生产和养殖环节违法使用兽用抗菌药物行为的通知》，及时印发了《关于开展央视“3·15”晚会曝光企业违法违规问题专项督查检查的紧急通知》，并派出两个督查组，分别赴西安、咸阳两市的高陵区、泾阳县辖区部分饲料生产企业和经营门店进行了现场督查。全省8个市完成了此次专项检查工作，共检查饲料生产企业 57 个次，养殖场（户）251 个次，经营户 266 个次，合计 574 个次。结合年度全省饲料产品质量安全监测工作，印发了《关于下达 2017 年全省饲料质量安全监测计划的通知》，分两批下拨监测资金 61 万元，共安排全省监测各类饲料 1 200 批次。

3. 落实农业部安排的专项检查。转发了农业部办公厅《关于严厉打击饲料生产和养殖环节使用兽用抗菌药物行为的通知》，印发了《2017 年陕西省饲料和饲料添加剂生产经营环节违法使用兽药专项检查实施方案》。全省 7 个市完成了此次专项检查工作，共出动监督执法人员 2 180 人次，检查饲料生产企业 281 个次，经营户 854 个次，合计 1 135 个次，查处案件 2 个，罚款总金额 16 万元，查扣违法产品 12.8t。下发了《开展全省饲料生产养殖环节质量安全检查工作的通知》，全省有 7 个市完成了此次专项检查工作，共出动监督执法人员 1 317 人次，检查饲料生产企业 112 个次，养殖场（户）865 个次，下发责令整改通知 5 个。

4. 开展行业准入和后续监管工作。依据《饲料和饲料添加剂生产企业许可管理办法》规定，组织完成了 2016 年饲料生产企业的年度备案工作。同时，依据新的饲料生产许可条件，严格对申报生产许可证的企业进行现场审核。2017 年，全省共核发生产许可证 31 个（其中浓缩饲料配合饲料 4 个、单一饲料 1 个、添加剂和预混料 25 个，动物源性单一饲料 1 个），注销 20 家饲料生产企业生产许可证（其中浓缩饲料配合饲料 3 个、单一饲料 1 个、添加剂和预混料 15 个、动物源性单一饲料 1 个）。为进一步做好饲料企业准入现场审核工作，进一步完善审核专家库，印发了《关于补充推荐陕西省饲料生产许可证专家审核委员会的通知》，在杨凌组织召开了审核专家培训会。8 月和 10 月，分别组织开展了全省饲料行业跨市区陕南片区和陕北片区交叉检查工作。

5. 开展部省级《规范》创建工作。制定下发了《关于开展 2017 年〈饲料质量安全管理规范〉示范企业创建工作的通知》，并在全省公布了第一批陕西省饲料质量安全管理规范省级示范企业名单，选派人员参加了农业部组织的规范示范企业验收专家培训班。2017 年农业部派审核组对陕西省申报部级规范示范创建的 4 家企业进行现场审核，并全部一次性通过。

6. 抓好行业精神文明建设活动。印发了《2017 年全省饲料行业精神文明建设工作实施方案》，开展了聘请饲料行业诚信监督员、评选表彰 2017 年度全省饲料行业诚信农企和精神文明建设先进单位、致全省饲料生产经营企业的一封信等活动。鼓励企业开展丰富多彩的群众性精神文明创建活动，并积极做好宣传。10 月 14～15 日，在杨凌举办了陕西省饲料行业（富仕特杯）乒乓球比赛，本次比赛共 12 个代表队 61 名运动员参加，为提升全省饲料行业精神文明创建水平增添了正能量。

7. 推行精准统计工作新机制。2 月 23 日在西安召开了 2017 年全省饲料工业统计工作培训会，9 月 29 日组织召开了全省饲料工业前三季度形势分析暨统计业务培训会，对统计人员进行了业务专题培训。同时，省饲料办制定下发了《关于进一步完善和改进饲料工业“精准统计”工作有关问题的通知》，对饲料统计工作提出了更高要求，做到了统计月报表全覆盖。按期完成畜牧业信息监测预警体系饲料生产信息监测月报工作，上报预警信息 12 期，并上报多篇生产形势分析报告。

8. 组织开展宣传和培训工作。全年共发行《陕西饲料》报刊 24 期，在陕西农业信息网发布信息 7 篇，在省畜牧兽医网发布行业重大活动和信息 19 篇，在陕西饲料工业信息网发布行业活动及政务动态 32 篇，市区动态 23 篇，企业动态 37 篇。积极参加省农业厅组织的“2017 年放心农资下乡”活动。3 月 29 日，在安康市汉阴县举办了 2017 年《陕西饲料》和《陕西饲料工业信息网》通讯员培训班，全省 20 家重点饲料生产企业的通讯员共 40 余人参加了培训。结合全省饲料执法监管工作及人员实际情况，5 月 24 日在西安举办了全省饲料行政执法人员培训班，近 40 人参加了培训。通过这两次专题培训，提升了行业人员素质。

9. 组织开展行业对外交流活动。申请财政资金定购 10 个展位，组织省内 7 家饲料生产企业，参加了 4 月 19～20 日在福州举办的 2017 中国饲料工业展览会，推荐宣传省内饲料企业和饲料产品。组织省饲料办业务骨干参加中国饲料工业博览会并考察福建省饲料工业发展及行业监管工作。9 月份，省饲料办一名领导参加陕西省赴荷兰、德国、比利时农业交流合作团出访，加强了与上述 3 个国家在农业、畜牧业、饲料工业方面的交流与合作。

（陕西省饲料工业办公室）

甘肃省饲料工业

【饲料工业发展概况】

1. 饲料行业稳步发展。2017年甘肃省有各类饲料生产企业82家，生产线95条。将企业按行政许可产品类别划分，配合饲料、浓缩饲料、精料补充料生产企业65家，添加剂预混合饲料企业16家，饲料添加剂企业4家，单一饲料生产企业10家。全省现已基本形成了以配合、浓缩饲料和精料补充料生产为主，添加剂预混料和原料生产相补充的工业生产格局。

2. 企业分布相对集中。饲料企业集中分布在武威、张掖、白银和兰州，其中：武威市34家，张掖市15家，白银市9家，兰州市7家，4市企业数占总数的近80%。正大、禾丰、大北农、新希望、三旺、石羊等国内大型饲料工业集团均在武威、兰州、白银等地设厂，主要是配合饲料和浓缩饲料生产，年产量达到50万t以上。本土企业中，仅德华生物公司在天水、定西、景泰和张掖设立饲料生产企业4家，共有畜禽和反刍生产线6条，年产量5万余t。

3. 饲料产量保持稳定。全省饲料工业产品共有8大类200多个品种，饲料产量连续多年维持在100万t左右，2017年饲料产量92万t，其中配合饲料72万t，浓缩饲料19万t，添加剂预混合饲料1万t，总产值达36亿元。

4. 生产能力不断加大。按照饲料生产企业生产条件规定，甘肃省企业全部进行了生产厂区和设备改造。2017年有配合饲料、浓缩饲料和精料补充料企业65家，其中26家拥有畜禽和反刍饲料两条生产线，每条生产线能力达10t/h以上，生产设备全部为电脑控制、自动配料的成套设备。目前生产能力达到930t/h，比2016年增加60t/h。

5. 企业管理更加规范。2017年，《饲料质量安全管理规范》已全面实施，甘肃省饲料生产企业按照规范要求，从原料采购与管理、生产过程控制、产品质量控制、产品贮存与运输、产品投诉与召回等方面制定了完善的管理制度、操作规范和各生产全过程记录，并在生产过程中组织实施。目前，已有7家企业获得农业部《规范》示范企业称号，5家企业获得省级示范企业称号。

【主要工作】

1. 深入实施《饲料质量安全管理规范》工作。一是制定印发了《甘肃省饲料监管2017年工作要点》，对全省《规范》实施工作进行了安排部署，并对示范企业创建工作提出了具体要求。二是加大了饲料生产企业《规范》实施的督促检查力度，组织市（州）县（区）饲料执法人员对生产企业《规范》实施情况进行了全面监督检查。三是积极开展示范企业创建。选取软硬件条件较好、人员素质较高的企业创建《规范》示范企业，并协调有关专家进行技术指导，经多方努力，2017年有3家企业顺利通过部级《规范》示范企业现场验收，2家企业被确定为省级《规范》示范企业。四是加大宣传培训力度，举办《规范》等法规培训班10余次，培训人员500余人。其中，省级组织举办培训班1次，培训人员150人，主要对全省重点市（州）、县（区）饲料执法人员和生产企业关键岗位管理人员进行了《规范》《饲料和饲料添加剂管理条例》等法律法规培训。此外，利用甘肃农业信息网和12316短信平台开展饲料法规和《规范》知识宣传工作，共发布简报20余篇，短信息50余条。

2. 不断加大饲料监管工作力度。一是拟定印发了《关于加强饲料监管的通知》和《甘肃省饲料生产经营和使用监督检查规范》等文件，对生产、经营和使用环节监管工作进行了安排部署，明确了监管内容、监管任务和监管要求；二是组织开展了饲料生产企业“双随机”抽查工作。制定印发了工作方案，明确了抽查范围、抽查形式、抽查内容等，并公布了抽查企业名录库和执法人员名录库。随机抽取16名执法人员，分4组对19家企业进行了检查，并对上年检查发现问题较多的3家企业进行了突击检查。如实填写了《甘肃省饲料生产企业监督检查记录》和《甘肃省饲料生产企业安全生产监督检查记录》，实行痕迹化管理，对发现的问题及时进行了通报，督促企业整改。对于省级未抽查的企业由市（州）组织检查。三是推行承诺（告知）制度。在生产企业重点推行了《饲料产品质量安全承诺制》和《饲料生产企业安全生产管理承诺制》，在经营和使用环节推行了《经营（使用）产品质量安全承诺制》。四是加大违法案件和不合格产品查处。对日常监管和“双随机”抽查中发现的违法案件和农业部通报、省所抽检发现的不合格产品，及时安排进行查处。并在抽样过程中采取检打联动，对现场检查发现的不合格产品及时组织查处，对企业存在的安全隐患进行督促整改。

3. 强化企业安全生产监管。按照“管行业必须管安全，管生产经营必须管安全”的要求，着力加强生产企业安全监管工作。一是拟定印发了《关于加强饲料生产企业安全监管的通知》《饲料企业安全风险分级管控和隐患排查治理方案》等文件，对全省饲料生产安全生产监管工作进行了安排部署，明确了监管责任和工作要求，并选取金昌市开展饲料企业安全风险分级管控试点，目前已印发了工作方案。二是根据国家安委会安全检查反馈意见，开展了安全生产大检查“回头看”反馈问题落实整改，督促企业进一步完善了车间动火管理、隐患排查和分级管控等安全生产管理制度，开展了隐患排查治理工作。责令部分企业安装了提升机的跑偏设备和失速器、粉碎机的火花检测设备，并将提升机顶端泄爆口改装通向室外等。武威希望饲料公司对粉尘泄爆存在隐患的生产机组外包安装泄爆口23个，对提升机安装时速报警器和防逆转的止逆器各15套，对旧机组安装标准化除铁装置4套。三是加大安全生产宣传培训力度。采取以训代会的形式，强调安全生产的重要性，连续两年利用举办培训班的机会，选取生产企业代表宣读《甘肃省饲料企业安全生产管理承诺书》，并督促企业签订承诺书；组织编印了《饲料安全生产手册》1 000册，发放到市县和各企业。四是拟定印发了《甘肃省饲料企业安全生产监督检查记录》，一式两联，实行安全检查痕迹化管理，进一步规范了安全检查工作。

4. 积极开展饲料专项整治行动。一是组织开展了饲料经营和使用环节专项整治工作。连续两年开展了饲料经营和使用环节专项整治行动，严厉查处假劣饲料和标签不符合要求等产品，积极督促经营企业（门店）建立健全产品购销台账和各项管理制度。加大自配料使用监管，要求养殖场（户）建立饲料购入使用记录，进一步规范自配料使用行为。二是积极组织开展了药物饲料添加剂专项整治。2017年根据农业部饲料药物添加剂专项整治工作要求，甘肃省及时组织拟定印发了兽用抗菌药物专项整治实施方案，并在饲料生产、经营和使用环节组织开展了拉网式排查，严厉打击了违规使用兽用抗菌药物行为。三是组织开展了饲料监测工作。根据农业部监测方案要求，及时拟定印发全省《饲料质量安全监测及监督检查实施方案》和《养殖环节“瘦肉精”专项监测计划》，组织开展饲料产品抽检和养殖场（户）“瘦肉精”专项监测工作，“瘦肉精”、三聚氰胺抽检合格率均达到100%，饲料产品抽检总体合格率保持在94%以上，其中生产企业产品抽检合格率达到98%以上。

5. 严格饲料行政许可行为。一是按照“放管服”改革工作要求，对饲料行政许可办事指南进行了重新修订。二是制定完善了饲料行政许可工作程序，严把企业材料审核关，对企业现场审核工作实行专家审核制，并进行证前公示和证后公告，确保行政许可工作程序合法。2017年完成市（州）上报的8家饲料生产企业的许可审核工作，审核率达到100%。三是按照饲料添加剂和添加剂预混合饲料产品批准文号核发程序，对企业申请核发饲料添加剂和添加剂预混合饲料产品批准文号材料、标签和说明书内容进行认真审核办理。2017年共核发3家企业申报的产品批准文号31个，并附产品标签样本，进一步规范了标签内容。四是加强企业备案管理。根据企业备案情况，对许可证已到期或连续停产1年以上的企业，予以注销生产许可证。

【存在问题】

甘肃省在饲料监管工作中虽然取得了一定成绩，但也存在着监管手段落后，企业间《规范》推行工作不平衡等问题，突出表现在：一是部分中小型企业全面实施《规范》难度较大，直接影响了《规范》的整体推进。集团企业《规范》实施较好，但中小型企业由于人才缺乏，全面实施《规范》存在一定困难。存在一些管理制度、规程和记录表单内容不完整、项目缺少、部分条款可操作性差等问题，有些企业虽然制定了完善的制度和操作规程，但在实际生产过程中不能有效落实《规范》。二是经营环节预混料产品抽检合格率偏低。由于甘肃省预混料企业少、产品单一，经营环节预混料产品以外省居多。在检查中发现一些外省产品标签中不仅有治疗疾病的宣传，而且产品本身是兽药却用饲料添加剂的文号。产品质量较差，维生素预混料产品中维生素含量几乎为零。三是饲料检验机构缺乏，检验数量和频次有限。由于经济欠发达，目前甘肃省仅有一家饲料检验机构，加之抽检经费不足，每年开展的饲料抽检数量和范围有限，致使一些假劣饲料不能及时被发现和查处。

（甘肃省饲料工业办公室）

青海省饲料工业

【饲料工业发展概况】

2017 年，全省饲料获证生产企业 18 家，年单班加工能力达到 72 万 t。全省年实际生产各类饲料和饲料添加剂 11.2 万 t，其中：配合饲料类 8.6 万 t，单一饲料（菜子饼 1.8 万 t，饲料添加剂 0.8 万 t）。

【组织机构】

青海省饲料工作办公室隶属于青海省农牧厅，与厅草原处合署办公，草原处处长兼任饲料办主任。

【主要工作】

1. 做好饲料产品质量安全监管工作。为进一步规范饲料生产经营和使用，加强饲料及牧草种子质量安全监管工作，分别制定下发《关于开展 2017 年度青海省饲料产品质量安全监测工作的通知》《关于开展央视“3・15”晚会曝光饲料企业违法违规问题专项督查检查的通知》《转发农业部办公厅关于严厉打击饲料生产和养殖环节违法使用兽用抗菌药物行为的通知》《关于印发青海省饲料质量安全专项检查工作实施方案的通知》，为进一步切实保障青海省饲料质量安全，加强饲料监管力度，促进饲料和养殖业持续健康发展提供了保障。

2. 依法备案，提高饲料生产企业生产经营行为。根据农业部《饲料和饲料添加剂生产许可管理办法》及农业部第 1 954 号公告要求，结合青海省实际，完成了 16 家饲料生产企业年度审查备案工作，备案合格率为 94%。通过备案工作，进一步加强饲料企业的监管力度，规范了企业的生产经营行为。

3. 认真组织开展饲料和草种相关法律法规宣贯工作，提升从业人员能力水平。为更好应对畜牧业重大自然灾害，推进青海省畜牧业灾情调度规范化、便捷化管理。提高统计工作质量和统计人员能力水平，保障工作顺利开展。上半年，分别举办全省饲料工业统计培训班和全省畜牧业灾情调度软件系统培训班，共培训人员 150 人次。通过此次培训，进一步增强了各级信息管理员责任意识、规范意识和重视程度，有效提升了各级信息员报送管理业务能力和实际操作能力。同时，编印和发放饲料及草种宣传海报、手册 9 000册。通过对基层行业监管人员和饲料、草种企业管理人员进行相关配套法规宣贯，进一步提高了基层各级监管人员的监管能力，增强了企业管理人员的法律意识和质量安全意识，为今后统一思想认识，规范全省饲料和草种生产、经营企业行为，提高行政许可门槛，加强行政许可工作，推动畜牧业投入品质量安全奠定了坚实基础。

4. 依法履行饲料生产行政许可职责，严格实行饲料生产许可制度。按照《饲料和饲料添加剂管理条例》和《饲料和饲料添加剂生产许可管理办法》等规章规定，饲料工作办公室严格按照许可要求，依法履行生产许可职责。截至目前，已完成全省 3 家饲料生产企业生产和批准文号许可工作，并发布公告。同时，对于变更法人、更换生产线等信息的企业也及时发布公告，做到企业信息更新、掌握信息和发布信息“三及时”。

5. 继续做好饲料质量安全监测工作，保障养殖产品安全。根据农业部《关于印发 2017 年全国饲料质量安全监测计划》等 3 项监测计划的通知，及时制定下发《青海省 2017 年度饲料产品质量安全监测工作通知》。全年共完成对西宁市、海东市、海北藏族自治州、海西蒙古族藏族自治州和海南藏族自治州 5 个市（州）18 个县、区 179 家饲料生产企业、经营企业、饲料加工点和养殖企业（户）的 411 批次饲料产品抽样检测任务，其中：饲料产品质量安全监测计划 161 批次，合格 158 批次，产品合格率为 98.1%，同比下降 1.3 个百分点；饲料中违禁添加物专项监测计划 110 批次，产品合格率为 100%；饲料中三聚氰胺专项监测计划20批次，产品合格率为100%；反刍动物饲料产品和动物源性饲料产品抽样120批次，产品合格率为100%，与上年同期保持一致，委托检验饲料240批次。

按照《2017年养殖环节“瘦肉精”专项监测工作实施方案》通知精神，截至目前，省饲料工作办公室组织完成了6个市（州）19县、区的“瘦肉精”现场筛查工作。共抽样检测412个肉牛、肉羊养殖场（户）尿液样品959批次。其中抽检110个肉羊养殖场（户）、250批次样品，302个肉牛养殖场（户）、709批次，监测结果均为阴性，合格率为100%。

6. 加强日常监管，组织开展饲料生产经营环节专项检查工作。按照《农业部办公厅关于严厉打击饲料生产和养殖环节违法使用兽用抗菌药物行为的通知》和《农业部关于报送饲料生产经营环节专项检查工作进展情况的通知》要求，青海省全面开展专项检查工作，截至目前，共监督检查西宁市、海东市、海西蒙古族藏族自治州、海北藏族自治州、海南藏族自治州5个市（州）饲料生产经营企业（户）31家，其中，饲料生产企业监督检查16家，覆盖率达到100%，实现“双随机一公开”监管全覆盖。各地共安排落实工作经费19万元，出动监察执法人员200人次，检查饲料生产经营企业（门店）201家，养殖场（户）573个次，培训人员800人次，发放宣传资料12 000余份。

7. 积极协调，做好饲料工业协会与行政机关脱钩工作。为更好地发挥饲料工业协会在饲料产业结构调整、积极提质增效、企业创新转型中的独特优势和维护会员权益、引导行业自律、服务决策咨询等方面的积极作用，积极协调相关单位和个人，按照政社分开、权责明确、依法自治的现代社会组织体制建设原则，10月底已完成协会脱钩工作。

8. 稳步推进，全面实施《规范》。从2013年农业部在全国范围内开展《规范》试点工作以来，青海省就着手在全省饲料生产企业中开展《规范》推进工作。通过带领2个试点企业代表参加全国《规范》培训班，全面了解和掌握《规范》内容，邀请农业部专家组对试点企业《规范》实施进行现场指导，组织本土企业赴甘肃、西安等地考察《规范》试点企业，学习交流经验等方式，保障《规范》在青海省顺利实施。年内，青海省1家饲料生产企业以91.7分通过农业部组织的《规范》示范现场验收。

【存在问题】

1. 基层监管体系不健全，饲料行业从业人员水平普遍较低。一是市（州）、县（区）监管体系不健全，监管力量较为薄弱。大多数都为兼职；人员流动较快导致专业人员缺乏，基层监管力量薄弱，监管难度很大。二是检测体系薄弱。全省质检机构只有省级1家，人员较少，检测任务繁重，导致产生饲料检测与饲料工业发展要求和落实监管、许可不相称的问题。三是基层监管经费不足，经营和使用环节监管乏力。

2. 经营和养殖环节监管薄弱。生产企业有生产许可证和《规范》来约束，但对经营企业和养殖环节，因受法规权限等因素影响，加之青海省区域广，基层人员缺少，故对经营和养殖环节监管难度较大，无法实施有效监管。

3. 宣传工作还需加强。在监督和抽样监测工作中发现，各级农牧饲料主管部门和养殖场（户）从业人员对饲料法律法规及违禁添加物的认识不足，部分饲料从业人员思想认识淡薄，监督和抽样监测中工作难度较大，需加大宣传和培训力度。

【下一步工作思路】

1. 继续做好饲料质量安全监测工作。根据农业部的安排部署，组织协调有关部门做好青海省饲料质量安全检测工作，对各生产、经营和使用单位的饲料产品进行全面的质量安全检测。

2. 开展饲料和饲料添加剂生产企业生产许可工作。按照《饲料和饲料添加剂管理条例》《饲料和饲料添加剂生产许可管理办法》等配套法规，继续组织有关部门完成青海省饲料和饲料添加剂生产企业现场许可工作，对符合要求的发放生产许可证。

3. 深入开展饲料和牧草种子生产经营企业“双随机”监督检查工作。通过此项检查，从源头消除畜产品质量安全隐患，促进饲料行业健康发展。做到饲料生产经营和使用环节违法行为案件查处率100%，不合格案件查处率100%，饲料生产企业100%纳入监管范围。

4. 认真推进《饲料质量安全管理规范》及新《饲料卫生标准》工作。《饲料质量安全管理规范》自2015年7月1日起施行，按照《农业部关于全面实施饲料质量安全管理规范的意见》（农牧发［2015］8号）要求，尽快落实开展相关工作。《饲料卫生标准》（GB 13078—2017）于2018年5月1日起正式实施，以此为契机，组织开展《饲料质量安全管理规范》和新《饲料卫生标准》专项检查工作。

（青海省饲料工作办公室）

宁夏回族自治区饲料工业

【饲料工业发展概况】

2017年，按照农业部和自治区农牧厅安排部署，宁夏饲料管理工作紧紧围绕“确保饲料质量安全”这个核心，健全“饲料市县属地管理责任，饲料市场‘检、打’联动监管”两项机制；紧盯饲料“生产、经营、养殖”三个环节；抓好“许可、规范、监测、服务”四项工作，饲料产业保持稳定向好的发展态势，为养殖业健康发展提供了坚实的物质保障。

2017年，宁夏饲料产业主动适应自治区畜牧水产养殖业转型升级新变化，以推进饲料供给侧结构性改革为主线，调整优化产品结构，全区饲料生产企业达到60家，其中，配合饲料29家、饲料添加剂14家、单一饲料17家。职工人数7 206人，比2010年减少16.2%；高层次专业人员增加，其中博士16人、硕士80人、本科1 094人、大专1 962人、其他4 054人。商品饲料结构优化，总产量488 126t（其中，配合饲料355 819t、浓缩饲料116 549t、添加剂预混合饲料15 756t），营业收入151 533万元；饲料添加剂稳步增长，产量达到404 462t，营业收入434 646万元，其中，氨基酸390 499t（赖氨酸230 726t、苏氨酸63 746t、蛋氨酸96 027t），维生素699t（B_{12}），酶制剂178t，硫酸锌6 692t，其他6 392t；混合型饲料添加剂243t（酶制剂），营业收入5 626万元；单一饲料产量66 171t，营业收入31 376万元。

【主要工作】

1. 推行饲料质量安全管理规范，提升生产管理水平。全面实施《饲料质量安全管理规范》，落实质量安全“产”“管”结合要求，在全区开展实施《规范》行动计划，采取企业创建、专家指导、县级主抓、自治区级总管的工作方法，帮助并指导企业建章立制，建立全程质量安全管理制度和追溯体系，促进降本增效、转型升级，形成了饲料行业学《规范》、用《规范》的良好氛围。宁夏有6家企业成功创建部级饲料质量安全管理规范示范企业，创建自治区级示范企业5家。

2. 严把许可准入关，把质量安全监管的重心前移。把贯彻《条例》实施《规范》与行政许可、质量监测等工作结合起来，推行专家审核流程、考核评价、例会制度，支持专家做好审核，技术难题交给专家解决，现场审核专家说了算，维护了专家权威性和审核公正性。在行政许可中，严格按照《条例》《规范》规定的软硬件条件要求，对不符合条件的坚决不予核发饲料生产许可证，实现了网上申报网上审批，加快了“放管服”改革步伐。2017年新审核发证7家，做到了把关严格、程序合法、内容规范、运行高效。

3. 落实属地管理责任，建立“检打”联动机制。落实市县饲料属地管理主体责任和企业产品质量第一责任。按照“双随机一公开”要求，开展日常监管巡查，全面推行饲料生产企业检查记录、经销店检查记录、饲料产品购销台账和“饲料和饲料添加剂经销店规范化管理公示栏”制度，实行“痕迹化”管理，组织开展2次拉网式检查和1次安全生产检查。采取联合执法、专项整治等方式加强执法监管，对检查出的问题，限期跟踪整改。认真开展违法使用兽用抗菌药物专项治理，按照农业部统一部署，制订工作方案，开展了拉网式检查，对全区60家饲料和饲料添加剂生产企业、236个经销店及重点养殖场检查实现全覆盖。现场抽取饲料样品334批次，下发责令整改通知10份。增加抽样监测频次和覆盖面，从市场上发现问题，倒逼企业落实各项管理措施。2017年，共抽查饲料样品804批次，经宁夏和广西壮族自治区兽药饲料监察所检测，合格率达到99.7%，位居全国前列。养殖环节“瘦肉精”检测2 020批次，合格率

100%。严厉打击查处违法违规行为，对从市场上发现和群众投诉的吴忠市丰农饲料加工有限公司冒用生产许可证违法生产饲料案件、2家企业无证违法生产饲料案件及1家经营蛋白质不达标饲料产品经销店进行及时查处，共无害化销毁违法饲料产品33t，罚款13.9万元，吊销丰农公司生产许可证，有效震慑了违法违规行为。

4. 加强政策资金支持和服务引导，夯实工作基础。经申报争取，自治区财政预算自2017年起，每年安排饲料管理经费50万元，资金用于饲料质量监管和行政执法。申报成立"自治区饲料产业专家技术服务组"，争取配套项目经费59万元。专家组制定了"奶牛、肉牛、肉羊、生猪、家禽、水产养殖环节饲料安全使用规范"一套7个宁夏地方标准，在全区各类规模养殖场推行；实施非粮饲料资源化研发利用项目，建立8个实验基地，取得了阶段性成果。坚持细化服务内容、下移服务重心，印制了《申报指南》，提供各新建申报企业参考，既方便了企业，又确保了建厂质量。2017年分别举办全区饲料统计人员培训班（90人参加）、市县饲料监管人员和企业负责人法规培训班（150人）、饲料化验员技能鉴定培训班（58人）各1期，寓管理于服务之中。

【组织机构】

宁夏饲料工业办公室组建于1986年3月，原隶属于宁夏经济贸易委员会，核定编制5人，其中主任1名（正处级）、副主任1名（副处级）。1998年并入自治区畜牧局；2000年机构改革"三厅合一"并入自治区农牧厅。2006年自治区编办（宁编发［2006］563号）确定为自治区农牧厅所属正处级参公事业单位。2017年自治区编委《关于自治区农牧厅承担行政职能事业单位改革涉及机构编制事项调整的通知》（宁编发［2017］50号），更名为宁夏回族自治区饲料工作站，将行政许可职能划归农牧厅畜牧局，其他职责调整为：负责依法开展饲料和饲料添加剂产品质量安全监督管理工作；组织开展饲料行业政策法规和业务知识培训及信息服务工作；负责全区饲料生产经营统计和质量安全追溯网络体系建设及运行；负责全区饲料产业发展规划、重大技术推广、行业技术标准制定及科技成果、高新技术的引进、试验、示范和推广；负责饲料资源的保护及合理开发利用工作；参与饲料一、二、三产业融合发展及饲草料加工调制试验和推广；完成自治区农牧厅交办的其他工作任务。

【存在问题】

一是产业同质化趋势加剧。受成本价格挤压，行业竞争激烈，转型升级的压力越来越大；养殖业环保压力日益严重，缺少完整的饲料源性养殖业污染减排方案。二是安全隐患仍然存在。饲料生产企业制定公布的"企业标准""产品标签"不规范、不严谨；对饲料药物依赖严重，缺乏切实有效的抗生素替代技术方案；宁夏个别企业被检测出饲料产品中铜、锌等微量元素超标。三是基层饲料监管力量依然薄弱。饲料监管工作面临机构、人员、经费诸多困难，各市县农牧局饲料管理部门设在不同单位，监督执法体制机制不健全，个别地方出现监管空白，日常监管没有全面落实到位；养殖环节饲料安全使用标准规范还有"空白"，自配料监管还有"死角"等。

【下一步工作思路】

一是落实县级饲料属地管理责任。采取联合执法、专项整治等方式，严厉打击饲料生产经营使用环节违法违规行为，依靠严格监督执法来推动各项工作的落实。二是完善"检、打"联动工作机制，持续开展饲料产品质量安全等4项监测。从市场上发现问题，到逼企业改进工作。三是严格饲料生产许可审核，把责任意识和风险意识摆在前面，把实施《规范》、质量检测与行政许可结合起来，对不执行规范的企业，要约谈主要负责人，提出整改要求和期限。四是加强饲料法规和专业知识的培训宣传，建立运行新版"中国饲料工业统计系统"，组织企业参加国内饲料博览会、经洽会等。五是发挥饲料专家技术服务组的作用，开展非粮化饲料的研发，推广新技术、新工艺、新产品。

（宁夏回族自治区饲料工作站）

新疆维吾尔自治区饲料工业

【饲料工业发展概况】

饲料企业：截至 2017 年年底，全区有效期内饲料、饲料添加剂生产许可证 242 份，饲料生产企业 237 家。其中饲料添加剂生产企业 12 家，添加剂预混合饲料生产企业 16 家（15 家重复取证），配合饲料、浓缩饲料、精料补充料生产企业 73 家，单一饲料生产企业 136 家。

饲料工业：2017 年全区饲料总产量 193.1 万 t，同比增长 1.2%。其中：配合饲料 175.5 万 t，同比增长 1.7%；浓缩饲料 13.6 万 t，同比减少 4.6%；添加剂预混料 4 万 t，同比增长 2.5%。各类饲料中配合饲料占饲料总量的 90.9%，浓缩饲料占 7%，添加剂预混合饲料占 2.1%。饲料添加剂总产量 35.8 万 t，2017 年饲料工业总产值 75.9 亿元。

【主要工作】

（一）饲料行业管理

2014 年 3 月，根据自治区分类推进事业单位改革工作领导小组办公室《关于印发〈自治区畜牧厅所属事业单位分类改革方案〉的通知》（新事改办［2014］19 号）精神，撤销自治区饲料工业领导小组办公室（自治区饲料行业管理办公室），职能归畜牧厅。

2017 年共受理审查企业申报材料 32 份，实际审核发放饲料生产许可证 24 份。其中，单一饲料 7 份，配合饲料 5 份，添加剂预混合饲料 8 份，添加剂 4 份。变更饲料生产企业信息 12 家，注销饲料生产许可证 14 家，对 6 家添加剂和添加剂预混合饲料生产企业核发产品批准文号 124 个。

加强法规宣传培训，提高法规意识。2017 年 5 月，自治区饲料管理部门在乌鲁木齐市举办了全疆饲料法规暨《饲料质量安全管理规范》培训班，全疆饲料管理人员及部分饲料生产企业负责人，共计 120 多人参加了培训。强化日常监管，将日常监管与饲料质量安全监测有机结合。4 月下发了《关于开展饲料原料和标签专项整治工作的通知》，4 月、6 月、8 月自治区饲料管理部门分别对阿克苏、哈密、塔城、石河子、克拉玛依、乌鲁木齐、昌吉等地州的饲料生产企业进行了监督检查，并进行了抽样检测。根据《农业部办公厅关于切实加强蛋禽养殖质量安全管理工作的通知》（农办牧［2017］43 号）和《农业部畜牧业司关于报送饲料养殖环节质量安全检查工作进展情况的通知》（农牧综便函［2017］第 210 号）文件要求，畜牧厅高度重视，精心安排，统一部署，组织对全区饲料企业、经营门店（点）、养殖场（户）等场所进行了全面系统排查氟虫腈污染风险隐患。检查饲料生产企业 88 家，其中：饲料添加剂生产企业 12 家，添加剂预混合饲料生产企业 18 家，配合饲料、浓缩饲料、精料补充料生产企业 71 家（13 家重复）；养殖场（户）680 户，经营门店（点）524 家，出动执法人员1 246人次。

2017 年 8 月农业部办公厅《关于公布第 6 批饲料质量安全管理规范示范企业名单的通知》（农办牧〔2018〕11 号）下发后，共推荐两家企业作为示范创建对象，先后两次邀请农业部专家现场指导，并上报农业部，最终新疆大北农牧业科技有限责任公司和新疆北泉天康饲料科技有限公司两家公司被农业部命名为“饲料质量安全管理规范示范企业”。

（二）饲料质量监测

2017 年新疆完成饲料监测任务 3 896 批次。一是对饲料生产、经营企业进行监督抽查，共抽取饲料质量安全监测样品 582 批次（农业部任务 250 批次），合格率为 100%。二是对养殖场（户）进行违禁药物的专项监督抽查，共完成饲料中违禁添加物专项监测样品 457 批次（农业部任务 270 批次，蛋白饲料中三聚氰胺监测任务 50 批次），合格率为 100%，各环节均未检出以上违禁药物。三是抽取反刍动物饲料中牛羊源性成分例行监测任务 381 批次（农业部任务 170 批次），反刍动物饲料产品品种包括精料补充料、养殖户自配饲料、复合预混料等，总体合格率 100%。四是完成报批复核检验样品 58 批次，免税检验 8 批次，其他委托检验 64 批次。五是对全疆饲料生产企业、经营企业、养殖环节等环节完成三聚氰胺专项监测样品 462 批次，盐酸克伦特罗专项监测样品 459 批次，莱克多巴胺专项监测样品 462 批次，合格率 100%。六是完成生猪、肉牛（羊）尿液 1 120 头（批），涉及养殖场（户）586 家。监测项目为盐酸克伦特罗、莱克多巴胺、沙丁胺醇，监测结果全部合格。

（新疆维吾尔自治区饲料行业管理办公室）

宁波市饲料工业

【饲料工业发展概况】

2017年全市各类饲料加工产品产量81.9万t，同比增长10.3%，饲料工业总产值36.3亿元，同比增长23.4%。其中配合饲料28.5万t，同比增长33.4%；浓缩饲料产量1 148t，同比下降51.4%；添加剂预混合饲料产量954.5t，同比增长4.9%；鱼粉产量5.6万t，同比下降17.9%，豆粕产量46.1万t，同比增长3.9%。目前，宁波市共有饲料和饲料添加剂持证生产企业29家，其中浓缩饲料、配合饲料生产加工企业14家，鱼粉、豆粕等单一饲料生产企业8家，添加剂和预混料生产企业7家，产品遍及畜禽、水产系列，饲料种类较为齐全。

2017年宁波市饲料生产形势总体良好，饲料产品生产总量增加，饲料生产水平保持稳步上升。

1. 饲料产品生产总量增加。2017年饲料生产总量同比增加明显，主要为占比99.2%的配合饲料的增加，增长了近23个百分点，主要受益于大宗原料价格相对低位，饲料成本降低，效益空间加大，产量也随之而升。浓缩料和添加剂预混料产量同比虽然有所下降，但在饲料产品中的占比不足1%，所以对整体的饲料产量影响不大。

2. 猪料产量稳中略升。全市猪料产量与上年同期相比略增长0.2%。这主要与两方面有关：一方面，虽然2017年宁波市生猪养殖量与上年同期相比略有下降，但调减幅度大大缩小。再加上生猪价格一直处于持续缓慢上升的态势，养殖户始终处于盈利状态，因此对饲料产品的需求也在不断加大。另一方面，大宗饲料原料价格除麸皮有所回升外，其余继续下跌。目前玉米、豆粕的价格分别为1.8元/kg和2.7元/kg，同比分别下降9.7%和16.3%；因成本降低，盈利空间加大，很多饲料生产企业会选择增加生产量，然后储备销售，所以猪料产量反而出现稳中有升的现象。

3. 禽料产量增加明显。全市禽料总产量同比增长幅度较大，接近28个百分点。其中以蛋禽料增加更为明显，肉禽料有所回落。主要源于2017年并未遭受H7N9流感的巨大冲击和价格利好，家禽业养殖效益显现。上半年价格也是先抑后扬，从二季度末开始，蛋禽、肉禽价格开始反弹回升，肉鸡价格从18.5元/kg一直攀升到22元/kg；鸡蛋价格从4.4元/kg一直上升到9.6元/kg，随着春节假期消费需求拉动的影响，会出现补栏现象，对禽料的需求也是稳中有升。所以2017年总体形势比较乐观，禽料产量增加。

4. 水产饲料需求旺盛。水产行业向来与天气状况密切相关，2017年全年受台风和恶劣天气影响较小，水产品行情出现空前利好，价格普遍上涨，受其影响对饲料市场的需求也大大提高，2017年水产料总量增加较为明显，同比增加了近23个百分点。其中以淡水饲料为主，增加了21.7%；海水饲料增加了7.4%，水产料总体生产水平明显上升。

5. 单一饲料发展势头良好。宁波市豆粕、鱼粉单一饲料持续保持良好的发展势头，其中豆粕产量连续多年位于全省第一，这主要与市场上对豆粕饲料需求量持续高涨有关。豆粕在家禽饲料的使用量大约占总用量52%，生猪饲料29%，随着饲料产品总量的不断增加，对豆粕的需求也是有增无减。再加上宁波市是沿海城市，有便利的地域优势和丰富的海洋资源，也促进了鱼粉的生产。

【组织机构】

由于机构改革，2016年宁波市饲料工作办公室撤销，宁波市畜牧兽医局升格为宁波市畜牧兽医局（宁波市农业综合执法支队），副局级单位，负责全市的饲料和饲料添加剂管理工作。同时10个涉农区县

（市）也分别设立了相应的饲料管理部门，负责日常的饲料生产监督管理工作。

【主要工作】

2017 年主要有以下五方面工作。

1. 加强《规范》实施情况检查。为深入推动宁波市《饲料质量安全管理规范》（以下简称《规范》）贯彻实施，根据省饲料办《关于开展饲料生产企业〈规范〉实施情况检查的通知》（浙饲办发〔2017〕2 号）要求，畜牧兽医局于 7～8 月在全市范围内深入开展饲料生产企业《规范》实施情况检查。要求企业先对照《规范》和《现场检查表》认真自查，并根据自查中发现的问题进行了整改提高。同时，接受省级饲料专家组在宁波市全面开展的饲料生产《规范》交叉抽检。通过企业自查、市级检查、省级抽查等方式进一步增强饲料生产企业的安全生产意识，切实提高饲料质量安全规范管理水平。

2. 严把饲料生产许可审批关口。为加强饲料质量安全管理，根据《饲料质量安全管理规范》和《饲料和饲料添加剂行政许可管理办法》等法律法规的有关规定，对申请饲料生产经营许可证的企业进行严格审查、分类指导，按照审批条件，把好准入关。2017 年新获饲料生产许可证的企业 3 家，换发生产许可证的企业 4 家。

3. 开展“绿剑”执法专项行动。4 月 17～19 日，畜牧兽医局启动了“绿剑”执法行动，对全市各区县（市）饲料和饲料添加剂生产经营单位进行全面执法检查，重点检查了饲料企业饲料原料的进货、把关情况，查看原辅料及成品仓库情况，查阅饲料生产企业进出库台账、生产记录等。通过检查，发现饲料和饲料添加剂生产经营单位均能够规范生产、守法经营。

4. 强化饲料质量安全监管。为保障饲料和畜产品质量安全，规范饲料企业生产，畜牧兽医局于 9 月对余姚、海曙、宁海和北仑等地的多家饲料企业进行专项抽检。通过例行监测和监督抽检，尤其是对重点场（户）、重点环节的抽检，来杜绝饲料生产企业违规生产行为，确保饲料质量安全生产。

5. 推进《规范》示范企业创建。组织全市饲料生产企业积极开展省级、部级《规范》示范企业创建。以示范创建工作为抓手，制定有效措施，全力推进《规范》的贯彻实施和饲料生产安全工作。目前，宁波市宁波正大农业发展有限公司、宁兴涌优饲料有限公司开展了省级饲料质量安全管理规范示范企业申报工作，已通过饲料质量安全管理规范市级初审，并上报省畜牧兽医局申请验收。

【下一步工作思路】

主要有以下 3 个方面。

1. 进一步加强《饲料质量安全管理规范》的贯彻实施。继续深入推进《饲料质量安全管理规范》的贯彻实施工作，全面提升饲料行业的管理水平。组织优秀企业积极参与部、省级《饲料质量安全管理规范》示范创建，督促企业全面实施规范化管理、标准化生产，切实提升企业管理水平。组织召开规范专题培训班，加强对各地饲料管理部门和企业负责人的培训，以确保规范的顺利实施。

2. 进一步加强饲料行业准入管理。严格落实饲料生产许可审核管理制度，将《饲料质量安全管理规范》的相关条件纳入饲料生产许可审核工作，依法对企业的制度、规程和记录文件按照规范要求进行审核。同时为简化行政审批程序，提高工作效率，全面落实省政府“最多跑一次”的改革精神，实施浙江省政务服务网网上审批流程，严把生产、安检、环保等各审批环节。

3. 进一步加强饲料质量安全监督监管。继续以《饲料质量安全管理规范》实施为抓手，加强对获证企业的后续监管，强化各区县（市）属地化监管职能，督促引导辖区内饲料生产企业达到规范化各项指标要求。同时继续加强对违禁物质和兽药残留的安全抽检，将抽检工作和日常监督检查相结合，开展饲料中未知风险物质排查，坚决杜绝饲料质量安全隐患。

（宁波市畜牧兽医局）

厦门市饲料工业

【饲料工业发展概况】

截至 2017 年 12 月 31 日，厦门市 2017 年饲料和饲料添加剂年总产量达 152.8 万 t，上年 148.7 万 t，同比增长了 2.8%。其中配合饲料 43.1 万 t，上年 44.7 万 t，同比下降 3.5%；浓缩料 1 万 t，上年 1.1 万 t，同比下降 9.1%；添加剂预混料 3.1 万 t，上年 3.2 万 t，同比下降 3.1%；添加剂 0.3 万 t，上年 0.6 万 t，同比下降 50%；混合型饲料添加剂 0.2 万 t，同比下降 5.6%；单一饲料 105.2 万 t，上年 99 万 t，同比增长 6.3%。累计营业收入 56.3 亿元，上年 50.9 亿元，同比增长 10.6%，工业总产值 57.1 亿元，去年 52.1 亿元，同比增长 9.6%。

截至 2017 年年底全市共有饲料企业 48 家，其中：思明区 1 家，海沧区 7 家，湖里区 3 家，集美区 10 家，同安区 21 家，翔安区 6 家。因搬迁而停产企业 6 家。

（厦门市农业局畜牧兽医处）

深圳市饲料工业

【饲料工业发展概况】

截至2017年年底，深圳市饲料生产企业有35家，饲料生产总量73.6万t，比2016年增加9.7万t，同比增长15.2%；总产值300 060万元，比2016年减少28 993万元，同比下降8.8%。其中配合料32.5万t、浓缩料3.3万t、预混料3.5万t，三种饲料总产值合计152 629.4万元，同比下降15.9%。

【主要工作】

按照农业部、省农业厅有关工作部署，下发《关于切实做好2017年饲料产品质量安全监测抽样工作的通知》，分别于上、下半年各组织一次全市饲料安全监督执法行动，对饲料企业生产质量安全规范实施情况进行抽查，共抽查了22家饲料生产企业，未发现有违规行为；抽取饲料样品16份，经检测，有1份样品不合格，已对生产不合格产品企业做出相关处罚。

【存在问题】

1. 养殖业的规模限制和土地资源紧缺，制约饲料产业的发展。由于限养政策出台，加上深圳土地资源紧缺，成本增加，深圳传统的饲料产业出现萎缩的现象。

2. 生产安全监管趋严，老的生产企业面临关闭。近年来，传统饲料生产企业，特别是饲料粉尘较大的饲料生产企业，因设备陈旧、原有的厂区布局不合理，企业又无法改造或改造成本高，陆续出现被关闭或停产的状态。

3. 整体产业仍没形成集团化，抗风险能力仍比较低。深圳饲料生产企业集团化比较少，虽然有个别企业出现并购或进入资本市场的情况，但多数为小型企业，对畜牧业周期波动应对和抗风险的能力总体较差。

（深圳市饲料管理办公室）

企业篇

重点企业经验介绍

开创无抗安全食品新时代

——北京康华远景科技股份有限公司

北京康华远景科技股份有限公司是国内率先利用现代生物技术及精细化工等高科技手段，结合动物营养和现代中医药理论，从事植物提取物在动物饲料、养殖中的应用研究、生产和销售的国家高新技术企业。公司入列2008中关村最具发展潜力十佳中小高新技术企业，同时也是北京市饲料工业协会副会长单位、北京市饲料工业协会天然物委员会主任单位。

公司与中国中医科学院、中国医学科学院、中国科学院、中国农业科学院、中国农业大学等著名院校及科研机构建立了长期稳定的合作关系，以此为依托组建了由20余名专家组成的“天然饲料专家委员会”，形成了强大的外围技术支撑组织，公司组建了一支高素质科研队伍，现有博士后、博士及硕士研究生共30余人。2014年11月，公司申请的国内首个“天然植物饲料功能研究与应用技术”北京市工程实验室成功，标志着公司的研发实力达到业内领先水平。2017年，公司被评为天然植物饲料创新研究与开发北京市国际科技合作基地，并入列北京市自然科学基金依托单位，以强大的科研实力和国际市场基础进一步巩固了康华远景天然植物提取物、无抗饲料、中医保健和食品安全的核心推动者地位，并将影响更多科研单位和技术型企业参与到研究和运用天然植物饲料与动物保健品事业中。

多年来，公司以技术为先导，在保证产品质量的基础上，不断提升整体服务质量，开拓服务领域，为畜禽、水产养殖业提供3 000余万t安全、绿色、无抗配合饲料，真正达到了健康养殖的目的。公司在植物提取物发展道路上得到了政府、著名院校、研究机构和畜牧业等各界人士的认同和大力支持，同时获得了科技部星火计划及创新基金的支持，2014年，公司得到农业部和国家质检总局国家标准委委托主持修订《天然植物饲料原料通用要求》国家标准，该标准的修订标志着中国的“中草药”可以以“天然植物饲料”的方式在畜牧业中合法使用，有利于“中草药”在畜牧业中产业化大发展，也标志着康华远景成为中国畜牧业“天然物”事业的核心推动者。位于北京密云经济开发区的安全饲料添加剂及动物保健品核心技术产业化示范基地，已成为行业的“天然物风向标”，康华远景成为全球将天然植物运用于畜牧业解决无抗饲料、无抗保健和健康养殖的肉、蛋、奶食品安全核心技术产业示范的标杆企业，并于2015年1月成功新三板上市。

18年来，康华远景一直秉承“科学、求实、创新、引领”的经营理念，在加工工艺上继承“炮制虽繁必不敢省人工，品味虽贵必不敢减物力”的古训，埋头苦干，建立起独有的天然植物（中草药）科研体系，包括八大环节：运用传承千年的中医理论进行辩证组方；严格把控中药材来源及质量，确保原料优质供应；采用传统与现代相结合的先进炮制工艺；保障结果稳定明确的定性定量检测；进行效理对应的科学机理研究；精准量化功效并进行评价；毒理及安全性评价，保证产品无毒无害；制定科学运用方案。经过3 000余项科学实验，公司从多种植物中筛选出220余种有效成分，成功开发出康华安、免力特、康华素、鱼虾康、炙力、安乳康、禾肥素、丁甘宁等30多种环保型植物提取物饲料及动物保健产品，产品已广泛应用于畜禽、水产领域，具有提高动物免疫力，降低发病率，改善肉、蛋、奶风味品质等诸多功效，已经实现了在饲料及养殖过程中完全替代以抗病促生长为目的的饲用抗生素的使用，且能获得更加优异的生产性能。

目前，公司已拥有商标58项及发明专利40项，10项北京市自主创新产品，2项中关村国家自主创新示范区新技术新产品，并接受密云电视台和密云日报采访。公司严格按照ISO 9001、ISO 22000及FAMI-QS相关标准对产品进行严格控制，已于2017年6月顺利通过兽药GMP认证，所有产品均建立了严格的企业标准和相应的定性定量检测方法，在同类产品中率先获得出口资质，且产品的质量均达到最新出口标准。

公司积极开拓国内外市场，产品遍布国内30余个省市，与美国、西班牙、越南等多个国家进行长期贸易往来以及实验合作，产品正式销往美国、欧盟及东南亚等国际市场。会议方面，公司多次主办相关会议，北京市饲料工业协会副会长扩大会议、天然植物饲料在生猪养殖中的应用技术培训会等，并屡次举办中医动保首届高峰论坛、中关村农业生物技术发展论坛等。2017年11月，公司于新形势下白羽肉鸡产业展望及热点话题高峰论坛等国内顶尖峰会上发表演讲。国际会议方面，公司于2017年多次参加全球顶尖会议，如VIV展会、美国世界猪业展览会、国际家禽大会、李曼养猪大会、德国汉诺威展会、国际抗生素替代物学术研讨会、美国IPPE会议、美国Midwest中西部动物营养大会、法国SPACE展会等。得到了来自中东、中南亚、南亚、非洲、欧洲、南北美洲等国家和地区的广大厂商、专家的高度认可。

在中药提取物饲料添加剂领域取得重大成就的同时，康华远景持续开发中药生态产业链，2008年在山东建立种植合作社，鼓励农民种植中草药，2013年开始陆续在内蒙古、山东、甘肃、河北等地发展产业联盟合作，采用更加科学的供销模式，优先收购产业联盟的中草药原料，与地区共同研究并优化中草药种植技术，优选优种，依据不同地区的地理优势广泛种植，满足公司对优质中草药原料的多方需求，带动省市种植合作社10余家，各省市产业联盟10余个。截至2017年年底，产业联盟基地种植近30种中草药将近30 000亩，同时真正实现一、二、三产业融合，大力发展以中药材种植为特色的林下经济，着力建设集观赏、采摘、药用于一体的现代高效节水示范园区。有效解决农民就业问题及低收入人群贫困问题，带动农村旅游、教育、民宿、餐饮等特色经济健康发展，促进美丽乡村建设，创造优越宜居环境，积累深厚文化底蕴，为促进社会主义生态文明建设、推动社会主义新农村建设起到重要示范作用。

在无抗产业发展的道路上，康华远景从未止步，仍然在天然植物提取物的研发和种植产业链进行摸索，公司正成长为全球最具实力的植物提取物饲料和动物保健品研究及生产企业，影响了越来越多的国内外从事饲料、养殖和食品加工的企业以“无抗”为肉蛋奶食品安全底线，在推动人类食品安全的伟大工程中发挥了巨大的引领作用，同时期望与国内外更多饲料、养殖、食品及植物提取物等行业开展多项合作，携手并进，为饲料行业、养殖行业和食品行业的“安全工程”贡献力量。

华罗添加剂
中国民族品牌

——中牧实业股份有限公司北京华罗饲料添加剂厂

“华罗”伴随着中国饲料工业的发展而崛起，30年来不忘初心，勇肩使命，砥砺前行，铸成了中国添加剂预混合饲料产业的“民族品牌”。

“华罗”自诞生之日起，就以其完善的产品体系及优良的技术服务，引领着添加剂预混合饲料行业的规范与技术进步。华罗致力于畜牧业的安全健康发展，以“保护动物安全，关爱人类健康”为己任，顺应时代发展的要求，不断调整定位，整合资源，始终坚持服务于“三农”，为建设成为畜牧业大型集成服务平台而不懈奋斗。

一、认识华罗

中牧实业股份有限公司隶属国资委，是农业产业化国家重点龙头企业，现有国家五部委认定的企业技术中心。北京华罗饲料添加剂厂为中牧股份动物营养板块的子公司，专注于添加剂预混合饲料的研究和生产近30年，技术力量雄厚，行业地位稳固，产品市场占有率超过25%。

作为中国添加剂预混合饲料领域的“国家队”和“主力军”，坚持产品安全、动物安全、畜牧安全、食品安全和生态环境安全“五位一体”的大安全经营理念，以向生产经营者提供优质产品与服务并最终为消费者提供安全、健康的动物源性食品为目标，在自身成长和创造价值的同时，积极承担社会责任，获得了政府和行业的高度认可。

2009年，原全国人大常委会委员长张德江等领导同志视察北京华罗厂。

多年来，华罗以优良的产品质量深受广大用户的信赖和行业的好评。

1992年，“华罗多维一号”被评为首届中国农业博览会优良奖。

2000年，华罗品牌被评为“中国饲料行业十大名牌”。

2003 年，华罗品牌被北京市工商行政管理局认定为“北京市著名商标”。

2005 年，华罗多维被授予中国饲料行业“信得过产品”荣誉称号。

2007 年，华罗品牌荣获“最受消费者信赖的农产品品牌”。

2010 年，“华罗”被国家工商总局认定为“中国驰名商标”。

2018 年，北京华罗荣获“饲料质量安全管理规范”市级示范企业。

二、发展足迹

1. 引领行业，奠定添加剂预混合饲料市场地位（1990—2005 年）。1990 年，中国牧工商联合总公司与瑞士罗氏公司合作，建立了北京华罗饲料添加剂厂，全套生产设备由罗氏公司提供，主要原料采用进口原料，是我国最早从事添加剂预混合饲料的生产厂家之一，主要生产畜禽用添加剂预混合饲料，产品涵盖雏鸡、产蛋鸡、种鸡、猪用等多个品种，年单班产量达 2 000t，销售覆盖面遍及 29 个省、自治区、直辖市。首次引入全新的饲喂营养理念，促进了中国添加剂预混合饲料的发展，是我国添加剂预混合饲料产业发展的引领者。

2. 综合提升，打造中国畜牧业第一安全品牌（2006 年至今）。2006 年 1 月，北京华罗新址于通州区马驹桥金桥科技产业基地落成，新厂采用世界先进的瑞士布勒全套生产设备及工艺，添加剂预混合饲料年生产能力达 8 000t，可配制全价配合饲料 4 000 多万 t，是国内大型添加剂预混合饲料生产基地。

整个生产设备涵盖六大系统。其中独特的压力釜气体输送系统通过无水无油的低温过滤空气，将物料在密闭的管道中进行输送，物料残留低，粉尘污染小，最大限度地减少原料与空气接触；精准的配料系统由微量添加和常规配料系统组成，最小计量可精确到克；高效的混合系统采用单轴桨叶式高效混合机，混合效率高，每小时可完成 30 批次产品的混合，变异系数小于 5%。

生产工艺具有七项特色。防冲仓设计提高了配料精度和效率。微型振动设计消除了料仓底部物料结拱。条形码识别系统避免了人为操作失误。单点除尘设计最大程度地降低了粉尘，改善了生产环境。抽真空包装设计可有效保护维生素活性，延长了产品的保质期。

企业管理实行标准化。从 2001 年首次引入 ISO 9000 质量管理体系以来，持续发展、融合、完善，2007 年通过食品安全管理体系认证，2009 年将质量、职业健康、环境三体系合并认证，实施运行后实现了管理创新和管理提升，核心竞争能力进一步加强。2016 年通过能源管理体系认证，2018 年将质量、职业健康、环境、食品安全和能源五体系融为一体，整合并予以实施。各项管理体系的持续有效运行，提高了管理水平、保证了产品质量、增强了市场竞争力、对企业产生直接和间接的经济效益，提高了企业信誉度和知名度，树立了良好的社会形象。

华罗的优秀品控团队具有多年产品质量控制与专业检测经验。在常规检测设备的基础上，配备有多台高效液相色谱仪、原子吸收分光光度仪、近红外光谱仪等精密仪器设备。质控中心注重提升自身检测能力，经常与国家饲料质量监督检验中心（北京）等多家权威检测机构开展学术交流与沟通。此外，质控中心还为广大客户提供了饲料原料及成品检测交流平台。自 2014 年起，北京华罗已累计举办“走进华罗——品控与检测技术交流”系列活动 16 期，超过 180 余家饲料企业的 240 余位品控技术人员走进华罗参加交流活动，活动中不仅帮助客户解决了所遇到的各种检测难题，还增进了华罗与客户之间的互信，收效良好。

北京华罗首开近红外检测技术在添加剂预混合饲料中应用之先河，建立了维生素 A、维生素 E、维生素 B_2、维生素 B_6、烟酰胺等多项维生素含量定标曲线，实现了产品质量快速实时监控；针对饲料加工生产中的实际问题，开展了影响维生素效价损失的评价实验，从温度、湿度、制粒工艺、包装材质等多方面入手，掌握维生素效价变化的一手实验数据，填补了国内饲料行业在此方面的研究空白。

三、展望未来

未来，北京华罗将一如既往地肩负起添加剂预混合饲料产业标杆的职责，牢记企业发展的宗旨，勇担服务“三农”的使命，在中牧股份整体战略部署下，扎实推进“十三五”战略规划，为中国畜牧业的健康发展贡献力量。

立于潮头谋发展　服务养殖创价值

——北京三元禾丰牧业有限公司

北京三元禾丰牧业有限公司是由辽宁禾丰牧业股份有限公司和北京首农合资创建的大型现代化高新技术企业，于 2001 年 10 月在北京中关村科技园正式注册，其中辽宁禾丰牧业占 70% 股份，三元集团占 30% 股份（现在为首农集团）。

辽宁禾丰牧业股份有限公司是国家级农业产业化重点龙头企业，是中国饲料工业协会、中国畜牧业协会副会长单位，“禾丰”商标为中国驰名商标。禾丰牧业于1995年4月，由以金卫东先生为核心的7位创始人共同发起创立，23年来，禾丰牧业从一个籍籍无名的科技型创业公司发展至今，已跃身为全国十大领军饲料企业。业务范围以饲料复合预混料、浓缩料、配合料为主，并涉猎国际贸易、肉鸡屠宰、食品加工、宠物诊疗、饲料添加剂、养殖设备等相关领域。2006年禾丰牧业与荷兰皇家德赫斯公司合资。2014年8月禾丰牧业在上海证券交易所上市。

辽宁禾丰牧业是国家高新技术企业、国家认定企业技术中心、国家农产品加工饲料加工专业分中心，国家农业产业技术体系生猪综合试验站单位。禾丰牧业研发中心拥有由405名专家、教授、博士、硕士等专业技术研发人员组成的技术创新团队，拥有理论功底和现场实践经验的科技人才；2014年禾丰牧业检测中心通过CNAS认证。近年来，禾丰牧业完成了70余项科研项目立项，平均每年开发新产品、新技术10余种，现有35项授权发明专利，曾获2项国家科技进步二等奖、多项省市级科技进步奖，在自主研发、技术创新等方面已跃升同行业前列。

2017年，辽宁禾丰牧业归属上市部分销售收入137亿元，同比增长15.4%，净利润4.7亿元，同比增长10.3%。全口径销售收入达300亿元人民币。全年白羽肉鸡屠宰量达到3.9亿只，在行业名列前茅。禾丰牧业旗下已拥有130余家企业，产品覆盖29个省市。在尼泊尔、印度、菲律宾、印度尼西亚等国家建立起多家饲料公司，国际业务进展顺利。同时大力开展饲料、饲料原料和食品的进出口业务。

北京三元禾丰牧业有限公司作为禾丰旗下的核心企业之一，北京三元禾丰的成立，标志着禾丰牧业的业务由关外走向关内，走向全国。三元禾丰的发展历程中，抓住了几个重要的节点，从而获得长足的发展。2003年三元禾丰率先通过饲料界的HACCP和ISO 9001管理体系认证，提升了企业管理水平和质量控制水准，获得了为供港猪场提供预混料的大笔订单，也使得技术服务能力得到锻炼和发展。2006年，禾丰与荷兰皇家德赫斯公司成功合资，禾丰在猪料技术中率先引进应用净能体系，改变了以往用代谢能配制猪料的技术，从而改变了原料采用范围和添加配比，产品效果得以提升，配方成本得到进一步优化，料肉比持续降低，提升了产品的竞争力和很好的经济效益。三元禾丰按照总部的要求，严把产品质量关，在化验室仪器设备上舍得投入，2005年购买了快速检测的FOSS近红外设备，配置了检测霉菌毒素的酶标仪，采买的原料批批检验，坚决杜绝假冒伪劣原料进厂。2008年饲料界爆发“三聚氰胺事件”，不少奶牛场饲喂的奶牛料因含有三聚氰胺而交不出去牛奶，而当时三元禾丰的奶牛料产品经受住了政府监管部门多次的严苛检验，完全合格，一些备受三聚氰胺困扰的奶牛场纷纷送来订单，北京三元禾丰的奶牛料产品借此得到长足的发展。为满足业务的发展和客户需要，三元禾丰扩建了一个新车间，在动态配方技术和与大型养殖场的合作上走在了行业的前面。

北京三元禾丰在历年的发展历程中，一直注重队伍建设，重视人才培养，传承知识就是力量，团结就是力量的企业文化，企业的发展，业绩的取得当然离不开人才的引进和培养，禾丰具有科学的“选、育、用、留”的人力资源体系，使其在人才队伍建设上取得了相对于其他企业的明显优势。三元禾丰完美地传承了禾丰文化，坚持推行“吸纳人才、培育人才、善用人才、善待人才”的人力资源策略，不断地寻求人才、发现人才、创造人才发展空间，按绩取酬、公平公正，永远致力于员工的发展进步与价值提升，帮助员工创建幸福人生，营造“关心人、重视人”的良好氛围，努力为优秀人才提供富有挑战性的事业机会，为他们的成长与进步创造优越的条件，也为禾丰事业快速的发展提供了人才保障，北京三元禾丰建厂18年以来为集团培养了总经理级别以上的有30多人。

北京三元禾丰在集团的统一带领下，以技术为立足之本，坚定不移地推进技术创新、质量保障和食品安全，打造企业核心竞争力，保持可持续发展，实现企业基业长青。北京三元禾丰获得多项技术专利，参与的技术创新，获得多个农业农村部和北京市的科技进步奖项。在生产经营中严格遵守国家有关的法律法规，始终把饲料质量安全工作放在首位，建立健全质量管理体系，确保产品的安全性、科学性，促进养殖业健康发展。生产车间严格遵守《饲料质量安全管理规范》，推行6S生产管理模式，加强安全生产管理、设备管理、现场管理、产品质量管理及员工的技能培训，做到安全生产，精益化生产。2017年获得“农业部规范认证企业”。

北京三元禾丰一直把提供客户服务作为产品开发的一部分，坚持通过服务达到增值的作用，具体做法上就是帮助中小客户做大，通过给客户提供优质的产品，协助客户不断开发新的养殖户，通过给客户提供正确的经营理念，给养殖户提供正确的思维模式、科学的饲养管理、科学的疾病防治，树立良好的品牌形象。通过给客户提供售前、售中、售后服务，帮助客户做大、做强。北京三元禾丰的付出得到了社会的认可，得到了广大养殖者的热爱，三元禾丰获得“北京市高新技术企业”“北京市守信企业”“北京市优秀饲料企业”“北京市饲料工业协会优秀企业”“首都饲料行业跨越发展标杆企业”“北京市饲料行业影响力品牌”等称号。

现在，随着国家对养殖业管理的进一步规范，以及限养、禁养区政策的出台，三元禾丰作为饲料产业的一员，会时刻牢记自身的责任与义务，继续为广大的养殖户贡献价值，在产品开发上减抗替抗，使产品更加绿色和环保，减少粪污排出，同时在畜舍改造，新猪场建设方面，给客户提供技术支持，让广大的终端客户放心养殖，生产出合格安全的食品，满足市场的需要，奉献社会，创造价值。

用生物饲料科技改善人类生活

——天津博菲德科技有限公司

天津博菲德科技有限公司注册于 2010 年 11 月，注册资金为 2 000 万元，注册地点为天津市蓟州区上仓工业园区内，是生物饲料开发国家工程研究中心项目法人单位，该中心是由国家发展与改革委员会批准的唯一一家以开发生物饲料为研究方向的国家工程研究中心。公司由中国农业科学院饲料研究所和北京挑战农业科技有限公司等单位和个人共同出资成立。

公司成立以来荣获多项荣誉，包括国家级高新技术企业、博士后科研工作站、印遇龙院士领衔的院士工作站、博菲德众创空间和科技部星创天地等，逐步打造成为面向全行业开放的生物饲料开发平台、工程化验证基地、人才交流培训中心、技术转移中心、技术咨询与服务中心。

公司于 2014 年 10 月竣工，占地 50 亩，总建筑面积超过 16 000 m^2，2016 年 4 月完成国家发展改革委验收。项目总投资过亿元，主要用于研发楼、中试基地的基础建设、研发生产仪器设备的购置和研发活动的开展，其中购置各类研发仪器设备、工程化验证设备和公用工程配套设备近 300 余台（套），设立资源评价与发掘、基因与蛋白质工程、生物提取与应用、生物化工、发酵工程、生物饲料加工工艺、生物饲料评价与应用技术 7 个研究室，并建有一个中试验证车间为行业研究成果的中试熟化和工程化验证提供平台。公司 2017 年营业收入总额近 6 000 余万元。

公司科研技术实力雄厚，组建了由院士领衔、15 位国内知名专家、学者和上市企业技术总监组成的技术专家委员会。现有专职研发人员 30 余人，其中博士 11 人、硕士 14 人；具有高级职称研发人员 9 人，中级及以下职称研发人员 17 人，专业涉及动物营养与饲料科学、微生物、发酵工程、生物工程、食品工程等诸多领域，专职从事酶制剂、微生态制剂、生物发酵饲料等研究工作，能够满足先进的产品、工艺等技术研发需求。

公司始终致力于提高生物饲料科技创新能力，促进具有自主知识产权的关键共性技术和核心技术研发，推动行业科技进步和核心竞争力的提高。近年来，承担了科技支撑计划项目、国家“十二五”项目、农业农村部生物饲料安全预警项目、科技成果转化项目、国家“十三五”重点专项等 15 项国家及地方科研项目，目前，主要开发生产的产品有饲用酶制剂、抗菌肽、微生态制剂、发酵菌剂以及生物发酵饲料等，都是以高科技生物技术为基础、符合绿色安全生态的生物饲料要求，并申请和获得了 20 多项具有自主知识产权的关键技术成果，取得了显著的社会、经济和生态效益。

公司的中试车间研制开发出了多个系列的 50 余种饲用酶制剂产品，产品的发酵水平和酶学性质均处于国内领先位置，具有深厚的酶制剂研发基础，为生物饲料复合酶制剂的开发提供了丰富优质的单酶和复合酶资源。公司现已开发出以乳仔猪复合酶、蛋鸡复合酶、肉鸡复合酶为代表的，针对不同日粮类型的复合酶系列产品。在饲用复合酶制剂产品的开发、推广以及酶学性质的研究上积累了大量的经验。针对不同畜禽种类的配方饲料，公司在业内率先采用单胃动物仿生消化系统进行复合酶酶解效率评价，建立了体外酶活检测与酶学性质评价、仿生消化系统评估和动物实验三位一体的复合酶评价体系。其中基于单胃动物仿生消化系统建立的 NSP 酶的酶解效率评估方法在世界处于领先位置，建立的植酸酶酶解效率评估方法属于首创，为生物饲料复合酶评价体系的建立打下了坚实的基础。

公司着力打造的生物饲料开发国家工程研究中心已初步成为我国权威的生物饲料集成技术研发和应用平台，并联合乳品生物技术与工程教育部重点实验室共建全国最大的乳酸菌资源库（7 040 株）和国际先进的乳酸菌筛选实验平台，与国家生化工程技术研究中心合作建有生物饲料工艺优化技术平台，在河南投资成立发酵设备和液体饲喂工程技术研究中心，从菌种到设备整合国内顶级资源，构建生物饲料技术科技平台。

公司陆续出版了《生物饲料研究进展与发展趋势（2014）》和《生物饲料研究进展与发展趋势（2016）》，连续三年编写《生物饲料百项技术汇编》，编辑出版了《生物饲料标准汇编》和《生物饲料应用关键技术精选问答》等著作 7 部，在国内外核心期刊发表学术论文 70 余篇，牵头制定和发布了我国生物饲料领域第一个团体标准——《生物饲料产品分类》。

未来 3 年内，公司继续致力于引领我国生物饲料产业的创新发展，计划联合中型饲料企业、规模化养殖企业及专业化生物饲料企业共同创建生物饲料产业链事业共同体（BFEC），3 年内联合 50 家合作企业共同实现产销 50 万 t/年生物发酵饲料和 500 万 t/年常规饲料，携手跨入资本市场。

诚信　谦和　前瞻

——大成永康营养技术（天津）有限公司

大成永康营养技术（天津）有限公司于 2006 年 6 月在天津正式设厂，是专门从事反刍动物饲料生产、销售和技术服务的实体企业，是台湾农畜牧领导企业大成集团在大陆完全独资的子公司，是香港交易所上市企业大成食品（亚洲）有限公司（03999）的关联企业。

大成永康天津厂位于静海开发区、整体占地 50 亩，初期投资金额超过 1 000 万美元，目前整体员工有 120 多人；除原有的全价料及浓缩料生产线，2015 年扩建的预混车间投产后，全厂的年产能可以达到 12 万 t。主要的销售市场集中在京、津、冀、鲁，并在全国各省都有经销据点，年营业额可达 1 亿元人民币。重点知名客户包含恒天然集团、赛克星—华夏集团、山东澳亚现代集团、内蒙古圣牧高科等。

1. 大成集团介绍。1957 年，创办人韩浩然先生与同为北方人的牟清善先生在中国台湾台南开办了一间黄豆榨油厂，成立了大成公司；其后随着公司的成长开始跨足其他产业：面粉业、饲料及色拉油，均极受好评。公司也渐渐在台湾民生大宗物资的榨油、面粉、饲料行业中奠定了基础，逐步发展，成为台湾主要的食品农畜公司之一。

1989 年，为扩张区域竞争力，大成集团南向印度尼西亚成立水产事业；同年，回到创办人的家乡，辽宁省沈阳市成立饲料厂、在广东省蛇口设立面粉厂。

2007 年，大成集团辖下东亚事业群之控股公司以“大成食品（亚洲）有限公司”之名，成功在香港上市发行。大成集团在亚太区域中不断地发展成长，现已成为 50 多家子公司、拥有近 3 万名员工的农畜食品餐饮集团。

大成集团身为食物全产业链的整合者，由上游的农业源头、中游的食品研发制造者、到下游广大的消费者，都用心联结其中每一个环节，以提升整个食物产业链的效率与附加值，让消费者享受安心、营养、健康的产品与服务。

2. 引进国际先进技术。大成永康原名大成蓝雷，设厂时与美国知名的蓝雷集团（Land O’Lakes, Inc.）合资，引进美国最先进的奶牛饲养技术及在中国台湾的饲养经验，来协助国内养殖户提升饲养效率。公司产品综合采用蓝雷 DNS、CPM 及 Spartan 等软件进行配方分析，同时由反刍营养专家参考国际先进研究成果及现场试验结果而设计。

大成永康以安全优质、技术提升和创新高效为理念，引进最先进的反刍动物饲养技术、为牧场提供最为完善有效的系列饲料产品和精细化的技术服务。在提升饲养绩效的同时也为消费者提供安全及高质量的奶源；创造产品制造企业、牧场与消费者三方共赢的局面。

2014 年大成集团买断所有蓝雷公司的股权、更名为大成永康，并增加投入资金在国内市场发展，与更多国外优秀的厂商进行合作。除持续与美国蓝雷集团合作外，与美国金宝（ZINPRO）公司、美国诺伟司（NOVUS）公司、荷兰 SFR 饲料研究所都有技术上的协作，目的是希望带给客户更好的效益。

大成永康公司除了饲料及相关产品外，亦提供客户牧场管理相关技术服务，内容可以分为营养与兽医技术服务两方面。

营养技术服务包含：①宾州三段筛，帮助牧场分析 TMR 之均匀度。②粪便分离筛，分析牛只有无瘤胃过酸以及饲料消化情况。③饲料原料与草料委托化验，帮助客户了解场内使用原料与草料的营养价值。④乳成分、三聚氰胺及霉菌毒素的委托化验。⑤牧场日粮配方制作、TMR 操作指导，并提供服务建议报告书，根据不同客户需求及问题，推荐合理的配方及改善建议。

兽医技术服务包含：①繁殖疾病之检查与诊断，藉由现场触诊帮助牧场分析牛只繁殖问题及配种困难之原因。②繁殖配种数据之整理与分析，协助客户建立完善之繁殖配种记录，以改善场内牛群结构与生产力低下的问题。③现场隐性乳房炎之检测，帮助客户提早发现隐性乳房炎牛只。④小区修蹄服务及大客户修蹄指导。

3. 天津市市级《饲料质量安全管理规范》示范企业。大成永康所有的生产过程皆严格遵守企业标准及国家安全生产规定，不添加任何非法有害添加剂，并确保生产出安全、卫生、合格的产品，做到质量第一、安全至上。常规地对产品及原料进行检测报告，包含三聚氰胺自检报告、黄曲霉毒素与玉米赤霉烯酮自检报告等。

大成永康（天津）自 2008 年开始，已通过“GB/T 19001—2008”质量管理体系认证及“GB/T 22000—2006”食品安全管理体系（HACCP）认证，并每年通过复检。最近一次的认证日期是在 2018 年 3 月，这次也通过新版本“GB/T 19001—2015”的认证要求，获得审查老师的肯定。

对于饲料质量安全大成永康一向十分重视，2014

年为更好地配合落实国家《饲料质量安全管理规范》，开始建设独立于生产车间、单独一栋的品检中心，除了安全管理的考量外，也希望未来能够提供给客户更丰富、高质量的产品及服务。新建立的品检中心建筑面积 187m^2，设有专门的化验人员对日常生产的产品进行检验，及专职的现场品控对生产过程进行监控，确保原料和产品的质量。

2015 年，新落成的品检中心配备有高效液相色谱分析仪、酶标仪、原子吸收分光光度计、纤维分析仪、近红外光谱分析仪等仪器，能快速准确地测定原料和产品中是否含有三聚氰胺、黄曲霉毒素等有害物质，并检验原料和产品中的氨基酸、纤维、矿物质微量元素等，务求快速准确地判定是否符合质量要求。

2017 年，大成永康获得天津市市级《饲料质量安全管理规范》示范企业的荣誉。在接到市局要创建示范企业通知的时候，我们就积极地向市里申报，希望可以更好地提升生产作业规范及产品质量管理，我们在宁夏的新厂于 2016 年通过了农业部《饲料质量安全管理规范》国家级示范企业的创建，在整个检核的过程中对于生产管理及质量安全等各方面都有很大的提升，我们对于天津厂也有相同的信心。

大成永康在区、市管理部门的指导下，不断地完善各类硬件、软件设施，并迎来了市里专家组的审查。而所有的付出也都带来了丰盛的结果，市专家组对于我们在管理规范的投入给予了高度肯定，也提出了不少建议，让我们能够不断地精益求精、更上一层楼。

大成永康一直以来秉持着集团诚信、谦和、前瞻的价值理念，透过招募培养适合的人才、建立合理可行的制度，来做到三个安全：原料安全、人员及生产安全、产品安全，协助客户达到高效的饲养水平。最终希望能够配合牧场及食品企业建立一个可溯源的安全管理系统，为消费者提供安心、营养、美味的产品。

探 索 无 止 境

——天津雀巢普瑞纳宠物食品有限公司

天津雀巢普瑞纳宠物食品有限公司（以下简称为普瑞纳）是全球最大食品制造企业雀巢集团旗下的全资子公司，于 2007 年在中国创建。公司的管理机构和研发中心位于首都北京，工厂坐落于天津经济开发区西区。是一家集研发、生产加工和销售于一体的宠物食品企业，拥有雀巢普瑞纳旗下多种国际知名品牌的猫干粮、犬干粮、猫罐头。

普瑞纳始终将宠物和爱宠人士放置首位。作为全球宠物食品行业先驱和宠物护理领导者之一，源自 19 世纪的普瑞纳一直践行对消费者的三大承诺：高营养成分、完善的科研体系以及先进成果的应用。如今，普瑞纳拥有丰富的产品线，全面覆盖宠物的营养及饮食需求。在与全球权威营养专家及兽医的合作过程中，普瑞纳赢得了专业人士的一致认可。

每一个普瑞纳人对宠物的热爱，是我们坚持 120 年营养研究而不怠的持续动力，让宠物和爱宠人士因我们而生活大不同是我们工作的第一动力。

源于这份挚爱，我们将宠物权益视为处事的第一准则和前提，对此责任丝毫不敢懈怠，同时也乐此不疲。

一、营养研究，始于 1890 年

不管在美国还是欧洲，普瑞纳宠物护理中心不仅历史悠久，领先地位更是难以撼动。先后合并 Albers Bros. Milling Co. Spillers and Backers Ltd. （1890） 和 Robinson Danforth Commission Co. （1894）。百余年间的合并重组，终成就今日的雀巢普瑞纳宠物护理中心。

1894 年，William H. Danforth 于美国圣路易斯创立普瑞纳，起初以生产农场动物饲料为主，旨在提供最优营养且便于饲喂的动物饲料。

1921 年，Purina chow（新型动物饲料）上市，不久之后，这一革命性科研成果成功迅速地被市场证明。

1926 年，普瑞纳在密苏里州格雷萨米镇开设研究中心。

2001 年，普瑞纳被已经合并喜跃、Spillers、Backers 的雀巢收至麾下。两个世界级宠物食品公司的合并不仅扩充了彼此的产品线，更重要的是双方带着各自强大的技术支持和科研成果彼此融合互补，成就了一个全球领先的宠物护理科学研究机构。

2002 年，普瑞纳进入中国开展业务活动，在中国天津投资建厂，并设立宠物食品研发中心。

二、顶尖的科研水平

一直以来，雀巢旗下各部门之间共享科研成果，只为提升人与宠物的生活品质而努力。作为雀巢研发网络的重要组成部分，普瑞纳依托雀巢在全球超过 5 000人的研发团队，在宠物营养研究领域不断突破创新，将先进、科学的科研成果应用于产品，为全面满足宠物的营养需求打下坚实基础。

除了倾力打造自属科研团队，普瑞纳还积极与全球 100 余家顶尖宠物科研团队合作，包括重点科研院校，国际兽医协会等。在强大的科研实力支持下，普瑞纳始终保持产品的科学性和营养性。

在过去的几十年里，普瑞纳携手全球著名兽医、营养学家等专业人员，在权威期刊上发表了大量前沿科研论文，广受业内好评（发布期刊包括：《营养学杂志》《英国营养学杂志》《兽医内科医学杂志》《美国兽医医学会杂志》《美国兽医研究期刊》等）。

三、推动兽医行业发展

多年来，普瑞纳一直全力支持全球兽医行业发展。为兽医学学生提供奖助学金支持，与大量专家伙伴和国际专业兽医组织合作，为他们的科学研究提供资金保障。通过努力将全球兽医组织紧密联系在一起，这是每一个普瑞纳人的骄傲。

普瑞纳凝聚了欧洲宠物医疗学会＆欧洲肠胃医学研究协会携手 ECVIM－CA（欧洲宠物医疗学会）与 ESCG（欧洲肠胃医学研究协会）的大批专注肠胃医学研究的兽医专家，成立了一个专属的高端科研平台。在欧洲宠物医疗学会年会上邀请顶尖专家进行演讲交流，并通过资助 ESCG 为年度最佳报告者颁发奖金，以奖励学者们在科研领域的突出成就。

ESCG 主席 Karin Allenspach 说："多年来，普瑞纳全力支持 ESCG 举办科研峰会，这不仅将肠胃医学领域的顶尖学者聚集到一起，还为年轻学者们创造了学习交流的机会。除此之外，普瑞纳专门为 ESCG 成员设立的重大研究项目奖项。不得不说，在欧洲宠物医学不断发展的进程中，普瑞纳功不可没。"

四、助力中国宠物食品行业发展

从进入中国伊始，雀巢普瑞纳便把推动中国宠物食品行业的健康发展作为自己的责任和义务。积极参加中国饲料工业协会组织的各项活动，支持、参与和完成协会布置的任务和工作。每年都会以各种形式来赞助和支持相关学术机构、行业协会举办的学术会议和赛事活动。邀请国外的著名专家来华举办有关宠物营养、宠物繁育、宠物护理和宠物行为等方面的讲座。经常在全国各地举办各种讲座，并借助现代化的传播媒介，指导和教育广大宠物爱好者依法养宠，文明养宠，科学养宠，以提高大众的养宠意识和水平。

五、品质优先，质量至上

除了品牌历史悠久，普瑞纳的全部产品配方也都具有高标准的质量保证。普瑞纳坚信，所有宠物都应该得到最好的营养呵护。

为消费者提供值得信任的高品质宠物食品，始终是雀巢普瑞纳的最高准则，从原料购买、生产、品质管理到营销政策及市场开发，构成了完善的管理体系。普瑞纳将原料质量与安全视为重中之重。质量是安全的保证，从原料选材到生产环节再到成品，普瑞纳采用先进的分析技术对其进行检测，产品成分和营养指标全部批次检验以保证产品品质。公司的标准是超越一般标准，甚至比人类食品标准还要严苛。

此外，位于新加坡、法国、美国和澳大利亚等国的实验室，也能为公司提供各种各样的检测支持和服务。来自美国、澳大利亚和法国的技术专家也经常来工厂提供支持和服务。

2009 年，雀巢普瑞纳通过了 HACCP 体系认证和食品安全管理体系 ISO 22000 的认证。2010 年，取得了 PAS220 食品前提方案的认证，2012 年，取得了 FSSC22000 食品安全管理体系的认证，2018 年通过了 ISO 9001 体系认证。

依附于雀巢公司的物流管理体系，完全保证了产品在运输和储存过程中的安全性，以及百分之百的可追溯性。专业化的销售团队和体系化的售后服务，能够为消费者提供专业和细致周到的服务。

在不断变化的市场环境中，公司专业人员走进市场、了解市场，不断研发新产品，引领市场走向，不断提升产品竞争力。公司愿为中国宠物主人提供优质的宠物食品和专业的咨询服务，为中国宠物食品的发展贡献力量。

六、全情投入，铸造品牌辉煌

目前，雀巢普瑞纳在国内已经拥有冠能（PRO PLAN）、康多乐（DOG CHOW）、妙多乐（CAT CHOW）、喜跃（FRISKIES）、珍致（FANCY FEAST）、丝倍亮（SUPERCOAT）和 HIPRO 等品牌。我们正在努力，力争把公司在国外更多著名品牌的宠物食品和宠物用品引进到中国，在国内生产更多品牌的宠物食品和用品，推动中国宠物食品行业快速发展。

七、普瑞纳，探索无止境

普瑞纳一直用创新思维挑战传统，在宠物护理研究方面不断注入新活力。公司放眼最新趋势动态，不断思考下一步怎么做。这就需要不断投入到最新科研发展中去，不断探索能让宠物更健康更长寿的营养方案。

以人为本　科技带动　质量为先

——河北荣喜宠物食品有限公司

河北荣喜宠物食品有限公司创立于 2002 年，是一家集研发、生产、销售为一体的大型现代化宠物食品企业。企业发展 16 年来，面对日趋激烈的市场竞争，始终坚持走以人为本、科技带动、质量为先的路子，增强了企业的竞争力和自身实力，取得了良好的经营业绩。同时，荣喜公司发展不忘肩负社会责任，投身于社会服务，“产品质量”与“社会使命”相得益彰，“硬件”与“软件”并驾齐驱，铸就荣喜的品牌之路、发展之路、社会责任之路。

2017 年度实现销售收入 21 172 万元、利税 1 264 万元，分别比上年同期增长了 26%和 31%；企业现有员工 400 余名，16 年来安排就业员工 1 500 多人次；企业综合效益指标在全国宠物食品行业名列前茅，被中国饲料工业协会评为“全国十强宠物饲料企业”；历年多次被市委、市政府评为“市级重点龙头企业”，省内同行业排名第二位；连续 4 年列南和县纳税排行榜前十名，并先后获得“消费者信得过品牌”称号及“河北省著名商标称号”，成为市宠物食品的排头兵企业。

一、实施人才工程，夯实企业技术进步基础

企业之争实际是科技之争，而科技之争的根本是人才之争。在过去一段时间，公司虽然注重人员培训，人才使用，但由于依靠编制充实技术队伍，造成技术人员青黄不接，不适应企业发展的需求。带来的是产品单一、多年一贯制，没有形成技术实力去搞开发、搞创新的局面，公司发展徘徊不前。为彻底解决问题，公司统一思想认识，果断决策，采取了积极的措施，坚持以人为本，大胆地实施人才工程，着力培养造就一支有知识、有创新能力的人才队伍。在实施这一工程中，我们抓好三个重点。

一是抓好人才的引进。我们通过制定一系列优惠政策，凡是专业对口、具有本科学历的技术人员，都可以免试直接上岗就职。共从全国各地引进了 20 多名具有本科以上学历、中高级技术职称的工程技术人员，为企业的科技创新及发展提供了人才保证。

二是抓好员工素质的提高。在实施人才工程中，我们把提高员工素质作为一项重要工作去抓。先后将 20 多名青年员工送到省内外的一些大专院校进行深造。与此同时积极鼓励企业中的管理者和技术工人对口参加各类培训。为调动生产一线工人积极性，从 2017 年起，实行评聘工人技师制度，通过考核将 40 多位在一线中技术过硬、有实践经验和创新能力的操作人员评聘为工人技师，对考核合格者发放一定的技师奖。对提高员工队伍素质起到了促进作用。

三是为科技人才发挥作用，创造好的条件。近几年企业大胆支持和鼓励工程技术人员走出去开阔视野，考察市场，了解信息，搞新产品开发和参与一些技术攻关。并在工资待遇、奖金分配上给予倾斜，对做出突出贡献的工程技术人员让他们有荣誉、有地位。先后开发出 20 多种新产品，为企业赢得了市场和效益。目前公司 30 名中层以上干部中具有本科以上学历的占 50%，企业管理人员的知识化使企业接受新科技、新管理理念的水平与能力得到了相应的提高，为企业抓好技术进步奠定了雄厚的基础。

二、加大投入，提高企业技术进步硬件建设水平

在科学技术飞速发展的背景下，要提高创新能力，提高竞争实力，不仅要有高素质的人才，同时还必须具备一流的加工设备，没有好的设备就不会生产出好的产品。近几年来，公司坚持不断地抓投入、抓设备更新，使企业加工能力和水平得到大的提高。

一是把投入作为兴企战略，靠投入推动企业创新。并始终把投入作为兴企的一项战略，列入重要的议事日程，每一年度都要确立目标，制定计划，把技术改造、投入项目、资金与销售收入、利税同等纳入考核指标，做到生产、销售、技改三同步，确保企业技术进步保持强大后劲。自 2010 年以来，公司用于技术改造、产品开发、项目开发的资金累计达到 1.5 亿元，对于企业的创新和发展起到了重要的作用。

二是兴建科技中心，形成科技网络。2016 年投资 200 多万元，兴建科研体系，建起了以产品核心技术为主的技术中心，又投资 50 多万元，开发了生产辅助设计系统，用现代化的手段设计生产专业工艺。2015 年被河北省饲料协会评为“科技创新企业”。

三是加速设备更新进程，提高产品加工水平。企业历经多年发展，陈旧设备多，不进行更新就要落后，公司采取逐年更新的办法，投入资金 4 000 多万元，先后购进了法国克莱斯特罗宠物食品加工设备，既满足了技术进步和新产品开发的需要，又提高了产品的加工水平。

三、运用科技成果，加速产品升级换代

企业要适应市场，就必须顺应市场需求，研制开发新产品。在具备了人才、设备优势的同时，公司坚持不断地把内在的与引进的科技成果转化为产品优势，使企业保持了旺盛的竞争力。

一是挖掘本公司技术人员潜能，搞好产品延伸开发。公司抓住这一点，通过企业人才和研发优势，制定并采取了多元开发的经营战略，有效地解决了单一生产宠物干粮食品的局面，所生产经营的产品达到 5 大类、100 多个品种。获得邢台饲料协会系统科技进步奖，被列重点环保开发项目。

二是运用科技成果，加速老产品升级换代。近几年，由于公司狠抓了科技投入和科研开发，所以研究积累出一些成果。目前拥有“艾尔”和“靓贝”两个系列产品，已遍布全国 30 多个省、自治区和直辖市，

并出口南亚和北非国家，系列产品已在全国拥有较高的知名度和美誉度。随着系列产品的品牌形象在消费者心中的地位日益突出和加强，逐渐提高了消费者对以“艾尔”和“靓贝”为主的荣喜公司系列品牌的忠诚度，从而使公司在培育自身核心竞争力方面持续发展，不断增强企业的长久竞争力。

四、经济效益、社会效益、环境效益齐抓共管使命为先

回顾“十五”以来的发展，荣喜遵循一条“创新—发展—再创新—再发展”的企业发展之路。先后突出以成本、环境、人才与资源为关注点，逐步深化理解、强化创新措施，走过了一个“挖潜增益、降低成本—改善环境、清洁生产—提高能效物效、发展循环经济”的探索历程，试图解决成本、质量、资源、环境、生态等集成性命题，追求对资源的减量化消耗、资源的再生利用、食品作业流程再造工程，以实现经济效益、社会效益、环境效益的统一。初步形成清洁生产与节约资源的创新理念。

五、管理为基、质量为本、创新为梁，筑公司发展大厦

在创新实践中荣喜公司认识到创新是认识和实践的结合，思想解放的程度影响着认识水平的高度，推动创新必须从解放思想开始。同时，企业是市场竞争的主体，解放思想的根本在于树立市场观念，引导专业技术人员以市场为导向，明确创新的目标和方向。荣喜提出“产品质量标准就是企业发展生命线”，确立了质量战略，通过积极参与竞争与合作，带动技术、管理、服务全面上水平，产品在市场上树立起了良好形象。以市场为导向，以顾客为中心，不断提升为顾客创造价值的能力，市场就无限大；反之，思想保守，观念陈旧，市场则无限小。市场创新是技术创新的归宿，市场创新实质上是产品定位和服务定位的创新。

六、社会使命反哺“三农”、精准脱贫、服务三大“攻坚战”

河北荣喜公司地处华北平原南部的南和县，当地历来以农业产业为支柱，缺乏工业和服务业支撑，当地人民生活较为落后，全县共有人口33.2万人，其中农业人口就占总人口的91%，是省定贫困县。正是看到当地人们生活的落后，河北荣喜立足自身结合当地丰富的农业资源和特色产品，深挖农产品加工后续链条，走出一条宠物食品加工的产业之路。围绕南和县主产小麦、玉米这一县情，构造“绿色牌，特色路”的宠物食品产业链延伸、加大、加粗、加长的战略，寻求农业产业结构调整的新思路、新途径、新举措。脱贫攻坚的重点是农民通过劳动自主增收，农产品后续深加工环节吸纳农民就业，必然是实现农民增收的重要途径，作为连接上下游两头的食品企业在促进区域经济发展，提高农产品附加值，帮助农民精准脱贫、致富增收方面发挥着不可替代的重要作用。截至2017年年底吸引当地农民就业1 000余人次，帮助其增收同时使其掌握产业技术和先进管理方式，为个人后续发展和当地产业升级打下坚实技能和知识储备。下一步，企业将结合自身发展，围绕习近平总书记的扶贫工作是全党全社会的共同责任指示，踊跃参与脱贫攻坚工作。我们深感使命光荣，任务艰巨。服务“三农”、改善“三农”、解决“三农”，在追求全体员工物质与精神两方面幸福的同时，为脱贫攻坚做出应有的贡献。

打造百年大象　提供健康食品

——山西大象农牧集团

一、集团简介

山西大象农牧集团创建于1998年，通过近20年的滚动发展和努力经营，目前已发展成山西省最大的集种畜禽繁育、饲料加工、畜禽养殖及屠宰为一体的国家级农业产业化重点龙头企业。目前集团拥有员工8 000余人，2017年集团实现销售收入103亿元，是山西省唯一产值破百亿的农牧企业。是农业产业化国家级重点龙头企业，全国农产品加工业示范企业、全国500强农业企业第55名。全国新农村建设百强示范企业。

集团通过“公司＋基地＋农户（家庭农场）”的经营模式，目前已形成种禽繁育、饲料加工、肉鸡（肉鸭）屠宰、生猪养殖等多条产业链。下辖29个分（子）公司，80余处生产基地。基本形成吕梁聚落、雁北聚落、临汾聚落、长治聚落、晋城聚落、运城聚落6个生产基地新格局。每个聚落中都包含饲料厂，共有11个饲料厂，共计产能可达年产饲料100万t。

2017年具体经营状况：2017年全年完成销量90万t，其中肉鸡料占70%，种鸡料占7%，内销饲料67.8万t，猪料占13%，蛋鸡料占10%，外销料22.2万t。饲料销售收入达35亿元。

二、饲料产业发展经验

1. 立足抢占市场制高点，实施“基地产业化”的战略发展模式。“十二五”期间，由于公司销售市场的扩张，现有的生产基地已无法满足销售需求。饲

料事业部紧紧抓住机遇，随着肉鸡产业化项目的铺开，在各肉鸡产业化项目中建设一座年产 27 万 t 的饲料厂，确保各地肉鸡产业化项目的顺利进行，上连种禽繁育养殖，下接肉鸡屠宰，完善并促进了肉鸡产业发展。通过产业链的延伸和发展，以及产业链的完善，以产业链带动饲料的发展，提升了规模，降低了每吨生产费用，增加了饲料利润。经过 5 年多的产业布局，目前，饲料事业部共有 11 个饲料厂，主要分布于文水两个厂，闻喜、孝义、大同、壶关和武乡各一个厂。全年销售收入突破 35 亿元，实现了新跨越。

2. 立足与农户共赢发展，实施“扶持农户建场立业”的政策举措。饲料事业部始终把带动农户共同发展作为企业的生存之本。经多年探索，形成了具有大象特色的“公司＋基地＋农户”的经营模式，与广大肉鸡养殖户签订《合同鸡优惠政策》，执行“统一提供雏鸡、统一提供饲料、统一提供药品、统一制订防疫程序、统一回收”的“五统一”办法和“雏鸡价格固定、饲料价格固定、回收价格固定”的“三固定”合同鸡政策，公司承担市场风险，农户承担养殖风险。这一模式的广泛使用为公司拥有稳定的肉鸡来源和市场供应能力打下了坚实基础。

规模再大、实力再强的农牧企业，离开农户都无法生存发展。2008 年亚洲金融危机期间，饲料原料如玉米、大豆等价格保持在一个较低水平，玉米等原料种植户心急如焚，价格低点也想将玉米迅速脱手。大家都建议可否考虑低价收购，既满足公司需要，农户的玉米也有了销路。当时已与公司股权合作的山东六和集团也建议应极大地节省饲料企业的现金流，减少库存，增加周转速度，增加资金效率，提高投资回报。在巨大压力面前，公司以非凡的胆识和超人的眼光按保护价累计收购 10 万 t 玉米等饲料原料，仅此一项当年就损失 1 000 万元，而当年企业的年利润仅为 971 万元。

3. 实现“产销分离”的经营模式，实现饲料销量大幅提升。2012 年以前，公司实行的是产销一体的经营模式，缺点在于管理制度松散，权责不清晰，市场信息滞后，饲料销路不畅，导致公司饲料外销量持续走低。鉴于此种情况，公司董事长吕锐锋慧眼独具，提出了“产销分离”经营模式，即生产与销售分离，生产部门严格生产规程，确保产品品质，保证产品供应，通过机械化少人化来降低成本费用。在此基础上，重新组建销售团队，引进优秀人才，加大市场调查，通过阿米巴划小单元方式将山西市场重新科学合理地划分区域，明确销售责任，同时提高销量提成，鼓励销售团队士气。短短一年时间，在 2013 年年底，外销量由 2012 年年底的不足 6 万 t，首次突破 10 万 t，成绩斐然。到 2014 年 10 月，猪料外销量首次单月突破 1 万 t。截至目前，通过内销饲料量的巩固完善，外销量的持续攀升，饲料销量达到 90 万 t，占到全山西省饲料占有量的 1/4。

4. 立足确保饲料品质，实施“精准优良”的质量管理体系。“打造百年大象，提供健康食品”是公司多年来坚持的原则，商品肉鸡的品质很大程度上由饲料的品质所决定。因为一只肉鸡生产周期只有 45d，养殖成本约 22 元，饲料成本要占到总成本的 2/3，可见饲料质量的重要性。目前，饲料产业已通过 ISO 22000 食品安全管理体系标准要求，公司通过不断改良饲料配方，加强饲料质量监管和检验检测能力，投资 1 000 万元成立了饲料中心化验室，确保饲料品质，为“公司＋基地＋农户”的模式贡献了重要的一环。

三、集团“十三五”规划

1. 发展思路。国家“十三五”规划建议提出，大力推进农业现代化，构建现代农业产业体系、生产体系、经营体系，促进农业转型升级；推动城乡协调发展，发展特色县域经济，推进新型城镇化，促进城乡公共资源均衡配置，提高新农村建设水平等。集团根据国家“十三五”规划要求，紧紧抓住山西省资源型企业转型发展的有利时机，充分利用山西省丰富的农业资源，以规模化、集约化水平和组织化程度的提升为手段，以市场为导向，科技为支撑，多元投入和资源整合为发展理念，以加强畜禽养殖基地建设、强化产品技术创新、完善营销服务、建立互联网＋全产业链信息服务为途径，以推动区域经济发展、带动农户创收致富、促进产业升级为目的，通过 5 年的建设，全面提升企业自主创新能力，提高产品附加值和科技含量，不断延伸产业链，建立现代企业管理制度，打造国内领先、具有核心竞争力的现代化畜禽业航母企业。

2. 发展目标。实施“53332”战略规划，即到 2020 年，形成放养 500 万头生猪，3 万 t 调理品销售，300 万 t 饲料销售、300 亿元的销售收入，2 亿只肉鸡宰杀。

3. 2018 年规划。2018 年是集团“十三五”实施承上启下的关键之年，集团规划实施“111”工程，即：100 万 t 饲料销售，100 亿元的销售收入，100 万头生猪放养。饲料事业部目标产销量达到 100 万 t，实现销售收入 40 亿元，确保山西大象集团饲料产销量进入全国行业前 30 名。

“十三五”期间，集团公司除继续完善巩固肉鸡产业化以外，重点实施生猪产业化项目。从产能供应上讲，现饲料事业部拥有11座饲料厂生产能力100万t，实际产量80万t，其中生产蛋鸡料10万t，肉鸡料66万t，猪料20万t，其他饲料4万t。需新增饲料产能100万t，“十三五”期间，拟扩建文水饲料70万t规模，闻喜饲料18万t规模，租赁交城6万t饲料厂一座，在原平市新建一座年产36万t饲料厂。

总之，我们会结合国家《饲料质量安全管理规范》要求，夯实基础，做好细节管理，严把原料和成品的质量关。利用科学的配方及先进的设备，做出优质的，安全的饲料产品。同时在销售环节上，科学规划、打造核心竞争力；创新机制，调动销售人员积极性；强化服务，转型服务合理帮扶；创新模式，因地制宜制定销售模式。

我们一定会把握趋势，合理利用国家政策，相信在政府各级领导的关心与支持下，山西大象农牧集团饲料产业一定会加大产能、多出精品，为山西农牧业的发展添光加彩！

让动物更健康　让养殖更轻松

——山西大禹生物工程股份有限公司

山西大禹生物工程股份有限公司成立于2014年7月，位于芮城县永乐南路开发区，主营业务为新型功能性微生物饲料添加剂产品的研发生产和销售服务。

2016年12月取得高新技术企业证书，2017年3月通过了ISO 9001质量管理体系、ISO 14001环境管理体系、ISO 22000食品安全管理体系三项国际认证。建立了“same”质控体系和二维码追溯系统，让每一件大禹产品从原料到生产、运输、应用都具有唯一的合格信息。

2017年6月，建立了李德发院士工作站。由中国饲料工业协会会长李德发院士领衔，汇聚中国农业大学、农业部饲料工业中心、国家饲料工程技术研究中心、生物饲料开发国家工程研究中心、中国农业科学院畜牧兽医研究所、农业部动物营养学术委员会、西北农林科技大学、太原理工大学、山西农业大学等专业研究机构的近百名行业知名专家团队，站在行业研究前端，针对生物产业发展趋势，开发绿色养殖发展的关键共性技术，引领畜牧业绿色发展模式变革。

2017年8月挂牌“全国中小企业股份转让系统”，股票代码：871970。参加第六届中国创新创业大赛，荣获山西赛区二等奖。

2017年9月9日，在国家会议中心举办“2017全国绿色养殖发展大会”。中国饲料工业协会、全国畜牧总站、农业部畜牧业司、中国畜牧业协会、全国农业科技创业创新联盟、全国农业科技成果评价中心、国家饲料工程技术研究中心、中国农业大学、中国兽药协会、山西省饲料兽药监察所、山西省动物保健协会、北京市饲料工业协会、西北农林科技大学、太原理工大学、山西农业大学等部门的领导、科研专家和全国规模养殖企业代表共6 000余人参会，全国70多家综合性新闻媒体现场报道。会议宣讲畜牧业绿色养殖发展的新思路、新技术、新方法，开启了畜牧业绿色养殖的新模式。

大禹生物技术体系为菌酶药肽四位一体。运用发酵杜仲的专利技术，结合液态制种和固体分时发酵的专利工艺，使发酵中药、多种活菌体、消化酶、有机酸代谢多糖和多肽有机融合。运用核心技术体系，根据不同动物不同时期的生理特征和营养特点设计出对应的专用产品。调节动物肠道菌群，提高饲料利用率，改善动物的脏器功能，改善微循环，加快机体新陈代谢，增强自身免疫功能，提高抗病能力及生产性能，养好动物内外两个环境，建立生物预防屏障，改善肉蛋奶品质，提高食品安全水平。

公司推行终端服务模式，建立了“阿米巴”技术方案服务体系。基础客户遍布全国28个省份的5万多家养殖企业，共同推行大禹特色的市场应用技术方案。

大禹公司在社会各界的大力支持下，将产业共性关键问题和院士专家团队的前沿技术紧密结合，形成了强大的社会生产力，成功跻身于微生物添加剂领域前列。当选中国生物饲料产业创新战略联盟副理事长单位，中国绿色养殖发展大会组委会发起单位，山西省饲料工业协会副会长单位，山西省生物工程学会理事，山西省微生物学会常务理事。确立了“生物功能健康专家”自我定位和“正本清源回归天然”的产品理念，确定了“菌酶药肽”技术体系和“让动物更健康，让养殖更轻松”的企业愿景，肩负“食品安全健康中国”的企业责任和“引领传统养殖模式向现代绿色养殖模式变革”的历史使命。

目前，公司正在实施未来技术规划的“1121”工程。即：建设一个国家级生物工程技术研发中心，研发100项科研技术成果，引进两个学术带头人，建立1个院士工作站。技术研发中心集“国家级微生物发酵工程技术研发中心、国家级CMA、CNAS检测中心、国家级生物工程重点实验室、大禹生物院士工作站、博士工作站”于一体，着力打造国内生物发酵领域专业化、精益化、系统化、信息化、开放式研发技术平台，立足于益生菌、酶制剂、有机酸、抗菌肽、发酵中药、生物饲料、生态养殖及特色食品等，为行业提供技术解决方案。力争用3～5年的时间，建设成为国家级公共技术创新平台。

按照公司2016—2020年“一五发展规划”，全力构建以现代生物工程为主体，以品质和服务为两翼，以新型功能性添加剂、生物原料、健康食品为三维的“一体两翼三维”发展格局，形成大禹特色的种植加工、养殖应用、特色食品农业循环发展产业链。

敬业　诚信　创新　共赢

——汾阳市众望畜牧科技有限公司

汾阳市众望畜牧科技有限公司位于山西省汾阳市汾介公路西口，经过在饲料养殖领域25年奋斗，现已发展成山西省内一家著名的以畜禽饲料加工、销售为主的市级龙头企业。总部是位于太原市高新技术开发区的山西领头雁电子商务有限公司。

公司现有员工72人，大中专人才占50%，其中高层管理人员15人，中层管理人员5人，研发人员7人，销售人员15人。公司总资产5 000多万元，有2个生产基地，3条生产线，可分别生产牛羊饲料、预混料和鸡猪饲料，年生产能力20万t畜禽饲料，产品市场覆盖全省并辐射周边省份，现已成为山西省名牌饲料。公司技术力量雄厚，有专门的研发中心、动保中心、技术服务中心、化验室。

公司有“绿郁源”“美日子”“领头雁”3个注册商标，其中“绿郁源”商标为山西省著名商标。现公司是“中国林牧渔业经济学会饲料经济专业委员会常务理事单位”“山西省饲料工业协会副会长单位”“山西省畜牧业协会副会长单位”“山西省畜牧业科技推广优秀企业”“山西省农科院研究成果转化基地”“吕梁市农业产业化经营市级骨干龙头企业”“吕梁市消费者协会诚信单位”“汾阳市创名优品牌先进企业”“汾阳市科技创新先进单位”。

多年来，公司一直稳健、持续、快速地发展。2017年，我公司继续稳步前进。这主要得益于以下几方面。

一、公司目标明确、宣言掷地有声

产品是联系员工、企业、养殖户的载体，饲料企业是为员工和养殖户搭建起几方合作的平台，公司文化里明确规定如下条款。

1. 公司目标。

①打造山西本土饲料第一品牌。

②为山西创建一个中国饲料名牌企业。

③为社会提供安全绿色的肉、蛋、奶食品而努力，与养殖户实现共赢。

④为员工搭建实现人生价值的平台，与员工共享公司红利。

2. 众望宣言。做好产品是硬道理。产品质量就是众望的核心竞争力，众望能坚持发展20多年，依靠的就是自己过硬的产品。众望是一个“小公司”，但能做出好产品，专做好饲料，好好做饲料，产品质量已达到国内领先水平。众望不比价格，比的是性价比，比的是产蛋产肉成本。众望以“给山西创建一个中国饲料名牌”为奋斗目标，全力打造高标准“动物厨房”，专注产品品质，匠心营造，不断研发创新，生产高品质动物“饭菜”，市场占有率不断扩大，鸡、猪、牛、羊产品样样俱全，各具特色，红遍三晋，走向全国。众望注定将是一个强大的公司、伟大的公司。

二、公司发展理念与发展战略正确

1. 发展理念。敬业、诚信、创新、共赢。

2. 发展战略。①打造高标准动物厨房，生产高品质动物“饭菜”，专注品质、匠心营造、创新领先。专做好饲料，一个品种一种饲料。专卖好饲料，专卖性价比最高的饲料。②全省布局，由点及面，呈星星之火燎原之势。以本土市场为主，和本地养殖户保持着良好的互惠互利的鱼水关系。以其地利、成本、服务的及时性占有局部市场作为根据地，并不断发展扩大。③不断加大科研投入，围绕给社会提供安全、绿色的肉、蛋、奶食品，做出性价比更合理，科技含量更高的优质饲料产品。④发展朋友圈、扩大关系圈：全面学习大北农，依托大北农科技，提升饲料品质（尤其是猪料）。与新希望六和深度合作，借船出海。加入中国林牧渔业经济学会饲料经济委员会，做中国中小型饲料企业的隐形冠军。与山西农科院饲料研究所、山西省畜牧遗传育种中心紧密合作。⑤走众望特色的发展道路：一是鸡、猪、牛、羊全面发展；二是坚持产品构成比例为：商品料占60%（以预混料、浓缩料等高附加值饲料为主），代加工料20%，放养料20%，规僻风险。⑥同行业，不比价格，比性价比，比产蛋产肉成本。⑦专注饲料事业，以养殖的思想做饲料，助养殖户稳定、持续地发展。⑧在自己的综合服务能力上下大功夫，培养一批自己的技术人才，进驻养殖场为他们服务。⑨全力按国家《饲料质量安全管理规范》的要求来规范公司的各个流程。

三、公司改革措施得力、营销手段给力

1. 成立6个大区。管理实行总经理＋销售部经

理+大区经理，大区经理负责制。逐步用1～3年的时间改为大区单独核算制。

2. 建立产品研发中心。健全激励机制，吸引高素质、高技术人才。在产品质量上精益求精，并不断推陈出新。将研发科技成果及时转化推广。

3. 建立数据库。5 000只以上蛋鸡，20头以上母猪，100头以上育肥猪，100头以上羊，50头以上牛的客户，全部纳入公司数据库。分区域，以县级为单位建立微信群。

4. 建立综合服务中心。成立10人以上的专职服务队伍，全面提升信息管理、疾病防控与跟踪培训。

5. 创办众望农牧快速培训班。给规模化养殖场长期派送人员，长年驻场。任务有两个：一是提高所驻养殖场的养殖水平；二是站岗放哨。

6. 创新营销思路。70%的销量是走饲料厂+服务员+养殖场。忠诚度高的、实力强的、离公司距离远的经销商，按战略合作伙伴共同发展。重点发展微商、电商。

7. 利用互联网平台。为公司销量提速，使市场占有率不断扩大，鸡、猪、牛、羊产品样样俱全，各具特色，使公司产品红遍三晋，走向全国。

8. 建立起以产品为核心的质量管理体系和以客户满意为中心的服务体系。提高企业经营效率，降低运营成本，继而提高产品性价比，主动地迎接饲料企业电商时代的到来。公司将以前给养殖户畜禽看病治病的售后服务，改为养殖全程的售前、售中、售后以及开展的间歇式驻场服务收效显著。由于互联网的作用，厂家和养殖户的无缝对接将成为未来市场的趋势，所以，中小型饲料企业有义务和责任引导和改变自己的经销思维和职能，把渠道职能改为配送和服务职能。

公司为了做到以上几点，以对社会和人类负责的企业文化吸引高素质与高技术的适用人才，加强员工的思想素质培训，做好从配方到原料把控，做好对工艺精益求精的管理工作。开展企兴我荣、企衰我耻的全员思想教育活动，并把全员营销与整体营销的工作思路贯穿其中，同时加大对服务质量的教育工作，让业务员逐渐把营销职能，经销商把渠道职能都转变为服务职能。

四、经营成果与效益

总之，经过公司一系列的改革，在全体员工的共同努力下，2017年，公司继续高歌猛进，销量不断突破，取得了更加辉煌的成绩。

公司新建了年产3万t的新的预混料生产线，设备达到国内先进水平。

2017年，在省城太原市高新技术开发区又成立了众望总部——山西领头雁电子商务有限公司，注册了“领头雁”商标，实现了覆盖山西、辐射全国的企业发展战略布局。

2017年被选为“中国林牧渔业经济学会饲料经济专业委员会常务理事单位”“山西省饲料工业协会副会长单位”和“山西省畜牧业协会副会长单位”。

申请成功7项实用新型专利。试验成功1项科技成果，并成功实现转化。

强强联手，与新希望集团实现了深度合作。

公司2017年销售收入比2016年递增25%，达到3亿多元，直接与间接带动从事生产、运输、经销、养殖、种植等1 000余户农民进行致富，年户均增收入5万余元，年消化汾阳市及周边玉米、豆粕、麸皮10万多t，为山西的农牧经济发展起到很大的促进作用。

品质　科技服务　永远争先

——山西凯永生物科技有限公司

山西凯永生物科技有限公司成立于2011年9月22日，位于高平市河西镇官庄村轻工食品工业园区，是个人投资的私营企业，总投资8 700万元，占地40亩。公司设有生产部、技术部、品管部、销售部、采购部等业务专业部门。公司拥有全套现代化的饲料生产设备，主要生产各个阶段的猪饲料。

一、技术优势

为不断提升公司的技术实力，公司积极引进技术人才，持续投入研发力量，不断推动公司的技术创新，巩固和加强公司的技术优势。

公司与中国农业大学全面合作，引进国内先进的生产工艺设备，年可生产绿色、安全、优质、高效饲料18万t（生产粉状颗粒料的猪饲料16万t、鸡饲料1万t、鸭饲料1万t)，产值8.7亿元。

公司严格执行《饲料质量安全管理规范》，玉米、小麦等原料进厂取样后，经过清理设备除去大小杂质和铁质后直接进入2×3 000t的筒仓储存和备用；其他原料从三个投料口投料，经清理筛永磁筒等去杂除铁后，不需要粉碎的原料直接进入配料仓，需要粉碎的进入待粉碎仓经粉碎机粉碎后进入配料仓；需要称重的大宗原料经四个配料秤称重，小料经过两个校核秤校核，油脂自动称重后，经混合机混合均匀后经提升机清理筛永磁筒进行除铁后进入待制粒仓缓存，物料在调质器内用蒸汽进行湿热处理后进入制粒机制成颗粒，热颗粒进入冷却器进行降温、降湿后，经过提升机进入回转分级筛，合格的颗粒进入成品仓打包、缝包，需要散装的颗粒进入散装仓。

公司设置有 205 m^2 独立的原料和产品质量检测与化验专用室、留样观察室，有一名中级和一名初级化验员，配备了电子分析天平、定氮仪、电热鼓风干燥箱、数显高温可视电阻炉、紫外可见光光度计等先进的化验设备，可以化验水分、粗蛋白质、粗灰分、钙、磷、氯化钠等常规项目。

二、品质优势

公司坚持“品质、科技、服务——永远争先”的经营宗旨，努力以高品质产品赢得客户和市场认可。

由于丹系猪具有高遗传力、高繁殖率的特点，营养配方需要高能量、低蛋白、高维生素、高氨基酸、高微量元素等，其整体营养需求要高于美系猪。饲料营养要求不匹配，不精细，就会导致丹系猪跛足、肢体病、抗病力弱、抗应激弱等问题，进而阻碍了其繁殖性能的充分表达。

后备料：凯永后备料根据后备母猪需要机体的快速生长，饲料在保持合理比值的前提下提供高氨基酸和高能量，以此为后期母猪的受胎以及发情做准备。配种前使用催情补饲料做短期优化饲养，若母猪不发情，则会在配方中添加一些维生素和叶酸等促进发情，促进胚胎发育。

妊娠料：凯永妊娠料根据妊娠母猪需要支撑自身生理机能和胚胎成活，所以在用惰性纤维和发酵纤维的平衡来改善体况的同时要提高饲料日粮的营养水平。

哺乳料：凯永哺乳料根据哺乳期间要考虑泌乳和维持机体需求，除高能、高维生素、高微量元素、高矿物质、高钙磷比外还需要功能性氨基酸和有机微量元素的配合使用。由于丹系猪产子数较多，所以会在饲料配方中添加维生素 A、维生素 E、叶酸等功能性维生素让胚胎成活率更高，同样，也需要添加剂氨酸等支链氨基酸提高母猪泌乳能力。

因地制宜，配方灵活调整。丹系猪拥有高繁殖率、生长速度过快等优势，但营养不匹配、不精细会带来不同的生长问题。可能会出现肢蹄受损、泌乳力差、产仔率低、后备猪不发情等不同状况，凯永饲料会根据猪场实际表现出的症状，做出相应饲料配方调整。母猪肢蹄出现白线和横裂，可能是微量元素缺乏造成的，凯永饲料会适量添加有机微量元素、铜、锌、生物素等能够有效改善肢蹄病症；母猪抗病力较弱，特别是猪腹泻后肠绒毛损伤修复需要时间较长，凯永饲料会适量添加苏氨酸、色氨酸等对肠绒毛恢复以及腹泻后采食量恢复都有一定程度的改善；母猪应激反应较大，特别是夏季热应激，凯永饲料会适量使用诱食剂和发酵纤维等提高采食量和饲料营养配比，以满足丹系猪产仔和泌乳的需求。

凯永饲料有细化的高营养配方来匹配丹系猪繁殖率高、后备猪发情率高、生长速度快的特点。

三、营销服务优势

凯永生物坚持“生态、安全、优质、高效”的经营宗旨，贯彻“为养猪业播撒成功的种子”的营销理念，采用三位一体、自繁自养的晋猪产业模式，为客户提供高效、可信赖的专家服务，以更好地帮助客户提升养殖效益。公司成立了 6S 技术服务团队，为客户提供全面及时高效的技术服务。6S 的含义是“成功方案（Success Solution），热忱服务（Sincerity Service），满意体系（Satisfaction System）”，技术服务内容包括霉菌毒素六大解决方案、猪场疾病解决方案、猪场设计与生物安全、饲养管理 SOP、健康监测、种猪繁育、客制化配方、饲养分析等，以帮助养殖户提升养殖效益。

公司 6S 技术服务中心包含检测部、风控部、服务部、培训部等。

其中检测部以动物疫病监测、客制化疫苗效果评估、猪群健康状态分析、合理用药方案、疾病净化方案、检测报告分析等工作为主，按照 20%检测+80%服务的理念，抛弃实验室脱离现场检测的孤立做法，将对报告的分析、判读和意见作为重点，以检测对猪场 KPI 的提升作为评估检测是否有效的指标，协助规模化养殖场提升养殖绩效。风控部以“使各项风险得到有效控制，以确保各项目标得以实现”为工作目标，提供猪场各环节的风险检查与评估，旨在保障猪场的正常运营。服务部由拥有多年实战经验，受过密集培训，且长期奔波在猪场一线的技术骨干组成，技术人员配备了实用的服务工具箱，包括风速仪、温湿度仪、B 超仪、背膘仪、精液检测仪、水质测定仪，能够做到现场评估、现场检查、现场诊断、现场解决，为客户提供及时高效的服务。培训部主要负责安佑大学、实操训练等。

四、人才优势

公司重视管理团队、研发技术团队和销售团队的建设和培养，建立了完善的人力资源管理制度，努力创造条件，吸引、培养和留住人才。管理团队方面，公司总经理多年从事饲料行业，对行业技术、产品及服务的发展趋势有着丰富经验及深刻理解。公司管理团队多数具有多年从业经验，能够及时根据行业发展趋势制定公司发展战略，这为公司的持续稳定发展奠定了坚实的基础。研发团队方面，公司组织学术交流会议，为研发技术人才提供更多的学习、成长机会。此外，公司还特聘了相关领域的知名专家长期担任研发技术顾问，并与国内知名农业院校建立校企研发合作基地，充分利用社会资源提升公司的研发实力。

根植大地　共享成长

——内蒙古蒙泰大地生物技术发展有限责任公司

内蒙古蒙泰大地生物技术发展有限责任公司是由北京九州大地生物技术集团股份有限公司与内蒙古农牧业科学院共同投资兴建的以专业化生产和经营反刍动物复合预混料，畜禽、水产复合预混料及反刍动物精料补充料、浓缩饲料的现代化高科技企业。于1997年1月8日在呼和浩特注册成立，2009年公司迁址于和林格尔县盛乐经济园区，并建成6万t级反刍动物精料补充料、浓缩饲料专业化生产线及1万t级反刍动物复合预混料、1万t级畜禽复合预混料生产线各一条，为公司下一步快速发展奠定了坚实的基础。

成立20年来，公司始终秉持“根植大地、共享成长”的企业理念，认真履行“振兴民族饲料工业，服务广大农牧民”的基本职能，努力实现“帮客户创造效益，让员工体现价值，使公司得到发展，为社会积累财富”的价值观，大力弘扬“滋育生命、厚德载物”的企业精神。按照集团发展的总体战略规划，探索和建构具有自身特色的经营管理模式，走出了一条独特的发展道路，为蒙泰大地进一步做强做大蓄积了强大的发展后劲。

立足当代国内外动物营养科学最新成果，针对目前国内养殖业现状，蒙泰大地不断致力于开发、生产及推广更适合畜牧业发展需要、更具时效性的系列产品，以确保畜禽最佳的健康状况和生产性能。专注客户价值，聚焦饲料产业，蒙泰大地生物技术发展有限责任公司以做食品安全的源头为己任，提倡健康、高效、环保、无抗养殖理念，依托集团公司多年积累的技术经验和力量，通过无抗饲料的研发和实验，立志打造对行业、对社会负责任的价值型企业典范，致力于通过科技保障食品安全，改善养殖环境，为提高养殖经济效益奉献一份力量。

公司拥有专业化的管理、产品研发、生产、营销、技术服务人才团队、完善的管理流程及完备的饲料检测设备及手段，所生产的产品涉及反刍动物精料补充料、浓缩饲料，反刍动物、猪、鸡复合预混料五大系列，近百个品种，畅销河北、山西、内蒙古、宁夏、陕西、甘肃、青海等省、自治区。

追踪当前国内外最新养殖技术、吸纳动物营养最新研究成果，公司建立了企业自有原料数据库和不同畜种、不同生理阶段的企业内控产品技术参数，推出了反刍动物、畜禽、水产预混合混料，反刍动物精料补充料、蛋白浓缩料等系列产品。公司投入大量研发费用主要用于产品升级换代的基础研发，开展物理、化学及生物学评价以及承担政府部门的专项科研项目等。研发中心跟踪探索前沿技术的发展，为新产品提供核心的技术支持，并致力于攻克技术难点，实现公司的核心技术储备，为公司挖掘新的利润增长点。

内蒙古蒙泰大地生物技术发展有限责任公司是中国饲料工业协会团体会员（理事单位）、内蒙古自治区饲料工业协会副会长单位、内蒙古自治区农牧业产业化重点龙头企业，被内蒙古自治区产品质量监督检验局授予“饲料质量跟踪服务产品”企业；内蒙古蒙泰大地生物技术发展有限责任公司保证质量，精益求精，2016年通过了内蒙古自治区农牧业厅《饲料质量安全管理规范》的示范验收；2017年通过了ISO 9001质量管理体系和ISO 22000食品安全管理体系认证，为蒙泰大地公司产品的优质高效打下坚实的基础。公司始终坚持“滋育生命、厚德载物”的大地精神，奉行“根植大地、共享成长”的理念，全心全意为广大养殖户提供性价比最优的饲料产品、便捷服务及饲养整体方案，为内蒙古饲料业的发展及畜牧业的繁荣继续做出不懈的努力。

1997年1月，经呼和浩特市工商局批准内蒙古蒙泰大地生物技术发展有限责任公司成立。公司成立之初，考虑到合作双方北京九州大地生物技术集团股份有限公司在企业管理、市场营销方面及内蒙古农牧业科学院在科研、技术力量方面的优势，并结合当时养殖业发展的市场需求，制定了先定位于研发、生产、销售高端反刍动物、畜禽、水产复合预混合饲料产品，再根据市场需求及公司发展状况适时调整产品结构的战略发展规划。依靠优质的产品、稳定的性能，产品除在内蒙古自治区成功开拓市场外还远销河北、山西、宁夏、陕西、甘肃、青海等省区，并于当年实现了盈利。

2000年后，迎来了我国奶牛养殖业的高速发展阶段。公司决策层预测出公司所在的区域市场奶牛精料补充料及浓缩饲料产品的需求将是今后发展主要趋势，并且蕴含着巨大的市场前景，于2000年果断地做出了战略性决策，重点研发、生产和销售反刍动物精料补充料及浓缩饲料产品。公司集中投入双方科研、技术、生产、市场开发的优势力量在最短的时间内研发出了奶牛精料补充料及浓缩饲料系列产品并成功推向市场，开创了自治区奶牛精料补充料及浓缩饲料产品成系列专业化研发、生产、销售及售后技术服务“一条龙”的产业化模式。在成功地进行了前期市场开发和产品推广后，根据精料补充料及浓缩饲料生产、运输辐射半径的规律，为最大限度降低广大养殖用户的饲料成本，公司于2001年分别在包头市和乌兰察布市集宁区成立了蒙泰大地包头分公司和宏泰大地饲料科技有限公司两家分公司。随着市场的拓展和销量的增长及集团整体战略发展规划的需求，两家分公司于2003年和2004年成功地成为集团的子公司。

2009年，公司迎来了新的发展契机。通过多年的不断努力奋斗和积累，内蒙古蒙泰大地生物技术发展有限责任公司在和林格尔县盛乐经济园区斥资兴建了6万t级反刍动物精料补充料浓缩饲料、1万t级反刍动物复合预混料、1万t级畜禽复合预混料专业化生产线各一条。现代化的先进生产线，专业化的管理、生产运行模式，集市场调研开发、产品售前、售中、售后全方位多功能技术服务于一体的营销模式，加之秉承“帮客户创造效益，让员工体现价值，使公司得到发展，为社会积累财富”的价值观，内蒙古蒙泰大地生物技术发展有限责任公司将会迎来一个更美好的明天。

公司注重引进技术的同时，在实用技术开发、自主技术创新方面做了很多扎实的工作。坚持自主研发、创新为主，引进为辅的产品发展战略，不断地加快企业技术进步，提升企业的核心竞争力。目前，公司承担着呼和浩特市重大科技专项《犊牛早期断奶关键技术——膨化代乳产品的研制与产业化生产》及《反刍动物功能性饲料——奶牛围产期功能性产品的研制与产业化生产》的研发项目。该项目是根据我国著名反刍动物营养专家、内蒙古农牧业科学院卢德勋博士提出的“反刍动物系统整体营养调控理论和技术”作为研发的技术依托，并结合公司在饲料生产研发方面所积累的技术参数加以熟化，针对我国奶牛业发展趋势和犊牛早期断奶及奶牛围产期饲养管理的实际情况，在大量实证的基础上开发的。产品性能稳定，营养涵盖广，互补性强，对犊牛早期发育、围产期的营养护理及保健、培养高产奶牛等效果显著，必将对奶牛业健康发展起到积极的促进作用，是奶牛养殖企业的理想的产品。

集团响应国家无抗养殖号召，引进生物饲料开发国家工程研究中心先进的微生物发酵技术，在集团动物营养专家多年的实践经验基础上，根据动物各阶段生理特点和营养需求，运用系统营养学的理论技术，合理调配各类原料和功能性添加剂，研发设计出生物活性发酵饲料大地肽宝系列产品。蒙泰大地依托集团的技术发展，目前所有产品基本实现无抗饲料的规模化生产。

公司自成立以来一直贯彻在强执行力推动下科学化、规范化、精细化地开展各项管理工作方针。“方案营销”的执行使得整个公司的销售模式得到统一，并在销售的各个环节有据可依。

坚持“根植大地，共享成长”的公司理念，逐步培育形成了优秀的企业文化。在蒙泰大地公司，所有员工都认可而且高度赞同“只有从基层做起，踏踏实实做事，实实在在做人，这样才能把事情做成功，才能使自身得到提高”。目前公司核心员工的平均在职年限不断增长，为企业长远、稳定、持续发展奠定了良好的基础。

未来，公司将秉承夯实基础、突出主业、实业扩张、做强做大的原则，致力于将公司发展成为科技含量高、产品附加值高、市场占有率高、具有强大竞争力的一流饲料企业。以“滋育生命、厚德载物”的大地精神，实践“根植大地、共享成长”的理念。

做一流的饲料科技企业

——内蒙古华富饲料有限责任公司

内蒙古华富饲料有限责任公司创建于1999年9月，注册资本4 600万元，是一家以专业生产和销售反刍动物、畜禽、水产等配合饲料、浓缩饲料为主的高科技民营饲料企业。公司现有员工90人，其中具有高、中级职称的30人。公司占地面积70亩，年设计饲料产能30万t，下设专业生产线三条，玉米烘干塔1座，日烘干玉米150t。其中反刍动物饲料生产线一条，年设计产能18万t；单胃动物、水产饲料生产线一条，年设计产能6万t，玉米压片饲料生产线一条，年设计产能6万t，全部采用全自动微机配料。公司还设有饲料原料贸易中心、质检中心、产品研发中心和兽药经营服务部。

公司与中国农业科学院饲料研究所、中国农业大学、内蒙古农业大学、内蒙古畜牧科学院等多家院所进行技术合作，加大科技研发资金投入，加快产品的升级换代和产品研发力度，努力提高企业产品科技竞争力。目前公司生产“华富”牌、“大天”牌、“大华”牌、“康富源”牌的反刍动物、畜禽、水产系列饲料，品种达100多个。企业发展势头强劲，年销售额稳、步增长，产品销售网络覆盖山西雁北、太原、张家口、锡林郭勒盟、乌兰察布、呼和浩特、包头、巴彦淖尔、鄂尔多斯、乌海、宁夏、甘肃等省市和地区。公司近年来与蒙牛、伊利、圣牧高科、现代牧业、田牧集团、富源牧业、赛科星牧业、星连星牧业等几大牧场进行合作，成为以上大牧场的优质饲料供应商。产品研发积极创新，开发的育肥牛、育肥羊全混饲料产品饲喂简单、育肥效率高，深受育肥户欢迎。

公司成立至今，取得了良好的经济效益和社会效益，2007年被内蒙古自治区工商行政管理局、自治区文明办、自治区私营企业协会命名为2007年度百佳诚信私营企业。2008年12月被呼和浩特市政府、呼和浩特市知名商标认定委员会认定为“呼和浩特市知名商标”。2010年9月通过了ISO 22000：2005食品安全管理体系认证。2011年经市委组织部、市工商局、市个私协会任命为“理事会副会长单位”。2012年被内蒙古自治区工商局评为“内蒙古自治区著名商标”。同年被内蒙古自治区饲料工业协会选为“副会长单位”。2013年被评为“呼和浩特市龙头企业”，2013年6月被评为内蒙古自治区第四届文明诚信私营企业。2014年3月被内蒙古科学技术委员会评为“内蒙古自治区民营科技企业”，2014年12月被呼和浩特市科学技术局认定为“呼和浩特市企业研究开发中心”。2015年在内蒙古股权交易中心成功挂牌，股权代码为200244，2015年9月，经中华人民共和国内蒙古出入境检验检疫局批准为出口饲料生产、加工、存放企业。2016年4月被土左旗人大常委会选定为“精准扶贫养殖培训基地”，同年被内蒙古自治区农牧业厅评为“内蒙古自治区农牧业产业化重点龙头企业”，同年被内蒙古自治区科学技术委员会认定为“内蒙古自治区企业研究开发中心”，同年被内蒙古自治区工商局、内蒙古自治区技术监督局认定为“内蒙古自治区工业品牌”培养试点企业。2017年被认定为“内蒙古自治区高新技术企业”。

争做中国绿色和有机反刍饲料好名牌

——包头市北辰饲料科技有限责任公司

包头市北辰饲料科技有限责任公司总部位于包头市东河区铝业大道233号，创立于2000年4月，现在是农业产业化国家重点龙头企业，国家高新技术企业，全国首批可溯源绿色食品试点企业，农业部《饲料质量安全管理规范》示范企业，中国饲料工业协会理事单位，内蒙古自治区饲料工业协会副会长单位，内蒙古自治区扶贫龙头企业，包头市文明单位，自治区较大型的粮食、饲料加工企业。

北辰品牌为内蒙古自治区著名商标。历经18年的发展，公司目前形成了以饲料加工销售为中心产业，绿色玉米、有机玉米基地种植和有机玉米联产加工与销售为辅助产业的种植、加工、销售一体化的集团企业模式。2017年生产13万t饲料，同比上年增长52%；生产1 000t有机玉米产品，实现销售收入2.1亿元，同比增长7%；稳居自治区饲料企业前三强。

抢抓机遇，积极应变，育肥羊牛饲料大发展。截至2017年年底，北辰饲料公司拥有员工260人，有东河和土右旗两大生产基地，产能规模34万t，瑞士布勒饲料加工机组。工厂通过了ISO 9001：2015质量管理体系认证，通过了HACCP食品安全管理体系认证。公司现在有包括牛、羊料为主，猪、鸡、鸭、马、水产料等为辅的七大系列产品；从预混合饲料、浓缩饲料、配合饲料到精补饲料和全混合日粮，饲料产品线非常完整；绿色认证的饲料产品有18个，有机饲料产品有10个，有机玉米产品4个。

北辰饲料畅销内蒙古及北京、山西、陕西、河北、宁夏和甘肃等省份，其中北辰牌羊料、蛋鸡料还出口蒙古国。近两年，北辰牌绿色饲料和有机饲料开始走进规模农场，社会效益显著提升。

在激烈的市场竞争中，北辰饲料紧盯内蒙古自治区牛羊畜牧业的大战略方向，无论市场如何巨变，始终积极应对。随着奶牛产业的调整，奶牛饲料营销模式改变，北辰公司及时转向开发肉羊育肥料市场，避免了奶牛料缩减的影响，企业销量不降反而大幅增长。公司积极探索研发肉羊、肉牛饲料产品，在市场竞争中持续改进、提升。在竞争、发展的过程中，公司逐渐明确了企业发展愿景——“北辰——争做中国绿色和有机反刍饲料第一品牌”。

公司集中技术力量搞研发，持续在反刍动物饲料领域发力，跟中国农业大学、内蒙古农业大学、内蒙古农牧业科学院和美国肯塔基大学等科研院校实现校企共建。目前，公司拥有两项技术专利：一项为羔羊精补饲料，另一项为产奶牛高峰期全混合饲料。正在申请肉羊全混合日粮地方标准。牧区冬补全混合日粮、肉牛全混合日粮上市。

2017年5月，公司与中国农业大学李德发院士团队合作成立了自治区唯一的饲料院士工作站，开展玉米、燕麦等大宗原料的营养检测与评价、饲料配方优化等合作。2017年12月，公司与中国肉羊技术体系首席科学家金海研究员团队，建立战略合作关系，开展肉羊饲料深度研发合作。

北辰饲料公司在发展、成长的过程中，一直牢记饲料企业是连接农牧民和市民利益的综合体的使命，一方面，通过使用农民种植的原料生产出优质、安全的饲料供应给广大从事养殖的牧民和农牧场，实现饲料企业的生存、发展是公司的使命；另一方面，把农民种植的玉米、农牧场生产的农畜产品，销往城市，供应市民，保障这些食品安全的责任是北辰企业崇高的使命。

北辰饲料公司通过大量的科普培训对养殖场员工和农牧民进行种植、养殖辅导，提高种植和养殖效益。2017年，北辰公司共举办各类科技培训班21期，培训了1 250人次；农民种植和养殖效益提高了，农民、养殖场、牧民致富的同时，也给市民供应了大量优质、安全和便宜的农畜产品，让市民的“菜篮子”安全、健康、实在。

发展绿色与有机玉米种植。要做好企业，必须要有好产品；要有好产品，必须有好原料！北辰人从2012年就开始在土默川平原上筹划绿色、有机玉米基地种植。持续耕耘，终有所成。2017年年底，公司跟土右旗5个乡镇的20个种植合作社签订长期合作种植协议，以每吨玉米高出市场价格50元的合同价，形成20万亩绿色玉米种植、4.8万亩有机玉米种植的规模。2017年收购合作玉米3万t，确保了北辰饲料的一部分玉米供应量，合作社农民获得了较好的收益。

发展深加工，尝试新业务，拓宽事业线。有了足量的新鲜玉米，北辰公司的领导开始筹划对玉米进行深加工，提高玉米的价值。

从饲料的功效上着手，公司投资建成年产5万t的“蒸汽压片玉米”生产线，通过这项生产工艺，把“生玉米”加工成“熟化玉米”，极大提高了玉米的风味，添加到饲料中，饲喂适口性好，消化率提高，肉品风味更好了。2017年，公司生产蒸汽压片玉米1万t，赢得了奶牛场、肉牛场、肉羊场客户的一致好评。

有了充足的有机玉米，北辰公司成立全资下属公司“欣禾农业公司”，专门加工玉米食品，直接把有机玉米加工成玉米糁、玉米粉和玉米高筋粉，让市民吃到精致加工的粗粮，满足了当下中国人的粗粮细作的饮食需求！通过玉米产品走进食品领域发展，北辰人在开辟新的发展天地。

面向未来发展，走向产业链下游，探索新的发展空间。2018年3月，在前三年合作的基础上，包头北辰饲料公司和蒙羊集团合作成立“内蒙古北羊饲料有限公司”，给规模羊场供应专用育肥羊饲料，联合“蒙羊肉业”开发战略合作育肥羊场，这是北辰饲料公司开始为向产业链下游发展谋篇布局。

2018年，北辰饲料销售目标20万t已经在路上，公司计划用3年的努力，使绿色饲料、有机饲料占公司总销量的80%以上。

公司坚信在国家鼓励创新、变革的新时代，在内蒙古自治区政府对肉羊产业、肉牛产业特别是牛羊肉品牌建设的全力支持下，北辰饲料的未来必将宏图大展，必将成为自治区乃至全国反刍饲料方面的耀眼的新星，成为自治区牛羊肉产业的一支最有创造力、最有贡献的新军。

高效务实　规范严谨

——沈阳禾丰牧业有限公司

沈阳禾丰牧业有限公司于2014年8月22日进行更名改制，其发展历史可追溯到禾丰牧业成立之初的1995年。沈阳禾丰一直发挥着集团核心企业的重要作用，是禾丰集团销售最大，利润最好，发展最强劲的全资子公司。沈阳禾丰位于沈阳市辉山经济开发区辉山大街145号，前后总投资约50万元，年生产能力30万t，有三个生产车间，包括集团专业生产教槽料的三车间，专业生产猪全价颗粒料的二车间，以及生产保育料和浓缩料的一车间。公司现有近160人的销售队伍，分为六大销售区域和两个猪场事业部，销售范围包括辽宁、吉林和内蒙古部分地区，2016年新成立的“小禾”养殖服务平台，直接为养殖终端服务，获得养殖户朋友的广泛好评。其中不乏吉林大学、沈阳农业大学等院校的优秀硕士毕业生，还包括近80人的生产队伍，主要生产管理者全部是具有本科以上学历，且具有5年以上现场工作经验的专家。除此两大部门之外，还有辽宁区采购中心的全力支持，专业化程度最高的技术品控团队来为质量保障，以及财务部和人力资源部在人财方面最坚实的后盾，沈阳禾丰是东北三省单猪料销量最大的企业，同时，禾丰牧业也是全国猪浓缩饲料销量最大的企业。2017年全年自然吨销量达到18余万t，折合成标准吨50万余t，在9月份超过3万t，11月和12月均超过2万t的销量。

自2015年起，母猪淘汰率非常高，由原来近5 000万头能繁母猪下降到3 700万头，最终导致供不应求，生猪价格一路走高，断奶仔猪也出现了近1 000元的历史高位，养殖者的结构发生了变化，主要集中在10～50头基础母猪的专业化程度高的散养户和大集团养殖的规模化万头母猪场。自2017年年底至今，供应量大大超过需求量，规模化猪场的生猪养猪水平更高，压低了生产成本，导致猪价下行迅速，中美贸易的摩擦导致的大豆进口困难，促使饲料企业处于销量压力最大的时期，养殖量不多，经销商把控市场的能力减弱，厂家直销越来越多，辽宁省和吉林省都是玉米的主产区，玉米价格相对有优势，最终导致使用浓缩料的添加比例变高，预混料市场出现了生机，全价料产品几乎没有市场空间，经销商赊款情况严重且逐渐萎缩。这要求我们饲料企业必须降低成本，降低利润，减少中间环节，直接服务于终端养殖户，进行大力度的改革，将产品设定为性价比更高的标准化渠道产品和为猪场定制的个性化产品，并联合优良猪场进行合作，尝试进行猪的产业化发展。

第一，架构调整。在经历一年多的转变之后，辽宁省的养殖行业正在发生悄无声息的变化，更加趋向欧洲的管理模式。顺应市场潮流，饲料企业必须拥有能够在技术上服务猪场的专业化人才。因此，沈阳禾丰销售部门进行了重新的划分，成立了两个专业化的猪场事业部。同时，成立了“小禾”养殖服务平台，以及乡镇一级的综合服务站，要打造一个全新的客户服务平台。因为它不仅仅要为客户提供产品技术支持，更要结合猪场的实际饲养情况，为客户量身定制产品，并指导客户进行科学精准的动物喂养。为了加深猪场和饲料厂的密切配合，沈阳禾丰定期组织专家小组赴合作猪场调研分析，寻找提升猪场生产水平的关键点，提供合理化的养殖改善方案，开发适用于猪场的超级浓缩产品。未来辽宁省养殖业一定是向着养殖者专业化水平更高，从业者更年轻，信息技术沟通更广泛的趋势发展。如果养猪场有饲料混合等设备，那么一定会选择添加比例小的饲料产品，自己再额外添加豆粕、鱼粉、麸皮和豆油等原料；如果没有饲料混合设备，养殖场会趋向选择全价产品，并且配套自动上料线，向饲料厂定制产品。因此，随着行业的发展，25％左右的浓缩产品慢慢会退出历史舞台。配合公司发展战略，销售团队与经销商一同精耕细作、开发市场；在经销商培养上，淘汰思维陈旧的经销商，选择具有合作思维、低利润思维、服务思维的优秀经销商。这是市场的要求，更是趋势的必然。

第二，质量管理。沈阳禾丰紧紧抓住原料的走势，采用豆粕基差、集团大单采购等方式进行采购，严格按照国家饲料质量安全管理规范要求采购原料，保证原料质优价优。技术品控部门围绕各生产环节定期进行了《饲料质量安全管理规范》的检查，并且经过半年的不懈努力，沈阳禾丰高分通过了农业部的规范企业验收，公司成立了专门的规范小组，由总经理任组长，品控经理任副组长，各部门主管领导作为组员。规范是质量相关部门的行为准则，必须要完善制度文件、规范操作流程、清晰记录管理，对工艺参数、采购标准和产品标准的设计也要符合法律法规的要求、符合企业的实际情况、符合市场的发展需求、符合基本的科学逻辑思维方式。

第三，人力资源管理。人力资源对人才的选用育留更加的完善，集团每年会对全员专业技能和基础办公技能进行考核，并不定期举办辩论赛、知识问答等活动进行知识的提升。并且在人力资源系统中设定了一个新的岗位“HRBP”，就是销售部的人力资源管理专员，对销售队伍的健康发展和绩效考核进行全面的跟踪监督，提升人力资本效率，目前沈阳禾丰的人力资本效率在全集团处于首位，在全行业也是业界翘楚。

第四，信贷管理。沈阳禾丰每年向国家诚信缴纳税款，是优秀的银行合作伙伴，由于公司的业务量越来越大，经销商的资金压力越来越大，公司联合各大国有银行，对经销商给予了信用贷款，缓解了资金压力，促进现金流的快速流通，这个大胆的担保和突破，不仅仅使得银行的资金投入到更好的投资渠道，也使得公司的经销商焕发了活力。

第五，保险业务。沈阳禾丰经过同中华联合保险公司的合作，独家在辽宁部分区域开展了生猪保险的业务，选择优秀的二元母猪场提供猪苗，同有良好信誉的养猪户签订生猪放养的协议，规定双方的责任和义务，互利共赢，鼓励公司养猪户再次投入到生猪养殖的活动中来，发展公司闲余劳动力，并且请专家进行全面系统的养殖指导，提升养猪户的养殖水平，使养猪户既得到了经济上的回报，又在养殖水平上上升到一个新的台阶。

沈阳禾丰凭借高效务实的人才团队和与时俱进的管理理念、行业领先的配方技术和集中采购的价格优势、现代化的专业生产设备和规范严谨的生产管理流程，以及具有禾丰特殊的营销模式和“专家化”的技术服务实力，形成了独树一帜的企业形象和品牌美誉度，深受经销商、养殖场和养殖户朋友的支持和信赖，公司生产经营水平及经营效益处于同行业前列。

质量第一　诚实守信

——辽宁华星生物科技有限公司

辽宁华星生物科技有限公司始建于2008年，是一家专业从事酶制剂及微生态制剂研发与生产的高科技生物企业，注册资金 3 600 万元，总投资达 1.5 亿元，2017 年销售额达 6 000 余万元。母公司下设朝阳华星生物工程有限公司、沈阳信利生物科技发展有限公司两个子公司，其中朝阳华星生物工程有限公司为大型发酵基地，注册资金 3 400 万元，位于朝阳市喀左县，地处辽、冀、蒙三省区交会处，是辽西走廊北通道的要冲，紧邻京津冀城市群。随着京沈客运专线（京沈高铁）正式开通的日益临近，喀左县将并入“首都一小时经济圈”，便利的交通，优越的环境，势将助力企业快速发展。基地总占地面积达 4 万 m^2，建筑面积 2 万 m^2。沈阳信利生物科技发展有限公司主要从事进口添加剂的贸易工作。总公司从事研发、生产、销售等人员达 160 余人。2017 年，公司获得朝阳市农业产业化重点龙头企业荣誉称号，2018 年，辽宁华星生物科技有限公司当选为辽宁省保健品协会常务副理事长单位。

作为一家新兴的高科技生物企业，公司具备以下优势。

超强的生产能力——公司现有全不锈钢生物发酵罐及配套种子发酵罐共 20 余台套。其中，60t 发酵罐 8 台、10t 发酵罐 2 台、5t 发酵罐 4 台、4t 发酵罐 4 台、1t 发酵罐 2 台、0.3t 发酵罐 4 台，每小时水蒸发量 1t 的喷粉干燥塔 1 套，每小时水蒸发量 300kg 的喷粉干燥塔 1 套，大型空气压缩机组 7 台，99.9%大型氮气机组 1 台，超滤浓缩线 2 套，气流干燥设备 3 套，固体发酵车间 1 500m^2。可年产酶制剂及微生态制剂 2 万 t，产能位于国内前列，也是辽宁省唯一规模化、专业化饲用酶制剂和微生态制剂生产企业。

领先的发酵工艺——公司除采用液体深层发酵外，还拥有固态发酵及高耗氧、高厌氧发酵等技术能力。公司储备了木聚糖酶，β-葡聚糖酶，β-甘露聚糖酶，纤维素酶，果胶酶，淀粉酶，酸性蛋白酶，中性蛋白酶，葡萄糖氧化酶，植酸酶，脂肪酶，枯草芽孢杆菌，地衣芽孢杆菌，解淀粉芽孢杆菌，粪肠球菌，嗜酸乳杆菌，丁酸梭菌，凝结芽孢杆菌，侧孢芽孢杆菌，酿酒酵母，产朊假丝酵母等各种优良菌种超过 300 余种，且通过长期的筛选和培育，不断提高菌种的活力，确保菌种的优秀品质。通过十余年的努力，公司已经完全掌握了不同细菌、真菌、酵母菌、基因工程菌的发酵及提取工艺，发酵水平位于国内领先，部分产品达到国际领先水平。

严格的质量体系——公司始终秉承“产品质量就是生命”的理念，严把产品质量关。目前，已获得了 ISO 22000、ISO 19001、HACCP 及兽药 GMP 等质量体系认证；公司制订了严格的质量控制管理制度，设立了专职的品控部门，对每批原料、产品进行严格的过程控制与出厂检验，实现了从原料到产品的全程质量监控，确保产品安全、稳定与高效，多年来受到业界的一致好评。

高效的优质产品——公司可为畜牧行业提供多种原料级酶制剂、原料级微生态制剂及畜禽专用型复合微生态制剂、复合酶制剂等达百余种。其中，原料级酶制剂和微生态制剂主要品种有：枯草芽孢杆菌（5 个菌种）、地衣芽孢杆菌（2 个菌种）、凝结芽孢杆菌（2 个菌种）、丁酸梭菌、粪肠球菌、屎肠球菌、嗜酸乳杆菌、酵母菌（3 个菌种）、植物乳杆菌等 20 余种；植酸酶、耐高温植酸酶、木聚糖酶、甘露聚糖酶、蛋白酶、淀粉酶、纤维素酶、β-葡聚糖酶、果胶酶、脂肪酶、葡萄糖氧化酶、α-半乳糖苷酶等 20 余种。

公司还开发有“利美康”系列复合微生态制剂、“安信酶”系列复合酶制剂、“益安康”系列复合微生物制剂（酶+菌）等 60 余种产品。各系列产品具有绿色、安全、高效、稳定等特点，可有效促进动物肠道微生态平衡、提高动物抗病力，降低动物维持需要、降低饲粮原料成本，提高饲粮转化效率，从而改善生长性能，增加养殖者收益，深受广大用户青睐。

优秀的研发团队——公司深知科研人才是企业生存与发展的原动力，因此，多年来始终关注人才培养和研发团队建设，公司研发团队人员有 30 余名，占企业总员工人数的 20%以上，其中，研究生 7 人，本科生 10 余人，大专学历的 20 余人。专注从事菌种筛选、发酵工艺研究、后处理工艺研究、产品应用研究。公司现已取得国家发明专利 3 项，正在申报中的发明专利 5 项。而且公司一直注重与全国知名高校及研究机构的科研合作，与中科院微生物研究所、江南大学生物工程学院、辽宁大学生命科学学院、辽宁大学环境科学学院、沈阳农业大学畜牧兽医学院建立了长久稳定的研发合作关系。

全面的销售网络——公司现已成立了河北、河南、广东 3 家销售分公司，另有四家销售分公司正在筹建中，销售网络遍及全国各地。另外，产品还远销东南亚地区的五个国家。公司在 2012 年被阿里巴巴确定为中国供应商。

先进的发展理念——公司始终坚信 21 世纪是生物世纪，食品安全、环境保护等世界问题的最佳解决方案离不开高效、环保、安全的生物产品。

因此，公司在环境保护、无抗健康养殖等方面开展了积极的探索，与辽宁大学环境科学学院共同开展水产养殖中水质净化单菌种微生物的筛选及复配后产品的优化研究项目，用于解决水产养殖环境中氨氮、亚硝酸盐、富磷化、COD、BOD 降解等问题；公司自主开展的《酶制剂与益生菌组合提高反刍动物生产性能关键技术研究与示范》项目，大幅提高粗纤维饲料利用率，有效提升反刍动物生产性能，获得了

2017年辽宁省畜牧业科技贡献奖二等奖；我们与辽宁省畜产品质量安全研究所合作开展的《生猪微生态无抗发酵饲料技术研究集成与推广应用》项目，开辟了一种生猪无抗养殖新模式，为无抗健康养殖事业提供一种可行的新思路，此项目获得了2018年辽宁省畜牧业科技贡献奖三等奖。

此外，为确保公司发酵技术与生产工艺的行业领先水平，公司还致力于复合微生物制剂取代抗生素、现有微生态制剂菌种优化以提升产酸、产孢等性能、高产酸凝结芽孢杆菌发酵生产工艺、葡萄糖氧化酶菌种优化及发酵工艺等课题的研究。

辽宁华星生物科技有限公司作为生物行业中的一颗新星，将始终着眼于新型生物产品的良好发展前景与巨大的社会效益，秉承"质量第一、诚实守信"的经营理念，致力于为畜牧行业提供绿色、优质、安全、高效的产品，与广大行业同人一道，为辽宁省乃至全国的无抗健康养殖事业和食品安全大业做出积极的贡献。

重科技创新　重服务理念

——辽宁明瑞农牧科技有限公司

辽宁明瑞农牧科技有限公司创立于1999年，是一家以新型饲料研发，粮食收储，畜禽浓缩饲料、配合饲料生产为主的农业高新技术企业。

随着公司不断向前发展，为赢得更大的发展空间，2015年4月，辽宁明瑞农牧科技有限公司在辽宁省铁岭高新技术产业开发区兴建现代化新工厂，并于2016年10月28日正式开业运营。明瑞科技实现整体搬迁，全部员工进入新工厂工作。新工厂落成得到辽宁省饲料行业瞩目，省市领导亲临企业开业庆典现场，为明瑞科技未来发展提供建设性建议。

新工厂占地面积37 000m^2，建筑面积22 000m^2。其中原料仓储面积5 000m^2，并配套四个玉米筒仓（3 000t），四个豆粕筒仓（1 000t）；成品库面积3 800m^2；膨化、原料深加工车间面积5 600m^2；主车间面积4 300m^2。

公司主要设置技术部、生产部、品管部、采购部、销售部、财务部等部门，其中专科以上学历人员65人，是一家具有高素质员工的农牧企业。

公司业务分为饲料板块、粮食收储板块、原料深加工板块。饲料板块为公司的主营项目，具有三条独立生产线，分别生产小猪料、大猪料、反刍料，年生产能力30万t（年产配合饲料18万t、浓缩饲料6万t、精料补充料6万t）。公司采用国际领先的全套瑞士布勒生产设备，设备优势明显，在原料接收、原料粉碎、配料、混合、制粒等环节实现精细化生产。主要生产设备有宽式粉碎机、双轴高效混合机、多层调质器、颗粒机等，充分保障产品的优质及生产能力。

一、科技创新，引领企业不断向前

明瑞科技注重科技创新，始终把科技创新作为企业蓬勃发展的原动力。公司聘请东北农业大学、沈阳农业大学、锦州医科大学等多所高校知名教授为企业顾问，并与高校建立长期合作，提升企业核心竞争力。

2009年，明瑞科技斥资1 200万元投资兴建万头猪场——新民市利合养猪场。猪场的兴建承担着企业科研基地、人才培养基地的职责。作为试验基地，公司每年向猪场投资100万元左右的科研经费，用以研发新产品，实现新技术成果的转换。作为人才基地，每年有数十名大专院校毕业生到猪场实习，不仅为广大毕业生提供锻炼的机会，其中更有部分人员最终留在公司，为明瑞科技的发展注入鲜活动力，明瑞科技成为人才培养的摇篮。

同时，试验猪场的兴建使明瑞科技有更长远布局。作为商品猪繁育基地，利合猪场每年向社会提供优质商品猪2万余头，使企业发展由单纯的饲料生产逐步向下游的养殖业扩张，实现企业的大跨越、大发展，为企业发展提供良好支持，更提升企业的核心竞争力。

二、品质至上

公司本着"专注、创新、前瞻、共赢"的经营理念经营、管理企业。公司制定严格的原料接收标准，并长期与信誉良好、产品质量稳定的原料商合作，为产品质量的稳定打下了坚实的基础。

公司拥有完善的产品质量控制制度，坚持贯彻"人人都是产品质量负责人"理念，生产过程实现全程监控，有效控制产品质量。

公司配备先进的产品检测设备，主要设备有近红外分析仪、万分之一分析天平、分光光度计、酶标仪等，能够快速、精准地控制产品质量，确保为客户提供优质、稳定产品。

三、人才培养、团队建设至关重要

一流的企业，必然有一流的团队。多年来公司坚持把人才培养、团队建设放在重要位置，不仅广纳贤才，更注重队伍自身的学习。

明瑞科技成立人才培养与提高研修班，从产品研发、质量控制、生产管理等多方面交流、学习，提高

员工专业化水平。

2009年以来，企业与培训公司达成协议，签订常年的培训学习计划，定期外派员工培训，并签订网上学习合同，安排员工每周两次的学习计划。员工整体素养得到提高，整个团队更具凝聚力。

拓展团队，纳四方贤才。近年来，随着企业规模的不断壮大，公司引进大量新人，岗位更加明确，工作更加细化，这些新人的加入也为企业发展注入新鲜血液。

四、服务创造价值，推动行业发展

明瑞科技拥有专业的产品服务团队，长期开展宣讲班，不仅为广大养殖户朋友进行各方面的养殖讲座及培训，而且能够及时地解决饲养管理、疾病等方面的问题，提供更多、更及时的市场信息，行情总结等等，从养殖状况入手为生产、养殖提供更多的建设性意见。截至目前，已有十余万人次参加学习、培训，乡镇覆盖率达到90%以上，加快农村、农民的致富进程。

公司定期印刷报纸、养殖手册、杂志等刊物服务养殖户，并通过企业网站建设、手机客户端等多种平台与广大朋友做深入交流，持续推动中国畜牧业快速发展。据不完全统计，目前公司已向养殖场、广大养殖户发放畜牧养殖科普资料20余万本（册）。

五、创建生产安全标准化

生命安全高于一切，责任重于泰山。对于企业而言，安全生产不仅是对员工负责，对社会负责，更是企业理应肩负的责任与使命。

2012年，公司率先成为畜牧行业生产安全标准化示范企业。明瑞科技制定安全生产目标，明确责任，每月开展一次职工安全生产培训，规范安全作业，制定重大事故应急预案等。自查、自省，切实把工作落实到每个岗位，每个人，最大限度降低生产安全事故，保障员工安全。公司经营19年来，没有发生一例重大安全生产事故，落实安全生产工作取得良好成绩。

多年来，企业与市疾病预防控制中心合作，定期安排员工进行身体健康检查，保障员工的身心健康。

公司的目标只有一个：保障员工安全，健康工作，企业向前发展，成为有担当的现代化农牧企业。

六、文化凝聚信念，文化彰显力量

明瑞科技致力成为农牧行业卓越企业，始终秉承以正为本、诚信经营的企业精神服务用户。植根科技、创造价值、共享成就、健康中国的企业使命使明瑞人不断超越自我。

19年来，明瑞科技秉承企业文化，矢志不移，让它指引公司前进的方向。用高素质员工，打造高质量产品，成就高品质企业。用创新科技、完美品质、贴心服务筑梦未来！

19年的艰苦卓绝，明瑞科技已取得长足发展，产品质量精益求精，市场占有率逐年上升，在得到客户认可的同时，更取得了诸多荣誉。先后被评为“辽宁省饲料工业三十强”“辽宁省饲料工业副理事长单位”“辽宁市场名特优新展示品牌”“诚信单位”“辽宁城乡市场知名品牌” “辽宁省金质之光展示品牌”等。

2017年10月，明瑞科技顺利通过农业部验收，成为农业部《饲料质量安全管理规范》示范企业。这是对明瑞人多年来坚持质量至上，标准化生产的最好肯定！

19年的不懈努力，明瑞科技的猪料产品、反刍料产品，尤其是猪教保料产品取得了良好的市场口碑。明瑞科技申报产品发明专利四项，同时申报辽宁省高新技术企业、辽宁省名牌产品，成长为农牧行业卓越企业。

19年来，明瑞科技的蓬勃发展离不开省市主管领导的关注与支持，是他们的倾力付出让明瑞科技走得更快、更稳健、更长远！

未来的发展，明瑞科技将大有作为！在国家对农牧行业政策布局重大调整的背景之下，明瑞科技致力于深耕饲料板块，并向养殖板块延伸，谋求产业链上健康、快速发展。饲料板块方面，明瑞科技重点产品线为猪料、反刍料，致力成为东北地区品牌影响力、市场覆盖率具有明显优势的现代化饲料企业；养殖板块方面，在优良种猪推广、商品猪放养上下大力气，力求拉动一方经济，带动农民致富（明瑞科技在阜新市彰武县建立1万头基础母猪原种猪场，向社会提供优良种猪及商品猪苗）。

辽宁明瑞农牧科技有限公司始终致力中国畜牧行业发展，以畜牧业健康、蓬勃发展为己任，并愿与业内同人携手共创畜牧业兴旺，努力营造和谐共赢的合作环境。

以资源节约、绿色环保为产品理念

——吉林省德泰饲料集团

吉林省德泰饲料科技发展有限公司总部坐落于长春市朝阳区乐山工业园，企业环境优美，交通便利，厂区占地面积6万 m^2，建筑面积28 000m^2，注册资本8 000万元，集团总资产3.5亿元，主要生产经营各种畜禽在各阶段的浓缩饲料、配合饲料及复合预混料，年生产能力 50 万 t，公司与中国农业大学、中国动物营养中心、华中农业大学、吉林农业科学院等科研院所密切合作，实现“产学研”一体化，饲料产品遍布东北三省及河北、内蒙古等地，蛋制品远销北京、上海、广州及香港、澳门等，公司被省市政府等部门确定为“省级农业产业化重点龙头企业”“吉林省饲料工业协会副会长单位”“吉林省著名商标”“吉林省诚信示范企业”“吉林省著名品牌企业”“长春市守合同，重信用单位”“长春市科技小巨人企业”；公司系列产品被省政府命名为“吉林省名牌产品”“吉林省绿色无公害农产品”“吉林省防伪保真产品”。德泰集团用发展的眼光运作企业，本着共赢的策略，依靠稳定的产品、优良的品质、良好的信誉，在用户与行业中树立了良好的企业形象，赢得了广大用户一致好评，企业经营业绩屡创新高，被行业公认为吉林省发展速度最快的民营饲料企业集团之一。

集团现有饲料公司 3 个。2011 年，在柳河成立吉林省德泰康华牧业有限公司，现正与卓越集团紧密合作，供应商品肉鸡及肉种鸡饲料超过 50%以上。2013 年，成立吉林省德泰饲料科技发展有限公司德惠分公司，月销量超过 5 000t，已成为吉林北部最专业的禽料饲料生产配套企业之一。2015 年，集团成立原料贸易部，自建原粮烘干存储设备库房，年可存储玉米 5 万 t，每年玉米贸易量达 7.5 万 t。2016 年，成立吉林省德泰五谷香生态农业有限公司，推出的“荷谷香”品牌系列鸡蛋，现已在沃尔玛超市、永辉商超、中东集团等各大超市销售。2017 年年初，收购四平市伊通满族自治县国立牧业有限责任公司，现已发展成为 20 万只蛋鸡自养标准化养殖企业，其中，芦花蛋鸡 10 万只，无公害蛋鸡 10 万只，有力保障了鸡蛋产品质量可控，优质新鲜。“农场直供，新鲜到家”已成为德泰荷谷香品牌鸡蛋体验店的经营理念，目前，这种品牌鸡蛋体验店市区内已开业 5 家，配合社区营销、微信营销、会员营销，已取得了吉林省品牌鸡蛋销售前三名的优异成绩，2017 年集团饲料板块开创“公司＋行业养殖协会”“公司＋规模养殖场”“专家服务＋销售”的销售合作模式，提出了饲料厂为规模养殖企业“代工定制”的服务体系，这一合作模式很受市场欢迎，公司已与卓越集团、维尔鸭业、吉天慧牧业、百牧兴牧业、陶然牧业、长春蛋禽养殖协会等东北三省大型养殖企业及养殖合作社密切合作。在饲料行业不景气的今天，创造了销售业绩逆势而上、节节攀升的骄人成果，单月销量一直突破万吨，形成了饲料企业符合市场规律全新的经营思想和发展理念，公司已发展成为集饲料生产销售、自主研发、原料贸易、动物兽药、蛋品流通、规模自养于一体的大型农牧品牌企业，作为一家以专业牧场营养供应为战略中心，专注于研发、生产、销售各种畜禽饲料的现代化高科技农牧企业，2017 年德泰饲料建立拥有市级中心实验室一个，集团广开渠道吸纳优秀专业人才，充实企业团队，形成一支专业，务实，年龄结构合理，充满热情活力的团队，集团管理者均为省内农业畜牧养殖及兽医行业中的杰出代表，目前，公司现有员工 265 人，省级畜牧专家 3 人，博士 5 人，硕士 11 人，本科以上学历 45 人，专业技术人员 38 人。德泰团队有着丰富的养殖实践和企业管理经验，众多优秀专业技术人才的强强联手，使得德泰集团无论在战略规划、企业实力、技术支持、实施路径、创业创新，还是经营管理水平，已经成为吉林乃至东北三省畜牧行业中极具影响力的航母级农牧企业之一。

“资源节约，绿色环保”的产品管理理念，是德泰公司深化产品品质的又一体现。德泰饲料的优越品质，来源于独特的配方和先进的生产工艺以及完整的品管体系，为确保所有产品完全按照国家《饲料和饲料添加剂管理条例》的有关规定严格执行，从源头上确保饲料“绿色环保”。在德泰人的心里，饲料连着老百姓的餐桌，饲料就是食品安全的源头，为百姓和用户食品安全站好每一班岗，是德泰集团赢得大众口碑的一张不用修饰的名片。

“浅目见效益，厚德识价值”，在德泰饲料企业勇于耕耘的寒来暑往中，德泰人身在市场，心系沃野，以虚怀若谷的胸怀忠诚于企业潜力价值实现。“创行业名优品牌，以用户至上共赢”是企业生存目的，竭诚为客户创造价值成为德泰立足于畜牧养殖业的核心价值观。作为德泰企业的掌舵人，集团董事长王德新深深悟出一个道理：要紧随行业，适应市场，不断提升用户价值、供应商的价值和员工价值，不断回馈社会，方能运筹帷幄，决胜千里之外！

“上善若水，厚德载物”是五湖四海的华夏子孙不朽的精神传承，“厚德载物，品正兴业”是德泰人用言行践行了十几年的企业文化精髓，“品正”必当“兴业”，于中华民族，于德泰企业，放之而皆准。忆往昔，德泰人的诚挚付出、勤劳智慧仍历历在目；看今朝，德泰人的专注追求、用心乐业必将续写崭新的辉煌！

质量与食品安全是第一要务

——皇家宠物食品（上海）有限公司

皇家宠物食品始于 1968 年，由法国南部的一位兽医创立，是一家在宠物健康营养领域领先的全球性公司。近50年来，皇家宠物食品秉承“营养让宠物乐享健康品质生活”的理念，通过量身定制专业配方，不断带来健康营养的宠物食品。

皇家宠物食品总部位于艾玛格（法国南部），隶属玛氏集团，在世界范围内拥有6 700名员工。

在皇家，我们始终秉承“犬猫优先，知识与尊重”的理念。

皇家宠物食品的所有产品配方都来自法国研发中心。皇家始终坚持以犬猫为中心。皇家在法国拥有一个大型犬舍。每种配方在投产前都进行了适口性试验。皇家向来都是在满足宠物的真实需求，而不是宠物主人的需求。皇家除了尊重犬猫的实际需求，也尊重犬猫自然天性，拒绝对宠物犬猫进行拟人化管理和对待。

皇家宠物食品研发中心通过科学研究及观察，不断创新，追求更高品质。与一支由来自世界各地的营养师、繁育场主和兽医组成的专家队伍通力合作，根据宠物的品种、年龄、生活方式以及病症（从微恙到重病），精心定制了200多种营养配方以精确满足各种要求。就连产品的颗粒形状都考虑到了要适应犬猫品种的特点。很多人知道，拉布拉多犬的特点就是比较贪吃，人称“大胃王”。拉布拉多的贪吃很容易引起体重增加甚至肥胖。皇家从这一特点出发，专门为拉布拉多设计了“空心桶”颗粒。这样可以减少拉布拉多的食物摄入量。

皇家主导“营养素配方”的概念，即我们的宠物食品给宠物提供的是营养素来满足宠物的营养需求。营养素来源于我们所添加的原料成分，而不会去强调给宠物提供的是肉或者谷物。皇家在全球采用相同的营养素配方，确保各地工厂生产相同标准的产品。

2008年，法国皇家在中国设立工厂，2010年正式运营。皇家宠物食品（上海）有限公司（以下简称“皇家中国”）于2011年通过玛氏全球的“质量和食品安全（Q&FS）”认证，依据玛氏全球公司物料质量管理系统、过程质量管理系统、GMP/GHP标准、HACCP标准的要求，从原料选择到成品发送的全过程实施全面质量管理。2012年皇家中国工厂顺利通过法国劳氏LRQA的ISO 9001和ISO 22000质量和食品安全管理体系认证。

皇家把确保质量和食品安全作为公司的第一要素。皇家宠物食品的所有原材料都通过严格检查，只有100%合格且可回溯的产品才会被采用。皇家宠物食品全球13个生产基地全部强制推行最高质量和食品安全标准。公司建立食品安全管理体系以风险分析为基础，从源头上，逐一分析每个种原料、每家供应商可能带来的食品安全风险；在生产过程中，风险分析涵盖全部生产设备和传送系统，以保证全面地识别食品安全风险并进行有效的监控。

公司依靠内部实验室网络的强大检测优势，建立了全面的检测和监控计划，从原料、中间产品到终产品，检测项目分为十几大类，主要包括营养指标、微生物、物料新鲜度、食品/饲料添加剂、环境污染物、重金属、不良化学物质、农残药残等，终产品全批次通过沙门氏菌检测后放行。目前，公司自有检测实验室已取得ISO 17025认证，委托试验均为CNAS认可的实验室。公司每年投入到原料、产品检测和生产环境卫生监控方面的费用超过900万元，由此确保在皇家中国工厂生产的产品符合皇家全球统一的质量和食品安全标准。

在产品追溯管理方面，根据所建立的质量和食品安全管理体系要求和在线生产管理系统，可实现从原料到成品的上下游追溯，从供应商到原料、从原料到成品、从成品到客户终端均可实现快速有效的追溯。为确保追溯有效性，工厂每年至少进行两次模拟召回试验，此外皇家每年还对全球各工厂实施追溯有效性的审核。

产品合规也是皇家非常重视的要素。虽然配方是统一在法国研发中心设计，但各国的法规事务部会根据各国的法规要求，对配方进行审核，保证产品在当地的合规。

皇家宠物食品营养配方产品在宠物医院，宠物商店和繁育场均有出售。

顾客是皇家最重视的资源之一，所以为客户提供满意的体验很重要。皇家设立了400个免费服务热线，为消费者解答疑问、处理消费者遇到的各种问题。客服中心非常受消费者和客户认可。

目前，中国绝大部分的养宠物家庭还处在给宠物饲喂家制食品的误区。家制食品并不能提供宠物所需的全部营养素，全价宠物粮才能给宠物最全面的营养搭配。为了提高全国宠物主人的科学喂养意识，皇家率先通过社区活动等形式将这类知识传递给宠物的饲主。同时，皇家积极践行企业社会责任，连续2年举办流浪犬猫关爱高峰论坛，同相关专业人士讨论如何更好地解决流浪猫犬的问题，皇家斥资每年为1 000只流浪犬猫做绝育手术，以期为流浪犬猫创造更好的生活。

宠物为我们的生活添色，我们也要为宠物创造更美好的世界！

倡导产业生态共赢

——江苏兄弟维生素有限公司

一、企业生产、经营、发展情况

江苏兄弟维生素有限公司是由兄弟科技股份有限公司（证券代码：002562）于2005年投资兴建。公司位于江苏省盐城市大丰区海洋经济综合开发区，占地 337 亩，注册资金 9 267.2 万元，目前已投入 5.8 亿元，建成了 7 万多 m^2 的厂房及配套用房。公司主要产品为维生素 B_1，应用于食品添加剂、饲料添加剂。现年产维生素 B_1 3 200 t，维生素 B_1 衍生品 500t，为国内最大的维生素 B_1 及其衍生品生产基地，80%产品出口外销，主要出口美国、德国、比利时、新加坡、马来西亚、韩国等国家。

江苏兄弟维生素有限公司是产、学、研相结合、科工贸一体化，按现代企业制度运作的高科技企业。现有员工 363 名，其中科研人员 86 人，专职研发人员 68 人，70%的员工拥有大专以上学历，其中省 333 工程重点培养人员 1 人，高级职称 9 人，中级职称 40 人。公司研发中心面积 4 000m^2，研发设备原值 4 086 万元。公司通过自主创新、消化吸收再创造、产学研合作等多种途径，在 B 族维生素产品工艺流程简短化、衍生产品系列化、产品应用功能化等方面进行研究与探索，生产产品被江苏省科技厅评为高新技术产品 17 个，同时，在维生素 B_1 及衍生品上拥有授权发明专利 5 项、实用新型专利 6 项，已受理发明专利 11 项。公司先后承担国际合作项目 1 项、省级以上科技项目 2 项、市级科技开发计划 2 项。

2008 年公司被江苏省科技厅认定为江苏省民营科技型企业，2012 年、2013 年分别被江苏省中小企业局评定为省级科技型中小企业和省级高成长型中小企业，2013 年被国家高新技术企业认定小组认定为“国家高新技术企业”。公司技术中心 2011 年被江苏省科学技术厅认定为“江苏省 B 族维生素工程技术研究中心”，2013 年被江苏省经济和信息化委员会认定为“省级企业技术中心”，2013 年 7 月被盐城工商行政管理局评定为“盐城市知名商标”。2014 年先后荣获“盐城市 B 族维生素工程中心”、盐城市“守信用重合同”称号、“博士后科研工作站”、江苏省信息化与工业化融合试点企业、盐城市管理创新示范企业、盐城市四星级数字企业、江苏省“百名诚信之星”，2015 年荣获盐城市“市级信用管理示范企业”、大丰市科技创新先进集体、“江苏省维生素有机合成工程中心”“江苏省饲料行业三十强”等荣誉称号。2018 年荣获江苏省饲料行业“讲诚信、重质量、树品牌”企业。

公司先后与浙江大学、华东理工大学、南京工业大学和盐城工学院等高校建立了长期合作关系，公司的中试基地已成为合作高校的研究生科研实践基地。为保障企业研发活动的有序发展，公司不断加大科研经费投入，近 3 年连续投入 3 000 多万元，占销售收入 6.5%。

公司拥有健全的质量、安全、环保体系，先后通过了 ISO 9001、ISO 22000、ISO 14001、OHSAS 18001、ISO 17025、FAMI－QS、BRC、HALAL、Kosher 等体系认证。

公司成长性高、经营及财务状况良好。资产总额为 65 098 万元，2017 年实现销售额 65 074 万元，利润 38 733 万元，税收 10 658 万元，财务状况健康，银行信用等级为 AAA 级。

二、企业发展思路

1. 狠抓安全不放松，重视基础求发展。安全生产管理和软硬件基础环境是企业得以生存发展的根本。在历年的管理工作中，公司做到人员落实、制度落实、部门落实、责任落实、经费落实等，坚持加强现场安全管理工作，及时发现、及时消除隐患。坚持制止各种违章行为，坚持加强员工安全教育，提高员工的安全意识。做好生产现场的周检查和日常巡检工作，同时加大安全硬件设施投入（现场可视化）和特种作业人员的培训持证工作，安全事故得到了有效的遏制。

2. 节能减耗降成本，狠抓质量上台阶。每年公司开展厉行节约活动，从节约一滴水、一度电做起，加大现场管理工作的监督力度，严格管理，精心计算，从而有效地减少原材料浪费和资金流水，创新不少新工艺和新方法。

在质量管控方面，优化质量管理人员结构，制定并实施新的过程质量控制制度，保证各批次产品的质量。公司实验室于 2012 年 6 月 12 日通过了中国合格评定国家认可委员会（CNAS）的认证，并于 2018 年 5 月通过实验室复评。

3. 重视品牌建设与宣传。公司通过多种形式强化员工的质量意识与品牌意识，依靠产品与服务质量赢得美誉度，提升产品与企业的知名度，通过售前、售后服务、增值服务等为客户创造更多价值，通过传播经营理念与企业文化使社会与用户了解企业。公司注重品牌形象建设与宣传，以全面满足客户要求，为客户创造价值作为经营理念，建立完善的营销网络和售后服务体系，树立“Brother”牌维生素 B_1 在国内外维生素领域内的良好品牌形象。

4. 完善制度建设，加大执行力度。制度建设是企业发展的重要保证。每年公司根据年度经营管理实际情况，向全体管理工作人员就企业经营、管理工作、制度等方面征询修改意见和建议，充分发挥全体工作人员在企业生产发展过程中的重要作用。通过发动全体管理工作人员对制度的修订完善，使企业制度建设更具有合理性和可行性。在执行制度上坚持人人平等、奖勤罚懒两手抓，不断提高管理工作质量。

5. 推行自动化、信息化建设，提高管理工作效率。为改变传统的工作方式，规范工作程序，提高工作效率，公司不断向办公自动化、信息化转变。先后建立行政管理及自动化办公OA系统、专业网络监控系统、远程电子监控系统、财务储存物资管理软件系统（ERP、U8）、集散控制系统（DCS）、过程控制系统（CS）等系统，整体提升公司员工的工作效率。

6. 注重企业文化建设，加强员工素质教育。公司把企业文化建设定格在增强企业的凝聚力和感召力上，把企业精神作为员工的精神力量。为更好地宣传企业文化，公司定期开展争创文明车间、文明部门以及组织开展文化、体育、娱乐活动，以这些活动为载体，宣传企业文化，树立良好的企业形象，从而鼓舞和调动员工生产工作积极性、主动性和创造性。企业积极打造学习型和创新型的员工队伍，制订了后备干部和骨干人员培训计划，同时定期组织人员开展轮岗活动，有效地提升员工的操作技能。

7. 加强技术创新，提高产品技术含量。为保障公司研发活动持续开展，每年公司按销售收入计提3%作为研发费用。先后采用自主研发、引进消化吸收研发出维生素 B_1 及其衍生品的合成新工艺、新路线，现已授权发明专利5件。实施技术成果转化，取得了较好的经济效益和社会效益。

公司将继续以建设环境友好型、资源节约型、质量效益型、团结和谐型企业为目标，诚信善待每位内外部客户，与客户实现互赢，携手共创社会价值。

向全球提供优质饲料添加剂

——宜兴市天石饲料有限公司

宜兴市天石饲料有限公司位于江苏省宜兴市官林镇，创建于1998年，专注于饲料添加剂生产。销售额超4亿元，其中出口额达3 200万美元。公司甜菜碱年生产能力6万t，同时生产乙氧基喹啉、复合抗氧宝、防霉宝等产品。公司产品市场分布亚洲、欧洲、南北美洲、非洲、大洋洲60多个国家和地区，与全球前三十强饲料企业多数建立了合作关系。

公司关联企业有江苏天石生物科技有限公司、越南天石生物技术有限公司、天石墨西哥股份公司，并相继建立了宜兴市天石添加剂研究所、上海中鱼研究所，南京农业大学、上海海洋大学以及江南大学产、学、研基地。

经过多年发展，公司被评为“全国饲料添加剂科技创新优秀企业”“江苏省农业科技型企业”“全国饲料添加剂二十强”。公司先后承担并实施了“国家火炬计划项目”“国家星火计划项目”，产品获得“江苏省优秀新产品奖”“江苏名牌产品”等荣誉，拥有23项发明专利。“天石”商标被评为“江苏省著名商标”。

一、提升品质，卓越绩效

公司先后通过ISO 9001质量管理体系、ISO 22000食品安全管理体系认证、FAMI－QS欧洲饲料添加剂与预混合饲料质量管理体系、ISO 14001环境管理体系、OHSAS 18001职业健康安全管理体系、KOSHER犹太食品体系、HALAL清真体系、清洁生产体系、安全标准化认证，并引入了FDA供应商审计体系，成立专业的SQE团队，持续对原料供应商进行质量审计与评估。同时，强化QA队伍建设。在此基础上，公司积极推行卓越绩效管理体系，提升品质。公司不断改进工艺、设备，实行全自动化管控，大力推动增收节支并开展6S管理。

二、研发创新，战略领航

公司每年总产值的3%～5%用于投入研发创新。2011年，公司成立了“江苏省（天石）生物安全饲料添加剂工程技术研究中心”，倾力打造产学研合作平台，与中国科学院、中国农业大学、南京农业大学、四川农业大学、江南大学、扬州大学及江苏省农科院等科研院校、单位建立了长期的技术合作关系，联合创办工程实验室，如与江苏省农科院共同研发生物制剂，与南京农业大学合作进行甜菜碱应用研究。

此外，根据市场发展趋势，公司制定了饲料添加剂向精细、多样化方向发展，旨在提高市场覆盖率的战略，引领公司发展。

三、引才育才，梯队建设

公司注重引进和培育高素质的员工队伍，加强人才梯队建设，建立了人力资源库。依托省企业研究生工作站与工程技术研究中心，公司与中国科学院、南京农业大学、中国农业大学等科研院校不仅建立了研发合作关系，并引进了大量人才。

公司致力于创建学习型组织，每年制订立体全方位的培训计划，与多家培训、咨询机构合作开展内训与外训，鼓励员工参加各类培训和带薪脱产学习，通过学习、培训，培养更多“一专多能”的复合型人才。以总经理为首的高层管理人员积极参与重要的培训，以自己的行为营造“学习型”企业的氛围。公司创建了学以致用的环境和传、帮、带的制度，以公司内部刊物、宣传栏、公告栏、局域网、OA平台等为载体收集整合企业信息和知识资源，在公司内部交流，积累工作经验和工作成就。

公司高度重视“内审员”培养及“80后团队”建设，组织各类体系培训及实践，如公司每年定期安排“内审员”外训，提升其各项专业技能，并根据职业规划安排轮岗。组织开展综合治理巡查组工作。同时，公司在薪酬政策及福利方面给予倾斜，如优先升职、提薪，提供出国考察，参加国外展会等机会。

四、品牌导向，布局国际

公司积极推动CIS建设：以品牌为导向和核心，将导入CIS的着力点集中建立和培育国际知名品牌，实施品牌战略，提高市场竞争力这一主线。作为中国饲料工业协会的理事单位，公司每年都会参与或协办国内外大型饲料工业博览会、畜禽展会及相关会展。与《中国饲料》《饲料工业》等行业内权威杂志长期合作，扩大宣传力度，举办高规格的技术研讨会，在推广畜禽水产应用技术同时加强天石的品牌影响力。

多年来，公司进行海外联合开发，加强与国外科研机构合作，在国际市场开拓方面已迈出坚实的一步，产品出口占销售额的50%以上。发挥国外生产基地、营销中心的作用，点面布局。越南天石生物科技有限公司的客户遍及越南养虾主产区，也在畜禽养殖市场建立了销售网络，同时也辐射到印尼、泰国、菲律宾等东南亚市场。以天石墨西哥股份公司为北美洲营销中心，市场占有率稳步提升。

五、安全环保，争做标杆

公司一直坚持可持续发展理念，恪守以诚信经营为核心的商业道德规范，主动履行社会责任，争做安全、环保标杆企业，持续进行工厂生态环境建设，坚持社会效益和经济效益并重。公司率先全面推行HSE三位一体的管理体系，并确保安全标准化、职业健康、环保投入。始终践行“既要金山银山，更要绿水青山”的发展观念，加大环保投资力度，将环境达标处理始终作为企业经营发展前提。安全、环保管理作为每年的核心工作，每月组织安全、环保方面的培训。每季度都会拟定安全、环保提升改进计划并PDCA循环，让安全环保观念深入人心。为此，公司得到了地方政府的多次赞誉，多次被评为“安全先进集体”和“环保先进集体”。

此外，公司把企业生态环境建设作为管理重点目标之一，不仅厂区内绿化率达40%，厂区外围1 000亩土地也全面绿化覆盖，成为生态环境地方领先的“森林花园式工厂”。公司内外环境优美，空气质量宜人，员工工作心情舒畅。

六、不忘初心，砥砺前行

新规划已经展开，公司将持续强化创新意识、质量意识、服务意识，引领行业走向。砥砺前行，继续把天石添加剂做精做专，持续向全球提供优质饲料添加剂。

在生态环境建设方面，继续“森林花园式工厂”建设，为企业、职工、周边百姓创造更加舒适、舒心、自然和谐的环境，让工厂生态环境保持在持续发展的前列。

同时，我们继续培育和发展企业文化，一如既往地做好自身的社会责任与4S满意度建设，让各方共同分享企业发展的红利，为“天石梦”继续努力，也为“中国梦”贡献企业的一份微薄之力。

产学研用　科技创新增强竞争力

——江苏天成科技集团有限公司

江苏天成科技集团有限公司创业于1989年，经过近30年的发展，集团现已成长为集饲料生产、现代化养殖、蛋品深加工、生化、省级工程研究中心五大板块为一体的具有创新能力和成长性的综合企业集团和蛋鸡全产业链企业。集团先后荣获“国家级农业综合开发重点龙头项目企业”“江苏省农业产业化重点龙头企业”“江苏省高新技术企业”“国家级星火计划项目”“上海市蛋品行业模范企业”“中国首届蛋品产业杰出创新企业”“南通市质量标兵企业”以及AAA级资信等级等荣誉称号。

集团现有员工1 000多名，其中动物营养、畜牧兽医、药学、饲料加工工艺、营养与微生物、水产养殖、工商管理、食品科学、企业管理和市场营销等各类专业技术和管理人才150余人。集团拥有雄厚的科研开发实力，建有江苏省新兽药与饲料添加剂工程技术研究中心，投资引进了一批先进的生产设备和检测仪器，建有行业内屈指可数的符合GMP标准的中心化验室和大型水产、家禽养殖试验基地。

一、坚持创新发展，促进企业核心竞争力快速提升

随着饲养规模与数量的持续增长，饲料科技创新成为增强企业核心竞争力的重要环节。作为江苏省新型饲料产业技术创新战略联盟理事长单位和江苏省饲料工业协会常务副会长单位的天成科技集团，近年来，十分注重“产学研用”的有效衔接，加大与高校和科研院所的合作，先后成立了省级工程研究中心、与南京农业大学共建了研究生工作站、与扬州大学共建了“刘秀梵院士工作站”，突破了饲料研发过程中的技术瓶颈，提高了饲料利用率，控制了饲料及环境中的有害物质在动物食品中的残留，降低了在环境中的排放，使得天成饲料的系列产品有口皆碑，从而进一步提升了企业的核心竞争力。

现有的海安饲料工厂建于1999年，设计产能30万t，目前已经达到满负荷生产，而且由于原先设计的局限性，用工多、生产效率低、设备相对落后，已经不能适应当前饲料生产的要求。为此，公司决定重新选址新建南通饲料生产工厂，年产能将达到60万t，是现有工厂规模的两倍。新厂选用国际标准的生产工艺和国际水平的先进设备，力争建设成科技含量最高、工艺最为先进的环境友好型的智能化工厂。

二、实施品牌发展，促进产品质量稳定可靠

近年来，饲料行业竞争进一步加剧，环保要求不断提高，禁养限养力度不断加大。面对风云变幻的行业形势，全体天成人沉着应对，积极主动适应市场变化，用天成优质的服务稳定老客户，用天成优良的产品拓展新客户，以培育示范户为抓手，以夯实产业链基础为突破口，有效促进了饲料的销量增长。

产品质量稳定可靠是企业竞争的基本条件，采购、生产、品管、设备维护、成本核算等是事关产品质量的重要环节。公司各部门为生产一线服务的能力进一步提升，持续加强质量、生产、现场安全及标准化作业管控，实现了质量管控持续提升，生产管控高效有序。公司从质量、交货期和成本三个方面加强成本管理，组织员工学习作业指导书，培养质量意识，从新产品开发、现场质量管理方面加强品质管理，结合市场需求，认真做好新产品开发和老产品稳定与升级工作。加强现场品管人员的管理，提高他们在现场质量管理的能力。从降低消耗、减少浪费、提高效率等方面加强成本管理。2017 年，公司不断总结经验，将能源消耗、易损件消耗、投入产出率、劳动生产率等主要指标在上一年的基础上有所提升。另外，公司还从新、老供应商评价、采购询价核价流程、合同管理、付款管理等角度优化采购流程，降低采购成本。定期分析原料行情、利用好期货工具，根据销售计划锁定原料价格，及时修订原料验收标准，确保原料验收工作的顺利开展。

2017 年，全国畜禽行业整体情况不理想，特别是蛋鸡上半年行情跌至 20 年来的低谷，全国规模化鸡场建设的热潮有所减缓，上半年有 4 个月，全国苗鸡补栏都很少，种鸡企业纷纷淘汰种鸡。养殖存栏量的下降，使得饲料企业的竞争进一步加剧。面对如此严峻的形势，公司实施了渠道下沉、贴近大户、驻场服务和示范户数据营销等策略，实践证明是行之有效的。对于用户的求助或投诉，公司在第一时间安排技术人员以最快的速度到达现场，及时处理问题，用服务感动客户、用真情留住客户，培养了客户的忠诚度，提高了客户的满意度。为了确保驻场服务的效果，公司专门制定了考核细则，扩大了驻场服务的力量。通过驻场服务，拉近了与规模大户心灵的距离，拥有不少天成的铁杆粉丝，有效地扩大了规模大户在客户中的比例。近几年，天成集团还与相关企业共同组织策划并承办了“江浙沪规模蛋鸡联合会”等活动，通过活动的开展，进一步提升了天成品牌的影响力，增强了规模场与天成合作的信心。

三、狠抓融合发展，不断延伸产业链条布局

为了适应畜牧饲料一体化的大趋势，公司着眼于多元化、平台化战略发展布局，注重运用新的发展业态打造完善产业链条，推动自身转型升级，基本实现了一二三产业融合发展。为了实现企业的可持续发展，公司在前几年投资数亿元建成了一个现代化生态农场和一个国际一流的蛋品深加工企业。天成生态农场地处南黄海之滨，那里植被繁茂，空气新鲜，具有优异的养殖环境，占地 1 000 亩，常年存栏蛋鸡 250 万羽，是华东地区目前单体规模最大的蛋鸡养殖基地。为了实现绿色发展和可持续发展，公司将鸡蛋加工成蛋粉和蛋液，将鸡粪加工成有机肥，实现了生态养殖、食品加工、有机肥料循环发展、业界领先的目标，企业呈现出健康、稳定、可持续发展的新态势。2016 年，天成科技集团还参与了 2017 年中央财政农业生产发展（农村一二三产业融合发展）3 个项目的试点。

江苏天成蛋业公司是天成科技集团一二三产业融合发展中的一个重要组成部分。公司从荷兰 MOBA 公司引进国际一流水平的全自动成套鸡蛋加工设备，单台打蛋机每小时加工鸡蛋 14.4 万枚，是国内最大的打蛋设备。5 组阀阵实现生产的全自动化流程，中央控制系统全程监控。CIP 在线清洗系统能够自动喷淋、清洗和消毒，严格的巴氏杀菌工艺，在保证生产连续性的前提下始终做到无菌生产。经过不到一年的努力，已发展了近百家优质客户，市场遍及上海、浙江、江苏、山东、江西等区域，重点目标客户群为以鸡蛋为原料的食品工业、烘焙企业、餐饮企业等，公司的诚信、实力和产品质量获得了广大客户的认可。

四、注重文化发展，大力塑造企业发展的软实力

近年来，公司每年都举办职工技术比武，通过比武营造了良好的团队氛围，促进了生产效率的提高。组织职工开展丰富多彩的文体活动、举办职工手机摄影大赛等，拍摄了《梦想·天成》宣传片，弘扬企业文化，《天成报》改版全新亮相，新开发的集团官网、蛋业网站及微信公众号等企业新媒体经过测试和完善已正式上线。

集团先后通过了 ISO 9001 质量管理和 ISO 22000 食品安全管理体系认证，使公司产品质量得到了充分的保证。“天成”商标被评为江苏省著名商标，天成产品被评为江苏省名牌产品。2017 年，天成集团的美誉度和影响力进一步提升。董事长光荣当选江苏省蛋品

行业协会会长。集团被公布为“第一批江苏省饲料安全管理规范示范企业”“江苏省饲料行业优秀创新企业”、中国“重质量、守诚信”示范企业。总经理陈敏荣获“江苏省饲料行业先进工作者”的光荣称号。

完整的质量控制体系 打造绿色环保产品

——中粮生物化学（安徽）股份有限公司

中粮生物化学（安徽）股份有限公司是中粮集团有限公司控股的 A 股上市公司，简称中粮生化。中粮生化成立于 1998 年 8 月 28 日，总部位于安徽省蚌埠市，是中国生化领域涉足农产品深加工的大型骨干企业、国家级农业产业化龙头企业。中粮生化利用先进的生物化工技术，对玉米等农副产品进行精深加工，年加工能力近 200 万 t，主营产品包括燃料乙醇、柠檬酸及其盐类、玉米蛋白饲料、生物发酵饲料及 DDGS 等系列产品。在为客户提供多样化产品的同时，发挥着改善能源消费结构、缓解石油资源短缺、保护大气环境、稳定农业生产、增加农民收入、实现可持续发展等重要的战略作用。中粮生化重视质量管理，建立并通过了 ISO 9001：2015 质量管理体系、FSSC22000 食品安全管理体系、FAMI-QS 欧洲饲料添加剂与预混合饲料质量体系等认证。

中粮生化在为中国农牧行业提供玉米淀粉渣、DDGS 等优质饲料原料的同时，依托中粮营养健康研究院、中粮生化研发中心等专业研发机构的技术支持，研究开发了生物发酵饲料系列产品——聚酶肽、玉米可溶蛋白饲料原料，为饲料企业提供一站式的采购解决方案。

聚酶肽采用乳酸菌、枯草芽孢杆菌和酵母菌 3 种微生物，以玉米淀粉渣、柠檬酸糟、玉米酒精糟可溶物、DDGS、玉米皮等为原料，生产含有菌体蛋白、小肽、有机酸、益生菌、酶系、维生素等未知营养因子的微生物发酵饲料原料。主要功能——增加动物采食量、促进动物生长、改善肠道微生物菌群平衡、预防消化道疾病等。

玉米可溶蛋白饲料原料是采用玉米酒精糟可溶物，以玉米等为载体干燥处理后的产物，玉米酒精糟可溶物是发酵提取酒精后的稀薄余留物中的酒精可溶物干燥处理的产物。DDGS 是玉米中的一些可溶性营养物质，发酵产生未知生长因子、糖化酶、酵母等；蛋白均为水溶性的，转化率 100%。

胃酸卫士——柠檬酸钙。柠檬酸钙作为一种饲料添加剂，既能补充矿物质钙，又能降低肠道 pH，促进营养物质的消化和吸收，同时还可以抑制有害微生物的繁殖。

不忘初心，继续前进。中粮生化秉承“营养、健康、绿色、环保”的理念，以“心”创新，回馈客户。未来，中粮生化将积极响应国家号召，不断延伸粮油饲料的产业链，推进产品应用的上下游环节的进步，进一步加快产业结构调整和升级，发展战略性新兴产业，奉献清洁能源和营养健康元素，建立行业领导地位，成为环境和谐、人类健康的推动者，实现员工、客户、股东价值最大化。

一、中粮生化文化理念

中粮生化作为中粮集团打造“全产业链”上重要一环，视“质量、安全、环保”为企业的生命，质量管理与中粮生化的发展战略、使命、核心价值观等企业文化紧密结合。引进国内外先进的质量管理模式，建立有效的管理体系，提高全员的质量诚信意识和质量法制意识，推动企业可持续发展，为社会创造价值，履行质量诚信的社会责任，引领行业自律和守法经营。

1. 企业使命。秉承可持续发展的理念，奉献安全、优质、绿色的食品添加剂和其他生化制品（能源/材料/医药），提升人类生活品质，实现员工、客户、股东价值最大化。

2. 企业愿景。成为最优秀的营养、健康、低碳、环保的生化制品提供者。

3. 企业精神。忠于国计，良于民生。

4. 企业核心价值观。公平公正，创新发展，业绩第一。

5. 核心文化。责任、荣誉、集体。

二、技术创新

中粮生化十分重视科学研究，拥有健全的技术创新体系、技术创新机制和完善的创新激励政策。中粮生化每年按照销售收入 3%的比例投入研发，并对研发费用进行归集和专项管理，重点用于实验室软硬件改造升级、新型先进仪器设备购置和研究开发项目。目前，中粮生化已授权专利 189 项，其中发明专利 128 项，实用新型专利 61 项；承担 1 项工信部柠檬酸清洁生产项目，主持承担 2 项科技部“863”项目：化工有机酸的生物转化技术和基因组理性设计、氨基酸生产菌种构建；参与 2 项“863”科技部项目：大宗生物基化学品的衍生转化和非生物质原料生物炼制技术。

近年来，中粮生化技术研发成果有 11 项通过科技成果鉴定，获得 2 项省科技进步二等奖、2 项市科技进步一等奖和 2 项市科技进步二等奖，6 种产品分别获得省级高新技术产品和新产品认定。2017 年 12 月，中粮生化饲料产品聚酶肽获得高新技术产品认定。中粮生化先后被评为“安徽省产学研联合示范企业”“安徽省自主创新品牌示范企业”。“中国发酵工业协会突出贡献奖”“国家火炬计划高新技术企业”“安徽省创新型企业”称号。

2017 年 11 月，中粮生化与欧阳平凯院士团队项目合作成立院士工作站，发挥南京工业大学和中粮生化各自技术优势，深化合作，形成互补，协同创新，在前沿技术探索、基础应用技术、科技成果转化、人才培养等方面为企业做出更大贡献。

生物发酵饲料是中国饲料行业创新发展的重要方向，未来 3 年占行业总产值的 10%，未来 5 年将占到 30%。生物发酵饲料正处于上升发展期，在畜、禽、水产等领域开始大量使用。未来中粮生化将针对不同畜禽的特点，定向开发蛋鸡专用和育肥猪专用发酵饲料产品。

三、中粮生化质量管理

（一）质量管理机构

中粮生化作为大型饲料生产企业，始终把饲料安全作为企业生存之本，认真履行社会责任，赢得了社会的信赖。

中粮生化品控部是中粮生化质量管理、饲料安全及检验管理的专业管理部门。通过以客户为关注焦点，建立标准化的质量、饲料安全管理体系，不断提升中粮生化的质量、饲料安全管理水平，持续满足客户的要求，实现中粮生化大质量管理的目的。

中粮生化设置专职质量、饲料安全管理人员，由副总经理（首席质量官）担任管理者代表。目前，专职质量、饲料安全管理人员 81 人，占总人数比例的 12.3%。中粮生化拥有国家注册质量工程师 78 人，质量管理体系注册审核员 7 人。

（二）饲料质量风险监测

作为中粮集团全产业链上的关键一环，中粮生化视质量安全为企业的生命，建立了 FAMI - QS 饲料安全管理体系，实施全过程控制，严格把控生产环节中可能出现的每一个质量、饲料安全风险，从原料到生产、销售、运输等环节进行有效监管，实现全流程可追溯，尽可能避免或减少影响饲料安全的潜在事故和紧急情况带来的损失，不断提高饲料安全风险控制能力，保障人体健康和生命安全。多年来，中粮生化饲料安全风险控制稳定，未发生饲料安全事故。

（三）饲料质量风险管理

完善《质量风险预警流程》，对法律法规信息、客户投诉、第三方审核、产品生产过程变更及信息进行收集、分析饲料安全风险评估，出具《质量风险报告》，并定期发布，形成质量风险预警机制。

建立质量风险预警提示平台：通过质量投诉现场检测、供应商评价标准化、原粮检验分析、检验检测风险防控 4 个平台，从源头、过程、出厂、运输等环节进行把控，并告知相关部门，形成风险预警提示。

（四）饲料安全可追溯和应急管理

每年定期开展饲料产品的模拟召回和追溯演练，产品模拟召回提升了中粮生化对产品追溯及饲料安全应急处理能力，建立了完善的质量饲料安全可追溯体系，制定中粮生化饲料安全应急预案，并定期开展演练。

四、企业质量诚信

中粮生化加强质量、饲料安全机构的监督和管理职能，全面推进质量、饲料安全诚信体系建设，夯实质量、饲料安全管理基础工作，确保质量、饲料安全风险源头控制和全过程监管工作，全面提升质量、饲料安全风险控制能力和管理水平。严格践行诚信管理，从产品研发、原材料采购、生产过程、售后服务等过程均建立质量诚信管理体系。中粮生化连续多年被政府部门评为安徽省诚信企业、安徽十佳社会责任感品牌企业、安徽省劳动保障诚信示范单位、安徽省卓越绩效奖、蚌埠市廉政文化进企业示范点单位、蚌埠市政府质量奖等荣誉。

高品质　超稳定
持续改善　真诚服务

——安徽强英鸭业集团有限公司

安徽强英鸭业集团有限公司成立于 2002 年，是农业产业化国家级重点龙头企业，含种禽、饲料、肉食三大事业部业务板块。饲料事业部属集团二级管理单元，成立于 2016 年 10 月 12 日，主要功能是完善集团产业链，为食品板块和养殖公司提供优质高效的饲料，目前在运营萧县、泗县、蒙城和利辛四家高科技饲料公司，专业从事鸭料生产，年产能 210 万 t。

目前，事业部有员工 400 余人，专业技术人员占员工总数的 70%以上，事业部领导骨干及专业技术人员均来自行业比较成熟的集团公司，其车间生产工艺与成套设备由江西联大公司设计与承建，核心设备全部引入美国 CPM 设备，技术先进，现生产肉鸭、种鸭等 7 个品种全价配合饲料。

在管理模式上，强英饲料各部门采用线路专员与总经理双驱动的管理模式，有效实现扁平化管理体制，较好地解决了等级式管理的层次重叠、冗员多、组织机构运转效率低下等弊端，加快了信息流的速率，提高了决策效率。

饲料事业部自创建以来，始终把实施质量发展战略作为立企之本，坚信一流的标准生产一流的产品，铸就一流的企业。强英饲料在业内率先建立了HACCP质量保证体系为基础的品质管理和质量安全溯源体系，并根据行业特点制定和实施了严密的质量关键点控制措施，形成了从原料基地管理、供应商考核评价、入厂检测、在线检测、产品出厂检测及养殖端使用检测的全流程全方位质量监控体系，切实将严格的质量管理落实到原料采购、产品设计、生产加工、产品销售、售后服务等各个环节，确保了饲料质量与安全。2017年产销量达70万t，其中萧县强英饲料有限公司30万t，泗县强英饲料有限公司15万t，利辛强英饲料有限公司25万t。

饲料行业连接原料与养殖的中间环节，行业利润相对较低，仅靠原料采购及周转率等很难进一步增强企业的竞争实力，且近年来饲料行业内部同质化严重、市场集中度较低。强英饲料以技术为主导不断注入国内外新成果，联合科研院所，不断创新创造，开发新原料新品种，以“情系三农、服务客户、成就员工、造福社会”为企业宗旨，不断优化自身品质锻造，推动开发新产品，有效促进了当地种植业、养殖业的发展和农民就业，加快养殖产业化和规范化进程，加快农业和农村经济战略性结构调整，实现了社会效益和经济效益的双赢。

强英饲料事业部本着“高品质，超稳定，持续改善，真诚服务”的经营理念，通过6S与精益化管理的持续推进与改善，在集团产业链一体化运营的模式下，将强英打造成农牧行业的一张名牌，持续不断地为食品行业提供绿色安全优质的饲料成品。强英饲料，愿为畜牧产业的健康和谐发展保驾护航，为社会主义新农村建设做出新的更大的贡献。

科技创新　服务三农 做行业领导者

——厦门隆励工贸有限公司

厦门隆励工贸有限公司于2012年成立，注册资本2 000万元。主要从事饲料添加剂、预混料、高档乳仔猪浓缩料和配合饲料的研发、生产、销售与服务。公司占地近40亩，生产工艺和设备采用国际知名企业瑞士布勒集团生产的全自动化生产线，具备年产10万t高档乳仔猪浓缩料、配合饲料和添加剂预混合饲料的生产能力，产品主要涵盖猪各生长阶段的40多个品种。旗下“易先”品牌已成为国内知名饲料品牌。

一、团结、互助、拼搏、创新，创建一流团队

公司坚持团结、互助、拼搏、创新的企业精神，并建立一个充满朝气、活力、团结、不怕苦、不怕累、踏实肯干的团队。勇于创新，敢于拼搏，回顾过去，着眼现在，设计未来，不断加快科技创新的产业化、市场化步伐，不断提高企业员工素质，强化企业整体管理水平，实行目标绩效管理模式，确保执行的有效性。

公司从成立起就抓服务团队的建设，服务团队由业务人员、售后服务人员和专家团队组成，目前，公司规模近100人。经过多年的市场开发及产品应用，已经有一套完善的养殖场饲养模式和保健体系，并逐步完善了一套培训体系。新的员工加入团队，首先就公司产品信息、特点以及公司提倡的饲养模式进行培训，考核通过后派往公司自己的猪场，经过长时间的锻炼和经验积累，再次对技能进行考核，考核通过后才能派往客户猪场。这样，到客户那里就能发挥作用，得到客户的认可。

目前，公司预混料和高档乳猪料产品销售范围已拓展到黄河以南的地区，遍布福建本省、广东、浙江、江西、河南、江苏、湖南、湖北等省份，并保持不断攀升的发展势头。

二、坚持人才领先的发展模式

公司始终视人才为企业最重要的资源，通过积极引进、放手使用、机制激励、文化吸引、培训提升等措施，聚集形成了一支高层次、高素质、高能力团队。公司已拥有博士和高级职称研究人员8人，硕士和中级职称研发人员15人。做到专长发挥，专业化发展，畜牧兽医、动物营养相关专业人员占总员工数的85%，尤其是市场服务营销队伍中，专业化程度达到90%以上，人员比例居同行业前列。与此同时，公司保持着良好的人才梯队建设，每年都吸纳一批优秀的专业化人才和大学毕业生就职，为企业的持续发展增添强大的动力。

三、坚持科技创新，开发特色产品

公司注重技术创新和产品质量。坚持以科技创新为主线，紧紧抓住质量、服务、诚信三大主题，塑造企业品牌，以产品的高质量赢得用户的高度认可。

公司以生物技术与动物营养产品研发为核心，采用“产、学、研”相结合模式，与四川农业大学、福建省农科院和厦门大学等著名高等院校密切技术合

作，有效促进科研成果的转化，加快其在公司产品中的应用，保证产品在行业内的领先性。

公司每年投入大量资金用于产品研发，公司自有6个规模猪场，与公司长期合作用于试验的规模猪场有8个，在每个创新产品上市前都做了大量的试验，得到实际生产中大量有效数据后，方可决定是否推向市场，从而保证了产品的稳定性，做到心中有数，有的放矢。

公司急用户之所急，想用户之所想，不断研发出绿色、环保、优质、高效的产品。在国内率先提出“全营养”配方与加工技术，通过全局考虑、重点分析猪在各阶段营养需要特性，结合进化营养和小分子营养代谢组学新理念，旨在通过营养途径增强动物免疫力，进一步挖掘动物生产性能，提高饲料利用效率。

公司全球首创研发并应用包被缓释氧化性和包被缓释微量元素预混料技术，彻底消除了长期困扰饲料企业的高锌导致的慢性锌中毒问题，解决微量元素污染问题，并且进一步提高养猪生产性能5%以上，显著改善猪的健康状况，真正实现无抗生素饲料产品和技术。高效、环保，引领行业可持续发展。

公司一向注重产品质量，在内部严格按照ISO 9001质量管理体系和《饲料质量安全管理规范》中的要求进行企业管理，制定了一系列严格的计量与质量管理制度和追溯系统，做到原料、产品可追溯，保证销售的每一袋产品都是合格产品。在日常工作和生产中，公司有一套完善的绩效管理体系，与生产的各个环节挂钩，从而保证入库的原料合格、生产过程无误、产成品检验合格。公司于2017年10月22日，顺利通过农业部《饲料质量安全管理规范》示范企业验收。

四、推行“客户、员工、企业”共赢模式

公司成立以来就导入以价值和共赢为核心价值观的企业文化，在公司内部通过实行绩效管理，践行价值文化，调整员工价值行为导向。在外部围绕整个产业链，全面整合各个环节的优秀资源，为公司和用户寻求更多的价值创造点。

从“用户成长、员工发挥、企业发展”三个层面来实施共赢。这样的价值观将用户、员工和企业有机地结合起来，使一大批优秀中间商、用户等走上了规模化产业化经营之路，员工和企业也得到快速发展。

在饲料行业日益同质化的今天，公司除了坚持创新，提供特色的产品外，还通过服务转型提高差异化能力，提升用户价值体验。公司坚持“内部服务外部，全员服务市场”的原则，将企业的基础落实在市场对价值的需求上，在技术服务上植入新内涵，改变用户落后观念，提供综合服务方案，增效益助发展，促进养殖业升级转型。

比如根据用户规模大小和实际养殖情况提供配套服务方案，提供技术服务如给猪看病、防疫与保健程序，教用户新的养猪管理技术和管理理念，帮用户做通产业链各个环节，提供准确的市场动态信息等。

公司成立以来就根据市场行情变化，销售方式和服务方式也随之而变，公司早已开始布局扩大直接服务终端市场，逐渐减少中间环节，直接与猪场对话和服务，进行协管或托管。公司根据猪场的实际情况进行分析，与猪场领导进行沟通或约定，采用公司提供的饲料和饲养模式，能够达到理想的预期生产目标和效益。这样一个猪场一个猪场地开发，稳扎稳打。一方面，把中间环节的利润还与客户，客户能够受益；另一方面，公司会得到越来越多的猪场的肯定。现在已经从当初的公司要求和客户进行协管合作，发展成客户主动要求和公司进行协管合作，可以说在合作模式和养殖水平方面已经在行业内小有名气。

公司不定期举办“易先”健康养殖论坛，针对不同市场行情指导猪只存栏、不同季节养殖过程中注意事项、不同产品及其饲喂方式、不同疾病的预防与治疗等内容与养殖户充分地交流和沟通，使养殖户在饲养过程中猪发病率更低、养殖水平和养殖理念逐渐提升、养殖效益得到充分保障。

五、立足畜牧业，创造新未来

公司通过专业化提升企业竞争力，将逐步发展成为国内优秀的农牧一体化、规模化、产业化企业。并在此基础上，发展成为对行业、社会更有价值的专业化综合性企业。纵观饲料行业，在产品日益同质化和竞争日趋激烈的形势下，厦门隆励公司有信心脱颖而出，成为饲料行业的标杆企业，为我国饲料工业的发展做出更大的贡献。

打造全球高档水产饲料知名品牌

——福建大北农水产科技有限公司

福建大北农水产科技有限公司成立以来，始终秉承报国兴渔、科技创富、互联众赢、胜在神爽的理念，以志创全球水产营养和健康高效养殖解决方案为愿景，以用互联网改变渔业为使命，以打造全球高档水产饲料第一品牌、搭建全球最大水产事业创业平台、构建全球最优水产综合服务企业为目标，致力于为中国水产养殖业提供高端高档神爽饲料产品、神爽

生物科技产品及互联网平台，并提供全面技术综合解决方案。目前，已在福建、湖南、湖北、天津、江苏、广东、江西等地建立及规划10多个高档高端水产饲料、微生态生产与研发基地，引领水产养殖走向健康、高效、生态的养殖道路，助力实现我国水产养殖的现代化！

福建大北农水产科技有限公司始终秉承和发扬国家科技创新驱动发展战略，先后投资近2亿元打造全国水产行业唯一的饲用微生物工程国家重点实验室和高端微生物发酵基地，投资近亿元在福建、广东、江苏、河北、湖北、湖南等地建立起高端海水石斑鱼、鲍鱼、南美白对虾、罗氏沼虾、生鱼、鲫鱼、河蟹、大黄鱼、草鱼、稻虾等一系列产学研基地，全力研究高效健康生态养殖模式。

在产品设计中强调少就是多，极致就是好和长尾理论，以用户为中心、产品质量为魂、爽悦他人为行动指南，以神爽芯片GHIOP技术为主导，全力开发高端高档高附加值和极具科技含量的神爽饲料产品和神爽伴侣生物科技产品。其中，神爽高档饲料包括神爽南美白虾料、罗氏沼虾料、小龙虾料、泥鳅料、斑点叉尾鮰料、草鱼料、超市鲩料、脆肉鲩料、鲫鱼料、罗非鱼料、石斑鱼料、鲆鲽鱼料、加州鲈料、黄颡鱼料、大黄鱼料、河蟹料、苗种料、开口料、金鲳鱼料等近20种系列产品；神爽生物科技产品包含调水改底、培藻肥水、解毒抗应激、营养补钙、保肝护肠、杀虫驱虫、抗菌消毒七大系列，旨在全力降低水产养殖综合成本、提高生产效率、改善肝肠健康、降低饵料系数、减少疾病发生、改善水体环境，为中国水产行业的科技进步和产业链升级贡献我们的力量。

福建大北农水产科技有限公司由留美博士、国家千人计划创业人才神爽博士掌舵，大力连接行业一切优质资源、资本和资讯，始终坚持互联互通、共创共赢、开放合作、科技驱动的神爽水产发展思维，为神爽水产科技的长远发展沉淀夯实基础。

近年来，福建大北农水产科技有限公司大力连接科技的力量，先后与李德发院士、林浩然院士、桂建芳院士等学术界的泰斗，强强联合，建立院士专家工作站；与中国科学院水生生物研究所、中国海洋大学、中山大学、华南师范大学、广东海洋大学、集美大学、中国农业大学、四川农业大学、西南大学、湖南农业大学、华中农业大学、深圳大学、湖南师范大学等科研院校搭建起校企合作平台；并深度参与世华会、中国养虾高手年会、石斑鱼论坛、华中膨化料论坛、亚太水产养殖展、福州渔博会、海峡项目成果交易会、武汉渔博会等大型行业活动，积极主动融入行业交流与聚合，为我国水产事业的创新发展贡献力量！

“跟着神爽走，财富必定有！”2015年1月，以创造价值、分享财富为核心的福建大北农水产科技有限公司事业财富共同体在厦门正式成立，进一步深化同心创业、同心发展和共享成果的神爽“金三角”事业伙伴关系，创富同盟的巨大优势和领先理念，在充满竞争和挑战的行业现状下凝聚力量、整合资源。

神爽水产养殖服务中心是实现创富梦的现实路径，福建大北农水产科技有限公司与遍布全国的事业伙伴，搭建起100多家神爽水产养殖服务中心，致力于为养殖伙伴提供高端高档微生态饲料、动保、技术服务、金融、信息、互联网等综合价值服务，全力助推六化六中心的建设；服务养殖终端，提升养殖效率，引导养殖伙伴走向健康、高效、生态的养殖道路！

大北农自创建以来就立志成为世界级农业科技与服务企业，以报国兴农、争创第一和共同发展为核心理念，福建大北农水产科技有限公司传承大北农优秀的企业文化，融入时代潮流、融入全球竞争、融入国家崛起，将“科技创新”作为立身之本，以更加豪迈之志和更大手笔推动水产行业更加高效发展，步入品牌化、规模化、标准化、产业化水产的4.0时代。

公司始终以用户为中心，不断强化用户体验和服务，不断厚植、开拓、创新主营业务，并积极探索“互联网＋水产”新模式，与北京农信互联、厦门水贝、常德启腾水产等单位联合搭建起渔联网平台，提升水产行业的信息化和智能化水平，缩短行业供应链，加速周转流通，引进金融服务，提升整个行业的经营管理水平与产出效率，为打造互联网＋渔业一站式综合价值服务平台不懈努力！

“神爽科技，扬帆未来！”福建大北农水产科技有限公司成立以来，在业内脱颖而出，硕果累累，深受各方关注，短时间便成为行业领跑者，先后斩获水产行业年度饲料企业、中国水产科技“年度十大杰出企业”“中国水产膨化料领军企业”等至高荣誉；神爽博士本人荣获中国农牧行业年度风云人物、“鲲鹏奖”中国水产业影响力人物、入选福建省创新团队百人计划、中国水产科技“年度十大杰出人物”等众多荣誉；农信渔联获得农牧行业年度最佳商业模式、中国水产科技“年度卓越创新奖”。厚积薄发铸利剑，神爽的产品力、品牌力、连接力在业内刮起阵阵神爽旋风！

在大发展、大变革、大调整的时代潮流中，福建大北农水产科技有限公司肩负使命、扬帆起航，相信在不久的将来，福建大北农水产科技有限公司打造全球高档水产饲料第一品牌、创建全球最优水产综合服务企业、搭建全球最大水产事业创业平台的三大核心目标及伟大愿景一定能够实现！

科技先导　服务领先

——福州海马饲料有限公司

福州海马饲料有限公司是一家高起点、高科技、高品质、高信誉的现代化水产饲料专业生产企业，公司占地面积100亩，采用国内最先进技术，按照安全清洁生产及节能生产理念配备设备，实现生产自动化、数控化、智能化。同时，导入ERP等信息化管理系统：采购、生产、销售、产品库存管理。公司于2017年，开始逐步导入数字营销、客户终端信息化管理，为养殖户快速解决养殖中的实际问题。公司产品主要为对虾、鳗料、甲鱼料、石斑鱼料、大黄鱼、鲈鱼、金鲳鱼等特种水产料，年生产能力可达10万t。

一、技术创新及服务

创新是企业发展的生命力，公司本着“科技先导、服务领先”的理念，配备国际标准化的检测、研发设施，组建了强大的科技队伍，每年公司免费培训养殖户养殖技术，做好售前、售中、售后服务，现场解决养殖疑难问题，受到广大用户的信赖。公司管理团队拥有多年水产饲料研发经历，经验丰富，在饲料行业具有优势的核心竞争力。同时，公司凭借一流的设备，先进的技术，科学的管理手段不断增强企业竞争力。公司积极与厦门大学、集美大学、福建农林大学、福建师范大学、中国海洋科学院黄海研究所、省淡水研究所、省水技站等院校及科研单位合作，拥有由专家、教授组成的顾问团，这是一支强大的科技服务团队，致力于养殖技术讲座、现场巡回指导、编写信息资料交流等活动；同时，建立了“公司＋合作社＋农户”的经营模式，加强对养殖户的技术指导及技术服务，降低农户的养殖成本，提高农户的养殖水平和经济效益，同时也提高了企业品牌的知名度。

二、品牌及质量口碑

公司长期以来重视品牌建设，努力塑造知名品牌，视产品质量为企业生命，不断建立各项产品质量标准和完善的质量保证体系。公司成立30年来，以其产品的优质、环保及卓越、高效的企业经营管理，先后荣获部优、省优及福建名牌等称号，企业并被授予农业部首批饲料质量安全管理规范示范企业、福建省海洋产业龙头企业、福州市农业产业化市级重点龙头企业、福建高新技术企业、福建先进技术型企业等荣誉称号，并通过ISO 9001质量管理体系认证，ISO 22000食品安全认证以及ISO 14001环境管理体系认证。

三、销售网络

公司多年来经营市场成绩有口皆碑，迄今营销网点已遍布全国20多个省份，产品深受客户信赖。提起“海马”几乎就是“品质优异”与“物超所值”的代名词。

四、安全及环保责任

公司不断提升安全生产管理水平，切实加强安全基础工作建设，持续保持良好的安全生产态势。公司以安全生产标准化体系推进为基础，深入开展安全标准化达标建设，严格落实以作业许可、表单化管理为手段的行为预控管理，实现了安全工作由传统管理向体系管理、标准管理的跨越。根据国务院安全生产标准化建设的要求，公司成立了安全生产委员会，稳步推进体系的各项工作。

同时，公司积极响应国家生态文明建设，走绿色生产道路，促进可持续发展。针对饲料产业绿色发展新要求，将可持续发展融入企业文化，大力推进节能减排，推广绿色营养调控，从源头净化环境，实现高水平有效供给，保障质量安全和环境友好。

面临21世纪的市场激烈竞争，海马除了要让每一位顾客感到满意外，更要让每一位顾客都因海马的用心而感动，海马一直以来都以其产品的优质、环保、高效及卓越受到顾客的青睐。海马公司有信心、有能力以最大的热忱与全体员工携手努力，共创佳绩。

真正践行以养殖户为中心

——双胞胎集团

一、企业介绍及荣誉

双胞胎集团是一家全国性大型农牧集团，致力于饲料研发与制造、生猪养殖、粮食贸易、金融服务等业务。自1998年成立以来，双胞胎饲料年复合增长率50%，连续6年以100万t的速度增长，年销量突破900万t，稳居全国前列。双胞胎集团是中国企业500强，中国民营企业100强，中国制造业500强、国家级农业产业化重点龙头企业、国家级农产品加工示范企业、中国十大饲料领军企业。

二、2017年取得的成绩

2017年，双胞胎年销售收入突破500亿元，年销量突破900万t，均创历史新高。直销新业务聚焦200～1 000头母猪的价值养殖户，通过营销员转身技术服务，为养殖户提供增值服务，实现销量150万t；新技术在强化大猪料、母猪料等产品的应用，拉动母猪料实现销量80万t；越南海阳双胞胎成立，标志着海外拓展迈出了坚实的一步。

养猪业务取得重大突破，成功探索母猪场高效养猪模式，全年母猪存栏3万头。2017年双胞胎紧跟国家精准扶贫政策，将国家政策和企业发展结合起来，从贫困县着手，在全国已经签订20多份猪场用地协议，受到各地政府的欢迎。双胞胎定位聚落式布局，聚焦发展，自建母猪场，公司＋农户和养殖小区同步进行。特别是公司＋农户模式，采用跟随策略，短短半年多的时间，在全国各地已经建立了18个服务部，上市＋存栏肉猪突破50万头。双胞胎秉承以“以养殖户为中心”的价值导向，让养殖户比与友商合作每头猪多赚20元。

粮食收储取得重大突破。2016年国家推出的玉米收储制度改革，通过“市场定价、价补分离”的方式使得玉米收储市场化，市场化定价机制带来巨大商机。双胞胎根据国家政策，快速在东北成立了专业的收储团队，建立103个原料收储点，通过自行收储、潮粮烘干、委托收储、临港收储等多种方式，2017年完成玉米收储331万t，采购成本下降7.5亿元，全部让利给养殖户，大大增强了产品的竞争力。

三、双胞胎的优势

1. 经营理念。双胞胎二十年如一日，专业只做好猪料，始终坚持以养殖户为中心，站在养殖户角度去思考问题，为养殖户的利益着想，始终摸着养殖户需求的脉搏，不断研发、优化产品；坚持薄利多销，微利经营，最大限度地让利给养殖户，真正帮助养殖户降低成本，提升效益。正是因为这种坚持，使得跟随双胞胎的养殖户越来越多，销量也屡创新高。

2. 先进技术。双胞胎集团掌握核心技术，专业只做好猪料，拥有发明专利140多项。通过与国际科研机构、中国著名农业高校、科研院所合作，成立博士、院士工作站、国家级养猪技术中心。研发技术多次荣获国家科技进步二等奖。率先引入并运用净能体系技术、酶运用技术等，战略性地储备了发酵技术、低蛋白技术、低抗技术、无血浆技术、PF生物发酵技术等，使得我们的饲料保持综合性价比最高，使养殖户用到放心、安全的饲料。

3. 高性价比。首先，双胞胎的规模化采购，大宗采购、大船物流、国家配额、自有原料收储等一系列专业化举措有效降低了原料成本，而且通过江海联运的方式，运费比行业平均水平低。其次，在于生产的自动化。通过提高工厂机械化率，提升自动化程度，有效节约了人工成本，极大提高了人均效率。再次，在于物流渠道的优势，把工厂建在养猪户家门口，就近提货，直接减少养猪户购买饲料的物流成本。最后，在于卓越的运营，双胞胎集团拥有行业内最有效的内部运营系统，拥有高效的营销管理团队。

4. 优秀团队。双胞胎拥有一支首战用我、用我必胜，充满狼性的团队，正是这群充满狼性、敢想敢干的双胞胎人，双胞胎集团才能不断开疆扩土，捷报频传。也是一批批优秀的双胞胎人用青春和智慧换来了今天双胞胎的行业地位，全体双胞胎人的艰苦奋斗，成就了今天的基业。而双胞胎从来不会让优秀的员工吃亏，为了回馈和激励长期艰苦奋斗的员工，双胞胎相继推出了员工持股计划、3331利润分享机制和跟投机制。双胞胎的成功主要是在制度建设上给全体员工实实在在的“希望”，让员工可以“354”（3个人干5个人的活，拿4个人的工资）工作模式而毫无怨言。

5. 平台优势。双胞胎利用20年的时间，搭建了技术研发、全球采购、产品制造、市场营销、技术服务、财务融资、人力资源及行政服务八大管理平台。通过平台的搭建，为营销前台做好支撑和服务，让营销员有更多的精力在前线“打仗”，后方则保障“枪支弹药”的持续供应，解决后顾之忧。凭借强大的平台优势，双胞胎不断降低产品全流程成本，把省下的每一分钱都让利给养殖户，为养殖户提供高性价比产品，双胞胎销、管、财三项费用仅为3.5%，远低于行业费用率。

6. 新业务突破。双胞胎从2015年开始实施战略转型，从主要服务中小猪场，到服务家庭猪场和中大规模猪场，两手都要抓。三胞胎直销从2015年以强劲的爆发力进军大猪场，两年内销量就突破了150万t；定制化代工（OEM）凭借强大的采购平台和运营管理能力迅速获得中粮、温氏、正邦、天兆等国内大型企业的认可，成为所向披靡的定制化代工之王；双胞胎金融业务自2012年以来累计帮助客户融资超40亿元，累计为农户贴息达数亿元，彻底解决农户融资难、融资贵的问题，累计扶持1万多名农户脱贫致富，数万户养猪场规模升级，环保改造绿色养殖，培养了一大批优质产业农户。双胞胎根据国家政策，在东北成立专业的收储团队，建立103个原料收储点，通过自行收储、潮粮烘干、委托收储、临港收储等多种方式，2017年完成玉米收储331万t，大大降低了采购成本。

四、未来规划

未来5年，双胞胎将聚焦到饲料主航道，基于产业链垂直整合，产融结合，构建生态圈，实现跨越式发展。上游发展玉米收储贸易及农业一体化，饲料板块利用好现有核心竞争力及管理平台，加快海外布局，战略布局直销、OEM等新业务；下游大力发展生猪养殖；通过5年时间，要实现玉米收储1 600万t，饲料销售2 000万t，生猪出栏1 500万头，实现销售收入1 000亿元。

为养殖户谋利　为消费者造福

——江西加大集团

一、基本情况

江西加大集团是一家以高新技术为主导，集科研、饲料生产、种猪繁育为一体的现代化农牧企业。创建于1993年，经过20多年发展，从一个地方企业发展为全国知名农牧企业，进入持续稳健的发展轨道。总部位于江西省赣州市，下属江西加大种猪有限公司被国家农业部评选为“国家生猪核心育种猪场”。旗下有13家饲料子公司，6家国家级原种猪场。集团注册资金3 050万元，资产总额10.9亿元，固定资产2.27亿元。现有员工1 215人，其中大学专科以上人员占55%。集团生产“加大”“赣大”“大汉”“美园”四大品牌饲料，以猪料为主体，兼顾预混料、鸡、鸭、鱼系列饲料的生产与销售；多次从美国、丹麦直接进口共2 000头原种猪，为养殖户提供品质优异的种猪。产品畅销江西、广东等10多个省市，市场占有率和品牌影响力名列前茅。

二、加大集团2017年经营情况

2017年，集团年产销饲料约130万t，销售收入40亿元，纯种母猪存栏1.2万头，年出栏种猪及商品猪30万多头。产销率达100%。

饲料生产方面：在原有的生产能力的基础上，累计投资2亿多元，新增生产基地、车间、自动生产料线、码垛机等，通过设备投入及技改来提高效率，以减轻生产员工劳动强度，现集团年生产能力达500万t。

种猪繁育方面：2017年，广东加大金山原种猪场建成，再次从美国引进优质原种猪1 000多头。派人到美国、加拿大、丹麦等西方国家考察学习，让饲养管理、育种技术与世界先进水平保持同步。种猪场均按高标准建设，使用进口全自动喂料设施。与世界著名农牧企业美国华特希尔集团合作，应用AIRWORKS生猪养殖工艺，在江西广东两省，打造两大养猪部落群。

2017年4月，惠州加大饲料有限公司建成投产，生产饲料能力30万t。同年5月，湖南加大新厂建成投产，生产饲料能力30万t。

目前，集团在江西赣州、广东三水、广东肇庆、广西贵港计划选址再建饲料生产基地。

三、企业荣誉

1. 加大饲料。

2000年1月10日，被评为江西省科技型企业。

2008年12月，被评为江西省质量管理先进企业。

2011年12月，被评为农业产业化国家重点龙头企业。

2014年11月，成为中国农业产业化龙头企业协会会员。

2015年12月25日，加大商标被延续认定为江西省著名商标。

2015年12月，被评为农业产业化江西省重点龙头企业。

2016年12月，被中国饲料工业协会评为“2016年全国三十强饲料企业”。

2017年，被评为全国三十强饲料企业。

2. 加大种猪。

2009年，广东加大原种猪场、被农业部评为国家生猪生产标准化示范场。

2011年，江西加大原种猪场，被农业部评为国家生猪生产标准化示范场。

2012年12月，加大种猪荣获江西省第八届种猪性能综合评定一等奖。

2012—2013年，中央电视台第七套农业频道《科技苑》栏目组两次来江西加大原种猪场拍摄养猪科普片。养猪科普片《高产母猪的选秀路》《谁在说，猪在说》《为什么没人卖猪奶》在央视播出后，好评如潮。

2012年，加大种猪荣获江西省第八届种猪性能综合评定一等奖。

2014年，江西加大原种猪场通过“国家动物疫病净化场”评估认证。

2015年1月，江西加大种猪二场获得供港资质（证印号JX716）。

2015年8月，江西加大种猪有限公司被评为国家生猪核心育种场。

2017年12月，集团被评为“2017年度江西猪业优秀企业”。

四、发展思路

1. 加大“饲料＋种猪”的经营模式，实现了“1+1>2”。随着国内饲料行业激烈的竞争，饲料业进入了微利时代，经营饲料的风险在不断加大；扩大企业产品价值链的空间，寻找新的利润点，成为加大谋求持续发展的必然选择。在这种形势下，加大对产业链整合做了大量的努力。借助于自身强大的实力、良好的品牌效益和丰富的经营经验，加大以饲料为基点向产业链下游延伸，大力发展种猪繁育产业，走饲料、养殖一体化的发展战略。加大集团的猪场既充当了加大饲料的“忠实客户”，同时也充当了饲料的“实验场”。加大种猪场为加大饲料科技研发、技术升级提供强大动力，许多饲料中的原理已经得到了猪场的实践，并及时反馈到饲料厂做改进。“饲料＋种猪”两者互相促进，在不断改进中提高饲料产品的技术含量，反过来又提高了种猪的质量。原则上加大的饲料卖到哪里，加大的种猪就卖到哪里，这对加大饲料、加大种猪的品牌树立以及营销有巨大的推动作用。

2. 专业专注做好猪料。饲料企业也各有重点，做猪料、鱼料、鸡料、鸭料、特种水产料等各有不同，一心一意做好一种饲料的企业发展壮大了。想什么料都做好是不可能的。饲料是老实人的事业，广告可以骗人，但骗不了猪，猪吃了饲料是要长肉的。加大的企业愿景是“为养殖户谋利”，让养殖户赚钱，帮助养殖户把养殖成本降到最低。加大认为，饲料企业自己不养猪或养不好种猪，怎么可能提供好的猪饲料？加大要作既能做好猪饲料又能养好种猪的企业。因为专注，所以专业。为此，加大还坚持以技术创新和管理创新来促进成本管理，加大饲料始终坚持高质量，这不仅要求配方技术先进，同时要求原料质量、生产流程控制等，要求每个生产员工责任到位。同时，还从整合产品种类入手，重新整合了产品结构，以壮士断腕的决心，将数百个品种减少至十几个。

3. “公司＋家庭农场”。为引导养殖户走现代化养殖之路，集团推出“公司＋家庭农场”的合作方式，公司出资51%，家庭农场出资49%，应用AIRWORKS生猪养殖工艺，从栏舍建设，饲养管理，建设高标准养猪场。公司为家庭农场兜底，保证每头生猪出栏100元最低收入，让农场主稳赚30万元/年以上。利润超过200元/头，利润按投资比例分红。公司计划用3年时间，在江西赣南地区联结合作农场200家左右，母猪存栏3万头左右，年生猪出栏60万头左右。此举是响应国家号召、顺应社会发展大势，帮助农民从个体小农经济转型为家庭农场规模经济，企业也因此获得源源不绝的发展动力。

4. “公司＋农户”。公司在产品辐射范围内，与养殖户建立了稳定紧密的合作关系。据不完全统计，与32 000个农户与公司合作。公司通过举办养殖技术培训，发放畜禽养殖技术资料，自办媒体《加大人》报及微信公号，来提升养殖户饲养管理水平。在市场上养猪服务中心，高薪招聘技术人才，免费帮助养殖户提高饲养管理水平，现场解决养猪过程碰到的难题，手把手传授养猪技术。通过努力，公司合作户中出现了一大批百万富翁。

5. 建特惠店、做直销猪场、猪头式经销商。饲料成本直接关系养殖效益，层层经销又使价格虚高。公司及时将战略重心从关注企业自身利益转向为养殖户（场）的增产增收。公司成功探索出三种营销模，特惠店、直销猪场、猪头式经销商。

特惠店是将经销商员工化，经销商的“特惠店”成为公司的物流、仓储、服务平台。养殖户只要同公司签订合同，就可凭着加大特惠卡，到特惠店以略高于出厂的价格购买饲料，每吨省出50元。集团在江西、广东等12个省份建立500个特惠店。2017年，加大饲料特惠店共销售饲料40万t，为养殖户省出2 000多万元养殖成本。

直销猪场是针对有一定规模的养殖户，让他们直接来公司拉货，出厂价销售。对小规模的养殖户，鼓励他们几户或十几户联结起来，推选一个牵头人，直接来公司拉货，出厂价销售。经销商类似于团购。这样，就为养殖户最大程度地节约了养猪的饲料成本。2017年，加大饲料直销猪场，经销商销售饲料90万t，为养殖户节省5 000多万元养殖成本。

公司用这三种营销模式，减少了饲料流通的中间环节，受益最大的是养殖户，公司饲料产品销量也得到稳定增长。

为养殖户谋利、为消费者造福是加大集团的经营宗旨。集团将一如既往地在带动农业战略性结构调整、推进农业现代化、吸纳农村富余劳动力、推动农村工业化和城镇化等方面大展身手，为实现社会主义新农村建设做出更大的贡献。

注重产品质量　生产安全饲料

——九江博莱农业集团

九江博莱农业集团位于九江市柴桑区，创建于1999年，是一家生猪养殖全产业链的农业产业化国家重点龙头企业。公司以终端市场为导向、产品研发为支撑，以生产安全高效饲料为己任，致力于“一二三产业”区域化产业高度融合的生猪养殖全产业链闭环发展，围绕“产业链经营，产品可放心”品牌战略，现已研发成功“博莱品牌”系列产品，如微生态制剂产品“蓝圆双清”；植物精油微囊产品“博莱威金”。产品赢得市场广泛认可，多年来畅销全国各地，并被国内众多知名畜牧企业采用。与广东温氏集团、广东东江集团、北京顺鑫农业集团、广西富凤农牧集团、广西金陵农牧集团、云南惠佳农牧集团和河南雏鹰农牧集团等建立了长期合作伙伴关系。

公司成立博莱集团畜禽技术服务中心，打造养殖技术服务保障工程体系。现建有国家级农科教合作人才培养基地、博士后科研工作站、省级企业技术中心，注重科技创新，保持行业核心竞争力。上市“博莱”品牌饲料系列产品，均获得市场广泛认可。同时，积极推行与各高校、科研机构之间的人才引进、科研项目合作，注重人力资源战略保持企业持续发展。更视“产品质量就是企业的生命”，严格按 ISO 9001 国际质量认证体系和 HACCP 体系进行生产，产品合格率控制在 99%以上，市场退货率低于 1%。

博莱集团致力于为企业与员工、养殖户与经销商创造价值，真正做到“客户满意、员工满意、股东满意”，从而实现企业的持续、稳健、快速发展，为实现“一流品牌、百年博莱”的目标而不懈奋斗，同时正在以高品质、高效能的产品为行业技术进步、畜牧养殖业健康蓬勃发展贡献着力量。

打造健康猪业发展平台

——山东希牛集团

山东希牛集团创立于 2002 年 9 月 16 日，是集饲料研发与产销、原料贸易、特色养猪及“生态、风味、健康”品牌猪肉连锁店为一体的综合农牧企业；坚持“把小平台做成大平台，把大平台做成大家的平台”的核心价值观，历经 16 年砥砺奋进，现已发展成为年饲料产能百万吨、拥有十余家子公司、固定资产 1.2 亿元、员工 1 800 余人、猪饲料总销量位居山东前列的农牧企业。

希牛集团自成立以来一直坚持走专业化发展道路，以专业队伍、规范管理、先进设备及高效养猪“26523 模式”，帮助广大猪场朋友实现更佳的养殖收益。公司凭借过硬产品质量、良好市场信誉，产品已实现对山东、江苏、河北、河南、安徽等省的市场覆盖，猪饲料总销量位居山东前列。目前，集团已形成“饲料、贸易、特色养猪与健康肉食”四大主业务板块。希牛集团秉承“诚信、谦虚、负责、乐业”企业精神，广泛获得社会各界好评。

“雄关漫道真如铁，而今迈步从头越”，拼搏奋进的希牛人正在为实现下个五年规划——“双双百目标”（2022 年实现猪料百万吨、特色养猪百万头、高档健康肉食店百个、产值百亿元并上市）而披荆斩棘。集团在“把小平台做成大平台，把大平台做成大家的平台”的核心价值观指引下，以事业平台凝聚人，以仁孝文化塑造人，不断吸纳富有朝气与激情的专业人才及精英团队，共同打造“母猪的保镖、仔猪的保姆”的健康猪业发展平台。希牛人肩负起“培育人、创财富，做健康快乐事业”的崇高使命，通过不懈努力打造“希牛特色生态养猪产业链”，助推畜牧业健康发展。

希牛集团用实际行动来发展无抗饲料、无抗饲养，成就健康食品，为人们放心食用更有营养、更健康、更安全的食品做贡献。目前，公司有复合预混料、浓缩料和配合料，品种齐全，结构合理，根据猪的生长需要，科学规划不同阶段的产品，努力让动物尽享福利，在健康快乐的成长中为养殖者提供最大的经济效益。希牛集团以技术为主导，不断开发新产品，一直致力于安全健康，绿色养殖研究。

目前，集团从以下几个方面进行了无抗产品的研发：

①针对不同的饲料资源和条件，通过合理的配制和加工工艺手段，使饲料产品能够达到较好的消化率。同时，有针对性地进行营养调控与供给，为猪只提供最适的营养元素与水平，通过改善产品的营养来提高动物的免疫力和健康水平，减少抗生素的用量。

②通过低蛋白日粮、低铁日粮、高纤维、颗粒饲料等技术，控制有害菌群在肠道内的定植、繁殖，减少动物感染疾病的机会。积极研发中草药、酸化剂、植物精油、酶、益生菌/益生元、功能性纤维素等新型饲料添加剂在饲料的单一和综合使用效果。

③选用高品质的蛋白饲料原料，关注抑制霉菌和控制霉菌毒素，减少霉菌毒素的隐性危害。选用预处理原理，如膨化或膨胀技术，通过消除饲料中潜在的污染细菌，增加营养物质的可用性，改善适口性。研究原料不同粉碎细度对消化系统健康和免疫力的关系。

希牛集团旗下临沂桑花香食品有限公司有自建规模猪场和蒙山种养基地，育肥猪采用蛋白桑发酵饲料饲喂，拉长生猪生长周期，扩大生猪活动范围，有效地提高了猪肉质感。饲料中添加丰富的维生素、氨基酸、有机微量元素，不添加抗生素、激素等，定点屠宰，经过质检、排酸，全程冷链运输，肉品营养丰富，口感好，永远能够为顾客提供高质量的生态风味健康猪肉。

绿色无抗饲料的探索与实践

——山东久久和牧农牧集团有限公司

山东久久和牧农牧集团有限公司，是一家由价值饲料、生态养殖、风味品牌肉、田园综合体观光旅游和“互联网+”，五大业务板块构成的循环经济模式创新型农牧集团企业，创立于2008年3月18日。以中国农业大学、四川农业大学和华中农业大学为技术依托，由著名的营养专家进行配方设计，采用现代化管理模式、国内领先的生产工艺进行生产。拥有现代化的检测、分析仪器及现代化生产线，饲料年产能100万t。久久和牧产品定位为高品质、高效率、高性价比的绿色价值产品。获得的荣誉有：山东省饲料行业协会常务理事单位、临沂市饲料行业协会副会长单位、中国饲用抗生素替代品产业创新战略联盟理事单位。

经过多年的稳步发展，久久和牧集团已形成了独特的企业文化和完善的质量保证体系，产品质量、服务体系和特殊产品加工能力深得用户赞誉。企业坚持专业化猪料生产，以为养殖户创造价值为己任，成功创建并推出健康“555”乳猪营养套餐。“久久和牧”“久久兴和”“九州新粮”“久久兴牧”“久久瑞牧”“久久惠牧”“九州汇海”“ALLWAY”（澳威）、“KNGWAY”（金威）和“鑫美粒”等品牌已深深扎根于广大养殖户心中。

久久和牧集团运用全新的理念，打造了一支具备“智慧、开拓、创新”特质的优秀猪料营销团队，建立了具有久久和牧特色的团队文化和经营理念，培养了一批德能兼备的优秀管理人才。现拥有畜牧兽医、动物医学、饲料加工和经营管理等专业人员1 000余名。

2014年3月7日，著名国内农民歌手大衣哥朱之文成为久久和牧饲料形象代言人。

2016年5月3日，山东恒颐电子商务有限公司正式成立，主要从事农牧产品购销和农牧机械购销经营。负责久久和牧产品电商经营和对外进行相关业务合作，积极推动久久和牧品牌建设。这标志着久久和牧正式启动互联网+业务板块，以适应中国互联网事业的迅猛发展和农牧行业转型升级的要求。

2018年2月26日，山东九州汇海农业集团有限公司成立，3月18日正式启动。主要从事种猪繁育、生猪养殖和田园综合体建设开发。

旗下企业饲料板块：莒县兴和饲料有限公司、日照和牧饲料有限公司、江苏久久和牧农牧科技有限公司、临沂新粮饲料科技有限公司、新沂正大和牧饲料有限公司、平邑和牧饲料有限公司、临沂澳威饲料科技有限公司、山东恒颐电子商务有限公司、沂南县明成（和牧）饲料厂、潍坊迈腾饲料科技有限公司。

养殖板块：山东九州汇海农业集团有限公司及其属下临沂鲁润大容养殖有限公司、平邑鲁润大容养殖有限公司、临沂瑞牧养殖有限公司、新沂久久兴牧养殖有限公司、新沂春晓牧业发展有限公司、临沂九州汇海生态农业公司。

绿色、健康、安全的食品已经成为当前我国消费者的基本需求，对饲料生产和畜牧养殖提出更高的要求。作为畜牧养殖从业者，向广大养殖户和养殖企业提供适合的健康饲养模式、安全环保的饲料，推进养殖规模化、标准化和科学化是我们的本职工作，将“为用户提供绿色、生态、价值产品，为中国畜牧业健康发展而努力奋斗”作为山东久久和牧集团的企业使命。为了实现绿色无抗饲料，我们进行了多方面的试验，并取得了一定的成果，初步形成了系统性的减抗替抗方案。该系统方案包含六个方面。

1. 原料预处理。使用易消化、抗原和致敏原少的原料有助于动物肠道发育，促进前肠对营养物质的消化吸收，减少后肠发酵，减少病原增殖。为此，我们选择易消化的原料，对豆粕等含致敏原和抗原的原料进行预处理，降低仔猪腹泻的风险，从而减少饲料中抗生素的使用。目前，我们筛选了多种方案对豆粕、麦麸等原料进行发酵或酶解处理，并将相关成果申请了专利技术。

2. 霉菌和霉菌毒素的控制。霉菌毒素损害仔猪的免疫力、损害肠道健康，加剧仔猪感染病菌和腹泻的风险。通过严格的原料品质控制，降低霉变和霉素，降低仔猪腹泻风险。

3. 饲料的熟化处理。通过二次制粒、膨化等生产工艺，加强饲料的熟化处理，促进消化，减少后肠发酵，降低腹泻风险，减少抗生素用量。

4. 降低饲料的系酸力。选择系酸力低的原料、利用有机酸是降低饲料霉变和系酸力的最佳途径。合理选择酸化剂组织，可以提高饲料蛋白质的消化率、抑制病原菌繁殖，降低腹泻风险。

5. 调整配方结构，促进肠道发育。合理的营养水平和结构是促进猪健康的关键。与四川农业大学等院校合作，将抗病营养理论运用于实践。通过原料来源的筛选组合，合理设计配方蛋白水平、钙磷水平，在降低氮磷排放的同时，也降低了腹泻风险。

6. 添加剂方案的筛选。通过分析抗生素的作用原理，设计添加剂的组织方案，筛选了大量的组合方案。形成了“益生菌+益生素+复合酸化剂+植物精油+肠道修复营养物质+免疫调节”的组合方案，在很大程度上降低了抗生素的使用，基本可以完全替代氧化锌的使用。

下一步的工作虽然在饲料生产环节能够实现一定程度的减抗和替抗，但是如何将这些措施有效地在养殖环节应用还需要做很多工作。比如发酵和酶解原料安全高效的使用方法，母猪—仔猪—育肥猪系统化的减抗替抗方案的系统化整合。

加快企业转型升级　努力实现高质量发展

——唐人神集团股份有限公司

一、基本情况

唐人神集团是首批农业产业化国家重点龙头企业。2011年3月25日，在深圳A股成功上市。集团致力于生猪全产业链经营，经过近30年的创业与发展，已经构建了“饲料、生猪、肉品”三大产业一体化经营的核心竞争力。集团旗下的“唐人神”“骆驼”品牌都是中国驰名商标、中国名牌产品。“美神”种猪是省著名商标，通过了美国NSR认证，达到与美国同步育种水平。集团位列于中国饲料、肉类、畜牧行业前10强，跨入中国制造业500强，中国民营企业500强。

二、主要做法

近几年，集团加快转型升级步伐，努力实现高质量发展。主要体现在以下几个方面：一是注重产业链经营，增强核心竞争力。二是注重企业管理，提升专业化运作能力。三是注重协同效应，推进共同发展。四是注重技术和人才，打造超群产品力。五是注重环境保护，实现可持续发展。

1. 注重产业链经营，增强核心竞争力。集团始终坚持生猪全产业链经营战略，一方面继续做大单一产业规模，提升独立发展能力。饲料产业通过新建、并购等方式，在全国20多个省的养殖带和原料带建立了110多家子公司，销量470万t，2013年12月26日，投资4.86亿元收购山东和美集团40%股权，成为第一大股东。2016年9月29日，以1.6亿元收购深圳比利美英伟51%股权，构建前期料高端品牌。肉品产业投资1.1亿元兴建了唐人神100万头冷鲜肉加工生产线，投资1.6亿元兴建10万t西式肉制品专业生产线，形成了中式风味、品牌生鲜、西式制品、休闲肉品四大品类。养猪产业2016年12月30日，集团以4.59亿元收购了湖南生猪养殖规模最大、20万头生猪规模的龙华农牧90%的股权，3年内养殖规模将达到50万头。目前，在全国布局猪场16个，存栏母猪5万头，商品场10个，存栏母猪40 000头。另一方面，推进产业内部及产业间的资源共享、协同发展。产业之间相互依存、相互支撑，极大增强了产业的竞争能力。

2. 注重企业管理，提升专业化运作能力。集团建立了采购、生产、研发技术、质量、财务、营销、人力资源等管理专线，完善专业管理体系。一是定期召开专线管理会议，有针对性地解决经营管理中的问题，提升专业管理能力。二是推进专线百分制考核、“日清日结”管理模式以及“规范化、流程化、表格化、信息化”四化建设，成本费用改善明显，原料采购成本节约5 000万元/年。三是推进工厂精益化管理与大部制改革，管理效率大幅提升（如玉林湘大8 000t/月，公司只需36人）。四是建立阿米巴经营激励机制，让员工人人都是经营者，个个都是生意人。五是创新建立“1+5”的养猪模式，成本将低至10.4元/kg，成本处于行业最低水平。六是自行开发了智慧猪场计算机管理系统和手机APP，帮助猪场进行数据化轻松管理和远程视频诊断。能快速、实时、精确获取温度、湿度、氨气、防疫、营养、生产、遗传数据，进行精准、大规模、自动化采集与管理控制。

3. 注重协同效应，推进共同发展。饲料、肉品、养猪三大产业既独立发展，又相互依托、相互支撑，使产业竞争力得到明显提高。

饲料产业，一是依托养猪产业建立稳定的内销网络，提升研发能力。二是依托养猪技术联合开发规模猪场，促进饲料产业转型升级。三是依托肉品产业可提供生猪收购等服务，解决养殖户卖猪难问题，确保饲料销量稳定增长。

肉品产业，一是依托饲料和养猪产业，通过种猪基因改良和饲料营养代谢，改善和提高瘦肉率、屠宰率、肌腱脂肪含量、肉色、口感等生猪品质和养猪效益。例如皮杜商品猪后代瘦肉率平均提高3.5%，屠宰率平均提高1.5%，每头商品猪增加效益48元。二是建立生猪安全三维溯源体系，确保肉品安全美味、放心消费，并减少检测费用。三是打造无抗、风味猪肉，满足不同消费者的需求。

养猪产业，一是依托饲料产业全国布局减少饲料成本（原料+加工费）。二是通过“母猪的效率要从怀孕营养抓起，乳猪营养与健康要从母奶抓起，养猪效益要从30kg黄金点抓起”三大营养理念，提升养殖效率。

4. 注重技术和人才，打造超群产品力。技术和人才是实现高质量发展的基石，集团一直以来高度重视研发技术、重视科技创新。一是注重科技投入。集团总部研发费用占销售收入的比重达3%以上，加强与高校和科研院所的合作与交流，集团技术中心荣获国家认定企业技术中心，建立了院士工作站，牵头成立国家肉制品加工产业科技创新联盟、湖南省唯一国家猪肉加工技术研发分中心、湖南省唯一肉类加工工程技术研究中心三大技术平台。依托上述平台，饲料创新推出母仔与教保一体化饲料、液体发酵教槽料、环保饲料、生物发酵饲料、人工乳等高端产品。肉品加大了技改投入，在麻辣香肠、儿童香肠、休闲香肠、速冻香肠等新产品开发取得了技术突破。养殖方面重点完成皮杜公猪商品猪后代屠宰性能提升以及四大专门化育种体系和湘西黑猪育种体系，为下一步量产做好了技术储备。二是注重人才队伍建设。集团拥有博士 1 人，硕士等研发人员占员工总数的 5%以上。为了引进人才，加强人才队伍建设，集团先后在中国农业大学、华中农业大学、湖南农业大学等高校设立了唐人神奖学金，与高校同培育所需人才。集团还成立养猪学院，依托集团当前的管理资源和养猪基地，大力培养猪场管理和养猪技术人才，为规模养殖场提供技术和托管服务。

5. 注重环境保护，实现可持续发展。集团十分注重环境保护。一是坚持绿色生态发展理念。成立了以集团党委副书记、行政总监为组长的环保管理领导小组，建立环保管理制度和监督机制。二是生产技术和生产设备在行业处于领先地位，符合国家环保要求。三是严格遵守国家环保法律法规。不违规在饲料中使用违禁添加剂，饲料产品绿色生态。四是注重环保投入。集团投入近亿元建立了生猪养殖污水处理、饲料加工除尘除废气处理、肉品加工污水处理等环保配套设施，使公司环保达到国家环保要求。

三、下一步打算

2018 年是深入贯彻落实党的十九大精神的开局之年，也是集团创业 30 周年和进入下一个新的 30 年的开启之年，我们将深入学习党的十九大精神，坚持“厚德博学、产品超群、顾客价值、业绩导向”的唐人神文化，全面落实“组织驱动、变革创新、追求卓越”的三大管理理念，全面推进“以客户转型和产品结构调整为导向的销量增长压倒一切的营销力打造、以效率提升为目标的职能专线专业能力打造、以球队文化为导向的团队竞争力打造”三大核心工作任务，走内生与外延双轮驱动的快速发展之路。

1. 全力推进以客户转型和产品结构调整为导向的销量增长压倒一切的营销力打造。饲料产业将强化市场职能，发挥采购、生产、品控、技术、财务等职能专线的专业化作用，让子公司总经理能有更多时间到市场第一线，投入更多的精力到市场营销工作，在确保传统经销商渠道增量的同时，重点发展家庭农场和规模猪场上销量，通过猪场技术服务、资金支持等赋能手段实现猪教槽料、保育料、母猪料、公猪料等前端料快速增长。养猪产业通过对“1＋5”自繁自养的高效养猪模式加快建设与发展，实现 2018 年出栏生猪 80 万头、2020 年出栏肥猪 200 万头。肉品将构建标准化消费品营销系统，重点在中式香肠、品牌鲜肉、休闲肉品上加大营销力度，扩大销售区域，实现销售快速增长。

2. 全力推进以效率提升为目标的职能专线专业能力打造。继续强化“规范化、流程化、表格化、信息化”的四化建设，做好日清日结的管理工作，强化各类指标与同行及内部先进指标的对标管理，加大考核力度，督导持续进行改善；打造信息化工作联动平台，提高业务水平与执行效率，建立 24h 响应机制，推行走动管理、移动办公、现场解决问题的管理作风转变。

3. 全力推进以球队文化为导向的团队竞争力打造。重新对组织机构和现有人员进行评估，建立“能者上庸者下”的人才选拔机制，建立薪资调整的升降级机制，深化阿米巴收入分配机制，让价值贡献大、高业绩者有高收入。同时，创新合伙人经营机制，加大行业精英（“球星”）的引进工作和成立合伙经营企业，完善团队制胜的协同机制，强化各司其职、各尽其责的规则管理，强化问责机制，对经济指标和工作计划完成进行追责。

在下一步发展中，集团将努力做强饲料产业，做大养猪产业，全面布局大食品产业，饲料产业争取成为行业规模和效益前五名的企业，养猪做中国领先的工业化养猪产业，肉品做中国好香肠的领跑者、缔造中国知名休闲食品品牌、成为湖南地区溯源安全生鲜肉的引领者。

德行天下　致力于环保事业

——湖南九鼎科技（集团）有限公司

2017 年年初，九鼎集团推出仔猪断奶料“粉加粒”尚优佳（尚乐佳），是一种针对断奶仔猪生长特点而制定的“粉＋粒”二合一功能教槽料，粉料酥甜可口，消化率在 90%以上，入口即化，仔猪喜食，颗粒料保持一定的粗纤维，更多的淀粉、适量的脂肪、多来源蛋白，复杂成分充分刺激胃肠道，生理完善及功能发育。

面对日益严峻的环保形势，湖南九鼎科技（集团）有限公司继续迎难而上，以强烈的企业使命感和社会责任感，推出九鼎 6D 环保饲料。6D 环保饲料通过低蛋白日粮技术及九鼎专有的有机黏合技术，大大降低粪便及臭气排放。全部使用有机微量元素，大大减少微量元素的绝对添加量（几十倍减少），实现重金属的超低排放。整合九鼎无抗饲料的部分核心技术，在护胃养肠养体质的同时大大降低抗生素的添加，实现抗生素的超低排放。打造出低臭气、低重金属、低铜、低锌、低排泄量、低抗生素排放的“6低”，为实现资源节约和循环利用、打造循环经济模式奠定了良好基础。

创建于1994年的九鼎集团已经走过20多个年头了。经过20多年的发展，秉承“创造价值、共享成功，成就自我、和谐社会”的企业宗旨，集团专注于饲料、动保、智能化设备、现代化养殖及无抗饲养猪肉食品供应链经营，打造养殖、饲料、动保、设备、无抗猪肉食品五大产业发展格局，形成了以湖南为密集化分布，以华南、华东、华北、华中、江西等分区的立体化布局，拥有50多家分子公司、员工5 000多人，引进动物营养与饲料科学、生物医药、生物工程、畜牧兽医、食品工程等专业人才129人，其中博士学历8人，硕士学历31人，本科学历人才90人，集团位列全国饲料企业20强。

近年来，九鼎集团各项指标突飞猛进，总资产达百亿元，产品销往全国30多个省市，成为湖南省5255工程中重点打造的百亿级企业。集团以使用“原料合格率100%，产品出厂合格率100%，客户投诉回复率100%”为质量目标，以ISO 9000质量标准体系为标准，从硬件设施保障、控制原料质量、生产过程管理、关键质量点精孔精密仪器检测等多方面掌控，保证产品的优质安全。集团拥有授权专利4项，实用新型专利37项，计算机软著25项，外观设计专利11项，被国家知识产权局受理发明专利10项，国家火炬计划项目和湖南省科技计划项目6项，被评为全国30强饲料企业、湖南民营企业百强、湖南省民营企业农业产业化十强，获得“国家火炬计划重点高新技术企业”“农业产业化国家重点龙头企业”“守合同重信用企业”“省认定企业技术中心”“全国饲料行业履行社会责任先进企业”等荣誉称号。

2007年，九鼎集团注资创办了智能化高效生态养猪企业——新湘农生态科技有限公司，专注于高效智能养殖，立志追赶欧美。2010年，九鼎集团成立深圳润农科技有限公司，研发自动化信息化养殖设备，促进养殖行业信息化自动化规模化发展。2015年，九鼎集团整合资源，成立沙博安动保有限公司，致力于诊断和分析猪场健康问题，提供猪场免疫、保健和管理等方面改进方案，提高猪场健康水平，降低保健成本。2016年，集团推出无抗九鼎九宝——仔猪三段宝、肥猪两宝、种猪四宝，并升级“全一手”无抗饲养猪肉，改善猪肉pH、系水力，肉色也有明显改善，实现猪肉的“安全可口可追溯”。无抗饲料、无抗动保、无抗养殖、无抗饲养猪肉的产业链日趋成熟。2017年，“全一手”无抗饲喂猪肉已经走出郴州，面向湖南以及省外开始辐射，准备在全国各地开枝散叶，将无抗饲养猪肉食品呈上大众的餐桌。

“绿水青山，就是金山银山”，随着环境形势的日益严重，环保工作尤其养殖场的环保已成重中之重。养殖场的环保是一项系统工程，其中饲料更是最为关键的一环，因为粪污来自饲料消化后的排泄物，而饲料决定着排泄物的污染程度，因此，环保型饲料是规模化养殖必须推行的举措。九鼎集团以“德行天下”的企业精神，积极响应环保号召，致力于环保事业，大力推行环保型饲料，将是养殖行业环保大军中的重要一员，在打造和谐社会、实现“中国梦”的滚滚洪流中发挥重要的作用。2017年，集团依托无抗饲料、环保饲料，在20年持续销量上升的基础上，实现饲料总销量260万t，再创历史新高！

展望前程，任重道远。2018年，作为湖南省饲料工业协会会长单位，九鼎集团继续以环保饲料、无抗饲料为基础，打造地域食品供应链，为环保养殖、环保食品做出自己的贡献，不忘初心，砥砺前行！

倾情回报社会　致力造福于民

——湖南正虹科技发展股份有限公司

湖南正虹科技发展股份有限公司（股票简称：正虹科技，证券代码：000702）是一家以研发生产销售饲料产品为主营业务，拥有自主知识产权的大型企业集团。公司除进行饲料生产和研发外，还从事种猪繁育、肉食品加工以及进出口贸易等业务。

公司于1986年创业成立，1997年上市，是中国饲料行业中最早改制上市的股份制企业（被新闻界誉为“中国饲料第一股”），公司是农业农村部等八部委联合评定的第一批“农业产业化国家重点龙头企业”和农业部评定的第一批“全国农产品加工业示范企业”，在“湖南省十佳农业产业化龙头企业”中排名第一。综合实力位列全国饲料企业前列。

公司近两年始终贯彻“聚焦主业，以人为本，创新为先，机制为重，实现持续稳健发展”的公司战略。紧紧围绕“质量控制、成本控制、服务营销、绩效考核”四大体系建设，强化内部管理，取得了一定的成效，逐步走向良性循环的发展轨道。

“倾情回报社会，致力造福于民”是正虹人矢志不渝的价值观。正虹集团作为一家农业产业化国家重点龙头企业，近两年公司在履行社会责任方面做出了应有的贡献。

一、发挥龙头优势，带动农民增收

公司作为一家以饲料为主业，集种养加、农工贸于一体的农业产业化国家重点龙头企业和全国农产品加工业示范企业，多年来致力于推进农业（畜牧业）产业化经营、带动地方经济的发展，是我国新农村建设的积极参与者，先后获得“中国社会主义新农村建设贡献奖”“全国新农村建设百强示范企业”等重要荣誉，并签署了《大型饲料企业积极参与新农村建设倡议书》。

1. 实施“公司＋”的富民工程。公司以“公司＋”产业融合模式基地，利用公司现有的销售网络和养殖加工能力，融合金融、饲料、养殖、技术等优势资源，如同“互联网＋”一样，采取“龙头企业＋”的经营模式，建立专业化、区域化、一体化、标准化和企业化模式，带动农民致富。

公司与养殖专业户直接或间接签订保护价格购销合同每年 3 000 多份，公司通过优惠供应猪苗、无息贷放饲料、保价回收生猪、免费强制防疫、搞好科技服务等方式，带动了近 3 万农户养猪致富。目前，周边农民养猪积极性很高，不仅为农村剩余劳动力增加就业机会，还带动了饲料行业、屠宰加工业、服务业、运输业等一系列相关产业的发展，消化农村剩余劳动力约 6 万人，为解决当地就业起到积极的作用。

2. 实施“N＋1”融资服务模式和沼气综合利用等惠民工程。为解决农民所面临的“规模小，融资难，发展乏力”的养殖难题，2016 年 4 月，正虹牵头推行“正虹科技‘N＋1’融资服务模式”，这一模式在湖南省内是首创。通过近两年的运行，为 100 户农户成功放贷 2 300 万元，帮扶其踏上养殖致富小康路。

公司通过承担国家科技支撑计划课题——特大型养猪场沼液、沼渣处理及综合利用工程，实现了污染防治、能源生产、生态农业发展的功能要求。通过沼气发电上网，不仅为养猪场和周边居民提供清洁燃料，还实现了资源利用和环境治理双重目标。

二、狠抓产品质量，保障产品安全

生产安全，放心的饲料产品，确保肉食品安全，是饲料企业履行社会责任的最起码要求。公司视质量为企业的生命，建立了一套科学、系统、全面、严格的质量管理制度。公司顺利通过了 ISO 9001：2000 国际质量管理体系认证和 HACCP 管理体系认证，还先后通过了生长育肥猪配合饲料、仔猪配合饲料等多项饲料产品的认证。

为确保产品质量，公司严把“三道关”：一是“配方关”，科研机构根据市场需要，制定配方的质量、成本与效益指标，同时认真做好试验，经过“小试”和“中试”两个阶段，通过后才可以投入市场。二是“原料关”，坚持“竞质竞价、优质优价”原则，凡原料进厂，必须通过严格的质量检测，只有在 100％达标的情况下方可入库。三是“生产关”，建立了一套严格的“条码”可追溯体系，针对不同岗位和设备制定岗位操作规程和设备管理办法，对每个生产环节加强质量控制，设立质量控制点，建立质量责任卡。

为强化全员质量意识，制定了“二挂钩”“三不放过”和“四不准”原则。“二挂钩”指的是质量考核要与干部任免、升降挂钩，要与员工工资、福利待遇挂钩。“三不放过”指的是出现质量问题查不出原因不放过、找不出解决问题的办法不放过、找不出相关责任人不放过。“四不准”指的是不合格原料不准进厂、霉变原料不准上机、机械有病不准作业、不合格产品不准出厂。通过狠抓质量管理，公司产品质量稳定提高，2016—2017 年，产品无重大质量事故和投诉现象，市场竞争力始终保持全国同行业前茅。

三、遵守国家法律法规，保障员工健康福利

公司每年组织员工进行一次常规体检（血常规、B超、心电图、肝肾功能、胸透、外科普查，已婚妇女增加妇科检查），体检费由公司支付。

公司按照《劳动法》及其他相关法律规定为正式员工（包括合同工和劳务派遣员工）缴纳养老保险、医疗保险、工伤保险、失业保险、生育保险，为实习生购买商业保险。公司员工享有以下福利项目：社会保险、食宿福利、各种休假及节日补贴、高温津贴、劳保福利、通信津贴、健康体检、文体活动、教育培训、书刊订阅等。近两年，每年企业工资福利总额支出近亿元。

四、规范企业行为，履行环保责任

公司严格执行国家颁发的相关环境保护的法律法规，建立健全环境保护制度，制定企业突发环境污染事件应急预案并通过备案，切实履行好企业环境保护责任。

根据《清洁生产促进法》，对公司进行清洁生产审核并通过验收。按照《危险物贮存污染控制标准》建立了危、废贮存室，并与有危、废物处理资质的第三方签订处置合同。定期做好各种环境因素的监测工作，确保达标排放。定期做好企业排污许可证的年审年检。及时缴纳环保各类管理费用。近两年来，公司在节能减排、清洁生产上投入整改资金近 700 万元，

为保护环境切实担起企业应尽的责任。

五、真情回馈社会，慈善公益显担当

在国家和社会发生大灾大难之时，正虹积极参与赈灾济困，彰显一家上市公司应有的责任和担当。从地震灾害到抗洪抢险，从精准扶贫到捐资助学，正虹都是在第一时间发动，第一时间参与，从人力、物力、财力上给予支持。

汶川地震和玉树地震一发生，公司在第一时间发出《爱心捐款倡议书》，积极向灾区捐款。在参与抗洪抢险上，公司组织上百人的抗洪抢险突击队，并无偿提供上万条编织袋，出色地完成了上级交给的抗洪抢险任务。在2017年的抗洪抢险中受到了当地政府的表彰。公司积极响应政府号召，切实投入“精准扶贫”工作，2015—2017年，公司对口扶贫村岳阳市湘阴县东塘镇湖湾村，三年为该村提供帮扶资金30万元，2017年，27户87人建档立卡贫困户已完成20户69人脱贫，7户18人被纳入低保系统，贫困率从2014年的15.4%减至1.2%。公司在屈原一中、湖南农业大学等学校设立“正虹奖学金”，两年赞助10万元帮扶贫困学子。公司捐赠20万元赞助屈原管理区成立慈善协会。在关心弱势群体、支持公益事业上正虹处处体现了一家大公司的大爱精神。

为农民增收致富服务 为民众提供健康食品

——广州市江丰实业股份有限公司

广州市江丰实业股份有限公司始建于1975年，是一家专业从事家禽育种、养殖、饲料和饲料添加剂生产、家禽批发市场经营、家禽屠宰与肉鸡食品精深加工、食材与简餐的生产与供应于一体的综合性企业，是农业产业化国家重点龙头企业，闻名全国的“江高体系”的龙头单位，也是国家出入境检验检疫局认可的鲜活商品主要生产出口基地。

一、不断发展壮大，建立了从农场到餐桌的完善产业链带

目前，公司资产总值5.3亿多元，现有员工800多人，其中专业技术人员360多人。公司年销售收入12亿多元，实现工农业生产总值9亿多元，纳税近1 200万元，出口创汇1 000多万美元。

公司生产经营以家禽繁育为龙头，饲料和饲料添加剂业并重发展，属下有优质黄鸡的原种场、祖代场、父母代场和商品代肉鸡场，配套有孵化厂、饲料厂、饲料浓缩剂厂、兽药添加剂厂、肉鸡屠宰厂，熟食精深加工车间，建立了从农场到餐桌的完善产业链带，配套有动物营养研究所、禽病防治研究室和检验检测中心等科研机构。

二、为农民增收致富服务，为民众提供健康食品

公司是闻名全国的“江高体系”的龙头单位，秉承“为农民增收致富服务，为民众提供健康食品”的宗旨，坚持以带动更多农户发展养鸡业为主，通过产品回收、技术指导等形式带动更多的农户养殖致富，进行产业化经营。公司根据市场条件和农户的不同要求，为农户提供多种形式的带动模式。目前，公司共带动农户4 000多户，辐射范围遍布白云区、花都、从化、增城、三水、清远、韶关等地，年饲养肉鸡达1 600多万只，产值3.5亿多元，每户年均增加收入8 000多元。通过公司带动，使他们走上了脱贫致富的道路，亦使公司的规模不断发展壮大，取得了双赢互补的良好社会效益。

三、获得众多荣誉和肯定

经过多年的努力，公司规模逐渐发展壮大，并得到社会各界的肯定，公司先后荣获了“全国优秀家禽企业”“全国文明乡镇企业”“国家星火计划先进集体”“广东省优秀民营企业”“广州市百强民营企业”“广州市第一批总部企业”等荣誉称号；公司自主培育、生产的江村黄鸡、“粤江丰”牌饲料、“粤江丰”牌复合维生素等产品屡次获得“中国名牌农产品”“广东省名牌产品”“国家无公害农产品”“广州市名优农产品”等荣誉称号。公司注册使用的“江村黄”和“粤江丰”商标分别荣获“广东省著名商标”和“广州市著名商标”。“江村黄鸡的选育研究”等项目荣获广州市科技进步一等奖、广东省科技进步三等奖。

多年来，公司的发展得到了国家和省市各级政府和领导的关心和支持。多位国家、省市领导人曾先后到公司视察指导，对公司的经营发展给予了充分的肯定，并提出了宝贵的意见和建议。

专注“三农” 真诚帮助养殖户脱贫致富

——广东恒兴饲料实业股份有限公司

广东恒兴饲料实业股份有限公司是农业产业化国家重点龙头企业、高新技术企业、综合科技创新企

业、全国30强饲料企业。创立于1995年，是一家集饲料产销、种苗繁育、微生态制剂及兽药、进出口贸易于一体的民营企业。旗下拥有子公司30多家，遍布广东、广西、海南、福建、江苏、浙江、湖北、吉林等省份及越南等东南亚国家。其中公司特种水产饲料销量连续多年位居全国前列。

公司秉承“致力农业发展、创造客户价值、改善人类生活品质”的理念，立足饲料业务，积极拓展种苗业务，配套发展微生态制剂业务，坚持为用户提供健康、安全和高性价比的产品、技术和服务，协助用户实现养殖价值最大化。公司实行“公司＋农户＋标准”的运作模式，提供“饲料＋种苗＋制剂＋养殖技术服务”一体化的养殖服务平台。

一、主要经营板块

1. 饲料业务。公司国内旗下饲料加工企业，均建立了完善的质量管理体系。对饲料生产过程进行有效的质量控制。目前都已顺利通过了ISO 9001：2008质量体系认证和ISO 22000：2005食品安全管理体系认证。公司主营饲料产品包括虾饲料、海水鱼饲料及其他特种水产饲料、淡水鱼饲料和畜禽饲料。公司积极响应国家“一带一路”倡议，分别在越南、马来西亚、印度尼西亚等东南亚国家新建多家饲料加工工厂。

2. 种苗业务。公司所属种苗繁育基地，承担国家“863”计划及科技支撑等多项计划，并与中山大学合作成功选育出第一个国家认定的南美白对虾新品种“中兴1号”，先后获“国家高新技术企业”“国家级水产良种场”“中国对虾种苗20强供应基地”“中国水产行业最具影响力品牌”“广东省对虾良种场”“广东省农业科技创新中心”“广东省星火计划产业带建设示范单位”等荣誉称号。

3. 微生态制剂及兽药业务。公司所属企业专业从事微生态制剂的研发、生产、销售和专业化服务，产品主销广东、广西、海南、江苏、浙江、上海、福建、安徽等省份及越南等东南亚国家。

4. 专业的技术服务。公司成立了由中国工程院麦康森、李德发院士等知名专家、学者组成的专家委员会，拥有硕士、博士和中高级技术职称专家骨干200多人组成的技术服务与研发队伍。长期以专业化技术服务真诚帮助养殖户降低养殖成本、提高养殖效益。

二、成功经验

1. 用创新与研发，助推行业健康发展。公司先后承担或参加了多项国家科技支撑计划项目、科技攻关项目、农业综合开发项目等各级项目。公司质量检测中心于2008年8月通过中国合格评定国家认可委员会实验室认可证书（简称CNAS认可），标志着公司在关于原料与产品质量安全检测的技术水平和规范管理方面达到了国际先进水平。

公司投资建设被誉为“蓝色硅谷”的“国家863海水养殖种子工程南方基地”是国家科技部批准立项的国家“863”计划之一，依据用途划分为凡纳滨对虾、斑节对虾、SPF亲虾养育和人工育苗，海水鱼类的亲鱼培育和人工育苗，营养与饲料研发等几大功能区。基地建成以来，先后承担或参与国家“十五”“十一五”科技攻关项目及科技支撑计划项目，成为我国南方对虾标准化养殖的核心基地。

拥有66项国家专利。公司坚持“产、学、研”相结合的科技创新模式，聘请国内外高校及研究所的同行业专家、学者组建恒兴专家委员会，定期召开技术交流会议，与中山大学、广东海洋大学、中国农业大学、中国海洋大学、广东省农业科学院、中科院南海研究所等建立长期合作关系。公司获得的发明专利及实用新型专利共66项。

主持制定6项国家标准。公司作为全国饲料工业标准化技术委员会水产饲料分技术委员会秘书处承担单位，积极参与标准化工作。公司2008年主持完成了水产配合饲料五项国家标准，该标准于2008年12月31日发布，2009年5月1日开始实施。

2014年，公司主持制定的《凡纳滨对虾育苗技术规范》通过国家标准化管理委员会的审核，在2014年9月30日正式发布，2015年3月1日起正式实施。

以上标准的发布，对中国乃至世界水产饲料及养殖的科技进步发挥显著作用。

2. 人才是企业发展的第一要素。人才是企业最宝贵的财富，是企业价值的主要源泉，是企业发展的第一要素。事业以人为本，发展以人为先。恒兴强调个人和企业都要有远大的奋斗目标，强调个人目标与企业发展目标相一致，企业目标与社会发展目标相一致。

恒兴高度重视员工职业生涯规划与人才培养，一方面从国内外著名高校引进适合企业发展需要的高素质人才（包括博士、硕士、EMBA、MBA等），另一方面通过合作办学、集中短期培训、轮岗等形式，将企业优秀的经营管理人才送到国内外名校进行深造。

恒兴内部成立了恒兴大学，将公司优秀的技术人员和管理人员组成教师队伍，对公司不同层次的员工进行量身培养和培训，真正做到了让员工与企业共同成长，最终实现个人成长和公司发展的良性机制。

建设良好的企业文化氛围，是给人才创造最好的土壤。恒兴自成立以来，陈丹先生就要求公司建设成像“家庭、学校、军队”的文化氛围。恒兴强调以人为本，营造出互帮互助、共同发展的友爱氛围，是充满和谐、亲情、温馨的大家庭。恒兴把团队建设成学习型组织，通过传帮带、培训等方式，帮助员工更新理念、提升知识、掌握技能，实现员工与企业共同发展。恒兴人拥有崇高的理想、坚定的信念、顽强的意志、奋力进取的精神和高效的执行力。

3. 发展不忘回报社会，带动 30 多万农户脱贫致富。恒兴在发展的同时，勇担社会责任，支持扶贫开发，积极投身社会主义新农村建设，为改善医疗、赈灾捐款、精准扶贫、修路架桥、办学助学等慈善活动贡献自己的一份力量。其中，通过饲料赊销、养殖技术服务、免费培训养殖户、提供就业岗位等举措带动、帮扶周边养殖户 30 多万户近 100 万人脱贫致富。

三、发展愿景

恒兴坚持遵纪守法，科学发展，争做合格企业公民。千方百计谋求企业与员工、农民养殖户、社会的和谐共赢，努力做到“客户满意、员工满意、股东满意”，从而实现企业的持续、稳健、快速发展。

不忘初心做安全饲料 共享平台为养殖服务

——重庆金银卡生物饲料有限公司

重庆金银卡生物饲料有限公司成立于 2013 年，坐落在重庆市巴南区南泉街道工业园区，是畜禽反刍浓缩饲料、预混合饲料的专业化生产企业。公司以“创新、价值、共享、永续”为经营理念，积极推进企业合伙人制度，大力发展生产经营，创新科技技术，强化企业管理，实现了企业的快速发展，养殖户的持续增收。

一、公司概况

2017 年，公司完成了一个基地、两个工厂建设投产，从一条生产线增加到三条生产线，产能从 10 万 t增加到了 25 万 t。公司从以前单一生产猪饲料延伸到反刍饲料、家禽饲料。员工数量从以前不到 50 人发展到 100 多人。公司实现产销量与经营收入同比增长 50%以上。

二、学习创新、科技下乡、服务三农

重庆金银卡依托金银卡集团深厚的技术背景，一直致力于“替代抗生素的无公害生物免疫技术”以及“高效节粮型技术”两大领域的研究应用，推广绿色、安全、无公害饲料，全面实行欧盟标准，推广无抗生素安全饲料。

2017 年 5 月，为了能更好地服务于“三农”，公司总经理到世界最先进养殖技术地区之一的欧洲，进行参观、考察、交流，学习世界最先进的动物营养理念、欧洲高产养殖技术以及无抗饲料技术的成功应用。并组织员工先后赴广东、安徽、湖南、重庆等多家先进饲料企业进行交流学习。通过对先进技术的学习与应用，特别是在学习农科院院士李德发老师净能体系的技术应用后，公司在高效产品开发上取得了巨大进步。

通过对外的不断交流学习，激发了公司内部新技术新产品开发的潜力。2017 年是公司新产品研发与应用的高产年。公司以多家养殖场为实验基地，在饲料营养与功能型饲料、饲料营养与抗病的技术上取得了可喜的成绩。公司通过营养理念为养殖户在多个不同阶段的养殖难点寻找到了解决办法，在部分养殖场已经实现了营养抗病，为中饲料企业在无抗技术的应用树立了榜样。同时，还实现了既符合国家食品安全标准，又改善了肉的口感，为“舌尖上的中国”做出了新的贡献。

2017 年，为了提升公司的服务水平、团队的业务能力，公司成立了“重庆金银卡生物饲料有限公司职业大学”，通过外聘专家，内请业务精英，每月组织1～2场员工培训。另外，还开展了技能专题培训 5 场，技能知识竞赛 1 场，充分调动了员工学习的积极性，打造出一支业务精、素质高、能力强的队伍。

企业在努力学习中进步，在不断创新中成长。公司坚持将新技术、新产品送到乡、下到户，真正实现服务“三农”。2017 年，公司依然保持传统优良作风，举办小型圆桌会议、规模场推广会议、养殖培训会议等 200 多场，组织规模养殖场到养殖发达地区参观学习 10 多次，通过一线人员点对点服务养殖场上万人次，服务规模养殖场及养殖专业户达 5 000 家以上。到重庆、四川、贵州、云南等地区的中小型饲料企业做交流 20 多次。

三、扩大产能、安全生产、严把品控

公司自 2010 年进入西南市场以来，业绩持续增长。为了能保证市场的正常需求，公司在 2017 年增加投资 2 000 万元，新增加建设了 1 个工厂、2 条生产线，产能达到 25 万 t 并在当年投入使用。经营方向从猪料的研发、生产、销售延伸到了反刍动物和家禽。通过短短 3 年时间，从一个小型企业，发展成为重庆市巴南区规模企业。

公司始终坚持把安全视为生产的第一要素。在新厂建设完成、投入使用之前，公司特别邀请了设备厂家对各个岗位的生产工人进行了认真培训，并进行了严格的考核。公司坚持做到制度上墙、考核上岗、流程操作、安全生产。2017 年，公司全面实行 6S 管理。公司月月开展 6S 管理的学习，天天执行 6S 管理的检查，时时注重 6S 管理的细节，保持了零事故、零伤亡的纪录。

除了加强各员工自身的安全意识以外，公司注重培养员工的安全应急技能培训。公司每半年会有一场由公司内部组织或配合地方安监部门组织的消防演练、应急演练，每一年会有一次邀请地方医院到现场为员工做救护知识的培训。

生产安全是员工人身的保障，产品安全是用户利益的保障。用户的信赖源自产品品质的稳定。市场的认可度决定了企业的寿命。公司严抓品控，严把质量关。2017 年在化验室新增加了 $80m^2$，实现了维生素、微量元素的自检。进一步完善品管制度，做到了生产之前、生产之中、生产之后有预防、有跟踪、可追溯。公司的产品在所有的内外检测中，合格率 100%。公司还严格实行配方层层审批制度，不随意调整配方，做真正的良心饲料、放心饲料。

四、平台共享、永续发展

公司的快速发展，得益于企业改制的顺利完成。公司打破了传统企业“招聘制”经营思想，积极推行合伙人制度。在该制度下，重庆金银卡公司将工厂变成了用户的生产基地，将企业变成了有志之士的创业平台。公司与优质的养殖企业、优秀的行业精英进行深度合作，实行配方公开、财务透明、利益共享。让企业、优秀职业经理人、经销商、养殖户形成利益共同、事业共同、命运共同的共同体。让用户用上优质廉价的产品，让业内精英成为公司的合伙人。这一重大举措帮助公司吸引了众多优质用户，接纳了一大批合伙人。特别是碰到猪价低迷的今天，公司直接让利于养殖户，与养殖户一起共度寒冬，共过难关。公司的这一大胆行为，让我们优秀的产品在重庆周边省份也快速地生根发芽。

重庆金银卡今天发展将为饲料企业快速的成长、农民致富增收开启快车之道。

创新没有句号

——重庆华睿隆生物科技有限公司

重庆华睿隆生物科技有限公司成立于 2015 年，现位于重庆市永川区。经过 3 年发展，现已形成以饲料防霉剂为特色，以抗生素替代品（新型酸化剂、寡糖、微生物）为发展方向的现代饲料添加剂企业。华睿隆公司将在 2020 年搬迁至重庆璧山国家高新技术开发区，届时将设立院士工作站，建成防霉剂自动化生产线和发酵车间。华睿隆公司以“创新没有句号”为精神，是极具发展潜力的饲料添加剂企业。

华睿隆公司是“国家饲料工程技术研究中心”“农业部饲料工业中心”科技成果转化基地。李德发院士带领的技术团队是华睿隆的技术支撑，这使得华睿隆技术上后来居上。特别是在饲料防霉剂领域，推陈出新，产品能够满足不同客户的各种需求。成立 3 年以来，第一家推出丙酸—丙酸钠型防霉剂（专利申请号 CN201710051568. X）；第一家推出无载体丙酸型防霉剂（专利申请号 CN201510886670. 2）；第一家推出两种多功能防霉剂——丁酸型防霉剂（专利申请号 201711238110. 1）、除螨防霉剂（专利申请号 201711238747. 0）。在未来 3～5 年，华睿隆将成为国内最专业的饲料霉菌控制方案提供者。

华睿隆正以不断的科技创新，为企业创价值，为行业谋福祉。

全面使用氨基酸螯合物保护绿水青山

——重庆综艺营养科技有限责任公司

重庆综艺营养科技有限责任公司，由动物营养专家梁金权和原西南农业大学 3 名教授共同创立，是集科研、教学、生产与销售为一体的现代科技型企业。专业从事氨基酸微量元素络（螯）合物研发、生产、推广的原料、预混合饲料重点企业。

在全国第一个研发出能饲养出富含有机硒无公害畜禽肉、蛋（含硒 200～500 $\mu g/kg$）的氨基酸微量元素络（螯）合物猪、牛、羊、禽、鱼、预混料。

从 1996 年开始对氨基酸螯合物进行了系统研究，用瘘管技术、同位素示踪、酶标记、免疫学、毒理学系统地测定了氨基酸络合铜、铁、锌、锰、钴、硒、铬、钼、镧、铈的吸收部位、吸收方式、吸收率、转运、合成、分解、存积、毒性以及拮抗与协同作用，酶和抗体生成的速度、浓度、活性。结合营养学和现代医学测定了用量比例，用饲养试验测定了效果。综合测定生物学效价为无机微量元素的 3 倍。

饲养效果与无机盐预混料相比可提高畜、禽、鱼的生产速度 6%～19%，节约饲料 5%～10%，降低疾病发生率 50%～70%。其 Fe 元素能通过胎盘屏障、血奶屏障，对母猪生血有特效。初生乳猪不需补铁，能有效过瘤胃，对牛羊效果更佳。饲养出的畜禽肉色、香、味极佳，可达符合绿色、富硒标准的高端肉、蛋，造福国人。

排黄色、无氨臭粪便，重金属排放量减少 80%。全国养猪、禽都使用氨基酸螯合物预混料，可减少硫酸铜、铁、锌、锰等无机盐 20 万 t 的排放量，不会造成农业公害，实现环保养殖，对保护绿水青山，有十分重要的现实意义。

在下一轮配合饲料竞争中，谁先全面使用氨基酸螯合物，谁将胜出。

中国环保养殖的根本出路，在于禁用无机元素，全面使用氨基酸螯合物有机元素，将极大提高经济效益和社会效益。

技术驱动价值　扬帆国际市场

——成都美溢德生物技术有限公司

成都美溢德生物技术有限公司成立于 2010 年，位于天府新区籍田街道红阳村 1 组武圣路，占地 100 亩，注册资本 1 500 万元人民币。美溢德专注于动物营养和功能性蛋白质原料的开发，是集研发、生产、销售、服务于一体的高科技企业。拥有自主知识产权的核心技术“植物蛋白组合液态酶解技术”。目前，处于全球领先地位并获得国家发明专利，由此技术转化的产品酶解植物蛋白系列于 2012 年进入农业部公布的《饲料原料目录》，为蛋白质资源的高效利用探索出新路。企业通过了 GMP＋国际质量认证（出口欧盟强制认证），产品已远销中国台湾、东南亚、中东及欧洲市场，年出口额近 400 万美元，增长势头迅猛。公司现有员工 140 余人，拥有博士 3 人，硕士 20 余人。企业目前是国家畜禽养殖废弃物资源化利用科技创新联盟成员、成都市农业产业化龙头企业、成都市市级企业技术中心。核心专利技术获得了成都市科学技术奖专利金奖。

一、企业技术中心

公司于 2012 年 10 月成立了企业技术中心。由企业总经理直接领导，并在企业专家委员会的指导下开展工作（专家委员会由多名专家教授组成，他们都是各自学科的带头人）。中心下辖两大部门：技术质量部和营养技术部，技术质量部承担产品及工艺研发和产品质量控制两大职能，营养技术部的核心职能是产品的功能及应用研究。

技术中心拥有分子实验室、酶生产工艺研究室、酶解工艺研究室、准备室、理化实验室、仪器室等完备的研发场所。自主知识产权的“植物蛋白组合液态酶解工艺”中核心的蛋白酶由公司进行研发。近年来，企业技术中心营养技术部开展了多项国际产学研合作项目。与美国肯塔基大学、普度大学、新西兰梅西大学、苏格兰农学院、泰国农学院等国际著名大学合作进行了多种动物的科研实验以及产品应用实验，取得了大量权威数据和宝贵成果。

二、产品质量安全

企业通过了 ISO 9001 质量管理体系认证，并于 2014 年经过 SGS - CSTC（通标标准技术服务有限公司）的严格评审，取得了 GMP＋认证证书，标志着 SGS 对我公司持续全面的执行 GMP＋饲料生产行业产品质量与安全保障体系标准的认定。同时，也标志着包括欧盟在内的国际市场对我公司产品质量安全标准的认可。GMP＋是荷兰动物饲料产品委员会（PDV）制定的饲料生产行业产品质量与安全保障体系标准。它覆盖了从饲料原料/饲料添加剂供应商、饲料加工企业、储运服务商到最终养殖户的整条链的监控，是目前最有效的动物饲料质量监控体系。GMP＋认证证书已经博得包括欧盟在内的很多国家的认可。

企业严格执行产品的企业标准，每年在国家饲料产品质量监督检验中心和四川省饲料监察所分别进行两次形式检验，保证产品各项指标符合国家强制要求和企业标准。

三、扬帆国际市场

没有固步于国内销售，美溢德人在企业建立伊始就把眼光投向了广阔的国际市场！在建立起了稳固的东南亚市场后，开始进军“一带一路”沿线国家及欧盟国家。2015—2017 年，美溢德先后与俄罗斯、土耳其、伊朗客户建立了业务联系，并实现了产品销售。外贸业绩的取得，凝聚了美溢德人的智慧和汗水，也得到了成都市和天府新区的大力引导和支持。近年来，企业大力实施“走出去、请进来”的国际业务拓展策略，在全球著名的行业专业展会设立特装展台，同时也邀请国际学术界及企业界代表团到成都实地参访美溢德，全方位地向国际展示“中国造、成都造”的实力和魅力！目前，成都美溢德年出口额已达 400 万美元，伴随国家

“一带一路”政策的指引，成都美溢德必将扬帆国际、续写辉煌！

四、社会效益

当今全球蛋白质资源日渐稀缺，我国尤甚，而畜牧和饲料业对蛋白质的消费量巨大，“人畜争粮”现象日益突出。因为动物消化不充分造成的养殖成绩低下、资源浪费和环境污染也非常严重。长期以来，大豆及鱼粉等资源性的蛋白质原料是主要的供给来源，而鱼粉和大豆大部分依赖进口。在此背景下亟须提高对现有蛋白质资源的利用效率，研发高消化利用率，具备动物保健功能的蛋白质原料。作为新型蛋白质原料的研发企业，我公司力求带动全行业对蛋白质资源高效利用的重视与实际推广。2012 年，经过农业部专家组对我公司的现场考察及科学论证，该项技术转化的大豆酶解蛋白、棉籽酶解蛋白、玉米酶解蛋白、大米酶解蛋白、小麦水解蛋白这 5 种酶解植物蛋白被收入了农业部公布的《饲料原料目录》，为这类产品的应用推广打开了准入的大门，为蛋白质资源的高效利用探索出了新路，意义重大。

五、员工健康和福利

企业严格按照《劳动法》制定员工健康保障和福利制度。除按照国家规定购买五险一金、执行国家法定假期等国家法定的福利制度外，也积极为员工提供诸如：生日礼金、节日礼品、企业福利年假、旅游活动等丰富多彩的企业福利待遇。企业建立了以总经理为主要责任人的职业卫生安全责任制度，并设立了职业卫生安全专员，主要责任人和职业卫生安全专员全部持证，企业每年安排所有员工进行体检和职业病检查。企业在员工办公及生产生活条件的提升上投入巨大，进行了大规模园林式改造，同时按照欧洲标准进行了办公室装修，新建了员工阅览室、咖啡厅等休闲区域，为员工创造了舒适的工作环境。

六、社会及慈善事业

在抓好企业经营业绩的同时，成都美溢德积极关心社会事业，会同当地政府和村委会在企业所在社区每年开展重阳节敬老活动，出资数万元购置食品和生活用品赠与社区老人，并出资为当地敬老院老人支付护理费用；在 2016 年和 2017 年出资联合公益组织开展了“七点半课堂”公益活动，并委派企业科技人员在课堂任教，为社区儿童提供了陪护和课外教学，得到了社区家长的一致好评。

安全　优质　高效　环保

——四川省畜科饲料有限公司

四川省畜科饲料有限公司创立于 1985 年，总部坐落在蓉城之东的锦江河畔，是集动物营养和生物疫苗研发、生产、营销、技术服务、国际贸易于一体的大型科技股份制企业。公司拥有一支由动物营养、畜牧兽医、生物化工领域的硕士、博士组成的优秀科研团队，有四川省学术技术带头人 2 人、学术技术带头人后备人选 1 人，享受国务院特殊津贴专家 2 人，四川省有突出贡献的优秀专家 1 人，特聘国内外动物营养、生物化学、生物工程、食品科学领域的院士、教授加盟，致力于动物营养、饲料科学研究与生产关键技术的研发与推广应用。畜科拥有动物营养和生物疫苗两大板块，是国家创新型企业、国家高新技术企业、农业产业化国家重点龙头企业和全国饲料 50 强企业。建有省级企业技术中心和院士（专家）工作站，是“四川省饲料产业技术创新联盟”“四川科创饲料产业技术研究院”“四川省饲用有机微量元素工程技术研究中心”“四川省动物生物制品工程技术研究中心”和“畜禽生物制品四川省重点实验室”的牵头单位。

畜科自 20 世纪 80 年代中期，开始致力于安全、优质、高效、环保型饲料添加剂和预混合饲料的研发和生产经营，与四川农业大学、四川大学和四川省畜牧科学研究院等知名高校和科研院所建立了长期紧密的产、学、研合作关系，近年来，在饲料添加剂的研究和转化上取得了累累硕果。畜科饲料依托四川省畜科院，由中国工程院麦康森院士领衔的四川省院士（专家）团队，研发的有机富锌康（乳酸锌）2005 年荣获农业部“新产品证书”（新饲证字［2005］07 号），2006 年被科技部、商务部、国家质量监督检验检疫总局和国家环境保护总局联合评定为“国家重点新产品”，2010 年被成都市科技局、发改委、经信委和财政局联合评定为成都市自主创新产品。2009 年主持制定了国家标准《饲料添加剂 乳酸锌》（GB/T 23735—2009），荣获部省级科研成果奖励 11 项，其中国家科技进步二等奖 1 项，全国农牧渔业丰收一等奖 1 项，神农中华科技进步三等奖 1 项，四川省科技进步一等奖 1 项、二等奖 6 项、三等奖 1 项，发表论文 200 余篇，其中 SCI 收录 81 篇。研发生产的饲料添加剂及预混料产品有中华多维系列、有机微量元素系列（中华富锌康、富铁康、富铬康、红又亮）、超甜素、动力酸等，以及动物保健品、兽药预混剂产品，产品销往全国，出口东南亚等国家，年产销预混料及添加剂 6.5 万 t，年销售收入 8.6 亿元。

畜科全资子公司华神生物位于成都西航港大道牧科路 6 号，我国的第一株“猪伪狂犬病三基因缺失活疫苗——SA215 扑伪优”基因工程苗诞生于此，国内首创，全球领先，荣获国家科技进步二等奖。国家二类新兽药是防控净化猪伪狂犬病的尖端生物武器，现正承担实施国家发改委“绿色农用生物制品高技术产业化专项”。

1. 科技成果和国家标准。2017 年，“饲用有机微量元素产品创新研制与应用”获神农中华科技进步三等奖。2016 年，“牛高效健康养殖关键技术研究与集成推广”获全国农牧渔业丰收一等奖。2015 年，“饲用有机微量元素新产品、新技术研究与产业化”获四川省科技进步二等奖。2015 年，“安全高效核心饲料技术创新工程”获四川省科技进步二等奖。2015 年，“饲用酸化剂新技术新产品的研发与应用”获四川省科技进步三等奖。2013 年，“建鲤健康养殖的系统营养技术及其在淡水鱼上的应用”获国家科技进步二等奖。2012 年，“猪区域优势饲料资源高效利用技术研究与应用”获四川省科技进步二等奖。2011 年，“建鲤健康养殖的系统营养技术研究及其在淡水鱼上的应用”获四川省科技进步一等奖。2008 年，“高效生物酶制剂饲料配制新技术的研究与应用”获四川省科技进步二等奖。2007 年，“建鲤和鳖对合成赖氨酸和蛋氨酸的利用及应用研究”获四川省科技进步二等奖。2006 年，“猪鸡低蛋白日粮配套技术推广”获四川省科技进步二等奖。2009 年，主持制定了国家标准《饲料添加剂 乳酸锌》（GB/T 23735—2009）。

2. 授权国家专利（表 4 - 1）。

表 4 - 1 授权国家专利

序号	专利名称	类别	授权号
1	饲料级乳酸锌的生产工艺	发明	ZL 200810045761.3
2	饲料级乳酸锌及其用途	发明	ZL 200810045760.9
3	一种清除伪狂犬病疫苗种毒中的支原体的方法	发明	ZL 201110308008.0
4	含有机微量元素的生物饲料组合物及其应用、仔猪专用复合预混料、仔猪专用饲料	发明	ZL 201410063216.2
5	含有机微量元素的生物饲料组合物及其应用、生长肥育猪复合预混料、生长肥育猪专用饲料	发明	ZL 201410063262.2
6	含有机微量元素的生物饲料组合物及其应用、母猪专用复合预混料、母猪专用饲料	发明	ZL 201410064124.6
7	一种改良养殖池塘底泥环境复合菌剂及其制作方法和用途	发明	ZL 201510349431.1
8	可调转瓶机	实用新型	ZL 201120080792.X
9	细胞培养液分装瓶	实用新型	ZL 201120078769.7
10	一种漏斗	实用新型	ZL 201120081284.3
11	一种逆向喷射洗瓶装置	实用新型	ZL201120079035.0
12	一种生物制品企业的废水回收利用系统	实用新型	ZL201120079040.1
13	一种洗瓶机的输送装置	实用新型	ZL201120080553.4
14	一种消毒灭菌柜	实用新型	ZL201120079195.5
15	一种药液快速冷却装置	实用新型	ZL201120079052.4
16	一种照蛋器支架	实用新型	ZL201120079214.4
17	一种自动孵化机	实用新型	ZL201120078768.2
18	一种组织捣碎装置	实用新型	ZL201120081281.X

3. 相关部门认定评价。

（1）科技创新体系建设。2017 年，被省科技厅认定为“四川省饲用有机微量元素工程技术研究中心”。2013 年，经省科技厅批准，由畜科牵头组建了四川科创饲料产业技术研究院。2011 年，被农业部、发改委和财政部等八部委授予“农业产业化国家重点龙头企业”。2011 年，由省委组织部、经信委、国资委、教育厅、科技厅、人保厅、科协批准成立的首批“四川省院士（专家）工作站”，是唯一一个农业领域的院士（专家）工作站。2010 年，公司技术中心被省经信委、科技厅、财政厅、地税局和成都海关联合认定为“四川省企业技术中心”。2009 年，被科技部、国资委和全国总工会联合认定为“国家创新型企业”。2009 年，被省科技厅、财政厅、国税局和地税局联合认定为“高新技术企业”。2009 年，经省科技厅批准，由畜科牵头成立了“四川省饲料产业技术创新联盟”。2008 年，被省科技厅、经委、发改委、国资委、国税局、地税局、质监局、总工会、省委宣传部和知识产权局联合认定为“四川省建设创新型示范企业”。

（2）行业及协会评价。2017 年，被四川省饲料工业协会评选为“十大创新型企业”。2017 年，荣获成都市“优秀”农业创新创业项目。2016 年，被中国饲料工业协会评选为“全国饲料优秀创新企业”。2016 年，被中国饲料工业协会评选为“先进集体”。2016 年，“饲用有机微量元素生产新技术开发与产业化”荣获第十三届中国畜牧饲料科技与经济高层论坛“十大科技产业化进步奖”。2014 年，被中国畜牧业协会评选为“第三届中国畜牧行业先进企业”。2013 年，省畜牧食品局评价：畜科安全高效核心饲料新产品及应用配套技术的广泛应用为四川饲料工业和现代畜牧业发展做出了突出贡献。2013 年，“安全高效有机微量元素的研制与应用”被中国饲料经济专业委员会评为 2013 饲料行业十大科技进步奖。2012 年，被中国畜牧业协会评选为“第二届中国畜牧行业百强优秀企业”。2010 年，被四川省畜牧兽医学会评为“四川省科技创新优秀企业”。2010 年，被中国饲料工业协会评为“全国饲料行业履行社会责任先进企业”。2009 年，被中国饲料工业协会评选为“全国 50 强饲料企业”。2009 年，被四川省饲料工业协会授予“企业文化建设奖”。2007 年，被中国饲料经济专业委员会评为“2007 中国饲料最佳人本管理企业”。2006 年，中国饲料工业协会评为“全国饲料添加剂科技创新优秀企业”。2004 年，通过 ISO 9001：2008 质量体系认证。2002 年，被中国饲料工业协会授予“全国饲料工业科技进步奖”。

畜科经历了 30 余年风雨洗礼，厚积薄发，脱颖而出，成为中国饲料界科技创新领军企业！畜科以科技为本，创新与时代同步！

精诚合作　齐创美满生活

——玉屏温氏畜牧有限公司

玉屏温氏畜牧有限公司是农业产业化国家重点龙头企业——广东温氏食品集团股份有限公司投资控股的一个子公司。玉屏温氏通过“公司＋农户”的模式，发展养殖户成为家庭农场，家庭农场为“123 模式”，即一个家庭农场年收入 10 万元，一次性投资 20 万元，每批投苗 300 头，每头利润为 150～230 元。

2014 年，公司与玉屏县签订投资协议，项目总投资 4 亿元（其中固定资产投资 2 亿元），公司计划年上市肉猪 32 万头，年产值 4.8 亿元，发展合作养殖户 480 户，养殖户年获利近 5 000 万元，可解决农村剩余劳动力约 2 500 人。

温氏集团创建于 1983 年，由 7 户 8 股集资 8 000 元起步，截至目前，已经在全国 23 个省、自治区、直辖市发展了 160 多家分公司，经过 31 年的发展，温氏集团现为农业产业化国家重点龙头企业、国家级创新型企业，是国内规模最大的肉鸡、肉猪养殖企业。温氏的成功有四大因素，一是有各级政府的关心和支持，党的改革开放政策正确引导；二是公司＋农户的先进生产模式，即“411 模式”，公司提供种苗、饲料、技术服务和生物保健，做到一定保价回收，一定重视农户的合理利润回报；三是公司秉承科技兴企宗旨，重视科技就是生产力；四是精诚合作，齐创美满生活的企业文化核心理念。

玉屏温氏畜牧有限公司饲料厂：玉屏温氏饲料厂隶属于玉屏温氏畜牧有限公司，为一体化配套饲料生产单位。饲料厂于 2016 年 1 月建成投入使用。饲料厂的全面投产确保了公司为玉屏县各乡镇发展数百户合作农户养殖肉猪提供全价营养的优质饲料，为公司开展“公司＋农户”管理模式中的一苗一料（猪苗、饲料）这两个关键环节提供重要的生产保障。

饲料厂主要生产肉猪和种猪配合饲料，为公司玉屏种猪场以及公司养殖户提供全部所需饲料。公司具备年产 20 万 t、时产 35t 的生产能力。饲料生产过程每一个生产环节就是一个独立的生产工段，分为接收初清工段、粉碎工段、配料工段、二次预混工段、混合工段、制粒工段、成品包装工段，整个过程，通过传输带、圆筒仓投料工程以及先进的粉碎机、制粒机、膨化机、分装、机械手码垛设备的使用，实现了饲料生产的自动化。

作为国家重点农业龙头企业，温氏集团历来把食品安全作为企业生命线。温氏集团建立了完善的食品安全管理体系，从原料采购、供应、养殖到销售等每一个环节都有严格的监控。集团公司坚持“温氏食品，自然好品质”的品牌理念，温氏集团生产的肉鸡、肉猪产品均是安全的“放心肉”，现为广州、深圳、珠海等珠三角中心城市的安全放心生猪供应基地。

温氏“养猪一体化”项目高度重视对当地的环境保护，在种猪场建设方面环保投资达55元/头，严格做到尿粪分离、雨污分流，确保环保排放达到国家标准。要求养殖户建立沼气池，利用猪沼果、猪沼种进行肥料的充分利用并解决养殖户环保问题。

2017年，共投放商品猪18.7万头，上市肉猪15.5万头，现有合作家庭农场245户，在建45户，单批饲养总规模18.2万头；家庭农场主获得养殖总毛利5 194.1万元，户均获利15.2万元，单头毛利达305元/头；生产饲料16.9万t；全年投资1.43亿元，实现销售收入6亿元。

玉屏温氏全体干部员工秉承“精诚合作，齐创美满生活”的企业文化核心理念，发扬温氏人艰苦奋斗、敬业爱岗的优良作风，同心共行，务实工作，为玉屏区域畜牧业发展树立典范，为当地农民增收拓宽渠道！实现公司带领玉屏农户致富奔小康，推动当地运输业、旅游业与餐饮业快速发展，为玉屏地区经济腾飞做出应有的贡献。

立足云岭　迈向成功

——昆明云岭广大种禽饲料有限公司

昆明云岭广大种禽饲料有限公司于2004年成立，是由原昆明市实验养鸡场根据云南省和昆明市有关国企改革的文件规定，经昆明市政府批准改制组建的有限责任公司。公司注册资本1 157.8万元。地处昆明东郊白沙河青龙村，占地面积1 000余亩，是集种禽、饲料、鲜蛋及优质肉鸡、地方鸡生产、食品加工畜禽科技开发和技术咨询服务为一体的现代化大型农牧生产经营企业。已建成良种繁育、饲料加工、鸡苗销售、蛋品加工、技术推广应用、相关产品贸易的一条龙产业链。目前，有5个种禽繁育基地，饲养优质蛋、肉、地方鸡种禽60多万套，每年向农户提供4 000余万羽雏鸡苗，是云南省最大的种禽良种繁育基地。拥有一个6 000多m^2的禽蛋物流配送及禽蛋深加工中心，一个6万只国家级的蛋鸡标准化示范场，2个国家级保种场。2条合计年产24万t的饲料生产线。

公司下设云岭广大饲料厂，云岭广大小哨蛋、肉种禽繁育基地以及云南云岭香食品有限公司、西双版纳云岭茶花鸡产业发展有限公司、镇沅云岭广大瓢鸡原种保种有限公司等三个全资子公司，一个合资公司——云南云岭峪口禽业有限公司。其主导产品为：畜禽水产绿色饲料，蛋鸡、狄高鸡、茶花鸡、瓢鸡等优质鸡苗；绿色、无公害鲜鸡蛋、普洱茶香松花蛋等。“云岭广大”牌绿色饲料在云南省是唯一一家取得绿色生产资料认证的企业。蛋鸡苗销售占云南省市场的70%以上，是云南省较大的种业基地。茶花鸡、瓢鸡是云南省唯一进入国际级遗传资源保护品种名录的两个地方鸡品种。

公司是省、市、区三级农业产业化重点龙头企业、国家级高新技术企业、云南省创新型企业、云南省优质种业基地、云南省农业科技示范园、云南省农产品深加工科技型企业、昆明市家禽（鸡）科技创新团队、昆明市企业技术研发中心、科技部科技服务型企业、云南省省级成长型中小企业、云南省饲料20强企业、云南省劳动关系和谐企业、昆明市50强重点龙头企业，连续十年被评为“重合同守信用企业”“全国优秀家禽企业”，被昆明市评为“十大善待农民工和谐企业”之一，被中共云南省委、云南省人民政府评为云南省社会扶贫工作先进集体，2012年被评为昆明市“五一劳动奖状”，2012年被昆明市盘龙区科学技术和信息化局评为盘龙区2011年度项目重点科技项目单位。

一、企业文化　以人为本　互利共赢

公司现有员工300余人，中专以上学历200人，高、中、初级职称50多人，聘请云南农业大学和云南省畜牧兽医科学院的专家教授11人作为常年研发顾问，有承担科技项目和农业产业化项目的经验，有较强的技术研发能力和技术转化吸收能力。

加强企业文化建设，为企业健康发展注入持久的文化推动力。不断培养和激发员工的企业主人翁精神，增强责任感和危机感，树立正确的职业道德观念、价值观念、服务意识、劳动态度、法制观念及创新与竞争意识，树立企业的优秀团队精神和诚信经营形象，不断鼓舞员工的士气，丰富员工精神文化生活。建有完善的薪酬制度，采取一系列激励措施，保证员工工作积极性，最大限度挖掘员工工作潜力，为其提供广阔的发展平台。企业尊重知识，尊重人才，让每一位来到企业的人都能发挥最大的价值。同时，实行司务公开，推进企业民主管理，建立和谐的劳动关系，不断改善提高员工生活、工作环境和福利待遇。增强企业凝聚力和向心力，使员工与企业同生存

共忧患，为企业发展竭尽全力，实现自我价值和企业价值的双赢。

二、持续创新　永不止步

公司自成立以来规模不断扩大，产业结构不断改善，产业素质与效率不断提高。秉持“持续创新，永不止步”的理念，积极创新，不断进取，走出一条“规模化、产业化、现代化”的道路。

1. 专注饲料　做实产品。云岭广大饲料目前年产销饲料 3 万多 t。公司生产的蛋种鸡、肉鸡、猪、水产等不同种类的饲料，市场占有率不断扩大，知名度不断提升，具有良好的口碑和信誉，是客户能够信赖的名牌产品。

饲料生产线采用了现代饲料工业微粉、超微粉、熟化、喷涂等新工艺、新技术，使产品质量得到很大提升。饲料生产严格按照国家标准进行生产，质量层层把关。并建有完善的检验检测系统，专业的检验检测、科学研究团队。从原料质量开始控制，原料进厂必须化验，不达标准坚决退回。对生产过程每一道工序严格把关。坚持将质量管理体系落实到生产过程，未达标的半成品坚决不进入下一生产流程，生产的成品经检验合格后才进入市场。正因为对饲料的层层把关，质量得到保证，成功申请到包括蛋鸡、肉鸡、肉鸭、猪料、水产料、预混合饲料等 23 个绿色饲料产品。

2. 做好技术　服务养殖业。公司目前有 5 个种禽繁育基地，饲养优质蛋、肉、地方鸡种禽 60 多万套，每年向农户提供 4 000 余万羽雏鸡苗，是云南省最大的种禽良种繁育基地。拥有 1 个 6 000 多 m^2 的禽蛋物流配送及禽蛋深加工中心，1 个 6 万只国家级的蛋鸡标准化示范场，2 个国家级保种场。同时，公司借助养殖板块的大力发展，积极参与云南省各级政府扶贫项目的启动和实施，带动全省农户增收致富。

公司通过项目、技术、人才等方面的合作，研发适合市场需求和市场导向的优质种猪、种禽产品和健康标准化养殖技术，提升了自主创新能力，促进了企业技术进步和养殖业技术发展。

3. 创建平台　促进成果转化。公司改制以来不断引入新技术，新成果，在管理上、技术上创新，不断地引入、培养科技人才，改造和提升企业的产品结构和技术含量。先后主持国家科技部、农业部项目各 1 项，主持省级项目 8 项，其中科技厅重点项目 3 项，主持市级项目 10 余项，加快了企业向产业化、集约化、规模化、品牌化发展。拥有能够满足饲料产品技术研发、产品检测的国内外先进仪器设备。

技术中心先后承担了多项省级以上重大科研项目。加强了科技成果转化，缩短了转化周期，促进了科技成果转化成现实生产力。

围绕“三农”问题，利用自身优势，研究和引进应用从引种、环境、饲料、用药、免疫、消毒、鸡蛋收集、包装上市、废弃物处理各环节控制的技术开发及成果转化，推进菜篮子产品标准化生产，推进畜禽养殖、加工、销售标准化一体化经营，为云南省、昆明市蛋鸡标准化示范生产技术推广和保证无公害（或绿色）畜产品鸡蛋的生产销售充分发挥龙头企业示范带动作用。不遗余力致力于云南省农业产业化、标准化发展，重合同，诚信经营，倡导畜牧业良性循环、安全、环保、健康，拉动、带领更多的农户走上富裕路，社会信誉良好。

公司一直重视产、学、研结合，坚持自主技术创新，建立了良好的产、学、研合作机制，与中国农业科学院、云南农业大学、云南省动物营养与饲料重点实验室等省内外多所高校和科研院所建立了长期稳定的合作关系。

三、立足云岭　迈向成功

企业围绕国家、省的发展战略和饲料产业发展需要，坚持自主创新、集成创新和引进消化吸收再创新并举的原则。建设以企业为主体、市场为导向、产学研结合的技术创新体系。提高企业创新能力，提升云南省饲料产业自主创新能力与核心竞争力。同时，面向企业规模生产的实际需要，提高科技成果的成熟性、配套性和工程化水平，加速企业技术进步，促进产品更新换代，为产业发展提供技术支撑。

务实创新　自我超越

——云南广联畜禽有限公司

中外合资云南广联畜禽有限公司是一家专门从事饲料研发、生产、销售、服务的国家高新技术企业，隶属于正邦集团控股的上市公司——江西正邦科技股份有限公司。江西正邦科技股份有限公司（证券代码：002157）于 2007 年 8 月 17 日在深圳证券交易所上市，是江西省民营企业首发上市公司。

正邦集团成立于 1996 年，是农业产业化国家重点龙头企业，拥有博士后科研工作站，旗下正邦科技于 2007 年在深交所上市。集团下有农牧、种植、金融、物流四大产业集团，以种猪育种、商品猪养殖、种鸭繁育、农作物优良新品种选育、肉食品加工、饲料、兽药、生物农药、芳樟种植及芳樟产品加工、油茶种植及油茶产品加工、大米加工、相关产品的销售与技术服务以及基于农业产业链的贷款、担保、融资租赁、资产管理为主营业务。

正邦集团在全国29个省（自治区、直辖市）拥有360家分/子公司，42 800多名员工，2015年，正邦集团总产值520亿元。集团总裁林印孙为第十二届全国人大代表、中国光彩事业促进会副会长、全国工商联执委、江西省工商联副主席。目前，已获得的荣誉有：中国企业500强（第254位）、中国制造业500强（第123位）、中国民营企业500强（第61位）、江西省民营企业100强（第1位）、中国上市公司100强、中国饲料工业10强、全国生猪养殖企业10强、全国种鸭繁育企业10强、“国家高新技术企业”，“正邦”注册商标被认定为“中国驰名商标”。

正邦集团致力于做现代农业的投资者和组织者，做绿色安全食品的生产者与供应者，不断推动中国农业的规模化、产业化、生态化发展。目前，正邦集团正在全力推进“千亿工程”，力争在种鸭、种子、生物农药等产业打造3～5家上市公司，2017年，实现产值千亿元目标，成为中国最优秀的农业企业之一。

中外合资云南广联畜禽有限公司成立于1999年3月，2011年，为了提升企业自身的竞争力，在昆明市宜良县投资1.5亿元，建设年产36万t饲料的新生产基地，并于2012年6月28日正式投产。公司是首家在宜良饲料工业园开工建设的企业，也是宜良饲料工业园第一家投产的企业。

一、育人用人，做一个人本型企业

人是企业的第一资源，企业要靠人来实现目标。而人的智慧与创造性的激发是企业实现永续发展不竭的动力。公司成立至今，一直重视人才的引进与开发，并把培养高素质人才作为主要工作来抓，以实施人才的系统工程。每一年，公司都要到全国各大高校及云南省内的大中专院校去招聘各类专业人才，并采取“师带徒式”“教练责任制”等，对到岗大学生进行跟踪管理、重点培养，以便使其尽量缩短适应期，尽快融入企业，进入工作角色。“栽好梧桐树，引得凤凰来”，与此同时，公司广阔的发展平台与开放的人才观，也吸引了社会上众多的人才加盟。目前，公司在职员工中，年龄结构、知识结构、智能结构、专业结构、素质结构均达到了一个相对较理想的状态，而“赛马不相马，人人是人才”用人机制的实施，则充分地调动了广大员工的主观能动性与创造性，提升了企业的工作效率与劳动生产率，为企业战略目标的实现奠定了坚实基础。

二、注重研发，做一个科技型企业

公司自创建以来，十分注重研发创新。在引进国内外先进技术和设备，采用电脑控制全自动化生产的同时，结合正邦集团自身十几年的生产管理经验，斥资600多万元建成了独立的研发中心，年平均研发费用2 800万元以上，占销售收入的4.7％，近6年共组织完成了30个研发创新项目，开发出了“威化仔猪前期配合饲料”等120余种具有广联特色的畜禽、水产高效绿色饲料，并全部在公司内部进行产业化开发。产品畅销云南省16个地州、128个县市，远销广西、湖南、贵州、四川等周边省份，外销缅甸、越南、老挝等周边国家，深受广大经销商和养殖户青睐。

三、保证品质，做一个质量型企业

质量是产品的生命，缺乏质量的产品将在市场竞争中迅速被淘汰。而作为饲料来说，质量保证才是绿色的、安全的、高效的。高品质的饲料首先要有高品质的原料，公司在原料收购过程中，严把原料质量关，杜绝“人情料”，保证入库原料100％的合格率。同时，对供应商设置档案，进行信用评级，淘汰不合格的供应商。为了确保饲料绿色、安全、高效，公司在采用电脑控制全自动化生产的同时，不断加强生产工艺的升级改造，不放过一个关键质控点，使质量、品质保证从点滴开始。在加工过程中严格按《饲料和饲料添加剂管理条例》执行，决不添加、使用任何违禁药品。成品检测中，运用国内外较为精密、先进的化验设备，“步步监控、层层把关”，有效杜绝了不合格产品流入市场。目前，公司生产的金广联浓缩饲料、广联宝乳猪饲料等众多品种因为质量可靠、品质一流，广受经销商与养殖户的青睐。“好饲料、正邦造”“饲料还是广联好”的说法在养殖户中传开。

四、节能减排，做一个环保型企业

企业的发展不能建立在生态环境的破坏上，同时，企业的发展也不容许资源浪费。公司成立以来，在清洁生产、节能减排上做了大量工作，并将其列入公司主要议事日程，纳入目标管理及重要财务预算。在项目建设初期，公司就认真执行建设项目环境影响评价制度和建设项目环保“三同时”，配套建设有污水处理设施和烟气除尘设施。公司成立至现在，累计环保投资达360余万元人民币，对生产废水和废气进行了有效处理。公司内部还推行“7S管理”，以推进公司流程化、标准化管理及促进节能减排，为了将此项工作进一步推向纵伸，公司还积极贯彻《中华人民共和国环境保护法》《中华人民共和国清洁生产促进法》和相关法律法规。目前，企业已实现“节能、降耗、减污、增效”的目的，饲料生产过程中的原料消耗、电耗、水耗等都大幅降低。

五、社会认可，做一个上进型企业

通过近 20 年的拼搏努力，公司在经营发展中获得了良好的经济效益与社会效益，获得了当地政府及行业主管部门的认可，也获得了社会各界及广大养殖户的信赖。3 次被认定为国家高新技术企业，共有 12 件专利获得授权——发明 2 件、实用新型 5 件、外观设计 5 件，获昆明市科技进步奖、专利奖各 1 项，是云南省饲料工业协会常务副会长单位、云南省外商投资企业协会副会长单位、昆明市抚州商会常务副会长单位。还获评“2016 云南民营企业 100 强”“2016 云南制造业企业 50 强”“2016 云南省非公企业 100 强”“云南省农业产业化省级重点龙头企业”“云南省农产品加工重点企业”“云南省农产品深加工科技型企业”“云南省科技型中小企业”“云南省成长型中小企业”“云南外商投资先进技术企业”“云南外商投资先进企业”“云南外商投资优秀企业”“昆明市文明单位”“昆明市工业企业 100 强”“昆明市 30 户优强非公企业”“景气调查定点企业”“昆明市龙头企业”“昆明市企业技术中心”等一系列荣誉称号，公司“广联”商标被认定为“昆明市知名商标”，“广联宝仔猪前期配合饲料”被云南省科技厅认定为“云南省重点新产品”。

2018 年，对于众多农牧企业而言，是艰难的一年，是充满挑战的一年，更是充满机遇的一年。公司将在新的一年里，在总经理王跃明的带领下积极贯彻党和国家的“三农”政策，积极响应当地政府现代新昆明建设的号召，积极投入正邦“千亿工程洪流”，抓住机遇、坚定信念、团结拼搏、鼓足干劲，继续在文化、技术、品牌、品质等多层面进行不断地总结与发力，以推动云南省畜牧业和种植产业等农业产业的转型升级。

风雨兼程　砥砺前行

——陕西杨凌富仕特饲料有限公司

陕西杨凌富仕特饲料有限公司创建于 1998 年，位于杨凌农业高新产业示范区饲料工业园区。是具有 20 年发展历史的饲料行业的老字号企业。经过 20 年特别是近几年的快速发展，企业规模和销量持续增长，已成长为拥有富仕特饲料、富仕特生物、中北诺成贸易三家全资子公司的集团化企业。陕西杨凌富仕特饲料有限公司占地面积 13 113m^2，厂房车间 10 080m^2，办公区 1 800m^2，其他辅助厂房 1 233m^2，员工 120 余人，猪料年生产能力7 万t、年销售额超过 8 000万元。公司集研发设计、生产制造、品牌营销、技术服务为一体，是陕西省唯一的专业化猪料工厂，公司的“富仕特”品牌猪料以高品质高性价比的市场定位，优质的客户服务，良好的市场口碑，深受省内外广大用户的信赖。

在 20 年的发展历程中，陕西杨凌富仕特饲料有限公司以追求第一，塑造第一，成就第一为宗旨，坚持永远的富仕特，勇争第一的企业精神。以客户需求为导向、以公司发展壮大为目标、以产学研发展结合为核心、以工艺设备为基础、以员工发展为动力，稳扎稳打、精益求精，在技术创新、细节管理、产学研发展、团队打造及企业文化建设方面取得了良好的成绩。

一、坚定不移地走专业化发展道路

1998 年，陕西杨凌富仕特饲料有限公司由西北农林科技大学专家教授和西农毕业生组建，成立之初就是以专业服务立足，20 年兢兢业业、稳扎稳打，一直致力于饲料行业稳步发展。2010 年，为了扩展业务范围，延伸产业链上下游，成立了专业的贸易公司中北诺成贸易有限公司。2012 年拓展进入了微生物发酵领域，同时建设专业化猪料工厂。

1. 专业的硬件建设。在硬件设备上针对专业化猪料引进了先进的瑞士布勒生产线，采用先配后粉、超微粉碎、二次制粒、二次熟化加保持等独特的工艺，在乳仔猪料加工方面处于全球领先工艺，能更好地提高饲料营养吸收和动物的生产效率，降低了抗营养因子和腹泻概率，保障了产品质量的差异化。通过这些领先的工艺，加上公司的优秀管理，确保产出优质的饲料产品，服务于广大养殖户朋友。

2. 重视产品研发，不断扩大对外交流。借助杨凌示范区和西北农林科技大学独一无二的区位优势，加大产品研发投入，与西北农林科技大学在技术研发、市场服务、检验检测、企业培训等领域展开了密切的合作。同时，利用中北诺诚原料贸易的优势资源，借助行业内国内外知名品牌的技术研发、质量管理、市场营销方面的先进理念，结合西北地区实际情况和富仕特经营特点，兼容并蓄，逐步形成了独特的猪料产品技术特色。

3. 狠抓产品质量控制，确保质量稳定安全。为了保障产品质量，狠抓品质管理，从源头抓起，通过与原料供应商的长期持续的合作、规范的检验检测流程和技术手段、供应商评价等手段保证进厂原料质量。借助全省创建规范的契机，以创建农业部规范为目标，大力推进公司质量安全管理工作，使得质量管理工作得以大幅提升，部门衔接效率更高，从根本上确保了产品的质量稳定安全。2017 年 7 月，顺利通过国家农业部质量安全管理规范示范企业创建的验收。

4. 专业的技术服务是联系市场的纽带。通过与客户共同成长推动公司的发展是公司持之以恒的发展策略。公司通过发展共建示范猪场为手段，持续开发有发展潜力和欲望的中性养殖户，通过驻场、引种等方式帮助其持续提升养殖效率，改进管理水平，从而带动一批家庭养殖场的成长，也推动了公司产品销量的增长。

二、坚持走科技创新的道路

富仕特公司从创业之初就定位为科技型企业，走科技创新和产学研结合的道路是公司始终不变的方向。

多年来，公司始终与西北农林科技大学等科研院所的专家教授们保持着紧密的联系，相互配合，发挥各自优势，从而形成了强大的集研究、开发、生产销售为一体化的综合体，并在运行过程中体现出综合优势。2012 年，公司就与西北农林科技大学动物科技学院多个动物营养与饲料研究实验室签订了产学研合作协议，并在新饲料原料开发、产品开发、技术服务、人才引进等方面进行了广泛合作。面对资源紧缺、环境污染的严重、食品健康关注度逐年提升以及自然界大量没有被利用的可再生资源，公司通过积极探讨和创新，2015 年，与动物科技学院科研团队合作，在菌株筛选、新原料开发、抗生素替代等领域展开研发工作，取得了十分明显的效果。2017 年，公司与西北农林科技大学合作建设了富仕特公司产品研发基地，集产品研发试验、动物饲养、原料品质检测为一体，进一步展开新原料和新产品的研发工作，为公司的持续发展提供科技保障。

三、坚持以人为本的人才战略

一直以来，富仕特致力于提升经营管理，建立了规范和高效的经营管理体系，在技术研发、质量保障、生产管理、物流配送、技术服务等方面着重发力，在产品和服务上苦练内功，取得了傲人的成绩。公司先后被评为陕西省农业产业化重点龙头企业、陕西省“十佳饲料企业”、陕西省中小企业创新研发中心、西北农林科技大学教学实习基地。2017 年 7 月，通过验收成为农业部饲料质量安全管理规范示范企业。在人才培养方面，富仕特视人才为第一资源，人才是企业的最大财富。并为员工的职业发展提供广阔的空间，不断在人才引进、薪酬福利、培训提升等方面完善加强，以较高的定位开展人才培养工作，深度激发人才的潜能，为企业的持续发展保驾护航。公司按现代企业管理制度进行管理，公司现有员工 126 人，其中大专学历 82 人，本科学历 26 人，管理团队 15 人，技术服务团队 7 人，是一支执行力强、综合素质高的专业技术团队。

四、持续深化现场 6S 管理和精细化管理工作

公司从 2013 年开始，成立 6S 推进小组，在总经理的带领下，各部门全力配合，全面推进现场 6S 管理和精细化管理，在生产车间和后勤办公室同时推进，全面开展整理、整顿、清扫、清洁、素养、安全 6 个 S，确保做到清爽工作和清洁生产。同时，针对生产中的浪费，开展精细化管理，鼓励节能降耗工作。经过两三年的努力，6S 成果非常明显，厂区面貌焕然一新，员工风貌焕然一新，客户对公司的形象高度认可，员工和客户的归属感非常强。精细化管理使公司的生产费用成本大大降低，产品竞争力得到非常大的提高，产品的盈利能力也得到了提高，公司经营压力下降明显。

五、建设企业文化，凝聚团队力量

在公司项目发展的同时，我公司高度重视精神文明和文化建设工作。年初全员免费体检，确保每位员工都有一个健康的体魄。妇女节为每位女性员工送礼品，组织春游、聚餐等活动，让每一位女性员工都能感受到公司的“特别关照”。5 月组织全体员工赶赴外地游玩放松，以增进团队凝聚力和员工对公司的感情。6～8 月，召开“夏送清凉”动员会并送上相关福利，确保每位员工清凉一夏。冬季举办越野赛，倡导大家积极运动，强身健体。年底有可观的过年费和年终奖。一年之景不同，四季活动亦不断。在全体富仕特人的努力下，我们获得了 2014 年、2015 年、2016 年和 2017 年年度全省饲料行业精神文明建设先进单位，2015 年、2016 年和 2017 年年度全省饲料行业诚信农企，2015 年年度安全生产先进企业，2016 年获得杨凌区人民政府“奉献爱心，扶贫济困”的赞誉。相信未来的富仕特在文化建设工作上会有更出色的成绩，这将为企业未来的长足发展提供充足的保障。

公司坚定走专业化发展的道路，坚持科技创新、以人为本，秉承“一切为客户服务”的经营理念，专注于饲料行业。未来的富仕特将在现有的发展模式的基础上，紧密结合我国国情和西北地区养殖户需求，坚持精诚合作、共同发展的理念，继续对资源进行整合和优化，大力开展科技创新、管理创新、模式创新。正视形势、加倍努力、常抓不懈、持续改进，以强烈的责任感、使命感捍卫企业的荣誉，推动行业的发展。

根植西北养殖　拓展饲料事业

——陕西海大农牧有限公司

随着南方与东南沿海的禁养、限养政策的出台，畜禽养殖向内地产业转移成为趋势，海大集团顺势而为，开始在东北、华北、西北等地区布局饲料养殖产业，并将猪的产业链发展作为重中之重！

在此背景下，海大集团与西北畜牧饲料行业的精英团队于 2017 年 7 月，合资成立了陕西海大农牧有限公司，注册资金 3 000 万元，成为海大集团开拓西北市场的前沿基地。该公司依托现有的西北市场资源、原料资源，充分利用海大集团全球一流的采购优势、国内领先技术研发优势、品牌优势、信息化管理优势等，组建专业营销团队，以服务西北养殖行业，实现科技兴农为使命。

目前，陕西海大农牧有限公司下辖杨凌海大饲料有限公司、兰州海大饲料有限公司两个专业化饲料工厂。公司自 2017 年 7 月成立以来，广纳各方英才，组建专业化团队。在集团总部经营思路的正确指引下，公司通过内部生产后勤团队苦练内功，外部营销服务团队用心为养殖户做好服务，用心打磨优质产品，陕西海大的饲料月销量在半年内实现了从零到 6 500t 的快速增长，同时，产品质量与口碑也得到了西北地区广大用户的认可，海大的产品力与服务力得到了见证。

公司取得的这些成绩，离不开海大集团总部领导的指导与帮扶，也离不开各级政府、行业协会以及畜牧同行等社会各界的关爱，更离不开广大养殖户与经销商朋友的信赖与肯定。公司成立以来快速、良性发展的具体做法如下。

公司成立后，组建专业的技术、品管、生产、销售部门，公司高管、部门主管、核心骨干等都是来自西北地区饲料行业具有多年从业经验的优秀人才，为公司的发展奠定了强大的人员团队保证。

公司创始初期陕西海大的技术总监亲自到海大研究院交流学习饲料营养标准、配方设计、饲料工艺与品控等技术，参观饲料研发实验室与研发基地，了解养殖户对海大饲料的饲喂效果反馈，保证了技术的领先。

海大研究院各产品线的技术负责人，与陕西海大技术销售团队一起深入调研西北养殖市场，结合海大研究院的研发成果与西北养殖现状，精准定位陕西海大的产品，并对企业的营养标准、原料标准、生产工艺流程与品控标准进行了科学制定，确保海大的畜禽饲料产品质量处于在西北地区一流地位。

核心产品小批量生产、核心养殖户的大量中试，通过饲喂效果的反馈，多次调整饲料配方，反复试验验证，打磨产品质量。公司打磨好精品、爆品后，通过示范户的优秀数据，召开大小产品推广会、技术交流会等，宣传推广海大的优秀产品与养殖技术。另外，示范户主动向周边用户推荐海大的产品效果，自然带动增量与口碑的提升。

公司销售与服务团队，主动帮助客户正确使用产品、积极为用户排忧解难、提供系统养殖管理方案，提升了海大产品的使用效果，提高了用户的养殖成绩，得到了用户的普遍赞誉。

面对养殖行情低迷，养殖户亏损的不良条件，在确保公司正常经营的前提下，主动让利养殖户，减少养殖户的亏损，与养殖户共渡难关，确保畜牧饲料行业健康良性发展。

陕西海大才走完万里长征的第一步，未来的路还很长、很艰辛，但我们坚信有集团的优势、有政府与行业领导的关心与帮助以及杨凌海大西北精英团队的坚守，公司会有更好的发展，未来几年我们将坚持做好以下三件事情。

1. 打造产品力。生产企业万变不离其宗，离开产品力谈经营都是无稽之谈，尤其是饲料作为养殖环节的生产资料，没有高性价比的产品难以走向未来。海大拥有技术、采购、资金多方面的实力，我们在经营上向精细化管理转变，确保生产出最高性价比饲料，高效率、高产销量，低毛利率、低费用率，通过专业能力提升带来工作效率提升，从而提升整体运营效率。我们坚信，未来的养殖不用海大饲料将会在养殖成本上丧失优势。

提升信息化管理水平，将物料系统和集团 SAP 系统无缝对接，用好大数据，用好移动互联网。系统平台可以实时对管理过程出现的问题及时提供数据分析，信息化建设将大大减轻管理压力和提升工作效率，减轻对人的依赖性，围绕产品力提升打造各项专业能力。

2. 推动服务站＋模式。在销量相对较大的区域，联合地区有实力的经销商成立技术服务站，由杨凌海大提供服务站管理运营。海大研究院＋海大动保作为技术支持后台，发动经销商、业务团队提升客户服务覆盖率，提升养殖管理水平，减低养殖风险及成本。

3. 搭建融资平台或支撑体系。公司搭建融资平台或支撑体系，在养殖周期上与大家共进退，并降低市场风险和资金风险。我们对养殖业有信心、对未来的事业有信心，在风险可控的情况下，对新业务也会加大资金投放力度。

面对过去取得的成绩，我们戒骄戒躁，未来陕西海大将不忘初心、砥砺前行、继往开来、再谱新章！

杨凌海大在集团的正确指引下，在行业领导的帮助下，全体员工将严格按照海大集团管理要求，做好产品、抓好管理、搞好服务，全心全意提高养殖户的生产水平与养殖效益，实现公司与养殖户的共享、共赢。

陕西海大的发展目标是：在未来5年内达成产品质量与口碑西北一流；服务水平位居西北前列；公司养殖户的养殖成本西北领先；饲料产品销量每年增长30%以上！

立足实际　走饲料加工拓展养殖全产业链一体化持续发展之路

——商南县丰源饲料有限责任公司

一、立足实际开阔视野，建立饲料加养殖发展模式

商南县丰源饲料有限责任公司是丰联农牧集团旗下的一家子公司，位于商洛市商南县，于2015年5月建成投产，产品以猪饲料和肉鸡饲料为主。2016年饲料产量为7 390t，其中肉鸡料6 022t，猪料1 368t。截至2017年8月，产量为7 108t，其中肉鸡料6 012t，猪料1 096t。主要以自用为主，公司现有肉鸡养殖基地4个，种猪养殖基地2个，育肥场2个（包括在建厂1个），肉鸡屠宰线1个，生猪屠宰线1个。

从汇报数据可看出，公司成立时，结合位于商南的实际现状，从长远谋划，定位以主打饲料加养殖加畜产品加工全产业链的发展模式，饲料企业与养殖配套发展，确保饲料生产有比较明确的保障服务对象。目前，集团公司的决策、运行实施目标是：正在全力打造两条全产业链，一个是肉鸡从饲料加工—养殖—屠宰—加工—有机肥；另一个是从饲料—种猪—肥猪—屠宰—加工全产业链。

从目前国家宏观政策导向以及省内外畜牧产业发展的趋势来看，公司的发展理念和发展模式定位是正确的，也符合公司发展的实际，在实践中也取得了较好的成效和结果。

二、依法依规严格要求，强化饲料企业管理

丰源饲料公司虽然是以自产自用为主的生产企业，严格按照《饲料和饲料添加剂管理条例》和《饲料质量安全管理规范》组织生产和经营，公司从成立时就严格按照饲料生产许可条件，申请获得了饲料生产许可证，确保在硬件设施上与国家标准、与同行水平看齐。在2015年7月，《饲料质量安全管理规范》实施后，公司组织员工学习，去杨凌参观，取经学习，推进《饲料质量安全管理规范》在公司贯彻执行，从车间管理—生产—化验检验都严格按照规范要求执行，尤其是原料及成品品控，公司高度重视，其中化验品控专职人员就有3人，配备一流的化验检验设施设备，严格把好产品质量关。在营养配方技术方面，我们优选与行业顶尖水平的平台合作，肉鸡配方技术从山东聘请配方师，我们的肉鸡饲养水平已经处于行业领先地位，料肉比可以达到1.5～1.6，成活率达96%以上。在猪营养方面与福建闽科，美国嘉吉合作，全面提升产品竞争力。

在8月陕西省饲料办组织的全省饲料行业跨市区交叉检查中得到了省领导以及各地市领导的一致认可。

三、履行肩负社会责任，确保环保绿色发展

确保动物生物安全和营养为第一要素，逐步增加养殖规模的同时，向无抗养殖过渡，实现饲料、养殖、屠宰等环节实现全面监管，让丰联集团食品放心上老百姓餐桌。并且为解决养殖环保问题，集团配套有陕西富农生物科技有限责任公司，主要生产加工有机肥，对动物粪便等进行集中处理，达到环保要求。

四、推进饲料企业和全产业链发展体会与感悟

一是随着行业的快速整合，全产业链发展是未来农业发展的必然趋势。当然，作为饲料行业，可以在提升自身实力与产品核心竞争力的同时，加强联盟，把畜牧产业发展中的每个点连接成线，也是发展的一种好的选择。集团公司主要以年饲养加工3 000万只肉鸡和年出栏百万头生猪全产业链为发展目标，推动商南县农业向产业化、智能化、生态化方向发展。

二是虽然公司身处陕西的边缘地带，在饲料企业管理中始终自我要求很高，严格执行条例以及规范，对采购的原料、饲料添加剂、药物饲料添加剂实行查验或者检验的制度。在组织生产过程中，严格执行《饲料质量安全管理规范》《饲料添加剂安全使用规范》和《产品质量标准》，对生产过程实施有效控制并记录。出厂进行严格的检验，严格销售管理和包装、标签管理。

三是人才是企业发展的核心，“企”离开人就停止了，在公司发展的过程中，抓住行业转型面临的机遇与挑战，增强企业自身的实力，栽好“梧桐树”，引得“凤凰来”。利用商洛是西安的后花园的区位优势，让企业在行业中树立良好的口碑，增强企业对人才的自身吸引力。积极营造良好的企业文化，打造企业的“软实力”，让公司核心人才找到认同感和归属

感。一个企业真正有价值、有魅力、能够流传下来的东西，不是产品，而是企业文化，是全体员工认同的价值观，它具有很强的凝聚功能，成为企业成功的基石，也是企业留住人才的关键。同时，建立完善的用人机制，为核心人才的成长提供“沃土”，设计核心人才职业生涯规划，积极帮助人才提升自我价值。积极稳妥地打造企业的人才梯队。

四是在日常管理过程中，公司采用超前的理念对企业进行精细化的管理。随着市场竞争的不断加剧，饲料企业如果不在管理上高标准、严要求，就难以承受市场竞争浪潮的冲击，就难以适应不断变化的市场需求。从饲料企业角度讲，同类型企业之间，在技术、工艺、设备等方面的同质化越来越大，差异性越来越小，市场竞争越来越表现为“细节上”的竞争。经济全球化和信息技术的重要挑战之一就是市场竞争日益加剧，消费者有了更多的挑选余地，竞争的焦点由规模、数量、价格转向了质量，而质量的内涵在不断变化，由过程控制为中心的卖方主导的质量，发展成为以顾客满意为中心的买方主导的质量，进而发展成为追求差异化的竞争性质量。

与时俱进顺应新的形势 严格依规强化内部管理

——宝鸡新希望农牧有限公司

2017年前三季度，总体而言，省内饲料企业面临全省畜禽存栏同比不同程度下降，禽流感对家禽业的冲击，生猪收益下降，奶牛养殖低迷，水产养殖受天气影响，波动较大的不利发展因素和形势。这样也就连带造成了部分饲料企业的生产低迷，影响饲料企业发展。公司与其他同行一样，面临同样的市场形势困境，对此，分析形势，积极应对，发挥优势，扬长避短，依托新希望六和集团大平台，转变观念，强化内部管理，按照供给侧结构性改革的要求，调整产品结构，提升产品竞争力，生产量较2016年同期有较大幅度增长，取得了较好成效。

一、严格依法依规管理，采取有力措施，强力推进《饲料质量安全管理规范》全面执行，打牢促进公司生产发展的基础

从2015年《饲料质量安全管理规范》施行开始，公司就组织全员多次对《饲料质量安全管理规范》进行培训和学习。结合公司具体情况，2016年2月，建章立制，成立了《饲料质量安全管理规范》推进小组，同年11月，通过了省级《饲料质量安全管理规范》示范企业创建验收，打好了初步的基础。随后，在省、市饲料办领导的多次现场检查指导以及集团技术部老师的指导下，2017年，公司加大力度推进《规范》执行。一是转变观念，进一步认识实施《规范》是企业转型发展的重大动力。不把《规范》实施当负担、被动执行，而是当作公司管理提升的新平台，领导主动安排，建立推进机构，明确责任，确保实施有力。二是舍得投资，硬件软件齐改进提升。对不符合规定的配料间、热敏库等进行改进，多次修改制度汇编，在实施中修改，在修改中实施，打好推进《规范》执行的基础。三是注重全员学用《规范》，将规定落在实处。对《规范》规定要求公司、部门、员工三级均要熟知，采取培训加考核，督促牢记和应用执行。四是发挥集团优势，互相学促进《规范》在公司落根。先后多次邀请集团主管来公司指导，学习借鉴兄弟公司好的做法等，交流促进了《规范》理解和执行。因为采取措施得力，2017年7月顺利通过了农业部《饲料质量安全管理规范》示范企业创建验收。《饲料质量安全管理规范》在公司的实施，促使我们做到了严格按照规范的要求，实现从原料采购到产品销售的全程质量安全控制，很大程度上提高了产品质量，提升了产品在市场上的竞争力。

二、严格推广产品套餐营销模式

在集团套餐养殖推广基础上，根据陕西养殖品种和特点，公司在多年来市场收集的养殖数据基础上，分别制定了猪料和禽料的套餐养殖模式，并对业务人员、市场技术服务人员、养殖户进行套餐养殖培训，严格按照套餐要求指导养殖场（户）科学养殖，部分套餐养殖模式的市场美誉度很高，成为公司的拳头产品。在优势产品市场带动下，加之养殖户对公司产品现身说法的宣传，大大提升了产品市场占有率。

三、依托技术优势加大与规模养殖场合作

为了更好地为养殖企业服务，公司组织了一支专业技术团队，并派驻技术服务人员驻厂服务，对规模自繁、自养厂和肥育厂的保健、抗体检测、防疫、饲喂流程等进行专业的规范性指导，对大型蛋鸡厂的设备调试、精确通风、密度、防疫等流程进行规范指导，在公司专业技术团队的指导下，规模养殖场的老板深切感受到企业发生的可喜变化。这种合作，加强了饲料生产企业和养殖企业之间的沟通，也实现了公司和养殖场的双赢。

四、饲料产量逆势上涨原因及后期生产形势分析

在这一系列的管理措施下，公司前三季度饲料生

产取得较好的成绩。截至9月底，公司实现生产总量79 090t，较2016年同期增长53.2%，其中浓缩饲料8 146t，较2016年同期降低11.1%，配合饲料70 944t，较上年同期增长67%，猪料42 373t，较上年同期增长59.9%，肉禽料10 117t，较上年同期降低16%，蛋禽料26 600t，较上年同期增长8.5%。猪饲料大幅上涨的主要原因与存栏生猪体重较大、生产效率提高，仔猪繁育利润较好、集团内供有关。公司生猪饲料消费3月以后持续攀升，猪饲料结构性增长明显。肉鸡受前半年禽流感影响，存栏量下降，饲料需求下滑幅度较大。随着鸡蛋价格一路下滑，蛋鸡业处于全面亏损状态，蛋鸡饲料消费随之下降，8月后鸡蛋价格有所上涨，蛋鸡饲料销售有所回升。

后期生产形势的展望：中秋节后陕西秋玉米上市，浓缩饲料的需求会有所增加。猪饲料方面，能繁母猪存栏量和生猪存栏量有所回升，形势看好。禽饲料方面，产业结构调整已基本到位，预计后期禽饲料需求有望提升。饲料畜牧养殖一体化趋势更为明显，大型养殖场也开始筹建自己的饲料加工厂，未来这个比重还将继续提高，一体化趋势更趋明显，中小型饲料企业的生存空间将被进一步压缩。大型饲料企业将迎来新的发展机遇和挑战。

发展安全食品
保障健康消费　促进社会进步

——兰州正大有限公司

兰州正大有限公司是由泰国正大集团与甘肃省农牧厅合作兴办的大型现代化农牧企业，于1993年8月正式开业。27年来，兰州正大始终秉承集团“利国利民利企业”的经营原则，坚持“发展安全食品，保障健康消费，促进社会进步”的企业使命，主动融入甘肃地方经济社会发展大局，先后投资6亿元，成功创立了正大饲料、正大种猪、正大肉品、正大蛋品、正大食品等省内知名品牌，形成了从饲料生产加工、种畜禽繁育、商品代饲养到屠宰加工、终端销售为一体的全产业链经营体系。2017年营业额达到20多亿元，利润实现1.4亿元，累积上缴利税1.5亿元。

一、饲料业

正大集团作为改革开放后进入中国的第一家外资企业，早在20世纪90年代就率先进入甘肃，建设了24万t的现代化饲料厂，开创了甘肃饲料工业的先河。同时，扎根农村，为养殖户传授现代养殖理念，推广现代养殖技术，引导农民大力发展标准化养殖，转变旧思想观念和生产方式，培养新型农民从传统的精耕细作走上养殖致富的产业化道路，在促进农民收入稳步增长、生活水平日益提高的同时，为甘肃地区现代化新型畜牧业的发展起到了极大的推动作用。目前，在甘肃皋兰县、张掖市、泾川县和宁夏银川市建成现代化专业饲料厂5座，年产能达90万t，在甘肃的市场占比达到40%，是目前西北地区规模最大的专业化饲料生产企业。

二、养殖业

兰州正大本着“引领产业进步，倡导健康高效”的养殖理念，成功引入美国2 000头原种猪及CG公司先进的育种技术，采用德国Big Dutchman和Minitube公司的成套智能化养猪设备和人工授精系统，运用正大集团先进的管理和生产模式，建成2 400头现代化种猪育种场1座，现代化万头种猪扩繁场5座，种猪遗传性能测定中心1座，200头种公猪站1座，项目运营管理展示中心1座，种猪销售中心1座，车辆消毒中心2座。建成目前国内建设工艺、标准、生产技术、管理系统最先进、规模最大的种猪核心育种基地，年生产祖代种猪1万头，为甘肃和全国提供千万头商品猪生产所需要的优质配套种源，实现了当地畜牧业由数量型向质量型、效益型的战略性转变。同时，在兰州市皋兰县、张掖市及全省各地建设了现代化种猪场，每年提供优质种猪3万头，优良商品仔猪15万头。

与此同时，兰州正大在甘肃各级政府的支持和关怀下，积极融入当地社会主义新农村建设和精准扶贫产业扶贫计划，按照集团“四位一体”产业扶贫模式，组织政府、银行、企业服务农民，在嘉峪关市建设了正大新农村现代农牧产业化示范项目。该项目固定资产投资2亿元，建设2 400头现代化种猪育种繁育场1座，现代化万头种猪扩繁场6座，以及与之配套的项目运营管理展示中心、销售中心、车辆消毒中心各1座，年生产优良父母代种猪1.5万头。同时使当地400户低保户、贫困户得到了稳定的收益。这种模式已经陆续在张掖、武威、平凉、庆阳、白银和兰州地区顺利推进，必将为当地及全省的“三农”问题的解决和扶贫攻坚发挥引领示范作用。

此外，在兰州市中川镇、平凉市泾川县建设青年鸡场2座，年生产优质青年鸡150万羽，建设了存栏50万羽规模的现代化蛋鸡场1座，每年可向城市消费者提供安全蛋品1万t。

三、食品业

建立连锁经营点1 084家，建立正大品牌肉蛋食品超市经营店19家，直销点704个，铸就了值得消费者信赖的“正大肉品”和“正大蛋品”城市品牌。正大集团以近百年的行业实践经验，全力打造从种子、饲料、畜禽养殖到食品加工的全产业链经营。通过优选畜禽品种，引进世界一流的生产工艺和设备，采用科学的全封闭式可视监控体系和严格的防疫制度，对原材料、生产过程和终端产品实行严格的监控和检验，实现了产品的全程可追溯，为食品安全、消费者安全、健康可持续发展提供了坚实保障。正大集团在中国建成食品生产加工厂 19 家，形成了年产 7 亿只肉鸡、1 400 万只肉鸭、300 万头生猪、100 万 t 食品加工的能力。近两年来，正大后厨工业化产品，包括面点、休闲小食、方便餐等现代食品已全面进驻兰州市场，并受到广大消费者的青睐。

四、零售业

“正大优鲜”作为正大集团旗下的全新品牌，旨在为附近社区居民及商务白领工作和生活提供一站式全方位的购物体验。不仅仅是便利的购物环境，更是以食品安全为宗旨，无论是正大产品还是其他商品，都经过严格的筛选，确保每一种商品的安全、优质、新鲜。自 2015 年 11 月麦积山路店开业以来，就受到兰州市民热捧，“正大肉品”“正大蛋品”和“正大现代食品”等琳琅满目的正大食品深受广大消费者青睐。目前，“正大优鲜”社区便利店已在兰州开设 10 家，这将是兰州正大在未来的一个重点业务。目的就是打通最后一公里，真正实现农超对接，为周边居民提供一个“放心厨房”，让消费者吃得安全，吃得优质，吃得新鲜，吃得健康。

五、人才培养

兰州正大始终坚持以人为本，高度重视在实践中培养优秀人才，以事业留人，以文化留人，以待遇留人，以情感留人，打造一支敢打敢拼、业绩突出的精英团队。近年来，兰州正大不惜重金狠抓骨干团队的培养和建设。在完善公司内部培训体系的同时，聘请大量行业内知名度较高的专家学者对公司骨干进行培训辅导。并且在养殖系统建立了完善的三级人才培养体系。选拔储备人才在接受农场内部的系统培训之后进入新疆国际培训学校，与同行业顶级专家及国外专门人才一对一交流，通过现场实操教学及业内领先技术学习，进一步提升自我。最终，优秀学员还将赴美国进行为期半年的系统学习。兰州正大通过这样的机制为集团和社会培养出了大量优秀的高级经营管理人才和技术人才，他们在全国畜牧行业和集团各地的正大事业中，发挥着重要的作用。同时，兰州正大还培养了 2 000 多名志同道合、同舟共济的优秀专销商、供应商团队，他们与正大事业同呼吸、共命运，为正大事业的发展做出了重要的贡献。兰州正大优秀的企业文化，引领着一批又一批正大人。

此外，正大集团积极响应“大众创业、万众创新”的时代号召，在集团董事长谢国民的倡导下，兰州正大于 2017 年先后联合省内外 10 余所高校，深入实施开展大学生创新创业营销实战挑战赛，共收到优秀营销方案 300 余份，吸引了近 10 万大学生参与其中。这一举措不仅为缺乏资金、缺乏市场的广大学生提供一个走入社会、创新创业的平台，释放更多人才红利，激发出每个同学的创造活力，为每个有创新、创业梦想的同学打造自主创业的空间。同时也是兰州正大突破传统，精准选拔人才的创新机制。

六、社会责任

兰州正大在自身发展的同时，没有忘记一个优秀企业应尽的社会责任，践行爱是正大无私的奉献。过去几年里，兰州正大积极参加各类社会公益，始终以一颗感恩之心回报社会。公益脚步遍及贫困山区、孤儿院、敬老院等社会各地，不论助残、助学抑或是救灾捐款、扶贫济困都能看到兰州正大奉献爱心的身影。此外，兰州正大还不遗余力地支持当地教育事业发展，设立“正大奖学金”、鼓励支持大学生自主创业、为广大优秀人才提供广阔的就业平台。并且，日趋成熟的“政府＋银行＋农民合作社＋企业”四位一体模式在农业项目中的实践，有效破解了新农村建设中农民缺少资金、技术、市场的难题，为精准扶贫提供了范例。积极参与社会公益事业和抗震救灾行动，公司和员工个人累计为捐助教育、公共设施建设、陇原绿化、灾区重建和农村特困户扶助等方面捐款捐物达到 500 多万元，得到了政府和人民群众的广泛好评。心怀感恩，我们才能走得更远。兰州正大将不忘初心、牢记使命，报效国家、反哺社会。

七、所获荣誉

进入甘肃投资以来，兰州正大团结务实、创新图强，得到了社会各界的高度认可和广泛好评，获得以下荣誉：国家级农业产业化重点龙头企业、国家级饲料质量安全管理规范示范企业、全国十大领军饲料企业、第三届中国畜牧行业先进企业、农业部国家生猪核心育种场（景泰农场）、全国猪人工授精关键技术最具影响力企业、全国畜牧行业优秀种猪五强企业、2017 年度中国最佳雇主企业、中国饲料工业协会常务理事单位、中国畜牧业协会猪业分会常务理事单位、甘肃省养猪业协会副会长单位、甘肃省农业产业联合会理事单位、甘肃省食品工业协会副会长单位、甘肃省烹饪协会副会长单位、兰州十佳外商投资企业、兰州市优秀非公有制企业。

辉煌属于过去，光荣已成历史，成绩只是坐标。今后，兰州正大将继续秉持集团“利国、利民、利企业”的经营原则，瞄准国际一流水平，发挥龙头企业在产品、技术和服务上的优势，充分扩大综合服务能力，立足甘肃，带动邻近省份，辐射全国市场，积极参与社会主义新农村建设，加快农牧产业转型升级的步伐，为甘肃省现代农牧产业的发展和“三农”问题的解决，为甘肃安全食品的供应做出更大的贡献。

提高农民生活水平　繁荣地方经济

——青海黄河畜兴农牧开发有限公司

一、创业启程

贵德县境内工业基础薄弱，无污染排放，水源洁净，光照充足，空气清新，四季分明，冬暖夏凉，是一个以农为主、农牧并重的半农半牧县。在长期传统游牧畜牧业经营方式下，片面追求牲畜存栏数，盲目超载过牧现象普遍存在，导致生态环境被破坏，出现草地大面积退化，严重影响了畜牧业生产和地区经济的发展。为保护高寒牧区天然草地资源，强化畜牧业生产基础，大力推行饲料为主要食物来源的畜牧业生产模式势在必行。1984 年 5 月，县委县政府审时度势，划拨经营用地 3 059m^2，利用废弃的罐头厂（贵德县河西镇西街 104 号）作为经营地点，筹建贵德县饲料厂，建厂时全厂员工 10 人，注册资金 15 万元，总资产 120 万元，主要从事生产销售猪、牛、羊等饲料，销售市场仅限贵德县三河地区，在当时的计划经济模式中，企业得以延续。

二、建设历程

1998 年，青海黄河畜兴农牧开发有限公司进行企业改制，筹集资金成立了贵德县饲料股份合作公司，注册资本 51.4 万元。年生产混合饲料仅 2 000t，因产品缺乏市场竞争力，仍摆脱不了亏损局面。1998 年 4 月，公司进行首次技术改造，引进了颗粒饲料生产机组和全价饲料生产线，产品从单一的混合饲料转变为牛、羊、猪、鸡、鸭、鱼等系列全价粉状、颗粒饲料，年生产能力达到了 1 万 t。1998 年年底，公司紧抓机遇，积极和省农牧厅饲料办联系，争取到青海省青南牧区牲畜越冬饲料储备项目。2001 年 5 月，再次对饲料生产线关键部位进行升级改造，产能达到了 2 万 t。2004 年，针对市场需求，研发了新产品“预混合饲料添加剂”，并于同年获得了国家农业部颁发的新产品生产许可证。2006 年，首次引进了国内一流的电脑中央控制系统，产能提高到 5 万 t。同年 6 月，公司名称正式更名为青海黄河畜兴农牧开发有限公司，注册资本 527 万元，总资产首次突破千万元。为长远发展，公司在贵德县文化旅游生态创业园区内购置 27 亩建设用地，实施总投资 3 000 万元的饲料生产线建设项目。2012 年 3 月，公司积极争取国家项目，自筹资金及财政补助资金共 2 000 万元，进行饲料生产线建设一期项目，并于 2013 年 7 月正式投产运营，项目选择了国内先进的年产 10 万 t 全自动配合饲料生产线及配套设施和年产 1 万 t 添加剂预混合饲料生产线各一条，年生产能力达到了 11 万 t。2014 年，公司实施饲料生产线建设二期项目，即年产 10 万 t 畜禽饲料生产线建设项目，2017 年 12 月，成功通过了农业部《饲料质量安全管理规范》示范企业现场审核。

至此，企业成为青海省首家同时拥有 3 条生产线（年产 10 万 t 畜禽饲料、年产 10 万 t 反刍动物饲料、年产 1 万 t 添加剂预混合饲料生产线），同时也是青海省首家通过《饲料质量安全管理规范》审核的企业。注册资本达到 3 100 万元，总资产为 6 200 万元，年各种饲料生产能力为 21 万 t。

三、多元化历程

在发展主业的同时，公司多方寻求合作，积极发展畜牧业养殖，实现多元化发展。

公司利用在贵德县黄河吊桥北岸的百亩养殖场，与青海畜牧兽医职业技术学院联合创办实训基地，由公司无偿提供场所，为学院搭建实训平台，同时为公司培养专业技术人才，该基地也是企业新产品的饲喂实验基地。通过校企联营的合作方式，以求达到企业、学院共同发展。

近年来企业按“公司＋农户＋基地”的经营模式，积极实行订单农业，大量收购本地区农户的农副产品，达到企业、农户、基地三赢的良好局面。2009 年，在贵德县河西镇山坪村实施了“一村一品”玉米种植项目，项目总投资 80 万元，给种植户无偿投资玉米种子、化肥、地膜等生产物资，种植 400 亩玉米，旨在以龙头企业引领，开发本地资源潜能，使玉米种植技术得到全面提高，通过贵德县山坪村实施玉米生产专业村建设，使全村人均纯收入增加 827 元，成为贵德县“一村一品”经济发展的示范村和玉米生产专业村，为实现全面小康目标树立样板，同时缓解了企业原料紧缺的问题。

2010 年，公司在贵德县河阴镇红柳滩村实施了秸秆养羊示范项目，项目总投资 355.3 万元，主要建设暖棚羊舍、配套运动场、饲料库、干草库、羊粪堆场、青贮窖、氨化池，购置秸秆处理机械、饲料加工设备、秸秆处理物资等，通过项目示范作用，使本地区养殖能力得以提升，对巩固公司加农户的利益联结机制，促进当地养殖业结构调整，提高农民生活水平，繁荣地方经济具有积极的推动作用。

四、社会责任

在多年的生产经营活动中，公司发展势态良好，成绩斐然。为回馈社会，公司积极响应省、州、县各级相关部门号召，参加了“扶贫开发村企共建”“贫困村联点帮扶”“百企联百村”等公益性活动。活动期间，采用“公司＋农户＋基地”及“订单农业”等形式，在贵德县河西镇才堂村、山坪村，河阴镇西家嘴村、红柳滩村建立饲料原料基地，常年大量优先收购该村农副产品，引导该村农户种植玉米、青稞，以市场保护价收购玉米、青稞，保证订单农户的增收，达到农户和公司利益共享的目的。同时企业每年聘用季节性农民工 80 余人次，保证人均月工资达到 3 000 元以上。

为满足广大养殖户的养殖需求，公司每年派专业技术人员逐村进行“科学养殖”和“畜牧疾病防治”等技术讲座，聘请专家对养殖户进行免费技术指导和培训，以送科技下乡的方式免费培训，参训人数达 11 000 人次，免费发放养殖手册 4 000 多本，VCD 光盘 1 900 多张，提供养殖规划 2 000 套、饲料配方设计 100 余例，并提供了市场定位分析、市场动态系列配套服务等。

近年来，作为省级龙头企业，为青海省玉树藏族自治州、果洛藏族自治州、黄南藏族自治州、海南藏族自治州等地区生产“抗灾保畜”饲料 65 000t，生产其他全价饲料 5 万 t，带动青海省果洛藏族自治州、玉树藏族自治州、海南藏族自治州 5 县、青南地区、西宁地区、海东地区等 10 多个县的农牧户 2 万多户，为青海省畜牧业的发展做出了突出贡献。

从 2015 年开始，公司实施“回馈客户”活动，2015 年无偿赠送饲料总金额 20.7 万元。2016 年无偿赠送饲料金额合计 18.5 万元。2017 年向果洛藏族自治州玛多县无偿捐赠饲料金额合计 87 000 元。

汶川、玉树遭受地震后，企业组织全体员工捐款 1.2 万元。2016 年，贵德县非公经济党工委组织“金秋助学”活动，公司捐助 2 万元，2017 年给贵南县扶贫局捐款 1 万元。

五、企业荣誉

历年来，公司先后获得了青海省农牧业产业化结构调整省级“龙头企业”、青海省科技型企业、青海省著名商标、青海省青南牧区牲畜越冬饲料贮备定点生产厂家、青海省饲料工业协会优秀会员单位、中国饲料工业协会理事单位、青海省总工会红旗班组、青海省守合同重信用企业、青海省保护消费者合法权益先进单位、青海省诚信服务先进单位、青海省文明诚信私营企业、青海省诚信兴商双优企业、青海省名优商品金奖、青海省人民政府评定的“促进就业先进单位”等荣誉称号。

公司非常注重党建工作，被各级党组织授予贵德县先进基层党组织、海南藏族自治州基层党组织建设十佳党支部、海南藏族自治州民族团结进步示范点、青海省非公有制经济党组织党建工作省级示范点荣誉称号。

青海黄河畜兴农牧开发有限公司的发展壮大，离不开历届省、州、县各级领导关怀支持和正确领导，离不开每位员工的辛勤工作，离不开各界朋友和广大客户的鼎力支持。我们坚信，“黄河畜兴”一定会继续稳步、持续、健康地发展，一定会再创辉煌，走向更加美好的明天！

品质一致　视同生命
追求卓越　名满天下

——青海牧源农牧科技股份有限公司

青海牧源农牧科技股份有限公司建于 2015 年，其前身为有着 35 年饲料加工历史而且一直是青海省饲料行业龙头企业的江河源集团旗下全资子公司“青海江河源农牧科技发展有限公司”。集团战略发展及企业发展需要，在江河源大力的支持下，于 2015 年由青海畜牧兽医职业技术学院和青海江河源农牧科技发展有限公司共同出资入股而成立企业。青海牧源农牧科技股份有限公司注册资金 3 300 万元，现有总资产 1.7 亿元。

青海牧源农牧科技股份有限公司，采用当今世界一流的瑞士布勒饲料生产成套设备生产线。生产加工工艺达到国际一流水平，可进一步提高配合饲料品质，在多项填补了青海省乃至西北饲料工业的空白。一是实现全屏电脑自动化控制、工艺流程操作全部自动化；二是成品码垛采用智能机器人自动码垛系统，大幅度减少和降低了劳动力成本；三是在西部首次实现了粕类原料进入钢板仓储存供料生产的工艺，既进一步提高了生产效率，又节约了仓储货位面积；四是实现散装饲料可直接装车运往大型牧场饲喂的方式，大大节约了包材费用，预计每年可节约数 10 万元。该生产线自动化程度高、粉尘小、噪声低，年加工能力达 26 万 t。公司立足并充分利用青藏高原优势，现为青海省最大的专业化饲料生产企业。

公司的“江河源”牛羊饲料产品系列，以“科学饲养、分段管理、精准饲喂、绿色健康”为导向，特意精选青海地区优质、绿色、无污染的原辅料，搭配功能性营养素，并结合市场、动物种类、生长阶段及养殖目标设计配方，组合套餐。产品注重营养平衡，关注动物的健康，依靠先进的生产工艺和设备，确保各种饲料产品的营养合理、品质稳定。既保证了动物对维生素、各种微量元素及矿物质的合理需求和氨基酸等的必需含量，同时也帮助广大客户大幅度提升了饲料的转化率，增强了牲畜的抗病能力，提高了幼畜的成活率。

公司通过多年的实践和新一代研发团队的不懈努力，现已研创出了一系列具有公司自我特色、并为外界同行难以复制的多种饲料模式和众多产品。公司现有羔羊、快速育肥羊两种标准化饲养模式，育肥羊1515、育肥羊1555、母子同补、育肥牛标准化饲养、育肥牛套餐5种推荐模式。牦牛育肥套餐模式以及两种浓缩料推荐配方。另外，针对奶牛的不同生产阶段，专门研发和推出了犊牛料、育成期料、产前精补料、泌乳牛精补料、浓缩料、干奶期精补料等一系列奶牛饲料产品。

牧源公司继承使用的“江河源”品牌饲料产品因富含多种维生素和矿物质，营养全面均衡，适口性好，科技含量高，市场占有率高。“江河源”饲料早在2004年就被认定为全国“绿色生产资料产品”，被省政府评为青海省同行业中唯一的“青海省名牌产品”，并荣获“中国饲料行业信得过产品”，为我国西北地区建成并深入广泛发展安全、绿色的乳品、蛋禽、牛、羊肉等绿色食品生产基地奠定了坚实的基础。

公司严格按照饲料质量安全管理规范的要求，实行产品质量的“一票否决”制和生产全过程的横向质量监管。新投资百余万元购置了先进的检化验设备，吸纳和培养了大量专业技术和管理人员，将产品内在质量和外在包装，从生产的每个环节严格把关，确保了体系的有效运行。公司凭借着先进的工艺、精良的设备、专业化的团队、高度负责的敬业精神打造出安全卫生、绿色健康的饲料产品，为青海省饲料业的发展做出了重要的贡献。

公司与农户签订了农产品收购合同，带动农牧民致富效果好，户年均增收1 270元，通过饲料赊销等方式带动1.5万余户农户增收。通过收购玉米、小麦、青稞等原料3.7万t，带动3.7万户农户增收。

牧源公司秉承江河源公司理念，严格的在线品质控制，专业化的团队、制度、技术的支撑，坚持质量第一的思想，继续实施名牌战略，认真贯彻落实“品质一致、视同生命、追求卓越、名满天下”的品牌理念。公司根据“以饲料为依托，以市场为导向，以科技创新为根本动力”，走产业化可持续发展之路，做强做大，不断增强辐射带动能力，实现“双赢”的战略目标。把眼睛盯在市场上，把功夫花在管理上，强化质量管理，提升技术和服务，实施名牌战略，把董事长提出的“产品质量有问题，一切事情枉费力”的理念深深植根于每位职工的心里，作为全体员工的最高工作标准，长抓不懈！

为耕者谋利　为食者造福

——宁夏新希望反刍动物营养食品有限公司

宁夏新希望反刍动物营养食品有限公司是新希望六和集团在宁夏投资建立的一家集设计、研发、生产、销售于一体的现代化饲料公司。位于宁夏回族自治区青铜峡市嘉宝工业园，公司于2017年12月建成投产，设计年生产能力为20万t反刍饲料，采用国际先进玉米压片工艺和熟化工艺，充分保证饲料最佳消化利用率。浓缩饲料、配合饲料、精料补充料生产线采用成套布勒设备。产品涵盖奶牛、肉牛、肉羊等三大系列，25个品种，预计每年实现销售收入1.5亿元。

公司现有人员51人，其中专业技术人员28人，占总人数的54.9%。负责配方设计的有1人，从事质量管理有6人，外聘专家顾问2人，其中，硕士学历2人，本科学历18人，专科以上学历27人。

公司在集团雄厚技术指导下，以多年的成功经验，根据西北地区气候、土壤、水质和原料营养成分特点，结合当地养殖习惯，专门研制开发出具有生长速度快、抗病能力强的“国雄”牌的“猪、鸡、鱼、牛、羊”等系列数十个品种的高、中档饲料。公司产品覆盖甘肃、陕西、宁夏、内蒙古。截至目前，公司在宁夏地区市场占有率达12%，“国雄”在当地拥有着良好的产品口碑和企业信誉，在青铜峡无人不知“国雄”饲料。在集团总部的引领下，公司大力推广生物环保饲料，目前推广的“羊羊得益”“牛运连绵”“月子餐”“青印记”“鱼渔欢”系列产品得到养殖户的一致好评。

经营中公司始终遵循“为耕者谋利，为食者造福”的经营理念，在员工当中形成“扎根大西北，国雄是我家”以厂为家的信念。在严格的原料使用标准和验收标准及完善的质量管理体系下，强化管理，内抓质量、外树形象，不断开拓进取，始终坚持“技术创新、高效安全、顾客满意”的质量方针，致力于打造世界级农牧食品企业，努力营造一个让客户满意、让员工感到幸福的美好公司，全力做中国良心企业。

青铜峡国雄作为与宁夏新希望统一体系内的公司，为全力支持“绿水青山，就是金山银山”的方针，已于2017年12月底拆迁，为保障整体运营与发展，体现公司生产的专业性，保障产品品质，有效安置员工，履行企业社会责任。目前，青铜峡国雄畜禽生产线已在嘉宝园区建设当中，投资5 000万元，引进先进设备，提高自动化，预计2018年11月筹建完成。待项目全面完成后，将给广大养殖户朋友提供最专业、最优质的饲料产品和服务，同时带动当地经济的发展。

随着行业的不断发展和饲料生产加工的越来越规范，饲料生产企业规范化管理和转型升级已成为趋势。公司在入驻开始就全面履行《饲料质量安全管理规范》，保障和提高宁夏饲料产品质量效益和市场竞争力，推动全区饲料产业加快转型升级的行动计划。公司结合自身实际情况和国家法律、法规要求，主动与青铜峡市农牧和科学技术局沟通，在全体员工当中，宣贯公司严格遵守相关法律、法规，并在此基础上制定一整套完善质量保障制度和措施。使用的原料仅限于3个目录范围以内，反刍动物饲料实行专线生产，原料和成品单独堆放。严格遵守“无药物在先，有药物在后；低浓度在先，高浓度在后”的生产顺序和设备清洗流程。计量仪器、化验仪器定期校检；化验设备齐全且化验人员取得农业农村部颁发职业资格证书，可以对原料掺假、成品原料常规指标和卫生指标进行分析。

2017年，青铜峡国雄根据公司经营及市场情况，启动了公司肉羊养殖自养项目，在符合环保要求的前提下，通过租赁符合肉羊养殖标准的场地，要求通风、饮水符合标准，周边无污染源。公司自行购买羔羊，选用抗病能力强的滩寒杂交品种羔羊，羔羊到场后，由公司专业技术人员全程进行饲喂监控和操作，饲喂公司研发的“羊羊得益”系列肉羊配合饲料，养殖全程除正常的防疫措施外不使用任何药品，以保证羊肉的安全，羊只出栏后公司自行联系屠宰出售。

公司通过这种自养羊场的模式，在一定程度上作为公司饲料产品的一个研发场地，通过自养羊场的亲自饲喂来验证产品的养殖效果，找到最有效的饲喂模式，不仅保证羊肉的安全环保，同时也为养殖户创造效益，降低养殖成本，作为公司的一个养殖形象，也起到一定的标杆作用，为当地养殖户提供一定的养殖参考，帮助他们少走养殖弯路，提高经济效益。同时，公司自养养殖场给大学生提供了带薪实习的场地，也作为公司新进市场技术服务人员的学习场地，让他们全方位了解养殖过程，了解公司产品。通过一年多的运营，这种自养养殖场的模式给公司带来了一定的效益，起到了很好的作用。

2017年，公司自养羊场累计出羊9 000只，其中直接进入屠宰厂屠宰8 000只，内部销售及自己食用累计1 000只，肉羊受到屠宰厂的青睐，与公司达成订单式的销售，并且全部现款。内部销售的羊肉几乎成了集团内部的羊肉网红，“五花羊肉”的美名也从此而来。作为自养羊场，公司更多的层面上是反映饲料产品品质和饲喂模式，同时作为一个学习场地，2017年自养场实现盈亏平衡。2017年，公司自养场累计实习了在校学生10人次，完成了5名新进客服养殖过程的全程学习，累计带领了8批次200多人到羊场进行参观交流，为公司客户养殖场提供了参考。2018年，公司继续发展肉羊养殖业务，在现有肉羊养殖基地上，继续在全区合作租赁3～5个2 000头的肉羊养殖规模场，2018年实现肉羊养殖出栏3万只，实现以点带面，带动周边的肉羊养殖。

公司＋农户模式：为提高养殖户经济效益，扩大养殖规模，助力当地经济发展，公司在自养羊场的基础上，推广的公司＋农户的养殖模式也在2017年取得了一定的成效。

具体形式由养殖户提供养殖场地（必须符合养殖要求及环保要求）和饲喂人力，公司负责提供养殖技术和饲料以及苗源，养殖出栏后公司负责回收出售，采用风险共担，利益共享的形式。

这种模式不仅解决了养殖户资金问题，降低了养殖户的养殖风险，解决当地的部分就业问题，在养殖过程中由专业的技术人员进行养殖指导，配合公司产品的有效搭配，大大降低了养殖成本，提高了养殖效益。2017年公司＋农户合作一共20户，养殖量4 000只，整个养殖过程为农户节约成本20元/只，通过公司提供的饲喂模式养出来的羊在市场上的溢价能力提升，同时，也提高了公司的肉羊品牌，实现了三赢的效果。

通过整个2017年自养养殖场以及公司＋农户模式的推广，得到了养殖户及合作场的青睐。公司自养的羊更是得到了大家的好评，自养羊场所出的肉品，肥肉适中，颜色鲜亮，纤维细腻，被大家称为“五花羊肉”。鉴于这种情况，公司计划打造自己的羊肉品牌，通过自养后，定点屠宰，自行销售羊肉，将好的羊肉产品提供给广大消费者，同时能带来更多的经济效益并提升公司的企业形象。

2018年公司计划自养羊场出栏3万只羊，形成公司自己品牌羊肉销售体系，做到自养20%自己销售，80%进入屠宰厂，持续发展，做到自养羊全部自己销售，并且带动养殖户的销售。2018年带动养殖户通过“公司＋农户”形式达到20～50户，为养殖户创收百万元。

服务生态养殖　让生命更健康

——宁夏正旺生物科技股份有限公司

宁夏正旺生物科技股份有限公司是宁夏正旺农科产业发展集团有限责任公司投资控股的科技型农牧企业，位于宁夏中卫工业园区，占地 4 万 m^2，建筑面积 2 万 m^2，拥有年产 20 万 t 反刍动物饲料生产线一条，专业从事奶牛、肉牛、肉羊浓缩饲料、精料补充饲料（羔羊、犊牛颗粒饲料）等反刍动物饲料及生物饲料的研发、生产、销售、服务的本土企业。生产的"正旺""隆丰"牌系列饲料产品畅销陕西、甘肃、宁夏、青海、内蒙古五省区。

一、创示范企业，做行业典范

公司推行全面质量管理，严格按照《饲料质量安全管理规范》及行业相关法律法规的要求，融合了 ISO 9001 质量管理体系、ISO 22000 食品安全管理体系、ISO 14001 环境管理体系，建立了独有的、完善的、标准化、规范化饲料质量安全管理规范体系，建立健全了原料验收标准、饲料生产工艺标准、工艺流程、管理制度、操作规程，强化了从原料采购、生产过程、产品销售及售后服务等过程的管理，并建立了严谨的监督检查和考核制度，确保各项工作严格按照规定执行。将质量管理理念深入人心，贯穿于整个生产过程中。公司于 2017 年 9 月 29 日顺利通过了农业部《饲料质量安全管理规范》示范企业验收，成为部级饲料质量安全管理示范企业。

二、走创新之路，铸优质品牌

公司致力于研制开发科技含量高、绿色环保的饲料产品，组建了一支集动物营养、畜牧兽医、生物技术等方面的专业技术人才的自主研发团队，外聘行业知名专家教授，并与中国农业大学、宁夏大学、甘肃农业大学、宁夏饲料工程中心等国内著名科研院校建立了长期合作和交流，以技术合作、技术创新提升企业核心竞争力。依托强大的专家团队，不断创新产品和技术推广模式。用绿色、安全、健康的理念打造饲料产品和技术服务体系。以过硬的质量、良好的信誉、优质的服务打造和提升品牌价值，搭建企业、经销商、养殖户合作共赢的平台，通过对产品质量的严格控制和不懈追求，"正旺""隆丰"牌系列饲料被评为"宁夏名牌产品"，"正旺""隆丰"注册商标被评为"宁夏著名商标"，生产的产品得到了行业和社会的一致认可，已形成了良好的品牌知名度。

三、抓人才培养，建一流团队

企业的发展离不开人才和团队，在企业发展过程中不断优选和招聘一流的专业化人才，并不断引进先进的管理理念和科学的管理模式，把学习工作化，把工作学习化，努力创建学习型企业，建一流团队。一是加强中高层管理人员的组织领导水平的培训，增强思维能力和综合协调处理问题的能力，提升管理绩效和部门工作绩效。二是加强生产一线员工的操作技能、专业知识、安全知识及执行力的培训，提高员工的业务技能和操作水平，强化执行力打造。三是加强对营销一线员工的实战培训，使营销团队由单纯销售型向技术服务型转变，倡导"用心服务，让客户感动"的服务理念，以技术服务促进产品销售，立足提升养殖户效益，形成了覆盖产品销售领域的售后服务网络。公司通过不断地培训形成了具有公司特色的核心团队和一流的专业化员工队伍。

四、抓安全管理，做合规企业

安全为了生产，生产必须安全，为有效落实企业安全主体责任，公司总经理亲自抓安全，对企业的生产经营和安全生产负责。成立安全生产部、安全管理办公室，明确责任分工，狠抓安全生产责任制的落实，层层签订安全责任书，层层落实责任。建立完善全面的安全生产管理制度体系，加强对员工的安全意识教育培训，引导员工树立正确的安全责任意识，自觉遵守、执行各项安全管理规章制度，切实把制度落实到位。公司加大安全投入力度，配备各类安全防护设备、设施，同时，聘请外部专业的安全机构在公司建立安全标准化体系，不断提高企业的安全管理水平。安全生产是构建和谐企业的前提，安全生产只有起点没有终点，责任重于泰山，丝毫不能懈怠，公司从组织领导、工作规划、规范标准、制度建设等基础环节入手，组织开展达标和达标升级工作，有效地开展企业安全管理，做合规企业。

五、抓系统管理，促企业发展

公司实施了 ERP 管理系统，将原料入库、生产领料、产品入库、出库，销售、财务、货款等纳入管理系统，从供应链范围去优化企业的资源，合理调配资源，最大化地创造社会财富，有效地改善和规范了公司业务流程，并可实时监测公司每种产品、每天的销售情况、利润，同时也可实时监测每个销售人员，每个销售团队每天的销售业绩、创造的利润，实现了公司业绩实时高效的管理和监控，为公司决策层提供决策依据，从根本上增强了企业的活力和核心竞争力。

公司将牢牢把握国家产业结构调整升级和西北养殖业快速发展的历史机遇，以建设“健康正旺、数字正旺、科技正旺、效益正旺、智慧正旺”为目标，以“服务生态养殖，让生命更健康”为使命，秉持“安全、品质、信誉、卓越”的理念，用3～5年的时间，借助目前已形成的品牌、人才和技术优势，与终端养殖场、经销商一起，进行多种形式的合作。以优质的产品、心连心的服务，不断创新，加快发展，努力把产品做优，把企业做强，带动经销商、养殖户和核心经营团队共建、共享、共赢，一起分享发展的成果。再经过5～10年的发展，公司将通过产业链和资本纽带，建成集饲料生产、原料加工、生物技术、原料贸易、畜牧养殖、融资服务于一体的综合性农牧产业集团。

企 业 简 介

北 京 市

北农大科技股份有限公司

北农大科技股份有限公司（简称北农大），创建于1995年4月18日，是国家蛋鸡核心育种场、国家高新技术企业、国家高技术产业化示范工程单位、北京市农业产业化重点龙头企业、北京市院士专家工作站单位。北农大的主营业务包括：高效动物饲料研发销售和农大系列小型蛋鸡的培育推广。北农大曾荣获国家科技进步二等奖、全国农牧渔业丰收一等奖、全国蛋鸡企业20强等重大奖项。

经过20多年的发展，北农大目前拥有20家子公司和5个饲料生产基地，分别分布在北京、哈尔滨、湖北安陆、江苏姜堰和四川丹棱，业务渠道覆盖全国。北农大蛋鸡预混料年产销量位列全国同行业前列，农大系列小型蛋鸡推广业务已占据全国近8%市场份额。

北农大自成立以来一直遵循产品如人品的产品文化。公司北京产业基地拥有两条预混料生产线和一条浓缩料生产线，年产预混料生产能力10万t，浓缩饲料3万t。企业通过了ISO 9001质量管理体系认证和ISO 22000食品安全管理体系认证。原料进厂100%检验，产品质量高效、稳定、安全。

公司设有“院士专家工作站”和自主研发机构“北农大蛋鸡研究院”，该研究院拥有教授、副教授组成的专家顾问团成员30多人，专业技术人员72人，其中博士3人，硕士12人，主要从事蛋鸡产业的育种、营养和应用技术研究。

北农大在坚持自主育种和营养研发的同时，依托核心技术向外围不断扩展，经营业务向蛋鸡养殖保险、疫病检测服务、鸡蛋销售领域延伸。2015年4月，北农大投资建立了中国第一个鸡蛋交易B2B电商平台——“蛋e网”。2016年，北农大与中国太平洋财险股份公司达成战略合作，推出了中国第一个互联网蛋鸡养殖保险。北农大在经营上坚持做到全产业链研发和服务，追求全产业链覆盖，构筑全产业链竞争优势，为用户提供从品种、营养、防疫、金融、保险到蛋品购销的全产业链服务。北农大计划到2020年，实现农大系列小型蛋鸡全国商品代存栏1.5亿羽，农大系列小型蛋鸡全国市场占有率15%的推广目标，打造年产值300亿～500亿元的中国第一蛋鸡产业集团，并积极推进“一蛋一路”计划，让农大系列小型蛋鸡和北农大的优质饲料产品走向世界！

北京绿摇饲料科技有限公司

北京绿摇饲料科技有限公司创立于2014年7月，位于北京市怀柔区。是国内首家将黄金稀缺优质乳制品资源——乳品开关机奶粉，科学成功地运用到超早期断奶乳猪教保饲料的企业，是集高端乳猪教保料、浓缩料、猪预混合饲料及猪全程各阶段配合饲料产、研、发于一体的动物营养领域核心企业，是北京市饲料工业协会副会长单位。公司拥有年产10万t教保料、5万t复合预混合饲料现代化生产线及完善的检验、化验设备。公司高层管理者全部来自国内外大型农牧企业——首农食品、泰国正大、台湾安佑、华西希望，均有20多年丰富的业内从业及管理经验。

自成立以来，北京绿摇严格按照《饲料质量安全管理规范》的要求，致力于实现从原料采购到产品销售的全过程质量安全控制，先后通过ISO 9001：2008质量管理体系认证、北京出入境检验检疫局出口食用动物饲用饲料生产企业登记备案。

顺应中国怀柔大科学城的战略部署，北京绿摇果断决策，顺势而为，于2017年7月成立了北京绿摇生物研究院，积极加强校企合作、科技创新，使产品快速转型升级，并且于同年12月成为国家级高新技术企业。

目前，以“绿摇”品牌为主导的系列饲料产品已覆盖到全国26个省市，产品的美誉度及回购率都很高，尤其得到首农食品、上海光明、湘村高科、海南罗牛山、新疆天康等极具影响力的大型农牧企业的高度认可。

近年来，北京绿摇喜事连连，特聘中国工程院院士印遇龙先生为公司生物研究院院长及公司动物营养首席顾问，签约共建院士工作站，组建技术研发创新合作平台。今后，北京绿摇将在各级领导、专家的指导和支持下，以推动科技成果转化、促进行业创新为目标，以保证畜产品质量安全为己任，积极探寻饲料产业转型升级与现代农业发展的有机衔接，努力成为高效、安全、生态、环保的领军农牧企业。

天 津 市

全能生物科技（天津）有限公司

台湾大成集团成立于1957年，是一家以农畜产品及食品事业为基础的大型企业、上市公司，遍布亚洲、欧洲、美洲、大洋洲。集团经过一甲子的发展，从一家农产品加工厂发展成为包含饲料、食品、餐饮、营养科技、房产等多项事业、几十家子公司的国际性专业农畜食品集团，是目前台湾最大的饲料公司和农畜公司。

在台湾，每两枚鸡蛋就有一枚由大成提供，2009年其饲料事业在中国饲料行业排名第5位，其肉鸡屠宰数量在中国大陆排名前几名，是日本、韩国最大的禽产品出口商，也是中国肯德基、麦当劳最多的鸡肉供应商，集团于2007年成功上市，具有强势的发展前景。其猪饲料主导品牌克博士已在黑龙江、吉林、辽宁、北京、天津、青岛、成都、长沙、郑州、临沂、沧州等地及越南、印度尼西亚、马拉西亚设有40多家生产基地。

台湾全能营养技术股份有限公司于1987年4月成立，同年6月开始从事生产及销售辅助饲料、配合饲料、饲料添加剂，植物性及动物性饲料原料贸易。2005年获得台湾“经济部工业局”“主导性新产品开发设计：植物性多功能性胜肽产品开发”两年研发补助，开始进行植物性功能性蛋白研究发展，2008年全能公司开始全力投入生技产业发展，2009年功能性植物蛋白产品销售台湾第一，并开始拓展海外市场。

2010年5月，到天津市静海县投资第一家子公司——全能生物科技（天津）有限公司，并于同年9月收购“华邦（天津）生物科技有限公司”，全能开始扩展大陆事业版图。大成集团共有六大事业群分别为：农粮、肉品、食品、餐饮服务、东南亚及东亚事业群。天津全能生物隶属于集团农粮事业群，公司坐落在静海经济开发区银海道，总投资1 200万美元，规划总建筑面积为3.5万 m^2，建设完成后，预计年产量可达10.8万t，成为国内蛋白饲料行业单一厂和年产量最高的生产基地，实现销售收入约5.4亿元。2011年7月全能生物科技（天津）有限公司试生产，8月正式开始营运。同年12月因第一生产线产能已达满负荷，开始进行第二生产线增设工程。

公司专门从事绿色、功能性植物蛋白的研究与开发。集双重发酵、低温干燥、调质粉碎等工艺于一体。全能独特的复合菌种和先进发酵干燥工艺及产品性能，引领着国内发酵饲料行业发展，打造出功能性植物蛋白饲料应用的美好前景。其优势技术在于生物技术与营养技术紧密结合，复合乳酸菌酶解，低温干燥，并且生技、营养多领域专家齐聚全能生技研发中心，成为创新的源泉，配合食品级设备，全密闭酶解，自动化生产，可靠工艺保证产品稳定。

产品功能主要为，提高饲料诱食性和整体消化率，促进生长，改善肉质，降低成本。富含乳酸、微生物酶等代谢物，可降低抗生素、酸化剂及酶用量。pH低，抑制有害菌、促进益生菌生长，维持肠道正常菌群平衡。减少粪便恶臭，减少便秘和腹泻，改善饲养环境，减小环境污染。产品价值在于在猪饲料中添加可以提高诱食性，提高生长性能，改善健康状况，植物蛋白饲料避免同源性，有利于保障生物安全和饲料品质稳定。

全能公司秉承“关注客户、着眼未来、绿色安全、优势功能”的产品理念，依托强大的技术平台（专业化发酵技术研究与开发实验室）和研发团队（研发中心拥有多位微生物专业和动物营养专业的硕士和博士），利用优良菌种、先进发酵工艺，不断开拓创新，打造绿色、全能营养的生物蛋白核心饲料和功能性植物蛋白的知名品牌。以客户满意为目的，以创新发展为原则，公司立足国内外蛋白饲料市场，以世界领先的高新技术引领科技的发展潮流。本公司生产项目采用当前先进的发酵工艺，设置专业生物科技研发中心，选用符合国家规范，适合水产及畜产饲养的菌种，带入发酵工艺当中。选用优质去皮豆粕作为原料，经乳酸杆菌发酵，去除天然豆粕原料中的脲酶、胰蛋白酶抑制因子、血凝素、大豆球蛋白、伴大豆球蛋白和寡糖等多种抗营养因子，将大分子蛋白质分解为仔猪容易消化吸收的肽和氨基酸，从而使蛋白质的消化率达到95%以上。嗜口性佳、能提升消化率、调整免疫力，减少动物罹患疾病概率。公司文化旨在建立一个诚实守信，以客户满意为宗旨的公司，树立一种待人谦卑和蔼的公司风气，形成一个有计划、有战略、可持续发展的行业。

公司于2012年8月通过了ISO 9001、ISO 20002质量体系认证，并严格按其规定执行。通过科学生产和严格规程管理，生产出高质量、高效能、具有机能性的优质植物性饲料产品。产品已远销国内外，国内已遍布东北、华北、华中与西南等七大经济区域及中国港台地区，而国外则广布韩国、日本、泰国、越南、菲律宾、新加坡、印度尼西亚、澳大利亚、意大利等国家，成为亚洲生技发酵产品销售版图第一的公司。

我们的理想，是专注在动物及人类食品供应链上，秉持有序经营理念。重视保护环境，生产绿色、安全、健康、大爱的饲料。持续参与公益活动，积极回馈社会。与亚洲乃至世界各国合作伙伴互利共赢，以诚信谦和的心，开启前瞻远景。

天津正大农牧有限公司

天津正大农牧有限公司是泰国正大集团于1995年5月独资兴建，注册资金6 554万元人民币，公司总投资为1.4亿元人民币。不仅是集团加工生产饲料品种最全的饲料企业，也是天津地区规模较大的饲料企业之一。

公司建有办公楼、食堂、公寓、化验室、锅炉房等配套设施，现有职工178人。设有两条生产线，设备安全防护、除尘、报警系统齐全，运行安全可靠，一套消防联动报警系统，设施装置灵敏可靠；公司年产能18万t，可向社会提供畜禽、水产配合饲料和浓缩料50多种，并开展各种畜禽疫病防治、配种技术咨询及售前、售中、售后服务等。

饲料厂全套引进国内外先进的生产设备、工艺和管理技术，年生产能力24万t，可向社会提供猪、牛、鸭、肉鸡、蛋鸡、鱼五类饲料品系的配合饲料和浓缩料。

公司饲料配方体系是正大集团配方专家结合天津及华北地区的气候和饲喂方式专门设计，并有公司品管部门严格规范的质量管理体系做保障，饲料营养均衡，质量稳定。

公司始终坚持安全第一，以预防为主，综合治理，关爱生命，以人为本，全员参与，持续改进的生产方针。严格按照法律法规建立组织机构，成立以总经理为第一责任人的安全委员会，增设安全部负责公司安全管理，通过了ISO 900：2000及ISO 900：2002国际质量体系认证，完善了安全管理监督检查制度，实现了公司持续发展战略。

公司核心价值观："利国利民利企业，快速优质，适应变革，化繁为简，不断创新，诚信正直。"

河 北 省

河北科为先生物科技有限公司

河北科为先生物科技有限公司是一家立足生物科技，以微生态添加剂和微生物发酵饲料为核心，集动物微生态产品科研、开发、生产经营、动物微生态技术及解决方案、贸易于一体的高新技术股份制企业。

科为先全力打造性价比最高的发酵饲料，专注于生物发酵饲料技术在畜禽及反刍动物上的应用，致力于中国的生态养殖与食品安全事业，为终端养殖户创造价值。

河北科为先生物科技有限公司成立于2014年12月，公司生产基地位于衡水市武强县街关镇农业科技示范园，占地面积60亩，建筑面积4 320 m^2，其中生产车间面积3 000 m^2，行政办公1 100 m^2，化验室220 m^2，设计一期年产发酵饲料2.4万t，二期达到年产5万t。

公司秉承科技为先导，成就好养殖的经营理念，始终致力于替抗养殖产品的打造。2016年4月，公司当选为中国饲用抗生素替代品产业创新战略联盟理事单位。

公司在生产工艺方面努力创新，2017年获得国家知识产权局认可的7项实用新型专利，并颁发了证书。

河北科为先自成立以来，受到衡水市科技局、河北省科技厅等多部门的关注与支持，2017年7月被河北省科学技术厅评为河北省科技型中小企业，认定编号为：KZX201707110082。

2018年，公司为打造新型替抗产品，与河北科技大学达成战略合作，实现化验室、菌种库、实习基地的共享，为我国畜牧业的良性发展做出更大的贡献。

秦皇岛益尔生物科技有限公司

秦皇岛益尔生物科技有限公司，是目前国内最具规模的小肽饲料和生物酶制剂生产企业。公司以"务实高效、追求卓越"的理念，年产小肽饲料3.5万t，生产的酶制剂有胰蛋白酶、中性蛋白酶、氨肽酶和核苷酸酶。公司以自主知识产权（专利号ZL201010163793.0）为核心技术，利用家禽屠宰副产物为原料，采用多酶联合定向内切技术，以改性大豆蛋白作载体，低温干燥制成的功能性蛋白原料——赤金蛋白T系列产品，小肽含量均在10%以上、粗蛋白≥62%、消化率≥90%、谷胱甘肽≥3‰。该系列产品经中国农业部饲料工业中心、中科院海洋研究所测试及部分大型饲料企业验证，适量添加在猪、水产和毛皮动物饲料中，不仅能够显著提高动物的生长性能，增强机体免疫力及减缓应激反应，而且大大降低配方成本。产品自上市以来，经客户反映良好。通过优化工艺参数，生产过程无三废排放，彻底解决了畜禽屠宰造成的环境污染和资源浪费。公司具有先进的技术优势，拥有丰富的研发生产能力，工艺先进，设备节能，为开发利用水产加工副产物制备酶制剂及寡肽产品提供技术与生产支持。

由于我国目前传统蛋白原料鱼粉、豆粕的严重缺乏以及对优质蛋白原料如血浆蛋白粉、肠膜蛋白粉进口依存度较高等现状，开发利用屠宰厂副产品生产出活性小肽、蛋白原料。既解决了食品加工企业在生产工过程中对副产品的资源利用，又可促进饲料企业、养殖企业等对生物活性肽和酶制剂的需求，为畜牧业健康发展做出应有的贡献。

河北天寅生物技术股份有限公司

河北天寅生物技术股份有限公司成立于 2007 年 10 月 26 日，公司坐落在中国京津冀三角中心、环渤海经济圈腹地——河北省永清工业园区四纬路东段，占地 2 万 m^2，注册资本 3 000 万元人民币，拥有先进的厂房设备、实验仪器、大批资深专业的技术人员和经验丰富的技术服务人员。

公司致力于饲料添加剂的生产、销售及研发。目前主要产品有：维生素 C 磷酸酯、包膜维生素 C 等稳定性维生素 C 及三偏磷酸钠。主要客户为国内外饲料生产企业，特别是水产饲料生产企业，包括配合饲料和预混合饲料企业，产品主要销往欧洲、美国、东南亚等国际市场，是 Nutreco N. V.（荷兰泰高集团）、Royal Canin（法国皇家宠物食品有限公司）、Provimi B. V.（GMS）（普乐维美公司）等国际大型饲料生产企业的长期供应商。公司建立了完备的质量管理体系，通过了质量、环境、职业健康、食品安全管理体系认证和 FAMI－QS 认证。

目前，公司专心致力于饲料添加剂的研发、饲料工业、食品工业以及化妆品工业对维生素 C 应用的研究与开发。在未来，天寅将继续秉承“饲料为了食品，食品为了人类”的企业理念，致力于动物营养品的生产和研发，以更多、更新、更好的产品奉献社会，为把天寅公司建设成为国内一流的现代化大型饲料添加剂企业而努力奋斗。

山 西 省

山西北正农生物工程有限公司

山西北正农生物工程有限公司成立于 1998 年，是一家专业研发、生产、销售新型有机微量元素的高科技企业，2014 年 4 月，获得国内首张蛋白盐有机微量元素生产许可证。

北正农公司拥有国内优秀的生物化学、动物营养、精细化工等领域的专家团队，公司微量元素小肽螯合物生产线全部按照医药级 GMP 规范设计，全线设备、管路选用 316 L 不锈钢材质，杜绝了普通金属材料对产品品质的影响。生产工艺采用由公司自主研发的“EIMOC 循环工艺流程”，实现了“连续、循环、数字化、精细化、自动化”的工艺模式。并具有自动在线清洗、质控点数字化控制、同步数据采集和自动在线监测等功能。主要工艺步骤分为原料特殊乳化预处理、肽酶定向剪切酶解、离子交换合成、分子筛离、临界螯合、薄膜浓缩、低温干燥等几个部分。

公司主导产品为“百肽”蛋白盐单体系列，包括百肽铜、铁、锌、锰以及“百肽微奇”全蛋白盐有机微量元素预混料系列，包括“蛋鸡专用”“肉鸡专用”“生长猪专用”“乳猪专用”“母猪专用”“皮毛动物专用”等十几个品种。

鉴于矿物元素在人类和动物生命及生产中重要作用，北正农组织科研团队针对微量元素吸收与作用进行深入研究，研究发现，微量元素在动物体内的吸收转运是一个极其复杂的过程，并首次发现动物日粮所添加的带多电荷的矿物元素在动物消化时全部被带有负电子对的有机物络合，并生成了有机形态的微量元素，其中包括肽类络合金属元素、氨基酸络合金属元素、糖类络合金属元素等。同时，北正农科研人员从动物排泄物中也发现了大量上述不同化学结构的金属络合物，这表明不是所有有机形态的微量元素都能被动物吸收。再进一步研究发现，这些有机形态的微量元素包括常见的微量元素小肽络合物微量元素、氨基酸络合物，由于分子量大于原小肽和氨基酸并发生结构的重大改变，在吸收通道无法同大量的原小肽与氨基酸竞争，于是被排斥下来。由此证实，常见有机微量元素包括小肽、氨基酸、糖类形成的有机微量元素吸收率和生物效能无法达到理想状态。一些低营养的氨基酸生成的有机微量元素，甚至低于无机盐的效能。北正农经过更深入研究并用充分的实践证实，不是所有的有机形态的有机微量元素都能被动物有效吸收和利用，高效能的有机微量元素，必须具备两大关键要素。一个是吸收通道有竞争优势的有机载体，另一个是过胃不易被氢离子解离，但小肠易溶解的适度稳定的化学结构。具体地说：抗营养酸不吸收，低营养的氨基酸生物效应低，常规小肽螯合物由于添加极微，而且结构变化无法同大量的原小分子小肽在吸收通道中竞争，生物效应较低。只有类似限制性氨基酸和稀有的小肽形成的 2∶1 摩尔比的螯合物，才符合动物细胞学和生物学机理。

鉴于国粹中医“阿胶”的补血机理，北正农科研团队经过反复动物解剖及体外生化仿生实验发现，“阿胶”能在消化道释放出一些特殊的小肽，这些肽属于强络合剂，并在消化道夺取金属离子形成螯合物，与大量的常规的大豆肽和常见的动物蛋白肽及氨基酸不同，胶原蛋白肽由于细胞中饱和度低，处于吸收竞争优势，于是将金属离子络合后快速牵引进入细胞，使微量元素的吸收和转运达到了最佳生物效应。

经过严格、科学的基础研究和实践摸索，北正农成功开发出最新一代微量元素产品——“百肽铁、锌、锰、铜”小肽螯合物，与传统微量元素产品相比，“百肽铁、锌、锰、铜”具备独特的组成和生化结构，使其在动物体内发挥出更加多样的生物学功能，不仅显著提高微量元素的吸收效率，而且极大地提高了蛋白质的利用率，在减少污染和节约资源方面具有显著的经济和社会效益。

北正农公司依靠出色、稳定的产品功效，在国内推出独一无二的“预付效果保证金”合作承诺，确保所有使用“百肽”系列产品的客户实现预期的增效目标。

公司与南京农业大学进行产、学、研校企合作，设立“南农动科院北正农奖学金”，每年选拔优秀师生进行表彰奖励，支持鼓励畜牧人才培养和专业技术研究，同时为公司人才储备打好基础。

2017 年，公司为国内外 300 多家饲料及养殖企业提供优质产品和技术服务，实现销售收入 8 000 万元，不仅为合作企业增加收益约 2 亿元人民币，而且为国家节约矿物资源近万吨，节约蛋白原料近 10 万 t，体现了“百肽”系列有机微量元素巨大的经济和社会价值。

2018 年，公司连续四届参加“全国饲料工业展览会”，以“百肽铁”为代表的新型功能性有机微量元素受到正邦、双胞胎、牧原、中粮、大象等国内数十家规模化集团公司的高度认可并达成合作意向，这必将推动整个饲料及养殖行业微量元素更新换代，以更加高效、绿色的科技产品响应国家减排节能的大政方针。

北正农公司将坚持“科技北正农，与智者共赢”的理念，依靠自身技术优势，不断优化产品结构和服务意识，为整个行业的持续、健康发展做出应有贡献。

山西禾木生物科技有限公司

山西禾木生物科技有限公司是一家专注将动物营养技术与养殖实践完美结合，致力提高动物的生产潜能，研发生产销售安全绿色添加剂预混料、幼畜禽和种畜禽浓缩饲料、配合饲料的股份制民营企业。公司成立于 2004 年，现占地面积 20 000 多 m^2，建筑面积 3 000 多 m^2，公司引进牧羊集团先进的生产工艺和设备，现拥有幼畜禽和种畜禽浓缩饲料、配合饲料生产线一条，年班产 15 000t，畜禽和反刍动物添加剂预混料生产线各一条，年班产 1 万 t。主要生产幼畜禽和种畜禽浓缩饲料、配合饲料产品，鸡、鸭、猪、牛、鱼、兔六大类 50 多个品种的复合预混料产品，市场覆盖山西、陕西、内蒙古、甘肃、河北、河南、湖南、广西等省区，深受用户好评。

公司专注于国际前沿动物营养技术的应用与推广实践，依托国家饲料工程中心，山西农业大学长期从事动物营养、饲料加工、疫病防控等方面的专家教授，拥有专业技术人员十多人，高级职称技术人员 5 人。几年来，与国家饲料工程中心，山西农业大学合作在养殖实践中研究推广了氨基酸平衡日粮、酶制剂在猪鸡日粮中的应用、微生态制剂在猪鸡日粮中的应用、猪的低蛋白日粮、鸡的低蛋白日粮、乳猪断奶营养技术、仔猪日粮配制技术、无公害鸡蛋的生产技术、海兰蛋鸡的高产稳产营养技术、猪的低抗无抗饲料营养技术、肉牛的 TMR 颗粒料配制技术等，充分挖掘动物的生产潜能，合理利用饲料资源。

作为绿色饲料的倡导者，禾木始终把质量安全放在第一位，为保证产品的质量，公司引进牧羊集团一流的生产设备和先进的生产工艺，采用了无残留提升设备和自动喷吹清理系统，配套了核心料、配料称重防错生产管控系统软件和原子吸收分光光度计、液相色谱仪等先进的检测仪器，完善了检测手段，从原料采购与管理、生产过程控制、产品质量控制、产品储存运输、产品投诉与召回、人员培训和记录管理等方面严格按照《饲料质量安全管理规范》的要求执行，并通过了 ISO 9001 质量管理体系认证。

内蒙古自治区

内蒙古牧泉元兴饲料有限责任公司

2017 年，内蒙古牧泉元兴饲料有限责任公司（以下简称“公司”）全面落实区各项工作部署，大力发展生产经营，积极推进企业创新，全面加强企业管理，开拓进取，扎实工作，较好地完成了各项工作任务，实现了企业又好又快的发展。

一、经济效益持续增长

2017 年，公司实现经营收入近 30 亿元人民币，同比增长约 15%，全国产能布局 100 万 t。

二、坚持专业化市场战略

2017 年公司提出了“成为中国领先的反刍动物

养殖系统化解决方案提供者”的愿景，坚持走专注反刍动物养殖的专业化市场路线，以“反刍动物饲料销售”“饲料原料和添加剂贸易”“奶牛超市”为业务主线，以“聚牧城”电子商务平台为依托进行全国市场布局。目前，在内蒙古自治区、黑龙江、河北、河南、山东、陕西、宁夏等 10 余个省份建设饲料生产工厂或奶牛用品超市。公司已拥有奶牛饲料、肉牛饲料、肉羊饲料、反刍动物预混料、蒸汽压片玉米五大产品系列共 60 余种产品。2017 年公司投资 1.2 亿元人民币的反刍动物饲料加工样板工厂——宁夏伊康元生物科技有限公司正式投产，配备国际顶级饲料生产设备，自动化程度高。中控系统采用瑞士布勒研发的 WinCos 操作系统，可以实现设备连锁启动，将自动化、机械化、智能化融为一体，持续保持国内反刍饲料行业的领先地位。

三、坚持创新引导企业发展战略

公司一直致力于反刍动物的新产品研发和创新工作，立足全方位、准营养、优成本的研发理念，全力打造市场差异化产品模式，以客户需求为导向，致力于推出能给客户带来新经济效益、新饲养模式、新技术理念的产品。2017 年，针对传统犊牛开食料对犊牛瘤胃发育效果不明显、易造成犊牛瘤胃酸中毒的现象，公司采用独特工艺，在产品中创新性地加入整粒谷物，国内首家推出全新犊牛饲料产品——结构性犊牛料，上市后得到行业和市场极好的反馈。

四、坚持品质领先战略

公司坚持品质领先战略，2017 年升级全面质量管理体系，不断从产品设计、原辅料管理、生产过程质量控制及上市产品质量管理等环节完善质量管理体系。公司一直坚持“用食品安全的标准生产饲料”，不断健全饲料安全保障体系和检测体系，目前，公司引进 200 余台各类检测设备，累计投资金额达到 2 500多万元，其中包括 DHI（奶牛综合性能测试）、近红外分析仪、原子吸收仪、高效液相色谱仪、氨基酸分析仪、气相色谱仪、全自动定氮仪、粗纤维测定仪、粗脂肪测定仪、分光光度计、酶标仪等精密仪器，依据企业标准、国家饲料卫生标准、欧盟标准，开展了饲料一般营养性指标、维生素、微量元素、饲料卫生指标等 53 个检测项目的质量安全自检工作，为公司产品质量安全保驾护航。2017 年年底，杜尔伯特牧泉元兴饲料有限责任公司取得了“国家饲料质量安全管理规范示范企业”的称号。

五、狠抓安全生产

2017 年，公司狠抓安全生产，以零事故为安全生产目标，从安全体系建设、硬件改善、安全文化打造、安全能力培养等方面全面落实公司安全生产目标。在安全体系建设上结合国家安监总局 47 号《工作场所职业卫生监督管理规定》要求，推动各工厂完成 13 项管理制度及操作规程建立。在安全文化打造上建立《员工安全手册》和管理人员安全能力认证方案，提高全员安全能力。在硬件改善上推动各分公司引入防爆电机、接地电阻检测仪、等离子切割、福禄克热成像仪、磁力高斯计、照度计、噪声计 6 类安全设备，增强识别安全隐患的能力，提高工作效率。

六、充分发挥服务支撑作用

目前，面对规模化养殖主要趋势下牧场系统管理能力弱、养殖水平低的问题，公司充分发挥技术优势，整合国内外优质服务专家资源，搭建技术服务体系。策划并制定系统化服务模式和服务标准，重点从服务模块为牧场建设、牧场生产、牧场人力资源、财务分析等模块全方位给客户提供奶牛养殖系统化解决方案，提升牧场自主管理水平。针对不同客户，客户需求，公司服务人员驻场开展精准服务，帮助客户提高单产、降低饲养成本，2017 年公司范围内服务的标杆牧场平均单产提升 2.5kg，公斤奶成本平均降低了 0.6 元。

七、引入全面生产运营管理工具，推行精益管理

随着客户需求的不断提升，如何具备高质量、高效率、低成本产品交付能力是公司一直不断追求的目标之一，为了挑战这一目标，2017 年公司引入了世界先进的管理方法——全面生产运营管理（TPM）。项目主要通过安全、健康、环境管理系统化、以客户为中心的质量管理系统化、追求效率极限的设备管理系统化工作的开展。通过推进 TPM，企业能够不断改善运营体制，以生产系统全管理要素为对象，追求零灾害、零不良、零故障，并将所有损失加以消减，使公司实现可持续、安全、环保以及低碳的发展，逐步向世界级制造工厂水平迈进。通过 TPM 推行，公司生产效率、运营成本均实现了显著改善。整体运营成本降低 26%，且各项经营指标均保持着良好的发展趋势。

未来，公司将继续以产品质量为基础、以产品创新为动力、以生产安全为保障，凝心聚力，为实现公司“五年 60 亿”的战略目标而不懈努力。

内蒙古博瑞饲料有限公司

内蒙古博瑞饲料有限公司是长春博瑞农牧饲料集团有限公司（简称博瑞农牧）的子公司。公司位于呼和浩特和林格尔盛乐经济园区，占地 132 亩，项目总投资 6 000 万元，年单班生产规模 16 万 t，是一家依托于母公司为反刍动物提供系统营养解决方案的专业企业。长春博瑞农牧集团股份有限公司（简称：博瑞农牧）是一家专业为牧场提供系统营养解决方案的集团化企业。目前形成了以科技研发、牧场咨询、饲料加工、贸易服务和生物技术为一体的事业布局。

博瑞农牧拥有17家公司，组建了以动物营养研究院为枢纽，饲料工程技术研究中心为平台，4个反刍动物营养检测中心为驱动的科研阵营，通过50余个奶牛精准营养服务站将服务遍及东北、华北、西北、华南、华东等20多个省、自治区、直辖市。目前，博瑞已成为中国饲料工业协会理事单位、中国奶业协会会员单位、吉林省饲料工业协会会长单位，并已成为国家"饲料质量安全管理示范企业"，各公司已全面通过ISO 9001质量管理体系和ISO 22000食品安全管理体系的认证。企业还获得"2016年中国畜牧饲料行业十大科技产业化进步奖""全国饲料优秀创新企业"、中国奶业"行业提升贡献奖"等荣誉。

面向未来，博瑞将继续凝铸"诚信、专业、创新、卓越"的企业价值观，秉承"成为世界一流农牧企业"的美好愿景，遵循"专注奶牛科技"的企业定位，通过实际行动践行"帮助员工实现梦想，帮助行业伙伴不断成长，促进社会和谐富强"的企业使命，为中国奶业发展贡献博瑞力量！

内蒙古正大有限公司

内蒙古正大有限公司位于自治区首府呼和浩特市东郊，是泰国正大集团与内蒙古收益饲料有限责任公司合作创办的现代化农牧企业，企业性质为中泰合作企业。1994年注册成立，1995年8月正式投产。公司引进世界一流的管理技术、成套设备和良种，总投资超过6亿元，员工总人数600余人。拥有大型饲料厂2座，年总生产能力48万t，总占地面积约207亩。

公司主要业务为饲料事业、养殖事业食品全产业链经营。

一方面，公司生产、销售各种畜禽、水产饲料，并开展各种畜禽疫病防治、配种技术咨询及售前、售中、售后服务等。饲料累计产销量超过250万t。

另一方面，公司于2010年投资设立正大食品有限公司，着力打造集种植、育种、养殖、饲料加工、屠宰加工、食品深加工、零售餐饮为一体的全产业链发展模式，从农场到餐桌全程控制，保障食品安全。2016年开始，公司积极响应国家"一二三产业融合发展"政策和自治区"稳羊增牛扩猪禽"的农牧业发展战略，投资50亿元在内蒙古和林格尔县，发展年出栏100万头生猪"种养加销一体化"全产业链项目和100万只蛋鸡全产业链项目。通过世界先进的技术与模式，为消费者提供新鲜、营养、美味、食品安全全程可追溯的猪肉、鸡蛋、方便餐等产品，通过公司自有零售渠道供应给消费者，用道德与科技保障消费者"舌尖上的安全"。

公司先后被评为自治区、市两级"农业产业化重点龙头企业""自治区产业化龙头企业协会常务理事单位""自治区扶贫重点龙头企业""外商投资先进企业""诚信纳税A级企业""自治区企业技术中心""最佳企业公民""自治区公益事业优秀单位"称号，连年荣获"纳税先进企业"和"环境保护工作先进单位""自治区重点人才培养基地""国家级大学生就业见习示范单位"等荣誉。正大蛋品连续4年被首府市民评为"最满意蛋品品牌"，并被农业农村部评为"无公害农产品"。

内蒙古富川饲料科技股份有限公司

内蒙古富川饲料科技股份有限公司是集畜禽饲料研究、开发、生产、销售、技术推广、现代肉羊产业化循环经济为一体的产、学、研综合型高科技民营企业饲料公司。是国家农业产业化重点龙头企业、中国驰名商标单位、第一批国家级"星创天地"实施单位。

富川饲料公司注册资本3 500万元，年销售额1.9亿余元。公司现有饲料生产能力42万t/年，是全国单厂生产能力最大的饲料生产企业。银行信用等级AA级。

富川饲料公司自主研发了羊、猪、牛、蛋鸡、肉鸡、鱼、兔7个系列、52个品种、182个规格的高科技饲料产品。产品畅销内蒙古、山西、宁夏、陕西、河北、甘肃等地区。富川拥有700多个经销商、500个畜牧养殖技术服务站点，带动各类农牧户总数30万户。年使用当地玉米、葵仁粕等优质、特色原料8万t，占企业加工所需原料的70%以上，直接解决就业人员2 000多人，间接就业人员1万多人。

富川饲料公司是内蒙古自治区首家通过食品安全管理体系认证、质量管理体系认证的饲料企业。富川以诚信为本，视质量为生命。建立了产品可追溯、疫病防治和信息化服务等体系，率先执行无条件退货制度，从不添加违禁添加物，在历次饲料检查和出口检验中全部合格，从未发生质量问题。公司自主研发的很多高科技饲料产品有力地抑制了"瘦肉精"、三聚氰胺等违禁添加物的使用，有力保障了巴彦淖尔市饲料行业的健康发展。

富川发展的最主要原动力来自于科技创新。针对养殖业存在的实际问题，突出研究开发安全、高效的畜禽饲料，集成推广技术模式，提供优质技术服务，推动传统畜牧业向现代畜牧业转变。在拥有独立的科研机构加强自主创新的基础上，与高校和科研院所开展紧密的产学研合作，是西北农林科技大学、内蒙古农业大学、河套学院的教学科研基地。重点研究制定肉羊养殖技术规程，推广肉羊养殖实用技术30多项，带动了具有地域特色的肉羊舍饲养殖产业。

富川公司是国家饲料工业协会理事单位、全国最大的羊饲料专业生产企业、全国出口蒙古国饲料量第一企业，国家科技部、商务部、质检总局、环保局颁发的“国家重点新产品证书”“国家星火计划证书”。全国技术市场金桥奖优秀项目单位、“自治区龙头企业技术创新中心”、十佳法人科技特派员企业、自治区五星级诚信单位、自治区“名优特”产品企业、“十二五”期间内蒙古优秀龙头企业、扶贫企业，是“巴彦淖尔市科技工作先进单位”、巴彦淖尔市市长质量奖企业。在技术改进中获得国家发明专利 2 项、实用新型专利 4 项，承担国家重点星火计划项目 2 项，火炬计划项目 1 项，自治区重大科技专项 1 项，科技创新奖励引导项目 1 项等，并荣获自治区科技进步奖、巴彦淖尔市科技进步奖多项荣誉。

辽 宁 省

沈阳波音饲料有限公司

沈阳波音饲料有限公司是东北地区最早的预混合饲料专业研究者和生产商。公司是国家农业科技成果转化资金项目单位、国家饲料行业科技进步先进集体、国家高新技术企业，辽宁省预混合饲料企业技术中心、辽宁省预混合饲料工程技术研究中心、辽宁省预混合饲料工程实验室、辽宁省农业产业化重点龙头企业、辽宁省海外学子创业企业、辽宁省创新型中小企业、辽宁省博士后创新实践基地。

作为国内唯一一家省级预混料企业技术中心、工程技术中心、工程实验室，公司拥有控温、控湿的专业预混合饲料生产车间和布勒公司制造的目前世界最先进的预混料生产设备。拥有维生素、微量元素和氨基酸分析实验室，建立了独立的猪、肉鸡、蛋鸡营养试验中心。公司拥有科学完备的质量管理体系，通过了 ISO 9001 质量管理体系认证和 ISO 22000 食品安全管理体系认证。与全球最大的安伟捷（中国）育种公司合作组建波音—安伟捷肉鸡营养研究中心，为中国的白羽肉鸡产业链提供全方位的营养研究支持和综合服务。公司运用无缝营养技术概念研发的“百赢”牌预混合饲料被评为中国饲料行业信得过产品、中国驰名商标。公司成为东北地区市场占有率最高的预混合饲料企业。

沈阳伟嘉牧业技术有限公司

沈阳伟嘉牧业技术有限公司隶属于北京伟嘉集团，成立于 2000 年，2008 年新厂投资使用。新厂占地面积 33 000 余 m^2。正在使用的一期生产厂区内含有浓配料车间、预混料车间、办公楼及员工生活区等。目前，二期预混料扩建工程已投入使用。本套预混料成套设备是江苏牧羊集团为大伟嘉股份在东北生产预混料量身定做的。设备年生产能力可达 2 万 t，单班生产能力每天可达 60t。整条生产线均采用现代高科技自动化不锈钢设备，包含 30 多个脉冲除尘点，以保证车间洁净无粉尘，最大程度上减少交叉污染，粉碎室独立间隔音。计量准确，静态误差保持在千分之一，动态误差保持在千分之三。中央控制室完全自动化，全部生产流程均可在其内体现，以保证生产工艺流程的顺畅进行。公司以打造花园式厂区建设为目标，目前厂区内建有篮球场、停车场、企业文化宣传栏区、员工宿舍楼、乒乓球活动室等，极大地丰富了员工的业余文化生活。

公司拥有覆盖东北三省和内蒙古东部的直销网络和技术推广服务体系，所生产的预混料和浓配料已经在东北地区确立了绝对优势的品牌和地位。2009 年 5 月，被评为“沈阳市重点龙头企业”。2013 年 1 月，被评为“辽宁三十强饲料企业”。2014 年，获得中国绿色食品协会的绿色生产资料认证，2016 年，成功通过农业部示范企业验收。

在大伟嘉股份推进“三十一”未来十年伟嘉的发展战略之际，承接了“嘉农在线”这一大伟嘉人产业互联网平台产业基地的重任，使沈阳伟嘉在农牧产业上与互联网实现了完整对接，同时也使沈阳伟嘉开辟了新的发展空间与机遇。

大伟嘉股份快速发展，沈阳伟嘉也将以崭新的面貌示人，致力于饲料事业的长足发展，坚持“诚信为本，服务至上”的原则，以更好的产品，更高的服务水平，真诚地为广大客户服务。公司将紧随集团战略目标发展，严把质量关，本着互利共赢的经营理念，力求为广大客户创造更高的利润及发展空间。沈阳伟嘉全体员工也将始终秉承“创伟嘉品牌，圆百年梦想”的宗旨，为大伟嘉的美好明天献礼。

营口菱镁化工集团有限公司

营口菱镁化工集团，是一家股份制企业，集团总部坐落于“中国镁都”——辽宁省大石桥市。集团作为中国最大的综合性镁质化工企业之一，依靠充裕的整合资源、高效的产品研发、严谨的质量控制与完善的市场营销，长期致力于镁质化工产品的产业化、系列化、标准化、品牌化发展，现拥有饲料、肥料、功能性材料三大系列，超 100 个规格的产品，形成 70 万 t 制成品的年生产能力。产品广泛适用于饲料添加剂、肥料、土壤调理剂、防结块剂、化工、环保、纺织、皮革、冶金、采矿等行业，产品销往 60 多个国家和地区。

营口菱镁化工集团秉承“专业、敬业、精业”的企业精神，坚持“诚信、务实、进取、永续”的经营理念。集团是国家高新技术企业，同时获得 ISO 9001、ISO 14001、FAMI－QS、HACCP 及OHSAS18001五个管理体系认证。已完成欧盟 REACH 法规的正式注册，是《农业用硫酸镁》和《硼镁肥料》国家标准起草单位，并拥有饲料添加剂硫酸镁、饲料添加剂氧化镁的生产许可证和中量元素肥料生产许可证，是全球最大的镁饲料和镁肥料的生产商和出口商，是全球镁农化产品的主要供应商。

集团的“加镁乐”饲料添加剂硫酸镁、氧化镁是中国国内公认的第一品牌，采用多项自主知识产权的专利技术生产，并始终坚持“好产品源自好原料”“精品原料，世界精品”的产品制造理念，坚决杜绝使用潜在危害的生产原料。硫酸镁产品具有高水溶性、易被动物吸收、低重金属、产品质量稳定等优点。氧化镁产品具有纯度高、低重金属、流动性好等优点，在市场上广受顾客的一致好评。

公司获得多项国家级、省级等荣誉，“优质农业用硫酸镁”项目被科技部列入国家火炬计划产业化示范项目。“饲料添加剂硫酸镁合成技术与产业化及国家标准制定项目”获得辽宁省科学技术进步奖，荣获中国石油和化学工业联合会“十二五”中国石油和化工优秀民营企业称号，荣获“营口市优秀科技创新企业”称号等，集团“Sinomagchem”商标被辽宁省工商行政管理局认定为“辽宁省著名商标”，硫酸镁产品被辽宁省质量技术监督局认定为“辽宁省名牌产品”。集团是中国饲料工业协会会员单位、辽宁省饲料工业协会理事单位、中国无机盐工业协会常务理事单位、中国无机盐工业协会镁化合物分会副会长单位。

集团以“完善产品链条、做强镁化工产业，推进全面合作、创建世界品牌，实现永续发展、造福绿色地球”为发展战略，继续加大饲料添加剂产品、肥料产品等的生产、技术、营销的投资，形成集团在资源、技术、生产规模上的绝对优势。立志将企业发展成为“中国镁化工行业的先锋企业和国际镁化工行业的主导力量”。

辽宁中信生物科技有限公司

辽宁中信生物科技有限公司坐落在辽宁省铁岭市昌图县老四平工业园区，公司成立于 2007 年，前身为始建于 1984 年的吉林省四平市联合化工总厂天华饲料添加剂厂。作为中国最早的氯化胆碱生产厂，辽宁中信生物科技有限公司拥有 30 多年专业生产经验，已经成为国内最可靠的胆碱供应商之一。生产产能 11 万 t，品种包括氯化胆碱、50%/60%/70%玉米芯载体粉剂、50%硅载体粉剂、70%和 75%水剂。产品符合包括欧盟在内的国际标准，现已通过 FAMI－QS 欧洲饲料添加剂和预混料质量管理体系认证及 ISO 9001：2008 质量管理体系认证。2010 年，公司产品经日本农业水产省检测 260 项农药残留、4 项重金属均符合日本农业水产省于 2010 年 5 月开始实施的进口饲料添加标准。

公司生产线配备了最先进的生产设备和技术，品控部配有原材料室、半成品分析室、成品分析室、留样室和高温设备室，并配备了 UV 分光光度计、高效液相色谱仪以及其他的先进设备，进而保证公司产品能达到包括欧盟在内的国际质量标准。

辽宁中信一直致力于氯化胆碱的研发与生产，以打造安全饲料添加剂品牌为企业愿景，努力成为最可信赖的氯化胆碱专业供应商，服务全球畜牧行业。

鞍山兴达伟业矿物质科技有限公司

鞍山兴达伟业矿物质科技有限公司是饲料级矿物质微量元素添加剂和微量元素预混合饲料的专业化公司。经过多年的发展，鞍山兴达在总裁田华壮先生的正确领导下取得骄人的业绩，现已形成三大系列 30 余种产品，有生产线 8 条，年产微量元素预混料 5 000余 t，微量元素 2 万余 t 的大型专业饲料生产企业。产品覆盖东北三省、京津、华北地区，成为东北地区最大的饲料添加剂及微量元素预混料生产基地。

下设 4 个分公司，4 个生产厂，6 个系统，11 个职能部门。有高级化工专家、教授、动物营养专家、畜牧兽医专家，饲料加工、分析化验、经验管理等各类专业技术人员 40 余人。公司不断引进先进的分析化验仪器，保证了绿色、环保、高品质的产品发展方针。

多年来，鞍山兴达始终秉承“以诚相待，以信为本”的经营理念，博得了广大客户的青睐。相继推出“信达”牌预处理饲料五水硫酸铜、一水硫酸亚铁、一水硫酸锌、一水硫酸锰、一水硫酸镁等微量元素饲料添加剂和产蛋鸡微量元素预混料、肉鸡微量元素预混料、生长育肥猪微量元素预混料等微量元素混合饲料。

今后，鞍山兴达将一如既往地坚持创新发展，一切为了客户着想，提供高品质绿色环保产品的指导方针，真诚、专业、高效、更好地为客户服务！愿我们携手共创饲料界美好的明天！

吉 林 省

吉林大龙饲料有限公司

吉林大龙饲料有限公司创建于 1993 年，位于素有“北国江城”之称的吉林市。公司成立之初是由吉林省饲料公司、吉林市饲料公司与泰国正大集团三方合作的中外合资企业，是专业生产猪、鸡、牛等畜禽配合饲料、浓缩饲料、复合预混料的大型加工企业。

2004 年公司实现由中外合资向民营股份制的改变，自筹资金 2 680 万元，新建一座占地面积近 3 万 m^2，年生产能力达 18 万 t 的现代化厂区，2005 年 10 月 18 日正式投产运营。公司拥有量身定做的国内一流的配合饲料、浓缩饲料及预混料的生产线，完全实现生产控制自动化，技术、品控、仓储、营运、后勤保障网格化。

2005 年 4 月，公司通过 ISO 9001：2000 国际质量管理体系认证。公司还先后被省市授予“防伪保真企业”“质量信得过企业”“吉林省名牌饲料”“吉林省行业 20 强”等荣誉称号，被省政府批准为“省级农业产业化重点龙头企业”，是中国饲料工业协会理事单位。

目前，公司有员工 160 人，并拥有一支高素质的科研队伍。公司始终坚持诚信创新、和谐共赢，全力提升饲料品质，为民生谋利造福。在新厂区成立后短短的几年里，迅速发展成具有竞争力和发展潜力的民营企业。产品远销辽宁、黑龙江、河北、内蒙古等地，产销量连续 5 年位列全省前茅。

和农牧业集团公司

和农牧业集团公司成立于 2005 年，是以饲料生产、玉米收储（临储）、黑猪放养、对外贸易为主的畜牧业集团企业。目前，拥有四平和农、长春和农、绥化和农等 6 个分（子）公司，年饲料生产能力 55 万 t。在短短 10 年多的时间里，和农牧业集团先后带动了数千名经销商和数万个养殖户走上致富的道路。

集团先后被评为吉林省农业产业化重点龙头企业、牧业生产先进企业、吉林省饲料行业诚信企业、吉林省科技创新示范企业、吉林省饲料协会会长单位、中国饲料工业协会理事单位，“和农牧”品牌荣获“吉林名牌”称号，并被评为吉林省著名商标。公司先后通过了“ISO 9001：2008 质量管理认证”和“HACCP 食品安全认证”。2012—2015 年和农牌乳猪奶料、保育猪配合饲料、蛋王饲料连年荣获中国农业食品博览会金奖。

十年来，集团倾心打造了“新和农 848 养猪新模式”和“新和农蛋鸡养殖双卡新模式”。研发新和农乳猪奶料乐得吃和特仑奶酥及蛋鸡“三王三宝”新产品，开启蛋鸡养殖新篇章，由以往以产品为导向转型成为以技术服务为导向的新和农、新战略、新模式。

集团致力于“让猪、鸡都能吃上好饲料”的企业愿景和“为我们实现梦想，为客户多创利润，为社会和谐富强”的企业宗旨，并将成为东北三省和内蒙古具有现代化管理和综合实力较强的畜牧业集团企业。

吉林新方圆牧业科技有限公司

吉林新方圆牧业科技有限公司以“与饲料行业发展同行”为目标，经过多年的发展，现已成为吉林省最大的饲料企业之一。

公司拥有一支高素质的员工队伍和实力较强的科研队伍。公司大中专以上学历员工占 30%以上，具有中、高级技术职称的科技人员 30 余人。在公司的科研队伍中，多名科研人员在省内及国内相关领域拥有较高影响和知名度。其中 5 位专业技术人员是吉林省 12316 新农村服务热线的专家和 12582 农信通专家。

公司目前拥有“精气神”“欣方圆”“吉方圆”“方圆博士”等多个品牌，主要生产和销售猪浓缩饲料、猪配合饲料、鸡浓缩饲料、鸡配合饲料、牛浓缩公司料、牛配合饲料、鱼饲料、预混合饲料等；产品主要销往黑龙江、吉林、辽宁、内蒙古等省（自治）区。随着公司销售网络的不断扩展，公司生产的高性价比饲料为越来越多的用户认同和称道。

公司从创立至今，从一个仅有几十人的小型企业，一步一个脚印，逐年发展壮大，现已成长为吉林省饲料工业的引领型企业——吉林省农业产业化重点龙头企业。在公司发展的历程中，留下了一串串闪光的足迹，公司和产品多年来获得荣誉主要有：吉林省农业产业化重点龙头企业、吉林省质量诚信企业、吉林省守合同重信用（AAA）企业、2011—2012 年度吉林省诚信示范企业、吉林省农产品加工业百强企业、2008 年抗震救灾先进单位、吉林省名牌饲料等。

公司的健康成长离不开国家改革开放的大环境以及各级政府的关注和支持，而从内部则得益于一套日臻完善和别具特色的企业文化。

公司的宗旨核心是“生命—自然—和谐，传递健康养殖，保护生态环境”。公司认为，当今世界必须重视建立人与自然间的共生共存意识，重视环境保护，这样才共同构建一个美好和谐的家园。新方圆牧业作为养殖产业链的一环，誓为保护生态环境，保障畜禽水产品的安全而尽心尽责。

多年来，公司不断提高产品质量和服务质量，顺利通过了中国质量认证中心（CQC）ISO 9001：2015 质量管理体系认证。全部生产过程严格按照《饲料质量安全管理规范》的要求进行生产。在生产和在原料采购中严格把关，专门制订了一系列饲料安全保证措施，加大管理力度，强化检测手段，从国外进口了液相色谱仪等先进的检测仪器，实现了从原料进厂到成品出厂的全程监控。由于公司注重饲料安全环保，注重产品质量，在各地的多次例行饲料抽查中均顺利通过，在各省、区开展的各项大检查中，公司产品全部合格。

公司在努力提高市场营销能力的过程中，始终秉承做“养殖业贴心的专业饲料服务商”的经营宗旨，在东北地区常年举办免费的养殖技术讲座，免费上门为养殖户解惑答疑，不断地提高养殖户的养殖水平，提高养殖效益，深受广大农户的欢迎。

“与饲料行业发展同行”的目标体现了公司与时俱进，与行业共生共存，与同行业兄弟单位团结互助、互惠双赢的理念。在国内，公司与众多同行业的大中型企业保持交流合作，互通有无。在国际上，公司与美国、澳大利亚、德国等同行业的世界级企业和专家保持着良好的技术往来和互访。

“会当凌绝顶，一览众山小”“欲穷千里目，更上一层楼”，公司将一如既往，真诚地与国内外同行及各界朋友携手共进，全心全意为中国农民服务，为中国农牧业的进步和发展，为建设社会主义新农村做出新的更大的贡献。

吉林市映山红饲料有限公司

吉林市映山红饲料有限公司始建于 2007 年 6 月 6 日，位于吉林市丰满区前二道乡，公司占地面积 12 000m^2，公司总投资 4 628 万元。

公司年生产能力达 30 万 t，单班年产各种饲料和预混料 10 余万 t，可生产各个饲养阶段的猪、鸡、鸭、鹅配合饲料和浓缩饲料产品 40 余种，牛、羊精料补充料产品 10 余种，猪、鸡、鸭、鹅、牛、羊、鱼、兔、鹿等复合预混合饲料 60 余种。公司还可根据客户需求生产中草药保健及治疗功效饲料。

公司在成立短短 11 年的时间内，实现年产销各种饲料 5 万余 t，每年可为 1 020 多个养殖户、250 万只蛋鸡、7 万头猪提供优质饲料，解决 800～900 人就业。并带动了 170 多个经销商走向了致富道路，成为吉林市区域内产销量最大的饲料企业之一。

公司新厂建设采用国内顶级成套饲料加工设备，具有畜禽和反刍动物饲料、复合预混合饲料 3 条生产线，2013 年开始筹款建设，2014 年基本完工，开始投入生产。

生产饲料品牌建设情况，公司于 2007 年 6 月开始申办“龙诺”牌商标，2010 年 1 月公司生产的系列饲料成功注册为“龙诺”牌商标。2013 年 12 月“龙诺”牌商标被评为“吉林省著名商标”。

2008 年吉林市映山红饲料有限公司凭借着先进的技术和管理，优质的产品和服务，通过了 ISO 9001 国际质量体系认证，公司始终把质量和服务作为生存之本。2010 年 6 月被评为吉林省百佳诚信单位，2014 年 6 月被评为吉林省诚信示范星级单位，2014 年 8 月被评为吉林省质量信誉服务 AAA 级企业，2016 年成为中国饲料工业协会理事单位，2017 年 9 月被吉林市人民政府评为农业产业化市级重点龙头企业，2018 年 1 月 1 日入选吉林省饲料工业协会副会长单位。

映山红秉承“为企业创造效益，为员工创造利益，为客户创造价值”的企业理念，按照董事会确定的经营指导思想，紧紧围绕提高经济效益这个中心，以市场需求为导向，以合理利用资源为重点，以战略性调整为主线，以改革创新为动力，多方位、实质性地吸收先进的管理理念和管理方法。创新经营，完善管理，发挥市场营销的龙头带动作用，全力提升销量，饲料销售区域稳步拓展，客户数量稳定增加，产品销量快速增长，品种结构趋于合理，主要生产经营指标屡创历史新高。全面提升企业整体素质，优化经营结构，进一步完善配合饲料、浓缩饲料生产体系，积极发展预混料高科技产品，全面推进养殖开发事业，向新型企业发展。

公司十分关注饲料安全问题，率先向社会公开承诺，严格遵守《饲料安全新世纪宣言》，不制假、不售假，绝不在饲料产品中使用违禁添加剂。映山红始终严格执行国家颁布的《饲料和饲料添加剂管理条例》《饲料卫生标准》《饲料质量安全管理规范》，为社会和广大客户提供绿色、安全、放心的饲料，为我国饲料安全和畜牧业的健康发展做出更大的贡献。

黑龙江省

齐齐哈尔市星泰饲料有限公司

齐齐哈尔市星泰饲料有限公司，成立于 2008 年 9 月，坐落于齐齐哈尔市梅里斯区嫩江之畔。公司自成立以来先后被评为“黑龙江省饲料行业诚信企业”“黑龙江省饲料行业调整重点示范企业”“黑龙江省饲料行业五星级标准企业”等荣誉称号，公司占地面积 23 000m^2、拥有 3 条全自动化生产设备生产线，分别是：畜禽饲料生产线、反刍动物饲料生产线、特种动物饲料生产线。同时引进国内最先进检测、检验设备，确保产品的稳定性，同时发挥高效的检测手段。

目前，公司拥有动物营养、畜牧兽医、质量检验人才几十余人，大、中专以上学历的人占公司总员工数的 70%，并组建了近百名以服务为导向的专业销售团队。目前，公司产品已经覆盖黑龙江、吉林、内蒙古大部分地区，公司的产品获得了养殖户朋友的一致好评。

公司的发展壮大得益于对养殖业的深刻理解和对

行业技术孜孜不倦的追求。公司拥有资深的研发团队，与东北农业大学、东北林业大学、黑龙江省农科院等高校院所建立了长期密切的合作关系。在相关的产业中，公司紧跟国内外饲料技术发展方向，为客户提供最先进的产品和专业化的服务。

天道酬勤，在董事长李云峰先生的带领下，星泰公司正高举旗帜大步向前。公司在快速发展的同时，不安于现状，时刻站在客户角度想问题、拿方案，以服务于畜牧行业为己任，用良心保证绝不生产不合格产品，为畜牧行业再添绿色，为养殖业保驾护航。公司致力于中国饲料产业化发展，在将星泰品牌推向市场的同时，为中国民族饲料产业发展尽一份力，与饲料界同仁携手开创辉煌的明天！

上 海 市

上海红马饲料有限公司

上海红马饲料有限公司是一家集产品研发、生产、销售于一体，以高档畜禽动物饲料、高档水产动物饲料、添加剂预混合饲料、饲料添加剂为业务的高新技术企业。公司以集团化形式发展，下辖上海红马饲料有限公司、广东红马饲料有限公司、仙桃（红马）饲料有限公司、上海红马专业养殖合作社、上海增蕴贸易有限公司等多家子公司，年产饲料及饲料添加剂达 30 多万 t，2017 年更是突破销售收入 10 亿元大关。公司现有员工 700 多人，大学本科及专科及以上学历者达 32%，其中博士后 1 人，研究生 10 人，高级工程师 9 人，工程师 16 人。

红马饲料产品以其高科技、高品质在行业中享有盛誉。拥有自主专利技术的“无抗生物饲料”引领了饲料行业的无抗时代，曾先后被评为上海市重点新产品、上海市高新技术成果转化项目“百佳十强”。上海红马饲料有限公司被认定为上海市农业产业化重点龙头企业，上海市小巨人工程重点培育企业。

在实施技术进步的同时，公司始终把管理提升与营销进步作为提升企业运作效能的有效手段，尤其在产品生产质量控制管理方面，不仅通过了国际质量管理体系 ISO 9001 认证，通过了国际食品安全管理体系 ISO 22000 的认证，还取得了出口实用动物饲用饲料生产企业登记备案证。“红马”牌饲料产品更是通过 2012 年度上海市名牌认证。

发展是硬道理。创新是原动力，是树之根、水之源。营销模式的创新，产品技术的更新，组织机构和用人机制的革新，这一切是决定一个企业发展的重中之重。上海红马对内严谨，苦练自修，对外开放，广纳贤才，“成就客户，快乐自己”，以“跨越行业巅峰”为目标，呈现一派“和谐诞生力量”兴旺发达的勃勃生机。

红马公司将一如既往地以“和谐诞生力量”为企训，以“传递典范技术，服务中国农牧”为己任，携社会各界同人，共创美好未来。

上海牧迪饲料有限公司

上海牧迪饲料有限公司坐落在浦东川沙工业园区内，拥有近 6 000 m^2 的现代化生产车间和 3 条工艺先进的饲料生产线，是一家从事反刍动物和畜禽饲料研发和生产的专业化饲料企业。公司自 2001 年创立以来即致力于打造优质高档饲料品牌，目前，拥有企业商标 1 个，产品商标 5 个，是 ISO 22000 体系认证企业和上海市饲料质量安全管理规范示范企业。

先进的生产设备和严格的质量控制体系为生产高效优质的产品提供了可靠保证。公司内部建立了覆盖全厂的计算机局域网和生产现场关键控制点监控系统，开发设立了公司内部专用 ERP 管理信息系统，进行企业内外业务集成，优化流程，实现了一套有效的公司产品质量可追溯体系。并设立了由十几位高级技术专业资格人士组成的技术研发中心，专业从事反刍和幼龄动物营养、无抗饲料的研究。

近年来，公司的反刍饲料和微生态饲料业务发展迅速，并与上海光明荷斯坦牧业、安徽安欣牧业、四川蜀宣花种牛场等多家从事反刍事业的单位建立合作关系。我们在全国率先提出肉羊的高频繁殖体系，有效缩短羔羊的断奶时间、波杂山羊和小尾寒羊及西门塔尔架子牛的育肥时间，使用牧迪产品的肉牛和繁殖母牛。2016 年，中国牛业大会上分别获得“牛王”和“牛后”称号。尤其是对微生态制剂的合理使用，使部分产品（如犊牛和羔羊配合饲料等）做到完全不使用抗生素，并大幅提高畜禽和反刍动物的采食量及消化利用率。在农业农村部加强饲料药物监管的大形势下，牧迪公司的安全饲料得到了市场的高度认可。

“生产安全饲料，保护人类健康”，始终是我们不懈的追求。公司将一如既往地秉承牧迪三大价值观，抓住机遇，奋力拼搏，与广大养殖户携手努力，共同创造美好的明天。

上海华扩达生化科技有限公司

上海华扩达生化科技有限公司是香港华扩达实业有限公司（已在伦敦证券交易所上市）在上海浦东张江高科技园区注册建立的一家全资子公司，公司为由来自多个国家的研究人员、管理人员共同创建的集研发、生产、销售及技术服务于一体的高科技公司，现已获得了多项发明专利。公司着力于增进动物健康和提高畜牧养殖经济效益（如：减少死亡率、改进肉质等)，目前，公司拥有饲料添加剂及添加剂预混合饲料生产许可证书，主打产品为饲料添加剂半胱胺盐酸盐及猪用、畜禽用等复合预混合饲料产品。

公司自主研发的半胱胺盐酸盐饲料添加剂于2002年获得农业部颁发的国内第一张“饲料和饲料添加剂”新产品证书，并于同年获得“上海市高新技术成果转化项目”。2006年公司被上海市科学委员会认定为“高新技术企业”，被中国饲料工业协会评为“全国饲料添加剂科技创新优秀企业”。公司于2005年和2007年分别通过了北京华思联认证的ISO 9001和ISO 22000体系认证，公司于2016年通过了两证合一的审核。公司于2009年参加了中华人民共和国国家标准GB/T 24832—2009《饲料添加剂半胱胺盐酸盐β环糊精微粒》的起草。

公司产品主要销往泰国、菲律宾、巴基斯坦、韩国及中国台湾等国家和地区，得到客户一致好评。

江 苏 省

江苏丰尚智能科技有限公司

丰尚公司以饲料工程、养殖工程、油脂工程为三大核心产业，围绕“缔造系统价值”的品牌定位，发展了“仓储、输送、自动化控制”等专业化公司，形成了三大核心产业与专业化公司组合发展的“十”字形产业模式，在全球拥有1个海外生产基地，4个研发中心，5个合资企业，8个区域分公司，52个代表处，产品行销120多个国家和地区，在全球建立6 600多座工程，是连续8年占据全国饲料机械出口总量60%以上的大型农牧装备企业。

丰尚公司是行业内唯一4次获得“国家科技进步二等奖”的企业，2013年获批成立国家饲料加工装备工程技术研究中心、国家博士后科研工作站，2014年获批国家级企业技术中心。2008年全国饲料机械标准化专业技术委员会落户丰尚，并于2015年成为国际标准化组织饲料机械技术委员会秘书处承担单位，主持并起草了国家标准8项、行业标准26项，成为制定行业标准的世界农牧装备知名企业。2017年，丰尚公司“大型智能化饲料加工装备的创制及产业化”项目获得2017年国家科学技术奖二等奖，公司领导受到习近平总书记、李克强总理等党和国家领导人的接见。

“发展不忘根本，崛起不忘社会”。近年来，丰尚公司自觉履行社会责任，积极回报社会，善心捐款总额超千万元，连年缴纳税金超亿元，并保持逐年增长，2016年更是获得了扬州市纳税特别贡献奖、扬州市民营企业第一名，不断为地方经济建设和社会发展贡献力量。

正 昌 集 团

正昌成立于1918年，至今已有近百年的历史。公司现有员工1 500人，下属20个分支企业，海内外30多家服务机构。是中国行业内第一家ISO 9000认证企业和连续12年国家级“守合同重信用企业”，通过了出口欧洲市场的CE认证，出口俄白哈的海关联盟CU-TR认证，荣获“亚洲名优品牌”“中国国家重点高新技术企业”“中国行业标志性企业”“全国模范劳动关系和谐企业”等荣誉称号。

江苏正昌粮机股份有限公司是江苏正昌集团有限公司的直属核心企业，是以饲料工业为主体的饲料机械加工设备和整厂工程制造商。正昌在饲料机械行业内不断创新与发展，从早期研制的国内第一台制粒机到国内最大产量（时产75 t/h）1208制粒机，业务遍及全球80多个国家和地区，为中国饲料企业中65%的企业提供了9 000多台套制粒机装备，在国内外承建了3 000多座精品饲料工程。1992年至今，正昌已为泰森、嘉吉、希杰、正大、ADM、英联、康地、新希望等跨国集团承建过多座工程，项目涉及畜禽饲料成套设备、舒化乳猪教槽料成套设备、牛羊饲料成套设备、蛋鸡料成套设备、水产饲料成套设备、秸秆再生能源成套设备，农副产品综合利用，整体养殖、繁育项目，禽肉食品加工、啤酒花、复混肥工程成套项目，垃圾处理环境工程项目等领域，经过近60年的研究与发展，已成为中国饲料工业的科技领航者。

正昌粮机，作为一个极具责任感的企业，不断地将一个又一个客户面临的难题攻克，并积累了丰富的实战经验，以保证能迅速为饲料行业提供最佳解决方案。

正昌粮机，作为饲料企业值得信赖的合作伙伴，将持续专注专业地为客户打造为幸福而存的丰收生产线，为中国乃至世界的社会经济和饲料及粮食工业的发展做出贡献。

江苏华石农业股份有限公司

江苏华石农业股份有限公司位于淮安市经济开发区南马厂乡，公司创建于1989年，由原国营正大天晴制药厂下属企业改制而来，是种禽饲养、饲料加工、兽药生产、食品加工于一体的现代农牧企业。拥有年产20万t颗粒饲料生产线、2万t预混料生产线、6条通过农业部验收GMP兽药生产线，是江苏省饲料生产企业唯一一家既有饲料生产许可又有兽药生产许可的企业。

江苏华石农业股份有限公司是江苏省饲料行业骨干企业之一，近几年饲料销量一直在同行企业中名列前茅。企业长盛不衰依靠的是过硬的品质管理，公司于

2008年通过ISO 9001质量管理体系认证，在严格的质量把控之下，采用了一流的生产管理模式，最先进的生产工艺，最前沿的生产设备和最优质的生产原料，全程注重饲料的细节与品质，保证了饲料质量的优良性和稳定性，通过江苏省淮安市动物监督所多次检查。

在技术研发方面，公司一直与中国农业大学、南京农业大学、中国扬州大学、江苏省家禽研究所等众多高等院校及科研院所保持着密切的产学研究合作关系，与时俱进，不断提高新技术和配方的科研能力，积累了丰富的种苗繁殖、饲养管理、动物营养、禽病防治等方面的经验，拥有14项实用新型专利和多项发明专利。“服务三农，共同发展”一直是公司的核心价值观，公司利用集团先进的养殖技术，通过“公司+农户”的合作模式，即统一供苗、统一饲料、统一兽药、统一服务、统一回收，带动淮安县、区5 000多农户脱贫致富，成为农民致富的贴心人和带头人。

今天的华石经过20多年不断发展，一直秉承“创新、自信、团结、务实”的企业精神，形成了自己独特的企业文化，受到了当地政府的嘉奖，不断成长为国家高新技术企业、江苏省农业20强企业乃至江苏省重点龙头企业。

江苏桂柳牧业有限公司

江苏桂柳牧业有限公司成立于2013年，隶属于广西桂柳牧业集团，是一家以饲料生产为主的集团性农业产业化龙头企业。公司于2017年正式成立江苏桂柳牧业集团。集团现有人员362人，其中研究生及以上学历10人，大专及本科学历100人。回顾过去的2017年，因环保政策的变化，给养殖业带来很大的冲击，也给饲料销售带来压力，但通过经营策略的不断变化，2017年，集团实现饲料销售量增长50%，突破60万t，实现收入13亿元。公司先后与扬州大学、江苏牧业科技学院、南京农业大学、山东农科院等院校合作，立足科技创企，先后投资1 000余万元成立生物技术公司，研发无抗养殖技术，收到较好的效果。

公司严格遵循体系要求，从原料到成品的每一个环节都严格审验，确保产品质量达到国家要求，公司已构建一套适应企业大规模专业化生产需要的科学管理体系，大力推进产品制造，企业管理的信息化。公司于2017年成立质量检测中心，增添液相色谱仪、近红外检测仪等先进设备。2017年共检测出不合格原料100余次，退货率100%。正是对产品质量的不断追求，公司所售出产品在市场美誉度超过90%，先后荣获“徐州市产业化龙头企业”“徐州市名牌产品”“江苏省高新技术企业”“徐州市质量奖”等荣誉称号。

江苏梅林畜牧有限公司

江苏梅林畜牧有限公司是由光明食品（集团）有限公司旗下上海梅林正广和股份有限公司（上市公司）和上海市上海农场合资成立的从事生猪养殖的专业化公司，公司由上海梅林正广和股份有限公司控股。

公司地处江苏省盐城市大丰区四岔河上海农场，是上海重要的生猪养殖供应后方生产基地。上市生猪占上海生猪自产总量的40%以上。公司年生猪养殖规模近100万头，现有2个原种猪场、4个种猪扩繁场、17个现代化商品猪场、1个300头规模的种公猪站，2家饲料厂，2个动物技术保护中心。

两个饲料厂是公司生猪养殖的配套产业，年自给自足生产全价配合料25万t左右。饲料厂采用扬州牧羊和江苏正昌成套生产加工设备，配备全套先进的检化验设备。饲料加工一厂配套饲料车间3个，生产能力约50t/h，饲料加工二厂配套饲料车间两个，生产能力约35t/h。现有饲料管理技术人员10余人，其中博士学历1人，硕士学历5人，专门从事饲料生产、产品研发、品质管理等相关工作。为了保障产品的持续稳定，品管部、生产部、技术部和采购部等相关部门制定了切实有效的管理制度。从源头抓起，注重供应商的选择和评价，严格执行采购管理制度；在生产过程中，注重流程的清理和防止交叉污染；品管部制定了严格的检验管理制度，安全规范使用化学试剂，对员工定期举办质量安全培训，不断地提高全体员工的质量意识。

饲料厂已通过ISO 9001质量体系认证和ISO 22000食品安全管理体系认证；我们始终坚持生态发展理念，凭借扎实的营养理念及核心技术、严谨的产品试验探索及猪场的反复验证，为牧场提供经济、安全、高效的饲料产品及解决方案，不断满足和超越牧场的需求和期望，为我国饲料工业的发展做出应有的贡献。

安 徽 省

安徽金牧饲料有限公司

安徽金牧饲料有限公司是位于安徽省阜阳市颍东经济开发区的一家高新技术企业，专注于饲料的研发、生产和销售。公司所在地交通便利，合阜、阜六、济广高速、京九铁路绕厂而过，中央储备粮阜阳直属库铁路专用线直通厂区。公司长期聘请省内外高等院校知名专家作技术指导，并拥有从事动物科学、食品科学、化学工程、畜牧兽医等专业研发团队。

公司一期总投资 3 000 多万元，拥有发明授权专利 3 项，近 3 年累计申报发明专利 50 项。先后被评为安徽省认定企业技术中心，安徽省专精特新中小企业，安徽省守合同重信用企业，安徽省饲料与健康养殖行业协会常务理事单位、阜阳市农业产业化龙头企业。公司现年生产能力畜禽配合饲料为 12 万 t，浓缩饲料为 1.5 万 t，预混料为 1 万 t。现生产开发畜禽、水产两大系列 100 多个品种，公司“颍牧”商标荣获安徽省著名商标。

为适应养殖业供给侧结构性改革的新要求，推动公司的加快升级，努力争当皖北地区性饲料工业强劲品牌，提高企业核心竞争力，公司十分重视企业技术改造和科技创新的研发投入，现公司累计投资 1.2 亿元用于二期工程建设，引进国内先进的膨化水产饲料加工技术和安徽省内首家全舒化饲料加工技术，建成投产后可实现年产高档全舒化猪饲料 18 万 t，高档水产膨化饲料 6 万 t，年产值可达 3 亿元。

企业品质政策：客户至上，诚信经营，科学管理，精益求精。

企业环保政策：全员参与，满足客户；提供符合环保要求的绿色产品。

防止污染，持续减废，经营符合法规要求的绿色产品。

职业健康安全政策：灾害预防，安全至上；遵守法规，持续改进。

蚌埠大北农农牧科技有限公司

蚌埠大北农农牧科技有限公司是北京大北农集团全资子公司，坐落于蚌埠铜陵现代产业园，于 2016 年 6 月正式投产运营，是集饲料生产、销售、养殖服务于一体的高新技术企业。投资人民币 1.2 亿元，设计年产能 24 万 t，拥有两条可同时生产猪饲料和牛羊饲料的独立生产线，生产线采用世界领先的瑞士布勒生产设备，拥有高精度电子配料称、高均匀度无残留混合机等先进设备，生产过程高度实现电气自动化。

蚌埠大北农产品技术来自于大北农集团北京总部的研究院，核心研发团队有 1 500 多人，国家认定企业技术中心、拥有饲用微生物工程国家重点实验室和作物生物育种国家地方联合工程实验室，将动物的营养需求和饲料技术有机结合。以发展优质、专业、高效的产品为市场定位，创立“品质第一，第一品质”的企业品牌形象。

产品品类主要有为三元杂交配套系猪提供的乳猪、仔猪、育肥猪、母猪饲料，羔羊、育肥羊、母羊饲料，奶牛饲料等。公司与汇源牧业、雨润集团和蒙牛集团建立了战略合作关系。

蚌埠大北农通过了 ISO 9001 质量管理体系和 ISO 22000 食品安全管理体系的双重认证，并顺利成为农业农村部《饲料质量安全管理规范》认证企业，确保产品质量稳定性和产品安全。

申亚农牧科技股份有限公司

申亚农牧科技股份有限公司（以下简称申亚农牧）是以农牧产业为主导，以宠物产业为后继，多元化发展的科技型企业。多年来秉承“服务绿色养殖，提供安全肉食”的使命，现已涵盖动物保健、动物营养、动物疾病检测与监测、电子商务、规模养殖、生态肉食品加工等多个板块，率先在行业内通过 ISO 9001 质量管理体系认证和 ISO 22000 食品安全管理体系认证，先后获得“农业产业化省级龙头企业”“安徽省高新技术企业”“安徽省饲料行业创新型企业”“省认定企业技术中心”“安徽省安全饲料工程技术研究中心”“安徽省创新型试点企业”“国家级双创融合试点企业”等称号。

申亚农牧注重技术研发和产学研成果转化，始终把技术作为企业发展的核心动力。先后与法国威龙公司、瑞士 ABAC 公司合作，引进先进的制剂技术和中药植物提取技术，与华南农业大学、上海农科院、安徽农业大学、安徽动物科技学院合作产学研项目。

申亚农牧始终秉承“聚焦、专业、融合、发展”的企业理念，努力打造高端智能化可溯源生产线，服务绿色养殖，提供安全肉食，为推动中国农牧业持续健康发展贡献力量！

宣城海大生物科技有限公司

一、企业概况

宣城海大生物科技有限公司成立于 2015 年 12 月 28 日，由广东海大集团股份有限公司（股票代码：002311）出资设立，建设项目为年产 24 万 t 生物配合饲料，项目总投资 1 亿元，主要建设内容有新增鱼料生产线 1 条，畜禽料生产线 2 条。公司位于安徽省宣城市宣州区宣州工业园区，占地面积 35 亩，总建筑面积 13 958 m^2。

二、生产产品及能力

公司拥有全套进口的时产 10t 的 1 条鱼料配合饲料生产线、2 条畜禽料配合饲料生产线，设计年生产能力 24 万 t，生产“海大”牌和“海龙”牌草鱼、鳊鱼、鲫鱼、青鱼颗粒和禽料配合饲料。

三、工艺设备

采用德国进口布勒生产的全套生产设备，其中生产设备主要有高效双轴粉碎机、PLC 自动电脑配料系统、双轴式桨叶混合机、进口 CPM 制粒机、逆流式冷却塔和定量包装秤以及相应的辅助设备脉冲除尘器和液体油脂添加系统，保证了产品质量符合企业标准要求及市场需求。

四、质量保证体系

公司严格按照饲料相关法律法规要求建立了完善的质量管理制度，并于 2018 年 1 月顺利通过《饲料质量安全管理规范》验收工作。

五、技术水平

公司现拥有研究生、本科生、专科生各类专业技术人员 20 余人。集团与公司结合中国的养殖实际情况，经过总部研究中心精心设计的配方和严格的养殖试验，筛选出具有国内领先水平的鸡、鸭、猪、鹅、鸽、鹌鹑及淡水鱼、鲫鱼、鳊鱼、草鱼等系列配合饲料配方。

安徽泰格生物技术股份有限公司

安徽泰格生物技术股份有限公司位于安徽省蚌埠市固镇经济开发区纬五路，是安徽丰原集团有限公司控股子公司。公司致力于生物饲料添加剂和维生素系列产品的研发、生产和销售，主要产品有维生素 C 原粉、维生素 C 磷酸酯、包膜维生素 C、液态维生素 C、生物素、维生素 E、维生素 B_5、维生素 B_6、维生素 B_9、酸化剂等。维生素 C 磷酸酯畅销世界 40 多个国家和地区，单个产品居全球销售首位。公司拥有维生素系列产品几十项国家发明专利，获得“省级企业技术中心”“高新技术企业”“安徽省著名商标”“安徽名牌产品”“安徽出口名牌”“安徽省高新技术产品”“国家高新技术产品”等荣誉称号。通过了 ISO 9001 质量管理体系、ISO 14001 环境管理体系、OHSAS 18001 职业健康与安全管理体系、欧盟 FAMI-QS体系、KOSHER 认证和 FDA 注册等，产品 80%以上出口欧美及东南亚等地，并已在 30 多个国家（地区）申请注册了 DGR 商标，“泰格”品牌已得到国际、国内客户的广泛认可。

福 建 省

厦门金达威维生素有限公司

厦门金达威维生素有限公司成立于 2014 年 12 月，系厦门金达威集团股份有限公司（上市公司，股票代码 002626）全资子公司，于 2016 年被认定为高新技术企业。目前，公司主要生产维生素 A（全球六大生产商之一）、维生素 D_3，产品远销海内外数十个国家和地区，树立了行业中的品牌地位。2017 年公司实现产值 6.9 亿元，纳税 1.5 亿元，为纳税大户。投资 5 亿元的维生素生产项目已于 2017 年 11 月奠基。

公司自成立以来在继承集团公司原有生产技术基础上不断探索，优化升级，走自主创新与产学研相结合的道路。公司技术中心是厦门市企业技术中心，也是集团国家企业技术中心的两大主要组成部分之一。截至目前，公司拥有 12 项有效国家发明专利，另有 12 项发明专利已提交申请正在审查中。

福建省新兴达饲料有限公司

福建省新兴达饲料有限公司前身是福建省兴达饲料开发有限公司，成立于 2005 年，由福建省饲料工业公司、福建省饲料科学技术研究所与香港科诺普实业公司共同出资兴建的中外合资企业。生产基地坐落于莆田市临川镇太湖工业园内，总投资 6 000 多万元。公司风景如画，是一座花园式工厂，公司总占地面积 3 万 m^2，建筑面积 27 000m^2，饲料生产车间 5 400m^2，仓库面积 1 万 m^2，化验室面积 110m^2，现已开发出适销对路的猪、鸡、鸭、水产各系列各档次的配合饲料、浓缩饲料及预混合饲料产品，取得了显著的经济效益和社会效益。

公司非常重视人才。公司管理人员中，大学、中专以上人员占到 96%以上，现有 1 名博士、1 名研究生、41 名大学本科生、14 名大专毕业生，公司还与福建农业大学等院校有良好的合作关系，为公司的发展提供了丰富的人才保证。

公司非常重视质量。公司生产设备采用布勒公司设计、安装的顶级生产设备和自动化生产线，使公司产品质量有了设备保障。公司对所进的每一批原料从看样、进货入库到使用都严格把关，保证用到生产的每一批原料都是优质的原料。生产过程全自动化，从原料投料到产品打包实现一条龙全自动生产控制，消除了生产过程的人为错误。过程控制实现电脑软件化管理，从原料入库、品质检验、生产管理、产品订货、产品销售、产品发货全程的软件化管理。

公司非常注重销售。销售是龙头，公司大量配备销售人员、服务人员做好售前、售后服务，做到让客户满意、让客户壮大是公司的目标。

公司本着“质量第一，客户至上”的宗旨，从原料进货、生产过程、产品出库、客户售前、售后服务上下功夫。建厂一年来，赢得了客户的充分肯定，公司 2017 年实现营业额 1.7 亿元人民币，主产品预混料销售实现 1.5 万 t，配合饲料销售量达到 4.8 万 t，实现了建厂的预期目标。

江 西 省

华农恒青科技股份有限公司

华农恒青科技股份有限公司（以下简称“华农恒

青”或“公司”）系由李旭荣先生于2011年投资创办。公司目前在全国拥有10家分/子公司，在江西高安、九江、万年、新余、南城、浙江嘉兴等多地设有生产基地，下属企业大部分被认定为“国家级高新技术企业”，公司预计2019—2020年登陆国内A股主板市场。

华农恒青为聚焦于养猪专业化的科技服务型公司，公司经营7年来，通过经营管理模式创新、机制创新和文化创新，保持着高速的发展势头。目前，拥有员工1 000多人，2017年实现产值约25亿元。2012—2015年，销量平均增长率超过40%，2016年销量同比增速超70%，2017年销量同比增长65%。公司旗下第一家生产基地于2011年11月在高安建成投产，自2016年10月以来，月外销猪料持续达到4万t以上，2017年8月更是创造一个崭新的猪饲料销量纪录，月外销猪饲料突破5万t大关，稳居全国单厂外销猪饲料销量第一位，2017年位列江西省民营制造业企业第77位（2018年预计在30位左右）。

创新经营管理模式“一三四六”是华农恒青发展的前提和基础。公司坚持一个定位：定位为养猪专业化服务型公司；坚持并践行差异化竞争，始终坚持以“良心、真心、专心”三心做好猪饲料；从产品稳定性、饲料营养均衡、饲料性价比、技术服务四个方面做出了差异化；从而，成为一家从采购、生产管理到技术服务等六个方面都专业化的猪饲料制造商和供应商。华农恒青建立的科技服务中心集兽医门诊、行情信息收集、动保检测、技术培训、中心化验室等服务于一身。强大的检测能力为产品质量的稳定和高效的养猪技术服务提供了保障。目前，华农恒青中心化验室已开设了7个大项，150个小项的项目检测，每年仅玉米样品的检测就超过8 000多份，血清抗体检测超过1万份，华农恒青对猪饲料营养和安全的管控甚至超过很多食品企业。

机制创新是华农恒青发展的原动力。华农恒青倡导和员工、和事业伙伴“共创、共担、共享”，目前，公司所有中层以上管理人员都按照职务和贡献的不同享有公司免费赠送和优惠赠购的原始股，大家既是公司管理人员，又是公司股东，大家既在平台上学习、工作，又是公司的主人，真正是在做自己的事业。大家共同奋斗、共同创造、共享成果，共同成长、共同致富。

文化创新是华农恒青发展的有力支撑。在公司整体高速发展的情况下，华农恒青也特别重视企业文化的建设与发展。华农恒青核心价值观“共同成长、合作发展、争创第一”，核心价值观行为准则“成就客户、艰苦创业、团队协作、共创共享、开放进取、终身学习”。在工作中，要求“严细狠准”的工作作风，在行动上，要求做到“四个层次的负责任”。公司非常重视企业文化建设与传承，2017年1月，公司启动了践行企业文化宣讲活动，由李旭荣董事长担任启动仪式首场宣讲人。2017年全年共计开展宣讲活动30多场。同时，公司多次组织公司高、中、基层主管上井冈山，在革命的摇篮将华农恒青企业文化结合井冈山精神进行深刻的学习研讨，在不断地分享、总结、提炼中，华农恒青的企业文化已经完全落地，成为华农恒青人的工作方式、生活方式和学习方式。

江西华杰牧业有限公司

江西华杰牧业有限公司是一家集绿色饲料研发、生产、销售、水产养殖为一体的现代化股份制企业。公司成立于2009年，主要生产水产颗粒料、膨化料、特种水产料及畜禽配合饲料，年生产能力18万t。公司位于江西省南昌县银三角“南昌国家农业科技园”，占地面积22 000 m^2，现有建筑物13 000 m^2。目前，拥有2条国内一流的水产颗粒饲料生产线，总投资逾6 000万元。公司成立以来先后获得“省级龙头企业”“江西省中小型企业协会常务理事单位”“中国3·15诚信企业”，另外，华杰公司旗下品牌“鸿杰”牌饲料系列产品被评为《中国名优产品》《中国著名品牌》。

2017年，华杰联合国内知名高校和科研单位，在行业主管单位的支持下举办江西省首届黄颡鱼养殖技术论坛，引领江西特种水产养殖的发展。同年，华杰率先推出草鱼功能性饲料，以解决日益严重的养殖抗生素污染问题，得到广大客户的认可。

展望未来，公司将用最短的时间将水产饲料做到省内一流，国内领先。同时，加速产业链的快速延伸，集中打造江西省草鱼及黄颡鱼产业链，力争用3年的时间，在现有养殖基地的基础上，着手在省内再发展3～5家规模化水产养殖基地，水产养殖面积达到1万余亩，年生产淡水鱼、特种水产品750万kg；真正实现产业链的纵向延伸和发展。

公司一直秉承“创知名品牌，数百年华杰”的企业愿景，立足中国、面向世界、走科学的发展之路，致力于促进中国水产养殖及畜牧业绿色健康发展。

翼 邦 生 物

翼邦生物成立于2007年，是一家集研发、生产、销售为一体的专业宠物食品风味剂公司，总投资约3亿元人民币。作为目前中国最大的宠物食品风味剂供应商，翼邦生物专注于宠物食品适口性的研发和整体解决方案，具备国内同行业中最为强大的科研开发能力，并以世界一流水平为目标不断进取。

公司研发和营销中心设立于上海漕河泾开发区创新创业园，汇聚了中国宠物食品风味剂制造、宠物食品适口性研究开发等领域的专家。

翼邦第一生产基地坐落于交通便利的江西省鹰潭市，总占地约65亩，先后取得了饲料原料生产许可证，自营进出口权以及ISO 22000食品安全管理体系等认证。翼邦新建的适口性测试基地亦位于鹰潭，占地约2 000m²，拥有数百只体型各异的犬猫种类，在科学严谨的规划下，为翼邦持续研发提供了坚实的支撑。

翼邦第二生产基地位于工业基础发达的江苏省常州市，占地约30亩，拥有多条全自动控制的液体和粉体产品生产线，具有稳定的生产和质量控制能力，是公司主要的出口生产基地。

翼邦深入了解宠物食品市场细分，推出适合各个目标市场，不同发展阶段的宠物风味剂，并不断评估现有的产品系列，确保为客户提供最有针对性，性价比最高的产品。

河 南 省

河南牧鹤实业集团

河南牧鹤实业集团始创于1998年，成立于2005年。历经20年的发展，现在公司已拥有7家独资公司，3家合伙公司，年产值近30亿元，净资产近10亿元，生产各类全价料300万t/年，预混料20万t/年，是中原地区最大的专业化饲料集团，在河南省会郑州国家经济技术开发区内拥有近400亩的高科技产业园区。牧鹤集团充分利用国家自贸区的优惠政策及国家“一带一路”倡仪机遇，整合相关资源，利用两个市场，充分发挥郑州国家中心城市的交通枢纽地位优势，牧鹤集团未来10年规划为：力争成为全国最具影响力的饲料原料、饲料生产、饲料研发、饲料物流、饲料信息等综合服务平台。目前，园区已建成各类功能主体达到近20万m²，未来10年产值可望达到160亿元/年。

牧鹤集团愿和祖国共繁荣，愿同行业共发展，愿同合作伙伴一同分享牧鹤的各种资源及技术优势。欢迎同行同人及有共同追求与梦想的志士仁人加盟牧鹤共创美好的未来！

河南全赫饲料有限公司

河南全赫饲料有限公司位于平顶山市宝丰县产业集聚区父城大道，成立于2014年11月，公司占地130余亩，总投资1.2亿元，职工102人。现有一条年产18万t的自动化精料补充料生产线，一条年产2.5万t的复合预混合饲料生产线。专业、专心、专注生产安全、高效反刍动物营养系列饲料，现已研发、生产、销售奶牛、肉牛、肉羊饲料30余个品种。

公司始终秉承“诚信、务实、创新、共赢”的价值理念，肩负“为大众健康、为员工成长、为行业添彩”的神圣使命，坚持“质量就是生命”的质量理念，坚持以增进顾客满意为经营理念，以优质服务作为公司持续发展的基础，使公司产品和声誉在市场上保持领先，全力打造一流品牌。公司为河南省最大的反刍料生产厂家，目前已与省内外100多家奶牛、肉牛、肉羊养殖企业合作，月销量8 000多t。

公司是中国饲料工业协会单位会员、河南省饲料工业协会副会长单位，拥有6项实用新型专利，通过了“ISO 9001质量管理体系和ISO 22000食品安全管理体系认证”。先后荣获平顶山市“农业产业化重点龙头企业”“河南省最具潜力企业”“河南省最受欢迎名优名品企业”“河南省饲料质量安全管理规范示范企业”“农业部饲料质量安全管理规范示范企业”“标准化良好行为AAAA级企业”等荣誉称号。

广 东 省

广东爱保农科技有限公司

广东爱保农科技有限公司是由资深博士、有雄厚实力企业背景和丰富经验的行业经营者共同发起的一家专业生产复合维生素的公司。公司致力于爱保农系列复合维生素的研发、生产、销售和服务。主要生产猪、禽、水产、宠物、反刍动物和特种经济动物用复合维生素预混料。

爱保农选用行业内最先进的生产设备，2014年生产全程引进了WinCos追溯系统，实现生产全过程监控，确保生产流程中每个环节都准确无误。公司从原料采购、生产到成品及产品售后服务都严格贯彻执行ISO 9001质量管理体系和ISO 22000食品安全管理体系标准要求。同时，公司制定了一套保证产品质量的控制体系，确保爱保农系列产品品质优良，稳定性高。产品质量稳定是公司做大做强的关键。

公司设有独立的实验室，采用安捷伦高效液相色谱仪、岛津原子吸收仪等先进检测仪器，对每批原料和成品进行严格把控。爱保农在保证产品质量的同时，建立了一套全新技术服务体系，展开全方位和深层次的产品应用技术研究，向客户提供精良服务。

爱保农秉承“稳定压倒一切”的经营理念，产品以优质、稳定、流散性佳著称，产销量稳步上升，现已跻身于同行前列。公司正在稳定地发展壮大，并将努力成为维生素预混料行业的世界领先者。

广州傲农生物科技有限公司

广州傲农生物科技有限公司是傲农集团旗下子公司（以下简称“广州傲农”），成立于2011年6月，是一家集生物技术研发、饲料生产与销售为一体的高科技农牧企业。2017年9月，傲农集团在上海证券交易所挂牌上市（股票简称“傲农生物”，股票代码：603363）。

傲农集团主营业务包括饲料、动保、育种、原料贸易、农业互联网等产业，目前拥有70多家分（子）公司，市场覆盖全国大部分省、自治区、直辖市。

广州傲农围绕“以饲料为核心的服务企业，以食品为导向的养猪企业”的品牌定位，自成立以来，通过持续的技术创新、产品升级和品牌推广，获得了客户、行业的认可，公司已通过了ISO 9001质量管理体系和ISO 14001环境管理体系认证。公司在政府各级单位的支持下、在客户的信任下以及全体傲农员工的共同努力下，荣获了“高新技术企业”“国家知识产权优势企业”“广东省农业龙头企业”等荣誉称号，并拥有30多项专利。

未来，广州傲农将继续坚持“为客户创造价值、为员工提供发展、为社会做出贡献”的核心价值观，肩负“以农为傲，滋养全球”的使命砥砺前行。

金钱饲料（东莞）有限公司

金钱饲料（东莞）有限公司源自金钱香港控股有限公司投资1亿多元人民币兴建，占地面积46.2hm^2，于2011年1月创建于广东省东莞市麻涌镇新沙工业园，厂区毗邻广州港，地理位置优越，水陆交通便捷。工厂全套装配BUHLER畜禽料生产设备和ANDRITZ水产膨化生产设备，公司主要生产和销售饲料，销售饲料添加剂，从事饲料原材料的批发，年生产能力达70万t以上。

金钱饲料（东莞）有限公司实施机械化管理，拥有员工100多人，2017年公司年总产值高达7亿元，向国家缴纳的税款高达923多万元。

“金钱”作为国际知名饲料制造企业，自1983年进入中国以来，一直以“质量稳定、信誉第一”著称。多次荣获广东省饲料工业质量信得过产品称号。2011年10月，认证食品安全管理体系ISO 22000标准，2015年1月，被农业部授予“饲料质量安全管理规范示范企业”的称号，2015年6月，被广东省饲料行业协会授予“广东省饲料行业协会第六届理事会副会长单位”称号，2016年获得“中国饲料工业协会理事单位”称号。此外，“金钱”还连续五年获得“广东省守合同重信用企业”称号。

“金钱”向来注重人才培养，着力饲料产品的研发与创新。公司拥有设备健全的实验室，建立并完善了全面的质量管理体系，进行反复的科学实验和持续的配方研发，以确保产品的性能与质量。

在中国经济腾飞的今天，“金钱”将秉承多年的成功管理经验和经营理念，竭诚服务于农民，服务于社会，为中国农业现代化的进一步发展贡献力量。

金银卡（广州）生物科技股份有限公司

金银卡（广州）生物科技股份有限公司是一家专业生产高档乳猪代乳品、人工乳、银太子保育料、教槽料和预混料以及微生物蛋白的大型现代化企业。是专门致力于无公害、安全饲料的样板企业。是国家级高新技术企业。广东省“产业升级转型20强企业”。全面实施ISO 9001:2000国际质量管理体系和HACCP安全饲料管理体系。

公司总部位于国家级开发区的广州经济技术开发区内。占地50亩，注册1.2亿元，主机设备从美国和中国台湾引进，产能35万t，产值15亿元，按照国际先进水准设计和建造。截至目前，公司在全国各地已经建成了15家工厂。

公司享有全国知名商标“金卡牌”。公司还有全国知名产品“金卡人工乳”和无抗生素安全型“猪预混料”等产品。知名度高，信誉好，远销到柬埔寨、菲律宾以及中国港澳台地区。公司还被中国好猪料“乐斯福”杯评选为“中国十大最受欢迎乳猪料品牌”。

多年来，公司一直致力于“替代抗生素的无公害生物免疫技术”以及“高效节粮型技术”两大领域十多个系列的研究，运用发酵技术和分子化学等多学科的技术，取得重大突破，先后注册了10多项发明专利。公司还先后获得了中国国际农业博览会名牌产品奖、广东省名牌产品奖、广州市农业名优产品奖、广东省名优产品奖、中国质量信用AAA级企业等荣誉奖项！多次受到国家、省、市行业领导的荣誉表彰。

海 南 省

海南漓源饲料有限公司

海南漓源饲料有限公司是桂林力源粮油食品集团于2012年7月兴建的一家海南饲料企业之一，于2013年4月28日正式投产。公司位于澄迈金马现代物流中心7号路，占地面积70亩。

桂林力源粮油食品集团下设漓源饲料、漓源米油、漓源养殖、生精诚生物四大事业板块，是国家农业产业化重点龙头企业，全国饲料工业10强，广西企业20强，广西民营企业排名第二位。

海南漓源饲料有限公司2017年完成生产销售饲料33万t，营业收入8.7亿元，交税888万元，创造165人就业，为员工的工资福利、社保等支出500万元。由于市场散养户退化不断加快，规模猪场慢慢地占据市场份额，养殖户需求面也慢慢发生变化，为了满足市场规模猪场发展需求，也为了全面降低规模猪场成本，2018年海南漓源正式推出散装配合饲料。

公司在合法经营的同时也承载着自己的社会责任——在环保、安全、药物残留、饲料管理规范等方面紧跟政府的要求，不断完善自身的内部管理，合法合规经营。带动1万多个经销商及养殖户共同致富的同时，也为海南的菜篮子工程保驾护航。

海南卓越生物有限公司

海南卓越生物有限公司成立于2005年，是一家集研发、生产、销售、技术服务于一体的生物科技创新型企业，根植海南，辐射全国，始终秉持“尊重环境，尊重生命，生态健康，生生不息”的发展理念，以保护生态环境和保证食品安全为己任，立足运用国际前沿的生物工程技术，致力于水产养殖、畜禽养殖、农业种植的水质、土壤、大气环境的生态修复与改善，致力于农产品的提质增效，愿为实现中国大农业健康永续发展做出贡献。

公司于2013年在老城经济开发区北一环路6.8km处（美当村口旁）取得53.6亩土地，投资7 000多万元，建成2万多m^2的现代化厂房和近1万m^2的研发中心和行政楼，2016年初从海口搬迁到澄迈老城经济开发区，引进了系列现代化研发和生产设备，率先引进欧美日的微生物技术，开创了微生态制剂、生物表面活性剂、中草药制剂和动植物营养保健在国内种养殖业应用的先河。公司坚持走产学研联合创新之路，与国内多家科研机构建立了联合研发实验室，聘请微生物、养殖、种植、中药等学科专家作为技术顾问，先后研发30多项领先行业的核心技术，自主开发30多种拳头产品，联合创新60多种产品，在微生态制剂、生物表面活性剂等领域始终引领行业进步。公司获得ISO 9001质量管理体系认证，被省科技厅评为高新技术企业，同时承接了省科技厅两个重大专项课题的研发：一是2017海南省农业面源污染减排与示范；二是海水养殖污染治理关键技术研究与示范。

公司成立12年来，卓越人倡导用“养护”新理念取代“消杀”旧模式，开创健康高效养殖新时代。编创数十种技术性刊物，广泛开展养殖技术讲座和塘头交流会，带领数十万农民发展健康可持续的高效养殖事业，促进农民致富增收的同时，又保护和修复了水土资源环境，保障了食品安全，赢得了广泛赞誉。“卓越人”所倡导“健康养护理念”深植用户心田，全程遵循卓越理念和使用卓越产品的养殖成功率达到85%以上，养殖综合收益率增加30%以上，产品质量获得出口免检资格。“卓越”品牌已成为业内最具影响力的品牌之一，成为最受用户认可和最具成长性的品牌之一。

海南澄迈新希望农牧有限公司

海南澄迈新希望农牧有限公司隶属于新希望六和股份有限公司，是在海南投资兴建的第二家大型饲料生产和销售企业。新希望六和股份有限公司是新希望集团旗下最大的民营农牧与食品制造企业之一，中国农业产业化国家级重点龙头企业，拥有中国最大的农牧产业集群，致力于打造世界级综合农牧商社。新希望六和股份有限公司（股票代码000876）创立于1998年，并于1998年3月11日在深圳证券交易所上市。公司立足农牧产业、注重稳健发展，业务涉及饲料、养殖、肉制品及金融投资、商贸等，公司业务遍布全国及越南、菲律宾、孟加拉国、印度尼西亚、柬埔寨、斯里兰卡、新加坡、埃及、美国等20多个国家。

2011年9月，公司农牧资产重组获中国证监会批准。2017年，公司实现销售收入625亿元，控股的分、子公司500余家，员工6.1万人。在2017年《财富》杂志评选的中国企业500强中位列第102位，是GFSI董事会董事及GFSI中国理事会联席副主席单位。公司获农业产业化国家重点龙头企业、全国食品放心企业、中国畜牧饲料行业十大时代企业、全国十大领军饲料企业、主体信用等级AAA、中国肉类食品安全信用体系建设示范项目企业、2017福布斯全球2 000强等荣誉称号。

其中海南澄迈新希望农牧有限公司于2008年投资建成，占地面积70余亩，设计年产30万t，总投资7 000余万元人民币。公司拥有员工110余人，饲料技术管理人员30余人，位于海南澄迈县老城经济开发区南一环路。公司是饲料生产加工企业，主要产品是：畜禽配合饲料、鱼料配合饲料等，截至2017年年底，公司实现了年销售额3.6亿元。2009年1月，通过ISO 9001国际质量管理体系认证，2011年，被评为海南省农业龙头企业，连续多年获得海南省“质量信得过企业”称号。公司生产的畜禽和鱼饲料直接服务于农民，长期派出20多人的畜禽技术专业队伍为农户指导养殖技术，防病治病技术知识，提供市场价格信息，帮助农民科学致富，摆脱贫困。公司一直坚持“与客户共享成功，为员工共求发展，与社会共同进步”的企业理念，立志于建“百年老店”。

坚持“依法兴饲倡导行业风范，技术创新推动牧业发展，品质卓越追求顾客满意，产业经营实现社会效益”的方针，采用国内先进的生产设备、全电脑自动控制系统，配套最新防潮通风设施，运用先进的生产技术工艺，独特的营养配方，向海南的养殖户提供通过 ISO 9001 国际质量管理体系认证及获得国家免检产品认证的“希望”“青印迹”“嘉好”牌高性价比的畜禽、水产饲料和优质服务。

在市场竞争异常激烈，金融危机形势严峻的情况下，公司每年销售各类饲料 15 万多 t，截至 2017 年年底，公司实现了年销售额 3.6 亿元，每年上缴利税数百万元，取得了骄人的经营效益。在发展过程中，公司采取“公司+农户”等多种形式，充分发挥龙头企业的带动作用，积极推进当地产业化发展，共带动 1 万多户农户发展养殖业，为地方经济发展做出了贡献。

公司将继续“立足中国大农业，创建百年新希望”的创业宗旨，顺应社会发展潮流，持续为加速农业产业化进程，服务于农民养殖朋友，帮助农民增加收益，推动海南养殖业科学发展，为社会进步做出自己的贡献。

新希望在海南，海南就会不断地迎来新的希望！

海南青牧原实业有限公司

海南青牧原实业有限公司成立于 2004 年 6 月，是全国首家“菜篮子”上市公司，“罗牛山”公司旗下的二级子公司。公司位于海口市美兰区琼山大道新市工业区内，总资产 6 000 多万元，以生产猪用饲料为主，年生产能力达 6 万 t，所生产的产品主要供罗牛山系统各养殖单位使用。公司坚持贯彻“质量第一、合理成本、优质服务”的经营目标。公司于 2007 年 8 月，通过 ISO 9001 质量体系认证，所有产品均采用科学配方，由计算机自动控制生产工艺，配备有国内外先进的全套检测设备，具有快速、独立、准确的质量检测能力和控制从原料到产品完善的质量保证体系。

生产高效、优质、绿色的产品是公司孜孜以求的目标，公司生产的猪系列饲料不仅具有适口性好、吸收好、增重快、性价比高等特点，而且所有的产品出厂之前都经过包括营养指标、卫生指标等方面的严格检测，为罗牛山公司的“放心食品”工程奠定了坚实的基础。这些年来，罗牛山的肉类产品在海南省已成为家喻户晓的放心食品。

多年来，公司在产品创新和生产工艺改造上进行了大胆的尝试。公司的 311 乳猪饲料产品及技术研究项目曾获海口市科技进步二等奖，甘蔗糖蜜商品化生产畜禽饲料应用研究项目，曾获海南省科技成果转化二等奖。新技术的研究和新成果的应用，使公司的饲料产品技术始终处于国内同行业的领先水平。其中，甘蔗糖蜜商品化生产畜禽饲料应用研究项目，在海南首先使用甘蔗糖蜜，替代部分高价原料。此举不仅降低了饲料成本，而且改善了饲料的适口性，更为重要的是为充分利用和消化本地农副产品加工剩余物探索了路子，取得了良好的经济效益和社会效益。

公司一直十分重视安全生产管理工作，建立健全的公司安全生产组织机构，完善公司安全生产制度建设，加强对员工安全生产教育培训活动，加强安全隐患排查和整改工作。自觉接受政府安监部门的监督检查，自公司成立以来，从未发生过严重的安全生产事故。

多年来，在省、市、区各级政府的关心与支持下，公司事业蓬勃发展，取得了较好的经济效益和社会效益，对促进罗牛山养殖业的发展，保障海南省生猪市场供给及带动海南省农村养殖业的发展等方面做出了积极贡献。

公司现有员工 95 人，其中大专以上专业技术人员和管理人员 35 人，为新产品研制、开发和企业管理奠定了坚实的人才基础。公司积极开展与罗牛山博士后流动站的技术合作与交流，以罗牛山博士后流动站雄厚的技术力量为依托，充分挖掘内部潜力，开拓创新，致力于把公司打造成集研发、生产、销售、服务为一体的饲料生产企业。

重庆市

重庆市中亚动物药业有限公司

重庆市中亚动物药业有限公司是于 2001 年 3 月注册成立的一家有限责任公司，位于重庆市璧山区。经过 17 年的发展，现已成为一家集兽药，添加剂预混料，饲料研发、生产、销售为一体，并从事家禽养殖、品种繁育的综合性农牧企业。公司多次被评为市级农业产业化龙头企业，市级重点龙头企业。

公司成立之初，仅靠租赁的简陋厂房从事兽药粉散剂的生产，经过短短 3 年的发展，2004 年在西南地区率先建起兽药标准生产线，并一次性通过国家农业部 GMP 验收，使产品质量得到极大提升，销售量节节攀升，为企业创造了较好的效益。

随着企业的不断壮大，公司股份组成发生变化，引入了人才，并提出了产业化发展目标，2005 年 8 月，与四川特驱投资（集团）合作投资 1 000 万元组建了重庆特驱饲料有限公司，专门从事禽料的生产和销售，目前月销量已突破 1.5 万 t，年销量达 18 万 t，成为西南地区最大禽料生产企业。同时，2005 年 8 月，组建了养殖部，在借鉴行业经验的基础上探索研究出一套适合企业发展、能带动养殖户增收、推动养殖业快速前进的一套模式，即：公司＋基地（小区）＋农户＋市场，公司得到了较快的发展。并于2006年12月再次与四川特驱投资（集团）合作成立了重庆特驱家禽养殖有限公司，专业从事家禽养殖和品种繁育。

为了不断延伸产业化经营，完善产业链，公司于2017年对厂区进行重新规划，投建了添加剂预混料车间，并于2017年9月通过验收，获得许可，现已全面正式投产，首批产品投放市场，获得用户好评。

公司一直致力于产业化经营，以“企业发展，员工增值，富裕一方民众”为己任，秉承“立足农业，融入农村，服务农民”的企业经营思想，为构建和谐社会主义新农村贡献力量。

重庆新威士生物科技有限公司

重庆新威士生物科技有限公司成立于1997年，是一家从事饲料添加剂、动物保健品研究、生产和销售的高新技术企业，中国饲料工业协会理事单位，重庆市饲料工业协会副会长单位，重庆市信得过的饲料生产企业。通过ISO 9001：2015质量体系认证。

“新威士”公司经过20年的发展，确立了公司发展战略，致力于成为无刺激、无腐蚀、对适口性无影响的新型饲料防霉保鲜技术研究的开拓者！专注于成为非离子表面活性剂在饲料工业中乳化、保水、降低颗粒硬度的领航者！成为霉菌毒素吸附、动保产品领域的技术创新者！

“新威士”公司秉承“保障动物营养，促进人类健康”的宗旨，以科技创新为主线，紧扣“诚信、创新、勤奋、协作”的经营理念，塑造企业品牌，打造企业核心竞争力。技术研发部长期与国内多家高等院校（四川农业大学、西南大学、重庆大学、华南农业大学）、研究院（重庆市畜牧科学研究院、重庆市中药研究院）进行技术合作，不断开拓创新，已获得国家发明专利6项，待审专利2项，重庆市高新技术产品3项。建有独立的品控中心，为公司不断开展新产品技术研发、稳定和提升产品品质奠定了坚实的基础。

“新威士”公司以优质的产品服务于广大饲料企业，经过20年的发展，已与国内众多大中型饲料集团如正大、新希望六合、温氏、东方希望、安佑、中粮、山东环山、牧原、四川巨星、铁骑力士等建立了长期、稳定的合作伙伴关系，并与越南、印尼、泰国、南非等近10个国家开展了出口业务往来。赢得了广大客户的广泛认同和赞誉，公司已成为饲料行业最优秀的供应商之一。

重庆普特生物药业有限公司

重庆普特生物药业有限公司，注册资金2 000万元，地处“山水重庆”之风景秀丽的沙坪坝区中梁山麓，是一家从事兽药和饲料添加剂研发、生产、销售，动物疾病诊断与治疗，健康养殖引导与推广的民营现代化高科技企业。公司兽药品种300余个，销售遍布全国各地市场，能满足家畜、家禽、经济动物、宠物的绝大部分疾病治疗和预防保健的需要。2017年4月，公司新建饲料添加剂车间，促进兽药与饲料添加剂共同发展，实现公司经营专业化、一体化。

饲料添加剂自上线以来，现代化的生产工艺流程，以及与之配套的采购系统、技术研发检测系统为开拓市场提供绝对的实力保障，通过精准的市场定位，加之强有力的市场开发团队和完善的售后服务体系，已成功在西南、华南、中南等地区站稳脚跟，并与诸多中、大型养殖客户建立起长期稳定的合作关系。企业在生产经营过程中，重抓优秀人才、强化经营管理、注重产品质量，一如既往地推行“普度众生、特在用心”的企业文化理念，注重人力资源培养并将其视为最宝贵的财富。公司专业技术人才占据60%，聘请韦旭斌、曾忠良、汪德刚、刘汉儒、张晶等行业及国内知名专家教授为公司专家团成员，同时，在公司内部成立了专门的研发部门，让科技研发真正成为公司第一生产力。

公司充分重视科学发展的先导作用，依托公司一流专家研发团队与正规的企业管理，积极开发饲料添加剂新产品、新技术，特别是中药系列添加剂产品。公司以“关注动物健康，普特贡献良方”为企业使命，以“发展民族动保产业，造福人类健康”为己任，愿与您携手并进，共创普特辉煌明天！

四 川 省

四川铁骑力士实业有限公司

四川铁骑力士实业有限公司始建于1992年，从单一的饲料产业发展成为从饲料生产到畜牧养殖、屠宰加工直至食品精深加工的全产业链一条龙企业，国家级农业产业化重点龙头企业，中国畜牧业协会副会长单位，中国饲料协会副会长单位。在全国各地有67家分（子）公司。集团下设饲料、食品、猪业三大事业部，圣迪乐村，一个科研中心——冯光德实验室（国家认定企业技术中心）和一所大学——铁骑力士大学。

铁骑力士以全产业链全程可控的溯源体系构建起

强大的食品安全保障，为推动行业健康发展、保障民生安全做出了积极贡献。其中饲料年生产能力300万t，集团控股的圣迪乐村蛋鸡存栏规模700万只，种猪场年提供优质商品仔猪50万头，在四川、黑龙江、福建等地建有10余家食品精深加工企业。旗下拥有枫叶牧场、土门赵鸭子、康祖、长林等多个食品品牌，产品畅销全国，并出口美国、加拿大、日本、欧盟、澳大利亚及东南亚等20多个国家和地区。

未来，公司将以冯光德实验室和院士工作站为技术支撑，积极加快产业转型升级，打造中国高端食品领导品牌，成为一流的世界级食品企业，为中国现代农业发展做出新贡献。

渠县特驱饲料有限公司

渠县特驱饲料有限公司坐落于渠县工业园主导产业园区，是华西希望、四川特驱集团投资有限公司在渠县投资建设的生产猪饲料的农牧企业。于2013年3月与渠县人民政府签约，投资1亿元建设年产50万t的饲料生产项目，这是继2012年12月与渠县人民政府签约30万头生猪养殖项目后的又一次成功合作，本项目同时也是实现渠县“百亿生猪产业”工程配套项目。

该项目在渠县工业园主导产业园区占地50亩，注册资金1 000万元，年设计生产能力20万t，计划分两期建设，其中第一期生产饲料20万t/年，第二期生产饲料30万t/年。计划建设两条现代化配合饲料生产线，拥有国内牧羊集团最先进的粉碎机、膨化机、颗粒机、冷却器、分级筛、混合机、烘干箱、各类输送设备等成套机械设备，并配合采用国内先进的电子监控生产设备。本项目于2015年8月竣工，2015年10月建成投产。公司将会在成熟的区域通过公司加农户的方式带动农民增收致富，可在更大范围内倡导科学养殖。参与到新技术推广、农民培训、农民协会组织、产品销售等更加广阔的产业推动领域。

渠县特驱饲料有限公司将以“创新、科学、速度”的经营理念带动地方运输业、餐饮业和商业零售业等的发展，带动周边农民增收，并与特驱德康养殖公司形成“一条龙”生产格局，推动渠县经济快速发展。

四川驰阳农业开发有限公司

四川驰阳农业开发有限公司是由北京大北农集团和杨阳团队共同出资于2015年2月6日成立，注册资本1亿元。涵盖饲料研发、生产、销售与服务，生猪生态一体化养殖等业务。集团业务分饲料科技和猪业科技两大板块，目前拥有员工近千名。

驰阳集团秉承大北农“报国兴农、争创第一、共同发展”的经营理念，以“阳光、规范、共创、分享”的核心价值观创建了“驰阳文化、驰阳速度、驰阳之家、共创分享”的驰阳模式，现已快速发展成为农牧行业的新型标杆企业。

驰阳集团在发展进程中，科学领会国家政策、紧盯行业发展趋势、不断优化自身平台，建立内强企业功能、外拓精耕细作的运作模式。与四川农业大学动物营养研究所强强联手，签约共建“博士工作站”，紧紧依托大学人才培训体系和科学研发能力，在推动驰阳再上科技创新工作台阶的同时，充分发挥行业独有的“一站五中心”功能，即驰阳邛崃科技园区内的“党建活动中心、企业培训中心、产品品控中心、客户服务中心、智慧农业体验中心”。将饲料研发、饲料生产及销售、畜禽养殖、农资与农牧食品等，深度布局于眉山、邛崃、德阳、内江、南充、重庆、云贵等区域，以互联网思维紧贴用户需求，提供体验式场景服务，让用户感受智慧农业科技力量的同时，助力重塑“川猪安天下”的形象口碑，牢固服务于国家农业供给侧改革。

驰阳集团创立伊始就创立以驰阳平台为核心，以分工合作为载体、以共创共赢为目标的平台合作模式，在已成功打造六大服务平台——农村金融、养殖保险、种猪器械、动保服务、营养方案、回购与食品的服务模式基础上，继续优化创新，强力打造“公司＋驰阳之家＋家庭农场”的合作平台，以猪场托管、改建合作、参股投资、种养结合、商品猪放养或代养等模式，以提供种苗、动保、饲料、回收等主要方式，让养殖户放心养殖。同时，与绵阳明兴农业(国家核心育种场)、自建母猪场等共同投资组建6 000头扩繁场，深度布局江油、德阳、绵阳、彭州、重庆、筠连、梓潼等地，并相继建立8万头二杂母代场，年提供三元商品猪苗120万头以上，为集团在2020年实现年生猪出栏120万头打下了坚实的基础。

与此同时，驰阳集团独特开辟科学的饲养生物链，运用猪、沼、藕、鱼的新模式，使猪业养殖达到科学养殖、环保利用的循环模式，有力提高了现代猪业的饲养水平和环境控制管理。

驰阳集团在飞速发展的过程中，积极响应并对接国家精准扶贫政策，探索创建产业扶贫新机制、新模式，充分运用与中国邮政储蓄银行、成都农商银行、四川天府银行、大北农农信金融等战略合作关系，将单打独斗的养殖户聚合起来实现了组织化、公司化、品牌化，以“自主养殖、异地培育、参股合作”等方式，在强力提升企业品牌力的同时，有效带动区域农牧业的良性发展。目前，已在梓潼、筠连、兴文等15个贫困地区初步形成政企协同、产融结合的有效局面，并着力构建产业大平台、长效扶贫扶持等有效机制，直接带动农民脱贫、增收。

在风险管控上集团与战略合作保险公司——中华联合财产保险公司、安华保险公司等，共同设计“农牧经济保险保障包”，为农户养殖事业保驾护航，为实现共同发展、共创财富提供了持续、澎湃的动力。

驰阳集团始终秉承“报国兴农、争创第一、共同发展”的格局理念，坚持“阳光、规范、共创、分享”的企业价值观，将企业核心理念根植于心。坚持铸就王者之师，炼造精英团队，坚持川渝猪业服务绝对第一的核心目标，始终让企业独立于风起云涌的时代变革浪潮，无往不胜！

驰阳集团将实现更加令人仰慕的业绩，2020 年预计饲料销售 100 万 t，年生猪出栏 100 万头，利税 3 亿元以上。5 年规划，10 家饲料生产基地，20 家养殖公司，母猪存栏 10 万头，年生猪出栏 300 万头，500 个“驰阳之家”合作社，产值 100 亿元以上。5 年后走出西南，面向全国，进军全球，并以 5 年内上市来促使企业实现价值最大化，实现“报国兴农”的伟大目标。

云南省

昆明大台农台标农业科技有限公司

昆明大台农台标农业科技有限公司是广州大台农集团投资控股的自属分公司，于 2011 年年底创办，位于云南省昆明市官渡区工业园区大板桥镇西冲口村委会第一村民小组（原昆明生博饲料有限公司），占地面积 7 332.6m^2，总投资 1 000 万元，有一套先进的进口设备，有优良的配方，还有过硬的技术管理，是一家专业从事生产、销售高档乳猪教槽料、乳猪配合饲料、乳猪浓缩饲料、高档“1+1”保健功能母猪饲料的生物型高科技饲料公司。

广州大台农集团是广州大台农公司与台湾台农动物营养保健研究中心合作组成的，集团公司创立于 2005 年，是专业从事猪“1+1”保健饲料及动保产品的研发和生产的生物型高科技饲料公司，具有多项猪营养保健领先专利技术，如“1+1”保健饲料已获国家专利。大台农产品的最显著特点是“1+1”保健功能，在行业中有“台湾大台农”保健料专家的美誉。

昆明大台农台标农业科技有限公司在广州大台农集团技术实力的支持下，充分实施集团公司严格的管理制度和完善的质量控制体系，用齐全的检测设备和较强的检测手段严把原料进厂关和成品出厂关，保证向广大用户提供优质高效的饲料产品！公司致力于“为广大消费者提供安全放心的猪肉食品”的经营理念，引领行业良性发展，为中国的“菜篮子”工程添砖加瓦！

目前，全省 40%左右规模猪场直接受益，大台农保健饲料为养猪行业带来巨大的实惠，正引领健康养殖走上科学发展轨道。

昆明大台农台标农业科技有限公司虽然是一家新公司，但公司将吹响前进的号角，唱响云贵川高原大地，公司的销量月月上升！公司热烈欢迎有识之士关注昆明大台农台标、了解昆明大台农台标、选择昆明大台农台标，公司与你一起成长！

昆明云南农大生物科技有限公司

昆明云南农大生物科技有限公司创立于 1999 年，是一家依托云南农业大学动物营养与饲料加工重点实验室，根据多位专家、教授多年来的科研教学实践成果，研制生产“农大科技”系列安全、高效、优质的畜、禽、水产复合预混合饲料、维生素预混合饲料、微量元素预混合饲料。为适应公司发展及饲料质量安全管理规范的要求，于 2014 年在宜良县工业园区投资建厂，新厂占地 10 亩，标准化建设，选用先进预混料加工设备，全电脑自动配料系统，生产工艺行业领先。

与云南农业大学共同承担的“以天然植物有效成分为主体的饲料添加剂的研制与开发”项目获云南省科技进步一等奖。

2006 年荣获昆明市“中小企业创新基金”。

2015—2016 年云南省建立农科教相结合新型农业社会化服务体系试点，“高原优质地方鸡”产品单元“优质地方鸡安全饲料研发与示范推广”的实施单位。

2017—2020 年，高原优质肉鸡环境友好型规模养殖技术及产业化生产经营模式研发集成与推广项目。

当前，公司与多家优质企业合作，积极组建预混料、种苗、饲料原料、疾病防控为一体的畜牧业健康养殖体系，致力打造“云南省预混料第一品牌”，为养殖业提供有力保障。

昆明云盘山磷化工有限公司

昆明云盘山磷化工有限公司位于云南省昆明市西山区海口工业园区，由四川省杰出青年企业家左军先生创立于 2009 年 12 月 9 日，公司占地面积 5 万余 m^2，在职员工 200 余人，是昆明市林业局的招商引资企业。公司主要从事精细级磷酸盐的生产与销售，聚集了一批具有各类专业技术特长和实践经验丰富的磷化工人才。公司占地面积 186 亩，项目总投资 1.8 亿元。年可生产饲料级磷酸氢钙 20 万 t，肥料级磷酸氢钙（副产品）4.5 万 t、实现年产值 5 亿元。

公司生产工艺由云南省化工研究院提供技术支持，技术先进，成熟可靠。公司生产的“云盘山”牌系列产品远销东南亚和我国10多个省份，白肥产品在西南和华中等绝大部分地区均有销售，产品质量在广大用户中享有良好的声誉。连续荣获海口工业园区颁发的“安全生产先进单位”、西山区人民政府颁发的“经济发展先进企业”。目前，已获得“昆明市名牌产品”“云南省名牌产品”“昆明市知名商标”“云南省成长型企业”“中国AAA级信用企业”“全国诚信经营示范单位”“昆明市守合同重信用企业”等荣誉称号。

在今后的发展中，公司将继续弘扬“团结、拼搏、奉献、创新”的企业精神，以市场为导向，以科技为先导，以创新为动力，以管理为基础，以经济效益为中心，抓住西部开发机遇，发挥企业的整体优势，努力培育企业核心竞争力，把公司建设成为管理科学、机制灵活、技术先进、人才辈出、实力雄厚、行业领先的优秀企业。

陕 西 省

宝鸡博迪生物科技有限责任公司

宝鸡博迪生物科技有限责任公司是于2007年6月经国家农业部验收通过的专业研发、生产绿色高效饲料添加剂的国家高新技术企业。公司现有员工60余人，其中各类高科技技术人员10余人。公司以绿色为主导产业，以人为本，科技兴企，主导无公害，倡导无残留，以“发展绿色产业、服务人类健康”为企业宗旨。公司拥有自主知识产权的专利产品。

公司拥有肠泰2008系列、利肠Ⅰ号系列、鑫博迪系列产品，以西北农林科技大学、浙江大学生物活性物质研究中心等科研单位专家教授为技术依托，引进世界先进技术，结合我国实际情况，采用先进的生物发酵技术，优化当前同行业产品工艺，勇于技术创新，将中草药与有益微生物合理配方、有效结合，优化动物肠道、提高饲料转化率、改善动物肠道环境、增强肠道消化吸收利用功能，从而节省饲料，提高动物生产性能，改善肉、蛋、奶、皮毛等动物产品品质，改善养殖环境，减少动物疾病，增强动物机体免疫功能，从而减少药费投资，使养殖户效益倍增，深得养殖户喜爱。

杨凌金石牧业有限责任公司

杨凌金石牧业有限责任公司成立于2005年3月，是专业从事猪用复合预混料、猪禽配合料、浓缩饲料的研发、生产与销售的民营高新技术企业。资产总额5 800多万元。公司位于中国杨凌农业高新技术产业示范区，技术力量雄厚。现有员工40余人，大专以上学历占总数60%以上，其中博士2人，硕士4人。已初步形成以博士、硕士为核心，专业人员为骨干，中青结合、梯队合理的高层次、高素质、经验丰富的工作团队。

公司多年来连续被省饲料工业办公室评为先进企业、诚信企业、先进单位，获“全省十佳饲料企业”称号，并以卓越的经营管理获“陕西省中小企业创新研发中心”。2013年，成为杨凌企业家协会理事单位，2014年，获杨凌示范区农业产业化经营重点龙头企业认定。2015年，公司钻石牌母猪料获中国饲料工业协会颁发的“中国好猪料”西北区优秀母猪料品牌奖。2015年，公司获评为陕西省民营经济“转型升级示范企业”，2016年，获杨凌示范区“守合同重信用”企业公示，2017年被评为成长之星企业。公司钻石牌母猪专用饲料获中国饲料行业信息网“西北优秀母猪料品牌”、288保育宝浓缩饲料获“西北地区教保料类匠心产品”。

2012年年底，公司位于杨凌示范区工业园区年产10万t的新厂顺利竣工投产，设备工艺属国内先进水平。面对新的市场形势，公司制定了专业化发展战略，即以规模化猪场为核心服务对象，以乳猪教槽料为突破口，以母猪饲料和种猪饲料为拳头产品，以猪场高效养殖全面解决方案为营销王牌，全面打造国内规模猪场专用饲料首选品牌。同时，大力发展蛋鸡料、肉鸡料以及牛羊预混料和精料补充料，以适应市场需要，成为全省饲料行业排名前30位的发展后劲足的中小型饲料企业。

公司目前旗下拥有两个品牌，分别是钻石饲料和秦佑饲料，均获广大养殖界朋友青睐。

陕西凤县利德锌业有限公司

陕西凤县利德锌业有限公司始建于2007年10月，是一家应用“湿法转化”新工艺回收、加工氧化锌的企业，年产碱式碳酸锌8 000余t，活性氧化锌5 000余t，拥有固定资产2 654万元，年可实现产值8 000万元，实现利税2 000万元。

公司生产以来，依托当地的资源优势，突出利废宗旨，固体废渣及低品矿石的有价金属，优化环境为先，做好资源配置，实现资源的循环开发利用。

公司不断强化过程管理，提升产品升级，完善各项管理制度，积极做好质量、环境、职业健康安全管理认证工作。使产品质量优于国标，赢得了广大客户的一致好评。

公司主要化工研究人员长期从事氧化锌生产新工艺的研究，产品纯度达95%以上，重金属等杂质含量低于国标优级品的要求。

产品广泛适用于橡胶、医药、电子、电磁、涂料、陶瓷、玻璃、饲料、食品及化妆品等多种行业，并可以根据不同客户的需求进行“订单”式的生产。

公司将秉承“以人为本、质量第一、诚信务实、成就未来”的企业理念，追求“高起点、高速度、高效益”的发展之路，全力打造活性氧化锌精品，为氧化锌行业的创新发展做出应有的贡献。

公司真诚希望有识之士慧眼识精品，与我们建立长期、友好的合作关系，利德锌业定能为您的产品带来质量的保证和信誉。同时，也必将为您的事业带来更好的经济回报和利益。

陕西润农实业发展有限公司

陕西润农实业发展有限公司于 2009 年 6 月成立，位于旬阳县白柳镇文昌路 88 号。是中投汇豪投资控股有限公司投资并与北京伟农科技集团股份有限公司合作成立，以专业化猪饲料生产、销售为核心业务的企业。公司经营范围为企业投资及管理，畜牧饲料研发、生产、销售，畜牧业养殖及技术服务。

公司占地 25 亩，其中高度 28m 的生产车间主楼建筑面积 $920m^2$，办公、培训为一体的办公楼建筑面积 $1\ 550m^2$，原料仓、成品仓建筑面积 $2\ 400m^2$，厂区道路等配套设施齐全。公司设计产能为年生产 15 万 t 饲料，由国内最先进的饲料设备生产企业——江苏牧羊集团提供成套技术设备，具备一流的硬件设施。饲料配方及品质管理技术等依托伟农科技集团股份有限公司，依靠先进的技术支持，坚持品质求生存的发展之道。与北京伟农科技集团股份有限公司的深度合作，一方面可不断提高企业自身的生产技术水平，另一方面可保证企业产品技术的可靠性及系列新产品的开发。公司最终的目标是将企业建设成带动区域畜牧产业发展的龙头企业，实现企业的生产管理、工艺技术、生产装备、产品质量达到国内的领先水平。

企业生产从原料构成、生产工艺、产品质量等各个环节均严格把关，始终坚持把质量作为企业长久发展的第一要务。公司与北京伟农科技集团股份有限公司结合陕南地区养殖特点，充分调研、反复试验，最终由公司配方师精心设计，形成自己独特的配方优势，生产的“京汉—润农”牌系列配合饲料、浓缩饲料，质量优良，价格合理，备受广大养殖户的欢迎。并获得“陕西省著名商标”，产品对推进整个陕南的大部分地区和省际周边地区的畜牧产业发展，改善区域经济环境，提升农民收入有着极强的带动作用，对提升农业产业经济循环可持续发展有着深远的意义。

西安易发饲料科技有限公司

西安易发饲料科技有限公司是研制、生产微量元素预混料、饲料级微量元素的专业厂家，年生产各种微量元素 5 000 多 t 和微量元素预混合饲料近 6 000t。公司下设总部、销售部、生产部、技术部、质量部及驻外办事处（石家庄、太原），产品覆盖陕西、山西、河北、内蒙古、河南、湖北、沈阳、甘肃等地，深受广大用户的欢迎。

公司目前拥有微量元素预混合饲料、混合型饲料添加剂 2 条生产线，共生产 36 个品种的产品。公司现有员工 26 人，其中精细化工专家 1 人，动物营养学博士研究生 1 人，全国知名微量元素专家 1 人，化工分析专家 1 人，专职化验检验员 3 人，设备维修工 1 人，大专以上学历的员工 10 人。

公司各项规章制度健全，执行彻底。多次获得陕西省十佳饲料企业、全省饲料安全工程先进企业和西安市消费者协会“诚信单位”等各种荣誉称号，产品数次获得杨凌农高会“后稷金像奖”。

甘 肃 省

兰州新希望饲料有限公司

兰州新希望饲料有限公司是新希望六和股份有限公司独家投资在兰州市新建的第一家大型饲料企业。公司占地面积 40 亩，注册资本人民币 1 000 万元，于 2011 年 6 月正式投产；年产各种畜禽饲料 10 万 t 以上。

公司依托新希望六和股份总部科研技术力量，充分利用国内、外先进的科研成果，根据本地区气候、环境特点和养殖习惯，本着“为耕者造福，为食者造福”的经营理念，研制开发出性能优良、安全高效的“国雄”牌系列饲料产品。公司引进国内一流的生产设备，在 ISO 9000 质量管理体系下，确保生产的饲料优质、稳定，奉献给广大养殖业朋友。

“国雄”牌饲料是新希望集团倾力打造的拳头品牌之一，是中国饲料工业界的重要品牌。公司经营团队严把质量核心关，坚决做到“不合格原料不入库，不合格产品不出厂”，多年来各级质量监督部门的产品抽检合格率达 100%。产品畅销于甘肃、青海两省，赢得了良好口碑。

公司先后获得“3・15 重质量、讲诚信，重点推介品牌企业”、“甘肃省工业企业环保标准化企业”、“安全生产标准化企业”等称号，是兰州市高校毕业生就业见习重点基地。

未来公司将继续秉承“为耕者造福，为食者造福”经营理念，坚持“阳光、正向、规范”经营，狠抓管理，积极进取，真正做到与客户共享成功，与员工共求发展，与社会共同进步。

张掖市迪高维尔生物科技有限公司

张掖市迪高维尔生物科技有限公司，于2005年10月10日由张掖市工商局登记注册，原厂址位于张掖市南郊开发区国道227线3km处。主要从事高端配合饲料、浓缩饲料、预混料的研发、生产、销售。公司自成立以来，与中国杨凌迪高维尔生物科技有限公司进行专业技术合作，凭借西北农林科技大学、中国农业大学、中国农业科学院众多专家、教授的强有力技术支持，并与澳大利亚 JM GLOBAL TRADRNG PLY LTD公司进行技术交流与合作。

公司本着“求真、务实、创新、进取”的企业精神和“诚实、守信、优质、高效”的工作作风，始终坚持“产品质量乃企业生命之源泉”的宗旨，先后在甘肃河西五地市及白银、临夏、定西和宁夏、青海、新疆、内蒙古四省区设立了销售渠道，为广大客户提供方便、快捷的服务，赢得了良好的社会信誉和客户的一致好评。

2014年为了达到国家要求以及适应市场需求，调整产品结构，扩大生产规模，提升企业生产技术水平，降低经营风险和提高竞争能力，公司在原有基础上投资6 000多万元通过异地扩建，建设年产10万t畜禽饲料生产线和年产6万t反刍饲料生产线、预混料及牛羊舔砖生产线各1条，成为一个多元化产业经营的现代化管理公司。

人员规模由创业之初的6人，到目前的38人，其中大中专学历以上的16人，实现了良好的社会效益。2015—2017年12月，公司年产值达到2 000多万元，通过公司不断的发展与壮大近几年带动了地方经济及周边农村的发展。

未来迪高维尔公司将继续秉承“升值资源价值，健康国人”的经营理念，为畜牧业及地方经济的发展做出更大的贡献。

武威市智慧农业科技有限责任公司

武威市智慧农业科技有限责任公司成立于2002年10月，总投资500万元，拥有年单班生产3万t畜禽浓缩饲料及全价颗粒饲料的成套设备。2012年3月，投资5 000万元购买了位于甘肃省武威市凉州区武威工业园区（原刘畦粮站），17 783.5m^{2}的生产场地，建筑面积6 000m^2，其中生产车间200m^2，原料贮存库占地2 000m^2，成品库占地800m^2。公司设计年生产能力为年单班生产全价料5万t、浓缩料3万t。投产后可实现年销售收入0.6亿元，利税120万元。公司采用目前国际最先进的工艺设备，在配料、混合、制粒、包装等整个生产流程均使用计算机自动控制系统，有效地保证了生产高效和产品高质量。公司从原料采购到成品出厂，实施全程质量控制，产品出厂合格率和抽检合格率始终达到100%。

公司高薪聘请管理专家和教授，结合本公司的实际，创新了严格的质量控制体系，引进6S管理理念，推行全员质量管理，各方面完美结合，保证了产品质量的优良性和稳定性。

公司拥有以华中农业大学动物营养硕士、动物营养学博士、猪营养应用资深专家刘俊奇博士为首的养猪技术服务队伍，以“聚精会神搞技术，一心一意做服务”的理念，为客户提供及时、专业、贴心的技术服务。

公司始终秉承“用户第一、顾客至上、携手智慧、共创辉煌”的信念，在竞争日益激烈的市场环境中，以高质量的产品获得了广阔的生存空间，以良好的信誉谋求了更大的发展潜力，以创新拼搏的精神赢得了丰厚的市场份额。为了回报广大新老客户对公司的关注与支持，“智慧”人将一如既往地与你携手并进，继往开来共创辉煌的明天。

宁夏回族自治区

宁夏京成天宝饲料添加剂有限公司

宁夏京成天宝饲料添加剂有限公司创立于2014年4月，注册资金6 000万元，公司经过3年的发展，企业在职员工130余人，各类技术人才占比达30%以上，公司运行着FAMI-QS Code、ISO 9001：2008质量管理体系标准和ISO 22000：2005食品安全管理体系，是一家主要生产饲料级一水硫酸锌及活性氧化锌的民营企业。

公司年产6万t饲料级矿物添加剂项目投资近4亿元，占地面积120亩。主要建设综合利用工业固体废渣生产饲料级矿物添加剂一水硫酸锌2万t/年、活性氧化锌1万t/年、七水硫酸锌1万t/年生产线，15 000m^{2}综合生产车间，5 000m^{2}的成品车间及2 000m^{2}科研楼等相关的配套设施。2017年产值达到2亿元。依托当地的优势资源，凭着先进的技术、卓越的品质、完善的服务，公司产品跻身于国内饲料添加剂行业的前列，力争打造成为国内规模最大、生产工艺最规范的多种矿物质微量元素的添加剂生产基地。

2017年公司申请发明专利1项、实用新型专利3项，正在申请专利2项，公司以研发创新引领产品潮流的理念，建成国内行业器材先进，技术力量雄厚，功能完备的研发中心，通过国家化验中心认证，并与区内外院所建立产学研合作伙伴。同时，通过长期的经营活动，与国内外绝大部分客户建立了牢固的伙伴关系，形成了稳定的销售渠道。目前，已建成集科研、生产、销售为一体的经营模式，力促项目建成全国同类标杆企业，实现企业可持续发展愿望。

公司的建成投产使宁夏一举成为全国最大锌基矿物饲料添加剂生产基地，成为以饲料添加剂为纽带，联系希望集团、通威、唐人神、六合集团、大北农饲料，扬翔集团及泰国正大、美国佳吉、德国迪斯曼、中国台湾等国内外大型饲料企业集团的重要枢纽。

面对快速发展的饲料行业，公司将继往开来，发展“与时俱进，追求卓越”的精神，凭借优质的质量，完善的服务体系，以市场化，多元化的经营理念开拓发展，创造出更加辉煌灿烂的明天。

2018中国饲料工业年鉴

统计资料

中国饲料工业统计资料

2017 年全国饲料总产量

单位：t

地区	总产量	配合饲料	浓缩饲料	添加剂预混合饲料
全国总计	221 611 682	196 185 892	18 536 529	6 889 261
北　京	2 140 439	1 256 224	364 071	520 144
天　津	2 093 011	1 388 444	466 008	238 558
河　北	13 450 001	11 311 941	1 955 999	182 061
山　西	2 787 869	2 509 450	232 176	46 243
内蒙古	3 269 521	2 571 588	663 976	33 957
辽　宁	11 933 434	9 106 385	2 630 485	196 564
吉　林	3 880 202	2 978 378	850 101	51 723
黑龙江	5 555 357	2 171 814	3 067 155	316 388
上　海	1 638 897	1 252 969	149 569	236 359
江　苏	12 371 041	11 471 143	497 908	401 990
浙　江	4 248 285	3 990 396	127 117	130 771
安　徽	6 128 843	5 691 127	253 738	183 977
福　建	8 563 223	8 226 538	127 110	209 574
江　西	10 051 305	9 250 215	186 418	614 672
山　东	29 389 715	27 331 971	1 228 679	829 066
河　南	10 608 150	9 079 075	909 989	619 086
湖　北	9 967 623	9 488 117	297 930	181 577
湖　南	12 409 300	11 597 841	341 961	469 498
广　东	29 511 163	28 317 267	462 323	731 573
海　南	2 604 151	2 598 078	—	6 073
广　西	13 464 122	13 121 464	184 420	158 239
重　庆	2 772 811	2 511 895	254 299	6 617
四　川	11 052 351	10 081 572	675 584	295 194
贵　州	1 556 806	1 164 303	392 502	—
云　南	4 120 064	2 896 333	1 159 301	64 430
陕　西	2 615 025	1 907 344	612 459	95 223
甘　肃	923 384	721 410	192 112	9 862
青　海	86 096	81 467	209	4 419
宁　夏	488 126	355 820	116 550	15 757
新　疆	1 931 368	1 755 322	136 381	39 665

2017 年全国配合饲料产量

单位：t

地 区	小计	猪饲料	蛋禽饲料	肉禽饲料	水产饲料	精料补充料	其他饲料
全国总计	196 185 892	81 890 276	25 212 371	58 194 880	20 489 196	6 792 110	3 607 060
北 京	1 256 224	375 815	148 521	273 442	77 002	287 320	94 124
天 津	1 388 444	373 575	85 810	180 062	391 636	324 434	32 927
河 北	11 311 941	2 927 947	4 532 744	1 965 197	593 709	849 481	442 862
山 西	2 509 450	634 698	741 348	1 057 449	300	52 316	23 339
内蒙古	2 571 588	361 290	176 623	235 069	10 702	1 687 499	100 404
辽 宁	9 106 385	2 219 051	1 657 801	3 922 916	423 559	704 532	178 527
吉 林	2 978 378	969 453	1 104 755	578 642	18 357	237 028	70 144
黑龙江	2 171 814	784 710	564 329	35 150	143 488	429 410	214 729
上 海	1 252 969	357 439	410 096	319 926	79 517	80 755	5 235
江 苏	11 471 143	3 398 253	1 366 928	3 134 747	3 232 878	155 047	183 289
浙 江	3 990 396	1 456 267	503 091	822 110	1 074 451	60 842	73 635
安 徽	5 691 127	1 637 760	822 383	2 804 372	274 987	36 260	115 365
福 建	8 226 538	3 339 199	897 034	2 507 042	1 365 405	—	117 859
江 西	9 250 215	6 894 936	757 419	1 017 455	558 016	151	22 238
山 东	27 331 971	6 781 138	2 440 274	16 281 358	447 090	489 492	892 620
河 南	9 079 075	4 537 797	894 154	2 497 676	445 473	188 142	515 832
湖 北	9 488 117	3 494 874	1 905 917	1 719 789	2 344 513	12 334	10 689
湖 南	11 597 841	8 282 933	989 335	866 966	1 432 939	817	24 851
广 东	28 317 267	13 047 301	1 770 699	8 260 863	5 025 540	37 860	175 003
海 南	2 598 078	1 153 136	150 439	948 816	345 687	—	—
广 西	13 121 464	7 125 302	636 469	4 711 041	647 638	850	165
重 庆	2 511 895	1 529 094	294 748	445 045	193 082	7 483	42 444
四 川	10 081 572	6 553 298	963 566	1 673 039	626 922	81 713	183 036
贵 州	1 164 303	712 116	162 426	181 206	54 830	41 587	12 138
云 南	2 896 333	1 041 290	335 558	994 749	467 453	48 984	8 299
陕 西	1 907 344	1 145 608	344 456	224 715	48 762	137 649	6 154
甘 肃	721 410	314 389	82 124	127 425	10 697	141 352	45 423
青 海	81 467	8 758	228	—	—	72 482	—
宁 夏	355 820	58 182	48 009	27 974	41 520	177 291	2 844
新 疆	1 755 322	374 667	425 086	380 637	113 046	449 001	12 885

2017年全国浓缩饲料产量

单位：t

地 区	小计	猪饲料	蛋禽饲料	肉禽饲料	水产饲料	反刍动物饲料	其他饲料
全国总计	18 536 529	12 006 336	2 712 915	1 585 734	27 363	2 000 203	203 978
北 京	364 071	311 175	19 782	1	—	31 284	1 829
天 津	466 008	372 165	12 524	560	—	77 810	2 949
河 北	1 955 999	1 048 188	517 363	41 716	—	324 892	23 839
山 西	232 176	100 517	111 927	1 655	—	17 691	386
内蒙古	663 976	128 693	52 581	26 798	—	448 004	7 901
辽 宁	2 630 485	1 158 828	617 173	515 191	12 676	305 394	21 222
吉 林	850 101	475 519	102 472	155 188	1 691	113 306	1 925
黑龙江	3 067 155	1 265 282	773 861	633 182	—	332 861	61 971
上 海	149 569	139 169	89	257	—	4 906	5 148
江 苏	497 908	481 523	3 928	1 171	3 392	7 407	487
浙 江	127 117	127 111	6	—	—	—	—
安 徽	253 738	238 592	2 816	1 674	60	2 594	8 002
福 建	127 110	126 011	68	142	26	—	864
江 西	186 418	174 426	65	30	570	—	11 327
山 东	1 228 679	1 104 895	48 889	6 052	54	60 711	8 078
河 南	909 989	796 999	77 617	16 161	—	15 763	3 449
湖 北	297 930	281 910	3 184	10 210	1 704	922	—
湖 南	341 961	340 857	500	290	—	200	113
广 东	462 323	434 016	890	5 561	6 388	—	15 468
海 南		—	—	—	—	—	—
广 西	184 420	162 263	140	22 017	—	—	—
重 庆	254 299	221 598	30 051	478	—	2 171	—
四 川	675 584	646 302	5 905	1 432	86	18 937	2 923
贵 州	392 502	370 803	1 807	4 791	—	6 448	8 654
云 南	1 159 301	1 082 173	9 304	51 757	—	15 942	125
陕 西	612 459	227 853	261 913	52 682	235	69 124	652
甘 肃	192 112	74 407	18 355	14 272	—	69 402	15 676
青 海	209	—	—	—	—	209	—
宁 夏	116 550	41 253	8 857	11 395	462	53 594	990
新 疆	136 381	73 807	30 849	11 073	20	20 632	—

2017 年全国添加剂预混合饲料产量

单位：t

地　区	小　计	猪饲料	蛋禽饲料	肉禽饲料	水产饲料	反刍动物饲料	其他饲料
全国总计	6 889 261	4 200 197	1 386 346	364 289	281 820	433 787	222 822
北　京	520 144	237 893	171 736	9 499	10 511	71 802	18 702
天　津	238 558	110 818	78 067	4 089	2 955	39 571	3 057
河　北	182 061	51 450	38 401	6 897	2 452	57 570	25 292
山　西	46 243	25 353	13 022	5 957	—	1 448	463
内蒙古	33 957	9 306	419	20	—	14 015	10 198
辽　宁	196 564	75 715	65 187	28 217	6 559	7 499	13 387
吉　林	51 723	15 195	13 401	10 776	1 201	9 597	1 552
黑龙江	316 388	141 236	71 295	52 238	685	39 533	11 403
上　海	236 359	129 736	49 174	8 619	1 316	21 529	25 985
江　苏	401 990	203 298	124 232	25 237	10 703	36 965	1 555
浙　江	130 771	100 611	10 624	5 140	11 447	117	2 832
安　徽	183 977	130 982	21 935	20 405	1 842	4 120	4 693
福　建	209 574	175 236	8 450	11 395	13 675	7	811
江　西	614 672	600 647	4 968	4 812	1 281	33	2 931
山　东	829 066	298 355	366 873	37 813	6 549	69 520	49 957
河　南	619 086	497 441	104 854	10 008	1 284	3 393	2 106
湖　北	181 577	102 039	63 016	5 272	9 559	—	1 692
湖　南	469 498	425 112	30 493	9 443	1 286	2 802	361
广　东	731 573	489 564	34 508	38 822	139 114	631	28 933
海　南	6 073	6 073	—	—	—	—	—
广　西	158 239	106 011	6 990	39 347	5 891	—	—
重　庆	6 617	5 457	795	208	48	103	6
四　川	295 194	177 696	31 704	19 032	49 637	13 182	3 943
贵　州		—	—	—	—	—	—
云　南	64 430	25 806	28 128	3 242	1 276	1 371	4 607
陕　西	95 223	32 836	39 952	4 312	1 547	13 109	3 467
甘　肃	9 862	1 648	429	464	—	6 653	668
青　海	4 419	561	—	—	—	3 858	—
宁　夏	15 757	7 764	1 317	841	—	5 071	763
新　疆	39 665	16 358	6 374	2 183	1 003	10 290	3 457

2017 年全国饲料工业总产值和营业收入基本情况

单位：万元

地　区	饲料工业		饲料产品	
	总产值	营业收入	总产值	营业收入
全国总计	83 935 349	81 946 484	74 359 938	73 030 401
北　京	1 335 527	1 103 141	1 281 347	1 050 921
天　津	892 391	916 521	863 644	888 502
河　北	4 083 576	4 071 949	3 910 039	3 910 041
山　西	959 116	879 713	953 380	879 246
内蒙古	1 507 915	1 491 845	852 990	844 575
辽　宁	3 956 070	3 911 162	3 767 716	3 743 986
吉　林	1 391 494	1 391 494	1 146 223	1 146 223
黑龙江	2 141 819	2 032 162	2 050 020	1 942 710
上　海	821 786	819 882	629 518	628 536
江　苏	5 340 802	5 101 438	4 284 147	4 026 859
浙　江	3 032 460	2 886 408	1 621 280	1 559 972
安　徽	2 124 151	2 004 689	2 042 546	1 928 999
福　建	2 856 944	2 841 734	2 745 096	2 734 992
江　西	3 538 625	3 647 205	3 225 928	3 424 658
山　东	11 749 940	11 622 193	9 311 890	9 481 334
河　南	2 773 151	2 539 153	2 668 343	2 455 635
湖　北	4 359 082	4 149 886	3 977 449	3 819 532
湖　南	4 787 407	4 577 251	4 606 127	4 451 497
广　东	10 413 486	10 270 066	10 182 288	10 019 723
海　南	781 793	745 521	781 245	744 995
广　西	4 209 051	4 221 530	4 116 229	4 130 256
重　庆	880 618	927 729	858 423	907 231
四　川	4 171 490	4 165 583	3 842 875	3 860 546
贵　州	885 608	877 841	757 249	751 426
云　南	2 222 705	2 111 441	1 810 070	1 719 567
陕　西	997 630	891 355	989 145	884 414
甘　肃	360 873	360 873	360 117	360 117
青　海	25 990	24 966	25 910	24 904
宁　夏	575 190	591 206	153 167	151 534
新　疆	758 661	770 548	545 538	557 472

2017 年全国饲料加工企业基本情况

单位：家

地　区	总数	企业经济类型							
		国有	集体	私营	联营	股份	港澳台	外商	其他
全国总计	11 233	160	43	6 414	85	3 958	125	246	202
北　京	192	6	1	89	0	88	3	2	3
天　津	142	8	1	75	0	37	3	16	2
河　北	890	7	6	389	5	472	1	6	4
山　西	181	3	2	12	5	155	0	4	0
内蒙古	266	7	2	162	3	87	2	1	2
辽　宁	716	7	1	396	0	295	6	11	0
吉　林	293	6	0	136	2	139	3	7	0
黑龙江	476	6	2	208	3	244	1	12	0
上　海	126	2	2	64	1	42	5	7	3
江　苏	613	10	3	378	0	178	14	23	7
浙　江	385	3	2	247	6	116	2	5	4
安　徽	323	6	0	198	1	105	3	6	4
福　建	292	3	0	151	3	102	11	15	7
江　西	220	3	1	104	0	106	3	3	0
山　东	1 882	30	4	1 345	5	437	7	32	22
河　南	776	6	2	504	2	240	3	8	11
湖　北	446	6	0	285	1	146	3	4	1
湖　南	395	7	3	189	2	179	3	9	3
广　东	891	10	4	408	8	331	44	28	58
海　南	42	0	2	24	7	5	0	0	4
广　西	279	0	0	125	25	118	1	7	3
重　庆	136	3	0	79	0	49	0	3	2
四　川	438	1	2	341	0	19	3	24	48
贵　州	91	1	0	30	1	55	1	1	2
云　南	272	3	1	167	1	94	0	4	2
陕　西	223	3	1	134	2	72	2	3	6
甘　肃	95	0	0	94	1	0	0	0	0
青　海	18	2	0	12	0	3	0	0	1
宁　夏	43	0	0	29	0	12	1	1	0
新　疆	91	11	1	39	1	32	0	4	3

2017年全国饲料加工企业职工情况

单位：人

地区	职工总数	其中职工学历构成					其中技术工种人员构成		
		博士	硕士	大学本科	大学专科	其他	小计	检验员、化验员	维修工
全国总计	467 506	1 871	9 018	69 862	110 213	276 542	35 203	20 740	14 463
北京	8 263	147	465	1 650	2 467	3 534	439	276	163
天津	4 515	33	167	934	984	2 397	370	234	136
河北	25 175	84	312	2 596	5 182	17 001	2 329	1 445	884
山西	4 376	15	53	595	1 001	2 712	412	233	179
内蒙古	15 581	39	193	2 473	4 872	8 004	1 570	869	701
辽宁	17 729	59	393	2 869	4 210	10 198	2 199	1 463	736
吉林	8 330	58	102	1 192	1 794	5 184	901	566	335
黑龙江	8 687	22	49	208	249	8 159	1 067	716	351
上海	11 455	33	187	1 583	2 272	7 380	1 026	609	417
江苏	32 765	124	680	5 220	7 737	19 004	2 120	1 197	923
浙江	26 800	102	717	5 421	5 914	14 646	2 174	1 391	783
安徽	10 537	18	152	1 760	2 350	6 257	471	252	219
福建	12 977	37	167	1 717	2 338	8 718	974	504	470
江西	10 182	40	151	1 330	2 344	6 317	768	432	336
山东	70 326	289	1 865	11 109	19 663	37 400	4 248	2 537	1 711
河南	19 206	125	447	3 127	5 820	9 687	1 439	876	563
湖北	30 856	78	546	4 605	6 892	18 735	1 298	686	612
湖南	16 563	102	357	2 856	5 016	8 232	1 846	1 348	498
广东	35 666	191	839	5 202	6 985	22 449	2 623	1 332	1 291
海南	1 442	—	3	118	346	975	69	39	30
广西	12 342	19	140	1 518	2 374	8 291	1 002	498	504
重庆	6 953	22	103	1 089	2 395	3 344	340	198	142
四川	30 643	132	463	3 535	5 467	21 046	2 378	1 281	1 097
贵州	2 873	10	25	393	827	1 618	199	108	91
云南	11 660	26	90	1 944	2 650	6 950	973	528	445
陕西	11 698	36	165	1 472	3 229	6 796	699	433	266
甘肃	4 525	8	32	955	640	2 890	268	168	100
青海	590	—	4	36	80	470	52	28	24
宁夏	6 406	15	75	1 027	1 810	3 479	632	320	312
新疆	8 385	7	76	1 328	2 305	4 669	317	173	144

主要饲料原料进出口情况

2017年主要饲料原料进出口情况

2017年	出口数量/万t	同比/%	进口数量/万t	同比/%	出口金额/万美元	同比/%	进口金额/万美元	同比/%
玉米	86 020.7	2 012.8	2 827 128.9	−10.8	3 629.9	1 160.1	41 715.3	−34.7
大豆	113 917.4	−11.2	95 536 511.8	14.8	10 590.5	−3.4	3 236 873.3	−4.8
豆粕	972 895.2	−48.1	61 203.3	238.6	38 762.1	−51.3	3 645.4	170.2
饲料用鱼粉	391.7	14.5	1 575 149.0	51.9	138.8	215.5	191 573.9	18.8
蛋氨酸	52 462.7	109.0	175 302.5	4.6	11 688.9	29.1	39 626.8	−24.2
赖氨酸	372 925.8	11.2	2 100.8	−17.7	36 438.9	−0.4	393.3	−24.5

2017年各月度玉米进出口情况

玉米	出口数量/t	同比/%	进口数量/t	同比/%	出口金额/万美元	同比/%	进口金额/万美元	同比/%
1月	4.9	−87.3	158 998.2	1 840.6	0.4	−89.0	3 305.4	929.1
2月	402.7	−34.5	142 678.4	129.1	11.8	−59.2	3 150.8	156.8
3月	1 033.0	4 032.0	5 343.8	−99.1	25.8	2 611.5	312.7	−97.2
4月	5 999.4	2 058.1	3 110.3	−99.7	140.7	1 272.5	270.8	−98.8
5月	17 908.7	94 027.4	42 362.4	−95.9	411.5	6 298.9	934.8	−95.3
6月	11 330.1	2 596.7	383 176.3	471.4	276.0	1 700.4	7 896.9	451.7
7月	23 060.7	38 023.1	913 739.8	3 034.8	1 927.8	16 986.0	−39.6	2 263.0
8月	14 421.3	4 381.1	377 653.4	1 319.1	318.0	4 381.1	7 732.7	1 319.1
9月	1 638.3	2 386.2	250 169.2	1 201.1	42.5	1 481.5	5 267.1	895.6
10月	2 417.3	1 058.3	73 642.5	404.2	117.1	138.6	1 858.0	244.1
11月	1 827.8	155.7	21 980.9	−30.5	132.3	79.6	776.7	−32.6
12月	5 976.6	358.3	454 273.7	221.1	226.0	179.6	10 249.0	164.4

2017 年各月度大豆进出口情况

大豆	出口数量/t	同比/%	进口数量/t	同比/%	出口金额/万美元	同比/%	进口金额/万美元	同比/%
1月	12 528.9	9.6	7 655 062.8	35.3	2 826.1	−43.3	345.1	47.4
2月	7 706.6	−2.7	5 537 770.3	22.8	618.6	−2.4	240 076.7	40.3
3月	12 264.8	12.0	6 326 630.3	3.8	949.1	3.3	272 490.6	19.2
4月	13 418.1	−6.8	8 015 459.1	13.4	1 283.7	−14.0	341 048.7	27.8
5月	10 842.0	−22.9	9 586 590.0	25.1	955.3	−21.3	398 641.3	34.8
6月	6 278.7	−47.9	7 686 649.5	1.6	523.4	−45.5	310 530.4	2.9
7月	6 324.5	−6.8	10 080 895.4	29.9	−13.9	−13.3	27.0	24.4
8月	5 941.8	−27.0	8 447 718.1	10.1	427.3	−27.0	342 265.7	10.1
9月	5 184.3	−24.3	8 112 677.4	12.8	411.3	−17.3	329 465.5	7.0
10月	6 786.6	−19.9	5 856 065.3	12.3	518.8	−30.9	240 826.3	7.1
11月	12 974.5	−17.9	8 684 182.7	10.8	1 001.7	−25.5	361 644.8	6.9
12月	13 666.6	19.6	9 546 810.8	6.1	1 089.1	17.0	399 511.3	1.7

2017 年各月度豆粕进出口情况

豆粕	出口数量/t	同比/%	进口数量/t	同比/%	出口金额/万美元	同比/%	进口金额/万美元	同比/%
1月	57 838.1	−48.4	6 036.1	86.3	2 826.1	−43.3	345.1	47.4
2月	38 396.5	−62.4	12 725.7	367.1	1 995.8	−55.2	673.0	264.1
3月	56 958.8	−66.6	8 930.6	1 273.9	2 720.4	−60.4	480.8	792.3
4月	94 051.3	−25.7	7 521.6	638.5	4 326.5	−13.8	410.1	377.9
5月	90 590.3	−45.2	6 295.7	358.9	4 007.6	−38.1	331.8	188.6
6月	128 627.4	−40.9	5 699.0	331.1	5 425.9	−36.1	341.4	211.0
7月	117 796.4	−40.3	2 363.0	136.1	−41.2	−40.6	214.0	69.4
8月	121 236.0	−54.1	2 290.0	109.5	4 995.2	−54.1	167.4	109.5
9月	64 436.2	−67.9	2 047.4	127.5	2 967.1	−66.6	136.6	82.2
10月	53 116.8	−49.0	1 725.9	214.4	2 530.1	−48.0	117.2	170.1
11月	76 327.0	−38.4	3 860.0	328.9	3 511.3	−38.1	296.8	295.8
12月	73 520.6	−20.0	1 708.5	−48.3	3 497.3	−18.3	131.4	−34.7

2017年各月度饲料用鱼粉进出口情况

饲料用鱼粉	出口数量/t	同比/%	进口数量/t	同比/%	出口金额/万美元	同比/%	进口金额/万美元	同比/%
1月	60.0	11 900.0	51 569.8	−25.4	8.7	7 037.0	7 325.9	−37.5
2月	0.0	—	104 066.6	379.5	0.0	—	15 344.7	318.7
3月	63.2	8.9	182 348.9	165.2	8.8	32.6	26 497.1	144.7
4月	0.0	−100.0	158 627.5	29.0	0.0	−100.0	23 209.4	23.9
5月	44.5	−55.1	121 434.3	−8.3	5.1	−57.0	17 501.9	−14.1
6月	20.0	—	124 293.1	18.7	3.2	—	17 648.7	16.3
7月	65.0	306.3	218 930.0	162.1	93.3	225.5	48.8	148.9
8月	0.0	−100.0	240 602.4	108.8	0.0	−100.0	33 227.6	108.8
9月	76.0	40.7	156 803.6	21.0	11.0	53.4	21 439.8	1.2
10月	0.0	—	107 032.4	35.2	0.0	—	14 683.8	15.1
11月	25.0	—	57 142.8	−17.7	2.8	—	7 808.3	−26.6
12月	38.0	−22.7	52 297.7	29.4	6.0	−13.1	6 838.0	24.9

2017年各月度赖氨酸进出口情况

赖氨酸	出口数量/t	同比/%	进口数量/t	同比/%	出口金额/万美元	同比/%	进口金额/万美元	同比/%
1月	28 111.4	33.6	577.8	135.9	2 762.8	26.4	100.6	83.8
2月	28 468.0	16.1	239.3	85 656.3	3 005.8	19.2	44.6	17 421.9
3月	33 221.8	11.2	241.6	−45.2	3 557.4	10.7	48.2	−38.6
4月	32 531.1	15.6	0.0	−100.0	3 397.1	16.5	0.6	−98.6
5月	27 706.0	4.8	164.1	115.5	3 030.4	9.5	37.5	20.9
6月	36 213.5	16.8	0.2	−99.9	3 789.4	10.9	1.3	−98.2
7月	31 870.5	8.2	250.7	113.2	12.0	−2.5	−8.7	122.7
8月	35 761.0	9.5	307.0	302.0	3 811.2	9.5	82.8	302.0
9月	30 306.3	2.2	171.4	5.1	3 233.6	−9.5	48.7	47.3
10月	26 749.5	3.8	146.3	46.3	2 853.2	2.1	32.7	129.3
11月	30 241.7	−4.7	2.2	−97.9	3 356.0	−1.2	4.4	−79.5
12月	31 745.1	26.5	0.2	−100.0	3 630.0	40.0	0.5	−99.6

2017 年各月度蛋氨酸进出口情况

蛋氨酸	出口数量/t	同比/%	进口数量/t	同比/%	出口金额/万美元	同比/%	进口金额/万美元	同比/%
1月	1 691.6	21.8	19 225.1	33.0	546.2	−16.5	4 694.7	−3.6
2月	2 511.0	343.3	16 760.0	49.3	712.8	116.9	4 273.5	14.9
3月	1 819.7	22.5	13 048.2	−21.8	563.3	−16.7	3 201.3	−44.2
4月	2 156.8	53.0	13 724.1	10.3	576.8	−3.2	3 322.6	−20.9
5月	2 740.5	171.7	15 521.0	11.1	723.3	47.5	3 579.4	−19.0
6月	4 019.6	327.5	14 874.0	−6.6	974.2	126.5	3 268.5	−34.0
7月	6 196.7	499.7	10 027.0	−41.5	53.8	232.5	−26.7	−62.2
8月	7 254.7	187.9	16 503.1	14.2	1 664.7	187.9	3 335.1	14.2
9月	7 068.7	277.4	17 764.0	18.5	1 632.9	149.2	3 927.7	−16.0
10月	6 294.9	122.6	10 730.5	4.6	1 519.4	65.5	2 746.6	−7.8
11月	4 981.5	−13.0	15 628.1	22.3	1 256.2	−26.1	4 287.9	22.9
12月	5 727.1	32.5	11 497.5	−13.3	1 465.4	16.3	3 016.2	−9.8

大事记

农业农村部畜牧业司 全国饲料工作办公室

2017年1月12日　农业部（现改为农业农村部）畜牧业司组建畜禽养殖废弃物处理和资源化工作办公室，并召开首次会议，要求全力推进意见起草、政策整合、信息化平台建设、现场会议筹备等重点工作。

2017年1月18日　农业部畜牧业司发布《全国苜蓿产业发展规划（2016—2020年）》，明确“十三五”我国苜蓿产业发展思路、区域布局与发展重点。

2017年2月3日　农业部副部长于康震主持召开畜禽养殖废弃物处理和资源化领导小组第二次会议，听取畜牧业司工作进展汇报，讨论修改完善畜禽规模养殖场废弃物强制性资源化处理制度体系。

2017年3月15～20日　央视“3·15”晚会报道山东、江苏、河南等地个别养殖户和饲料生产企业违规使用药物问题后，农业部副部长于康震连夜部署查处工作，要求三省畜牧兽医部门迅速行动，固化证据，严惩违法行为，并向三省派出督查组，查处有关问题。“3·15”事件发生后，农业部畜牧业司在会同兽医局组织查处涉事企业、部署严厉打击违法使用兽用抗菌药物行为的同时，积极回应社会关切，于3月20日接受了CCTV-2《经济信息联播》栏目采访，向社会通报了对涉事企业的查处情况及进一步的工作措施。

2017年5月10日　农业部、财政部联合下发《关于做好畜禽粪污资源化利用试点工作的预备通知》，将在全国16个省和黑龙江省农垦总局选择部分畜牧养殖大县开展试点工作，通过以奖代补方式对市场主体建设畜禽粪污集中处理设施和规模养殖场实施全量化有效处理进行适当支持。

2017年5月31日　国务院办公厅印发《关于加快推进畜禽养殖废弃物资源化利用的意见》，明确了畜禽养殖废弃物资源化利用的指导思想、制度体系、扶持政策和保障措施。

2017年6月7日　农业部畜牧业司在宁夏召开粮改饲试点工作推进会，要求17个试点省区和黑龙江农垦总局按《粮改饲实施方案》和《粮改饲工作绩效评价办法》抓紧推动各项工作落实，层层压实责任，确保1 000万亩任务目标全面完成。

2017年6月14日　农业部举行《关于加快推进畜禽养殖废弃物资源化利用的意见》新闻发布会，对该意见进行深入解读。

2017年6月15日　农业部畜牧业司会同全国畜牧总站在贵阳举办专题培训班，邀请专家重点讲解了饲料质量安全管理规范验收程序、产品质量控制及许可证审核要点等内容。全国31个省（自治区）120余人参加了培训。

2017年6月23日　农业部副部长于康震组织召开畜禽养殖废弃物资源化利用部门座谈会，细化落实《国务院办公厅关于加快推进畜禽养殖废弃物资源化利用的意见》的部门任务分工安排，研究下一阶段重点工作。中组部、发展改革委、科技部等11个部委有关司局负责同志，农业部畜牧业司等畜禽养殖废弃物资源化利用领导小组成员单位负责同志等参加会议。

2017年6月28日　农业部在湖南长沙举办畜禽粪污资源化利用培训班，解读中央财政畜禽粪污资源化利用项目实施的目标和关键任务，要求各地认真组织实施，确保项目取得实效。各省（区、市）畜牧部门主要负责同志、负责粪污资源化利用工作的处长等参加培训。

2017年7月5日　农业部畜牧业司在武汉举办《饲料质量安全管理规范》部级示范企业验收专家培训班，全国30个省（区）饲料管理部门推荐的50余名专家参加了培训。

2017年7月7日　农业部印发《畜禽粪污资源化利用行动方案（2017—2020年）》，指导地方深入开展畜禽粪污资源化利用，加快推进畜牧业绿色可持续发展。

2017年12月25日　农业部召开畜禽粪污资源化利用领导小组第三次会议，听取畜禽粪污资源化利用督导情况汇报。农业部副部长于康震要求，坚持统筹兼顾原则，用好考核工具和政策支撑，加强示范推广，确保圆满完成畜禽粪污资源化利用任务。

中国饲料工业协会

2017年2月27日　国家畜禽养殖废弃物资源化处理科技创新联盟在京成立，农业部副部长于康震出席会议并强调，联盟成员单位应因地制宜，引导鼓励各类生产经营主体探索适合不同地区的畜禽养殖废弃物处理模式，全面提升畜禽养殖废弃物资源化处理技术水平，加快推进关键、核心、重大科技研发和联合攻关，破解畜禽养殖废弃物资源化处理关键难题。

2017年4月16日　在2017年饲料工业展览会期间，举办了以“绿色、安全、精准”为主题的饲料行业技术交流活动，邀请麦康森等3名行业知名院士和知名专家学者，围绕畜牧业发展形势、抗生素替代、养殖业源头减排、绿色饲料添加剂、精准营养、饲料安全等行业关注的热点问题作专题报告并进行交流研讨，600余名行业代表参加活动。

2017年4月17日　2017饲料原料暨粮改饲论坛在福建省福州市举行，农业部副部长于康震出席论坛并作主旨报告。论坛从种养加全产业链和政策、科技等视角，深入研讨了粮改饲的政策选择、模式推介和生产服务。来自各地农牧部门、有关企业、科研机构和种养大户的代表共600余人参加了论坛。

2017年4月18～19日　2017中国饲料工业展览会在福建省福州举办。展会以"转型升级调结构，创新发展铸品牌"为主题，吸引了国内及20个国家和地区的400多家企业参展。农业部副部长于康震出席展会开幕式。

2017年12月13日　组织召开了2017年全国饲料工业协会秘书长工作座谈会。中国工程院院士、中国饲料工业协会会长李德发，农业部畜牧业司副司长孔亮、饲料处处长黄庆生应邀出席。全国各省（市、区）饲料工业协会秘书长及部分企业代表参加了会议。各省市饲料工业协会秘书长就协会主要工作、服务方式及今后协会发展等问题进行了深入研讨，并就加大行业重大问题调研、强化行业自律管理、促进行业可持续健康发展等交流了经验和做法。

2017年12月15日　农业部发布新版《饲料添加剂安全使用规范》（农业部公告第2625号），将120个品种纳入《规范》管理。修订《饲料添加剂安全使用规范》，对饲料中铜锌限量进行评估和论证，提出修订建议值，总体下调约30%。新制定6类50个重要饲料添加剂品种的安全使用规范。

2017年　全年组织召开5次新饲料和新饲料添加剂评审会，对10个次产品进行评审，3个产品通过评审，对监测期内的1个新饲料添加剂就其上市后的安全性、有效性和质量可控性跟踪检查，对6项《饲料原料目录》和《饲料添加剂品种目录》修订意见进行科学审定，其中2项申请通过审定。

天津市

2017年3月29日　天津市畜牧兽医局召开畜产品和饲料质量安全监管工作一揽子会议，对2017年畜产品和饲料质量安全各项重点工作进行再部署在推动。樊航奇副局长出席会议并讲话。会议部署了2017年天津全运会供应畜产品质量安全监管和疫病监测、饲料监管以及生鲜乳监管等工作。

2017年5月5日　天津市畜牧兽医局召开2017年饲料质量安全依法监管座谈会。会议就农业农村部关于农产品质量安全工作要点、全国畜牧总站、中国饲料工业协会2017年工作要点、《天津市2017年饲料质量安全监管工作实施方案》进行了解读，并具体部署2017年饲料质量安全监管和规范示范企业创建等重点工作。

2017年7月27～28日　天津市畜牧兽医局组织召开了2017年上半年饲料质量安全监管工作总结及《饲料质量安全管理规范》工作推动会，同时举办了《饲料质量安全管理规范》培训班。市、区两级饲料管理部门负责人及业务骨干、天津市《饲料质量安全管理规范》示范企业创建评审委员会专家库成员、全市饲料企业负责人200余人参加了会议及培训。

2017年6月15日　农业部畜牧业司孔亮副司长带领饲料处负责同志及相关专家来天津市就生物饲料产业发展情况进行调研。天津市畜牧兽医局党委书记、局长王红军陪同调研，中国农业科学院饲料研究所齐广海所长、生物饲料开发国家工程研究中心蔡辉益主任、国家粮食局科学研究院李爱科研究员等专家参加了本次调研。

2017年12月20日　天津市畜牧兽医局组织召开了2017年饲料行业监管工作总结会暨《饲料质量安全管理规范》示范企业创建工作交流会。市畜牧兽医局党委委员、副局长樊航奇出席会议并讲话，各区饲料管理部门主管领导、分管负责同志和执法机构负责人，市兽药饲料监察所分管同志，市饲料工业协会会长、秘书长，部、市级饲料《规范》示范企业负责人、部分饲料企业代表及业务骨干近百人参加会议。

2017年11月27～28日　由全国畜牧总站刘连贵副站长带队，农业部饲料行业管理督查组对天津市饲料行业管理工作开展了督导检查。

河北省

2017年3月18～19日　河北省饲料工业发展峰会暨饲料法规培训班在石家庄市举办。中国饲料工业协会信息中心、北京市饲料协会等单位的领导出席了峰会。全省13个市（含定州、辛集市）和90个重点县饲料办主任、饲料生产企业的经理、技术骨干等1 000余人参加了会议和培训。

2017年3月15日～6月15日　在全省范围内开展饲料原料专项整治行动，对单一饲料生产企业进行了拉网式检查，对饲料生产、经营企业饲料原料使用、经营情况进行了抽查，进一步净化了饲料原料市场，为确保饲料产品质量安全奠定了基础。

2017年3月18至4月30日　全省范围内开展了为期40天的饲料、饲料添加剂等投入品隐患排查活动。共出动监督执法人员5 639人次，检查生产经营企业2 751个，其中饲料和饲料添加剂生产企业1 016个，经营单位1 739个，查处违法违规饲料和饲料添加剂生产企业6个，查处饲料和饲料添加及经营单位10个，下达责令整改通知110份，行政处罚通知2份，取缔无证照企业1家，查扣违法产品4t，罚款金额2.4万元。有力震慑了违规生产等不法行为。

2017年5月20～21日　首届宠物嘉年华在南和县成功举办，农业部畜牧业司、全国畜牧总站有关领导出席开幕式并讲话。

2017年6月29日　在石家庄新乐市河北远大中正生物科技有限公司举办了河北省饲料生产企业安全生产应急演练活动，并邀请专家对饲料安全生产知识进行了培训。省农业厅草原与饲料处相关人员，各设区市、直管县饲料办主任，沧州市辖区内重点县饲料办主任，消防安全部门有关专家等共60余人参加了会议。

2017年11月23日　河北省饲料工业统计培训班在石家庄市举办。各市（含定州、辛集市）饲料办主任及统计员、省局草原与饲料处、饲料监察所、饲料工业协会相关人员等60余人参加了培训。

2017年11月24日　召开全省饲料工作调度会暨饲料行业形势分析会议。各市（含定州、辛集市）饲料办主任及统计员、省局草原与饲料处、饲料监察所、饲料工业协会相关人员等60余人参加了会议和培训。会议特别邀请河北农大陈宝江教授、河北工程大学杨俊琦教授进行讲座。

2017年12月14日　由中共固安县委、固安县人民政府主办的河北·固安·院士工作站授牌仪式在固安规划馆召开。固安君德同创获得“李德发院士工作站”授牌。

内蒙古自治区

2017年3月6日　为加强饲料产品质量安全监督管理，提高饲料和养殖产品质量安全水平，内蒙古自治区农牧业厅下发了《内蒙古自治区农牧业厅关于下达2017年饲料质量安全及养殖环节“瘦肉精”监测计划的通知》（内农牧饲发［2017］46号），继续在全区组织开展饲料质量安全监测工作。

2017年5月4日　为认真落实《农业部办公厅关于严厉打击饲料生产和养殖环节违法使用兽用抗菌药物行为的通知》（农办牧［2017］16号）精神，内蒙古自治区农牧业厅下发了《关于开展饲料安全监管和“瘦肉精”专项整治自查工作的通知》（农牧饲发［2017］122号），依据《饲料和饲料添加剂管理条例》及其配套规章，4月6～12日自治区农牧业厅组成4个督察组，用一周时间集中对呼和浩特市、包头市、巴彦淖尔市、鄂尔多斯市、乌兰察布市、锡林郭勒盟、通辽市、赤峰市8个重点盟市重点进行饲料质量安全监管、“瘦肉精”专项整治、饲料安全生产工作开展情况进行了督察。

2017年10月23日　为更好地贯彻落实《饲料和饲料添加剂管理条例》及其配套规章，全面提升饲料质量安全监管工作能力，内蒙古自治区农牧业厅下发了《关于举办饲料质量安全监管培训班的通知》（农牧办发［2017］57号），于10月28日至11月3日分别在赤峰市、通辽市、巴彦淖尔市对各盟（市）、旗（县区）饲料监管部门负责人、获证饲料生产企业负责人进行了培训。

2017年12月4～7日　农业部饲料行业管理督导检查组对内蒙古自治区饲料工作进行了督查。督导组一行通过听取汇报、核实管理情况、随机现场检查饲料生产企业、经营门市等督查方式，对内蒙古自治区农牧业厅饲料管理部门在生产许可、日常监管、管理规范推进、监督执法等主要工作方面的开展进行了认真检查，并对内蒙古自治区饲料工作给予了充分肯定。

2017年12月8日　为更好地贯彻落实《饲料和饲料添加剂管理条例》及其配套规章，全面提升饲料质量安全监管工作能力，总结交流经验，安排部署全区饲料工作，内蒙古自治区农牧业厅下发了《关于召开全区饲料工作会议的通知》（农牧办发［2017］77号），于12月16～17日在呼和浩特市召开全区饲料工作会议。

2017年12月8日　为做好全区饲料工业统计工作，进一步提高统计工作人员能力，部署下一阶段饲料统计工作，内蒙古自治区农牧业厅下发了《关于召开全区饲料工业统计分析会议的通知》（农牧办发［2017］78号，于2017年12月18日在呼和浩特市召开了开全区饲料统计工作会议。

辽宁省

2017年2月4日　发文在全省范围对2015年度配合饲料生产企业产量情况进行统计核查。

2017年2月16日　对2015年配合饲料产量达到5万t以上饲料生产企业（企业集团）名单进行公示。

2017年3月21日　联合省财政、省农委下发纳入加工收购2016年新产玉米补贴政策范围饲料生产企业名单的通知。

2017年3月　开展全省饲料“3·15”打假月和放心兽药饲料下乡进村宣传周活动。

2017年4月17日　公布辽宁省2017年饲料和饲料添加剂生产企业年度备案情况的通告，公布通过年度备案和未通过年度备案企业名单。

2017年5月23日　下发关于开展2017年《饲料质量安全管理规范》示范企业验收工作的通知，对各市推荐企业进行示范创建。

2017年6月2日　开始开展2017年上半年饲料督查与调研等工作。

2017年8月　辽宁省共有7家饲料生产企业通过农业部规范示范创建。

2017年　共有9家饲料生产企业通过省级规范示范创建。

黑龙江省

2017年4月　按照农业部农资打假的有关要求，黑龙江省畜牧兽医局起草《黑龙江省畜牧兽医局关于开展“2017年放心饲料兽药下乡进村暨质量安全周”活动的通知》（黑牧综［2017］11号），要求各级畜牧兽医部门以非法生产经营和添加使用“瘦肉精”、三聚氰胺、非饲料原料等为重点，强化饲料生产企业源头和经营使用环节治理，依法严惩非法添加使用和经营门店拆包分装、再加工、“前店后厂”等违法行为。

2017年8月　按照《关于进一步深入推进简政放权放管结合优化服务工作有关问题的通知》、省直机关作风整顿领导小组办公室印发的《省直机关再造流程工作指导意见》、黑龙江省网上行政服务中心建设领导小组办公室《关于进一步推进简化优化行政许可办事流程工作的通知》，黑龙江省畜牧兽医局在相关法律法规的框架下，对“饲料和饲料添加剂生产许可证核发”及“饲料添加剂、添加剂预混合饲料产品批准文号审批”两个审批事项进行了最大限度地减少审批环节，压缩审批时间，确保审批工作的制度化、规范化、公开化。

2017年8月　按照《黑龙江省饲料质量安全规范创建活动方案》，开展了饲料质量安全规范创建验收。共有11个饲料生产企业通过了省级示范创建验收，其中向农业部推荐了2个企业并通过了验收。目前，全省有4个农业部示范创建企业，9个省级示范创建企业，为全省的饲料生产企业树立了标杆，完成了2017年饲料质量安全规范示范创建任务目标。

2017年9月　黑龙江省畜牧兽医局在哈尔滨市举办全省饲料监管工作培训班，来自全省13个市（地）、省农垦总局、部分市（县）畜牧兽医局分管饲料工作的副局长、饲料办主任，省兽药饲料监察所分管饲料工作的副所长及饲料室的负责人近50人参加了培训。培训班就《〈饲料质量安全管理规范〉监督检查》《〈饲料质量安全管理规范〉检查要点》《饲料及饲料添加剂日常监督执法有关问题》《饲料生产企业安全生产照单检查表》等进行了专题培训，通过学习培训、进一步提升了饲料监管执法人员的责任意识和能力水平。

2017年9月　黑龙江畜牧兽医局在全省范围内开展了饲料安全生产照单检查工作。印发了《黑龙江畜牧兽医局关于开展饲料生产企业安全生产照单检查工作的通知（黑牧饲［2017］146号）》，随通知还印发了《饲料生产企业安全生产照单检查表》《饲料生产企业安全生产检查台账》。通知中明确了安全生产监管责任、照单检查对象和检查内容。

2017年　黑龙江省畜牧兽医局根据农业部饲料质量安全监测计划和“瘦肉精”专项监测计划，相继制定下发了《黑龙江省实施农业部2017年饲料质量安全监测计划抽检工作方案》《黑龙江省实施农业部2017年养殖环节“瘦肉精”专项监测计划工作实施方案》《2017年省本级饲料质量安全监测计划抽检工作方案》，充分发挥了检测监督效能。上半年和下半年共检测饲料和饲料添加剂800批次，产品总体合格率分别为97.7%、98.8%，卫生指标的合格率均为100%，在各类饲料样品中，均未检出克仑特罗等禁用物质。

上海市

2017年1月　与本市所有饲料生产企业签订质量安全承诺书，要求企业作为质量安全的第一责任人，自觉遵守国家的相关法规要求。

2017年2月　印发了《2017年上海市地产生猪出栏前“瘦肉精”及其替代品监测计划》，全年布置了“瘦肉精”等违禁药物出栏前监测25 130批任务。制订了2017年度上海市饲料质量安全监测计划，全年计划完成饲料质量安全监测总数1 380批次项目。

2017年4月　根据2017年饲料生产企业年度备案工作要求，组织对本市所有获证企业进行年度备案审核，通过率为97.6%。

2017年4月　组织开展药物饲料添加剂监督抽查和预警排查专项监测任务，严厉打击违法添加行为，规范本市药物饲料添加剂使用。

2017年4月　组织本市饲料企业参加“2017年中国饲料工业展览会暨畜牧业科技成果推介会”，参展企业30家展位200个，展位数量名列前茅。

2017年4月　组织各区对饲料和饲料添加剂生产企业、养殖场兽药使用情况开展专项检查行动，对饲料生产经营单位做到全覆盖检查，对规模养殖场（户）进行重点排查，共计出动法人员1 518人次，检查企业389个次，检查中未发现涉及用药的违规违法问题。

2017年5月　开展本市饲料生产环节“双告知”“双随机”抽查工作机制的制定与实施，并将相关监管事项与本市的事中事后综合监管平台系统实现对接。

2017年5月　根据《关于编纂〈2016中国饲料工业年鉴〉有关事宜的函》，完成了本市3家优秀企业、5家重点企业的推荐和《2017中国饲料工业年鉴》地方篇和大事记的编写工作。

2017年7月　上海市组织举办了《饲料质量安全管理规范》专题培训班，并对本市首批《规范》市级示范企业进行了授牌仪式，全市各饲料企业负责人、各区饲料行政和执法部门负责同志共150人参加培训。

2017年8月　为进一步加强本市饲料养殖环节质量安全监管和环境管理，防止有毒有害物质污染禽蛋产品，组织对饲料养殖环节质量安全情况开展了专项检查，出动执法人员126人次，对全市16家蛋禽饲料生产企业和26家蛋禽养殖场进行了全覆盖检查。

2017年10月　联合中国生物发酵产业协会在上海举办了“第二届饲料发酵技术与产品创新论坛”，为饲料产业上下游行业搭建交流平台。

2017年11月　上海市饲料行业协会召开第七届一次会员大会，选举产生协会第七届理事会理事名单和新一届领导班子。

2017年11月　畜牧业司孔亮副司长、畜牧业司饲料处李大鹏调研员等一行五人组成第三督导组，对我市饲料行业监管工作进行督查。

2017年12月　组织开展了《饲料质量安全管理规范》市级示范企业创建工作。依据农业部制定的示范企业验收标准，共7家饲料生产企业通过验收。

福 建 省

2017年1月17日　福建天马科技集团股份有限公司（股票代码：603668）在上海证券交易所主板挂牌上市。

2017年4月17～19日　中国饲料工业展览会和饲料原料暨粮改饲论坛在福州举办。展览会以“转型升级调结构，创新发展铸品牌”为主题，近20个国家和地区以及国内400多家饲料加工、饲料添加剂、饲料原料、饲料机械、畜禽养殖等企业参展。展览会同期举办2017饲料原料暨粮改饲论坛和饲料行业技术交流活动。

2017年4月28日　福建省人民政府发布《关于印发下放漳州市省级经济管理权限目录的通知》（闽政［2017］15号），“饲料和饲料添加剂生产许可”和“饲料添加剂和添加剂预混合饲料产品批准文号核发”在内的省级经济管理权限下放漳州市实施。2017年9月，漳州市正式实施。

2017年9月26日　福建傲农生物科技集团股份有限公司（股票代码：603363）在上海证券交易所主板挂牌上市。

江 西 省

2017年8月11日　举办全省《饲料质量安全管理规范》《饲料企业安全生产》培训班，全省200多家企业参加了本次培训。

2017年10月24～25日　农业部畜牧业司孔亮副司长、农业部畜牧业司饲料处李大鹏副处长到江西双胞胎集团，正邦集团考察调研。

2017年12月1日　江西万年华农恒青农牧有限公司通过江西省省级示范创建专家组现场验收。

2017年12月19日　全省饲料质量安全工作会在南昌召开。会议总结了2017年全省饲料质量安全管理工作，分析了我省饲料工业面临的新形势，谋划了2018年全省饲料质量安全管理工作的新思路、新目标、新举措。省畜牧兽医局副局长参加会议，省饲料工业办公室主任主持会议，各设区市、各省直管县畜牧兽医局或农业局分管局长和负责饲料工作人员等45人参加了会议。

河 南 省

2017年3月20～24日　河南省饲料工业协会在河南工业大学举办了2017年度第一期饲料加工设备维修工职业技能鉴定培训班，本期培训共有63名来自企业和社会学员参加了本次培训鉴定。

2017年3月26～31日　河南省饲料工业协会在河南海瑞正检测技术有限公司举办了2017年度第一期饲料检验化验员职业技能鉴定培训班，共有69名来自企业和社会学员参加了此次培训鉴定。

2017年4月18日　河南省畜牧局组团参加在福州召开的2017中国饲料工业展览会。全省组织200多家饲料生产企业参加了展览会，共有8家饲料添加剂企业在展会上布展。

2017年5月8日　河南省畜牧局组织河南省饲料工业协会、河南牧鹤实业集团、河南广安集团、河南雄峰科技股份有限公司、河南亿万中元生物技术有限公司、河南明哆宠物食品公司6家单位负责人共20多人在省畜牧局二楼会议室召开了宠物饲料发展形势座谈会议。

2017年5月15～19日　河南省畜牧局抽调省市

饲料管理部门、省畜牧兽医综合执法总队、省兽药饲料监察所（饲料许可专家）、《饲料质量安全管理规范》专家指导组等相关人员组成5个检查组通过听取汇报、现场检查、查阅资料、抽检样品等方式，对郑州市、洛阳市、周口市、驻马店市、商丘市、南阳市、安阳市、焦作市、鹤壁市、三门峡市10个省辖市和永城市、巩义市、汝州市、滑县、鹿邑县5个省直管县（市）开展饲料质量监督检查活动。

2017年5月23日　河南省饲料工业协会在焦作市云台天阶国际酒店成功举办了河南省饲料工业协会技术联盟成立大会。

2017年6月10日　河南省饲料工业协会、河南省饲料商会联合召开豆粕行情形势分析研讨会。会议分析了第一、第二季度饲料行情形势，研判了发展趋势，并对2017年下半年的饲料原料行情作出了展望，达成了一致观点。正大、新希望六和、广安、亿万中元、牧鹤、后羿、新乡大北农、宏展、华英、牧原10余家协会副会长单位采购代表30多人参加了会议。

2017年6月28日　河南省畜牧局组织参加了“2017年河南省暨省会郑州食品安全宣传周启动仪式”。

2017年7月22日　召开2017中原饲料养殖行情分析及添加剂应用技术交流会。河南省饲料工业协会60余家会员单位等140余人参加了本次会议。中国畜牧总站站长、中国饲料工业协会秘书长杨振海出席会议并作报告。

2017年11月18～19日　河南省饲料工业协会在河南省黄河迎宾馆召开年会暨饲料行业创新发展峰会。会议参会人数500余人，收到论文文献23篇，合作单位28家，现场与22家企业签订了共享饲路战略合作协议。

湖　南　省

2017年3月2日　全省饲料大中型饲料企业代表在唐人神集团举行企业联盟采购座谈交流会。

2017年6月28日　协会在猪业博览会上成功举办“饲养一家亲”见面会。

2017年9月14日　湖南省饲料组织开展“2017近红外线光谱分析技术在饲料行业应用培训班”，省饲料办赵明副主任在培训班上讲话。

2017年11月9日　湖南伟业动物营养集团股份有限公司生产研发基地暨院士专家工作站项目奠基仪式在长沙国家高新技术产业开发区隆重举行。

2017年12月1日　协会起草《关于申请修改湖南饲料免税相关文件的函》，并向湖南省国税局递交此报告。

2017年　九鼎集团增加新成员：汇洋九鼎、新乡通威九鼎、昆明九鼎。隆回九鼎、龙岩九鼎、萍乡九鼎、贺州九鼎等正式投产。

2017年　兴嘉生物荣获省人民政府技术发明一等奖。

2017年　湖南省饲料工业产量突破1 240万t，产值突破460个亿，在全国排名前6位。

广　东　省

2017年3月22日　广东省饲料行业协会、美国谷物协会北京办事处联合在广州举办了“2016/2017年度美国玉米、高粱质量报告和供需研讨会”。

2017年3月23～24日　广东省畜牧兽医局在广州召开畜牧业供给侧结构性改革座谈研讨会，分别就生猪业、家禽、草食动物、特色畜牧业和饲料业发展进行了研讨。

2017年4月18～20日　广东省饲料行业协会组织了50家饲料企业参加在福建省福州市举办的“2017中国饲料工业展览会”，展位达260个，展示广东饲料业良好形象。

2017年5月19日　广东省饲料行业协会与天美（中国）科学仪器有限公司广州分公司联合举办饲料检测技术研讨会。

2017年6月23日　广东省饲料行业协会在广州举办“广东饲料机械设备与工艺技术大会”，同时，表彰企业优秀生产。省内外饲料机械设备制造供应企业、饲料生产企业代表共200多人参加了会议，20余家机械设备制造供应商参展。

2017年6月29日　广东省农业厅在河源召开全省畜牧养殖废弃物资源化利用现场会，深入贯彻落实国务院办公厅《关于加快推进畜禽养殖废弃物资源化利用的意见》、全国畜禽养殖废弃物资源化利用会议精神，研究部署下一阶段广东省畜禽养殖废弃物资源化利用工作和落实《中央环保督察反馈意见广东省畜禽养殖污染防治整改方案》。

2017年10月17日　广东省农业厅举办饲料质量安全监管和畜禽养殖废弃物资源化利用工作会议，贯彻落实省委省政府关于饲料质量安全监管的有关部署和《国务院办公厅关于加快推进畜禽养殖废弃物资源化利用的意见》，研究部署广东省饲料质量安全监管、畜禽养殖废弃物资源化利用和中央环保督察整改等工作。

2017年12月9日　“2017年广东省饲料行业年会”在东莞举办，重点推出《第二届广东省无抗饲料产业联盟技术大会暨2017年广东省饲料行业年会技术总监峰会》《第五届广东饲料科学技术论坛》《第三届“大饲粮”采购经理人论坛》，饲料产学研精英和广大饲料企业代表约 1 300 余人参加盛会。

海 南 省

2017 年 3 月 9 日　省农业厅召集海南澄迈新希望农牧有限公司、海南西南红农牧科技有限公司、海南裕泰科技饲料有限公司、海口双胞胎饲料有限公司等 19 家大中型饲料企业负责人参加饲料工作座谈会，紧紧围绕“面对机遇谈发展，应对挑战献计策”主题，畅所欲言，建言献策，进一步增强政府、协会、企业之间的和谐力，为海南饲料工业发展激活内在新动力。省农业厅副厅长、省畜牧兽医局局长莫正群出席座谈会并讲话。

2017 年 7 月 21 日　进一步推进《饲料质量安全管理规范》示范先行活动，省农业厅举办了一期培训安全管理培训班，培训管理人员 100 多人。

2017 年 8 月 4 日　为落实建设美好新海南大研讨行动活动，推进农业供给侧结构性改革，促进畜牧养殖业“调结构转方式”，加快饲料企业转型升级步伐，莫正群副厅长亲自带领厅相关处（室）人员到澄迈县饲料企业开展调研。

2017 年 9 月 27～29 日　为有效防范和遏制重特大事故发生，确保不发生造成较大社会影响的事故，为党的十九大顺利召开和国庆、中秋两节期间营造安全稳定的社会环境。省农业厅印发了《关于开展农业行业安全生产大检查综合督查工作的通知》（琼农字［2017］135 号），派出六个督查组开展全省农业行业（含饲料企业）安全生产大检查，排查隐患，加大整改，确保饲料企业生产安全。

2017 年 11 月 21 日　海南远生渔业有限公司《饲料质量安全管理规范》示范企业验收通过。

四 川 省

2017 年 10 月　四川省饲料工业协会成功举办协会 30 周年庆典，展示发展成果，推动饲料行业健康发展。

2017 年 10 月　四川省饲料工业协会组织评选出了新希望六和股份有限公司等 10 家“四川十强饲料企业”、四川省畜科饲料有限公司等 10 家“ 四川十大创新型饲料企业”、四川驰阳农业开发有限公司等 10 家“ 四川十大成长型饲料企业”。授予了冯元蔚等 4 位同志“杰出贡献奖”，授予陈育新等 8 位同志“功勋人物”称号，授予张克英等 10 位同志“科技人才”称号，授予陈远刚等 10 位同志“工匠人才”称号。

云 南 省

2017 年 2 月 28 日　云南省饲料工业协会 2016 年度理事会暨新春茶话会在昆明召开。协会会长、副会长、理事、监事及协会专家咨询工作委员会全体同志共 58 人出席了会议。

2017 年 6 月 29 日　云南省饲料工业协会 2017 年度理事会在昆明莲花宾馆召开。协会会长、副会长、理事、监事等 40 多人出席了会议。

2017 年 8 月 24 日　云南省饲料工业协会第七次会员大会在昆明云安会都隆重召开，来自全省饲料工业协会会员单位代表、协会会长、监事长、副会长、理事、监事、专家咨询工作委员会成员，省级有关单位领导及代表，科研、教学、检测等单位领导及代表等 150 多人出席了会议。会议以无记名投票方式对协会会费标准、第七届理事会理事组成人员及领导班子组成进行了投票表决。最终选举产生了由 56 人组成的协会第七届理事会。张曦当选会长。

2017 年 10 月 16～18 日　中国饲料工业协会《2017 年全国饲料工业统计培训班》在云南昆明举办。来自全国各省的饲料行政管理部门领导、统计工作人员和国家重点跟踪企业，云南省部分州市饲料行政管理部门统计负责人及省级重点跟踪企业统计人员近 100 人参加了培训。云南省农业厅寸强副厅长为本次培训班致辞并介绍了云南省畜牧业和饲料工业发展概况。

陕 西 省

2017 年 1 月 18 日　陕西省饲料工业“十三五”发展规划专家论证会在西安召开。省饲料办邀请西北农林科技大学动物科技学院教授龚月生、陕西石羊（集团）股份有限公司总裁常青山等省内高校、饲料企业以及省农业厅、省畜牧兽医局相关处室和部分市级饲料管理部门的 9 位饲料专家、主管领导参加了论证会。省饲料办领导和各科科长听取了论证。

2017 年 3 月 14 日　全省饲料工业工作暨行业精准管理培训会在西安召开。

2017 年 3 月 17 日　省饲料办派出两个督查组，办领导带队，分别赴西安、咸阳两市，与两市区管理部门一起，分别对高陵区、泾阳县辖区部分饲料生产企业和经营门店进行了现场督查检查。

2017 年 5 月 24 日　省饲料办在西安举办了全省饲料行政执法人员培训班。

2017 年 5 月 25 日　全国畜牧总站副站长、中国饲料工业协会副秘书长刘连贵以及王黎文处长一行，由省饲料工业办公室副主任刘万军等陪同，在杨凌示范区部分饲料企业调研饲料工业发展、监管工作。

2017年7月8～12日　农业部派出以山东省饲料行业协会李祥明秘书长、研究员为组长，沈阳市农经委兽药饲料处周立靖处长、中国农业大学王红英教授和山东省饲料质量检验所李会荣科长、高级兽医师组成的农业部专家验收组，对陕西省上报农业部的陕西杨凌富仕特饲料有限公司、宝鸡新希望农牧有限公司、渭南大北农农牧科技有限公司和陕西正能农牧科技有限责任公司四家企业创建部级《饲料质量安全管理规范》示范企业进行了现场验收，四家创建饲料企业均符合验收标准、一次性顺利通过专家验收组现场审核。

2017年7月28日　陕西省饲料生产许可证专家审核委员会年度工作总结暨培训会在杨凌国际会展中心召开。

2017年8月23～28日　全省12市区饲料工业办公室主任、相关负责人，部分执法监管单位负责人及省饲料办部分同志参加，组成检查组，开展了为期一周的全省饲料行业跨市区（陕南）交叉检查活动。

2017年9月29日　全省饲料工业三季度形势分析暨统计业务培训会在西安召开。

2017年10月14～15日　陕西省饲料行业（富仕特杯）乒乓球比赛在杨凌举行，共12个代表队61名运动员参加比赛。

2017年10月24～28日　全省12市（区）饲料监管部门、部分执法单位相关人员及省饲料办部分同志为参与，组成检查组，对铜川、延安和榆林市开展了全省饲料行业跨市区交叉检查行业监管工作。

2017年12月26日　省饲料办组织在西安举办了2017年全省饲料工业统计工作总结暨启动新统计制度实施培训会。

甘肃省

2017年1月3日　按照《甘肃省盐业体制改革实施方案》要求，甘肃省饲料工业办公室下发《关于贯彻落实甘肃省盐业体制改革实施方案的通知》（甘饲办［2017］1号），进一步规范了畜牧饲料用盐的生产、经营和使用的监督管理。

2017年2月15日　上报2016年度饲料工业统计年度报表，发布2016年全省饲料生产形势分析信息。

2017年2月20日　下发《关于印发2017年饲料经营使用专项整治行动实施方案的通知》（甘饲办［2017］5号），继续在全省范围内组织开展饲料经营、使用环节专项整治行动。

2017年2月23日　下发关于下达2017年饲料质量安全和养殖环节“瘦肉精”专项监测计划的通知（甘饲办［2017］6号），安排全省饲料质量安全和“瘦肉精”监督监测工作。

2017年3月16日　甘肃省用12316短信向全省布发通知，要求各地高度重视3·15晚会曝光非法使用药物事件，在饲料生产企业和养殖场排查非法使用兽用抗菌药物的行为，并公布了饲料违法行为举报电话（0931－8179292）。

2017年5月11日　甘肃省兽医局下发《关于印发甘肃省饲料生产企业2017年“双随机”抽查实施方案的通知》继续开展饲料生产企业双随机抽查。

2017年7月24日　省兽医局组织制订了《甘肃省饲料生产经营和使用环节监督检查规范》，进一步加强了饲料监督检查执法工作，规范了监督检查行为。

2017年9月11～23日　省兽医局在全省组织开展了饲料生产企业“双随机”抽查工作，随机抽取了16名执法人员，检查22家饲料生产企业，涉及张掖、武威、白银、定西、兰州5市13个县（区）。

2017年9月12日　省农牧厅下发了《关于加强饲料生产企业安全生产工作的通知》（甘农牧发［2017］279号），在全省范围内开展饲料生产企业安全生产大检查。全省各地派出检查组11个，检查企业78家，20家企业被责令停产整顿，发现安全隐患399项，已全部整改到位。

2017年9月22～27日　甘肃省农业博览会在兰州举办。来自武威、张掖、金昌、兰州、白银等地的19家饲料和饲料生产企业参加了展会。

2017年10月18～20日　省饲料办在武威市举办了全省饲料行政许可和执法培训班。饲料行政许可专家库成员、“双随机”抽查执法人员、重点县（区）饲料管理人员和实施《规范》的饲料企业负责人，共计120人参加了培训。

2017年11月14～17日　接受农业部2017年饲料生产行业督察组对我省饲料督导检查，检查生产企业2家，经营企业4家。

2017年11月2～5日　省饲料办组织专家对申请省级《饲料质量安全管理规范》示范企业进行了现场验收。武威希望饲料有限公司和兰州新希望饲料有限公司2家企业通过了省级《规范》验收。

2017年11月27日至12月2日　甘肃大北农农牧科技有限公司、兰州正大有限公司泾川分公司、甘肃元生农牧科技有限公司3家企业通过了农业部专家组现场验收，成为国家级《饲料质量安全管理规范》示范企业。

图书在版编目（CIP）数据

2018中国饲料工业年鉴 / 全国饲料工作办公室，中国饲料工业协会编 . —北京：中国农业出版社，2018.9

ISBN 978-7-109-24805-2

Ⅰ.①2… Ⅱ.①全… ②中… Ⅲ.①饲料工业-中国-2016-年鉴 Ⅳ.①F326.3-54

中国版本图书馆CIP数据核字（2018）第250021号

中国农业出版社出版
（北京市朝阳区麦子店街18号楼）
（邮政编码 100125）
责任编辑 程 燕

北京通州皇家印刷厂印刷 新华书店北京发行所发行
2018年9月第1版 2018年9月北京第1次印刷

开本：787mm×1092mm 1/16 印张：31.25 插页：16
字数：1035千字
定价：180.00元